가브리엘 가르시아 마르케스(1927~2014)

콜롬비아 카리브 해안 마법의 마콘도 아라카타카는 카리브 해안 가까운 곳에 있다.

마르케스 기념물 아라카타카 마을 광장. 어머니와 집을 팔러 가던 마르케스는 폐허가 된 아라카타카의 정경과 과거에 대한 기억에서 영감을 받아 《집》이라는 제목의 소설을 쓰기 시작하지만 완성하지 못하고 십수 년이 지난 뒤에 《백년의 고독》을 쓰게 된다. 노랑나비는 아라카타카 전역에서 흔히 볼 수 있는 이 지역의 상징과도 같다.

◀ 마르케스가 쓴 '아라카타카 송시'가 들어간 안내표지판

▼ 마르케스 박물관
노벨상을 수상한 마르케스가 어린 시절을 보낸 외할아버지 집은 이제 박물관이 되었다.

박물관 내부 외할아버지 니콜라스 마르케스의 작업실.《백년의 고독》에서 자주 등장하는 아우렐리아노 부엔디아 대령은 외할아버지를 모델로 했다.

마르케스가 어린 시절 세례를 받은 교회

마르케스와 카스트로 쿠바 혁명을 지원했던 마르케스는 카스트로와 절친한 사이가 된다.

노벨문학상 수상 1982년 라틴아메리카 현대소설의 대표적인 작품으로 평가된 《백년의 고독》으로 노벨문학상을 받았다.

바나나 농장 대학살 콜롬비아 카리브해 바나나 농장 노동자들의 더 나은 노동 조건을 요구한 파업에 정부가 군인들을 동원해 무차별 사격한 대학살 사건으로 《백년의 고독》에서 그려진다.

하와이 사탕수수 농장 노동자들을 실어나르던 슈거 케인 트레인

Gabriel García Márquez

Cien años de soledad

Editorial Sudamericana

《백년의 고독》(1967) 초판 표지

제롬 데이비드 샐린저(1919~2010)

▲뉴욕의 샐린저 생가 뉴욕 브로드웨이 153번가 남서쪽 코너

◀샐린저가 자란 뉴욕 맨하탄의 파크 애비뉴 1133번지

▲밸리 포지 사관학교 펜실베이니아
샐린저는 1936년(17세)에 이 학교를 졸업한다.

▶사관학교 생도 시절의 샐린저

▼노르망디 상륙작전
샐린저는 제2차 세계대전 때 제4사단 첩보 하사관으로 이 작전에 참여했다. 그의 작품에는 전쟁으로 인한 외상 후 스트레스에 시달리는 주인공이 등장한다. 사진은 가장 심한 격전지였던 오마하 해변 상륙 모습이다.

런던에서 샐린저와 친구 도널드 할토그(1989)

메트로폴리탄 박물관 홀든은 떠나기 전에 박물관 앞에서 동생 피비를 만난다. 그러나 피비가 큰 여행가방을 들고 나와 그를 따라가겠다고 고집을 피우자 결국 집으로 돌아간다.

▶그랜드 센트럴역 외관

뉴욕 센트럴 철도 터미널. 홀든은 역 사물함에 여행 가방을 넣은 뒤 스낵바에서 만난 두 사제와 대화를 나누는 것이 즐거워 헌금을 내게 되는데, 10달러밖에 내지 못해 후회한다.

▼그랜드 센트럴역 터미널

자연사 박물관 홀든 콜필드는 박물관을 특히 좋아했는데 "그곳에는 모든 것이 그대로 보존되기 때문"이라고 말한다.

오리 연못 홀든은 작품 끝부분에 센트럴 파크 오리 연못을 찾아가 한겨울에도 청둥오리들이 공원에 남아 있는 것을 보고 소외된 10대 시절에 대한 답을 찾게 된다.

《호밀밭의 파수꾼》 포켓용 보급판 표지. 붉은 사냥모자를 뒤로 처지게 쓴 홀든 콜필드의 모습이 그려져 있다.

마거릿 샐린저의 회고록 표지 샐린저의 딸 마거릿이 전쟁으로 인한 외상 후 스트레스로 시달리는 아버지에 대해 쓴 글이다.

Gabriel Gercía Márquez/J.D. Salinger
CIEN AÑOS DE SOLEDAD
THE CATCHER IN THE RYE
백년의 고독/호밀밭의 파수꾼
G.G. 마르케스/J.D. 샐린저/이가형 옮김

Gabriel Gercía Márquez　　　　J.D. Salinger

동서문화사

디자인 : 동서랑 미술팀/표지그림 : 《가족》, 콜롬비아의 페르난도 보테로 그림

백년의 고독/호밀밭의 파수꾼
차례

백년의 고독
백년의 고독…11

호밀밭의 파수꾼
호밀밭의 파수꾼…379

마르케스의 생애와 작품…587
샐린저의 생애와 작품…600
마르케스 연보…617
샐린저 연보…621

Cien años de soledad
백년의 고독

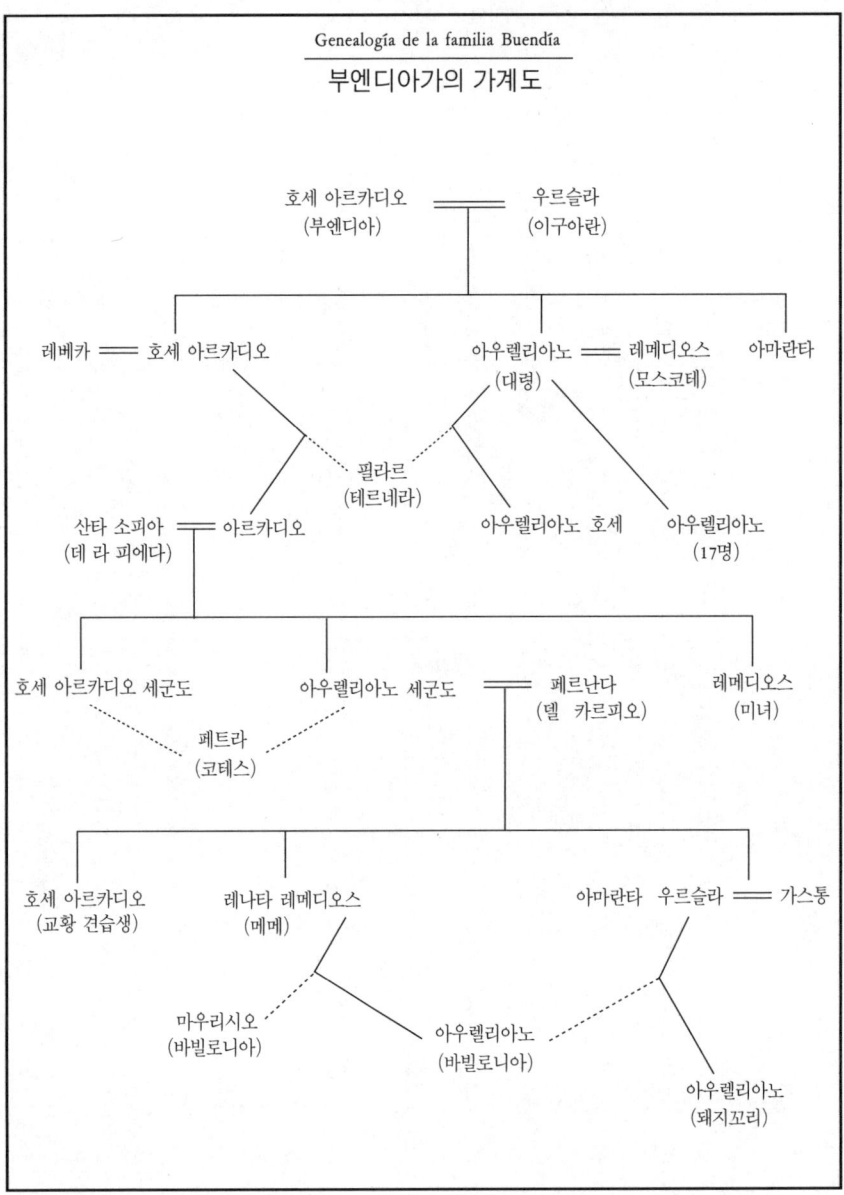

백년의 고독

1

 긴 세월이 흘러, 총살 집행대 앞에 선 아우렐리아노 부엔디아 대령은 오래전 어느 오후 아버지를 따라 처음으로 얼음 구경 갔던 일을 떠올렸다. 그때의 마콘도 마을에는, 선사시대 공룡알처럼 거대하며 하얗고 매끈매끈한 돌이 깔린, 맑은 물 흐르는 강가에 진흙과 갈대로 지은 집 스무 채 말고는 아무것도 없었다. 마을이 생긴 지 얼마 되지 않았기 때문에, 아직 이름을 붙이지 않은 곳이 많아서 어디를 알려주려면 손으로 하나하나 가리켜야만 했다. 해마다 3월이면 누더기를 걸친 집시들이 와서, 마을 어귀에 천막을 세우고 피리를 불며 북을 치고 떠들썩하게 그들이 가져온 신기한 것들을 보여주었다. 그들은 처음으로 자석을 가져왔다. 수염이 덥수룩하고 손가락이 참새 다리처럼 가는, 덩치 큰 집시가 자기 이름을 멜키아데스라고 소개한 다음, 마케도니아 연금술사들이 발명했다는 신기한 물건을 참으로 조잡하게 사람들 앞에 보여주었다. 그는 집집마다 찾아다녔다. 그는 자기가 가져온 쇠막대기 두 자루를 이리저리 끌고 다니며, 냄비와 부젓가락과 화로를 손도 대지 않고 잡아끌어 넘어뜨리고 못과 나사를 멋대로 굴렸다. 또 벌써 오래전에 잃어버려 찾지 못하던 쇠붙이들도 그 마법의 쇠막대로 끄집어내어 모두를 깜짝 놀라게 했다.
 "물건에도 생명이 있답니다." 집시는 거친 목소리로 말했다. "그 영혼을 어떻게 불러일으키느냐가 문제죠."
 자연의 모든 섭리를 터득해서 그 상상력이 기적과 마술까지 지배한다고 알려진 호세 아르카디오 부엔디아는 그 쇠붙이만 가지면 땅속에서 손쉽게 황금을 찾아낼 수 있으리라 생각했다.
 정직한 사람으로 이름난 멜키아데스는 그에게 충고했다.
 "그 일만은 안 될 거요."

그러나 호세 아르카디오 부엔디아는 집시의 말을 믿지 않았다. 그는 나귀 한 마리와 염소 한 쌍을 주고 그 두 개의 막대자석과 바꾸었다. 그 가축들에 의지해서 기울어진 살림을 꾸려가던 아내 우르슬라 이구아란조차 그를 말릴 수가 없었다.

"우린 곧 마루를 다 덮고도 남을 만한 금 덩어리를 찾아낼 거야."

호세 아르카디오 부엔디아는 몇 달 동안이나 자기의 생각이 옳았다는 것을 증명하려고 애썼다. 그 쇠붙이로 마을을 샅샅이 뒤졌고, 심지어는 멜키아데스의 주문을 큰 소리로 읊으면서 그 쇠막대로 강바닥까지 훑었다. 그러나 그가 파낸 것이라곤 돌멩이로 가득 찬 15세기에 쓰던 큰 투구뿐이었다. 녹이 잔뜩 슨 그 투구를 호세 아르카디오 부엔디아와 그를 돕던 네 사람이 부수자, 그 안에서는 여자 머리카락이 든 구리 로켓을 목에 건 다 썩어 푸석푸석한 해골이 나왔다.

3월에 집시들이 돌아왔다. 이번에 그들은 망원경과 북만큼이나 큼지막한 돋보기를 가져와 암스테르담의 유태인들이 최근에 발명한 것이라고 선전하면서 보여주었다. 그들은 집시 여인 한 사람을 마을 끝에 서 있게 하고 천막 앞에 망원경을 세워놓았다. 5레알(11~19세기 스페인과 중남미에서 널리 쓰였던 은화)을 내면 누구나 그 망원경을 들여다보고, 손끝에 닿을 듯한 집시 여인의 모습을 볼 수가 있었다.

"과학은 거리감을 없앴습니다." 멜키아데스가 말했다. "이제 머지않아 사람들은 집에 앉아서 세계 구석구석을 볼 수 있을 것입니다."

그 커다란 돋보기는 한낮의 불타오르는 태양으로 놀라운 실험을 했다. 집시들은 길 가운데에다 마른 풀을 쌓아놓고 돋보기로 햇빛을 모아 불을 붙였다. 자석으로 커다란 낭패를 보았던 호세 아르카디오 부엔디아는 아직도 낙담하지 않고 돋보기를 전쟁 무기로 쓰겠다는 새로운 계획을 세웠다. 멜키아데스가 다시 호세 아르카디오 부엔디아를 말렸으나, 이번에도 그는 하는 수 없이 자석 두 개와 옛 금화 세 닢을 받고 돋보기를 내주고 말았다. 낙심한 우르슬라는 목 놓아 울었다. 우르슬라의 아버지가 평생 모아 물려준 그 금화는 큰일이 있으면 쓰려고 우르슬라가 침대 밑에다 감춰두었던 것이다. 하지만 호세 아르카디오 부엔디아는 목숨까지도 서슴지 않고 내놓을 만한 과학자의 사명감을 느끼며, 군사 실험에 몰두하느라 아내를 다정히 위로할 생각은 하지도 않았다. 적군에 미칠 영향을 연구하기 위해서 그는 돋보기를 이용해 햇빛의 초점을 몸에 받아보았는데, 그 실험에서 입은 화상은 오랫동안 낫지 않았다. 그토록 위험한 물건은 치워버리라고 만류하는 아내의 눈 앞에서 집에 불을 낼 뻔도 했다. 그는 몇 시간이고 방 안에 틀어박혀서 이 새로운 병기를 전략적으로 어떻게 이용할 것인가를 연구한 끝에, 마침내 쉽게 납득이 갈 만큼 자세한 안내서를 완성하기에 이르렀다.

호세 아르카디오 부엔디아는 그 안내서에 자기가 했던 실험 결과 보고서와 도표 몇 페이지를 첨부해 정부로 보냈다. 안내서의 전달을 맡은 심부름꾼은, 산을 넘고 늪을 지나 굽이치는 강을 거슬러 우편물을 나르는 당나귀들의 통행로에 다다랐을 때쯤에는, 절망과 질병과 들짐승에 시달려 거의 반죽음 상태가 되었다. 태양 전쟁의 새로운 전술을 개발하기 위해 정부 당국의 군사 전문가들이 돋보기의 복잡한 조작 시범을 직접 보고 싶다는 소식을 전해 오기만 한다면, 호세 아르카디오 부엔디아는 그 무렵 거의 불가능하다고 여겨지던 그 위험천만한 여행길에 올라 수도로 직접 찾아갈 생각이었다. 그는 몇 년 동안 회답이 오기를 기다렸다. 그러다 결국 기다림에 지쳐서 멜키아데스에게 자기 계획이 수포로 돌아간 얘기를 털어놓았다. 정직한 그 집시는 돋보기를 도로 받고 대신 스페인 금화와 포르투갈 지도와 항해에 필요한 도구를 내주었다. 또 헤르만 사제(라이헤나우의 헤르만, 독일의 역사가(1013~1054))의 연구 자료를 요약해서 적어주고, 아스트롤라베(관측의)와 나침반과 육분의(六分儀)의 조작 방법을 알려주었다. 호세 아르카디오 부엔디아는 실험을 방해받기 싫어서 집 뒤에 새로 지은 조그만 방 안에 처박혀서 긴 우기(雨期)를 보냈다. 집안일에서 완전히 손을 뗀 그는 마당에서 별의 움직임을 지켜보느라고 밤을 꼬박 새우기 일쑤였고, 정확히 정오를 가려내는 방법을 찾다가 일사병에 걸리기도 했다.

이윽고 그 도구들을 사용하는 데 전문가가 된 그는, 자기 방을 떠나지 않고도 미지의 바다를 건너서 인적이 드문 땅을 찾아내 다른 세계의 신기한 생물과 이야기를 나눌 수 있다는 신념을 갖게 되었다. 이때부터 그에게는 이상한 버릇이 생겨서 혼잣말을 하거나 다른 사람들이 있는지 없는지도 느끼지 못한 채 집 안을 오가며, 우르슬라와 아이들이 밭에서 바나나와 칼라디움, 카사바, 마, 아후야마와 가지를 키우느라 땀을 뻘뻘 흘려도 아랑곳하지 않았다. 그러다가 정열적인 연구는 갑자기 끝났고 그는 무언가에 홀린 듯했다. 그는 자기도 알아듣지 못할 감격에 찬 감탄사를 마구 뱉어내면서 무엇에 홀린 듯이 며칠을 보냈다. 그러다가 12월의 어느 화요일, 그동안 그의 마음을 괴롭혀오던 모든 짐을 한 번에 털어냈다. 그의 아이들은 아버지가 오랜 불면증과 망상에 수척해진 몸을 덜덜 떨면서 자기가 발견한 새로운 사실을 얘기했을 때의 그 엄숙한 표정을 죽을 때까지 잊지 못하리라.

"지구는 둥글다. 마치 오렌지처럼."

우르슬라는 더 이상 참을 수가 없었다.

"미치려거든 혼자만 미치구려! 집시도 아니면서 아이들에게 이상한 소리 불어넣지 말아요!"

그러나 호세 아르카디오 부엔디아는, 격분을 참지 못하고 아스트롤라베(천체관측기)를 마룻바닥에 내던져 부숴버린 아내의 무시무시한 얼굴에도 굴하지 않았다. 그는 아스트롤라베를 새로 다시 만들어서 동네 사람들을 모아놓고 그들이 알아듣지도 못할 이론을 늘어놓으면서 동쪽으로 계속 항해를 하면 떠난 장소로 다시 돌아오게 되리라는 얘기를 해주었다. 마을 사람들은 호세 아르카디오 부엔디아가 드디어 미쳐버렸다 생각했고, 멜키아데스가 다시 돌아오자 그 말을 전했다. 그러나 멜키아데스는 마콘도에는 아직 알려지지 않았어도 바깥 세계에서는 실제 지구가 둥글다는 것이 이미 증명되었다고 말했다. 또한 그는 이 사실을 추리로 알아낸 호세 아르카디오 부엔디아의 뛰어난 머리를 여러 사람들 앞에서 칭찬했고, 존경을 나타내는 뜻에서 마을의 미래에 큰 공헌을 할 연금술 실험실을 기증했다.

그때 멜키아데스는 놀라운 속도로 늙어가고 있었다. 처음 그가 이 마을에 나타났을 때 그의 나이는 호세 아르카디오 부엔디아와 비슷해 보였다. 그러나 호세 아르카디오 부엔디아는 아직 말의 귀를 잡고 꿇어앉힐 만한 기운이 남아 있었지만, 그 집시는 오랫동안 병으로 앓는 기색이 뚜렷했다. 멜키아데스가 여행을 계속하면서 얻은 온갖 희귀한 병 때문이었다. 연구실 짓는 일을 도우면서 그는 호세 아르카디오 부엔디아에게, 사신(死神)이 냄새를 맡고 끊임없이 그의 곁에서 기회를 엿보지만 아직 숨통을 끊을 마음은 없는 것 같다고 이야기했다. 멜키아데스는 인류에게 덮쳐온 모든 질병과 재난을 가까스로 피해 왔다. 그는 페르시아에서 이탈리아 문둥병을, 말레이시아 군도에서 괴혈병을, 알렉산드리아에서 나병을, 일본에서 각기병을, 마다가스카르에서 선(腺)페스트를, 시실리에서 지진을, 그리고 많은 익사자를 낸 마젤란

해협에서의 조난을 헤쳐 왔다. 노스트라다무스(프랑스의 의사, 점성술사(1503~1566))의 비밀을 터득했다고 알려진 그 신기한 사나이는, 모든 사물에 숨어 있는 비밀을 훔쳐본 듯한 동양 사람들의 눈빛을 지니고, 주변에는 늘 어두운 분위기가 감도는 음울한 사람이었다. 멜키아데스는 날개를 펼친 까마귀처럼 보이는 검은 모자를 쓰고, 몇백 년은 입어서 곰팡이가 핀 듯한 벨벳 조끼를 입었다. 그러나 비록 그가 해박한 지식과 신비한 풍모를 지녔다 해도, 그 역시 자질구레한 일상 생활의 문제에 얽힌 인간적인 짐을 지고 있었다. 멜키아데스는 노인 특유의 질병에 괴로워했고, 하잘것없는 경제적 궁핍에 시달렸으며, 오래전에 괴혈병으로 이가 빠진 다음부터는 웃지도 않았다.

숨막히게 무더운 대낮에 이 집시가 비밀을 털어놓았을 때, 호세 아르카디오 부엔디아는 그들 사이에 두터운 우정이 싹틀 것이라는 확신을 얻었다. 아이들은 멜키아데스의 신비한 얘기에 넋을 잃었다. 그 당시 다섯 살밖에 안 되었던 아우렐리아노는, 그날 오후 번뜩이는 햇살을 등지고 창가에 앉아 더위에 땀을 흘리며 지켜본 그 사람의 모습을 죽을 때까지 잊을 수 없었다. 그의 형 호세 아르카디오 역시 그가 본 집시의 모습을, 마치 유전시켜야 할 기억이나 되는 듯 그의 자손들에게 물려주겠다고 마음먹었다. 그러나 우르슬라만큼은, 멜키아데스가 실수로 염화제2수은이 담긴 병을 깨뜨린 순간 방에 들어섰기 때문에, 그에 대해 별로 좋은 기억이 남지 않았다.

"정말 악마의 냄새처럼 고약하군요."

우르슬라가 말했다.

"아닙니다. 지옥의 악마한테서는 유황 냄새가 나는 걸로 밝혀졌어요. 이건 아주 약간의 염화수은입니다."

언제나 가르치려 드는 멜키아데스가 서슴지 않고 고약한 붉은 황화수은에 대해 해박한 지식을 풀어놓으려 했으나, 우르슬라는 귀도 기울이지 않고 아이들을 데리고 기도하러 가버렸다. 우르슬라의 기억에는 멜키아데스와 그 악취가 언제까지나 함께 남아 있을 것이다. 그릇·깔때기·증류기·필터·체가 즐비하게 들어찬 엉성한 실험실에는 철학자의 달걀(연금술에서 쓰는 유리로 된 플라스크)과 주둥이가 길고 가느다란 비커가 자리를 잡았고, 유태인 마리아(실존했던 가장 오래된 연금술사)가 고안한 세 가닥 증류기도 집시들이 마련해 놓았다. 그 밖에도 멜키아데스는 일곱 행성을 상징하는 쇳덩이 일곱 개와, 황금을 두 배로 늘리는 모세와 조시모스

(파노폴리스의 조시모스, 3세기의 연금술사) 비법과 그것을 푸는 자는 '현자의 돌'(비금속을 귀금속으로 변성하는 힘을 가졌다고 믿었던 신비한 돌)도 만들어낼 수 있다는 영험스런 액체 엘릭시르의 처방에 대한 도표와 설명서도 실험실에 기증했다. 그 중에서도 황금을 두 배로 늘린다는 비법이 간단해서 입맛이 당긴 호세 아르카디오 부엔디아는 우르슬라를 쫓아다니며 그녀가 묻어둔 금화를 가져다주면 얼마든지 잘게 나눌 수 있는 수은처럼 몇 배로 늘려주겠다며 몇 주일이나 설득했다. 이번에도 우르슬라는 남편의 성화에 못 이겨 끝내 그 말을 들어주었다. 호세 아르카디오 부엔디아는 금화 세 닢을 냄비에 넣고 구리 조각, 계관석(鷄冠石, 비소 함유 황화광물), 유황 그리고 납가루를 섞어 걸쭉하게 녹였다. 그리고 그것에 피마자 기름(여기서는 달걀을 증류해서 3번째로 얻은 검은색이 도는 황록색 액체를 말함)을 넣고 센 불에 끓여서 끈끈한 죽을 만들었다. 이것은 값비싼 황금이라기보다는 흔한 엿 같았다. 위험하기만 할 뿐 가망은 없어 보이는 증류 과정을 거치며, 일곱 개의 쇳덩어리와 함께 녹이고, 연금술용 수은과 키프로스 산 황산염과 섞었으며, 무 기름(여기서는 달걀을 증류해서 2번째로 얻은 엷은 금빛 액체를 말함)이 없어서 대신 돼지기름에 여러 번 튀기는 동안, 우르슬라가 상속받은 재산은 벗겨내 수도 없는 숯이 되어 냄비 바닥에 눌어붙어 버렸다.

집시들이 다시 돌아왔을 때, 우르슬라는 온 동네 사람들이 그들에게 반감을 갖도록 부추겼다. 그러나 공포는 결국 호기심을 이기지 못했다. 마을 사람들은 집시들이 온갖 신기한 악기를 쿵쾅거리면서 귀가 멍멍하도록 시끄럽게 돌아다니고, 선전하는 사람이 나치안츠(고대 소아시아, 카파도키아 지방의 마을)에서 가져온 기가 막힌 물건을 보여주겠다고 떠들자 오히려 궁금해서 모여들기만 했다. 그들은 모두 천막으로 몰려가 1센타보(보조 통화 단위, 페소의 100분의 일)를 내고는 번쩍이는 새 이에 주름살이 사라지고 옛모습을 되찾은 멜키아데스의 젊어진 모습을 구경했다. 괴혈병으로 문드러졌던 멜키아데스의 잇몸, 처졌던 뺨, 쪼글쪼글했던 입술을 기억하고 있던 마을 사람들은 이 집시가 생생히 보여주는 초인적인 마술의 힘에 잔뜩 겁을 먹었다. 멜키아데스가 잇몸에 가지런히 박힌 이를 통째로 잡아뽑아서 보여주었더니, 구경 온 사람들은 얼굴이 새파랗게 질렸다. 틀니를 뽑으니 순간 그는 늙어빠진 모습으로 돌아갔고, 그가 다시 틀니를 입에 넣고 히죽 웃으니 젊음이 순식간에 그의 얼굴에 찾아왔다. 호세 아르카디오 부엔디아 조차도 멜키아데스의 능력이 극한에 달했다고 믿었지만, 나중에 혼자서 그 집시에게 틀니의 이치를 듣고는 내심 마음을 놓았다. 틀니가 어찌나 간단하고 신기하게 여겨졌던지 호세 아르카디오 부엔디아는 그날 밤으로 연금술 실험에 대한 흥미를 몽땅 잃었다. 그는 또다시 방황했다. 밥도 제때 먹지 않고 하루 종일 집안을 어슬렁거렸다.

"참 믿을 수 없는 일들이 세상에는 많이 일어나고 있어." 호세 아르카디오 부엔디아는 우르슬라를 붙잡고 말했다. "여기서 우리가 당나귀들처럼 아무렇게나 살아가는 바로 이 순간에, 강 건너편에는 온갖 신기한 물건들이 나돌고 있단 말이야."

마콘도 마을이 처음 이곳에 설 때부터 그를 알고 지냈던 사람들은 멜키아데스가 호세 아르카디오 부엔디아에게 얼마나 큰 영향을 주었는지 깨닫고 새삼 놀랐다.

처음에 호세 아르카디오 부엔디아는, 이른바 마을의 젊은 지도자처럼 행동하며 농사일을 가르치고 아이 키우는 일이나 가축 기르는 일에 도움이 될 만한 충고를 하고, 마을의 발전을 위해서라면 육체 노동도 가리지 않고 누구의 일이나 잘 도왔다. 처음 마을이 서던 때부터 그의 집이 가장 훌륭했기 때문에, 다른 사람들도 그 집을 본떠서 집을 지었다. 그 집에는 빛이 잘 드는 넓은 거실, 밝은 꽃으로 가득 채워 빛깔이 아름다운 테라스처럼 꾸민 식당, 침실 두 개, 커다란 밤나무가 서 있는 마당, 잘 가꾼 텃밭, 염소와 돼지와 닭이 사이좋게 어울려 사는 뒤뜰이 있었다. 그 집에서뿐만 아니라 이 마을 어디에서도 기르는 것이 금지된 가축이라고는 싸움닭뿐이었다.

우르슬라도 부지런함에서는 남편에게 뒤지지 않았다. 몸집은 작지만 일을 잘하고 성실하기만 한 이 여자는, 살면서 바르지 않은 노래라고는 통 부르는 일이 없었고, 새벽부터 밤늦게까지 풀을 빳빳하게 먹인 치마를 펄럭이며 한시도 쉬지 않고 일을 했다. 그 덕분에 흙을 다지기만 한 거실과 석회를 바르지 않은 진흙담, 그들이 직접 만든 허술한 나무 가구들은 언제나 말끔했고, 옷을 간수하는 낡은 장롱은 재채기가 날 정도로 박하 향을 풍겼다.

호세 아르카디오 부엔디아는 마을에서 가장 진취적이었다. 그의 계획에 따라 마을에 세워진 모든 집들은 별로 힘들이지 않고 집 옆의 강에서 직접 물을 길어다 먹을 수 있었으며, 햇볕이 쨍쨍한 날이더라도 집집마다 그늘이 똑같이 들어서 서로 불평이 없었다. 불과 몇 년 만에 마콘도는 당시 유명했던 마을 주민 300명쯤 되는 모든 마을 가운데 가장 질서 있고 열심히 일하는 곳이 되었다. 마을 사람들 중에는 서른 넘은 사람이 없었고, 마을에서 죽은 사람도 없어서 모두 행복하기만 했다.

마을이 처음 설 때부터 호세 아르카디오 부엔디아는 계속해서 함정을 파고 새장을 마련했다. 얼마 안 가서 그의 집뿐만 아니라 온 마을에 개개비와 카나리아와 벌새와 방울새가 가득 찼다. 어찌나 새들이 많았던지 그들이 벌이는 요란한 음악회에 귀가 얼얼해질 것만 같아서 우르슬라는 귀를 밀랍으로 막지 않고서는 정신을 차릴 수가 없었다. 멜키아데스와 집시들이 두통에 잘 듣는다는 유리구슬을 팔려고 처음 이 마을에 찾아 왔을 때도, 마을 사람들은 한적한 저지대 속에 가려진 이곳을 잘도 찾아냈다며 놀랐으나, 집시들의 말에 따르면 새들의 노랫소리를 따라왔다고 했다.

하지만 호세 아르카디오 부엔디아보다 앞장서서 사회에 봉사하겠다는 마음은 사라졌고, 자석에 대한 열의와 천문학적인 추리와 물질변성의 꿈과 새로운 세계의 신비를 찾으려는 욕망이 그를 사로잡았다. 말쑥하고 능동적인 사람이던 호세 아르카디오 부엔디아는 옷차림도 엉망이고 얼굴 손질도 안 하는 게으름뱅이가 되어서, 더부룩하게 자란 그의 수염을 다듬으려면 우르슬라가 부엌칼을 가져와 한참 씨름을 해야 할 지경이었다. 그가 무슨 저주에라도 걸려서 그 꼴이 되었다고 생각하는 사람들까지 생겼다. 그러나 호세 아르카디오 부엔디아가 마콘도 마을과 바깥 세계와의 접촉을 위해 새 길을 찾아 나서자고 마을 사람들을 불러 모았을 때, 그가 미쳤다고 믿던 사람들까지도 식구들과 하던 일을 버리고 그의 뒤를 따랐다.

호세 아르카디오 부엔디아는 그 지역의 지리를 잘 몰랐다. 동쪽에는 험준한 산맥이 있고, 산맥의 저쪽에는 옛 도시 리오아차(콜롬비아 라구아히라 주(州)의 항구)가 있다는 것만 알고 있었다. 그는 할아버지인 아우렐리아노 부엔디아에게 옛날에 프랜시스 드레이크 경(영국의 제독 1540?~1596)이 대포를 가지고 그 도시로 가서 악어를 사냥해, 가죽을 다듬고 지푸라기를 채워 만든 박제를 엘리자베스 여왕에게 바쳤다는 얘기를 들었다. 젊었을 때 호세 아르카디오 부엔디아와 그의 친구들은 집안 물건들을 모조리 챙겨 아내와 아이들, 가축들을 이끌고 산맥을 넘어서 바다로 빠져나가는 길을 찾으려고 했다. 하지만 2년 4개월 동안 헛고생만 한 끝에 고향으로 돌아갈 수고를 덜기 위해 이곳에 정착해서 마콘도 마을을 세운 것이다. 그래서 그에게는 과거로만 뻗어 있는 그 길을 따라 산을 넘어갈 생각이 전혀 없었다. 남쪽으로는 찢어진 곳 없는 우유막같이 녹색으로 뒤덮인 한없이 넓은 늪지대가 있었다. 집시들의 말로는 그 늪지대가 어디에서 끝나는지 알 길이 없다고 했다. 서쪽의 광활한 늪은 아득한 바다와 맞닿아 있으며, 그 바다에는 어마어마하게 큰 젖가슴으로 뱃사람들을 유혹해 파멸시키는, 여자처럼 생긴 살갗이 매끄러운 고래들이 살고 있다고 했다. 집시들은 그 바닷길에서 여섯 달 동안이나 항해를 하고 나서야 가까스로 우편물을 나르는 당나귀가 다니는 길에 다다랐다고 했다. 호세 아르카디오 부엔디아는 문명 세계와 접촉할 수 있는 길은 북쪽에만 있다고 생각했다. 그래서 그는 처음에 마콘도 마을을 같이 일으켜 세웠던 사람들에게 길 닦는 도구와 사냥 무기를 나누어주었다. 그리고 방향을 알려주는 도구들과 지도를 배낭에 꾸려 넣고 새로운 모험의 길에 올랐다.

처음 며칠 동안은 그다지 큰 장애물에 부닥치지 않았다. 그들은 돌을 쌓아 올려 만든 강둑을 따라 몇 년 전에 투구를 발견했던 곳까지 가서, 거기에서부터 오렌지나무들 사이로 난 길을 따라 숲으로 들어갔다. 일주일이 되는 날 그들은 사슴 한 마리를 잡아 불에 구웠다. 그때 반만 먹고 나머지는 앞날을 위해 소금에 절여 가져가기로 했다. 이렇게 조심함으로써 사향 냄새가 나는 것 같은 금강잉꼬의 푸르스름한 고기를 먹어야 하는 날을 조금이라도 뒤로 미루려고 했다. 그러고 나서 그들은 열흘이 넘게 태양을 보지 못했다. 땅바닥은 화산재처럼 푸석푸석하고 축축했으며, 수풀은 점점 더 빽빽해졌고, 새들의 지저귐과 원숭이들의 울부짖음도 자꾸만 멀어져 가, 온 세상은 끝없는 음울함에 잠긴 듯했다. 탐험에 나선 그들은 발이 푹푹 빠지는 길을 걷고 나무 베는 칼로 잡초와 도롱뇽들을 후려치면서, 원죄 이전의 침묵과 안개에 쌓인 낙원 에덴을 찾아온 느낌이 들었다. 일주일 동안 그들은 거의 아무 얘기도 나누지 않고 악몽 속을 떠도는 몽유병자들처럼 나아갔다. 그들의 앞길을 밝혀주는 것이라고는 반딧불의 희미한 불빛뿐이었으며, 폐는 피비린내로 가득 차 숨쉬기도 힘들었다. 정글 식물은 눈에 보일 정도로 쑥쑥 빨리 자랐다. 그리하여 베어버린 자리를 다시 채웠기 때문에 이제는 되돌아간다는 것도 그리 쉬운 일은 아니었다.

"걱정들 말아요." 호세 아르카디오 부엔디아가 말했다. "방향만 잃지 않으면 되니까."

그는 나침반에 의지해서 사람들을 이끌고 북쪽으로만 나아갔고 마침내 마술에 걸린 듯한 땅에서 벗어났다. 별도 없는 깜깜한 밤, 밤공기가 시원하고 맑게 느껴졌다. 밀림을 횡단하느라고 지칠 대로 지친 그들은 해먹을 걸고 두 주일 만에 처음으로 깊게 잠들었다. 잠에서 깨어나니 태양은 이미 하늘 높이 솟아 있었고, 감격한 그들은 감히 입을 열지 못했다. 그들 앞에는 양치류와 야자나무에 둘러싸여 평온한 아침햇살을 받은 스페인 갤리선 한 척이 버려져 있었다. 오른쪽으로 살짝 기운 돛대는 말짱했지만, 찢어진 돛자락은 삭구(索具) 주변까지 늘어져 있었다. 딱딱하게 굳어버린 삿갓조개와 보드라운 이끼가 갑옷처럼 뒤덮인 선체는 자갈밭에 파묻혀 있었다. 새가 둥지를 틀고 세월에 시달렸어도 고독과 망각에 묻힌 그 배는 자기 자리를 지키고 있었다. 비밀스런 욕망에 휩싸인 남자들이 뒤져보았으나 배 안에는 잡초들만 무성하게 퍼져 있었다.

갤리선이 발견되었다는 것은 바다가 멀지 않다는 증거였다. 호세 아르카디오 부엔디아는 기운이 빠졌다. 일찍이 셀 수 없는 희생을 치르고 갖은 고난을 견디며 바다를 찾을 때는 발견하지 못했는데 바라지도 않던 지금에 와서 우연히 바다를 만난 것, 게다가 그것이 넘기 힘든 장애물로 앞길을 가로막고 있다는 사실이 그에게는 사악한 운명의 장난으로 여겨졌다. 여러 해가 지난 다음 이곳에 우편 도로가 생겼을 때, 아우렐리아노 부엔디아 대령이 다시 찾아가니 그곳 들판에는 양귀비꽃이 온통 만발했고 타다 남은 선체가 여태 남아 있었다. 그 이야기가 단순히 아버지의 공상의 산물이 아니었음을 알게 된 그는, 갤리선이 어떻게 육지 한가운데에 있을 수 있는지가 신기했다. 그러나 호세 아르카디오 부엔디아는 그런 생각에 신경을 쓸 겨를이 없었고, 그로부터 나흘 뒤 갤리선에서 12km 떨어진 지점에서 바다에 이르렀다. 희생을 각오하고 모험스런 탐험에 나섰던 그의 꿈은 거품이 끓는 더러운 잿빛 바다를 보고는 산산이 무너졌다.

"뭐야!" 호세 아르카디오 부엔디아는 소리쳤다. "마콘도는 바다로 둘러싸였잖아!"

탐험에서 돌아온 호세 아르카디오 부엔디아가 그린 독단적인 지도를 보고 사람들은 오랫동안 마콘도가 반도라고 믿었다. 탐험 길을 잘못 선택한 자기 자신에 화가 났던 그는 교통의 불편함을 마구 과장해 가면서 단번에 지도를 그랬다.

"우린 아무 데도 갈 수가 없어." 호세 아르카디오 부엔디아는 우르슬라에게 한탄을 했다. "우린 과학의 혜택이라곤 조금도 못 받고 여기에서 그냥 썩어 없어질 거야."

실험실로 쓰던 작은 방에서 그런 생각만 몇 달 동안 계속하던 호세 아르카디오 부엔디아는, 마콘도 마을을 좀더 살기 좋은 곳으로 이주시켜야 되겠다고 결심했다. 그러나 우르슬라는 미리 그의 헛된 계획을 눈치챘다. 그녀는 개미처럼 몰래 놀랄 만한 끈기를 가지고, 이주 준비를 하는 마을 남자들의 변덕스런 마음을 바로잡도록 미리부터 온 마을 여자들을 단결시켰다. 호세 아르카디오 부엔디아는 도대체 어떤 방해 공작이 있어 다른 남자들이 변명을 늘어놓으며 그의 계획에 회의를 느끼게 되었는지 통 알 수가 없었다. 우르슬라는 모르는 척하면서 남편을 지켜보았다. 그러나 어느 날 아침 뒷방에서 실험실 기구들을 상자에 챙겨 넣으며 꿈같은 이주 계획을 중얼거리는 남편을 보고는 불쌍한 생각도 들었다. 우르슬라는 남편이 짐을 다 꾸릴 때까지 기다렸다. 우르슬라는 남편을 말리지도 않고, 그가 상자에 못질을 하고 잉크를 머금은 솔로 상자 귀퉁이에 머릿글자를 쓰는 모습을 잠자코 지켜보았다. 그러나 그것은 어디까지나 그녀가 남편이 혼자 중얼거리던 말을 듣고 이미 마을 사람들이 남편의 일을 돕지 않으리라는 사실을 알고 있었기 때문이다. 남편이 막 방문짝을 뜯어내려 할 때, 우르슬라는 도대체 어쩔 셈이냐고 물었다. 남편은 씁쓸하게 대답했다.

"아무도 같이 안 가겠다니 우리끼리라도 갑시다."

우르슬라는 그 말을 듣고도 당황하지 않았다.

"난 안 떠날 거예요. 난 여기서 자식을 낳았으니까 여기서 살아야 해요."

"아직 여기서 죽은 사람은 없지 않아? 식구가 죽어서 땅에 묻힐 때까지는 고향이라고 할 수 없어."

우르슬라는 차분한 목소리로, 그러나 단호하게 말했다.

"여기서 죽은 사람이 없으니 이곳을 떠난다면, 내가 당장 죽겠어요."

호세 아르카디오 부엔디아는 아내의 뜻이 그토록 굳은 줄 몰랐다. 그는 마법의 액체만 땅에 뿌리면 식물이 원하는 대로 열매를 맺고, 고통을 잊게 해주는 온갖 기구들을 헐값에 사들일 수 있는, 멋지고 신기한 세계에 대한 꿈

같은 얘기들을 늘어놓으면서 아내를 꾀어 보려 했다. 그러나 우르슬라는 천리안적인 남편의 통찰력을 믿지 않았다.

"이상한 생각 좀 그만하고 이젠 아이들 걱정이나 해요." 아내가 대꾸했다. "아이들 꼴을 좀 봐요. 돌봐주질 않아서 꼭 당나귀 새끼들 같아요."

호세 아르카디오 부엔디아는 아내의 말에 느끼는 바가 있었다. 창 밖을 보니 햇볕이 쨍쨍한 마당에서 맨발로 뛰어다니는 아이들이 눈에 띄었다. 그는 우르슬라가 부린 마술에 홀려, 처음으로 아이들의 존재를 인식한 듯싶었다. 그러자 그의 마음속에서 신비롭고 결정적인 것이 일어났고, 그것은 현재라는 시간에서 그를 쑥 뽑아내 아직 발들이지 않은 기억의 세계로 그를 이끌었다. 우르슬라가 앞으로도 떠날 일 없는 집안을 청소하는 동안 그는 멍하니 아이들을 바라보았다. 그러는 사이 그의 눈에는 눈물이 괴었다. 그는 손등으로 눈물을 닦고 체념한 듯 길게 한숨을 쉬었다.

"좋아. 아이들더러 이리 와서 내 짐 푸는 일 좀 도우라고 해요."

아이들 가운데 가장 나이가 많은 호세 아르카디오는 벌써 열네 살이었다. 얼굴이 넓적하고 머리결이 억셌으며, 고집은 꼭 아버지를 닮았다. 그는 아버지처럼 힘도 세고 무럭무럭 잘 자랐지만 상상력은 부족했다. 호세가 잉태된 것은 마콘도 마을을 세우기 전 산맥을 넘을 때여서, 부모는 태어난 아이가 짐승이 아닌 것만도 다행으로 생각했다. 한편 마콘도에서 처음으로 태어난 아기인 아우렐리아노는 이제 3월이면 여섯 살이 된다. 말이 없고 수줍음이 많은 아우렐리아노는 어머니 뱃속에서 빨리도 첫 울음을 터트리고 눈을 반짝 뜬 채로 태어났다. 탯줄을 자르는 동안에도 머리를 이리저리 돌리면서 방 안에 있는 것들과 사람들을 신기한 듯 뚫어져라 살펴보았다. 그런 다음에 자기를 보러 온 사람들은 쳐다보지도 않고, 억수같이 퍼붓는 비에 무너질 듯한 야자 잎으로 엮은 지붕만 쳐다보았다. 그때의 날카로운 눈길을 우르슬라가 다시 기억해 낸 것은 어느 날 스토브에서 끓는 수프를 식탁으로 옮기는 순간, 세 살 난 아우렐리아노가 부엌으로 들어섰을 때였다. 아이는 문간에서 당황한 표정으로 말했다.

"수프가 엎질러지겠어요."

식탁 한가운데 꼼짝 않고 있던 냄비는 그 말이 떨어지자마자 살아 있기라도 한 듯, 식탁 가장자리로 미끄러져서 마룻바닥으로 떨어져 깨졌다. 깜짝 놀란 우르슬라가 그 이야기를 남편에게 했더니 그는 단순한 자연 현상이라고 넘겨버렸다. 늘 그런 식이었다. 그가 아이들의 존재에 대해서 그토록 무관심했던 까닭은 어린 시절이란 정신적으로 불완전한 시기라고 생각했을 뿐만 아니라, 허황된 연구에 그 자신이 너무 바빴던 탓이기도 했다.

그러나 아이들을 시켜 실험실에서 짐을 풀던 그날 오후부터 그는 아이들을 위해 귀중한 시간을 보내주었다. 벽이 온통 이상한 지도와 신기한 그림으로 뒤덮인 안쪽 작은 방에서 그는 아이들에게 읽고 쓰기와 셈하기를 가르쳤다. 또 자기가 배워서 알고 있는 것들만이 아니라 그의 상상력이 미치는 모든 터무니없는 것들을 아이들에게 얘기해 주었다. 그렇게 해서 아이들이 아버지에게 배운 것들은, 아프리카 최남단에 가면 앉아서 명상만 하며 시간을 보내는 총명하고 평화로운 종족이 살고 있다는 것과, 섬에서 섬으로 에게 해를 따라 테살로니카(그리스 마케도니아 지방의 도시)까지 갈 수 있다는 얘기 따위였다. 이런 환상적인 가르침은 아이들의 머릿속에 깊은 인상을 남겨서 먼 훗날 총살대에서 육군 장교가 발사 명령을 내린 순간에도, 아우렐리아노 부엔디아 대령은 아버지가 물리학을 가르치다가 눈동자는 한 곳을 응시한 채 손을 높이 들고 무엇에 홀린 듯 멍하니 서서, 멤피스(고대 이집트의 도시)의 학자들이 감탄할 만한 신기한 물건들을 가지고 마을로 돌아온 집시들의 피리와 북과 심벌즈 소리에 귀를 기울이던 어느 날 오후를 떠올렸을 정도이다.

그때 온 집시들은 처음 보는 젊은 미남미녀들이었는데, 자기네들 말밖에는 할 줄 몰랐다. 살결이 매끈매끈하고 손이 날렵한 그들의 춤과 음악에 마을이 떠들썩해졌다. 울긋불긋 색칠한 앵무새는 이탈리아 로맨스를 불렀으며, 암탉은 탬버린 소리에 맞추어서 황금달걀을 100개나 낳았고, 남의 생각을 신통하게 알아맞히는 원숭이도 있었다. 집시들은 단추를 달 때도, 몸의 열을 내릴 때도 도움이 된다는 만능 도구도 가져왔다. 그 밖에도 기분 나쁜 추억을 깡그리 잊게 해주는 기계와 심심풀이로 그만인 찜질약과 처음 보는 색다르고 신기한 수천 가지 것들은, 호세 아르카디오 부엔디아가 기계를 발명해서라도 기억에 남기고 싶어할 만큼 정교하고 기발했다. 그것들은 마을을 순식간에 별천지로 만들었다. 사람들이 모두 길로 쏟아져 나와 마콘도 사람들은 자기네 마을에서 길을 잃을 정도였다.

그 소란 속에서 아이들을 잃지 않으려고 호세 아르카디오 부엔디아는 두 아이의 손을 잡고, 금니를 한 노점상과 팔이 여섯이나 달린 마술사와 부딪치고, 여러 사람에게서 나는 똥 냄새와 박하향이 뒤섞인 이상한 냄새에 숨이 턱턱 막히면서, 그가 겪었던 악몽 같은 무한한 비밀을 풀기 위해 멜키아데스를 찾아다녔다. 집시 몇 사람을 붙잡고 물어보았지만 말이 통하지 않았다. 결국 그는 멜키아데스가 오기만 하면 천막을 세우던 곳으로 갔다. 그곳에서는 아르메니아(고대 소아시아의 한 지방) 출신의 한 남자 집시가 마시면 몸이 다른 사람 눈에 보이지 않게 되는 물약을 스페인어로 선전하고 있었다. 그 집시는 호박 빛깔 물약 한 잔을 단숨에 들이켰다. 호세 아르카디오 부엔디아는 그와 얘기를 하기 위해 얼이 빠져 구경하고 서 있는 사람들을 밀치고 그에게로 다가갔다. 멜키아데스에 대한 얘기를 물어보자, 그 집시는 멍한 눈으로 잠시동안 그를 바라보았으나 곧 펑 소리를 내며 연기와 함께 사라졌다. 그 자리에는 고약한 냄새와 연기가 피어오르는 콜타르만 흥건히 남았다. 그 위로 그가 남긴 말이 메아리되어 떠다녔다.

"멜키아데스는 죽었다오."

그 소식을 듣고 충격을 받은 호세 아르카디오 부엔디아는 깊은 슬픔을 견디기 위해, 모인 사람들이 다른 구경거리를 보러 흩어지고 아르메니아 남자가 사라진 자리에 괸 물이 다 말라 없어질 때까지 꼼짝 않고 서 있었다. 나중에 다른 집시들에게 얘기를 들으니 멜키아데스는 싱가포르 해안에서 열병에 걸려 죽었고, 그의 시체는 자바 해 가장 깊은 곳에 수장되었다고 했다. 아이들은 그런 얘기에 흥미가 없었다. 아이들은 아버지더러 다른 천막으로 가서 옛날 솔로몬 왕의 것이라고 선전하는 멤피스 현인들의 놀라운 발명품을 보자고 졸라댔다. 아이들이 보채는 걸 당하지 못한 호세 아르카디오 부엔디아는 30레알을 내고 천막 안으로 들어갔다. 거기에는 머리를 밀어버리고 가슴에 털이 수북이 난 거인이 코에 구리 고리를 꿰고 발목에는 무거운 쇠사슬을 차고, 앞에 놓인 해적의 보물 상자를 지키고 있었다. 거인이 상자를 열자 그 안에서 오싹할 만큼 차가운 바람과 함께 덩어리 하나가 나왔다. 커다랗고 투명한 그 덩어리에는, 저녁놀을 받아 반짝이는 무수한 작은 별들이 숨어 있는 것 같았다. 아이들이 궁금해하는 눈치가 보이자, 호세 아르카디오 부엔디아는 낮은 목소리로 알려주었다.

"저건 세상에서 가장 큰 다이아몬드란다."

"웃기는 소리." 집시가 대답했다. "이건 얼음이오."

그 말이 무슨 소리인지 알아듣지 못한 호세 아르카디오 부엔디아가 얼음 덩어리를 만져보려고 손을 내밀자, 집시가 그러지 못하게 막았다.

"만져보려면 5레알을 더 내시오."

호세 아르카디오 부엔디아는 돈을 더 내고 손을 얼음에 얹었다. 잠시 동안 그것을 만지고 있으려니 이 신비를 경험한 그의 가슴은 두려움과 즐거움으로 터질 것 같았다. 뭐라고 말로 형언할 수 없는 감정으로 그는 10레알을 더 내고 두 아이들에게도 얼음을 만져보라고 했다. 큰아들 호세 아르카디오 2세는 얼음을 만지려고 하지 않았다. 그러나 아우렐리아노는 한 발짝 앞으로 나서서 얼음 위에 손을 놓았다가는 얼른 뒤로 물러섰다. 그는 깜짝 놀라 말했다.

"끓고 있어요."

그러나 아버지는 그 말을 듣지 않았다. 이 순간 그는 오징어 밥이 되었을 멜키아데스나 무너져버린 그의 계획 따위는 까맣게 잊어버렸다. 그는 5레알을 더 내고 얼음 위에 손을 얹고는, 마치 성경에 손을 올려놓고 서약이라도 하듯 말했다.

"이것이야말로 요즈음에 가장 뛰어난 발명품이다."

2

16세기, 해적 프랜시스 드레이크가 리오아차로 쳐들어왔을 때였다. 우르슬라 이구아란의 4대조 할머니는 대포 소리와 경종 소리에 너무나도 놀라 그만 빨갛게 단 난로 위에 주저앉아버렸다. 그때 입은 화상 때문에 그 여인은 그 뒤로 죽을 때까지 아내 구실을 못하는 몸이 되었다. 앉을 때에는 꼭 쿠션을 받치고 한쪽으로 앉았고, 걸음걸이도 이상해져서 남들이 보는 데에서는 걸어다니지 않았다. 탄내가 몸에 배어 있다는 생각에 겁이 난 그녀는 사교생활을 모두 그만두었다. 영국 병사들과 그들이 끌고 온 사나운 개들이 창문을 넘어 침실로 들어와서 시뻘겋게 달군 철로 부끄러운 고문을 겪는 꿈 때문에, 그녀는 잠을 이루지 못하고 새벽이면 마당을 서성거리곤 했다. 스페인 아라곤 지방 출신 상인이었던 남편과의 사이에 그 여인은 두 아이를 두었다. 이런 일이 있은 뒤 남편은 아내의 불안을 없애 주려고 위안거리와 약을 사들이는 데 재산을 반이나 써버렸다. 결국 남편은 사업을 포기하고 식구를 데리고 바다에서 먼 곳으로 이사를 했다. 평화를 사랑하는 인디언들이 사는 언덕 밑에 집을 지어 정착했는데, 꿈속에 나타나는 해적들이 들어오지 못하도록 아내의 침실에는 창문을 하나도 내지 않았다.

 그 깊은 산 속 마을에는 오래전부터 돈 호세 아르카디오 부엔디아라는 담배 농장 주인이 살고 있었다. 우르슬라의 4대조 할아버지는 그 남자와 함께 일을 시작했고, 장사가 잘 되어 곧 큰 재산을 모았다. 꽤 오랜 세월이 지나고 보니, 이 신대륙에서 태어난 남자와 아라곤 출신 남자의 4대손끼리 결혼을 하기에 이르렀다. 그래서 우르슬라는 남편의 별난 행동에 화가 날 때마다 파란만장한 300년이나 역사를 훌쩍 넘어, 프랜시스 드레이크 경이 리오아차에 쳐들어온 날을 저주하곤 했다. 그러나 그렇게 해도 속이 풀리지 않을 노릇이, 그들은 사랑보다도 더 강한 공통된 양심의 가책으로 죽는 그날까지 맺어져 있기 때문이다. 그들은 사촌간이었다. 그들은 그들의 조상들이 열심히 일해서 그 일대에서는 가장 살기 좋은 고장으로 가꿔놓은 마을에서 함께 자랐다. 비록 그들 결혼이 태어날 때부터 예상됐던 일이기는 했지만, 그들이 결혼하겠다는 뜻을 스스로 밝혔을 때에는 친척들이 모두 나서서 말리려고 했다. 몇 세기 전부터 피가 얽히고설킨 두 집안에서 태어난 건강한 젊은이들이 결혼해, 부끄럽게도 이구아나라도 낳을까 봐 그들은 두려웠던 것이다. 그런 무시무시한 전례는 이미 있었다. 우르슬라의 숙모와 호세 아르카디오 부엔디아의 삼촌이 결혼을 해서 낳은 아들은 평생 동안 헐겁고 통이 넓은 바지만 입은 채, 동정을 지키면서 42년을 살다가 결국 출혈로 죽었다. 그의 몸에는 병따개처럼 생겨서 끝에는 부스스한 털이 난 물렁뼈로 된 꼬리가 나 있었다. 여자에겐 절대 보인 적 없는 그 돼지꼬리를 사이좋은 푸줏간 주인이 잘라주겠다고 하는 바람에, 그는 그만 목숨을 잃고 말았다. 그러나 열아홉 살 청춘의 꿈으로 가득 찬 호세 아르카디오 부엔디아는 그런 얘기를 이렇게 일축했다.

 "말만 할 줄 알면, 돼지새끼로 태어난다 한들 무슨 상관이겠소?"

 이렇게 해서 그들은 폭죽과 악대 소리로 요란한 잔치를 사흘 동안 벌이고 결혼을 했다. 우르슬라의 어머니가 그들에게 태어날 아이에 대해서 온갖 불길한 예언을 하면서 겁을 주고, 밤에 남편의 청을 들어주지 말라는 얘기만

하지 않았더라면 그들은 그 날 밤부터 행복하게 지냈을 것이다. 잠든 사이에 몸이 건장하고 고집 센 남편이 겁탈을 하지 않을까 겁이 난 우르슬라는 잠자리에 들기 전 반드시 어머니가 배의 돛을 찢어서 만든 자루 같은 바지를 입고, 그것도 모자라서 교차하는 여러 개의 끈으로 온몸을 칭칭 감고는 튼튼한 쇠혁대를 찼다. 그들은 몇 달 동안을 그런 식으로 살았다. 낮이면 남편은 싸움닭을 돌보며 시간을 보냈고, 아내는 친정어머니와 나란히 수를 놓았다. 밤이면 그들은 몇 시간씩 낑낑대며 씨름을 했으나, 사랑의 행위는 이루지 못했으며, 동네 사람들은 곧 범상치 않은 낌새를 눈치 채서, 남편이 불감증 환자인 탓에 우르슬라는 결혼한 지 1년이 되었어도 아직 처녀라는 소문이 나돌았다. 그 소문을 가장 늦게 들은 사람은 호세 아르카디오 부엔디아였다.

"우르슬라, 남들이 우리더러 뭐라고 하는 줄 알아?" 그는 아내에게 아무렇지 않은 척하며 말을 걸었다.

"마음대로 떠들라고 하세요. 그게 사실이 아니라는 걸 우린 알잖아요."

그렇게 다시 여섯 달이 지나갔다. 그러던 어느 일요일, 호세 아르카디오 부엔디아가 푸르덴치오 아퀼라에게 닭싸움에서 이기고 난 다음에 비극적인 사태가 벌어졌다. 자기 닭이 흘린 피에 화가 치민 패배자는 호세 아르카디오 부엔디아로부터 물러서며 투계장에 모인 사람들이 다 들을 만큼 큰 소리로 외쳤다.

"축하한다! 이제 네가 마누라한테 못 해준 구실을 네 닭이 해주겠구나."

호세 아르카디오 부엔디아는 차분히 자기 닭을 안아 올리고는 사람들에게 말했다.

"내 곧 돌아오지." 그러고는 푸르덴치오 아퀼라를 돌아보며 다시 입을 뗄 때였다. "어서 집으로 가서 무기를 가지고 와. 널 죽여버리고 말겠어."

10분 뒤 그는 할아버지가 쓰던 짧은 창을 가지고 돌아왔다. 마을 사람들의 절반이 모인 투계장 입구에서 기다리던 푸르덴치오 아퀼라는 공격 자세를 취할 틈도 없었다. 아우렐리아노 부엔디아 1세가 재규어를 잡을 때 보이던 정확한 조준 솜씨를 이어받은 호세 아르카디오 부엔디아가 집어던진 창이 푸르덴치오 아퀼라의 목에 꽂혔다. 그날 밤 마을 사람들이 투계장에서 시체를 지키고 있을 즈음, 호세 아르카디오 부엔디아는 아내가 막 정조대를 차려는 침실로 들어갔다. 그는 아내에게 창을 들이대며 소리쳤다.

"당장 그걸 벗어!"
우르슬라는 말을 듣지 않으면 남편이 자기를 정말로 죽일 것을 알았다. 우르슬라가 작게 말했다.
"무슨 일이 생기든 그건 당신 탓이에요."
호세 아르카디오 부엔디아는 흙바닥에 창을 꽂았다.
"당신이 이구아나를 낳으면 우린 그 이구아나를 기르면 돼." 그가 말했다. "하지만 당신 때문에 다시 마을 사람이 죽는 일은 없게 하겠어."
6월의 산뜻하고 달 밝은 밤이어서, 그들은 동이 틀 때까지 침대 위에 뒤엉켜 있었다. 바람결에 들려오는 푸르덴치오 아귈라의 일가친척들이 내는 통곡 소리는 신경도 쓰지 않았다.
사건은 명예를 걸고 싸운 정당한 결투라고 결론이 났지만, 역시 두 사람은 양심의 가책을 느꼈다. 어느 날 밤, 우르슬라는 잠이 오지 않아 물을 마시러 마당 우물가에 나갔다가 물독 옆에 서 있는 푸르덴치오 아귈라를 만났다. 그는 창백한 얼굴에 너무나도 슬픈 표정으로, 소독 솜 대신 수염새풀로 목에 뚫린 창 자국을 막으려고 애를 썼다. 그 모습을 보고 우르슬라는 무서움보다 가련함을 느꼈다. 우르슬라는 방으로 돌아가 지금 보고 온 것을 남편에게 말했지만 그는 그다지 신경 쓰이지 않는 듯 이렇게 말했다.
"우리가 양심의 가책을 이기지 못해서 그런 헛것이 보이는 거야."
그로부터 이틀이 지난 날 밤, 우르슬라는 목에 말라붙은 피를 수염새풀로 닦아내는 푸르덴치오 아귈라를 다시 목욕탕에서 보았다. 그 다음 날 밤에는 빗속에서 방황하는 그를 만났다. 환각에 사로잡힌 아내가 슬슬 짜증이 난 날, 호세 아르카디오 부엔디아는 창을 들고 마당으로 나가 보았다. 그랬더니 정말 죽은 사람이 슬픈 표정을 짓고 거기 서 있었다.
"어서 사라져!" 호세 아르카디오 부엔디아가 크게 호통을 쳤다. "여기로 돌아올 때마다 몇 번이고 숨통을 끊어주마!"
푸르덴치오 아귈라는 사라지지 않았다. 호세 아르카디오 부엔디아도 감히 창을 던지지 못했다. 그 다음부터 그는 편히 잘 수가 없었다. 그는 빗속에서 바라보던 죽은 사람의 슬픈 얼굴, 이 세상 사람들을 그리워하는 표정, 그리고 수염새풀을 적시려고 집 안에서 물을 찾아다니던 안타까운 모습이 마음에 걸렸다.

"그 녀석 무척 고통스러워하는 것 같아." 호세 아르카디오 부엔디아는 우르슬라에게 말했다. "혼자라서 분명 외로운 거야."

우르슬라는 그 말에 동정을 느꼈다. 부뚜막의 냄비 뚜껑을 열려는 푸르덴치오 아퀼라를 다시 보고 그가 찾는 것이 무엇인지를 짐작한 우르슬라는, 집 안 곳곳에 물을 가득 채운 대야를 늘어놓았다. 어느 날 밤 자기 방에서 상처를 씻고 있는 죽은 자를 발견한 호세 아르카디오 부엔디아는 마침내 참지 못하고 말했다.

"좋아, 푸르덴치오! 우린 이 마을을 떠날 거야. 아주 먼 곳으로 가서 다시는 돌아오지 않겠어. 그러니까 이제는 평화롭게 잠들도록 해."

그리하여 그들은 산맥을 넘게 되었다. 호세 아르카디오 부엔디아와 나이가 비슷한 몇몇 젊은 친구들은 모험심에 불타서 살던 집을 정리하고 식구들을 데리고 아무도 기약하지 않은 새로운 땅을 찾아서 떠났다. 출발에 앞서 호세 아르카디오 부엔디아는 창을 마당에 묻고, 푸르덴치오 아퀼라에게 조금이라도 평화가 깃들기를 바라는 마음에서 자기가 아끼던 멋진 싸움닭들의 목을 차례로 쳤다. 우르슬라가 가지고 떠난 것이라고는 결혼식 때 입었던 옷이 담긴 트렁크와 살림 도구 몇 가지, 그리고 아버지에게서 받은 금화가 담긴 상자뿐이었다. 그들은 계획도 없이 떠났다. 그들은 발자국을 남기지 않도록 조심하고, 그저 아는 사람을 만나지 않기를 빌며, 리오아차의 반대쪽으로 갔다. 그것은 기묘한 여행이었다. 열네 달이 지났을 무렵, 원숭이 고기와 뱀 스프만 먹고 살아서 뱃속이 다 헐어버린 우르슬라는 다행히도 사람 모습을 제대로 갖춘 아기를 낳았다. 모양이 변할 정도로 다리가 붓고 정맥이 방울처럼 부풀어 오르자, 우르슬라는 두 사람이 어깨에 멘 그물침대에 들려 여행했다. 뱃가죽이 움푹 가라앉고 눈동자가 빛을 잃어 불쌍해 보이긴 했어도 아이들은 부모들보다 긴 여행에 훨씬 잘 견디었다. 그들에겐 여행이 재미있는 놀이처럼 여겨지기도 했다. 어느 날 아침, 2년 가까이 헤매던 끝에 그들은 드디어 산맥 서쪽 경사면을 내려다본 첫 번째 사람들이 되었다. 구름에 덮인 산꼭대기에서 그들은 세상의 저 세상까지 이어진 듯한 광활한 늪지대를 볼 수가 있었다. 그러나 그들은 바다를 찾지 못했다. 그들이 마지막으로 본 인디언 마을을 떠나서 몇 달 동안을 늪 지대에서 헤매던 어느 날 밤, 그들은 얼어붙은 유리알처럼 잔잔히 흐르는 바위투성이 강가에서 야영을 했다. 몇 년 뒤 두 번째 내란이 일어났을 때, 아우렐리아노 부엔디아 대령은 리오아차를 공격하려고 같은 길을 걸었으나 엿새째 되는 날 다 쓸데없는 짓이라는 것을 깨닫게 되었다. 아무튼 그날 밤 야영을 할 때, 그의 아버지가 이끌고 온 무리는 난파선에서 도망도 치지 못하게 된 조난자 꼴이었지만, 그들이 유랑하는 사이에 사람 수는 늘었고, 다들 너무나도 건강했다. 그날 밤 호세 아르카디오 부엔디아는 그들이 멈춘 곳에서, 거울로 벽을 장식한 집들이 늘어선 활기찬 마을이 이곳에 들어선 꿈을 꾸었다. 이 마을 이름이 무엇이냐고 그가 물었더니 사람들은 여태까지 들어본 일도 없고, 아무런 뜻도 지니지 않은 이름을 대었다. 그러나 '마콘도'라는 그 이름은 꿈속에서 신비한 힘을 가지고 메아리쳤다. 이튿날 아침에 그는 바다는 찾을 수 없으리라는 것을 사람들에게 납득시켰다. 그는 사람들에게 강가의 가장 서늘한 곳을 골라서 나무를 베어 공터를 만들라고 하고, 그곳 강둑에다 마을을 세웠다.

호세 아르카디오 부엔디아는 꿈속에 나타났던 거울 벽이 있는 집의 수수께끼를 얼음을 볼 때까지는 풀 수가 없었다. 얼음을 보고 나서야 그것이 숨긴 깊은 뜻을 이해했다고 믿었다. 그는 머지않은 장래에 물이라는 지천에 널린 재료로 얼음덩이들을 잔뜩 빚어서 마을에 새 집을 지을 수 있을 거라 생각했다. 문의 손잡이와 경첩이 녹아내릴 듯이 무더운 마콘도도 이제 서늘한 마을로 바뀔 것이다. 그가 당장 얼음 공장을 세우겠다고 발 벗고 나서지 않았던 까닭은, 오로지 아이들, 특히 일찍부터 연금술에 대해서 가끔씩 뛰어난 이해력을 보인 아우렐리아노를 가르치는 데 모든 정열을 기울이고 있었기 때문이다. 호세 아르카디오 부엔디아와 아우렐리아노는 실험실 먼지를 깨끗하게 털어냈다. 멜키아데스의 비법을 적은 노트를 검토하면서 그들은 예전처럼 흥분하지 않고 침착하게, 인내심을 가지고 오랫동안 냄비 밑에 눌어붙은 찌꺼기에서 우르슬라의 황금을 회수하려고 해봤다. 어린 호세 아르카디오 2세는 그 일을 도우려고 하지도 않았다. 아버지가 가마와 씨름하는 동안, 일찍부터 나이에 비해 덩치가 크던 맏아들은 우람한 청년이 되었다. 이미 목소리가 변했고 입 주변에는 희미하게 수염들이 돋았다. 어느 날 밤 아들이 자려고 옷을 벗는데 방 안으로 들어온 우르슬라는 부끄러움과 측은함을 한꺼번에 느꼈다. 남편 다음으로 벌거벗은 남자를 보게 된 우르슬라는 아들이 비정상으로 보일 만큼 훌륭한 몸을 갖고 있음을 알았다. 세 번째 임신 중이었음에도 불구하고 우르슬라에게 신혼 초에 느꼈던 공포가 되살아났다.

이 무렵 입은 거칠지만 남자들을 잘 호리는 여자가 자질구레한 집안일을 돕기 위해 들어왔다. 그 여자는 카드로 점을 칠 줄 알았다. 우르슬라는 그 여자에게 아들 이야기를 했다. 우르슬라는 아들의 그것이 터무니없이 크게 느껴져서, 혹시 사촌에게 났던 돼지꼬리 같은 것이 아닌가 걱정이었다. 그 여자는 웃음을 터뜨렸고, 그 웃음소리는 유리가 산산조각이 나듯 온 집안에 요란하게 울렸다.

"재앙을 받을까 봐 두렵다니, 정반대예요." 그 여자가 말했다. "오히려 재수가 좋은 거죠."

자기 예언을 증명하려고, 며칠 뒤 카드를 가져온 그 여자는 부엌 밖에 있는 곡식 창고로 호세 아르카디오를 데리고 들어가 문을 잠가버렸다. 신기해하기는커녕 지루해서 몸을 꼬는 호세 아르카디오를 옆에 세워놓고 가정부는 목수 일을 할 때 쓰는 낡은 작업대 위에 카드를 늘어놓더니 갑자기 손을 뻗어 그를 만졌다.

"정말 멋지구나!"

정말로 놀란 듯이 그 여자는 외쳤다. 그리고 그 이상 아무 말도 하지 못했다. 호세 아르카디오는 온몸에 소름이 돋는 것을 느꼈다. 어렴풋한 불안감에 울고 싶은 충동이 왔다. 여자는 아무런 암시도 주지 않았다. 그러나 호세 아르카디오는 밤새도록, 자기 피부에까지 배어든 그 여자의 겨드랑이 냄새에 이끌려 밤새 그를 쫓아다녔다. 호세 아르카디오는 그 여자가 어머니가 되어 언제나 곁에 있어주기를 바랐고, 창고 안에 머무르면서 "정말 멋지구나!" 이 말만 해달라고 졸랐다.

어느 날 호세 아르카디오는 더 이상 참을 수가 없어서 여자의 집을 찾아갔다. 대체 어쩌려는 건지 당당하게 앞문으로 들어와서는, 아무 말도 없이 방 안에 버티고 앉아 있었다. 그러나 호세 아르카디오는 그 여자에게 욕망을 느끼지는 않았다. 그 여자는 완전히 다른 사람이라도 된 듯 싶었고, 자기가 기억하고 있는 체취하고는 어쩐지 잘 연관이 되지 않았다. 호세 아르카디오는 커피만 마시고 나서 맥이 빠져서 그 집을 나섰다. 그날 밤 그는 잠을 이루지 못해 괴로워하던 중 다시 그 여자를 그리워하게 되었다. 그가 그리워한 것은 창고에서의 여인이 아니라 그날 오후에 본 그 여자의 모습이었다.

며칠 있다가 그 여자는 갑자기 호세 아르카디오에게 자기 집으로 오라고 했다. 자기 어머니와 단 둘이 있던 여자는 카드를 가르쳐준다는 핑계로 그를 침실로 데리고 들어갔다. 그리고 너무나 거리낌 없이 그를 만져대는 통에, 첫 흥분이 가라앉은 뒤 그는 왠지 모르게 맥이 풀려 쾌감을 느끼기보다는 두려웠다. 여자는 호세 아르카디오에게 밤에 다시 찾아오라고 일렀다. 그는 그 자리에서 어서 빠져나오고 싶어 그러마고 약속은 했지만, 다시 돌아오지 않겠다고 마음먹었다. 그러나 그날 밤 활활 달아오른 몸으로 침대에서 꿈틀거리던 그는, 어떻게 해서든 그 여자를 만나러 가야만 한다는 충동을 느꼈다. 어둠 속에서 들려오는 동생의 차분한 숨소리와 옆방에서 들리는 아버지의 마른 기침 소리, 마당에서 들려오는 암탉들이 꼬르륵대는 소리, 윙윙대는 모기 소리, 심장이 두근거리는 소리, 그는 여태까지 알지 못했던 온갖 불협화음에 귀를 기울였다. 그러면서 더듬어 옷을 찾아 입고 깊은 잠에 빠진 밤거리로 나섰다. 호세 아르카디오는 그 여자가 약속한 대로 문이 살짝 닫혀 있는 것이 아니라, 굳게 빗장이 걸려 있기를 진심으로 바랐다. 그러나 문은 열려 있었다. 그가 손끝으로 가볍게 밀자, 삐걱거리는 문짝 소리가 그의 가슴속까지 울렸다. 되도록 소리를 내지 않으려고 조심조심 집 안으로 들어간 순간 벌써 여자의 체취를 맡을 수 있었다. 호세 아르카디오는 좁은 거실에 서 있었다. 거기에는 여자의 세 남동생들이 그물침대를 걸고 자고 있었다. 그는 어둠 속에서 그들의 위치를 알 길이 없어 조심스럽게 손으로 더듬으며 거실을 지나갔다. 호세 아르카디오는 침실 문을 찾아냈다. 문으로 다가가던 그는 생각보다 나지막이 매어둔 그물침대의 줄에 걸려 고꾸라질 뻔했다. 그물침대에서 코를 골던 남자는 잠결에 몸을 뒤척거리면서 짜증나는 투로 잠꼬대를 했다.

"그날은 수요일이었어."

침실 문을 밀어 열 때 문이 울퉁불퉁한 바닥에 부딪쳐 소리를 내고 말았다. 갑자기 어둠 한가운데서 완전히 방향 감각을 잃은 듯한 기분이 들었다. 그만둘 것 그랬다는 생각이 불현듯 들었다. 좁은 방에는 그 여자의 어머니, 언니, 형부, 두 조카, 그리고 그녀가 그를 기다리지 않았다는 듯 잠들어 있었다. 만일 언제나 그녀에게서 나는 아련하지만 절대로 틀릴 수 없는 그 체취가 집안에 가득하지만 않았더라도, 그 냄새를 좇아 그녀에게로 갈 수 있었을 것이다.

그 냄새는 벌써부터 자신의 몸에도 배어 있어서, 잘못 맡을 염려는 없었다. 어쩌다가 이런 암흑 속에까지 들어와서 헤매게 되었나 하는 생각이 든다. 그가 잠시 그 자리에 서 있는데, 그때 어둠 속에서 손이 뻗어와 그의 얼굴을 만졌다. 그는 이런 일을 미리 예상이라도 했다는 듯이 조금도 놀라지 않았다. 호세 아르카디오는 어둠 속의 손길에 자신을 맡겼다. 지칠 대로 지쳐서 그 손길을 따라갔다. 옷이 벗겨지는 동안 감자 자루처럼 옷이 이리저리 휘둘리었다. 어딘지도 모를 어둠 속에서 그의 팔은 제 구실을 못 했고, 여인의 체취 대신에 암모니아 냄새가 코를 찔렀다. 여자의 얼굴을 기억하려고 했더니 우르슬라의 얼굴이 먼저 떠올랐다. 막연하나마 호세 아르카디오는 자기가 오랫동안 하고 싶었던 일을 지금 하고 있다는 생각이 들긴 했지만, 하려고 마음먹었던 대로 잘 되지가 않았다. 다리와 머리가 어디쯤에 있는지도 잘 몰라서 어느 것이 자기 다리이고 어느 것이 상대의 머리인지 아리송했다. 뱃속부터 느껴지는 초조한 기분 때문에 어서 도망치고 싶으면서도 한편으로는 영원히 이렇게 초조한 침묵과 무서운 외로움 속에 머물고 싶기도 했다. 그런 모순된 마음을 더 이상 견딜 수 없게 된 자신을 그는 느끼고 있었다.

 그 여자의 이름은 필라르 테르네라였다. 필라르는 열네 살 때 자기를 범하고 스물두 살 때까지 연애를 하면서도 타지 사람이라 그 관계를 끝내 밝히지 않았던 남자로부터 그녀를 떼어놓으려는 식구들에게 이끌려서 마콘도로 왔다. 그 남자는 일이 정리되는 대로 필라르를 쫓아 세상 끝까지라도 찾아오겠다고 굳게 약속했다. 그러나 카드가 3일 뒤, 3개월 뒤, 또는 3년 뒤에 육지나 바다에서 만날 수 있다고 가르쳐주는 그를 기다리다 지친 필라르는, 남자만 보면 키가 크거나 작거나, 금발이거나 검은 머리거나, 헤어진 남자와 비슷하다 생각하고 사랑에 빠지게 되었다. 필라르는 너무 오래 기다려서 허벅지의 힘과 가슴의 단단함과 부드러운 손길을 잃기는 했어도, 미친 듯 불타는 욕정만은 온전히 지녀왔다. 그러한 여인과의 놀이에 눈이 멀어버린 호세 아르카디오는 밤마다 미로같은 방에서 그녀를 찾았다. 어느 날 밤에는 문이 잠겨서 그는 용기를 내어 문을 두드렸고 한참 기다렸더니 여자가 나와서 문을 열어주었다. 낮이면 그는 꾸벅꾸벅 졸면서 전날 밤에 있었던 일들을 즐겁게 떠올렸다. 그러다가 그 여자가 아무렇지도 않은 표정을 짓고 떠들며 집으로 찾아와도 그는 그 긴장을 억지로 감출 필요가 없었다. 비둘기도 놀라 달아날

만큼 크게 웃는 여자는, 숨을 죽여 심장 고동을 조절하는 것을 가르쳐 주고 인간이 어째서 죽음을 두려워하는지를 이해시켜 준, 저 눈에 보이지 않는 힘과는 전혀 관계없는 존재였기 때문이다.

호세 아르카디오는 언제나 자기 생각에만 깊이 빠져 있어서, 마침내 금속 찌꺼기를 긁어내어 우르슬라의 황금을 다시 찾았다는 얘기에 온 집안 식구들이 기뻐 날뛰는 것도 아랑곳하지 않았다.

그들은 며칠 동안 고생을 하고 참아낸 끝에 그 황금을 되찾은 것이다. 우르슬라는 너무나 기뻐서 연금술을 내려주신 하느님에게 감사를 드렸다. 마을 사람들은 실험실로 꾸역꾸역 몰려들어서 이 경사를 축하하기 위해 준비한 구아바(아메리카 열대지방이 원산지인 도금양과의 관목, 계란형의 담황색 열매는 날로 먹을 수 있으며, 잼으로도 가공함) 젤리와 과자를 먹어치웠다. 호세 아르카디오 부엔디아는 마치 자기가 금을 발명해 내기라도 한 듯이, 되찾은 금을 담은 항아리를 자랑스레 보여주었다. 모인 사람들에게 실컷 금을 보여주고 나서, 그는 지난 며칠 동안 실험실에 한 번도 얼굴을 비치지 않던 큰아들과 마주쳤다. 호세 아르카디오 부엔디아는 바싹 마른 누런 덩어리를 그의 눈앞에 들이대면서 말했다.

"네 눈에는 이게 뭣처럼 보이니?"

호세 아르카디오는 진지한 표정이었다.

"개똥이잖아요."

어둠 속에서 아버지에게 주먹으로 얻어맞은 아들의 얼굴에서 피가 뿜어지고 눈물이 흘렀다. 그날 밤 필라르 테르네라는 어둠 속에서 아르니카 엉겅퀴 습포를 그의 부은 상처에 대주고 약병과 솜을 치웠다. 그러고는 아무 말도 하지 않았는데도 호세 아르카디오 부엔디아가 바라는 대로, 아프지 않게 그를 애무했다. 마음이 하나로 녹아들어 자기들도 모르게 서로 속삭임을 나누었다.

"우리 단 둘이서만 있었으면 좋겠어." 호세 아르카디오 부엔디아가 말했다. "곧 사람들한테 우리 관계를 알려야겠어. 그러면 이렇게 숨어서 만나지 않아도 되니까."

여자는 그를 말리려 하지 않았다.

"그러면 참 좋겠어." 여자가 말했다. "우리끼리만 있다면 불을 환히 켜놓고 서로 마음껏 볼 수 있을 텐데. 그럼 난 아무 거리낌 없이 마구 소리를 지를 수 있을 거야. 그리고 당신도 나한테 마음대로 아무 말이나 해도 되고."

그 대화와, 아버지에 대한 분함과, 곧 실현될 것 같은 난폭한 사랑의 가능성에 그는 용기를 얻었다. 그는 별로 따져보지도 않고 자연스레 동생에게 모든 것을 털어놓았다.

처음에 어린 아우렐리아노는 형의 연애에 얽힌 위험은 깨달았으나, 실제로 어떤 비밀스런 쾌락이 숨어 있는지는 몰랐다. 그런데도 조금씩 아우렐리아노는 초조감에 휩싸였다. 형에게 일어났던 일들을 낱낱이 들으면서 형이 겪은 고통과 쾌락을 함께 나누었다. 형과 함께 두렵기도 했고 즐겁기도 했다. 그는 활활 타는 석탄덩이를 엮어서 만들기라도 한 듯이 뜨거운 침대에 혼자 누워 동이 틀 때까지 잠들지 않고 형을 기다렸다. 마침내 형이 돌아오면 일어날 시간이 될 때까지 얘기를 나누어 두 사람 다 곧 수면 부족에 시달렸다. 그들은 연금술이나 아버지의 지혜 따위에는 흥미를 잃고 남들 눈을 피해다녔다.

"저 애들이 아무래도 이상해요." 우르슬라가 말했다. "거위배라도 앓는 게 아닌지 모르겠어요."

우르슬라는 산토닌의 원료인 개꽃을 짓이겨서 만든, 맛이 이상한 물약을 아이들에게 주었다. 그들은 예상치도 못한 인내력을 보이며 그 약을 마셨다. 그러고는 하루에 열한 번이나 같은 시간에 요강을 찾았다. 엉덩이에서 장밋빛 기생충이 나오자 그들은 기생충이 그들의 묘한 행동의 원인이라고 우르슬라를 속일 수 있게 되었다. 그들은 신이 나서 그것을 들고 다니며 이 사람 저 사람한테 보여주었다. 이제 아우렐리아노는 형의 비밀에 대해 알고 있을 뿐더러 함께 겪는 느낌마저 들었다. 어느 날 형이 사랑을 나누는 방법에 대해서 자세히 설명하는 도중에 그가 끼어들어 물었다.

"어떤 느낌이야?"

호세 아르카디오는 서슴지 않고 말했다.

"지진 같아."

1월의 어느 목요일 새벽 2시에 아마란타가 태어났다. 다른 사람들이 방에 들어오기 전에 우르슬라는 새로 태어난 딸을 자세히 살펴보았다. 아이는 도롱뇽처럼 창백하고 미끌거렸지만, 사람이 갖출 것은 다 갖추었다. 아우렐리아노는 사람들이 집안을 가득 채울 때까지 아이가 태어난 것을 까맣게 몰랐다. 그는 그 북새통에 남의 눈에 띄지 않고 집을 빠져나와 지난 밤 11시에 나가 아직도 돌아오지 않은 형을 찾아 나섰다. 그는 어찌나 정신이 없었던지 필라르 테르네라의 침실에서 형을 어떻게 불러낼지는 전혀 생각해 보지 않았다. 아우렐리아노는 몇 시간 동안이나 집 둘레를 빙빙 돌면서 휘파람으로 둘만 아는 암호를 보냈다. 그러나 동이 터오기 시작하자 집으로 그냥 돌아갈 수밖에 없었다. 어머니 방에서 아무 일도 없었다는 듯 태연한 얼굴로 갓 태어난 아기와 장난을 치고 있자, 마침내 그곳에 호세 아르카디오가 얼굴을 내밀었다.

우르슬라가 겨우 40일의 휴식을 끝내자 집시들이 다시 찾아왔다. 그들은 얼음을 가지고 왔던 바로 그 노점상과 마술사들이었다. 멜키아데스 무리와는 달리 그들은 자기들이 발전의 첨단을 걷는 지식의 전달자가 아니라, 단순히 여흥을 제공하는 행상인이라는 점을 사람들에게 알려주었다. 얼음을 가져왔을 때만 해도 그들은 얼음이 인간의 삶을 윤택하게 한다는 말은 하지 않고, 그저 신기한 구경거리로만 소개했다. 이번에 그들은 여러 가지 잡다한 도구들과 함께 하늘을 나는 마법의 양탄자를 가지고 왔다. 그들은 이 양탄자가 교통 발전에 이바지할 수 있다는 선전 대신, 재미있게 타볼 수 있다는 얘기만 했다. 사람들은 마을 위를 날아보고 싶은 생각에 집에 숨겨둔 금화들을 아낌없이 파내왔다. 이렇게 사람들이 눈 깜짝할 사이에 지붕 위로 일주하는 하늘 여행에 즐거워하는 사이에, 호세 아르카디오와 필라르는 몇 시간이고 마음놓고 재미를 볼 수가 있었다. 그들은 군중 틈에서 연인들처럼 행동을 했다. 나중에는 사랑이, 밤마다 벌이는 순간적이고 난폭한 비밀 정사나 순간적인 쾌락보다 더 깊은 감정일지도 모른다고 생각하기에 이르렀다. 그런데 필라르가 이 행복을 깨버리고 말았다. 호세 아르카디오가 자신과 함께 돌아다니며 기뻐하는 모습을 보자 필라르는 그만 신이 나서 방법이나 시기를 생각해보지도 않고 덜컥 그에게 폭탄선언을 했다.

"당신도 드디어 떳떳한 사내 구실을 하게 되었어!"

그것이 무슨 소리냐고 물었더니, 필라르는 알아듣기 쉽게 말해 주었다.

"당신은 이제 아기 아빠가 될 테니까 말이야."

호세 아르카디오는 그로부터 며칠 동안 집 안에 틀어박혀 지냈다. 필라르의 요란한 웃음소리가 부엌에서 들려오면 그는 그 자리에서 도망쳐, 이제는 우르슬라가 애지중지하게 된 연금술 기구들이 다시 활동을 개시한 실험실에 숨어버렸다. 호세 아르카디오 부엔디아는 방탕한 아들을 기쁘게 맞이해 드디어 착수한 '현자의 돌' 연구를 기초부터 가르쳤다. 어느 날 오후에 집시가, 반갑게 손을 흔드는 동네 아이들 몇 명을 '하늘을 나는 마법의 양탄자'에 태우고 운전을 하며 실험실 창문 앞을 스쳐갔다. 양탄자에 대해서 아들들은 깊은 관심을 나타냈지만, 호세 아르카디오 부엔디아는 돌아보지도 않았다.

"마음대로들 즐기라고 내버려둬라. 우리는 저 집시들보다 더 멋지게 비행을 할 테니까. 그까짓 보기 흉한 담요 조각보다 훨씬 과학적인 방법으로 날아다니게 될 거야."

겉으로는 관심있는 척했지만 호세 아르카디오는 '현자의 돌'이 지닌 힘을 이해할 수가 없었고, 아무리 봐도 그 돌은 기껏해야 만들다 실패한 플라스크처럼 보였다. 그는 걱정거리에서 벗어날 수가 없었다. 입맛을 잃고 잠도 제대로 자지 못했다. 때때로 연금술 실험에 실패했을 때의 아버지처럼 언짢은 표정을 짓고 다녀서, 호세 아르카디오 부엔디아는 아들이 연금술에 너무 신경을 쓴 나머지 머리가 이상해졌다고 판단해서 실험실 일에서 해방시켜 주었다. 아우렐리아노는 형이 '현자의 돌'을 찾으려 하기 때문이 아니라는 것을 알았으나 형은 이제 마음을 쉽게 열어주지 않았다. 처음에는 무엇이든 허물없이 털어놨었는데, 이제는 몸을 도사리고 적대시하기까지 했다. 혼자 있고 싶어하고 온 세상에 격렬한 증오를 품게 된 그는, 어느 날 밤 여느 때와 같이 침대를 빠져나왔다. 그러나 필라르 테르네라의 집으로 가지 않고 야시장의 왁자지껄함 속으로 섞여 들어갔다. 온갖 기묘한 장치들을 구경하며 이곳저곳 배회했지만 흥미를 느끼지 못하다가 그는 이 법석거리는 장소와 어울리지 않는다는 것을 발견했다. 온몸에 구슬을 두른, 아이라고 해도 좋을 만큼 아주 어린 여자 집시를 보았다. 그 소녀는 호세 아르카디오가 여태까지 본 여자들 가운데 가장 예뻤다. 그 소녀는 다른 사람들 틈에 끼여서 부모의 말을 안 듣다가 뱀이 되어버린 남자를 구경하고 있었다.

호세 아르카디오는 구경에 별 관심이 없었다. 뱀이 된 남자가 시시한 질문들을 받는 사이에 그는 사람들 틈을 비집고 들어가 맨 앞줄까지 가서 그 집시 소녀의 바로 뒤에 자리를 잡았다. 그는 소녀의 등에 몸을 붙였다. 소녀가 몸을 떼려고 했지만, 호세 아르카디오는 더 세게 몸을 붙였다. 그러자 소녀는 그의 물건을 느꼈다. 소녀는 놀라고 겁이 나서 몸을 떨며 자기 몸에 닿은 것을 믿을 수가 없다는 듯이 그에게 기대어 꼼짝 않고 있다가 겨우 머리를 돌려 파르르 떨리는 미소를 지으며 그를 돌아보았다. 그 순간에 두 집시가 뱀인간을 잡아서 우리에 넣고는 천막으로 가져갔다. 구경을 시켜주던 집시가 말했다.

"자, 여러분. 그러면 이제부터, 보아서는 안 될 것을 본 죄로 150년 동안 매일 밤 이 시간에 목이 잘리는 여자의 무시무시한 처형을 보시겠습니다."

호세 아르카디오와 집시 소녀는 목 베는 광경을 보지 않았다. 그들은 소녀의 천막으로 가서 옷을 벗으며 미친 듯이 키스를 했다. 집시 소녀는 겹겹이 입은 윗도리와 풀 먹인 레이스 속치마, 철사가 든 코르셋, 방울과 구슬 등을 벗어 던지고 벌거벗은 몸이 되었다. 소녀는 이제 부풀어 오르기 시작한 젖가슴과 호세 아르카디오의 팔뚝보다도 가느다란 다리 때문에 귀여운 개구리처럼 보였지만, 연약함을 메울 당차고 다정한 성품을 갖추고 있었다. 그러나 집시들이 서커스에 쓸 도구들을 찾으려 드나들고, 심지어는 주사위를 찾으려고 침대 밑을 뒤지는 사람까지 있을 만큼 번잡한 공동 천막 안이어서, 호세 아르카디오는 여자의 몸짓에 잘 응해 줄 수가 없었다. 천막을 버티고 있는 말뚝 꼭대기에 달린 등불이 주위를 온통 환히 비추었다. 잠시 포옹을 풀고 호세 아르카디오가 어떻게 해야 할지를 몰라서 벌거벗은 채로 멍하니 누워 있자, 집시 소녀는 그의 기운을 돋우려고 애를 썼다. 조금 있다가 살집 좋은 집시 여인이, 집시들과 같이 온 사람도 아니고 마을 사람도 아닌 어떤 남자와 함께 천막 안으로 들어오더니 침대 앞에 서서 함께 옷을 벗기 시작했다. 그 집시 여자는 호세 아르카디오를 흘깃 보았다. 애달프다고 할 만큼 뜨거운 눈길로, 기운을 잃고 축 늘어져 있는 호세 아르카디오의 훌륭한 물건을 살펴보더니 소리쳤다.

"당신, 이 아이 다치게 하면 안돼!"

호세 아르카디오의 옆에 누운 집시 소녀가 참견하지 말라고 하자, 그들은 침대 옆 땅바닥에 자리를 잡고 누웠다. 그들의 격렬한 소리에 호세 아르카디오는 정열을 되찾았다. 첫 접촉에 소녀의 뼈는 도미노 상자를 흔드는 소리를 내며 와르르 부서질 듯싶었고, 그녀의 창백한 피부에서는 희미한 진흙 냄새를 풍기며 땀이 솟아났다. 소녀는 땀에 범벅이 되어서 눈물까지 흘렸다. 그러나 집시 소녀는 그 고통과 충격을 당찬 성격으로 잘 견뎌냈다. 호세 아르카디오는 황홀함에 하늘로 둥둥 뜨는 기분을 느꼈다. 그는 소녀의 귓속에다 입에 담지 못할 추잡한 말들을 부드러운 목소리로 계속 퍼 넣었고, 그 말들은 알아듣지 못할 집시들의 말이 되어 소녀의 입을 통해 도로 쏟아져 나왔다. 그날은 목요일이었다. 그리고 토요일 밤, 호세 아르카디오는 머리에 붉은 헝겊을 뒤집어쓰고 집시들과 함께 마을을 떠났다.

그가 없어진 것을 알아채자 우르슬라는 온 마을을 몽땅 뒤졌다. 집시들이 천막을 쳤던 자리에는 쓰레기 더미와 아직 연기가 피어오르는 타다 만 모닥불만 남았다. 구슬을 주우려고 쓰레기를 파헤치던 남자가 우르슬라에게, 지난 밤 뱀인간을 가둔 우리를 마차에 싣고 가는 아드님을 보았다고 일러주었다.

"그 애가 집시가 되었어요!"

우르슬라가 소리를 질렀다. 그러나 남편은 아들이 실종됐다고 해서 조금도 놀라는 기색이 아니었다.

"차라리 잘된 일이야." 호세 아르카디오 부엔디아는 불에 달구어서 1000번은 갈았을 재료를 다시 갈면서 말했다. "이제 그 녀석도 경험을 쌓고 제대로 어른이 될 테니까."

우르슬라는 집시들이 어디로 갔는지 수소문해 보았다. 지금이라도 따라가서 잡을 수 있으리라고 믿고 여기저기 길을 물으면서 따라갔다. 우르슬라는 마을에서 너무 먼 곳까지 와버려 다시 돌아갈 기력을 잃을 때까지 계속해서 걸어갔다. 호세 아르카디오 부엔디아는 가축들의 똥과 버무린 회반죽이 끓기 시작해서 거기에만 신경을 쓰느라고 저녁 8시가 되도록 아내가 없어진 것을 모르고 있었다. 그러다가, 어린 아마란타가 발악을 하며 우는 통에 제정신을 찾았다. 두세 시간 뒤에 그는 준비를 단단히 한 남자들을 몇 명 모아서, 아이를 돌보겠다고 나선 여자에게 아마란타를 맡기고 우르슬라를 찾아 수풀에 덮여 보이지도 않는 길을 따라나섰다. 아우렐리아노도 그들과 함께 나섰다. 날이 밝을 때쯤 무슨 말을 하는지 알아듣지도 못할 인디언 어부들이 손짓발짓을 해가면서 그 길을 지나간 사람은 아무도 보지 못했다는 얘기를 했다. 사흘 동안 헛고생만 하고 우르슬라를 찾지 못한 그들은 마을로 되돌아왔다.

몇 주일 동안 호세 아르카디오 부엔디아는 완전히 기운을 잃었다. 그는 어린 아마란타를 어머니처럼 보살폈다. 아이를 목욕시키고 옷을 갈아입히고 하루에 네 번씩 젖을 얻어 먹이러 데리고 다녔다. 그는 우르슬라도 하지 않았던 자장가까지 불러주었다. 그러던 어느 날 필라르 테르네라가 와서 우르슬라가 돌아올 때까지 집안일을 보살펴 주겠다고 나섰다. 불행한 사건을 겪고 이제는 제법 앞일을 내다보는 신비한 통찰력을 갖춘 아우렐리아노는 그 여자가 집에 들어서는 순간에 무엇인가 짚이는 바가 있었다. 그는 형이 도망치고, 어머니까지 실종된 된 원인이 필라르라고 생각해 그 여자와 얘기도 않고 쌀쌀하게 대해서, 다시는 집 안에 발을 들여놓지 못하게 했다.

시간이 흐르면서 모든 일은 자리가 잡혔다. 호세 아르카디오 부엔디아와 그의 아들은 다시 실험실로 돌아가 먼지를 털고 아궁이에 불을 지펴 쇠똥에 파묻혀 몇 달을 묵고 있던 원료를 주물럭거리기 시작했다. 어린 아마란타까지도 바구니 안에 누워서, 수은 증기로 가득 찬 실험실에서 연구에 몰두하는 아버지와 오빠를 신기한 듯 구경했다. 우르슬라가 나간 지 몇 달 뒤부터 이상한 일들이 벌어졌다. 오랫동안 찬장에 넣어두고 잊어버렸던 플라스크는 옮길 수 없을 만큼 무거워졌다. 불을 피우지 않고 그냥 작업대에 올려놓은 물 냄비가 반시간씩이나 끓어서 물이 모두 증발하기도 했다. 호세 아르카디오 부엔디아와 그의 아들은 기쁨과 놀라움이 뒤섞인 복잡한 마음으로 이런 일들을 지켜보았지만, 어떻게 된 일인지 알 수가 없었다. 다만 어떤 계시일 거라고 해석했다. 어느 날 아마란타가 들어 있는 바구니가 저절로 움직이면서 방 안을 한 바퀴 돌았다. 깜짝 놀란 아우렐리아노는 서둘러 그 바구니를 잡으려고 달려갔다. 그러나 아버지는 조금도 당황하지 않았다. 그는 바구니를 끌어다가 책상다리에 꽁꽁 묶어놓고, 이제 곧 기다리던 순간이 올 것이라고 확신했다. 아우렐리아노는 그때 아버지가 중얼거리던 말을 들었다.

"하느님을 무서워하지 않는 자라도 금속은 두려워할지어다."

그러자 다섯 달 동안이나 행방불명이 되었던 우르슬라가 불쑥 돌아왔다. 우르슬라는 이 마을에서는 보지 못한 새로운 옷을 입고, 완전히 젊음을 되찾아 너무나도 건강한 모습이었다. 너무나 놀란 호세 아르카디오 부엔디아는 자리에서 일어설 기운도 없었다.

"그래, 맞았어!" 그는 소리쳤다. "난 이렇게 될 줄 알았어."

그리고 그는 몇 시간이고 원료와 씨름을 하며 골방에 틀어박혀 있는 동안에 마음속 깊이 기다리던 기적이, '현자의 돌'을 발견하거나 쇠붙이가 살아나서 숨쉬거나, 문고리와 다른 쇠붙이로 된 물건들을 황금으로 바꾸는 힘이 아니라, 지금 눈앞에 벌어진 기적, 즉 우르슬라가 돌아오는 것이었음을 깨달았다. 우르슬라는 남편처럼 기뻐 보이지 않았다. 우르슬라는 마치 한 시간쯤 어디를 다녀오기라도 한 듯이 남편에게 가벼운 키스를 하고 말했다.

"밖에 좀 나가 봐요."

밖으로 나와 수많은 사람들을 본 호세 아르카디오 부엔디아는 잠시 동안 동요에서 헤어나오지 못했다. 그들은 집시들이 아니었다. 그들은 피부가 검고 머리카락이 뻣뻣한, 그들과 같은 언어를 쓰고 같은 고민을 지닌 보통 사람들이었다. 그들은 먹을 것을 실은 노새와, 평소 볼 수 있는 무뚝뚝한 행상인들이 팔러 다니는 아주 흔한 가재 도구를 실은 마차를 끌고 있었다. 그들은 늪지대의 건너편에 있는, 달마다 우편물이 도착하는 높은 수준의 생활을 하는 마을에서 온 사람들이었다. 그 마을은 마콘도에서 이틀만 가면 되는 거리에 있었다. 우르슬라는 집시들을 만나진 못했지만, 위대한 문명의 이기를 추구하며 남편이 그토록 애써 찾으려다 실패한 길을 찾아낸 것이다.

3

필라르 테르네라가 낳은 남자 아이는 태어난 지 2주일 만에 할아버지 집으로 왔다. 우르슬라는, 자기의 피가 조금이라도 섞인 아이가 버림을 받게 내버려둘 수 없다는 남편의 고집에 또 다시 마지못해 그 아이를 받아들였다. 하지만 그 아이의 족보가 남들에게 절대로 알려져서는 안 된다는 조건을 걸었다. 아이의 이름을 호세 아르카디오라고 지었지만, 혼동하지 않으려고 그냥 아르카디오라고만 부르기로 했다. 그때는 마을에도 바쁜 일이 많았고 집안일도 복잡했기 때문에 아이들을 돌보는 일은 소홀하게 되었다. 그래서 아이들을 돌보는 일은, 몇 년 전 자기네 부족에 만연된 불면증 질병을 피해서 남동생과 함께 마콘도 마을에 온 과히로(Guajiro) 원주민 여자인 비시타시온에게 맡겼다. 남매는 워낙 순박하고 일을 잘해서 우르슬라는 그들을 집에 두고 집안일을 맡기기로 했다. 그래서 아르카디오와 아마란타는 스페인 말을 배우기도 전에 과히로 말을 배웠고, 우르슬라가 전망이 좋은 동물과자 장사에 정신이 팔려 있는 사이, 그들은 우르슬라 모르게 도마뱀 수프와 거미알 먹는 법을 배웠다. 우르슬라를 따라서 마을에 왔던 사람들은 이곳이 토질이 좋고, 늪지대 건너편보다 지리적인 조건이 뛰어나다는 말을 퍼뜨리고 다녔다. 가난했던 마콘도 마을은 곧 가게와 공장들이 늘어선 번화가가 되었으며, 장삿길을 따라서 슬리퍼를 신고 귀걸이를 한 아랍 상인들이 와서 유리목걸이와 금강앵무를 바꿔 갔다.

호세 아르카디오 부엔디아는 잠시도 쉴 틈이 없었다. 막연한 상상의 세계보다는 눈앞에 벌어진 현실에 더욱 흥미를 느끼게 된 것이다. 그는 연금술 실험실 따위는 깡그리 잊고 몇 달째 만져서 묽어진 원료도 구석으로 치워버렸다. 그리고 처음 마을을 설계할 때 다른 집에서 누리지 못하는 특혜를 한 집에서만 누리지 않도록 주택 설계를 하거나 어디에 길을 낼지 고민하던, 옛날의 활동적인 사람으로 되돌아갔다. 호세 아르카디오는 새로 이주해 오는 사람들에게도 신망이 두터워서, 그에게 자문을 구하지 않고 담을 쌓거나 집을 세우는 사람들은 아무도 없었으며, 토지의 분배도 자연스레 그가 맡게 되었다. 방랑하는 집시들의 행상이 거대한 조직과 도박 기구를 갖추고 돌아왔을 때, 마을은 호세 아르카디오가 그들과 함께 돌아오리라는 기대에 그들을 열렬히 환영했다. 그러나 호세 아르카디오는 돌아오지 않았으며, 우르슬라 생각에는 아들의 행방을 알고 있을 유일한 사람인 뱀인간도 그들 중에 없자, 음란과 타락을 가져온다는 오명을 씌워 집시들에게 이 마을에 천막을 치지 못하도록 하고 앞으로는 발도 들여놓지 말라는 결정을 내리도록 했다. 그러나 호세 아르카디오 부엔디아는 긴 세월 동안 얻은 지혜와 놀라운 발명품들을 가져와서 마을이 도시로 성장하는 데 크게 기여한 멜키아데스의 패거리만은 언제라도 환영이라고 했다. 그러나 넓은 세상을 둘러보고 온 남자들이 전하는 얘기로는, 멜키아데스 패들은 인간 지혜의 한계를 초월해 버려서 결국은 이 지상에서 말살당했다는 것이다.

적어도 요 근래는 헛된 꿈에서 벗어난 호세 아르카디오 부엔디아는 곧 마을 질서를 확립하기 위해 이것저것 통제하면서도 한 가지만은 마음대로 하도록 허락했다. 그것은 마을이 처음 생겼을 때부터 활기차게 지저귀며 그들에게 시간을 알려 주었던 새들을 놓아주고, 그 대신에 차임이 딸린 시계를 사게 되었다. 아랍 사람들에게 금강앵무를 주고 바꾼 그 시계는 나무를 깎아서 만든 것이었다. 호세 아르카디오 부엔디아가 직접 정확하게 시간을 맞추었기 때문에, 반시간 간격으로 집집마다 정확히 시간을 알리는 음악 소리가 울려 나왔다. 그래서 정오가 되면 완성된 왈츠 한 곡이 온 마을에 울려 퍼지는 기분까지 들었다. 길가에 아카시아 대신 아몬드 나무를 심게 하고, 비법은 아무에게도 알려주지 않았으나 절대로 시들지 않게 하는 방법을 발견한 것도 호세 아르카디오 부엔디아였다. 세월이 흘러 마콘도에 양철 지붕을 씌우고 나무로 지은 집들이 들어섰을 때에도, 누가 심었는지 기억하는 사람은 없어도 부러지고 먼지에 덮인 오래된 아몬드 나무들은 거리 곳곳에 남아 있었다. 아버지는 마을을 정비하느라 바쁘고, 어머니는 날마다 설탕을 입힌 닭이나 물고기 모양의 과자를 하루에 두 번씩 발사나무 꼬치에 꿰어 팔며 부지런히 돈을 모았다. 그러는 사이 아우렐리아노는 잊혀진 실험실에 틀어박혀 혼자 연구를 하면서 금을 다루는 기술을 익혔다. 키가 크게 자라서 곧 형이 남긴 옷조차 작아서 입지를 못하고 아버지의 옷을 입기 시작했다. 아우렐리아노가 그 두 사람처럼 체격이 좋지 않아 옷이 잘 맞지 않자 비시타시온은 셔츠에 주름을 넣고 바지의 밑과 위를 줄여주어야 했다. 사춘기에 접어들자 그의 부드러운 목소리는 변했고 말수도 적어졌으며 혼자 시간 보내기를 좋아하게 됐지만, 대신에 태어날 때의 날카로운 눈빛이 되살아났다. 아우렐리아노는 금세공 연구에 너무 열중해서 밥을 먹으러 실험실을 나오는 일조차 드물었다. 그런 아들이 걱정되어 이제 슬슬 여자가 필요할 나이라고 생각한 호세 아르카디오 부엔디아는 그에게 집 열쇠와 약간의 돈을 주었다. 그러나 아우렐리아노는 그 돈으로 왕수(王水 : 진한 염산과 진한 질산의 혼합물. 금이나 백금 등 보통의 산으로는 녹일 수 없는 귀금속을 녹임)를 만들 염산을 샀고, 열쇠는 금을 입혀서 아름답게 꾸몄다. 그러나 그런 행동도 아르카디오나 아마란타가 부린 말썽에 비하면 아무것도 아니었다. 그들은 벌써 이갈이를 할 나이인데도 비시타시온 남매에게 달라붙어 끝까지 고집을 부려 스페인 말은 하지 않고, 과히로 말로만 얘기를 해서 부모는 그들의 얘기를 하나도 알아들을 수가 없었다.

"당신은 불평을 할 권리도 없어요." 우르슬라가 남편에게 말했다. "애들이 몽땅 아버질 닮아 저렇게 이상한 짓을 하니까요."

우르슬라가 한탄을 하면서 아이들의 기행이 돼지꼬리 못지않게 고민거리라고 푸념을 하자, 아우렐리아노는 어쩐지 기분 나쁜 눈빛으로 우르슬라를 바라보며 말했다.

"어머니, 누가 찾아와요."

아들이 예언을 할 때마다 우르슬라는 상식적인 논리로 맞대응하려고 했다. 누가 찾아온다고? 당연하잖니. 별다른 일 없이, 십여 명의 외부인이 날마다 마콘도로 찾아온단다.

그러나 누가 뭐라고 해도 아우렐리아노는 자기의 예감에 자신이 있었다.

"찾아오는 사람이 누구인지는 모르겠어요." 그는 말했다. "하지만 그가 누구든지 간에, 그 사람은 벌써 이리로 오고 있어요."

실제로 일요일이 되자 한 소녀가 도착했다. 나이는 열한 살쯤 돼보였다. 그 소녀는 마나우레에서부터 고생을 해가면서, 피혁상인들에게 맡겨져 호세 아르카디오 부엔디아에게 가는 편지 하나만 가지고 왔는데, 편지로 도움을 청해 온 사람이 누구인지는 그 상인들도 자세히 몰랐다. 소녀가 가져온 짐이라고는 작은 트렁크 하나와, 손으로 꽃을 그려 넣은 작은 흔들의자, 부모의 뼈를 넣고 다녀서 달그락달그락 소리가 나는 자루뿐이었다. 호세 아르카디오 부엔디아 앞으로 온 그 편지는 세월이 흐르고 먼 곳에 떨어져 있어도 아직 그를 깊이 사랑한다는 사람이 보낸 것으로 되어 있었다. 편지는 애정이 듬뿍 담긴 내용이었다. 잊을 수 없는 친구인 니카노르 울로아와 그의 정숙한 아내 레베카 몬티엘 사이에서 태어난 딸이기 때문에 촌수는 멀더라도 호세 아르카디오 부엔디아의 친척이 되며, 우르슬라에게는 육촌뻘이 되는 가련한 고아를 그에게 보내는 것이 인간의 도리라고 여겼고, 이 여자아이가 가지고 가는 부모의 유해가 마땅한 절차에 따라 잘 묻혀서 하느님의 나라로 가기를 바란다고 덧붙였다. 편지에 적힌 이름이나 서명은 잘 읽을 수 있었지만 호세 아르카디오 부엔디아나 우르슬라는 그런 이름을 가진 친척을 기억해 낼 수가 없었으며, 편지를 보낸 사람의 이름도 통 알 수가 없었다. 더군다나 멀리 떨어진 마나우레에 친척이 산다는 소리는 들어본 적도 없었다. 아이에게서도 별다른 도움이 될 얘기를 들을 수가 없었다. 소녀는 도착하자마자 흔들의자에 앉아 손가락을 빨면서 남들이 물어보는 말은 하나도 못 알아 듣겠다는 듯 커다랗게 뜬 놀란 눈으로 주위를 둘러보았다. 소녀는 너무 입어서 낡아빠진 검은 옷을 입고, 발에는 칠이 벗겨진 에나멜 부츠를 신고 있었다. 머리는 귀 뒤에서 검은 리본으로 묶었으며, 땀에 절어서 성상(聖像)이 바랜 스카플라리오(축복받은 두 장의 천을 2개의 끈으로 어깨에서 가슴과 등으로 늘어뜨린 것)를 어깨에 걸치고 악마의 눈을 피하기 위한 부적 대신 짐승의 어금니를 달고 있었다. 살갗이 푸르죽죽하고 배가 북처럼 부푼 것을 보니 건강은 말이 아니었고, 오랫동안 굶주린 것 같아 먹을 것을 주었지만, 접시를 받아서 무릎에 놓고는 손도 대지 않았다. 그래서 혹시 이 아이가 벙어리나 귀머거리가 아닌가 생각을 했지만, 비시타시온이 과히로 말로 물을 마시겠느냐고 묻자 반가운 듯 눈을 돌려 머리를 끄덕였다.

그들은 달리 어쩔 도리가 없어서 소녀를 맡기로 했다. 아우렐리아노가 끈기 있게 성인들의 이름이란 이름을 다 대어도 아이가 반응을 보이지 않았으므로 편지에 씌어 있는 아이의 어머니 이름을 따서 레베카라고 부르기로 했다. 그때까지 아무도 죽은 사람이 없어서 마콘도에는 묘지가 없었으므로 그들은 매장하기 적당한 곳을 찾을 때까지 유해가 들어 있는 자루를 집에 두기로 했다. 그 자루는 이리저리 굴러다니다가 걸핏하면 사람의 발길에 차이거나 생각지도 않던 곳에서 굴러 나오기 일쑤였으며, 그럴 때마다 알을 품은 암탉같은 소리를 냈다. 레베카가 이 집 식구들에게 익숙해지기까지는 오랜 시간이 걸렸다. 레베카는 대개 집 안의 가장 구석진 곳에서 흔들의자에 앉아 손가락을 빨면서 시간을 보내곤 했다. 어떤 일에도 흥미를 느끼지 않았으나, 다만 시계의 차임벨 소리만 나면 하늘에서 그 소리를 찾으려는 듯이 30분마다 눈을 크게 뜨고 주위를 둘러보았다. 달래고 꾀어도 레베카는 며칠 동안 아무것도 먹지 않았다. 그래도 어떻게 굶어죽지 않는지 신기하게만 생각되었는데, 그 비밀을 알아낸 것은 집 안 구석구석을 돌아다니면서 무엇이든 환히 알고 있는 비시타시온 남매였다. 레베카는 마당의 젖은 흙과 벽에서 손톱으로 긁어낸 석회를 즐겨 먹었다. 그 아이의 부모나, 또는 그를 기른 누군가가 그런 버릇을 몹시 꾸짖었던 모양인지 레베카는 몰래 흙과 석회를 모았다가 아무도 보는 사람이 없을 때 혼자서 먹었다. 그래서 다음부터는 잠시도 한눈팔지 않고 아이를 감시하기로 했다. 그들은 레베카의 위험한 악습을 없애 주기 위해서 마당에는 소의 쓴 담즙을 뿌렸고, 벽에는 매운 칠레고추를 발랐다. 그래도 귀신같이 어디선가 흙을 찾아다 먹는 통에 우르슬라는 좀 더 과감한 대책을 강구하기로 했다. 우르슬라는 오렌지 즙에 대황(大黃: 여러해살이풀. 뿌리는 옛날부터 귀중한 한방약재로 쓰임)을 섞어 그릇에 담아 밤새 이슬을 맞힌 다음에, 그 약을 빈

속에 먹도록 했다. 그것이 흙을 먹는 버릇을 고치는 데 잘 들으리라고 아무도 말한 적 없지만, 우르슬라는 빈속에 그렇게 쓴 것을 먹으면 간장 운동이 활발해질 거라고 생각했다. 레베카는 그렇게 마른 주제에 어찌나 힘이 센지, 억지로 약을 먹이려고 송아지처럼 턱을 쥐고 약을 흘려넣어야 했다. 마구 내지르는 발길질이나, 물어뜯고 침을 뱉어가면서 지르는 괴상한 고함은 견디기 힘들 정도였다. 놀라서 눈이 휘둥그레진 비시타시온에게 물어봤더니 레베카가 퍼부은 욕설은 그 나라 말 중에 가장 상스러운 내용의 것들이었다. 그 얘기를 듣고 난 우르슬라는 약을 다 먹인 다음에 회초리질도 했다. 대황과 회초리 가운데 어느 것이 말을 들었는지는 알 길이 없으나 어쨌든 레베카는 2~3주가 지나지 않아 건강이 회복되기 시작했다. 레베카는 자기를 언니로 생각해 주는 아마란타나 아르카디오와 함께 놀기도 했고, 밥그릇과 수저도 제대로 다루면서 밥도 잘 먹었다. 얼마 안 가서 그들은 레베카가 원주민 말만큼이나 스페인어도 잘하고 손재주도 대단하며, 자기가 붙인 유쾌한 가사로 시계의 왈츠 음악에 맞춰 노래를 부를 줄 안다는 것을 알았다. 오래지 않아 그들은 레베카를 한식구처럼 생각하게 되었다. 레베카는 배 아파 낳은 자식들보다도 우르슬라를 더 따랐으며, 아르카디오와 아마란타를 동생이라 불렀고, 아우렐리아노를 삼촌, 호세 아르카디오 부엔디아를 할아버지라고 불렀다. 그렇게 되자 레베카도 이 집 안의 성을 따라도 좋을 것 같아서, 그 아이는 처음으로 성을 갖게 되었으며, 죽는 날까지 레베카 부엔디아라는 이름을 자랑스럽게 여겼다.

레베카가 흙을 먹는 고약한 버릇을 고치고 아이들 방에서 자게 되었을 무렵, 어느 날 밤, 아이들과 함께 자던 비시타시온은 우연히 잠이 깨어 구석에서 나는 이상한 소리를 들었다. 안방으로 짐승이 들어온 줄 알고 깜짝 놀라 일어난 그녀는 구석 흔들의자에서 손가락을 빨고 있는 레베카의 눈이 어둠 속에서 고양이처럼 광채를 띠는 것을 보았다. 비시타시온은 그 눈을 자세히 살펴보고는, 저마다 왕자와 공주였던 비시타시온 남매가 천 년의 역사를 자랑하는 왕국에서 달아나게 된 이유였던 불면증이라는 무서운 질병의 징후를 읽을 수 있었다. 공포에 질린 비시타시온은 벗어날 길 없는 숙명을 한탄했다.

원주민 남매 중 카타우레는 아침이 되기 전에 집을 떠났다. 그러나 운명을 믿었던 비시타시온은 이 불치병이 어디까지라도 자기를 쫓아다닐 것이라고 믿고 그대로 남아 있기로 했다. 비시타시온이 불안해하는 것을 이해하는 사람은 아무도 없었다.

"잘 필요가 없으면 더 좋지 뭘 그래." 호세 아르카디오 부엔디아가 유쾌하게 말했다. "깨어 있는 시간이 많으면 그만큼 일할 수 있는 시간이 늘어나니까."

그러나 비시타시온은 불면증의 가장 무서운 점은 잠을 못 이루거나 육체적으로 피로가 오기 때문이 아니라 시간이 흐를수록 기억을 자꾸 잃게 되기 때문이라고 설명했다. 불면 상태에 익숙해지면 우선 어린 시절의 추억, 다음으로 사람이나 사물의 이름을 잊게 되고, 주위 사람들, 심지어는 자기 자신까지도 잊게 되어서 결국은 과거를 망각한 백치 상태가 된다고 했다. 숨이 넘어갈 듯이 마구 웃어젖히던 호세 아르카디오 부엔디아는 그것을 원주민들의 미신이 만들어 낸 여러 가지 병의 하나라고 넘겨버렸다. 그러나 우르슬라는 만일의 경우에 대비해 레베카를 다른 아이들에게 떼어놓았다.

몇 주일이 지나서 비시타시온의 공포도 많이 가신 어느 날 밤, 호세 아르카디오 부엔디아는 어쩐지 잠이 오지 않아 몸을 뒤척이고 있었다. 마찬가지로 깨어 있던 우르슬라가 왜 그러느냐고 묻자 그가 대답했다.

"오랜만에 푸르덴치오 아퀼라 생각이 났어."

그들은 한숨도 잠을 자지 못했지만, 이튿날 아침에도 전혀 피곤하지 않았으므로 그 일을 곧 잊고 말았다. 이튿날 점심 그 얘기를 들은 아우렐리아노는 놀란 표정으로, 자기도 우르슬라에게 생일 선물로 줄 금 브로치를 만드느라고 실험실에서 꼬박 밤을 새웠지만, 조금도 피곤한 줄을 모르겠다고 말했다. 그러다 셋째 날 그들은 드디어 당황하기 시작했다. 밤이 되어도 졸린 사람이 없었으며, 벌써 50시간째 아무도 잠을 자지 않고 있었다.

"아이들도 모두 깨어 있어요." 원주민 여자는 숙명적인 사태가 다시 일어나고 있음을 느끼면서 말했다. "이 질병은 한번 집안에 발을 들여놓으면 아무도 내쫓을 수가 없어요."

그들은 정말로 불면증에 걸려 있었다. 어머니에게서 다양한 약초의 효과에 대해 배운 우르슬라는 투구꽃으로 술을 담가서 모두에게 먹였지만, 그래도 아무도 잠을 이루지 못하고 깨어 있는 채 꿈을 꾸었다. 그렇게 혼미한 환각에 사로잡힌 상태에서 그들은 자기 꿈에 나타나는 환각뿐만 아니라, 남들이 꾸는 꿈에 나타나는 환각까지 볼 수가 있었다. 모두 실물처럼 나타났기 때문에 집 안에는 사람들이 와글와글했다. 레베카는 부엌 구석 흔들의자에 앉아서, 흰 셔츠에 황금 단추를 단 자기와 똑같이 생긴 남자가 장미 꽃다발을 가져다주는 꿈을 꾸었다. 그 남자와 함께 손이 가냘픈 여자가 따라와서는 장미를 한 송이 뽑아 레베카의 머리에 꽂아주었다. 우르슬라는 그 사람들이 레베카의 부모라고 믿었는데, 그들을 아무리 자세히 뜯어보아도 어디서 본 기억이 전혀 없었다.

호세 아르카디오 부엔디아도 그만 거기까지는 생각이 미치지 못했다. 그러는 동안에도 이 집에서 만든 동물 모양의 과자는 시내에서 잘 팔려나갔다. 어른 아이 할 것 없이 모두 불면증으로 녹색이 된 맛있는 병아리들과, 불면증으로 분홍색이 된 앙증맞은 붕어와, 불면증으로 노란색이 된 부드러운 망아지 들을 마구 먹어댔고, 그러다 보니 월요일 온 동네 사람들이 잠들지 못한 채 아침을 맞게 되었다. 처음에는 아무도 놀라지 않았다. 할 일은 엄청나게 많은데 시간이 없어서 고민 하던 마콘도 사람들은 오히려 잘된 일이라고 생각했다. 그런데 그들은 어찌나 열심히 일을 했던지, 곧 할 일이 없어져서 아직 새벽 3시 밖에 안 됐는데 팔짱을 끼고 앉아 시계의 왈츠 소리만 듣고 있게 되었다. 피곤해서가 아니라 꿈을 꾸고 싶어 잠을 자려는 사람들은 피곤해지기 위해서 온갖 수단을 다 부렸다. 그들은 함께 모여 앉아서 끝이 없는 지루한 얘기들을 주고받았다. 똑같은 농담을 몇 시간씩 되풀이하고, 거세시킨 수탉 얘기를 짜증이 날 정도로 계속했다. 이 놀이에는 끝이라는 게 없었다. 우선 이야기하는 사람이 거세시킨 수탉 얘기를 듣고 싶으냐고 묻는다. 모두 듣고 싶다고 대답하면 이야기하는 사람은 듣고 싶다고 대답하라고 한 적은 없고 그저 기세시킨 수탉 얘기를 듣고 싶으냐고 물었을 뿐이라고 하고, 모두 듣고 싶지 않다고 대답하면 이야기하는 사람은 듣고 싶지 않다고 대답해달라고 한 적은 없고 그저 거세시킨 수탉 얘기를 듣고 싶으냐고 물었을 뿐이라고 하고, 모두 잠자코 있으면 이야기하는 사람은 잠자코 있어달라고 한 적은 없고 그저 거세시킨 수탉 얘기를 듣고 싶으냐고 물었을 뿐이라고 했다. 그래도 누구 하나 자리를 떠날 수 없었다. 왜냐하면 이야기하는 사람은 자리를 떠나달라고 한 적은 없고 그저 거세시킨 수탉 얘기를 듣고 싶으냐고 물었을 뿐이기 때문이다. 이런 이야기가 모두 빙 둘러앉은 가운데 며칠이고 이어졌다.

 마을 사람 모두가 불면증에 걸린 것을 알게 된 호세 아르카디오 부엔디아는, 마을의 가장들을 한자리에 모아놓고 불면증이 어떤 병인지를 설명했다. 사람들은 이 병이 늪지대의 다른 마을로 전염이 되지 않도록 대책을 세우기로 했다. 그들은 아랍 사람들에게 금강앵무를 주고 얻은, 염소의 목에 매달았던 종들을 모두 떼어내어서 마을 어귀에 매달아 두고, 불면증에 걸리지 않은 다른 고장 사람이 파수꾼의 충고나 부탁을 무시하고 마을로 들어오려고 할 때는 반드시 그 종을 울리도록 했다. 그래서 마콘도 거리에서 종을 울리며 타향 사람이 지나가면, 병든 마을 사람들은 병에 아직 걸리지 않은 사람을 가려낼 수 있었다. 종을 울리며 다니는 사람들은 마을에서 아무것도 먹거나 마실 수가 없었으니, 그것은 불면증이라는 병이 음식을 통해서 전염되기 때문이었다. 마콘도의 모든 음식은 불면증으로 오염되어 있었다. 그렇게 해서 그들은 병이 마콘도를 벗어나지 못하게 했다. 병에 대한 그들의 격리는 매우 효과적으로 시행이 되어서, 끝내는 이 긴장 상태가 매우 당연하게 여겨져 사람들은 다시 규칙적인 생활을 하게 되었으며, 잠을 잔다는 쓸데없는 습관 따위는 잊게 되었다.

 적어도 몇 달 동안은, 기억을 잃지 않을 수 있는 비결을 알아낸 사람은 아우렐리아노였다. 그는 그 비결을 아주 우연히 알아냈다. 맨 처음 불면증에 걸린 사람들 가운데 하나였던 그는 곧 불면증 전문가가 되었으며, 그렇게 넉넉해진 시간 동안 그의 금세공 기술도 거의 완벽에 가깝도록 발전했다. 그러던 어느 날 그는 금속을 얇게 펼 때 쓰는 작은 모루를 찾으려고 했는데 갑자기 그 물건의 이름이 생각나지 않았다. 그때 아버지가 일러주었다.

 "그건 모루잖니."

 아우렐리아노는 그 말을 종이에 써서 모루 뒤에다 고무풀로 붙여 놓았다. 그렇게 적어놓으면 앞으로 그 말을 잊지 않을 것이라고 믿었다. 모루라는 말이 본디 기억하기 어려운 단어였기 때문에 그는 이 사건이 기억상실증의 시초라는 것을 깨닫지 못했다. 그러나 며칠 사이에 그는 실험실 안에 있는 거의 모든 도구들의 이름이 잘 생각나지 않는 것을 깨달았다. 그래서 그는 이름이 생각나지 않을 때 도움이 되라고 도구마다 이름을 써두기로 했다. 아버지가 놀란 표정으로 어릴 적 가장 감명 깊었던 사건이 기억나지 않는다고 애기하자, 아우렐리아노는 기억력을 유지하기 위해서 자기가 쓰는 방법을 알려 주었다. 그 얘기를 들은 호세 아르카디오 부엔디아는 곧 그 방법을 실천에 옮겨 집안 여기저기에 쪽지를 붙이며 돌아다녔고, 심지어는 밖으로 나가 온 마을에 쪽지를 달아두었다. 그는 먹을 듬뿍 찍은 붓으로 온갖 이름을 다 써두었다.

'책상·의자·시계·문·벽·침대·냄비……'

그는 뒷마당으로 가서 동식물의 이름도 표시했다.

'소·염소·돼지·암탉·바나나·카사바·토란……'

기억상실의 무한한 가능성에 대해 생각하는 동안 그는 어느 날엔가 사람들은 모든 사물의 이름을 위에 써 붙인 글자를 읽고서 알기는 하겠지만, 결국 그 물건들의 쓰임새는 몽땅 잊게 될 것이라고 생각했다. 그래서 그는 좀더 효과적인 방법을 생각해냈다. 마콘도 마을 사람들이 그들의 기억상실중에 어떻게 대처했는지를 가장 잘 보여주는 것은 그가 소의 목에 걸어놓은 팻말이었다.

'이것은 암소입니다. 암소는 아침마다 짜주면 젖을 냅니다. 그리고 소의 젖을 끓인 다음에 커피와 섞어서 먹습니다.'

그렇게 사람들은 손아귀에서 빠져나가 도망치려는 현실을 말로써 붙잡으려 했다. 하지만 써 있는 글의 뜻마저 잊는다면 더이상 어찌할 수도 없는 서글픈 현실 속에서 살아가게 되었다.

늪지대에서 들어오는 길의 어귀에는 '마콘도'라는 간판이, 또 마을 중심가에는 그보다 조금 큰 '디오스 엑시스테'(신은 존재한다는 뜻)라고 쓴 간판이 서 있다. 그리고 집집마다 기억해 두어야 할 물건이나 인간의 감정들을 적은 쪽지가 잔뜩 붙어 있었다. 그러나 이렇게 간판과 쪽지를 써 붙인다는 일이 워낙 시간을 많이 잡아먹고 신경이 쓰이는 일이라서, 많은 이들이 그다지 실제적이지는 않지만 더욱 강력한, 자신이 만들어 낸 상상 속 현실의 유혹에 지고 만다. 그런 사람들의 소망을 가장 잘 풀어준 사람이 필라르 테르네라였다. 불면증 환자들은 카드점의 불확실한 양자택일에 기반한 세상을 살게 됐다. 그 세상에서 불면증 환자들은 4월 초에 이 마을에 도착한 첫 번째 흑인이 아버지고 왼손에 금반지를 낀 백인 여자가 어머니라든지, 아니면 월계수 위에서 종달새가 지저귀던 지난주 화요일에 자기가 태어났다는 해괴한 점괘를 받았다. 그렇게라도 위안을 얻고 싶어하는 사람들에게 실망을 느낀 호세 아르카디오 부엔디아는 옛날 집시들이 가져왔던 훌륭한 발명품들을 기억하고 싶어서 언젠가 만들려고 했던 기계를 완성하기로 작정했다. 이 장치의 기본은 이제까지 얻은 모든 지식을 매일 아침 처음부터 끝까지 복습하는 데 있었다. 그의 구상에 따르면 그것은 중심축에 앉은 사람이 핸들로 조작할 수 있는 회전식 사전 같은 것으로, 2~3 시간만 있으면 생활에 반드시 필요한 사항을 모두 살펴볼 수 있었다. 그가 1만 4천 장 가까운 카드를 작성했을 무렵이다. 불면증에 걸리지 않았다는 것을 나타내는 서글픈 종을, 단 꾀죄죄한 노인이 밧줄로 꽁꽁 묶어 당장이라도 터질 듯한 가방을 들고 검은 헝겊을 산더미처럼 쌓은 수레를 끌고 늪지대로 통하는 길에 나타났다. 그는 곧장 호세 아르카디오 부엔디아의 집으로 갔다.

문을 열어주면서 비시타시온은 그 사람이 누구인지 알아볼 수가 없었다. 모두 기억상실증에 걸려서 물건을 살 생각도 못 하는 사람들에게 장사를 하려고 멋도 모르고 마콘도로 찾아온 장사꾼이려니 생각했다. 그는 매우 노쇠한 사람이었다. 비록 그의 쉰 듯한 목소리는 자신 없이 떨리고 그의 손도 힘없이 흐늘거렸지만, 그래도 그는 아직 잠을 잘 수 있었으며 기억력을 잃지 않은 세상에서 온 사람임에 틀림없었다. 호세 아르카디오 부엔디아가 나와 보니 그 사람은 응접실 의자에 앉아 누덕누덕 기운 검은 모자로 부채질을 하며, 애처롭다는 듯이 벽에 붙은 쪽지들을 열심히 읽고 있었다. 호세 아르카디오 부엔디아는 방문객이 자기가 옛날에 만난 일은 있어도 지금은 누구인지 기억할 수 없는 사람일지도 모른다는 생각이 들어서 친한 척 미소를 지으며 인사했다. 손님은 그의 거짓 태도를 눈치챘다. 그는 자기가 망각 속에 잊혀졌으며, 그 망각이 돌이킬 수 없는 마음의 망각, 잔인하고 뼈아픈 죽음의 망각임을 깨달았다. 꾀죄죄한 노인은, 이름조차 알 수 없는 기묘한 물건들로 가득 찬 가방을 열고, 그 안에서 유리병이 여럿 들어 있는 작은 상자를 꺼냈다. 그리고 밝은 빛깔의 물을 호세 아르카디오 부엔디아에게 주었다. 그것을 마시고 나니 호세 아르카디오 부엔디아 머릿속에 다시 기억이 되살아났다. 그는 종이쪽지가 다닥다닥 달라붙은 물건들로 가득 찬 방 안에 있는 자신의 우스운 꼴과, 그 쪽지들에 씌어 있는 바보같은 내용들에 부끄러움을 느끼면서 찾아온 손님을 알아보고 기쁨의 눈물을 흘렸다. 그 손님은 멜키아데스였다.

　마콘도 마을 사람들이 되찾은 기억력을 축하하느라고 잔치를 벌이는 사이에 호세 아르카디오 부엔디아와 멜키아데스는 그들의 옛정을 되새기느라고 바빴다. 집시는 마콘도에 정착하고 싶다고 말했다. 그는 정말로 죽음의 세계로 갔었지만, 너무 외로워서 다시 돌아왔노라고 말했다. 그는 삶에 너무 집착한 벌로 모든 초자연적 능력을 잃어서 다른 집시들에게 따돌림을 받고 말았으며, 그래서 갈 곳이 없게 되어 아직 죽음의 손길이 한 번도 뻗은 일이 없는, 세상 끝에 있는 이 마을로 와서 은판사진술(옛 프랑스의 사진술 연구)에 몸을 바치겠노라고 했다. 호세 아르카디오 부엔디아는 은판사진술에 대한 얘기는 들은 적이 없었다. 그러나 그는 자기 자신과 식구들의 영원히 늙지 않는 모습이 비단벌레 색으로 빛나는 금속판 위에 박혀 있는 것을 보자 너무 놀라서 할 말을 잃었다. 그날 찍은 은판사진에서 호세 아르카디오 부엔디아는 구리 핀으로 여민 빳빳한 셔츠 깃, 잿빛의 억센 머리칼, 멍청해 보이는 심각한 얼굴을 해서, 우르슬라가 까무러칠 듯 웃어젖히고는 '겁이 잔뜩 난 장군' 같다고 했다. 저 빛바랜 은판 사진이 그날 찍은 것이다. 아닌게 아니라 사진을 찍던 12월의 상쾌한 아침에 호세 아르카디오 부엔디아는 은판에 모습이 사진으로 박히면 사람은 조금씩 닳아 없어지지나 않을까 해서 잔뜩 겁을 집어먹고 있었다. 우습게도 호세 아르카디오 부엔디아와 우르슬라의 입장이 어느 틈엔가 바뀌어서, 우르슬라가 그의 머리에서 이상한 생각을 쫓아내주었고, 옛 원한을 잊고 멜키아데스더러 자기네 집에서 함께 살자고 나선 사람도 우르슬라였다. 그러나 우르슬라는, 그녀가 한 말을 그대로 인용한다면, 먼 훗날 손자들이 자기 모습을 사진에서 보고 놀리는 것이 싫어서 사진 찍히는 일만은 극구 사양했다. 사진 찍는 날 아침에 우르슬라는 아이들에게 가장 좋은 옷을 입히고, 얼굴에 분까지 발라준 뒤 멜키아데스의 거창한 사진기 앞에 서 있게 된 2분 동안 몸을 움직이지 않도록 달콤한 시럽을 한 숟갈씩 먹였다. 꼭 한 번밖에 찍은 일이 없는 그 가족 사진에서 아우렐리아노는 검은 벨벳 옷을 입고 아마란타와 레베카 사이에 서 있었다. 몇 년 뒤, 총살대 앞에서 보인 나른한 태도와, 모든 것을 꿰뚫어 보는 날카로운 눈빛이 거기서도 보였다. 그러나 이때만 해도 그는 아직 그의 운명을 미리 점치지 못했었다. 그의 세공 기술은 그 정교함을 크게 인정받아서 늪지대 어느 곳에서나 인기가 있었다.

멜키아데스와 반씩 나누어쓰던 좁은 실험실에서 일하는 동안에는 그의 숨소리조차 들을 수가 없었다. 아버지와 집시가 플라스크와 접시 소리를 요란히 울리면서 노스트라다무스의 예언에 대해 시끄럽게 떠들고, 종종 무릎이나 발을 부딪쳐 산을 쏟으며 취화은(臭化銀)을 낭비하는 가운데서도 그는 침착하게 일을 했다. 일에 대한 열정적인 태도와 뛰어난 장사 실력으로 아우렐리아노는 그동안 우르슬라가 동물과자를 만들어서 번 돈보다 훨씬 큰 돈을 짧은 시일 안에 벌어들였지만, 사람들은 그가 다 자랐으면서도 아직도 여자를 모른다는 것을 이상하게 생각했다. 그가 여태까지 한 번도 여자를 겪어보지 못한 것은 사실이었다.

 몇 달이 지난 다음, 나이가 거의 200살이나 되고 자기가 지은 노래를 선보이면서 가끔 마콘도 마을에 들르던 프랜시스코 엘 옴브레가 돌아왔다. 프랜시스코 엘 옴브레는 그의 노래를 통해서 마나우레에서부터 늪지대까지 거치는 동안 그가 들은 소식을 모든 전해 주었으며, 남에게 알려줄 소식이나 전할 말이 있는 사람은 누구나 2센타보만 내면 그 얘기를 자기가 부르는 노래에 첨부해 주었다. 우르슬라는 혹시 고향을 떠난 아들 호세 아르카디오의 소식을 들을까 해서 그의 노래에 귀를 기울였다가, 자기 어머니가 죽었다는 소식을 듣게 되었다. 그의 본디 이름은 아무도 몰랐고, 언젠가 악마와 즉흥 노래 대결을 벌여서 이겼기 때문에 엘 옴브레(인간)라고 불리게 된 이 남자는 불면증이 마콘도를 휩쓸게 되자 마을을 떠났다가 어느 날 밤 다시 카타리노의 가게에 모습을 나타냈다. 바깥세상에서 그동안 무슨 일이 있었는지를 알기 위해서 온 마을 사람들이 그의 노래를 들으려고 모여들었다. 그날 그와 함께, 어찌나 뚱뚱하고 무거운지 원주민 네 사람이 흔들의자에 앉혀서 옮겨야 하는 여자가 나타났다. 그 뚱뚱한 여자를 땡볕에서 가려 주려고 혼혈 소녀 하나가 양산을 받쳐 들고 따라다녔다. 그날 밤 아우렐리아노는 카타리노의 가게로 갔다. 그는 구경꾼들에게 둘러싸여 한가운데 돌로 만든 카멜레온처럼 버티고 앉은 프랜시스코 엘 옴브레를 보았다. 그는 기아나에서 월터 롤리 경(영국의 항해가 (1552?~1618))으로부터 선물받은 낡은 아코디언으로 반주를 하고, 알칼리성 흙 때문에 갈라진 커다란 발로 박자를 맞추면서 노인다운 박자에 맞지 않는 노래를 불러 소식을 전했다. 남자들이 드나드는 뒷문 앞에서는 그 뚱뚱한 여자가 흔들의자에 앉아 아무 말 없이 부채질만 했다. 가짜 장미 한 송이를 귀에다 꽂은 카타리노는 모인 사람들에게 주발에 따른 구아라포 술(사탕수수 즙으로 담근 술)을 팔다가 기회만 나면 남자들이 잔뜩 모인 곳으로 가서 만지면 안 되는 부분을 슬그머니 만지기도 했다. 자정이 가까워오자 더위는 참을 수 없을 정도가 되었다. 아우렐리아노는 끝까지 노래를 들었지만 자기 집 식구들과 관련된 얘기는 하나도 듣지 못했다. 집으로 돌아가려고 막 문을 나서려니까 문에서 버티고 앉아 있던 뚱뚱한 여자가 손짓을 했다.

"총각도 어서 안으로 들어가 봐." 그 여자가 아우렐리아노에게 말했다. "20센타보밖에 안 받으니까."

아우렐리아노는 그 뚱뚱한 여자가 무릎에 올려 놓은 돈바구니에 동전을 던져 넣고 영문도 모르는 채 방으로 들어갔다. 암캐처럼 작은 가슴을 가진 혼혈 소녀가 발가벗은 몸으로 침대에 누워 있었다. 그날 밤 아우렐리아노에 앞서 63명의 사내가 이미 그 방을 거쳐 갔다. 워낙 분주히 드나들었던 탓에, 땀과 한숨으로 범벅이 된 방 안의 공기는 진흙처럼 질퍽했다. 소녀는 땀에 흠뻑 젖은 침대 시트를 걷어서 아우렐리아노더러 한쪽 끝을 잡으라고 했다. 시트는 물에 젖은 캔버스만큼이나 무거웠다. 그들은 시트의 양쪽 끝을 잡고, 시트가 다시 제 무게대로 가벼워질 때까지 비틀어 짰다. 매트리스를 기울이자 땀이 저 끝부터 줄줄 흘러내렸다. 아우렐리아노는 이 일이 끝나지 않기를 바랐다. 아우렐리아노는 사랑놀이의 기술에 대해 이론적으로는 다 알고 있었지만, 무릎이 떨려서 제대로 서 있을 수도 없었다. 온 몸에 소름이 돋았으면서도 아랫배에 쌓인 것을 빨리 밖으로 쏟아 버리고도 싶었다. 여자가 침대를 다 정리하고 그에게 옷을 벗으라고 말했을 때, 그는 어물어물 변명을 했다.

"난 들어가라고 해서 멋도 모르고 그냥 들어왔어요. 나더러 그릇에 돈을 넣으라고 하더니 어서 들어가라고 하더라고요."

소녀는 그가 왜 당황하는지 알 것 같았다. 소녀가 부드러운 목소리로 속삭였다.

"입구에서 20센타보를 더 내면 나하고 오래 같이 있을 수 있어요."

아우렐리아노는 벌거벗은 자기의 몸이 형의 몸과는 비교도 안 될 거라고 생각하면서 부끄러워 죽을 것 같은 마음으로 옷을 벗었다. 소녀가 여러 가지로 애를 썼지만 아우렐리아노는 점점 더 기운을 잃고 외로운 기분마저 들었다. 그는 맥없는 목소리로 말했다.

"20센타보 더 내고 올게요."

소녀는 눈짓으로 고맙다는 인사를 했다. 소녀의 등은 살갗이 벌겋게 벗겨졌고 등에는 살이 없이 뼈만 앙상했다. 게다가 무척 지쳐 있어서 숨쉬는 것도 힘이 드는 것 같았다. 2년 전 그 소녀가 이곳에서 멀리 떨어진 고장에서 잠을 잘 때였다. 촛불을 켜놓은 채 잠이 들었다가 깨어보니 주위는 불바다였다. 그 불로 엄마 없이 할머니와 함께 살던 집이 재가 되었다. 그때부터 할머니는 그 소녀를 끌고 이 마을에서 저 마을로 전전하면서 불타버린 집값을 벌어내려고 20센타보씩 거두어들이면서 그 소녀를 남자들과 재웠다. 소녀가 계산하기로는 하룻밤에 70명의 남자를 상대해도 앞으로 10년은 걸릴 것 같은데, 그것은 그들이 떠돌아다니는 경비와 흔들의자를 메고 다니는 원주민 네 명에 대한 인건비도 대야 했기 때문이라고 했다. 나이 든 여자가 두 번째로 문을 두드렸을 때, 아우렐리아노는 아무 일도 치르지 못한 채 그저 울고 싶은 심정으로 방을 나섰다. 그날 밤 그는 욕망과 동정이 뒤섞인 감정으로 그 소녀 생각을 하면서 한숨도 잠을 이루지 못했다. 어떻게든 그 소녀를 사랑하고 보호해야 한다는 생각을 지울 길이 없었다. 새벽녘에 잠을 못자 축 늘어진 그는 할머니의 횡포에서 그 소녀를 구하고, 그 소녀가 70명의 사내에게 주는 만족감을 밤마다 혼자 차지하겠다는 생각에서, 그 소녀와 결혼하기로 마음을 먹었다. 그러나 그가 아침 10시에 카타리노의 가게에 도착하고 보니 그 소녀는 이미 마을을 떠나고 없었다.

아우렐리아노의 무분별한 결심은 시간이 흘러 사그라졌지만, 그의 좌절감은 더욱 깊어졌다. 그는 일에서 도피처를 찾으려고 했다. 그는 자기가 제대로 구실을 못하는 남자라는 창피한 사실을 숨기기 위해서라면, 평생 여자 없이 살아도 어쩔 수 없다고 생각했다. 그 동안 멜키아데스는 마콘도에서 사진에 담을 수 있는 것들은 모두 은판에 옮기고 난 다음, 그의 은판사진 실험실을 신의 존재를 과학적으로 증명하는 데 쓰고 싶다는 호세 아르카디오 부엔디아에게 몽땅 넘겨주기로 했다. 집 안에 있는 모든 것들이 은판에 옮겨진 것을 본 그는, 언젠가는 신을(만일 신이 존재한다면) 은판사진에 담을 수 있으리라고 믿고, 그렇게 해서 신의 존재에 대한 온갖 가설을 끝장내리라고 결심했다. 멜키아데스는 노스트라다무스의 해석에 더욱 열중하게 되었다.

그는 이미 오래전에 빛을 잃은 반지를 낀, 참새처럼 앙상하고 자그마한 손으로 온갖 공식들을 써내려가면서, 숨을 못 쉴 정도로 꽉 죄는 빛 바랜 벨벳 조끼를 입은 채 밤늦도록 연구에 몰두했다. 어느 날 밤에 그는 마콘도의 미래에 대한 예언을 찾아냈다고 생각했다. 마콘도는 분명 유리로 된 커다란 저택들이 늘어선 활기찬 도시가 될 게 틀림없다. 다만 부엔디아 가(家)의 피를 잇는 자는 한 명도 없다고 했다.

"그렇게 될 리가 없어!" 호세 아르카디오 부엔디아가 소리쳤다. "얼음으로 지은 집이라면 나도 꿈에서 본 일이 있지만, 유리로 지은 집은 말도 안 되지. 그리고 부엔디아 가문은 영원히 없어지지 않아."

이렇게 기묘한 생각으로 가득 찬 집 안에서 그나마 상식적인 사람은 우르슬라였다. 우르슬라는 화덕을 만들어서 동물과자 장사 규모를 확장하여 밤새도록 쉴 새 없이 빵과 여러 종류의 푸딩, 그리고 머랭(계란과 설탕으로 만드는 이탈리아 정통 과자)과 비스킷을 구워냈다. 그 과자들은 만들기만 하면 몇 시간 안에 통에 담겨 늪지대로 뻗은 길을 따라 사라졌다. 우르슬라는 이제 편히 휴식을 즐길 나이가 되었지만, 오히려 날이 갈수록 점점 더 활동적으로 일을 했다. 그렇게 번창하는 사업에 쫓겨 정신없이 일하던 어느 날 오후였다. 우르슬라는 기운이 빠져 좀 쉬려고 비시타시온이 밀가루 반죽에 설탕을 버무리는 사이 힐끗 창밖을 내다보았다. 마당에서는 낯선 두 아름다운 소녀가 석양빛을 받으며 수를 놓고 있었다. 그들은 다름 아닌 레베카와 아마란타였다.

3년 동안이나 엄격하게 입고 있던 할머니를 위한 상복을 벗고 밝은 빛깔의 옷차림을 한 그들은 완전히 딴사람이 된 것처럼 보였다. 예상과는 달리 레베카가 아마란타보다 미인이었다. 레베카는 피부가 투명했고, 눈이 크고 초롱초롱했으며 손은 보이지 않는 실로 수를 놓는 듯 매력적이었다. 나이가 어린 아마란타는 좀 덜 예뻤지만, 돌아가신 할머니를 닮았는지 콧대가 높았고 날 때부터 기품이 있었다. 그들 곁에 있던 아르카디오는 비록 아버지를 닮아 건장한 것이 눈에 띄기는 했어도 그들에 비하면 아직 어린애 같았다. 그는 아우렐리아노에게서 글쓰기와 읽기뿐만이 아니라 금세공 기술도 배우고 있었다. 우르슬라는 갑자기 집 안이 사람들로 꽉 찬 기분을 느꼈고, 아이들도 이제 다 자라서 결혼하고 자식을 볼 때가 되었으며, 집 안이 좁으면 뿔뿔이 흩어지고 말 거라고 생각했다. 그래서 우르슬라는 몇 년 동안 고생해서 번 돈을 모두 꺼내어 전문가와 잘 상의해서 집을 증축하는 공사를 시작했다. 우르슬라는 손님을 맞을 수 있는 제대로 된 거실과 평소에 편히 지낼 수 있는 시원한 거실, 손님들과 가족 모두가 함께 앉을 수 있도록 자리 열두 개가 마련된 식당과, 마당 쪽으로 창문을 낸 침실 아홉 개, 대낮에 뜨거운 햇볕을 막도록 장미꽃으로 단장하고, 베고니아와 양치 화분을 늘어놓을 선반이 마련된 기다란 복도를 지었다. 부엌도 넓혀서 과자 굽는 화덕을 두 개나 만들었다. 필라르 테르네라가 호세 아르카디오의 미래를 점쳐준 곡식 창고는 헐어내고, 대신 그 자리에 두 배나 큰 창고를 지어서 집에 양식이 떨어지지 않게 했다. 마당의 밤나무 밑에는 화장실을 두 채 지어서 하나는 여자들이, 다른 하나는 남자들이 사용하도록 했고, 뒤뜰에는 마구간과 울타리를 친 닭장과 젖소 우리와, 길을 잃은 새들이 마음대로 날아와 살도록 사방이 뚫린 새집도 하나 마련했다. 남편의 일에 대한 정열 못지않게 열을 올리면서 우르슬라는 목수들과 석수장이들을 불러 조명과 난방장치에 대한 요구 사항을 말하며, 맘껏 터를 넓게 잡으면서 이것저것 지었다. 그래서 마을을 건설할 때 지었던 집 안에는 연장과 건축 재료가 가득 찼고, 땀에 흠뻑 젖은 인부들로 붐볐다. 그들은 덜그럭거리는 소리를 내며 어디서든 나타나는 유골 자루 때문에 짜증이 났는지, 정작 방해가 되는 건 자기들이라는 것을 잊고 누구든 보면 좀 비키라고 말했다. 이렇듯 생석회와 녹인 콜타르 냄새를 맡으면서, 마을 사람들은 마콘도 마을에서뿐만이 아니라 온 늪지대에서 가장 크고 아늑하고 시원한 집이 완성되어 가는 것을 깨닫지 못했다. 그런 북새통 가운데에서도 신의 존재를 찾느라고 바쁜 호세 아르카디오 부엔디아는 그 사실을 전혀 모르고 있었다. 우르슬라가 집 앞쪽을 모두가 바라던 흰색이 아니라 파란색으로 칠해야만 할 일이 생겼다는 설명을 하려고 그를 공상의 세계에서 밖으로 끌어냈을 때에는 집이 거의 다 완성된 단계였다. 우르슬라는 그에게 공문서를 보여주었다. 호세 아르카디오 부엔디아는 아내의 얘기를 잘 알아듣지 못하고 서류 끝에 적힌 서명을 읽고는 물었다.

"이게 도대체 누구요?"

"촌장님이죠." 우르슬라가 머뭇거리며 말했다. "나라에서 내려 보낸 높은 분이라고 하데요."

돈 아폴리나르 모스코테 촌장은 소문도 없이 조용하게 마콘도로 왔다. 그는 장신구를 금강앵무로 바꾸러 왔던 아랍 사람들 중 하나인 하콥의 호텔에 묵었다가, 다음 날 부엔디아의 집에서 두 구간 떨어진 곳에, 길 쪽으로 문이 난 작은 집을 세 내어 숙소를 옮겼다. 그는 하콥에게서 산 책상과 의자를 차려놓고 자기가 가져온 나라의 문장을 못으로 박아 벽에다 걸었다. 문에는 페인트로 '촌장'이라고 썼다. 그가 마을에 내린 첫 명령은 독립기념일을 축하하기 위해서 모든 집을 파란색으로 칠하라는 것이었다. 그 명령서를 든 호세 아르카디오 부엔디아가 촌장을 찾아갔더니 그는 살풍경한 사무실에 걸어놓은 그물침대에서 낮잠을 자고 있었다. 호세 아르카디오 부엔디아가 물었다.

"당신이 이 명령을 내렸소?"

불그레한 얼굴에 나이가 들고 겁이 많은 돈 아폴리나르 모스코테가 고개를 끄덕였다. 호세 아르카디오 부엔디아가 다시 물었다.

"무슨 권리로 그랬죠?"

돈 아폴리나르 모스코테는 책상 서랍에서 종이를 한 장 꺼내어 그에게 보여주었다.

"나는 이 마을을 다스리는 촌장으로 임명받았소."

호세 아르카디오 부엔디아는 임명장에 눈도 돌리지 않았다.

"이 마을에서는 종잇장 하나로 함부로 남들한테 명령을 내리지 못하오." 호세 아르카디오 부엔디아는 차분히 말했다. "이 기회에 말해두겠소만 우리는 촌장같은 건 필요없소. 할 일이 아무것도 없을 테니 말이오."

꼼짝도 않는 돈 아폴리나르 모스코테를 마주 보고 호세 아르카디오 부엔디아는 언성을 높이지 않고 처음에 어떻게 마을을 세웠고, 땅을 어떻게 분배했으며, 길을 어떻게 닦았으며, 나라의 도움을 조금도 받지 않고 어느 누구의 간섭도 없이 어떻게 그들이 마을을 발전시켜 왔는지를 소상하게 들려주었다.

"우리는 워낙 평화롭게 살아왔기 때문에 아직 죽은 사람조차 하나 없소. 이 마을에는 묘지가 없다는 걸 알고 계시오?"

나라에서 도와주지 않았다고 해서 원망하는 사람은 아무도 없었다. 그렇기는커녕 이렇게 발전할 때까지 아무도 간섭을 하지 않아서 오히려 다행이다. 그러니까 앞으로도 내버려두었으면 좋겠으며, 아무 관계도 없는 높은 사람이 와서 이래라 저래라 하는 것은 싫다고 했다. 흰 작업복 윗도리와 바지

차림의 돈 아폴리나르 모스코테는 기품있는 태도를 흐트러뜨리지 않은 채 듣고 있었다.

"따라서 당신이 다른 사람들이나 마찬가지로 이곳에 정착해서 살겠다면 그것은 환영하오." 호세 아르카디오 부엔디아가 결론을 내렸다. "그런데 만일 당신이 사람들더러 집을 파랗게 칠하라고 명령을 내리고 질서를 무너뜨릴 생각을 하고 있다면, 냉큼 당신이 가져온 그 쓰레기 같은 물건들을 싸들고 어서 돌아가시오. 우리 집은 꼭 비둘기처럼 하얀 빛깔로 칠할 생각이니 말이오."

돈 아폴리나르 모스코테의 얼굴이 파랗게 질렸다. 그는 한 발자국 뒤로 물러서서는 이를 악 물고 말했다.

"말해두겠는데, 나는 총을 지니고 있소."

호세 아르카디오 부엔디아는 옛날 말을 쓰러뜨렸던 젊은 시절의 기운이 어느새 다시 솟아오른 것을 느꼈다. 그는 돈 아폴리나르 모스코테의 목덜미를 잡아서 공중으로 치켜들고 그 눈을 쏘아보며 말했다.

"당신을 죽이고 나면 공연히 당신 귀신이 내 뒤를 따라다니게 될 테니 그 꼴을 보기가 싫어서 그냥 살려두는 거요."

호세 아르카디오 부엔디아는 목덜미를 붙잡고 길 한가운데로 끌고 나와서, 늪으로 가는 길에다 촌장을 내려놓았다. 일주일 뒤 모스코테는 맨발에 누더기를 걸치고 엽총으로 무장한 군인 여섯 명과 함께 소가 끄는 수레에 아내와 딸 일곱을 싣고 다시 돌아왔다. 가구와 짐 보따리와 살림 도구를 실은 마차 두 대가 뒤따라 도착했다. 그는 집을 장만할 때까지 가족과 함께 하콥 호텔에 머물기로 하고 군인들의 호위를 받으면서 사무실을 새로 차렸다. 마콘도를 건설한 남자들은 침입자들을 내쫓기로 마음먹고 호세 아르카디오 부엔디아의 명령에 따르려고 그 아들들과 함께 찾아왔다. 그러나 호세 아르카디오 부엔디아는 식구들이 보는 가운데 상대에게 창피를 준다는 것은 남자가 할 짓이 아니라며 반대했다. 그는 그보다 조용하고 원만한 방법으로 일을 해결할 작정이었다.

아우렐리아노가 아버지를 따라나섰다. 아우렐리아노는 이때 거뭇거뭇하게 콧수염이 나기 시작했고, 나중에 전쟁터에서도 두드러졌던 깨진 종같은 목소리를 갖고 있었다. 그들은 아무런 무기를 지니지 않고 경비병에는 신경도 쓰지 않으면서 곧장 촌장의 사무실로 들어갔다. 돈 아폴리나르 모스코테는 침착성을 잃지 않았다. 촌장은 그 자리에 함께 있던 두 딸을 그들에게 소개했다. 열여섯 살인 암파로는 그의 어머니처럼 까만 머리를 갖고 있었고, 이제 겨우 아홉 살인 레메디오스는 백합처럼 살결이 희고 눈은 녹색인 예쁜 소녀였다. 그들은 상냥하고 예의 발랐다. 남자들이 들어오자마자, 인사도 하기 전에 앉을 의자부터 내놓았다. 그러나 부엔디아 부자는 그대로 서 있었다.

"뭐, 괜찮겠지." 호세 아르카디오 부엔디아가 말했다. "이 마을에 머물고 싶거든 그러시오. 하지만 총을 들고 문 밖에 있는 저 산적 같은 놈들 때문이 아니라, 당신의 아내와 딸들을 생각해서 허락했다는 사실을 잊지 마시오."

돈 아폴리나르 모스코테는 당황한 눈치였지만, 호세 아르카디오 부엔디아는 그가 대답할 틈을 주지 않았다.

"단, 두 가지 조건이 있소. 첫째, 이 마을 사람들은 자기가 좋아하는 색으로 집을 칠한다는 것. 둘째, 군인들은 당장 여기에서 떠나야 한다는 것. 치안은 우리가 보장할 테니 말이오."

촌장은 손가락을 편 오른손을 들어 보였다.

"명예를 걸고 맹세합니까?"

"적의(敵意)에 걸고 맹세하겠소." 호세 아르카디오 부엔디아는 단호한 목소리로 덧붙였다. "이 말 한마디는 해두어야겠군. 우리는 앞으로도 서로 적이오."

바로 그날 오후에 군인들은 떠났다. 며칠 뒤 호세 아르카디오 부엔디아는 촌장 가족이 기거할 집을 마련해 주었다. 이것으로 세상은 평화를 되찾았지만 아우렐리아노는 달랐다. 자기 딸이라고 해도 될 만한 촌장의 막내 딸 레메디오스의 모습이 마음에 새겨져 그를 괴롭혔다. 레메디오스 생각만 하면 그의 몸 한 부분에 통증이 왔다. 그 육체적인 아픔은 신발에 들어간 돌멩이는 아니었으나 걸을 때마다 그를 불편하게 했다.

4

비둘기처럼 하얀 새 집의 집들이를 하는 날 댄스파티가 열렸다. 우르슬라가 처음 댄스파티를 열 생각을 가진 것은 레베카와 아마란타가 성숙한 여인 티가 난다는 것을 깨달은 바로 그날이었다. 또 집을 확장하는 공사의 주된 목적도 사실은 레베카와 아마란타에게 손님을 맞기에 부족함이 없는 장소를 마련해 주려는 데 있었다. 수리 공사를 하는 동안에 우르슬라는 한층 화려한 파티를 위해서 몸을 돌보지 않고 바지런히 일했으며, 실내 장식이나 만찬 식기들을 마련하느라고 많은 돈을 들였다. 심지어는 온 마을 사람들이 놀라고 젊은이들이 좋아서 어쩔 줄 몰라한 자동피아노까지 사들였다. 그 자동피아노는 분해되어 여러 상자에 따로따로 포장된 채, 비엔나 가구와 보헤미아의 유리 제품과 서인도 회사의 만찬 식기와 네덜란드의 식탁보와 여러 가지 멋진 램프와 촛대, 꽃병, 커튼, 그리고 장식품과 함께 배달되었다. 수입상에서는 자기들이 비용을 부담해서 이탈리아인 기사 피에트로 크레스피를 보내어 자동피아노를 조립하고 조율을 한 다음에, 구매자에게 그 피아노를 어떻게 다루는지 가르쳐주고 그 피아노가 자동으로 연주하게 될 여섯 개의 종이 테이프에 인쇄된 유행 댄스곡을 피아노에 넣어주었다.

피에트로 크레스피는 여태껏 마콘도 마을에서는 볼 수 없었던 미남인 데다 예절이 바른 젊은 금발 청년이었는데, 어찌나 멋쟁이인지 한여름 땡볕에 숨이 막힐 지경으로 날씨가 더워도 무늬있는 조끼와 검은 빛깔의 두꺼운 윗도리를 꼭 입고 일을 했다. 그는 집주인 식구들이 어려워서였는지 혼자 큰 방에 들어박혀, 땀에 흠뻑 젖은 몸으로 아우렐리아노가 금세공에 정성을 들이는 것만큼이나 열심히 몇 주일 동안이나 작업을 했다. 어느 날 아침 그는 문을 열어놓지도 않고, 자기가 이룬 기적을 보라고 누구를 부르지도 않은 채로 테이프 하나를 자동피아노에 걸었다. 이 질서 있고 산뜻한 음악 소리에 다른 듣기 싫은 망치 소리며 나무토막 부딪치는 소리는 놀라 조용해졌다. 사람들이 모두 거실로 뛰어와 모였다. 호세 아르카디오 부엔디아는 자동피아노 건반들이 저절로 움직이는 것이 신기해서 벼락이라도 맞은 듯이 놀랐다. 그래서 그 피아노를 연주하고 있을지도 모를 투명인간을 촬영해 보려고 멜키아데스의 은판 사진기를 가져왔다. 그날 그 이탈리아 기사는 가족과 함께 점심을 나누었다. 식탁을 차리던 레베카와 아마란타는 천사와 같은 그 남자가 하얗고 가냘픈, 아직 반지를 끼지 않은 손으로 너무나 능숙하게 나이프와 포크를 다루는 모습에 완전히 겁을 먹었다. 피에트로 크레스피는 응접실 옆에 있는 거실에서 그들에게 춤을 가르쳐주었다. 그는 몸이 닿지 않도록 조심하면서, 딸들이 댄스 교습을 받는 동안 잠시도 자리를 뜨지 않은 우르슬라가 감시의 눈길로 지켜보는 가운데 메트로놈(악곡의 박절을 측정하거나 템포를 나타내는 기구)으로 박자를 맞추면서 스텝을 가르쳤다. 피에트로 크레스피는 그 당시에 유행하던 몸에 꼭 끼고 신축성 있는 특수한 바지를 입고 댄스용 신발을 신고 있었다.

"그렇게 걱정할 필요 없소." 호세 아르카디오 부엔디아가 우르슬라에게 말했다. "저 기생오라비 같은 남자가 뭘 할 수 있겠소."

그러나 우르슬라는 댄스 교습이 끝나고 이탈리아 청년이 마콘도를 떠날 때까지 조금도 감시를 게을리 하지 않았다. 그날부터 그들은 댄스파티를 열기 위한 준비를 시작했다. 우르슬라는 초청할 손님의 명단을 만드는 데 많은 신경을 썼다. 초청된 손님은 모두가 마콘도를 설립한 사람들의 자손들뿐이었으며, 유일한 예외는 그동안에 아버지가 누군지 알 수 없는 아이를 둘이나 더 낳은 필라르 데르네라 뿐이었다. 그 손님 명단은 엄선한 사람들로만 이루어졌으나, 그 기준은 어디까지나 우정이었다. 함께 이주를 시작해서 이곳으로 와 마콘도를 일으켜 세운 호세 아르카디오 부엔디아의 오랜 친구들과 그들의 자식들이나 손자들, 아우렐리아노나 아르카디오가 어릴 적부터 함께 놀던 친구들, 그 외 레베카와 아마란타를 찾아와 말동무가 되고 같이 수를 놓는 계집아이들도 모두 포함되어 있었다. 몇 푼 안 되는 수입을 쪼개서 경찰봉을 찬 두 경관을 고용하는 것 말고는 하는 일이 아무것도 없는 돈 아폴리나르 모스코테는 명목상의 지위만 누리고 있었다. 그래서 그의 딸들이 살림을 꾸려 가기 위해 양장점을 열고, 조화를 만들거나 구아바(열대고산식물로 맛이 좋고 영양 풍부한 열매를 맺음)로 만든 과자를 팔았으며, 심지어는 연애 편지도 대신 써 주었다. 그러나 얌전하고 친절할 뿐 아니라 마을에서 유명한 미인들인 데다 새로 유행하는 춤을 가장 잘 추는 데도 불구하고 그녀들은 댄스파티의 초청 대상에 오르지 못했다.

우르슬라와 두 딸이 가구를 풀고, 그릇을 닦고, 장미를 가득 실은 배에 탄 여자들 그림을 벽에 거는 사이에, 호세 아르카디오 부엔디아는 신이 존재하지 않는다는 결론에 도달해서 신의 모습을 찾는 작업을 그만두고, 그 대신에 자동피아노의 감춰진 비밀을 알아내기 위해서 피아노를 뜯어보았다. 파티가 열리기 이틀 전에야 그는 겨우 키와 해머의 무더기 속에서 갈피를 잡지 못해 법석을 떨며, 한쪽으로 또르르 감겼다가 다른 쪽으로 후루룩 풀어지는 줄들이 마구 엉킨 가운데 어쩔 줄 몰라 애쓰다가 겨우 다시 뜯어맞출 수가 있었다. 그때처럼 모두가 조마조마해하며 발을 동동 구른 적이 없었다. 그러나 어찌됐

든 파티가 열리는 날 정해진 시간에는 새로운 가스등에 확실히 불을 밝힐 수가 있었다. 손님을 맞으려 문을 열었을 때에도 아직 나무향과 석회 냄새가 물씬 풍겼다. 마을을 세운 사람들의 자식이나 손자들은 베고니아와 양치꽃이 늘어선 복도와, 조용한 방들과, 장미 향기가 가득 찬 정원을 구경하고, 드디어 흰 헝겊을 씌워놓은 미지의 물체를 구경하려고 응접실에 모여서 기다렸다. 늪지대인 다른 마을에서는 알려져 있던 피아노를 이미 구경한 사람들이, 다시 낯익은 피아노를 보게 되어서 조금 실망한 기색이었다. 그리고 아마란타와 레베카가 배워 익힌 춤을 추게 하려고 첫 테이프를 걸었다가 기계가 고장이 나서 제대로 돌아가지 않는 것을 알게 된 우르슬라의 실망은 대단했다. 이미 노망기가 들고 눈까지 거의 다 멀어버린 멜키아데스가 기계를 고치려고 그의 옛 기술을 다 동원했지만 헛일이었다. 그러다가 호세 아르카디오 부엔디아가 우연히 실수로 고장난 한 부분을 건드렸더니 갑자기 온갖 소리들이 정신없이 한꺼번에 쏟아져 나와 불협화음을 이루었다. 순서도 틀리고 악보와도 맞지 않게 아무렇게나 줄들을 이리저리 연결했기 때문에, 해머들이 제멋대로 아무 줄이나 막 두드렸던 탓이다. 그러나 서쪽 바다를 향하여 산 속 깊이 찾아온 용감한 스물한 명의 개척자들의 피를 이어받은 집념 강한 자손들은 그깟 뒤죽박죽 흘러나오는 음악은 개의치 않고 새벽까지 춤을 추었다.

  자동피아노를 고치기 위해 피에트로 크레스피가 다시 불려 왔다. 레베카와 아마란타는 그를 도와서 줄들을 순서에 따라 다시 연결했고, 그러다가 갑자기 이상한 왈츠가 쏟아져 나오면 함께 마구 웃어젖혔다. 피에트로 크레스피가 너무도 상냥하고 성실해서 우르슬라는 감시를 게을리하게 되었다. 피에트로 크레스피가 떠나기 전 날 저녁에는 환송 댄스파티가 열렸다. 그는 수리가 끝난 자동피아노 소리에 맞춰서 레베카와 짝을 지어 새로운 댄스의 시범을 멋지게 보여주었다. 아르카디오와 아마란타도 짝을 지어서 우아하게 춤을 추었다. 그러나 문간에서 다른 사람들과 댄스 시범을 구경하던 필라르 테르네라가, 자기 아들인 아르카디오의 엉덩이가 여자 엉덩이 같다고 쓸데없는 참견을 한 여자와 서로 물어뜯고 머리채를 잡아채며 싸움을 벌이는 통에 시범은 중단되고 말았다. 자정이 다 되어서 피에트로 크레스피는 감상적인 이별 인사를 하며 곧 다시 돌아오겠다는 약속을 하고 떠나갔다. 레베카는 문간까지 그를 배웅하고 돌아와 문을 잠그고 불을 끄더니 자기 방으로 뛰어

들어가 울기 시작했다. 실성이라도 한 듯한 그 흐느낌은 며칠 동안이나 계속되었으나 레베카가 왜 그렇게 울어댔는지는 아마란타도 몰랐다. 레베카의 내성적인 성격은 이미 모두들 잘 알고 있었다. 레베카는 비록 겉으로 보기에는 소탈해서 거짓도 비밀도 없을 것 같았지만, 본디 고독한 성격이었으며 아무에게도 마음을 내보이지 않았다. 이제는 성숙하고 아름다운 처녀가 되었어도 레베카는 아직도 자기가 이곳으로 올 때 가지고 와서 여러 번 수리를 하고 팔걸이도 달아나버린 흔들의자에 앉아 시간 보내기를 좋아했다. 그가 그렇게 컸어도 아직 손가락 빠는 버릇을 버리지 못했다는 것을 아무도 몰랐다. 레베카는 틈만 나면 화장실에 들어가 안으로 문을 잠그고 벽에 얼굴을 기댄 채 잠을 자곤 했다. 비가 내리는 오후에는 친구들과 함께 베고니아가 핀 복도에 앉아서 수를 놓다가도 어느 틈엔가 얘기에 관심을 잃고 다른 생각에 잠긴다. 지렁이가 파헤쳐 놓은 축축하게 젖은 진흙을 바라보면서 향수에 젖어 수틀에 눈물방울을 떨어뜨리곤 했다. 그러다 오래전에 대황을 넣은 오렌지 즙으로 잊어버렸던 비밀의 맛을 떠올리고는 억누를 수 없는 충동에 흐느껴 울었다. 레베카는 다시 흙을 먹기 시작했다. 처음에는 호기심에서 흙을 먹었다. 흙의 텁텁한 맛을 보게 되면, 흙을 먹고 싶어 하는 유혹을 물리칠 수 있으리라 생각했기 때문이었다. 아닌 게 아니라 흙 맛은 참기가 힘들었다. 그러나 점점 쌓여가는 욕망에 져서 레베카는 흙을 계속 먹었다. 조금씩 옛 입맛을 되찾았고 가장 기본적인 광물인 흙에서 한없는 만족감을 느꼈다. 레베카는 여기저기 주머니에 흙을 넣고 다니다가 남들이 보지 않는 곳에서 조금씩 먹었다. 그럴 때마다 기쁨과 초조함이 뒤범벅이 되는 야릇한 감정에 젖었다. 다른 동무들이 복잡한 뜨개질에 대해서 서로 가르쳐주거나 남자 얘기를 하는 동안에도 레베카는 흙을 먹고 싶어서 참을 수가 없었다. 흙을 한 줌 먹을 때마다 레베카는 자기가 이 지경에 이른 원인이 된 한 남자가 좀더 가까운 곳에 있다고 느꼈으며, 다른 고장에서 멋진 가죽 구두를 신고 걸어다니고 있을 그 남자가 밟았던 흙을 삼키는 순간, 그의 묵직하고 따뜻한 피가 자신의 몸 안으로 섞여 들어오는 것 같았고, 입 안은 따끔따끔해도 마음은 평화를 느끼게 되었다.

어느 날 오후, 별다른 이유도 없이 암파로 모스코테가 찾아와서 집을 구경시켜 달라고 했다. 생각지도 않던 방문을 받고 당황하면서도 아마란타와 레베카는 예의를 깍듯이 지키며 손님을 접대했다. 그들은 암파로에게 새로 지은 저택을 보여주고, 자동피아노에서 흘러나오는 음악을 들려주고, 오렌지 쥬스와 과자를 대접했다. 암파로는 기품과 매력과 예절의 귀감을 보여주어서, 아주 잠시 자리를 같이했던 우르슬라도 깜짝 놀랐다. 두 시간쯤 지나 긴장이 풀어지기 시작했을 때, 아마란타가 잠깐 주의를 게을리하는 사이 암파로는 레베카에게 편지를 한 통 건네주었다. 레베카는 편지 겉봉에 '레베카 부엔디아 양에게'라고 쓴 글씨체가 자동피아노를 다루는 방법을 적은 글씨와 똑같은 꼼꼼한 필체이고, 잉크 빛깔도 똑같은 초록색임을 알아차리고는, 손끝으로 그 편지를 접어 앞가슴 속에 감추고 암파로 모스코테에게 한없는 고마움을, 아무에게도 말하지 말아달라는 부탁이 담긴 눈길을 보냈다.

암파로 모스코테와 레베카 부엔디아 사이에 갑자기 이루어진 우정은 아우렐리아노에게 희망을 불어넣었다. 어린 레메디오스에 대한 기억으로 아직도 괴로워하고 있는 그였으나 아직 레메디오스를 만나볼 기회가 없었다. 개척자들의 자손이며 가장 친한 친구들인 마그니피코 비스발과 헤리넬도 마르케스와 함께 거리를 걷다가도, 아우렐리아노는 초조한 표정으로 수예점 안을 훔쳐보며 그 소녀의 모습을 찾았지만 수예점에는 언제나 언니들만 있었다. 그러던 차에 암파로 모스코테가 자기 집에 나타났다는 것은 좋은 징조라고 생각했다.

"언젠가 같이 올 날이 있겠지." 아우렐리아노는 작은 목소리로 혼자 속삭였다. "꼭 올 거야."

확신을 담아 그 말을 여러 번 되풀이한 탓인지 어느 날 오후, 황금물고기를 땜질하고 있던 그는 그녀가 그 목소리에 답을 해 준 것 같은 느낌을 받았다. 조금 있자니까 정말로 어린아이의 목소리가 들리고, 그가 머리를 들어 문간을 바라본 순간, 거기에 분홍빛 오건디(얇고 반투명 모직물)를 입고 하얀 구두를 신은 소녀가 서 있었다.

"레메디오스, 그 안으로 들어가면 안 된다." 암파로 모스코테가 복도에서 소리쳤다. "일에 방해가 될 거야."

그러나 아우렐리아노는 암파로가 끼어들 틈을 주지 않았다. 그는 금색 물고기의 입에 달린 쇠줄을 들어올려 보이면서 소녀에게 말했다.

"들어와요."

레메디오스가 다가와서 그 물고기에 대해 이것저것 물었지만 그는 갑자기 기침이 나 대답할 수가 없었다. 이 백합 같은 피부와, 에메랄드 같은 눈동자와, 질문할 때마다 공손하게 '아저씨' 소리를 꼭 덧붙이는 그 목소리 곁에 영원히 머물러 있고 싶었다. 멜키아데스는 한쪽 구석의 책상에 앉아 암호 같은 이상한 기호를 휘갈기고 있었다. 아우렐리아노는 별안간 그가 미워졌다. 아우렐리아노는 멜키아데스가 옆에 있기 때문에 기껏 그 물고기를 레메디오스에게 주겠다는 말밖에 못했다. 그러나 그 말을 들은 레메디오스는 오히려 놀라서 서둘러 실험실을 떠나고 말았다. 그날 오후부터 아우렐리아노는 레메디오스와 만나게 되기를 기다리던 인내심을 더 이상 지탱할 수가 없었다. 일을 내팽개쳤다. 죽을 힘을 대해 정신을 집중하고서 레메디오스의 이름을 외웠지만, 그의 의지력의 호소에 대한 응답은 없었다. 그는 소녀의 모습을 찾으려고 언니들의 수예점을, 창문에 발을 내린 집 안을, 그리고 촌장의 사무실을 훔쳐보았지만 그 모습은 눈에 띄지 않았다. 그는 응접실에서 레베카와 나란히 앉아 자동피아노를 들으면서 시간을 보냈다. 레베카는 그 음악이 피에트로 크레스피가 춤을 가르칠 때 썼던 것이어서 귀를 기울이고 있었다. 그러나 아우렐리아노는 음악을 포함한 모든 것이 레메디오스를 생각나게 해주기 때문에 그 음악을 들었다.
　집안은 사랑으로 가득했다. 아우렐리아노는 자기의 사랑을 시작도 없고 끝도 없는 시로 표현했다. 그는 멜키아데스가 준 양피지, 화장실 벽, 자기 팔뚝, 그 외 아무 곳에고 닥치는 대로 시를 썼다. 온갖 것들에서 변신한 레메디오스의 모습을 볼 수 있었다. 오후 두 시의 졸음을 부르는 바람 속 레메디오스, 장미의 달콤한 숨결 속 레메디오스, 고요한 물시계 속 레메디오스, 아침에 갓 구운 빵 냄새 속 레메디오스, 어디에나 레메디오스였고, 레메디오스는 영원 그것이었다. 레베카는 오후 4시가 되면 창가에서 수를 놓으면서 사람이 오기를 기다렸다. 우편 집배원의 당나귀가 두 주일에 한 번밖에는 오지 않음을 알면서도 레베카는 그가 잘못 알고 다른 날에 올지도 모른다는 생각에 날마다 한없이 기다렸다. 그러나 그런 실수는 없었다. 오히려 와야 할 날에 당나귀가 오지 않은 적도 있었다. 절망에 미칠 것 같아서 레베카는 한밤중에 일어나 마당으로 나가 자살이라도 하고 싶은 심정이 되었다. 고통과 분노로 흐느껴 울면서 닥치는 대로 흙을 집어삼켰고, 매끈매끈한 지렁이를 막 씹어 먹었다. 어금니가 상할 정도로 달팽이껍질을 깨물어 부쉈다. 레베카는 동이 틀 때까지 먹은 것들을 토해 냈다. 레베카는 열이 나면서 허탈감에 빠졌다. 정신을 잃고 헛소리를 하며 마음 속에 숨기고 있던 것을 모조리 털어놓았다. 놀란 우르슬라가 자물쇠를 부수고 레베카의 트렁크를 열었다. 안에 숨겨둔 분홍 리본으로 묶어 향수를 뿌린 편지 열여섯 통과 낡은 책갈피에 차곡차곡 모아둔 잎사귀와 꽃잎, 그리고 손을 대면 가루가 되어 부서지는 말린 나비들을 찾아냈다.

그런 슬픔을 이해할 수 있는 사람은 아우렐리아노뿐이었다. 그날 오후 우르슬라가 정신을 잃고 헛소리를 하는 레베카를 구해내려고 동분서주하는 사이, 아우렐리아노는 마그니피코 비스발과 헤리넬도 마르케스와 함께 카타리노의 가게로 갔다. 그동안 가게는 확장되어서 나무로 지은 방들이 생겼고, 그 방에서는 시든 꽃 냄새가 나는 독신 여자들이 살았다. 아코디언과 드럼을 갖춘 악단이 벌써 몇 년째 마콘도에 나타나지 않고 있는 프랜시스코 엘 옴브레에 대한 노래를 들려주었다. 세 친구는 사탕수수 즙으로 빚은 술을 마셨다. 비록 나이는 비슷하지만 세상 물정에는 아우렐리아노보다 훨씬 밝은 마그니피코와 헤리넬도는 익숙한 솜씨로 여자들을 무릎에 앉힌 채 마셔댔다. 그 가운데 한 여자가 와서 아우렐리아노를 끌어안자 그는 몸이 떨렸다. 그는 그 여자를 물리쳤다. 술을 마시면 마실수록 더욱 레메디오스의 생각이 났지만, 그래도 필사적으로 참았다. 그는 언제부터 정신이 오락가락하게 되었는지 정확히 알 수가 없었다. 그의 눈에는 무게나 형태가 없는 듯 밝은 빛 속을 둥둥 떠다니는 친구들과 여자들이 보였다. 그들이 무슨 말을 하는지 입을 움직여댔지만 말소리는 하나도 들리지 않았다. 이상한 손짓 발짓을 해도 그 시늉들이 무엇을 뜻하는지 알 도리가 없었다. 카타리노가 그의 어깨를 감싸 안으며 말했다.

"11시가 다 되었는데……."

아우렐리아노가 고개를 돌려 뒤를 보니 귀에 조화를 꽂은, 어마어마하게 크고 비뚤어진 얼굴이 하나 있었다. 그와 동시에 그는 기억을 잃었다. 망각의 시간을 한참 보낸 다음에 희뿌옇게 동이 터오는 새벽, 어느 낯선 방에서 다시 정신이 들었다. 거기에는 맨발에 머리는 헝클어지고 속옷만 걸친 필라르 테르네라가 등불에 비춰진 그를 보고 놀란 표정으로 소리를 쳤다.

"아우렐리아노!"

아우렐리아노는 두 다리에 힘을 주고 머리를 들었다. 그는 어떻게 해서 자기가 이곳에 와 있는지 알 수가 없었지만, 이곳으로 온 목적만큼은 잘 알고 있었다. 그것은 그가 어릴 적부터 남몰래 그 욕망을 간직해 왔기 때문이었다. 그가 말했다.

"당신하고 같이 자려고 왔어요."

아우렐리아노의 옷은 진흙과 토사물로 범벅이 되어 있었다. 그 당시에 어린 두 동생과 살고 있던 필라르 테르네라는 아무것도 묻지 않았다. 필라르는 그를 침대로 데리고 갔다. 물에 적신 헝겊으로 얼굴을 닦아 내고 옷을 벗긴 다음에, 자기도 옷을 모두 벗어버리고는 아이들이 잠에서 깨어도 보지 못하게 모기장을 내렸다. 필라르는 함께 머물던 남자들이나, 떠나버린 남자들이나, 쪽지에 그린 지도가 잘못 되어서 자기 집으로 오는 길을 제대로 찾지 못한 수많은 남자들을 기다리기에 지쳐버렸다. 남자들을 기다리는 사이에 필라르의 살갗에는 주름이 잡혔고, 젖가슴은 쪼그라들었으며 마음속의 불꽃은 식어버렸다. 필라르는 어둠 속에서 아우렐리아노를 더듬어, 그의 아랫배에 손을 얹었다. 그러고는 어머니처럼 애정을 담아 그의 이마에 키스하며 속삭였다.

"가엾은 내 아기."

아우렐리아노는 부르르 몸을 떨었다. 그는 차분하게 움직여 가뿐히 고통의 절벽을 넘었고, 끝없이 넓은 늪지대로 변해 갓 다림질한 옷 냄새에 싸여 있는 레메디오스가 거기 있었다. 다시 늪에서 떠올라 겉으로 빠져나왔을 때 그는 흐느껴 울었다. 그 흐느낌은 주체할 수 없는 감격의 북받침에서 우러난 것이었다. 그리고 그는 고통스럽게 잔뜩 부풀어 오른 무언가가 몸 속에서 찢어진 것을 느끼고 엉엉 울었다. 필라르 테르네라는 손 끝으로 그의 머리를 긁어주면서 그를 죽일 듯 괴롭히는 어두운 그 무엇이 몸 속에서 사라지기를 기다렸다. 그리고 어느 정도 진정된 듯하자 아우렐리아노에게 물었다.

"누굴 생각하고 있지?"

아우렐리아노는 필라르에게 모든 걸 다 애기했다. 필라르는 웃음을 터뜨렸는데, 옛날 같으면 비둘기들이 그 소리에 놀라 달아날 정도였지만 지금은 곁에서 자던 아이들도 깨지 않았다.

"그 아이 같으면 우선 좀 자라야 할 텐데."

필라르는 농담처럼 말했지만, 아우렐리아노는 그 농담 속에 이해가 깔려 있음을 알았다. 자기가 사내 구실을 할 수 있을지 두려워하던 그의 의심과 여러 달 동안의 괴로움을 떨어버리고 방을 나서는 아우렐리아노에게 필라르 데르네라는 자청해서 약속을 했다.

"내가 그 아이를 만나 얘기를 해보지. 그 애를 쟁반에 담아 고이 대령할 테니 두고 봐."

필라르는 약속을 지켰다. 그러나 지난날과는 달리 집안이 평화롭지 못해서 일이 어긋나고 말았다. 큰 소리로 울부짖는 통에 세상에 드러난 레베카의 숨은 연정을 알게 된 아마란타도 열병에 걸리고 말았다. 아마란타도 외로운 사랑의 아픔에 시달리고 있었다. 아마란타는 화장실을 닫아 잠그고 안에 들어앉아서 절망적인 정열의 고뇌를 쏟아버리려고 정열적인 편지를 써서는 그 편지들을 트렁크 깊이 감추었다. 우르슬라는 병이 난 두 딸을 보살피느라 정신없이 바빴다. 오랫동안 꼬치꼬치 캐물었지만 우르슬라는 무엇 때문에 아마란타도 병들게 되었는지 알아 낼 길이 없었다. 우르슬라는 퍼뜩 생각나는 것이 있어 자물쇠를 부수고 트렁크를 열어 그 안에 숨겨둔 분홍 리본으로 묶은 편지 꾸러미를 찾았다. 편지 봉투 사이에는 아직도 성성한 백합이 차곡차곡 끼여 있었고, 수신자가 피에트로 크레스피 앞으로 되어 있지만 아직 한 통도 부치지 않은 편지들이었다. 너무 기가 막혀 울음을 참지 못하게 된 우르슬라는, 자동피아노를 살 생각이 머리에 떠올랐던 그날을 저주하면서 수놓는 모임을 중단시키고는 딸들이 덧없는 소망을 버리는 날까지 임자 없는 장례를 치르기로 했다. 피에트로 크레스피에 대한 첫인상을 이미 바꾸었고 악기를 다루는 그의 솜씨에 탄복하고 있던 호세 아르카디오 부엔디아가 아무리 타일러도 우르슬라는 막무가내였다. 그래서 필라르 테르네라가 아우렐리아노에게 레메디오스가 결혼할 결심을 했다는 얘기를 전했을 때, 그는 그 소식이 도리어 부모의 마음만 더욱 어지럽힐 것이라고 판단했다. 그래도 할 수 있는 데까지는 해보기로 했다. 할 말이 있다는 아우렐리아노의 말에 응접실로 나온 호세 아르카디오 부엔디아와 우르슬라는 아들의 이야기에도 그다지 놀라지 않았다. 그러다가 상대의 이름이 나오자 호세 아르카디오 부엔디아는 얼굴이 시뻘개졌다.

"사랑도 병이야." 그는 고함을 쳤다. "예쁘고 얌전한 여자들이 헤아릴 수도 없을 만큼 많은데, 왜 하필이면 원수의 딸이냐?"

그러나 우르슬라는 이 선택에 동의했다. 우르슬라는 모스코테 집안의 일곱 딸들을 정말 사랑스럽다고 얘기했으며, 그들의 아름다움과 부지런함과 겸손함과 본받을 만한 예절을 자기의 신중하고 빼어난 아들이 잘 판단했다고 말했다. 열심히 편을 드는 아내의 태도에 한 걸음 물러난 호세 아르카디오 부엔디아는 조건을 하나 내걸었다. 그 조건은 서로 사랑하는 레베카와 피에트로 크레스피를 결혼시켜야 한다는 것이었다. 그리고 아마란타는 우르슬라가 틈이 날 때 큰 도시로 데리고 가 다른 사람들을 만나게 해서 실망을 이겨내게 하기로 했다. 이 결정을 듣자마자 레베카는 말짱하게 병이 나았고, 기쁨으로 가득찬 편지를 써서 부모님의 허락을 받고 자기 손으로 직접 피에트로 크레스피에게 보냈다. 아마란타도 그 타협을 받아들이고 조금씩 열이 내렸지만, 속으로는 자기가 죽기 전에는 레베카가 결혼할 수 없을 것이라고 다짐했다.

다음 토요일에 호세 아르카디오 부엔디아는 지난번 파티가 있던 날 저녁에 입었던 검은 양복을 입고 새미가죽 구두를 신고 레메디오스 모스코테와 아들의 결혼을 신청하러 갔다. 갑자기 찾아온 이유를 몰라서 걱정이 되기도 했지만, 기쁨을 감추지 못하면서 촌장과 그의 아내는 그를 맞았다. 얘기를 듣고 나서는 그가 신부의 이름을 잘못 알고 온 것이 아닌가 의심했다. 그의 실수를 깨우쳐줄 생각에서 어머니는 레메디오스를 깨워 일으켜, 아직도 잠이 덜 깨어 졸리다고 하는 아이를 안고 거실로 왔다.

그들이 레메디오스에게 정말 결혼하고 싶냐고 물었더니, 레메디오스는 훌쩍훌쩍 울면서 졸리다고만 말했다. 모스코테 부부가 당황하는 것도 이해할 수 있었다. 호세 아르카디오 부엔디아는 아우렐리아노와 다시 얘기를 해서 확인하고 오겠다고 말한 다음 집으로 돌아갔다. 그가 다시 돌아왔을 때 모스코테 부부는 정장을 한 채, 가구를 다시 정리하고 꽃병에 새로 꽃도 꽂아놓고는 나이가 찬 딸들과 함께 기다리고 있었다. 입장이 난처해진 데다가 옷이 꽉 죄어서 답답해진 호세 아르카디오 부엔디아는 단도직입적으로 상대는 역시 레메디오스가 맞다고 말했다.

"그건 말이 안 되는데요." 실망한 돈 아폴리나르 모스코테가 말했다. "우리 집에는 딸이 여섯이나 더 있고, 그 애들은 모두 나이가 찬 처녀랍니다. 아드님처럼 건실하고 부지런한 청년의 아내가 되라면 누구든지 기뻐할 텐데, 아우렐리아노는 왜 하필이면 아직 어린 오줌싸개에게 관심을 두죠?"

얌전한 성품이지만 눈빛이나 행동이 어딘가 쓸쓸한 그의 아내가 남편의 무례한 언사를 꾸짖었다. 결국 과일 주스를 다 마셨을 무렵, 그들은 아우렐리아노의 마음을 받아들이겠다고 말했다. 그러고 나서 모스코테 부인은 우르슬라와 만나서 단둘이 얘기를 나누고 싶다고 했다. 남자들이 처리할 문제에 어째서 자기가 끼어야 하느냐고 불평을 했지만, 사실은 겁이 났을 뿐이던 우르슬라는 호기심도 발동해 이튿날 모스코테의 집으로 찾아갔다. 반시간 뒤에 돌아온 우르슬라는 레메디오스가 아직 월경도 시작하지 않았다는 얘기를 했다. 그러나 아우렐리아노는 그까짓 것은 아무런 장애가 아니라고 했다. 여태까지 기다려온 터이니 신부가 임신할 수 있는 나이가 찰 때까지 얼마든지 기다리겠노라고 했다.

평화로운 날들이 다시 찾아오는 듯싶더니 멜키아데스가 죽음을 맞았다. 그의 죽음은 예측하던 바였으나 그 죽는 방식은 그렇지 못했다. 그가 돌아오고 몇 달이 지나자 멜키아데스는 갑자기 빠르게 늙기 시작했다. 마치 그림자처럼 침실을 배회하는가 하면, 다리를 질질 끌면서 지나간 옛이야기를 큰 소리로 떠들어대서, 어느 날 아침 침대에서 시체로 발견될 때까지는 아무도 거들떠보지 않는 쓸모없는 늙은이 취급을 받았다. 처음에 호세 아르카디오 부엔디아는 은판 사진술이나 노스트라다무스의 예언에 끌려 그의 일을 도와주었다. 그러나 곧 의사 소통이 어렵게 되자 멜키아데스를 혼자 내버려두는 일이 점점 많아졌다. 그는 시력을 잃었을뿐더러 제대로 듣지도 못했다. 마주앉아서 함께 얘기를 나누는 사람과 옛날 먼 타향에서 만난 사람들을 자주 혼동해서 알아듣지도 못할 여러 나라 말을 섞어 가면서 대답을 하기가 일쑤였다. 걸어갈 때에는 물속에서 허우적거리기라도 하듯이 공중에서 손을 휘저었다. 어느 날 밤 그는 침대 곁의 유리잔에 틀니를 담가두었다가 이튿날 다시 끼우는 일을 깜빡 잊더니, 그 뒤로는 영영 틀니를 쓰지 않았다. 우르슬라는 집을 확장할 때 집 안의 법석거리는 소음이 들리지 않을 만큼 멀찍이 아우렐리아노의 작업실 옆에다 멜키아데스가 머물 방을 따로 마련했다. 햇빛이 잘 들게 창문을 내고, 붙박이장을 만들어 먼지와 얼룩이 든 책과, 온통 이상한 기호로 가득 찬 종이 꾸러미들을 잘 정리해두고, 이름 모를 식물이 틀니에 뿌리를 내려 노란 꽃이 핀 유리잔도 가져다놓았다. 멜키아데스는 새 방이 마음에 들었는지 그 뒤로는 식당에도 오지 않았다. 그가 가는 곳이라고는 아우렐리아노의 작업실뿐이었다. 거기에서 그는 파이 껍질처럼 벗겨지는 퍼석퍼석한 재료로 만들어진 게 틀림없는 양피지에다 뜻모를 글자만 몇 시간씩 계속 썼다. 그는 그곳에서 비시타시온이 갖다주는 음식을 하루에 두 끼씩 들었으며, 나중에는 입맛을 잃어서 채소만 먹었다. 그의 표정은 곧 채식주의자들의 얼굴처럼 기운이 없어졌다. 그가 절대로 벗지 않는 시대착오적인 조끼에 난 것처럼 얼굴에는 얇은 이끼가 끼었고, 그의 입에서는 잠자는 동물의 입에서 풍기는 냄새가 났다. 아우렐리아노는 시를 짓느라고 바빠서 그를 잊었는데, 한 번은 멜키아데스가 혼자 중얼거리는 독백의 뜻을 알아들을 것 같아서 귀를 기울였다. 그러나 멜키아데스가 흥얼거리는 말들 가운데 알아들을 수 있는 것은 자꾸만 반복되는 '분점(分點), 분점, 분점'이라는 소리와 알렉산더 폰 훔볼트(독일의 박물학자, 지리학자(1769~1859))라는 이름뿐이었다. 아르카디오는 아우렐리아노의 금세공 일을 도와주게 되면서부터 멜키아데스와 가까워졌다. 멜키아데스는 현실과는 동떨어진 얘기들을 스페인 말로 주워 섬기면서 그의 여러 가지 질문에 아무렇게나 대답을 했다. 그런데 어느 날 오후 그가 갑자기 어떤 감흥에 휩싸여서 광채를 발하는 듯싶었다. 긴 세월이 흘러 아르카디오는 총살을 당하는 마당에서도, 멜키아데스가 암호처럼 알아듣기 힘든 문장들이 적힌 몇 페이지의 글을 읽어주며 몸을 떨었던 것을 기억했다. 무슨 뜻인지는 몰라도 듣기에는 교황의 서한처럼 엄숙하게 느껴졌다. 멜키아데스는 정말로 오랜만에 미소를 짓고는 스페인 말로 이렇게 말했다.

"내가 죽거든 내 방에서 사흘 동안 수은을 태워주게."

아르카디오가 그 얘기를 호세 아르카디오 부엔디아에게 하자, 호세는 그 말이 무엇을 뜻하는지를 좀 더 확실히 들으려 했으나, 멜키아데스는 다만 이렇게만 대답했다.

"나는 영생의 비결을 알아냈소."

이 무렵부터 멜키아데스의 입에서 악취가 풍기기 시작했으므로, 아르카디오는 목요일 아침마다 그를 강으로 데리고 가서 헤엄을 치게 했다. 그랬더니 멜키아데스는 건강을 회복하는 것 같았다. 그는 옷을 벗고 아이들과 어울려 강으로 들어갔으며, 신비한 방향 감각을 지닌 탓이었는지 물이 깊고 위험한 장소는 잘 피해 갔다. 언젠가 그는 이런 말도 했다.
"우리는 모두 물에서 태어났지."
그렇게 멜키아데스는 집 안에서 아무의 눈에도 띄지 않으며 오랫동안 지낼 수가 있었다. 그가 사람들 앞에 나타난 것은, 그날 밤 눈물이 날 정도의 노력으로 고장 난 자동피아노를 고치러 나왔을 때와, 바가지를 겨드랑이에 끼고 야자기름 비누를 수건에 싸서 아르카디오와 강으로 갈 때뿐이었다. 어느 목요일, 강으로 목욕을 하러 가기 전에 아우렐리아노는 멜키아데스가 이렇게 중얼거리는 것을 들었다.
"나는 싱가포르의 모래언덕에서 열병으로 죽었다오."
그날 그는 강물에 들어갔다가 위험한 곳에 잘못 발을 들여놓아 행방불명이 되었는데, 이튿날 몇 킬로미터 떨어진 강 하류의 강둑에서 발견되었으며, 그의 가슴에는 독수리 한 마리가 앉아 있었다. 자기 아버지가 죽었을 때보다도 더 구슬프게 울어 대던 우르슬라의 완강한 반대를 뿌리치면서 호세 아르카디오 부엔디아는 멜키아데스를 매장하지 않겠다고 고집을 부렸다.
"멜키아데스는 불멸의 인간이야. 그는 자기를 되살리는 방법까지도 나에게 알려주었어."
그는 오랫동안 구석에 처박아두었던 배수파이프를 꺼내고 군데군데 푸른 거품이 생기기 시작한 시체 옆에서 냄비에다 수은을 끓이기 시작했다. 두고 볼 수 없던 돈 아폴리나르 모스코테는 물에 빠져죽은 사람을 묻지 않고 방치하면 공중 위생에 좋지 않다고 말했다.
"그런 일은 절대로 없을 것이오. 멜키아데스는 엄연히 살아 있으니까요."
그렇게 대답을 한 호세 아르카디오 부엔디아는 수은 향료를 일흔두 시간 동안 계속해서 태웠다. 시체에서는 여기저기 푸른 꽃이 피었으며, 집 안은 숨쉬기조차 곤란한 기체로 가득찼다. 그때서야 가까스로 그는 멜키아데스를 매장하도록 허락했지만, 그 장례는 흔히 볼 수 있는 평범한 것이 아니라 마콘도의 가장 큰 은인에게 걸맞는 규모로 거행해야 한다고 지시했다. 이것은 마콘도에서 거행된 역사상 첫 장례식이었다. 100년 뒤의 마마 그랑데^(저자의 단편〈마마 그랑데의 장례식〉1961)의 주인공)의 사육제 같은 장례에는 미치지 못했지만, 매우 많은 사람이 장례식에 모였다. 그들은 공동묘지로 쓰려고 잡아둔 터의 한가운데에 멜

백년의 고독 73

키아데스를 묻었으며, 비석에는 그들이 죽은 사람에 대해 알고 있는 단 하나의 사실을 기록했다. 그것은 '멜키아데스'라는 이름이었다. 마을 사람들은 멜키아데스를 위해서 9일 동안 밤을 새우는 예식을 치렀다. 그들은 마당에 모여서 커피를 마시고 잡담을 하고 카드놀이를 하면서 소란을 피웠다. 아마란타는 그 북새통을 이용해 피에트로 크레스피에게 사랑을 고백했다. 몇 주 전 레베카와 정식으로 약혼을 한 피에트로는 예전에 장신구와 금강앵무를 교환하고 다녔던 아랍인들이 조용히 모여 사는 '터키인들의 거리'라고 불리는 거리에, 악기와 기계 장치가 된 장난감을 파는 가게를 열려고 하고 있었다. 온 마을 여자들이 매혹되어 한숨을 지을 정도로 멋진 컬이 들어간 머리를 한 이탈리아 청년은, 아마란타를 어린아이로만 생각해서 아마란타의 얘기를 별로 심각하게 받아들이지 않았다.

"나한테는 남동생이 있지." 그는 아마란타에게 말했다. "가게 일을 도우러 곧 올 테니까 서로 알고 지내는 게 좋을 거야."

이 말을 듣고 모욕감을 느낀 아마란타는 분해서 치를 떨며, 자기 시체로 이 집 문을 막아서라도 레베카의 결혼은 훼방을 놓겠다는 얘기를 피에트로 크레스피에게 했다. 그 협박에 놀란 이탈리아 남자는 그 얘기를 레베카에게 하고 싶은 충동을 도저히 억누를 수가 없었다. 그 결과 우르슬라가 바빠서 자꾸만 연기해 오던 아마란타의 여행은 일주일 내로 이루어지게 되었다. 아마란타는 여행에 대해서는 아무런 불평을 하지 않았지만, 작별을 고하는 키스를 하면서 레베카의 귓속에다 이렇게 속삭였다.

"너무 신이 나서 우쭐대지 마. 나를 세상 끝으로 쫓아 보낸다 해도, 난 무슨 수를 써서라도 네 결혼식을 방해하고 말 테니까. 너를 죽이는 한이 있어도 말이야!"

우르슬라가 떠나고, 멜키아데스가 가끔 이 방 저 방에 나타나서 발을 비척이며 돌아다녔으나 눈에 보이지 않았기 때문에, 집은 텅 비고 한없이 허전하기만 했다. 레베카가 집안일을 맡아서 돌보는 한편 비시타시온은 과자 굽는 일을 맡았다. 저녁에 피에트로 크레스피가 상쾌한 라벤더 향을 풍기면서 선물로 줄 장난감을 가지고 찾아오면 그의 약혼녀는 남들의 눈총을 받지 않으려고 응접실의 문과 창문을 모두 활짝 열어 놓고 그를 맞았다. 그러나 이탈리아 청년은 신사답게 처신을 해서, 일 년도 못되어 자기 아내가 될 여자인데도 손조차 잡지 않았기 때문에, 그가 혹시 무슨 일을 저지를까 신경 쓸 필요는 없었다. 그의 방문이 계속되자 집 안에는 온통 장난감들로 가득했다. 기계로 움직이는 발레리나, 오르골, 재주를 부리는 원숭이, 씩씩하게 걸어가는 말과 탬버린을 두드리며 노는 광대. 멜키아데스의 죽음 때문에 슬픔에 잠겨 헤어나지 못하던 호세 아르카디오 부엔디아는 피에트로 크레스피가 가져온 신기한 장난감들의 기계 장치에 매혹되어서, 옛날 연금술에 정신이 팔려 있던 시절로 되돌아갔다. 그는 시계추의 원리를 따라서 모든 동작을 영구히 계속시킬 비결을 찾아내기 위해 장난감의 기계 장치를 다 뜯어보았고, 그리하여 솜이 삐져 나온 온갖 동물들이 뒤범벅을 이룬 천국에서 나날을 보냈다. 그런가 하면 아우렐리아노는 어린 레메디오스에게 읽기와 쓰기를 가르치느라고 작업실을 거들떠보지도 않게 되었다. 레메디오스는 처음에는 날마다 자기를 찾아오는 손님이, 장난감을 가지고 노는 대신에 목욕을 하고 옷을 갈아입고 응접실에 앉아서 손님을 맞는 모든 귀찮은 일의 원인이라고 생각했고, 아우렐리아노보다는 장난감을 훨씬 좋아했다. 그러나 아우렐리아노의 인내와 노력이 드디어 결실을 맺어서, 레메디오스는 그와 함께 몇 시간씩 글자의 뜻을 배우고, 공책에다 색연필로 언덕 너머에 황금빛 해님이 저무는 목장에서 노니는 암소와 집을 그리느라고 열심이었다.

그러나 레베카만은 아마란타의 협박을 잊을 수가 없어 혼자 슬픔 속에서 지냈다. 레베카는 아마란타의 표독한 성격과 교만함을 잘 알고 있던 터여서, 아마란타가 화를 내면 어떻다는 것도 훤히 알았다. 그래서 레베카는 흙을 먹고 싶은 끈질긴 충동을 이겨내려고 화장실에 틀어박혀 몇 시간이고 손가락을 빨아댔다. 앞일이 어떻게 될지 궁금해서 견딜 수가 없어진 레베카는 불안에서 벗어나고픈 마음 하나로 필라르 테르네라를 찾아갔다. 언제나의 이상야릇한 주문을 실컷 외운 다음 필라르 테르네라는 예언을 했다.

"부모의 뼈를 땅 속에 묻을 때까지는, 불행이 너에게서 떠나지 않을 것이니라."

레베카는 자기도 모르게 몸서리를 쳤다. 레베카의 머릿속에서는 자기가 어린아이였을 적에, 트렁크와 목제 흔들의자와 안에 무엇이 들었는지 전혀 기억이 나지 않는 자루를 하나 가지고 이 집으로 들어오던 모습이 꿈처럼 아련히 떠올랐다. 레베카는 황금 단추로 셔츠 깃을 여민 대머리 신사도 기억했다. 그리고 또한 향수를 뿌린 따스한 손을 가진 어느 아름답고 젊은 여자가 자신의 머리에 꽃을 꺾어서 꽂아주고 함께 초록빛 길을 거닐던 오후도 생각이 났다. 그 남자와 여자가 레베카의 부모였을까?

"무슨 말인지 알 수가 없어요."

레베카의 말에 필라르도 당황한 듯했다.

"나도 알 수가 없구나. 아무튼 카드에 그렇게 나왔어."

레베카는 이 수수께끼가 마음에 걸려 그 얘기를 몽땅 호세 아르카디오 부엔디아에게 전했다. 그는 그까짓 카드점 따위를 믿느냐고 야단을 쳤지만, 조용히 옷장과 트렁크를 뒤지고, 가구를 이리저리 옮기고, 침대 밑과 마루 속까지 조사하면서 뼈를 담아둔 자루를 찾으려고 진땀을 뺐다. 호세 아르카디오 부엔디아는 집을 수리한 다음에는 그 자루를 한 번도 본 일이 없다는 사실을 기억해 냈다. 그는 은밀히 석수장이들을 불러 물어보았다. 그랬더니 그들 가운데 한 사람이 일을 하는데 그 자루가 자꾸만 거치적거려서 침실 벽 속에 넣고 발라버렸다는 얘기를 했다. 며칠 동안 벽에다 귀를 대고 들었더니 한곳에서 딸그락거리는 소리가 아련히 들려왔다. 벽에 구멍을 뚫자 그 속에서 아직도 뼈가 고이 들어 있는 자루가 발견되었다. 그들은 그날로 그 자루를 멜키아데스 무덤 곁에다 비석도 없이 서둘러 묻었다. 호세 아르카디오 부엔디아는 푸르덴치오 아귈라에 대한 기억만큼이나 그의 마음을 무겁게 했던 짐을 홀가분하게 떨어버리고 집으로 돌아갔다. 그는 부엌을 지나던 차에 레베카의 이마에 키스를 했다.

"이제 아무 걱정 말거라. 너도 이제부터는 행복해질 테니까."

아르카디오가 태어날 때 우르슬라가 굳게 닫았던 부엔디아 집안의 문이, 레베카와 친해진 필라르 테르네라에게 다시 열렸다. 필라르는 아무 때나 염소 떼처럼 불쑥 들이닥쳐서는 힘든 일들을 도맡아서 거침없이 처리해 냈다. 때때로 필라르가 작업실로 가서 아르카디오를 도와 능숙하고 친절하게 은판 사진의 감광 작업을 해내서 아르카디오는 깜짝 놀랐다. 아르카디오는 그 여자가 마음에 걸렸다. 햇볕에 그 살갗의 온기와 연기처럼 풍기는 체취와, 암실 공기를 휘젓는 웃음 소리에 정신이 산만해진 아르카디오는 걸핏하면 아무 데나 부딪곤 했다.

한 번은 아우렐리아노가 금을 가지고 정신없이 일을 하고 있는데 필라르 테르네라가 다가와 책상에 기대어 그의 인내를 칭찬했다. 그는 퍼뜩 마음에 짚이는 바가 있었다. 아우렐리아노는 눈을 들어 암실 안에 아르카디오가 있다는 사실을 확인했고, 필라르의 머릿속에 어떤 생각이 오가는지를 한낮의 햇빛처럼 환하게 알 수 있었다.

"좋아요." 아우렐리아노가 말했다. "무슨 말을 하고 싶어서 그러는 거죠?"

필라르 테르네라는 미소를 지으면서 구슬프게 입술을 깨물었다.

"아우렐리아노에겐 못 당하겠어." 필라르가 말했다. "아우렐리아노의 눈은 무엇이나 꿰뚫어보니까."

아우렐리아노는 예감이 들어맞은 것을 알고 안심했다. 그는 아무 일도 없었다는 듯이 다시 일에 집중하며, 침착한 목소리로 말했다.

"좋아요, 아이를 낳으면 내 성을 따르게 하죠."

호세 아르카디오 부엔디아는 드디어 그가 바라던 것을 완성했다. 그가 시계의 부속을 발레리나 인형에 연결했더니 그 장난감은 계속되는 음악에 맞춰서 사흘 동안 쉬지 않고 춤을 추었다. 이 발견은 여태까지 그가 손을 댔던 어떤 연구보다도 더 그를 흥분시켰다. 그는 밥 먹는 것을 잊었다. 잠도 자지 않았다. 우르슬라의 감시와 보살핌을 받지 못한 채 그 상상력에 이끌려, 회복도 의심스러울 만큼 그는 정신을 잃어갔다. 그는 밤잠을 설치고 방 안을 오락가락하면서 헛소리를 지껄여댔고, 시계추의 원칙을 마차와 맷돌과 모든 연장에 응용하여 들에서 일할 때 도움이 될 수 있을지를 끊임없이 연구했다. 밤샘 작업 때문에 머리에는 열이 오르고 정신이 흐릿해졌던 어느 날 새벽 동틀녘에 자기의 침실로 찾아 들어온 백발 노파를 보았을 때 그를 한눈에 알아보지 못했다. 찾아온 사람은 푸르덴치오 아귈라였다. 그가 누구라고 겨우 깨달았을 때 죽은 사람도 나이를 먹는다는 사실에 놀라면서도 호세 아르카디오 부엔디아는 지나간 옛날이 생각나서 눈시울이 뜨거워졌다.

"푸르덴치오." 그는 감격해서 불렀다. "그 먼 길을 용케도 찾아왔구나!"

푸르덴치오 아귈라는 죽고 나서 세월이 흐름에 따라 살아 있는 사람들이 너무 그리웠고, 참을 수 없을 만큼 말동무가 필요했으며, 죽은 사람들하고만 함께 살자니 죽음이 더욱 소름끼치는 것 같아서, 결국 가장 미워하던 원수를 사랑하게 되었노라고 얘기를 길게 늘어놓았다. 그는 오랫동안 호세 아르카디오 부엔디아를 찾아 헤매면서 세월을 보냈다. 그는 리오아차에서 죽은 사람들과 바제 데 우팔(콜롬비아 산타마리아)에서 죽은 사람들, 늪지대에서 온 죽은 사람들에게 그의 행방을 물었지만, 죽은 사람들은 새로 생긴 마콘도에 대해서 몰랐기 때문에 만족할 만한 대답을 들을 수 없었다. 그러다가 멜키아데스가 죽어서 도착한 다음에야 죽음 세계의 지도에 마콘도의 위치를 검은 점으로 표시해 주었다. 호세 아르카디오 부엔디아는 푸르덴치오 아귈라와 새벽까지 얘기를 계속했다. 2~3시간 뒤, 밤을 새운 긴 얘기 끝에 기운이 빠진 그는 아우렐리아노의 작업실로 가서 물었다.

"오늘이 무슨 요일이지?"

아우렐리아노는 화요일이라고 대답했다.

"나도 화요일이라고 생각했어. 그런데 갑자기 난 아직도 지금이 어제처럼 월요일이라는 생각이 들었어. 하늘을 봐, 벽을 보고, 베고니아꽃을 봐. 오늘은 역시 월요일이야."

아버지의 별난 성격에 이미 익숙해진 아우렐리아노는 그의 말에 귀를 기울이지도 않았다. 수요일인 그 다음 날 호세 아르카디오 부엔디아는 작업실로 돌아와 말했다. "이거 큰일이구나. 저 하늘을 보라구. 태양이 내리쬐는 소리도 들어봐. 어제하고도 똑같고, 그저께하고도 마찬가지야. 오늘은 역시 월요일이야."

그날 밤에 피에트로 크레스피는 복도를 걷다가 호세 아르카디오 부엔디아가 푸르덴치오 아귈라, 멜키아데스, 레베카의 부모와 자기의 부모, 그리고 지금은 죽은 모든 사람들을 그리워하며 울고 있는 것을 보았다. 피에트로가 두 발로 걷는 태엽 장치 곰을 주었지만, 그는 깊은 슬픔에서 벗어나지 못했다. 그는 호세에게 그가 며칠 전에 얘기한 사람을 실어 나를 수 있는 시계추가 달린 기계를 발명하겠다던 계획은 어떻게 되었느냐고 물었다. 호세는 시계추가 무엇이나 다 하늘로 들어올릴 수는 있어도 그 무거운 시계추를 들어올릴 다른 힘이 없어서 그 계획은 불가능하다고 대답했다. 목요일에 그는 다시 작업실에 나타났다. 그의 표정은 씨를 뿌리려고 파헤친 땅처럼 비참해 보였다.

"시간을 재는 장치가 고장이 났어." 그는 흐느끼기 시작했다. "우르슬라와 아마란타는 대체 어디에 있는 거야!"

아우렐리아노는 아이를 야단치듯 그를 꾸짖었고, 호세는 뉘우치는 표정을 지었다. 그는 시간이 지났다는 흔적을 찾고 싶은 심정에서 겉모양이 어제와 달라진 것이 혹시 없을까 하고 이것저것 여섯 시간 동안 꼼꼼히 뜯어보았다. 그는 잠자리에 들어서도 뜬눈으로 밤을 새우며 푸르덴치오 아귈라와 멜키아데스와 모든 죽은 사람들을 불러 그의 슬픔을 함께 나누려고 했다. 그러나 아무도 달려와주지 않았다. 금요일에 그는 아직 아무도 일어나기 전에 밖으로 나가 자연의 모습을 곰곰이 살펴보고는 월요일이라고 단정했다. 그리고 그는 문짝에서 빗장을 미친 듯이 잡아떼어서 그것을 마구 휘둘러 연금술 도구와 은판 사진실과 금세공 작업실을 모두 산산조각을 냈다. 그러면서 울림이 좋고 부드럽게 들리면서도 전혀 뜻을 알아들을 수 없는 소리로 미친 듯이 고함을 쳤다. 집에 남아 있는 것들을 그가 마저 부수려고 하는 것을 보고 아우렐리아노는 이웃 사람들에게 도움을 청했다. 열 명이 몰려들어 그를 붙잡고, 열네 명이 덤벼들어 꽁꽁 묶은 다음에, 다시 스무 명이 합세하여 마당에 있는 밤나무로 끌고 가서, 입에서 초록빛 거품을 물며 고함을 지르는 그를 나무둥치에 묶었다. 우르슬라와 아마란타가 여행에서 돌아왔을 때도 그는 아직 손발이 밤나무에 묶인 채 얼빠진 모습으로 비를 맞고 있었다. 그들이 호세 아르카디오 부엔디아에게 말을 걸었으나 그는 그들을 알아보지 못하고 알아들을 수 없는 말로 자꾸만 지껄여댔다. 우르슬라는 묶인 끈에 쓸려 상처를 입은 그의 손목과 발목을 풀어주고 허리만 그대로 나무에 묶어두었다. 나중에 그들은 햇빛과 비를 가리도록 그의 머리 위에다 야자나무 가지로 지붕을 만들어주었다.

5

아우렐리아노 부엔디아와 레메디오스 모스코테는 3월의 어느 일요일에 니카노르 레이나 신부의 지시로 응접실에 세운 제단 앞에서 결혼식을 올렸다. 그 날을 맞이하기까지 4주 동안 모스코테 집안에는 큰 소동이 일었다. 어린 레메디오스가 아직 아이 티도 채 벗기 전에 성년이 된 증거를 보였기 때문이다. 어머니가 사춘기에 들어서면 몸에 이상이 있을 것이라고 미리 일러주었는데도 불구하고, 2월의 어느 날 오후 레메디오스는 언니들이 아우렐리아노와 마주 앉아서 얘기를 나누고 있던 거실로 비명을 지르며 뛰어들어와 초콜릿 빛깔의 반점이 묻은 자기 속옷을 내보였다. 한 달 뒤 결혼식을 올리자는 합의가 당장 이루어졌다. 레메디오스에게 혼자서 세수를 하고 옷을 입을 수 있도록 가르치고, 가정 생활의 기초적인 상식을 알려주기에도 시간이 모자랄 지경이었다. 그들은 자다가 오줌 싸는 버릇을 고쳐주려고 레메디오스로 하여금 뜨겁게 불에 달군 벽돌 위에다 소변을 보게 했다. 남녀 결합의 신성함을 가르치는 데는 상상할 수 없을 만큼 힘이 들었다. 결혼 초야에 치르게 될 일이 어찌나 놀랍고도 흥미롭게 들렸는지 레메디오스는 첫날밤에 있을 일들을 자세히, 모든 사람들에게 얘기해 주고 싶어했기 때문이다. 여러 가지로 무척 힘든 일이기는 했어도, 아무튼 결혼식 날짜까지는 레메디오스도 언니들 못지않게 세상일을 환히 알게 되었다. 그 날 돈 아폴리나르 모스코테는 딸의 팔을 이끌고, 여러 악단들이 음악을 연주하고 폭죽이 터져대는, 꽃과 화환으로 장식된 길을 따라 걸어갔고, 레메디오스는 창가에서 행복을 빌어주는 사람들에게 손을 흔들어 인사하며 감사의 미소를 보냈다. 몇 년 뒤 총살을 당할 때도 신었던 쇠장식이 붙은 에나멜 구두를 신고 검은 양복을 입은 아우렐리아노는 집 앞에서 신부를 맞을 때 얼굴은 창백해지고 목구멍에는 무엇이 걸리기라도 한 기분이었다. 그는 신부를 맞아 제단 앞으로 데리고 갔다. 레메디오스는 침착하고 자연스럽게 행동했으며, 아우렐리아노가 자신의 손가락에 반지를 끼워주려다 떨어뜨렸을 때에도 조금도 자세를 흩뜨리지 않았다. 구경꾼들이 웅성거리고, 문 쪽으로 굴러가는 반지를 신랑이 발로 막아서 얼굴을 붉히며 돌아올 때까지 신부는 레이스가 달린 장갑을 낀 팔을 들어 약 손가락을 내민 채 그대로 기다렸다. 신부의 부모와 언니들은 레메디오스가 혹시나 실수를 하지 않을까 너무 걱정한 탓에, 그렇게 무난히 식이 끝나자 오히려 그들이 신부를 번쩍 추켜 들고 키스하는 실수를 범하고 말았다. 그날부터 레메디오스가 온갖 역경을 겪으면서도 책임감을 잊지 않고 자연스런 애교를 지니고 침착하게 행동하기 시작했다. 남이 시키지도 않았건만 결혼케이크를 자른 다음에 가장 큰 덩어리를 접시에 받쳐 들고 포크와 함께 호세 아르카디오 부엔디아에게 가져다준 사람은 바로 레메디오스였다. 밤나무에 몸이 묶인 채로 야자나무로 지은 지붕 밑 나무의자에 걸터앉아서, 햇볕과 비바람에 피부가 제 빛깔을 잃은 덩치 큰 노인은 고맙다는 미소를 지어 보이고 손가락으로 케이크를 집으면서 알아듣지 못할 말로 무어라고 주문을 읊었다. 월요일 새벽까지 계속된 이 떠들썩한 잔치 속에서 행복과 즐거움을 느끼지 못한 사람은 레베카 부엔디아뿐이었다. 그 파티는 레베카에게는 고통스러운 행사였다. 우르슬라가 처음에 계획한 대로만 되었다면 레베카의 결혼식도 같은 날 하기로 되어 있었다. 그런데 금요일에 피에트로 크레스피에게 어머니가 금방이라도 돌아가실 것 같다는 편지가 왔다. 결혼은 연기되었다. 편지를 받은 지 한 시간 뒤에 피에트로 크레스피는 어머니가 사는 도시로 떠났고, 도중에 어머니와 길이 엇갈렸다. 예정대로 토요일 저녁에 도착한 어머니는 아들의 결혼식에서 부르려고 준비해 온 아리아를 아우렐리아노의 결혼식에서 불러야 했다. 피에트로 크레스피는 자신의 결혼식에 맞춰 돌아오려고 말을 도중에 다섯 번이나 갈아타고 달려왔지만, 이미 일요일 자정이 되어 파티도 거의 끝나갔다. 가짜 편지를 누가 썼는지는 끝까지 밝혀지지 않았다. 우르슬라가 캐묻자, 아마란타는 울고 화를 내며 목수들이 아직 헐어내지 않은 제단 앞에서 자기는 결백하다고 맹세를 했다.

결혼식 주례를 맡기려고 돈 아폴리나르 모스코테가 늪지대 건너에서 모시고 온 니카노르 레이나 신부는 고마워할 줄 모르는 신도들을 오랫동안 견뎌 온 늙은이였다. 그의 살갗은 늘어지고, 뼈마디가 곳곳에 앙상하게 드러났으나 배만은 볼록했다. 또한 한없이 마음씨 좋은 할아버지같은 인상이었다. 결혼식이 끝나면 곧 자기 교구로 돌아갈 계획이었지만, 그는 영혼이 황폐해진 마콘도 주민들이 타고난 본성대로 살며, 아이들에게 영세도 주지 않고 교회 의식을 모두 무시하면서 살아간다는 사실에 여기보다 더 신앙의 씨앗을 뿌려야 할 곳이 없다고 느꼈다. 그는 일주일 더 이곳에 머무르면서 할례를 하는 이교도들이나 다름 없는 사람들에게 세례를 주고, 내연 관계에 있는 남녀를 정식 부부로 맺어주며, 죽어가는 사람들에게는 종부성사(사고나 질병, 고령으로 죽음에 임박한 자를 위한 성사)를 해줘야겠다고 마음먹었다. 그러나 그의 말에 귀를 기울이는 사람은 아무도 없었다. 그들은 신부가 없이도 여러 해 동안 잘 살아왔으며, 영혼에 대한 문제라면 하느님과 직접 이야기해서 해결하고, 원죄 따위는 벌써 깨끗이 잊었다고 말했다. 사막에서 설교를 하기에 지친 니카노르 신부는 세상에서 가장 큰 성당을 짓기로 결심했다. 벽에 실물 크기의 성상들을 세우고 옆에는 스테인드글라스를 끼워서, 이 신앙의 전당에서 하느님을 경배하기 위한 사람들이 로마에서도 찾아오게 하겠다고 마음먹었다. 신부는 청동 접시를 들고 헌금을 걷으려고 구석구석 다 돌아다녔다. 사람들이 많은 헌금을 냈지만, 그는 물에 빠져죽은 사람도 그 소리를 듣고 떠오를 만큼 훌륭한 종을 마련하고 싶었기 때문에 돈이 더 필요했다. 그는 부탁을 하러 돌아다니다가 목이 잠겨 소리가 나오지 않게 되고 말았다. 신부의 뼈마디에서는 온갖 소리가 다 났다. 토요일이 되어도 문짝을 마련할 돈도 모이지 않자, 그는 절망으로 미칠 것 같았다. 니카노르 신부는 광장에다 제단을 세우고, 불면증이 마을을 휩쓸었을 때처럼 조그만 종을 울리고 돌아다니면서 사람들을 불러 일요일 노천미사에 참예하라고 했다. 호기심에 사람들이 많이 모였다. 옛날이 그리워서 온 사람들도 있었다. 하느님의 대변자가 혼자서 모욕을 당하는 것 같은 느낌이 들어 동정하는 마음으로 모여들기도 했다. 그러다 보니 아침 8시에는 마을 사람들 거의 절반이 광장에 모였고, 니카노르 신부는 헌금을 거두러 다니느라 다 갈라진 목소리로 하느님의 말씀을 전했다. 미사가 끝날 무렵 모인 사람들이 흩어지기 시작하자, 그는 두 손을 높이 들어 사람들의 눈길을 모았다.

"잠깐만 기다리시오." 신부가 말했다. "이제 우리는 하느님의 무한한 능력의 증거를 보게 될 것입니다."

미사를 돕던 복사(服事)소년이 걸쭉하고 김이 무럭무럭 나는 초콜릿을 한 잔 가져왔다. 신부는 그것을 숨도 쉬지 않고 쭉 들이켜고는 소매에서 손수건을 꺼내 입술을 닦더니 팔을 벌리고 눈을 감았다. 그러자 니카노르 신부는 땅 위로 한 뼘이나 떠올랐다. 이 방법은 설득력이 있었다. 그는 초콜릿을 먹고 공중으로 떠오르는 시범을 되풀이하면서 집집다마 찾아다녔으며, 옆에 따라다니던 복사 소년은 자루에 가득 넘칠 만큼 헌금을 받아 모아서, 한 달이 못되어 성당을 짓는 공사를 시작할 수 있었다. 하늘로 떠오르는 힘을 신이 내려주신 것이라는 점을 의심한 사람은 아무도 없었다. 그러나, 호세 아르카디오 부엔디아만은 달랐다. 어느 날 아침에 신의 계시를 다시 한 번 구경하려고 밤나무 앞에 모인 마을 사람들을 지켜보던 그는, 니카노르 신부가 앉아 있던 의자와 함께 공중으로 떠오르는 것을 보고는 의자에 앉은 채로 고개를 설레설레 흔들며 말했다.

"Hoc est simplicissimus. Homo iste statum quartum materiae invenit(그거야 간단한 일이지. 저 사람은 물체의 4차원 세계를 발견했으니까)."

그 말을 듣고 니카노르 신부가 팔을 번쩍 들자 의자의 다리 네 개가 동시에 다시 땅에 닿았다. 신부가 말했다.

"Nego. Factum hoc existentiam Dei probat sine dubio(아니오. 이 사실은 신이 틀림없이 존재한다는 것을 증명합니다)."

이 문답으로 사람들은 드디어 호세 아르카디오 부엔디아가 여태까지 지껄이던 알아듣지 못할 말이 라틴어임을 알았다. 니카노르 신부는 자기만이 그와 말이 통한다는 사실을 이용해서 그의 돌아버린 머리에 신앙을 심어주려고 했다. 그래서 신부는 오후마다 밤나무 그늘에 자리를 잡고 앉아 라틴어로 설교를 했지만, 호세 아르카디오 부엔디아는 말솜씨를 부리거나 초콜릿으로 재주를 피우는 일은 집어치우고 신의 모습을 은판사진으로 찍어서 증거를 보여줘야 그 존재를 믿겠다고 했다. 그래서 니카노르 신부는 메달과 그림과 성녀 베로니카의 천조각 (예루살렘의 전설상의 성녀 베로니카가 십자가를 짊어지고 골고다 언덕을 향하는 그리스 / 도를 딱하게 여겨, 그 얼굴의 땀을 닦아주자 그리스도의 얼굴이 새겨졌다고 하는 천) 복제품까지 가져다 보여주었지만, 호세 아르카디오 부엔디아는 그것들이 모두 과학적인 근거가 없는 예술품에 지나지 않는다고 넘겨버렸다. 그의 고집에 져서 신앙을 심어주려는 계획을 포기한 니카노르 신부는 다만 인도주의적인 동정심 때문에 계속해서 밤나무가 있는 곳을 찾아갔다. 그러자 이번에는 호세 아르카디오 부엔디아가 온갖 이론을 펼치면서 신부의 신앙을 무너뜨리려고 했다. 한번은 니카노르 신부가 체커 (빨강과 검정 12개씩의 말을 바둑판무늬 판 / 위에 늘어놓고, 상대의 말을 빼앗는 탁상놀이) 판을 가지고 와서 밤나무 앞에 자리를 마련하고 같이 한 판 두자고 했더니, 호세 아르카디오 부엔디아는 기본 원칙에 대해 합의한 사람들끼리 승부를 다투는 것은 의미가 없다는 이유로 시합을 거절했다. 체커라는 놀이를 그런 식으로 생각해 본 적이 없는 니카노르 신부는 두 번 다시 체커를 하지 않겠다고 마음먹었다. 만날수록 호세 아르카디오 부엔디아의 정신이 아주 말짱하다는 사실을 깨달은 신부는 왜 사람들이 그를 밤나무에 묶어놓게 되었느냐고 물었다. 그가 대답했다.

"Hoc est simplicisimum(이유는 간단하죠). 내가 미쳤기 때문입니다."

그 다음부터 신부는 자신의 신앙 생활이 흔들릴까 염려되어 다시는 그를 찾지 않았고 성당을 빨리 짓는 데만 모든 힘을 기울였다. 레베카에게는 다시 희망이 보였다. 레베카의 장래는 성당 공사의 진행과 끊을 수 없는 관계가 있었으니, 그것은 어느 일요일 니카노르 신부가 집으로 와서 점심 식사를 하는 동안에 성당을 다 짓고 나면 거기에서 거행될 엄숙하고 성대한 종교 예식에 대한 애기를 들려주었을 때, 아마란타가 이렇게 말했기 때문이었다.

"성당 문을 열게 되는 날 가장 행복한 사람은 레베카겠네요."

레베카가 그 말 뜻을 잘 알아듣지 못한 듯하자 아마란타는 아주 해맑은 미소를 지으면서 설명해 주었다.

"네 결혼식이 성당에서 열릴 거라는 말이야."

레베카는 다른 사람이 말을 꺼내기 전에 먼저 대답했다. 공사가 진척되는 형편으로 보아 성당을 다 지으려면 적어도 10년은 걸릴 것 같다고 말이다. 니카노르 신부는 그 말에 찬성하지 않았다. 신앙심이 깊은 신도들이 점점 더 헌금을 많이 하기 때문에 그렇게 오래 걸리지는 않을 것이라고 했다. 화가 나서 점심 식사도 다 끝내지 못한 레베카를 보고 우르슬라는 아마란타의 생각을 칭찬하고 성당 공사를 더 빨리 끝내라는 뜻으로 어마어마한 헌금을 내놓았다. 니카노르 신부는 누군가 그만큼 헌금할 사람이 하나만 더 있어도 3년 안에 성당을 다 지을 수 있겠다고 계산했다. 아마란타가 순진한 척 한 말에 사실은 악의가 깔려 있다고 생각한 레베카는, 그때부터 아마란타와 말을 하지 않았다.

"마음만 먹으면 이보다 더한 짓도 할 수 있어." 그날 밤 심한 말다툼을 벌였을 때 아마란타가 말했다. "어쨌든 이걸로 앞으로 3년 동안은 너를 죽일 필요가 없어졌구나."

레베카는 그 도전을 받아들였다.

결혼식이 다시 연기되었다는 소식을 듣고 낙심한 피에트로 크레스피에게 레베카는 자기의 변함없는 사랑을 증명하듯이 말했다.

"당신이 가자고만 한다면 난 언제라도 같이 달아나겠어요."

그러나 피에트로 크레스피는 모험을 좋아하는 남자가 아니었다. 그는 자기의 약혼녀와는 달리 충동적인 성격이 아니었고, 약속을 소중히 생각하는 남자였다. 그러자 레베카는 좀 더 과감한 행동을 보이기 시작했다. 어디서 불어왔는지 알 수 없는 바람에 응접실의 램프가 꺼지고, 우르슬라는 어둠 속에서 키스를 하고 있는 두 연인의 모습을 보고 깜짝 놀라고 말았다. 당황한 피에트로 크레스피는 요즘 석유 램프는 품질이 엉망이라는 애매한 변명을 하고, 심지어는 방 안의 조명 시설을 늘리려는 우르슬라를 돕겠다고 나서기도 했다. 그러나 다시 기름이 떨어지거나 심지에 응어리가 져서 불이 꺼졌다. 그럴 때마다 우르슬라는 약혼자의 무릎에 올라앉아 있는 레베카를 보았다. 우르슬라도 이제는 어떤 변명도 믿지 않았다. 우르슬라는 빵 공장 일을 송두리째 비시타시온에게 맡겨버리고, 피에트로가 찾아올 때마다 흔들의자에 자리를 잡고 두 연인을 감시하였다. 그는 자기도 젊었을 때 써 본 적이 있는 그런 낡은 속임수에는 넘어가지 않겠다고 생각했다. 손님 앞에서 연신 하품을 하며 졸고 있는 우르슬라를 보고 화가 나기도 했으나 그래도 레베카는 농담을 했다.

"불쌍한 어머니. 어머니는 돌아가신 다음에도 저 흔들의자에 앉는 유령이 되어 나타나실 거야."

남의 감시를 받는 사랑을 석 달 동안이나 계속하였다. 건축 공사가 워낙 더디게 진행되어 조바심이 난 피에트로 크레스피는, 공사를 끝내는 데 필요한 돈을 니카노르 신부에게 건네기로 결심했다. 그 사실을 알고도 아마란타는 초조해하지 않았다. 날마다 수를 놓으러 오는 동무들과 복도에 모여 앉아서 얘기를 나누면서 아마란타는 새로운 계획을 짜곤 했다. 그러나 가장 효과적이라고 생각했던 계획은 사소한 실수로 인해 실패로 끝나고 말았다. 그 계획은 침실 화장대로 옮겨 넣기 전에 레베카가 웨딩드레스에 넣은 좀약을 버리는 것이었다. 성당을 다 지으려면 아직도 두 달이나 남은 어느 날 아마란타는 그 계획을 실행했다. 그러나 다가오는 결혼식에 초조해진 레베카는 아마란타가 생각했던 것보다 일찍 드레스를 손질할 생각을 했다. 서랍을 열고 먼저 겉에 싼 종이를 벗기고 다시 벌레 방지용 린넬(아마실로 짠, 얇고 광택이 있는 천. 주로 여름옷에 쓰인다. 리넨)을 열어본 레베카는 드레스 자락과 베일의 가장자리와 그리고 오렌지꽃으로 장식한 관까지 벌레 먹어 망가진 것을 알게 되었다. 비록 자기가 좀약을 한줌 넣어두었다는 사실이 분명하다고 믿었어도 그 사고가 너무 자연스러워 보여서 레베카는 섣불리 아마란타를 탓할 수도 없었다. 결혼식 날까지 한 달도 안 남아서 걱정이 되었지만, 다행히도 암파로 모스코테가 새 드레스 한 벌을 일주일 안에 만들어 주겠다고 약속했다. 비가 올 것 같은 어느 날 오후에 암파로가 마지막 가봉을 하기 위해서 레이스를 한아름 안고 집으로 들어섰을 때 아마란타는 절망으로 기절할 지경이었다. 얘기를 하려고 해도 입이 떨어지지 않았다. 등줄기를 따라서 식은땀만 줄줄 흘러내렸다. 요 몇 달 동안 아마란타는 이 시간이 올까 봐 겁에 질려 부들부들 떨었다. 레베카의 결혼을 막을 결정적인 방법이 떠오르지 않거나, 그 머리에서 짜낸 온갖 수단이 실패로 돌아간 마지막 순간에는, 자신이 독살도 마다하지 않을 것임을 스스로 너무나 잘 알고 있었기 때문이다. 그날 오후에 암파로 모스코테가 한 아름 안고 온 옷감을 온몸에 뒤집어쓰고 숨 막힐 듯한 더위를 끝까지 참으면서 수천 개의 핀이 제자리에 박혀 가봉이 끝나기를 레베카가 기다리는 동안, 아마란타도 손뜨개질을 하다가 여러 번 바늘에 손을 찔렸다. 그러나 그녀는 결국은 냉정을 되찾고는, 결혼을 막는 길은 결혼식 전날인 금요일에 레베카가 마실 커피에 아편으로 만든 독약을 섞어주는 방법밖에 없다고 결론을 내렸다.

  그러나 예상치도 않은 커다란 사건 때문에 결혼은 다시 무기한 연기되었다. 결혼식을 일주일 앞두고, 한밤중에 어린 레메디오스가 갑자기 비명을 지르고 입에 흰 거품을 물으며 배를 잡고 고통스럽게 뒹굴다가, 사흘 만에 뱃속에 쌍둥이를 품은 채 자가중독으로 죽고 만 것이다. 아마란타는 양심의 가책을 느꼈다. 왜냐하면 아마란타는 어떤 엄청난 사고가 생겨서 자기가 레베카를 독살하지 않아도 되게 해달라고 하느님에게 빌었기 때문이다. 그래서 레메디오스의 죽음은 자기 탓인 것처럼 느껴졌다. 하지만 자기가 기도하고 바라던 사고가 결코 이런 것은 아니었다. 레메디오스는 이 집안에 즐거움을 가져다 주었었다. 남편과 함께 작업실 옆 침실에 살림을 차렸고, 방은 얼마 전까지 가지고 놀던 인형과 장난감들로 예쁘게 꾸몄다. 명랑하고 활발한 레메디오스의 성격은 침실을 가득 채우고도 남아서 베고니아가 활짝 핀 현관까지도 넘쳐흘렀다. 레메디오스는 새벽녘이면 노래를 했다. 레베카와 아마란타가 말다툼을 할 때 용기있게 말리려고 끼어든 사람도 레메디오스뿐이었다. 호세 아르카디오 부엔디아의 시중을 들어주는 힘들고 까다로운 일을 자청해서 맡은 사람도 레메디오스였다. 레메디오스는 그에게 먹을 것을 가져다 주고, 날마다 대소변 시중을 들고 비누와 수세미로 몸을 닦아주고, 머리카락과 수염의 이와 서캐도 잡아주는 한편, 야자나무 가지로 엮은 지붕도 손질했으며, 비가 오는 날이면 비가 새지 말라고 지붕 위에 방수 천막을 씌우기도 했다. 죽기 전 몇 달은 초보적인 라틴 어로 호세와 이야기도 나누었다. 아우렐리아노와 필라르 테르네라 사이에서 태어난 아들을 집으로 데려와 가족적인 분위기에서 영세를 받게 하고 아우렐리아노 호세라는 이름을 지어주었을 때, 레메디오스는 그 아기를 자신의 장남으로 키우기로 작정했다. 우르슬라도 레메디오스의 모성 본능에는 놀라고 말았다. 그런가 하면 아우렐리아노는 자기가 사는 보람을 레메디오스에게서 찾았다. 그는 하루종일 작업실에서 일했으며, 정오가 되면 레메디오스는 그에게 블랙커피를 가져다주었다. 그들은 밤마다 모스코테 부부를 방문했다. 아우렐리아노가 밤이 가는 줄 모르고 장인과 도미노놀이를 하는 사이에 레메디오스는 언니들과 함께 수다를 떨고 어머니와 어른들끼리 대화를 나누었다. 부엔디아 집안과 인척 관계를 맺게 된 돈 아폴리나르 모스코테는 마을에서 그의 권위를 인정받게 되었다. 그가 명실 공히 마콘도의 대표자 자격을 갖추고, 도청을 여러 번 찾아가서 설득을 벌인 끝에 나라에서는 이곳에 학교를 세워주기로 약속했다. 그 학교는 할아버지에게서 교육에 대한 정열을 이어받은 아르카디오가 맡아서 운영하기로 했다. 그리고 그는 주민들을 설득해 독립기념일이 되기 전까지 거의 모든 집들이 벽에 푸른 칠을 하게 했다. 니카노르 신부의 부탁도 받아들여서 그는 카타리노의 가게를 뒷골목으로 옮겼고 시내에서 번창하던 유흥업소 몇 군데는 아주 폐쇄해 버렸다. 어느 날 그는 총으로 무장한 경관 여섯 명을 데려다가 마을의 치안을 유지하는 일을 맡겼다. 무장한 사람은 마을에 들여놓지 못한다는 처음의 약속을 모두들 까맣게 잊어버리고 있었다. 아우렐리아노는 장인의 눈부신 일처리 솜씨가 마음에 들었다. 친구들은 그를 놀려댔다.

"그렇게 장인을 좋아하다간 자네도 장인처럼 뚱뚱보가 될걸세."

그러나 오랫동안 앉아서 일을 했어도 몸무게가 늘거나 성격이 까다로워지지는 않았고, 기껏해야 광대뼈가 튀어나오거나 눈빛이 더욱 날카로워졌다는 것밖에는 변한 점이 없었다. 뚱뚱해지기는커녕 혼자서 명상하는 버릇이나 뛰어난 결단력을 나타내는 한 일자로 다문 입술 선만 더욱 두드러졌다. 아우렐리아노와 아내의 정은 두터웠고, 그들은 두 집안에서도 많은 사랑을 받았다. 레메디오스가 아이를 가졌다고 발표했을 때에는 레베카와 아마란타까지도 휴전을 선언하고, 낳은 아이가 사내일 때 입힐 푸른 털옷과 계집아이일 때 입힐 분홍색 털옷을 짜기 시작했을 정도였다. 몇 년 뒤 아르카디오가 총살대 앞에 섰을 때 머리에 마지막으로 떠올린 것도 레메디오스였다.

우르슬라는 레메디오스의 죽음을 애도하는 뜻에서 문과 창문을 모두 닫아 걸고, 아주 중요한 일이 아니면 아무도 드나들지 못하게 했다. 1년 동안 아무도 큰 소리로 얘기하지 못하게 했으며, 검은 리본을 두른 레메디오스의 은판사진을 시체가 누웠던 자리에 놓고 석유 등잔을 켜놓았다. 그 등잔불은 꺼지는 법이 없었다. 그 등불을 꺼뜨리지 않고 지키게 된 자손들은, 은판사진에 있는 주름치마에 흰 부츠를 신고 머리에 오건디 리본을 묶은 소녀가 그들이 흔히 상상하는 증조할머니라는 이미지와는 조금도 통하는 데가 없어 당혹해했을 것이다. 아우렐리아노 호세의 뒷바라지는 아마란타가 하기로 되었다. 고독을 나눌 상대로, 또한 자신의 분별없는 욕망으로 레메디오스의 커피에 부어넣은 아편 독약에 대한 죄의 가책에서 자신을 구해 줄 사람으로, 아마란타는 아우렐리아노 호세를 양자로 받아들였다. 피에트로 크레스피는 날이 어두워지면 검은 리본을 단 모자를 쓰고 찾아와 레베카 옆에 조용히 앉아 있었다. 레베카는 소매가 팔목까지 내려오는 검은 드레스 속에서 핏기를 잃어가고 있었다. 결혼식 날짜를 새로 잡는 것은 생각만으로도 벌 받을 짓이었기 때문에, 그들의 약혼 기간은 영원히 이어졌고 누구도 신경 쓰지 않는 빛바랜 연애 관계로 변해갔다. 전에는 키스를 하려고 일부러 램프를 꺼버렸던 연인들도 죽음의 그림자가 드리운 듯 맥이 빠졌다. 어찌할 바를 모르고 완전히 낙담해버린 레베카는 다시 흙을 먹기 시작했다.

　레메디오스를 위한 상(喪)을 너무 오래 치렀다. 어느 사이엔가 다시 앞마당에 여자들이 모여 뜨개질을 하던 어느 날 오후 2시였다. 한낮의 태양이 묵묵히 내리쬐는데, 갑자기 요란한 소리를 내며 누군가가 길 쪽으로 난 문을 열어젖혔다. 그 힘에 기둥이 들썩여서, 앞마당에서 뜨개질을 하던 아마란타와 동무들, 침실에서 손가락을 빨고 있던 레베카, 부엌에 있던 우르슬라, 작업실에 있던 아우렐리아노, 심지어는 밤나무에 외롭게 묶여 있던 호세 아르카디오 부엔디아조차 지진으로 집이 무너지는 것이 아닌가 착각할 정도였다. 몸집이 어마어마한 사람이 집안으로 들어왔다. 그의 어깨는 문이 좁아서 들어오기가 힘들 정도로 떡 벌어졌다. 물소 같은 목에 성모상이 새겨진 메달을 걸고, 팔뚝과 가슴에는 괴이한 문신이 가득했으며, 오른쪽 팔목에는 부적 대신 딱 맞는 청동 팔찌를 차고 있었다. 그의 피부는 바닷바람에 검게 그을렸고, 머리카락은 노새의 갈기처럼 짧고 뻣뻣했다. 턱은 쇳덩이같이 단단했으나 눈빛은 슬퍼보였다. 그는 말의 배에 두르는 띠보다 두 배나 두터운 허리띠를 차고 있었다. 각반과 박차가 달리고 뒤축을 쇠로 만든 장화를 신고 있어서, 그가 지나가는 대로 지진으로 지축이 흔들리는 듯했다. 그는 다 해진 자루를 짊어진 채 응접실을 지나서 거실로 들어왔다. 천둥치듯 요란하게 집 안으로 들어서는 그를 보고 베고니아로 장식된 복도에 있던 아마란타와 친구들은 몸이 마비된 듯 뜨개바늘을 멈췄다. 그는 작업대에 자루를 던지며 힘없는 목소리로 말했다.
"안녕."
그러고는 더 안쪽으로 걸어가 침실 앞을 지나면서 놀란 레베카를 보고 말했다.
"안녕!"
그는 신경을 곤두세우고 금세공 작업실 의자에 앉아 있는 아우렐리아노에게도 말했다.
"안녕!"
그러나 누구와도 얘기를 나누기 위해 걸음을 멈추지는 않았다. 그는 곧장 주방으로 가서, 세상 끝에서 시작한 여행이 드디어 끝났다는 듯이 처음으로 멈추어섰다.
"안녕하셨어요?"
우르슬라는 몇 초 동안 어안이 벙벙해서 입을 벌리고 서 있다. 그의 눈을 찬찬히 들여다보더니 소리를 지른다. 그의 목을 얼싸안고 기쁨에 넘쳐 울부짖는다. 그는 호세 아르카디오였다. 이곳을 떠날 때처럼 빈털터리로 돌아와서, 우르슬라는 그가 빌려 타고 온 말 값 5페소를 물어주어야 했다. 호세 아르카디오는 뱃사람의 은어가 섞인 스페인 말을 썼으며, 그동안 어디에 가서 무엇을 하고 지냈느냐고 물어도 이렇게만 대답했다.
"여기저기요."
호세 아르카디오는 방으로 안내를 받자 당장 그물침대를 걸더니 내리 사흘 동안 계속 잠을 잤다. 그는 잠이 깨자 한꺼번에 달걀 열여섯 개를 마시고는 곧장 카타리노의 가게로 갔다. 그곳에 있던 여자들은 그의 당당한 몸집을 보고 호기심과 놀라움을 표시했다. 호세 아르카디오는 음악을 신청하고 모든 사람에게 사탕수수 술을 샀다. 그는 한꺼번에 다섯 명을 상대로 팔씨름 내기를 했다.

"이건 말도 안돼! 엄청난 힘이야!"

그의 팔이 꿈쩍도 않는 것을 보고 모두들 놀랐다. 팔씨름 따위는 믿을 게 못 된다며, 카타리노는 그가 카운터를 움직이면 12페소를 내겠다고 내기를 걸었다. 호세 아르카디오는 카운터를 잡아 뽑아서 번쩍 추켜들어 길 가운데로 내동댕이쳤다. 그 카운터를 다시 들어다 제자리에 가져다 놓는 데는 열한 사람이 필요했다. 파티가 한창 열이 올랐을 때, 그는 자기의 엄청나게 큰 남성을 자랑삼아 보여주었다. 그것은 여러 나라 말이 담긴 붉고 푸른 색깔의 문신으로 덮여 있었다. 눈을 빛내며 모인 여자들에게 그는 누가 돈을 가장 많이 내겠느냐고 물었다. 돈이 가장 많아 보이는 여자가 20페소를 내겠다고 나섰다. 그러자 그는 10페소씩 내는 여자들 가운데 한 사람을 추첨으로 뽑겠다고 말했다. 가장 인기 있는 방의 여자가 하루에 버는 돈이 8페소였으니 그 가격은 터무니없는 것이었으나 모두들 기뻐하며 추첨에 참가하겠다고 말했다. 그들은 종이쪽지에 자기 이름을 써서 모자에 넣고 흔든 다음 쪽지를 하나씩 뽑았다. 쪽지가 두 개만 남자, 결국 누가 당첨될 것인지 모두들 궁금하게 생각했다.

"그럼 5페소씩만 더 내지." 호세 아르카디오가 제안했다. "그러면 두 사람을 다 받아들일 테니까 말이야."

그는 그런 식으로 밥벌이를 했다. 국적 불명의 선원들 사이에 섞여서 세계를 예순다섯 바퀴나 돌았다. 그날 밤 그와 함께 잠자리에 든 여자는 그를 발가벗겨서 홀까지 데리고 나와 앞뒤로 목에서부터 발가락 끝까지 문신이 뒤덮인 그의 몸을 다른 사람들에게 구경시켰다. 호세 아르카디오는 식구들과 다시 어울릴 수가 없었다. 낮이면 하루 종일 잠을 자고, 밤만 되면 홍등가로 나가서 수입이 좋은 제비뽑기를 했다. 어쩌다가 우르슬라의 말을 듣고 식탁에 앉으면 그는 먼 타향을 여행하며 겪은 모험 얘기들을 늘어놓아서 사람들을 웃겼다. 그럴 때의 그는 정말로 매력이 넘쳤다. 한번은 배가 파선되어 한국 동해에서 2주일 동안 표류하다가, 일사병으로 죽은 동료의 시체를 먹고 겨우겨우 살았다고 했다. 소금기에 절어 짭짤한 살은 햇볕에 잘 익어서 달콤하고 쫄깃쫄깃하더라는 얘기도 했다. 햇볕이 쨍쨍한 대낮에는 벵갈 만에서 그가 타고 가던 배의 선원들이 해룡(海龍: 갑최)을 잡았는데, 그 뱃속에서는 십자군 병정의 투구와 허리띠와 무기가 나왔다고 말했다. 카리브 해에서는 빅토르 위그(쿠바 작가 카르펜티에르(1904~1980) 소설《빛의 세기》(1962)의 등장인물)의 해적선이었던 배가 죽음의 바람에 돛은 갈기갈기 찢어지고 돛대도 바다벌레에 갉아먹힌 유령선이 되어 아직도 과달루페(안틸 제도의 프랑스령 섬)로 가는 뱃길을 찾아 헤매는 것도 보았다고 했다. 우르슬라는 호세 아르카디오가 자신이 겪은 모험과 공적을 편지에 적어 보냈지만 통 받지 못하다가 지금에서야 읽기라도 하는 듯이 훌쩍훌쩍 울었다.
 "이렇게 좋은 집을 놔두고 그런 고생을 하다니. 우린 먹을 것이 남아서 돼지들에게 던져주기도 했는데."
 그러나 우르슬라는 옛날에 집시가 데려간 자기 아들이 점심으로 돼지 반 마리를 먹어 치우고, 방뇨로 꽃을 죽게 만드는 덩치 큰 사내가 됐다는 사실을 믿기 어려웠다. 다른 식구들도 마찬가지였다. 아마란타는 호세 아르카디오가 식탁에서 천박하게 트림을 해 댈 때마다 싫은 표정을 감추지 않았다. 자신의 출생에 얽힌 비밀을 모르는 아르카디오는 어떻게 친해질 수 없을까 해서 건네는 그의 질문에 대답도 하지 않았다. 아우렐리아노는 같은 방에서 지냈던 옛날처럼 돌아가려고 이것저것 시도해봤지만, 바다에서 생활하느라 기억해 둘 것이 너무 많아 머리가 모자랄 지경이었던 호세 아르카디오는, 그런 옛일 따위는 까맣게 잊어버린 지가 오래였다. 오직 레베카만이 한눈에 그에게 사로잡혔다. 자기의 침실 앞을 지나가는 그를 본 순간, 레베카는 화산이 분화하듯이 거칠게 숨을 쉬는 이 남자에 비교한다면, 피에트로 크레스피는 단정하고 다정한 사람밖에 안 된다고 생각했다. 레베카는 끊임없이 핑계를 만들어 호세 아르카디오에게 접근했다. 한번은 호세 아르카디오가 레베카의 몸을 무람없는 눈길로 훑어보고는 이렇게 말했다.
 "너도 그만하면 벌써 계집 구실을 하겠구나."
 레베카는 이 말에 자제심을 잃었다. 옛날처럼 다시 탐욕스럽게 흙이나 벽의 석회를 긁어먹기 시작했으며, 어찌나 빨아댔는지 엄지손가락에는 군살이 박히고 말았다. 레베카는 구역질을 했고 그러면 입에서 죽은 거머리가 섞인 푸른 물이 쏟아져 나왔다. 밤새도록 오한에 시달리고 미칠 것 같은 정신을 필사적으로 다잡으며 레베카는, 새벽 무렵 집을 떠들썩하게 울리며 호세 아르카디오가 돌아오기를 기다리느라고 밤을 꼬박 새우기 일쑤였다. 어느 날 오후 모든 사람들이 낮잠을 즐기고 있는 사이에 이제는 더 이상 참을 수가 없게 된 레베카는 그의 침실로 갔다. 호세 아르카디오는 배에서 쓰는 밧줄로 대들보에 매단 그물침대에 속옷 바람으로 누워 있었다. 문신으로 뒤덮인 어마어마한 그의 몸을 보고 가슴이 울렁거려서 레베카는 뒷걸음질을 쳐서 도망가고 싶은 충동을 느꼈다. 레베카는 다른 사람들이 잠에서 깨지 않도록 나지막히 말했다.

"실례했어요. 여기 계신 줄 몰랐어요."

"이리 와."

레베카는 순순히 그의 말을 들었다. 호세 아르카디오가 손가락 끝으로 자기의 발목을, 종아리를, 그리고 허벅지를 쓰다듬는 동안에 레베카는 뱃속에서 이상한 응어리가 꿈틀거리는 기분을 느끼며 그물침대 옆에 가만히 서 있었다. 호세 아르카디오가 속삭였다.

"아, 예쁘다. 정말 예뻐."

정신을 못 가눌 정도로 질풍노도 같은 힘이 허리를 껴안고 들어올렸다. 서너번 손길이 오가는 사이 은근한 부분이 드러났고, 작은 새처럼 자신을 으스러뜨리는 그의 몸짓에 정신을 잃지 않으려고 레베카는 초인적인 힘을 내야만 했다. 쏟아져 나오는 피를 잉크를 말리는 압지처럼 흡수하는 그물침대의 무더운 늪 속에서 허우적거리며 레베카는 참기 어려운 고통 속에서 상상할 수도 없는 기쁨을 느끼며 이 세상에 태어난 것을 하느님께 감사드렸다.

사흘 뒤 5시 미사가 열릴 때 그들은 결혼했다. 그 전날 호세 아르카디오는 피에트로 크레스피의 가게로 찾아갔다. 그는 치터(zither, 현악기의 일종) 연주를 가르치고 있는 피에트로를 보고 다짜고짜 말했다.

"레베카는 나와 결혼할 거야."

피에트로 크레스피는 얼굴이 창백해져서 치터를 어느 학생에게 넘겨주고는 수업을 끝내버렸다. 악기와 태엽인형들로 가득 찬 방에 단둘이 남게 되었을 때 피에트로 크레스피가 말했다.

"레베카는 당신 여동생이 아니오?"

"그런 건 상관없어."

피에트로 크레스피는 라벤더 향기가 나는 손수건으로 이마에 흐르는 땀을 닦으며 타이르듯 말했다.

"그건 도리에 어긋나는 일입니다. 그리고 법에도 어긋나는 일입니다."

호세 아르카디오는 피에트로 크레스피의 말보다는 창백해진 그의 얼굴빛에 화가 치밀어 참을성을 잃었다.
"도리 따위 개나 주라지. 아무튼 내가 하고 싶은 얘기는 앞으로 다시는 레베카에게 허튼 수작 부리지 말라는 거야."
그러다가 피에트로 크레스피의 눈에 눈물이 괴는 꼴을 보고는 그의 난폭한 언동도 좀 누그러졌다. 그는 목소리를 바꿔서 말했다.
"그렇게 가정을 갖고 싶으면 아마란타와 결혼하면 되겠군."
니카노르 신부는 일요일 설교에서 호세 아르카디오와 레베카가 단순한 오빠와 동생 사이가 아니라는 사실을 밝혔다. 사람된 도리를 모른다는 사실에 화가 나서 절대로 용서를 않겠다고 결심한 우르슬라는, 성당에서 집으로 돌아온 신혼부부에게 다시는 집에 발을 들여놓지 말라고 명했다. 이제 그 둘은 죽어 없어진 것이나 마찬가지라고도 말했다. 어쩔 수 없이 그들은 공동묘지 건너편에 있는 집에 세를 들어 자리를 잡았고, 가진 세간이라고는 호세 아르카디오의 그물침대뿐이었다. 그들이 결혼한 날 밤에 전갈 한 마리가 레베카의 신발에 들어 있다가 레베카의 발을 물었다. 레베카는 혀가 마비되었지만, 그러나 그것이 두 사람의 요란한 첫날밤을 방해하지는 못했다. 이웃 사람들은 온 동네가 떠나갈 듯한 비명 소리가 하룻밤에 여덟 번이나, 그리고 낮잠 시간에 세 번 씩이나 들려와, 잠을 설치고는 그들의 미친 듯한 정열 때문에 죽은 사람만이라도 잠에서 깨어나지 않도록 해달라고 기도를 했다.
그들을 걱정해준 사람은 아우렐리아노뿐이었다. 그는 그들에게 가구를 마련해 주고 돈도 빌려 주었다. 호세 아르카디오도 곧 정신을 차리고 집 근처의 빈터를 일구기 시작했다. 그에 반해서 아마란타는 그토록 바라던 행복이 눈 앞에 찾아왔음에도, 레베카에 대한 악감정을 버릴 수가 없었다. 사실 당차게도 실의를 이겨낸 피에트로 크레스피는, 어떻게 이 수치를 씻어야 할지 고민에 고민을 거듭하던 우르슬라의 말을 받아들여 그 뒤로 계속해서 점심 식사를 같이하려 부엔디아의 집으로 찾아왔다. 그는 아직도 그 집 식구들을 존경하는 뜻으로 검은 리본을 단 모자를 쓰고 다녔다. 우르슬라에 대한 자기의 애정을 표시하기 위해서 포르투갈 정어리라든가, 터키산 장미 마멀레이드, 때로는 예쁜 만테라(빌단, 레이스로 만든 부인용 어깨덮게) 따위의 외국에서 실어온 선물을 가져다 주었다. 아마란타도 들뜬 마음으로 상냥하게 그를 맞았다. 아마란타는 그가 무엇을 좋아할지 미리 살폈다가, 그의 이름을 수놓은 손수건을 한 다스 만들어서 생일 선물로 주었다. 화요일이면 점심을 먹고 나서 그는 아마란타가 뜨개질을 하는 동안 말동무가 되어주었다. 아마란타를 어린애라고만 생각하고 그렇게 대해오던 피에트로 크레스피는 아마란타의 새로운 면모를 뒤늦게야 깨닫게 되었다. 애교는 좀 없으나 눈치가 빨랐고, 남모르는 부드러움까지 지닌 여자였다. 어느 화요일에, 언제고 그런 일이 일어나리라고 모든 사람이 생각하고 있었던 대로 피에트로 크레스피는 아마란타에게 결혼을 청했다. 아마란타는 그 얘기를 듣고도 수놓는 손을 멈추지 않았다. 귓불이 뜨겁게 달아오르는 기운이 가신 다음에 아마란타는 어른스러운 침착한 목소리로 말했다.

"좋아요, 크레스피. 하지만 서로 더 잘 알게 된 다음에요. 서둘러서 잘 되는 일이라곤 없으니까요."

우르슬라는 당황했다. 피에트로 크레스피의 사람됨을 잘 알고 있는 터이긴 하더라도, 레베카와 오랫동안 소문이 자자한 약혼 소동을 벌인 뒤라 그가 이제 와서 새로 내린 결심이 도덕적으로 올바른 것인지 아닌지를 얼른 가릴 수가 없었다. 그러나 자기가 느낀 의문을 다른 사람들은 아무도 가지지 않았기 때문에, 우르슬라는 그 청혼을 받아들여야 되겠다고 결심했다. 그렇지만 집에만 틀어박혀 있는 아우렐리아노의 수수께끼 같은 말이 우르슬라를 더욱 당황하게 했다.

"결혼이라니, 지금은 그런 태평한 생각을 할 때가 아니라고요."

몇 달이 지난 다음에야 우르슬라가 겨우 뜻을 이해하게 된 그 말은, 결혼뿐만 아니라 전쟁을 제외한 모든 문제에 대해서 그가 느꼈던 솔직한 심정에서 우러나온 것이었다. 그는 총살을 당하게 된 순간에도 그를 이렇게 만든 돌이킬 수 없는 우연한 사건들을 이해하지 못했다. 레메디오스의 죽음도 그가 우려했던 것만큼 절망스럽지는 않았다. 그것은 도리어 여자없이 살던 때의 감정과 비슷한, 고독하고, 소극적인—실의를 향해 서서히 해소되어 가는 조용한 분노에 가까웠다. 그는 다시 일에 열중하게 되었지만, 장인과 도미노 놀이만은 계속했다. 상을 당해 우울한 기운이 감도는 집에서 그들은 밤이면 얘기를 나누며 사나이들 사이의 우정을 두텁게 키웠다.

"다시 결혼을 하게나, 아우렐리토(아우렐리아노의 애칭)." 장인이 그에게 타일렀다. "나한테는 아직도 딸이 여섯이나 있으니 그 가운데서 하나 고르지그래."

선거가 가까워진 어느 날 저녁, 자주 오가는 도청을 다녀온 돈 아폴리나르 모스코테는 나라 안의 정세에 대해서 무척 걱정을 했다. 자유주의자들이 드디어 전쟁을 시작할 모양이라고 했다. 그때만 해도 아우렐리아노는 자유당과 보수당을 잘 구별하지 못했기 때문에 장인은 그에게 파벌에 대해 대강 설명해 주어야 했다. 그는 자유당 사람들이 프리메이슨 회원이며, 신부들을 처형하고, 이혼을 지지하며, 서자도 적자와 동등한 권리를 누려야 한다고 생각하고, 중앙 정권을 무너뜨리고 연방 제도를 채택해서 나라를 분열시키려는 음모를 꾸미고 있다고 설명했다. 한편 보수당은 신에게서 직접 권리를 부여 받아서 공공질서와 가정윤리를 지키려는 사람들이라고 했다. 그들은 그리스도의 신앙과 권위의 원칙을 수호하며, 나라가 지방자치제 형태로 분산되는 것을 막으려 한다고 말했다. 인도주의적인 기질을 가지고 있던 아우렐리아노는 서자의 권리를 인정하는 자유당의 입장에 공감을 느끼기는 했지만, 그래도 아무튼 그는 사람들이 어쩌다가 손으로 만져볼 수도 없는 이념 때문에 전쟁이라는 극한 상황에 도달하게 되었는지 납득이 가지 않았다. 아우렐리아노는 선거를 치른답시고 정치에 별 관심이 없는 사람들이 사는 마을로, 장총으로 무장한 군인 여섯 명을 보낸 것은 지나치다고 생각했다. 그 병사들은 도착해서 조용히 있는 것도 아니었고, 집집마다 찾아다니면서 사냥 도구와 손도끼, 심지어는 부엌칼까지 모두 압수하고 난 다음에 비로소 스물한 살이 넘는 남자들에게 보수당 후보자의 이름이 적힌 파란 투표 용지와 자유당 후보자의 이름이 적힌 빨간 투표 용지를 나누어주었다. 선거 전날 저녁에 돈 아폴리나르 모스코테는 토요일 심야부터 48시간 동안 술 판매를 금지하고, 한 집 식구가 아니면 세 사람 이상 한자리에 모이면 안 된다는 포고문을 직접 발표했다. 투표는 아무런 사고도 없이 진행되었다. 일요일 아침 8시에 여섯 명의 군인들이 지켜보는 가운데 나무로 만든 투표함이 광장으로 옮겨졌다. 투표를 두 번 하는 사람이 없는지 감시하기 위해서 아우렐리아노가 장인과 함께 하루 종일 지켜본 바와 같이, 투표는 자유로운 분위기에서 진행되었다. 오후 4시에 광장에서 북을 울려 투표소가 문을 닫는다는 것을 알렸고, 돈 아폴리나르 모스코테는 투표함을 봉한 다음 거기에 서명했다. 그날 밤에 아우렐리아노와 도미노놀이를 하던 장인은 투표함의 봉인을 뜯어 표를 세라고 중사에게 명령했다. 투표함에는 파란 투표 용지와 빨간 투표 용지의 수가 서로 비슷하게 들어 있었지만, 중사는 빨간 투표 용지를 열 장만 남겨두고 그 차이를 파란 투표 용지로 채웠다. 그리고 그들은 투표함에 봉인을 하고, 이튿날 아침 날이 밝자마자 도청으로 보냈다. 아우렐리아노가 말했다.
"이래서는 자유당이 전쟁을 일으키겠어요."
자기의 도미노 패에 정신을 집중하고 있던 돈 아폴리나르 모스코테가 말했다.
"투표 용지에 손을 댔다고 그런 소리를 하는 모양인데 그건 잘 모르고 하는 소리일세. 빨간 투표 용지를 몇 장 남겨두었으니까 그런 불평은 나오지 않을 거야."
아우렐리아노는 야당이 겪어야 할 불리함이 무엇인지를 깨달았다.
"제가 만일 자유당이라면, 저는 이 투표 용지 사건만으로도 전쟁을 하러 나서겠습니다."
장인은 안경 너머로 아우렐리아노를 바라보았다.
"어리석은 소리 말게, 아우렐리토. 만일 자네가 자유당이었다면, 비록 내 사위라고 하더라도, 내가 투표 용지를 바꿔치는 건 볼 수 없었을 거야."
마을 사람들이 분노를 느낀 까닭은 개표 결과보다는 군인들이 무기를 돌려주지 않았기 때문이었다. 여자들이 떼를 지어 아우렐리아노를 찾아와서, 장인에게 말해서 부엌칼을 돌려주게 하라고 부탁했다. 돈 아폴리나르 모스코테는 다른 사람에게는 절대 말하지 말라며 자유당이 전쟁을 준비하고 있다는 증거물로 그 무기들을 군인들이 가져갔다고 했다. 그의 뻔뻔스런 이야기에 아우렐리아노는 아연실색했다. 그 자리에서는 아무 말도 하지 않았지만, 어느 날 밤 헤리넬도 마르케스와 마그니피코 비스발이 다른 친구들과 부엌칼 얘기를 하다가 그에게 자유당이냐 보수당이냐 물었을 때, 주저하지 않았다.
"만일 나더러 어느 쪽에 가담하겠느냐고 묻는다면, 난 자유당이 되고 싶어. 보수당 녀석들은 사기꾼이거든."
이튿날 그는 친구들의 권고에 따라 간장(肝腸)을 검진하러 간다는 거짓 핑계를 대고 의사인 알리리오 노게라를 찾아갔다. 그는 이 거짓말이 어떤 의미인지도 몰랐다. 알리리오 노게라 박사는 몇 년 전에, 아무 맛도 없는 알약 한 상자를 들고 누구도 뜻을 알 수 없는 '못으로 못을 뽑는다'라는 이상한 간판을 걸고 마콘도로 찾아왔다. 알고 보니 그는 가짜 의사였다. 인기없는 의사라는 착해 보이는 얼굴 뒤에는, 5년 동안 감옥살이를 하며 족쇄를 차고 있느라 발목에 생긴 흉터를 가리기 위해서 짤막한 다리를 목이 긴 구두로 감춘 테러리스트가 숨어 있었다. 연방주의자들이 일으킨 첫 반란에서 붙잡혔던 그는, 자기가 세상에서 가장 싫어하는 신부의 옷으로 변장을 하고 감쪽같이 큐라소로 도망칠 수 있었다. 오랜 망명 생활 끝에 그는 카리브 해 전역의 망명객들이 모두 큐라소(카리브 해 남부, 베네수엘라 앞바다에 있는 네덜란드령 섬)로 모여들었다는 소식에 가만히 있을 수 없었다. 설탕 덩어리에 지나지 않는 알약 한 병과 자기가 직접 위조해서 만든 라이프치히 대학교 졸업장 하나를 몸에 지니고 밀수업자의 스쿠너(보통 2개의 마스트가 있는 소형 범선)를 얻어 타고 리오아차에 나타났다. 그는 너무 실망해서 울음을 터뜨렸다. 건드리기만 하면 터질 화약고라고 망명자들이 알고 있었던 연방주의자들의 정열은, 오래 전에 식어서 선거라는 모호한 기대로 해소되어 버렸다. 좌절감을 견딜 수 없어 여생을 숨어 살 곳이나 그리워하게 된 동종요법(homeopathy 독일의 의사 하네만(1755~1843)이 창시한 치료법,, 어떤 약제를 건강한 사람에게 투여한 경우에 나타나는 증상을 조사해 두고 이것과 같은 증상을 나타내는 환자에게 그 약을 소량 복용시킴. 유의요법)의 가짜 의사는 그래서 마콘도를 찾게 되었다. 광장 한쪽에 있는 빈병이 가득 찬 좁은 방을 하나 얻은 그는, 오랫동안 병에 시달리면서 약이라는 약은 다 쓰고도 별 효과가 없었다. 그러나 결국 위안거리 삼아 그의 설탕 덩어리를 찾게 된 병자들 덕택으로 입에 풀칠은 할 수 있었다. 돈 아폴리나르 모스코테가 허수아비 지도자 노릇을 하는 동안에는 정치적 선동자로서 그의 본능도 잠들어 있었다. 그는 지나간 일들을 회상하고, 천식과 싸우면서 세월을 보냈다. 그런데 선거가 가까워오자 정부를 전복시키겠다는 그의 야망이 다시 깨어났다. 그는 정치에 대해 아무것도 모르는 젊은이들을 찾아다니며 몰래 선동했다. 돈 아폴리나르 모스코테가 젊은이들이 장난삼아 한 짓이라고 치부한 투표함의 수많은 빨간 투표용지들은 사실 의사의 사주를 받은 젊은이들이 던진 표였다. 그는 선거라는 행위가 사기에 지나지 않는다는 사실을 입증하기 위해서 젊은이들더러 빨간 투표용지를 넣어보라고 했다. 그는 자주 이렇게 말했다.

"가장 효과적인 방법은 폭력뿐입니다."

아우렐리아노의 친구들 대부분은 보수 체제를 쳐부순다는 생각에 열을 올렸지만, 아우렐리아노만은 장인과의 관계뿐만 아니라 그 고독하고 도피적인 성격 때문에, 자기네 계획에 끼워줄 생각을 하지 않았다. 그가 장인이 지시한 대로 파란 투표용지를 용지함에 넣은 사실도 알고 있었다. 그랬기 때문에 그가 자기의 정치적인 소견을 밝힌 일이 단순한 우연이라면, 아프지도 않은데 의사를 만나러 가기로 결심한 것도 단지 호기심에서 나온 행동일 뿐이었다. 거미줄까지 나프탈렌 냄새로 가득 찬 골방에서 그는 숨쉴 때마다 허파에서 바람 소리를 내는 먼지를 뒤집어쓴 이구아나처럼 생긴 사람과 마주 앉았다. 아무 것도 묻지 않고 의사는 그를 창가로 끌고 가서 아래 눈꺼풀을 까뒤집어 보았다.

"아픈 곳은 거기가 아닙니다." 아우렐리아노는 미리 들은 대로 말했다. 그는 손가락으로 간장을 꾹꾹 누르면서 덧붙였다. "여기가 아파서 통 잠을 잘 수가 없습니다."

그러자 노게라 박사는 햇빛이 너무 많이 든다는 핑계를 대며 창문을 닫고는, 보수파들을 말살하는 일이야말로 애국적인 의무라는 얘기를 간략하게 설명했다. 며칠 동안 아우렐리아노는 셔츠 주머니에 알약을 담은 병을 넣고 다녔다. 그는 두 시간마다 손바닥에 알약을 세 개씩 꺼내 놓고, 한 번에 입 안에 털어넣고는 혓바닥으로 그것을 녹였다. 돈 아폴리나르 모스코테는 동종요법을 믿느냐며 비웃었지만, 음모에 가담한 사람들은 그를 보고 새로운 동지로 인정했다. 마을 건설자의 아들들은 거의 모두 그 음모에 가담했지만, 그들이 앞으로 어떤 구체적 행동을 하게 될지는 아무도 알지 못했다. 그러나 의사가 비밀을 모두 털어놓은 날, 아우렐리아노는 그 음모의 대략적인 내용을 알아 버렸다. 그는 비록 보수정권 타도의 필요성을 통감하기는 했지만 그 계획은 두려운 것이었다. 노게라는 개인테러를 일으키려 했다. 그의 계획이란, 개인적으로 테러를 일으키다가 점점 전국적으로 범위를 넓혀서 정부 관계자들과 그들의 가족, 특히 보수주의를 싹부터 뿌리뽑기 위해 어린애들까지 모두 죽이려는 속셈이었다. 돈 아폴리나르 모스코테와 그의 아내, 그리고 여섯 딸들도 물론 암살 대상에 들어 있었다.

"당신은 자유주의자도 무엇도 아니오." 아우렐리아노가 침착성을 잃지 않고 말했다. "당신은 그저 사람 백정이오."

"그렇게 생각한다면 그 병은 돌려주시오." 의사도 마찬가지로 조용한 목소리로 말했다. "당신에게는 이제 그 약병이 필요가 없겠소."

의사가 감상적이고 소극적인 성격에다 행동력이 결핍된 사람이라서 자기를 포기해 버렸다는 사실을 아우렐리아노가 알게 된 것은 그로부터 여섯 달이 지난 다음이었다. 그들은 아우렐리아노가 음모를 밀고할 것이 걱정되어 그를 연금하려고 했다. 아우렐리아노는 입을 다물겠다고 약속해서 그들을 안심시켰다. 하지만 그들이 모스코테 집안 식구들을 암살하러 간다면, 그것이 밤일지라도 자신이 문 앞에서 기다리고 있을 거라며 굳은 결의를 드러냈기 때문에 그들은 계획을 무기한 연기할 수밖에 없었다. 이즈음에 우르슬라가 그에게 피에트로 크레스피와 아마란타의 결혼에 대해서 어떻게 생각하느냐 물었고, 그는 지금 그까짓 일을 생각해 볼 시간은 없다고 잘랐다. 일주일 전부터 그는 구식 권총을 옷 속에 숨겨가지고 다녔다. 그는 친구들을 감시했다. 오후가 되면 세간을 장만하기 시작한 호세 아르카디오와 레베카를 찾아가서 커피를 마셨고, 저녁 7시가 지나면 줄곧 장인과 도미노놀이를 했다. 벌써 어른 티를 내는 아르카디오와 점심을 먹다가 그는 아르카디오가 눈앞에 닥친 전쟁 때문에 무척 흥분해 있음을 알게 되었다. 아르카디오보다 훨씬 나이가 많은 학생들과 이제 겨우 말을 하는 아이들이 함께 어울려 다니는 학교에서도 벌써부터 자유파 열풍이 불고 있었다. 니카노르 신부를 쏘아 죽이고 성당을 학교로 만들어 자유 연애를 구가하자는 얘기들이 한창이었다. 아우렐리아노는 아르카디오를 진정시키려고 했다. 그는 신중함과 분별력의 중요성을 얘기했다. 그 냉정한 판단과 현실적인 사고 방식에는 귀를 기울이지 않고, 아르카디오는 아우렐리아노의 우유부단한 성격을 여러 사람들 앞에서 비난했다. 아우렐리아노는 때를 기다렸다. 마침내 12월 초순의 어느 날, 우르슬라가 허둥지둥 작업실로 뛰어들어왔다.

"전쟁이 터졌어!"

사실 전쟁은 이미 석 달 전에 시작되어 전국에 계엄령이 선포되어 있었다. 전쟁이 일어나자마자 돈 아폴리나르 모스코테만은 그 사실을 알았지만, 그는 군대가 마콘도를 기습해서 점령하러 올 때까지는 아내에게조차 알려주지 않았다. 그들은 동이 트기 전에 노새가 끄는 대포 두 대를 앞세우고 소리 없이 마을로 들어와서 학교에 사령부를 설치했다. 오후 6시부터 통금이 실시되었다. 전보다 더 심한 가택 수색이 시행되었고, 이번에는 농기구까지 압수해 갔다. 그들은 노게라 박사를 끌어 내어서 광장에 있는 나무에 붙잡아 매고는 재판도 하지 않고 총살했다. 니카노르 신부는 공중부양 기적을 행해서 군인들을 놀라게 하려고 하다가 어떤 병사의 개머리판에 맞아 머리가 깨어졌다. 자유주의에 대한 열망은 사라지고 침묵의 공포가 생겨났다. 얼굴이 창백하고 속마음을 알아낼 수 없는 아우렐리아노는 변함없이 장인과 도미노놀이를 했다. 그는 지금 비록 군사적인 자취권까지 부여받았어도 돈 아폴리나르 모스코테가 여전히 꼭두각시임을 알았다. 치안 유지를 위해서라며 특별세를 거두는 대위가 사실상 모든 결정권을 쥐고 있었다. 그가 거느린 병사 네 명은 미친 개한테 물린 여자를 가족 곁에서 끌어다가 길 한복판에서 개머리판으로 때려 죽였다. 점령당한 지 두 주일이 되던 일요일에 아우렐리아노는 헤리넬도 마르케스의 집으로 가서, 블랙 커피를 한 잔 달라고 여느 때처럼 느긋하게 말했다. 부엌에 단둘이 남게 되자 아우렐리아노는 여태까지 그에게서 볼 수 없었던 숙연함을 보였다.

"모두들 준비하라고 해. 전쟁을 시작할 때가 되었어."

헤리넬도 마르케스는 귀를 의심했다.

"무기가 있어야 싸우지."

그의 말에 아우렐리아노가 대답했다.

"놈들 것을 빼앗으면 돼."

화요일 밤 자정, 식탁용 나이프와 날을 세운 철조각으로 무장한 서른이 안 된 젊은이들 스물한 명이 아우렐리아노의 지휘를 받아, 아주 작전도 없이 기습적으로 수비대를 점령하고 무기를 빼앗은 다음, 여자를 때려 죽인 병사 네 명과 대위를 안마당에서 처형했다.

바로 그날 밤, 울려 퍼지는 총성 속에서 아르카디오는 마콘도의 사령관으로 임명되었다. 반란군 가운데 결혼한 사람들은 서둘러 아내에게 인사를 하고 뒷일을 부탁하며 떠났다. 공포로부터 해방시켜준 마을 사람들의 빗발치는 환호 속에서 그들은 새벽에 마콘도를 벗어나서, 최근에 들은 소식에 따르면 현재 마나우레로 진군 중이라는 빅토리오 메디나 장군의 혁명군 부대와 합류하려고 떠났다. 그보다 앞서 아우렐리아노는 돈 아폴리나르 모스코테를 옷장에서 끌어냈다.

"걱정하실 것 없습니다, 장인 어른. 새 정부는 아버님과 가족분들의 안전을 보장할 것입니다."

돈 아폴리나르 모스코테는 장화를 신고 어깨에 비스듬히 총을 멘 그 반역자가 밤 9시까지 자기와 함께 도미노놀이를 하던 사위와 같은 사람이라는 사실을 믿기 힘들었다.

"이건 미친 짓이야, 아우렐리토!"

"미친 짓이 아닙니다. 전쟁이죠. 다시는 저를 아우렐리토라고 부르지 마십시오. 이제 저는 아우렐리아노 부엔디아 대령입니다."

6

아우렐리아노 부엔디아 대령은 서른두 차례 반란을 일으켰고, 그때마다 졌다. 열일곱 명의 여자에게서 아이를 하나씩 낳아 자식이 모두 열일곱이었으나, 그들 가운데 가장 오래 산 아이가 서른다섯 살이 되던 해 그들은 모두 한꺼번에 암살되었다. 적들에게서 열네 번이나 암살 시도를 당했고, 일흔세 차례의 기습을 받았으며, 총살형도 한 번 당할 뻔했으나 그는 끝까지 살아남았다. 그는 말 한 마리를 죽일 수 있을 만큼의 스트리크닌(strychnine : 상록 교목인 마전(馬錢)의 씨 등에 들어 있는 알칼로이드)을 탄 커피를 마시고도 목숨을 건졌다. 그는 공화국 대통령이 수여한 무공 훈장을 거절했다. 끝내는 혁명군 총사령관의 자리에 올라서 전국을 지배하여, 정부가 가장 두려워하는 인물이 되었지만, 결코 자기 사진만큼은 찍지 못하게 했다. 전쟁이 끝난 다음에 나라에서 준다고 하는 종신연금조차 거절했으며, 늙어서도 마콘도에 있는 금세공 작업실에서 스스로 만든 자그마한 황금붕어 장식을 팔아서 먹고 살았다. 많은 사람들을 거느리고 전투에서는 언제나 앞장서서 싸웠지만, 그의 몸에 남은 상처는 20년 동안의 내란에 종지부를 찍는 네에를란디아 조약(콜롬비아에서는 스페인으로부터 독립(1819) 뒤에도 보수파와 자유파가 대립하여 마침내 내전(천일전쟁)에 이르렀는데, 그 3년 뒤인 1902년에 미국 해군의 전함 위스콘신에서 맺은 휴전협정)에 서명하고 난 다음 자기가 스스로 입힌 상처뿐이었다. 그는 자기 가슴을 권총으로 쏘았다. 그때 총알은 급소를 피해서 등을 뚫고 나왔다. 이렇게 많은 일을 했지만 그에게 남은 것은 마콘도의 한 거리가 그의 이름을 따서 불리게 된 것뿐이었다. 그러나 그가 늙어서 죽기 2~3년 전에 스스로 고백했듯이, 빅토리오 메디나 장군의 군대와 합세하기 위해서 스물한 명의 부하를 데리고 떠나던 날에는 그것조차 기대하지 않았다.

"마콘도는 너에게 맡기겠다. 이 멋진 마을을 우리가 돌아올 때까지 더 훌륭하게 만들어다오."

그가 떠나기 전 아르카디오에게 한 말은 그것이 전부였다.
 아르카디오는 그가 남긴 말을 다분히 주관적으로 풀이했다. 그는 멜키아데스의 책에 있는 그림을 본떠서 제복을 만들어 입고, 어깨에는 원수의 견장을 달고, 허리에는 처형당한 대위가 차던 금빛 술이 달린 칼을 찼다. 그는 마을 어귀에 대포를 두 문 설치하고 그가 가르치던 제자들에게 열변을 토해서 군복을 입고 돌아다니게 함으로써 다른 고장 사람들이 어쩌다가 이곳에 와서 보아도 마콘도는 감히 손을 대지 못할 막강한 곳이라는 인상을 주려고 했다. 그러나 이러한 속임수는 결국 마콘도에 피해를 가져왔다. 열 달 동안이나 공격을 미루던 정부가 드디어 마톤도를 침공하러 왔을 때에는 온 마을이 반시간도 버티지 못할 만큼 어마어마한 병력을 투입한 것이다. 마콘도의 지휘권을 잡은 첫날부터 아르카디오는 포고하기를 좋아하는 자신의 기호를 드러냈다. 갑자기 머리에 떠오르는 생각을 명령하고 실현시키기 위해서 하루에 네 가지 포고문을 선포하는 일쯤은 흔히 있었다. 그는 열여덟 살이 넘는 모든 남자는 병역을 치러야 한다는 원칙을 세웠고, 저녁 6시가 넘었는데도 길거리에서 어슬렁대는 가축은 징발하겠다고 공고를 내고, 성인 남자들은 팔에 붉은 완장을 차게 했다. 그는 니카노르 신부를 사제관에 연금시키고 자유당의 승리를 축하하기 위한 행사를 위해서가 아닐 때에는 절대로 미사를 드리거나 종을 울리지 못하게 했다. 그는 또한 자기가 한 말을 어기면 어떤 엄한 벌을 받게 될 것인지를 보여주기 위해서 광장에 병사들을 모아 정렬시키고는 허수아비를 쏘아 총살시키는 연습을 시켰다. 처음에는 아무도 그의 행동을 진심이라고 생각지 않았다. 아직 학생이잖아. 어른 흉내를 내보고 싶은 거겠지. 그렇게 생각했다. 그러나 어느 날 밤, 아르카디오가 카타리노의 가게에 들어서는 것을 보고 트럼펫을 부는 사람이 팡파르를 울렸다. 그 요란한 팡파르에 다른 손님들이 웃어대자 아르카디오는 당국자를 모독했다는 죄목으로 악사를 총살했다. 그 처형에 항의하는 사람들은 학교 교실에 가두고 발에 족쇄를 채운 다음, 빵과 물만 주었다. 우르슬라는 그가 멋대로 일을 저지를 때마다 그에게 덤벼들었다.
 "넌 살인자야! 아우렐리아노가 돌아와서 네가 저지른 일들을 알게 되면, 당장 너를 총살할 거고, 그러면 나는 속이 후련할 거야!"
 그러나 아무리 그래 봐도 소용이 없었다. 그는 필요 이상으로 엄격했으며,

마침내 마콘도 역사상 가장 잔혹한 통치자가 되었다. 언젠가 돈 아폴리나르 모스코테가 말했다.

"자기들이 기다리던 새 세상이 어떤지 한번 보라지. 이것이 바로 자유당이 얘기하는 지상 천국이란 말이야."

아르카디오는 돈 아폴리나르 모스코테가 한 말을 전해 들었다. 그는 순찰대를 앞세우고 모스코테의 집을 공격해서 가구를 파괴하고, 딸들에게는 채찍질을 하고, 돈 아폴리나르 모스코테를 밖으로 끌어냈다. 우르슬라는 이 얘기를 듣고 분을 참지 못해서 채찍을 휘두르고 온갖 욕설을 퍼 부으면서 아르카디오를 찾아 마을을 한 바퀴 돌고 사령부 마당으로 뛰어들었다. 그때 아르카디오는 돈 아폴리나르 모스코테를 처형장에 세워놓고 발포 명령을 내리려 하고 있었다. 이를 본 우르슬라가 고함을 쳤다.

"어떻게 이럴 수가 있어, 이 몹쓸 놈아!" 아르카디오가 미처 피하기도 전에 우르슬라는 들고 온 채찍으로 그를 후려쳤다. "어디 할 수 있으면 해 보거라! 살인마 같으니! 죽이려거든 나도 죽이려무나. 그러면 희한한 놈을 길렀다고 수치스러워할 일도, 이렇게 울 일도 없을 테니 말이야!" 우르슬라는 사정 없이 채찍을 휘두르며 아르카디오를 뒷마당까지 몰고 갔고, 구석까지 쫓겨 간 아르카디오는 달팽이처럼 몸을 도사렸다. 돈 아폴리나르 모스코테는 이때까지 총살 연습을 하는 통에 갈기갈기 찢어져 없어지고 기둥만 남은 허수아비에 묶인 채로 의식을 잃고 있었다. 우르슬라가 자기들도 채찍으로 칠까 봐 겁이 난 소년들은 뿔뿔이 달아나버렸다. 우르슬라는 그들은 거들떠 보지도 않았다. 우르슬라는 찢어진 군복을 잡아 끌며, 아프고 분해서 엉엉 우는 아르카디오를 내버려두고 돈 아폴리나르 모스코테의 포박을 풀어 집으로 데리고 갔다. 사령부를 떠나기 전에 우르슬라는 교실에 감금된 죄수들을 모두 풀어주었다.

그 일이 있은 다음부터 마콘도를 다스린 사람은 우르슬라였다. 우르슬라는 일요일 미사를 부활하고, 붉은 완장을 차지 말라고 지시했으며, 돼먹지 않은 포고령은 모두 철회했다. 그러나 강인해보이는 우르슬라도 자기의 불행한 운명을 남몰래 한탄했다. 우르슬라는 참을 수 없을 만큼 깊은 외로움에 빠지면 밤나무 그늘에 버려진 남편을 찾아가서 그에게서나마 마음의 위안을 얻으려고 했다.

"우리 꼴이 어떻게 됐는지 아시는지 모르겠어요." 6월의 빗발이 허름한 지붕을 당장이라도 무너뜨릴 듯 퍼부어대는 속에서 우르슬라가 얘기했다. "집안은 텅 비었고 아이들은 여기저기로 흩어져서 우리는 이제 옛날처럼 둘만 남았어요."

무의식의 심연에 빠져 헤어나지 못하는 호세 아르카디오 부엔디아의 귀에는 우르슬라의 한탄 따위가 들릴 턱이 없었다. 정신이상 초기에 그는 얘기할 것이 있으면 라틴어로 두서없이 말을 늘어놓고는 했다. 아마란타가 먹을 것을 가져오면, 한 순간이나마 제정신으로 돌아와서 자기를 가장 괴롭히는 것들에 대한 얘기를 늘어놓으며, 얌전히 흡각(吸角 : 종 모양으로 된 유리 고무공을 붙여 고름 등을 빨아내는데 쓰는 의료기구) 치료와 겨자(겨자 가루를 미지근한 물에 갠 것, 환부에 습포하여 혈행촉진에 쓰인다) 찜질을 받았다. 그러나 위안을 얻으려고 우르슬라가 찾아갔을 때는 그는 완전히 현실과 단절된 상태였다. 의자에 앉힌 그의 몸을 이곳저곳 닦아주면서 우르슬라는 식구들 소식을 전했다.

"아우렐리아노가 전쟁터로 간 지 벌써 넉 달이나 되었는데 통 소식이 오지 않아요." 우르슬라는 비누질을 한 수세미로 그의 등을 문지르면서 말했다. "호세 아르카디오가 어른이 되어서 집으로 돌아왔어요. 당신보다도 키가 큰 것 같아요. 온몸에 문신을 하고 왔더군요. 그 꼴을 보고 있으면 집안에 먹칠을 하러 돌아온 것 같다니까요." 그러나 우르슬라는 자기가 전해 주는 나쁜 소식들에 남편의 얼굴이 슬퍼지는 것을 깨달았다. 그래서 거짓말을 하기로 했다. "내가 한 말에 신경쓰지 말아요." 우르슬라는 남편의 배설물을 삽으로 떠서 버리려고 재로 덮으면서 말했다. "호세 아르카디오와 레베카는 하느님의 뜻대로 결혼을 했어요. 지금 아주 행복하게 살고 있답니다." 우르슬라는 그만 거짓말을 하는 데 너무 열중해서 나중에는 자기 스스로 그 얘기들에 위안을 얻었다. "아르카디오는 부지런해요. 무척 용감하기도 해요. 제복을 입고 칼을 찬 모습을 보면 정말 멋져요."

호세 아르카디오 부엔디아는 이미 모든 고민에서 해방된 사람이어서, 그와 얘기를 나누는 일은 죽은 사람과 얘기하는 것이나 다를 바가 없었다. 그러나 우르슬라는 얘기를 그치지 않았다. 남편은 무척 평화로운 표정이었고, 어떤 일에든 조금도 관심이 없어서, 우르슬라는 그를 풀어주기로 결심했다. 그러나 그는 의자에서 일어나려 하지 않았다. 그는 눈에 보이는 밧줄보다 더 강한 힘으로 밤나무에 묶여 있기라도 한 듯 변함없이 햇볕이 쨍쨍 쬐거나 비가 마구 쏟아져도 그냥 그 자리에 머물렀다. 기나긴 겨울이 시작되려는 8월 중순에야 우르슬라는 거짓말 같지 않은 소식을 그에게 전했다.

"좋은 일만 계속 있군요. 아마란타와 자동피아노를 만지는 이탈리아 청년이 곧 결혼할 거예요."

사실 아마란타와 피에트로 크레스피는 이제 더 이상 감시할 필요가 없다고 생각하는 우르슬라의 신뢰를 받으면서 상당히 가까운 사이가 되었다. 그들은 석양이 물들 때면 만나곤 했다. 단춧구멍에 치자나무 꽃을 꽂고 찾아온 피에트로 크레스피는 아마란타에게 페트라르카의 소네트(14행시)를 번역해서 읊어주었다. 그들은 오레가노(허브의 일종)와 장미 향기로 가득한 복도에 나란히 앉아, 그는 책을 읽고 그녀는 레이스 뜨개질을 하며 전쟁에 대한 나쁜 소식 따위 관심도 없이, 모기의 극성에 응접실로 쫓겨 갈 때까지 함께 시간을 보냈다. 아마란타의 은근하면서도 꼭 감싸는 애정이 약혼자를 헤어나지 못하게 거미줄처럼 드리워졌다. 그는 반지를 끼지 않은 가냘프고 흰 손으로 그 거미줄을 헤치고 벗어나서 저녁 8시가 되면 자리를 뜨곤 했다. 그들은 이탈리아에서 피에트로 크레스피에게 보내 온 그림 엽서들을 앨범에 붙이면서 즐거운 시간을 보냈다. 그 그림 엽서에는 한적한 공원의 연인들이나 화살이 꿰뚫은 하트, 황금 리본을 부리에 문 비둘기들이 그려져 있었다.

"이 공원에는 가 본 일이 있지. 이 공원은 피렌체에 있어." 피에트로 크레스피는 엽서들을 훑어보면서 말했다. "모이를 들고 손을 뻗으면 비둘기들이 날아와 모이를 쪼아 먹지."

베네치아의 풍경을 그린 수채화를 보고 있노라면 때로는 너무 그리운 나머지, 숨이 막힐 듯한 주위의 꽃향기가 운하 바닥의 진흙과 썩은 조개 냄새로 바뀔 때도 있었다. 아마란타는 한숨을 쉬고 웃으면서 멋진 남자들과 아름다운 여자들이 어린애들처럼 즐겁게 얘기를 나누고 옛날의 영광을 그립게 만드는 도시의 폐허에 고양이들이 노니는 제2의 고향을 상상했다. 이렇듯 한없는 사랑의 바다를 건너면서, 레베카의 정열적이고 들뜬 손길에 머리가 혼란해지던 피에트로 크레스피는 비로소 사랑의 의미를 깨닫게 되었다. 행복은 장사의 번창을 가져왔다. 그의 가게는 거리 한 구간을 다 차지하다시피 했다. 그의 가게에는 한꺼번에 울려서 시간을 알리는 피렌체의 종탑 모형과, 소렌토(이탈리아 남부, 나폴리 만에 면한 항만도시)에서 가져온 오르골, 뚜껑을 열면 5음계의 곡을 연주하

백년의 고독 105

는 중국에서 가져온 작은 통과, 사람이 생각해 낼 수 있는 모든 악기들과, 온갖 태엽 장치 장난감들이 내는 소리로 가득했다. 음악학교 일을 보는 데만도 시간이 모자랄 지경이어서 피에트로 크레스피는 가게를 동생인 브루노 크레스피에게 맡겼다. 피에트로 크레스피 덕택에 온갖 잡동사니가 눈길을 어지럽힐 만큼 잔뜩 늘어선 터키 사람들의 거리는, 아르카디오의 횡포나 먼 곳에서 벌어지는 전쟁에 대한 두려움을 잊을 수 있는 음악의 오아시스가 되었다. 우르슬라가 일요일 미사를 부활시킨다는 명령을 내리자, 피에트로 크레스피는 독일제 오르간을 교회에 기증하고, 어린이 성가대를 조직해서 니카노르 신부가 거행하는 엄숙한 예식에 화사함을 더해 줄 그레고리오 성가를 준비했다.

아마란타가 어디에 내놓아도 자랑스러울 남편감을 만났다는 점을 의심하는 사람은 아무도 없었다. 무리하지 않고 자연스럽게 마음가는 대로 지내는 동안, 두 사람에게 남은 건 결혼식 날짜만 정하면 되는 단계까지 이르렀다. 공연히 우물쭈물하며 더 기다릴 이유가 하나도 없었기 때문이다. 그들 앞에는 아무런 장애물도 없었다. 우르슬라는 자꾸만 결혼을 연기해서 레베카의 운명을 어긋나게 만든 것을 남몰래 후회하고 있었기 때문에 다시는 그런 짓을 되풀이하고 싶지 않았다. 전쟁 때문에 느껴야 하는 고통과 아우렐리아노가 집을 떠난 것, 아르카디오의 횡포와, 호세 아르카디오와 레베카를 쫓아낸 것 따위 여러 가지 뼈아픈 일들 때문에 레메디오스의 죽음에 대한 슬픔은 어느 틈엔가 가셔버린 듯했다.

결혼식이 임박했을 무렵 피에트로 크레스피는, 이제는 자기 자식처럼 생각되는 아우렐리아노 호세를, 장남으로 거두겠다는 뜻을 비췄다. 그 모든 것을 봤을 때 아마란타가 아무 걸림돌 없는 행복을 향해 나아가고 있다는 것은 기정 사실이었다. 그러나 레베카와 달리 아마란타는 조금도 조급해하지 않았다. 아마란타는 식탁보를 염색하고, 레이스 뜨개질을 하고, 십자수로 공작을 수놓을 때의 인내심을 가지고 피에트로 크레스피가 자기의 감정을 더 이상 감내하지 못하게 될 날이 오기만을 기다렸다. 잔뜩 찌푸린 8월의 장마와 함께, 마침내 올 것이 왔다. 피에트로 크레스피는 아마란타의 무릎에 놓인 바느질 그릇을 들어내고, 그녀의 손을 부여잡으며 말했다.

"더 이상은 못 기다리겠어. 다음 달에 결혼하자."

아마란타는 얼음장처럼 차가운 그의 손길을 느끼고도 놀라지 않았다. 아마란타는 민첩한 짐승처럼 자기 손을 빼내고는 다시 수를 놓았다.
"바보같은 생각일랑 하지 마요." 아마란타가 미소를 지었다. "나는 죽으면 죽었지, 당신하고는 결혼하지 않겠어요."
피에트로 크레스피는 자제력을 잃고 말았다. 상심한 나머지 그는 체면도 가리지 않고 흐느껴 울면서 제 손가락을 부러뜨리려는 듯이 비틀어댔지만, 아마란타의 마음은 움직일 수 없었다.
"공연히 시간 낭비 하지 마요. 당신이 정말로 나를 사랑한다면, 앞으로 다시는 이 집에 발을 들여놓지 마세요."
아마란타가 한 말은 그것뿐이었다. 우르슬라는 창피해서 미쳐버릴 것만 같았다. 피에트로 크레스피는 오로지 애걸했다. 그는 믿을 수 없을 정도로 비굴하게 행동했다. 그는 우르슬라의 무릎에 얼굴을 파묻고 하루종일 울었다. 우르슬라는 그를 위로할 수만 있다면 영혼까지라도 팔아버리고 싶은 심정이었다. 비가 내리는 밤인데도 아마란타의 침실에 불이 켜지기를 기다리며 우산을 받고 집 주변을 서성거리는 그의 모습을 볼 수가 있었다. 옷차림도 여느 때보다 더욱 신경을 썼다. 고뇌에 찬 황제의 얼굴처럼 엄숙한 그의 표정은 기묘한 위엄마저 풍기고 있었다. 피에트로 크레스피는 복도로 뜨개질을 하러 가는 아마란타의 친구들에게 아마란타를 설득해 달라고 애원했다. 피에트로 크레스피는 사업을 게을리 했다. 그는 말린 꽃잎과 나비를 곁들여서 아마란타에게 보낼 글을 쓰느라고 가게 뒷방에 처박혀 하루를 보내기가 일쑤였다. 아마란타는 그렇게 써서 보낸 피에트로 크레스피의 편지를 뜯어보지도 않고 돌려보냈다. 피에트로 크레스피는 방 안에 홀로 들어앉아서 몇 시간씩 치터를 튕겼다. 어느 날 밤 그는 노래를 불렀다. 마콘도 사람들은 천국에서 들려오는 듯한 치터 소리와, 세상에서 그 누구도 느껴보지 못했을 만큼 깊은 사랑을 담고 있는 목소리가 어울려 빚어낸 소리에 마음이 씻겨져 잠을 깨었다. 피에트로 크레스피는 마을의 모든 창문에 불이 밝혀지는 것을 보았지만 아마란타의 창에만은 불이 켜지지 않았다. 11월 2일 만령절 (萬靈節 : 그리스도교의 망자를 기념하는 날) 날에 가게 문을 열던 피에트로 크레스피의 동생은, 불이란 불은 모두 켜두고 오르골 뚜껑을 모조리 열어놓은 채 시계란 시계는 모두 끝없이 울리게 한 이 광란의 음악회 한가운데에서, 면도날로 손목을 끊고 안식향(安息香) 대야에 손을 담근 채로 뒷방 책상에 엎드려 있는 피에트로 크레스피를 발견했다.

우르슬라는 자기 집에서 위령제를 지내겠다고 나섰다. 니카노르 신부는 장례식을 거행하거나 신성한 땅에 그를 묻는 것을 거부했다. 우르슬라가 반박했다.

"신부님이나 나나 다 잘 모르는 일이지만요, 그 젊은이는 성인(聖人)일지도 모릅니다. 그러니까 난 신부님이 반대하시더라도 그를 멜키아데스의 무덤 곁에다 묻겠습니다."

온 마을이 우르슬라의 뜻을 받들어서 아주 성대한 장례식이 거행되었다. 아마란타는 침실 밖으로 나오지 않았다. 침대에 앉아서 우르슬라의 울음 소리와 집으로 출입하는 수많은 사람들의 발자국 소리와 말 소리, 여자들의 통곡 소리와 짓밟힌 꽃 냄새로 가득한 무거운 침묵을 들었다. 얼마 동안 아마란타는 저녁 무렵이면 피에트로 크레스피가 풍기던 라벤더 향내가 어디선가 풍겨오는 착각을 느꼈지만, 필사적으로 견뎌서 정신을 가다듬을 수 있었다. 우르슬라는 아마란타를 거들떠보지도 않았다. 어느 날 오후 아마란타가 부엌으로 가서 아궁이의 석탄불에 한쪽 손을 집어넣고 아프다 못해 나중에는 전혀 감각이 없어지고 불에 그슬린 살갗에서 타는 냄새가 날 때까지 지질 때에도 우르슬라는 아마란타를 동정하지 않았다. 그건 마음의 상처를 낫게 하기 위한 거친 치료법이었다. 아마란타는 불에 탄 손을 계란 흰 자위만 담은 냄비에 넣은 채 며칠을 보냈다. 화상이 다 나아갈 무렵에는 아마란타의 마음도 다 나은 것 같았다. 그 비극이 남긴 외적인 흔적은 아마란타가 죽을 때까지 손에 감고 있던 시꺼먼 붕대뿐이었다.

아르카디오는 피에트로 크레스피의 장례식을 공개적으로 거행하겠다고 포고함으로써 보기 드문 관용을 베풀었다. 우르슬라는 아르카디오의 이러한 행동을 보고 길 잃은 양이 집을 찾아왔다고 기뻐했다. 그러나 그것은 오산이었다. 우르슬라에게 아르카디오는 군복을 입기 훨씬 전부터 잃어버린 아이였다. 레베카와 마찬가지로 우르슬라는 아무런 차별없이 그를 제 자식처럼 길렀다고 생각했다. 그러나 우르슬라가 모르고 있던 사실은, 불면증이 마콘도를 휩쓸던 시절이나, 우르슬라가 돈을 버는 일에 열을 올리던 시기, 호세 아르카디오 부엔디아의 상태가 이상해졌을 무렵이나, 아우렐리아노가 자기

세계에 틀어박혀버린 시기, 아마란타와 레베카가 격렬하게 적의를 불태우던 기간 동안 아르카디오는 외롭고 불안해하며 어린 시절을 홀로 지내왔다는 점이었다. 아우렐리아노는 다른 일에 바빠서 마치 남들한테 그러하듯 무관심하게 그에게 글을 읽고 쓰는 법을 가르쳐주었다. 옷만 해도, 슬슬 버려야 할 무렵에야, 비시타시온에게 줄여달라고 하라면서 물려 주었다. 아르카디오는 너무 커서 헐렁헐렁하고 발이 아픈 구두를 물려받아 신었고, 기워댄 바지를 입어서 여자처럼 가냘픈 그의 엉덩이는 언제나 고통을 받았다. 아르카디오가 그나마 마음을 나눌 수 있었던 사람은 원주민 말로 얘기가 통하는 비시타시온과 카타우레였다. 그리고 난해한 책을 읽어주며 은판사진술에 대해 가르쳐 주던 멜키아데스만이 세상에서 아르카디오를 정말로 생각해 주던 사람이었다. 멜키아데스가 죽었을 때, 그가 남겨두고 간 문서들을 공부해서 멜키아데스를 죽음의 세계에서 다시 불러오려고 미친 듯이 연구에 빠졌던 아르카디오가 마음 속으로 얼마나 울었는지를 아는 사람은 하나도 없었다. 그가 그러한 정신적인 고통에서 해방될 수 있었던 것은 학생들이 그에게 관심을 보여주며 존경하던 학교와, 멋진 군복을 입고 단호하게 포고령을 선포할 수 있는 권력이었다. 어느 날 밤에 카타리노의 가게에서 한 남자가 용기를 내어 그에게 말을 했다.

"당신은 부엔디아란 성에 어울리지 않소."

모두의 예상을 깨고 아르카디오는 그 사람을 총살하지 않았다.

"듣던 중 반가운 소리로군. 나는 사실 부엔디아가(家) 사람이 아니거든."

아르카디오의 출생의 비밀을 알고 있던 사람들은, 그 얘기를 듣고 아르카디오 자신도 그 비밀을 알고 있다고 생각했지만, 그는 사실 그런 사실을 조금도 몰랐다. 언젠가 암실에서 그의 피를 끓어오르게 했던 그의 친어머니 필라르 테르네라는, 처음에 호세 아르카디오에게 그리고 다음에는 아우렐리아노에게 그랬듯이, 아르카디오에게도 깊은 인상을 주었다. 비록 매력적인 몸매와 밝은 웃음을 잃기는 했지만 연기 냄새가 나는 곳을 찾아가면 반드시 거기에 그녀가 있었다. 전쟁이 시작되기 얼마 전 어느 날 점심, 필라르 테르네라가 보통 때보다 조금 늦게 어린 아들을 데리러 학교로 갔을 때, 그는 낮잠을 자던 장소를, 나중에는 감옥으로 쓰게 된 교실에서 그녀를 기다리고 있었다. 필라르 테르네라의 아이가 마당에서 놀고 있는 동안에, 그는 그녀가 이곳을 지나가리라는 것을 알고 초조한 마음으로 그물침대에 누워서 기다렸던 것이다. 그녀가 나타나자 아르카디오는 그녀의 손목을 잡고 그물침대 안으로 끌어넣으려고 했다.

"안돼, 이러면 안돼……." 필라르 테르네라가 겁에 질려서 소리쳤다. "아르카디오를 즐겁게 해주고 싶은 생각이 없어서 그러는 게 아니고, 정말 하느님께 맹세하지만 우린 이러면 안 돼."

아버지에게서 물려받은 괴력으로 그녀의 허리를 낚아챈 아르카디오는 그녀의 살갗이 손에 닿는 순간 주위 세상이 사라지는 듯한 기분을 느꼈다.

"성녀인 체하지 마요. 당신이 아무하고나 잔다는 걸 모르는 사람은 없으니까요."

필라르는 자기의 비참한 운명에서 느끼는 역겨움을 겨우 참았다.

"이러면 아이들이 알게 돼." 필라르가 중얼거렸다. "오늘밤, 문을 잠그지 말고 열어 둬."

그날 밤, 아르카디오는 열병이라도 걸린 듯 몸을 떨면서 그물침대에 누워 그녀를 기다렸다. 언제까지고 계속될 것 같은 밤의 요란한 귀뚜라미 소리와 가차없이 시간을 알리는 도요새 소리에 귀를 기울이며 잠들지 못하다가, 뒤늦게야 혹시 속지나 않았나 하는 생각이 들었다. 초조한 감정이 드디어 분노로 바뀔 때 쯤, 갑자기 문이 열렸다. 그로부터 몇 달 지나서 총살대 앞에 서게 됐을 때, 아르카디오는 분명 교실 안을 헤매는 발소리와 의자에 부딪치는 소리, 그리고 어둠속에서도 느낄 수 있는 짙은 그림자와 자신의 것이 아닌 심장의 고동을 전해주는 공기의 떨림 등을 생각했을 것이다. 손을 뻗자, 한 손가락에 반지를 두 개나 끼고 암흑 속에서 허우적대는 다른 손을 만났다. 가쁘게 뛰는 혈관과 자신의 불행을 한탄하는 맥박에 닿았다. 사신에 의해 생명선이 엄지손가락 뿌리 부근에서 끊어진 축축한 손바닥이 느껴졌다. 그제야 그는, 그것이 기다리던 여자가 아님을 깨달았다. 밤에 찾아온 여인에게서는 연기 냄새가 아니라 꽃으로 만든 로션 향기가 풍겼고, 남자처럼 작은 젖꼭지가 달린 잔뜩 부푼 젖가슴과 밤송이처럼 단단하고 둥근 음부와, 순진하면서도 다정한 두근거림을 느낄 수가 있었다. 그 여자는 아직 처녀였으며, 도저히 본명이라고는 생각할 수 없게 이름이 산타〔聖女〕소피아 데 라 피에다였다. 필라르 테르네라는 이 여자에게 그 일을 시키기 위해 전 재산의 절반인 50페소를 지불했다. 아르카디오는 그 여자가 자기 부모님의 자그마한 식료품 가게에서 일하는 것을 여러 번 본 일이 있지만, 눈여겨본 적은 없었다. 기묘하게도, 필요할 때 외에는 거기 있는지 없는지 알 수 없는 여자였기 때문이다. 그러나, 그날 밤부터 그는 그 여자의 따뜻한 겨드랑이에 고양이처럼 파고들곤 했다. 필라르 테르네라가 또 다시 저축한 돈의 나머지 반을 주고 설득한 보람이 있어서 그 여자는 부모들의 허락을 받고 낮잠 시간이 되면 학교로 찾아오곤 했다. 나중에 정부군이 그들이 사랑을 나누던 장소를 차지해 버리자 그들은 가게 뒤쪽의 버터 깡통과 옥수수 자루 들이 잔뜩 쌓인 곳에서 사랑을 나누었다. 아르카디오가 촌장 겸 사령관에 임명될 때쯤에는 그들 사이에 딸이 하나 태어났다.

친척 중에 이 사정을 아는 것은 핏줄이 이어졌기 때문이라기보다 같은 죄의식으로 묶여서 당시 아르카디오가 각별히 친하게 지내던 호세 아르카디오와 레베카뿐이었다. 호세 아르카디오는 얌전히 결혼의 멍에를 메고 있었다. 레베카가 억척스러움과 아랫배의 탐욕, 질릴 줄 모르는 야심 등으로 그의 정력을 짜내어, 여자를 좋아하는 게으른 남자였던 그가 몸집 큰 소나 말 같은 존재가 되었다. 집안은 늘 구석구석 깨끗이 정돈되어 있었다. 매일 아침 레베카는 창문을 활짝 열었다. 그러면 무덤 쪽에서 창문으로 들어온 바람이 마당으로 빠져나가며 벽과 가구에 죽은 사람의 하얀 뼛가루 자국을 남겼다. 흙을 먹으려는 욕망이나, 부모들의 뼈가 내던 딸그락딸그락 소리와 피에트로 크레스피의 우유부단한 태도에서 느끼던 짜증은 어느덧 기억의 다락방 속으로 자취를 감추었다. 전쟁에 대한 두려움도 잊고, 하루 종일 창가에 앉아서 수를 놓던 레베카는 찬장의 질그릇들이 서로 부딪쳐 덜그럭 소리를 내면 자리에서 일어나 음식을 데웠다. 그러면 곧 더러운 사냥개들이 먼저 모습을 나타내고, 뒤를 이어서 각반과 박차를 차고 엽총을 둘러멘 남편이 때로는 어깨에 사슴 한 마리를 지고, 대개는 토끼나 오리 한 꾸러미를 꿰차고 나타났다. 마콘도의 통치자가 된 뒤의 어느 날 오후, 아르카디오가 갑자기 두 사람을 찾아왔다. 집을 나온 뒤로 여태까지 그를 만난 일이 없었지만, 아르카디오가 너무나 친절하고 다정한 태도를 보였기 때문에 그들은 스튜를 함께 먹자고 했다.

커피를 마실 때가 되어서야 아르카디오는 그가 찾아온 이유를 설명했다.

그는 호세 아르카디오에 대해서 불평하는 진정서를 받았었다. 그 진정서에 따르면 호세 아르카디오가 자기 밭을 다 일구고 나서 곧장 이웃집 농토로 황소를 밀고 들어가 울타리와 건물을 부숴버리고 근처에 있는 땅들을 억지로 빼앗아버렸다는 얘기였다. 가진 땅이 별로 신통치 않아서 빼앗지 않고 그대로 둔 땅의 주인들로부터는 사냥개를 끌고 가서 사냥총으로 위협하면서 토요일마다 공출을 받아내기도 했다는 것이다. 그는 진정서의 내용을 부인하지 않았다. 그는 오히려 처음 마콘도 마을이 설 때에 호세 아르카디오 부엔디아가 모든 땅을 분배했는데, 사실 그때부터 아버지가 정신이상 증세가 있어서 집안에서 자식들에게 물려줄 재산까지 모두 남들에게 주어버렸으니, 자기로서는 그 땅을 도로 찾을 떳떳한 권리가 있다고 주장할 뿐이었다. 이것은 불필요한 반론이었다. 아르카디오는 그것을 따지러 온 것이 아니었기 때문이다. 그저 아르카디오는 자기가 등기소를 세울 테니까, 호세 아르카디오더러 몰수한 땅에 대한 소유권을 법적으로 인정받는 대신 그 땅에 대한 세금을 마콘도 정부에 바치라고 말했다. 그들은 그 제안에 합의했다. 여러 해가 지난 다음에 아우렐리아노 부엔디아 대령은 토지와 재산에 대한 등기 서류들을 살펴보다가 자기 집이 있는 언덕에서부터 지평선 끝까지, 또한 공동 묘지까지도 모두 형의 명의로 되어 있으며, 아르카디오는 자기가 마콘도를 통치하던 11개월 동안 주민들에게서 공식적인 세금뿐만이 아니라, 호세 아르카디오의 소유가 된 땅에 죽은 사람을 매장하는 데 대한 요금까지도 징수했다는 사실을 알게 되었다.

주민들이 우르슬라를 더 이상 슬프게 하지 않으려고 아무 말도 하지 않았기 때문에 우르슬라는 남들이 다 알고 있던 이 사실을 몇 달 동안 까맣게 모르고 지냈다. 그러나 그녀는 의심을 품기 시작했다.

"아르카디오가 집을 짓고 있어요." 우르슬라는 호박즙을 한 숟갈 남편의 입에 흘려넣어 주면서, 겉으로는 자랑스러운 척하면서 말했다. 그러나 우르슬라는 자기도 모르게 한숨을 쉬고 엉겁결에 덧붙였다. "왜 이런 기분이 드는지 모르겠지만, 하여튼 어쩐지 일이 좀 수상해요."

이윽고 아르카디오가 집만 짓는 것이 아니라 비엔나에서 가구까지 주문했다는 소식을 듣고 우르슬라는 손자가 공금을 착복하고 있다는 의심을 굳히게 되었다.

"넌 어쩌자고 이렇게 집안 망신을 시키냐!"

어느 일요일 오후 미사가 끝난 다음에, 새로 지은 집에서 장교들과 함께 카드놀이를 하는 손자를 보고 우르슬라가 고함을 쳤다. 그러나 아르카디오는 모르는 체했다. 우르슬라가 그에게 태어난 지 여섯 달 되는 딸이 있고, 결혼도 하지 않고 동거하는 산타 소피아 드 라 피에다가 두 번째 임신을 했다는 사실을 안 것도 그때였다. 우르슬라는 지금 어디에 있는지도 모르는 아우렐리아노 부엔디아 대령에게 이런 일들을 알리기 위해 편지를 쓸 생각을 했다. 그러나 그 무렵 잇달아 일어난 사건들은 우르슬라가 마음먹은 계획들을 실현하지 못하게 했을뿐더러 공연히 그런 생각을 했었다고 후회하게까지 만들었다. 그때까지만 해도 멀리서 벌어지고 있어서 막연하게만 느껴지던 전쟁이 갑자기 구체적이면서도 극적인 현실이 되어버렸기 때문이다. 2월이 다 간 어느 날, 빗자루를 한 짐 잔뜩 노새에 실은 백발의 노파가 마콘도에 도착했다. 별로 위험하지 않아 보이던 그 여자를 보초들은 늪지대에서 찾아오는 수많은 장사꾼들이나 마찬가지로 생각해서 그대로 통과시켰다. 그 여자는 곧장 막사가 있는 곳으로 갔다. 아르카디오는 그 여자를, 옛날에는 교실로 쓰다가 지금은 후방부대의 막사로 바꿔서, 벽에 박힌 못에는 둘둘 말아올린 그물침대가 주렁주렁 걸리고 구석에는 매트리스를 쌓아두고 마룻바닥에는 온통 소총과 캘빈과 엽총이 너저분하게 널린 방으로 불러들여서 만났다. 그 늙은 여자는 갑자기 몸을 펴서 군대식 경례를 붙인 다음에 자기의 신분을 밝혔다.

"나는 그레고리오 스티븐슨 대령이오."

그는 나쁜 소식을 가져왔다. 그가 이야기한 바에 따르면 자유당 혁명군의 거점들이 차례로 소탕을 당해 가던 중이었다. 그는 리오아차 부근의 전투에서 패배하여 후퇴하던 중에 헤어진 아우렐리아노 부엔디아 대령이 보낸 전언을 아르카디오에게 전해 주기 위해서 마콘도로 찾아왔다고 말했다. 자유당 사람들의 생명과 재산을 반드시 보장한다는 조건으로 아무 저항 없이 진지를 넘겨주라는 얘기였다. 아르카디오는, 생김새대로 보면 피난길에 오른 불쌍한 할머니처럼 보이는 그 전령을 가엾다는 듯이 바라보며 말했다.

"물론 당신은 명령서 같은 것을 가지고 왔겠죠?"

"그럴 수가 없었소. 그런 것을 몸에 지니고 다닐 수는 없소. 이런 상황에서 위험한 물건을 지니고 다녔다가는 목숨이 위태로우니 말이오."
 그렇게 말하면서 그는 코르셋 안에서 황금으로 만든 작은 물고기를 꺼냈다.
 "이만하면 내 말을 믿으시겠소?"
 아르카디오는 첫눈에 그 황금물고기가 아우렐리아노 부엔디아 대령이 손수 만든 것이 틀림없음을 알았다. 그러나 전쟁이 터지기 전에 누군가 그 황금물고기를 사거나 훔쳤을 가능성도 있으므로, 그것만 가지고는 통행허가증이 되기에 모자랐다. 그러자 전령은 자기의 신분을 증명하기 위해서 군사 비밀까지도 털어놓았다. 자기가 지금 큐라소로 임무를 맡고 가는 중인데, 그곳에 가서 카리브 해 각지에서 모여든 망명객들을 모아 군대를 조직하고 그해 연말 본토 상륙작전을 감행하는데 필요한 무기와 탄약을 조달할 예정이라고 털어놓았다. 이 작전에 기대를 품고 있는 아우렐리아노 부엔디아 대령으로서는 당분간 무익한 희생자가 나오기를 바라지 않았다. 그러나 아르카디오는 남의 말을 듣는 사람이 아니었다. 그는 전령을, 그의 신분이 밝혀질 때까지 감옥에 가두고, 동시에 마콘도를 사수하겠다고 결심했다.
 결과를 볼 수 있기까지에는 별로 오래 기다릴 필요가 없었다. 자유당이 곳곳에서 패한다는 소식이 점점 구체적으로 들려오자 마콘도는 긴장감으로 휩싸였다. 3월이 끝나가는 어느 날 아침, 철에 맞지 않게 비가 내리는 가운데 몇 주일 동안 계속되던 조용한 긴장은 갑작스런 기병대의 요란한 나팔 소리와 성당의 종탑을 한방에 무너뜨린 대포 소리와 더불어 아수라장으로 바뀌었다. 저항을 하려던 아르카디오의 결심은 사실상 미친 짓이나 마찬가지였다. 그가 거느린 부하라고는 저마다 20발의 총알밖에 없는 엉성한 무기를 가진 50명에 지나지 않았다. 그러나 그의 호소력 있는 연설에 한껏 고양된 옛 제자들은 대의를 위해서 목숨을 던질 각오를 굳히고 있었다.
 군화 소리와, 앞 뒤가 안맞는 명령과 땅을 뒤흔드는 포성과 아무 곳에나 대고 쏘는 총성과, 발악하는 듯한 나팔 소리가 뒤섞인 가운데 스티븐슨 대령이라고 주장하던 사람은 겨우 기회를 얻어 아르카디오에게 말했다.
 "여자 옷을 입고 족쇄가 달린 채 뜻 없는 죽음을 당하는 모욕을 겪지 않게 해주시오. 어차피 죽을 거라면, 싸우다가 죽고 싶소."
 그의 말은 아르카디오의 마음을 움직였다. 아르카디오는 부하들을 시켜서 스티븐슨 대령에게 소총과 탄환 20발을 나눠주고 다른 부하 다섯 명과 함께 사령부를 사수하라고 명령한 뒤에 자신은 반격을 가하려고 부하들을 이끌고 최전선으로 떠났다. 하지만 그는 늪지대로 빠지는 길에도 다다르지 못했다. 방어벽은 이미 무너졌고, 수비병들은 몸을 감출 곳도 없는 거리 한복판에서 싸우고 있었다. 처음에는 분배받은 소총으로 싸웠으나 그 탄환이 떨어지자 적의 소총에 권총으로 맞섰고 끝내는 육탄전이 되었다. 패색이 역력해지자 여자들까지 몽둥이와 부엌칼을 들고 길로 뛰어들었다. 이런 북새통에 아르카디오는 호세 아르카디오 부엔디아가 쓰던 권총 두 자루를 들고 잠옷 바람으로 그를 찾아다니는 아마란타를 만났다. 그는 자기의 총을 전투에서 무기를 잃은 장교에게 넘겨주고 옆길로 빠져서 아마란타를 집으로 데려다주려고 몸을 피했다. 우르슬라는 옆집 담벼락에 커다란 구멍을 뚫어놓은 대포의 포성도 아랑곳하지 않으면서 문간에 서서 기다렸다. 비는 조금씩 멎기 시작했지만 길바닥은 녹아내린 비누처럼 미끄럽고 질퍽거렸으며, 너무 어두워서 주변이 잘 보이지 않았다. 아르카디오는 아마란타를 우르슬라에게 맡기고, 길모퉁이에서 무턱대고 총을 쏘아대는 두 명의 적군과 맞붙으려고 했다. 하지만 몇 년 동안이나 장롱 서랍에 넣어두었던 권총이 제대로 말을 들을 리가 없었다. 우르슬라는 아르카디오를 자기 몸으로 막아 보호하면서 그를 집 쪽으로 끌고 가려고 했다.

"제발 내 말 좀 듣고 따라오려무나." 우르슬라가 그에게 소리쳤다. "미친 짓은 그만하면 충분해!"

적군이 그들에게 총을 겨누었다.

"그 남자 곁에서 떨어지시오." 그들 가운데 한 사람이 소리쳤다. "말을 안 들으면 부인의 생명은 책임질 수 없소."

아르카디오는 우르슬라를 집 쪽으로 밀치고 번쩍 손을 들어 항복했다. 얼마 안 있어 총격전은 끝났고, 성당에서는 종이 울리기 시작했다. 반격은 반시간도 지탱하지 못했다. 아르카디오의 부하들 가운데 살아남은 사람은 하나도 없었지만, 그래도 죽기 전에 적병을 300명이나 죽였다. 그들의 마지막 싸움터는 막사였다. 적의 공격이 시작되기에 앞서서 자칭 그레고리오 스티븐슨 대령이라던 사람은 감옥에 갇혀 있던 죄수들을 모두 풀어주고, 부하들에게 길거리로 나가서 싸우라고 했다. 그리고 보기 드문 기동력과 정확한 사격술로 스티븐슨 대령이 발사한 20발의 탄환은 적으로 하여금 사령부에 철저한 방어 태세가 갖추어졌다는 인상을 갖게 했다. 그래서 적은 대포를 동원해서 막사와 사령부를 산산조각 내버렸다. 사령부를 공격하는 작전을 지휘했던 적군 대위는 전투가 끝난 다음에 폐허 더미 속에 달리 사람이 보이지 않고 떨어져 나간 팔에 소총 한 자루를 움켜 쥐고 속옷 바람으로 죽어 있는 시체 하나만 있는 것을 보고 놀라움을 금하지 못했다. 죽은 사람은 여자처럼 풍성한 머리를 뒤에서 감아올려 빗으로 고정하고, 목에는 황금으로 만든 물고기가 달린 스카플라리오를 감고 있었다. 시체를 발 끝으로 젖혀서 얼굴을 본 대위는 놀라서 소리를 질렀다. 다른 장교들이 그에게로 왔다.

"이 녀석을 봐." 대위가 혀를 찼다. "어디로 갔나 했더니 여기서 나타나는구먼. 이게 바로 그레고리오 스티븐슨이야."

새벽에 약식 군사재판이 열린 다음에, 아르카디오는 공동묘지 담 벼락 앞에서 처형당했다. 그의 생애 중 마지막 남은 두 시간 동안 어째서인지 어릴 적부터 그를 괴롭히던 공포가 흔적도 없이 사라져버렸다. 그는 조금 전까지의 용감한 모습은 어디로 갔는지, 자기의 죄상을 끝없이 읽어대는 소리를 무표정하게 들었다. 지금쯤 밤나무 아래서 호세 아르카디오 부엔디아와 커피를 마시고 있을 우르슬라를 생각했다. 아직 이름을 지어주지 못한 여덟 달 된 딸과 8월에 태어날 아이를 생각했다. 어젯밤에, 토요일 점심으로 먹으려고 사슴고기에 소금을 뿌리고 있던 산타 소피아 데 라 피에다를 생각하고, 어깨로 쏟아져 내리는 그녀의 머리카락과 가짜처럼 보일 만큼 긴 속눈썹을 그리워했다. 그는 아무런 감정없이 집안 식구들을 생각했다. 냉정하게 자신의 삶을 돌아보고 비로소 그는 자기가 이제까지 미워했던 사람들을 사실은 얼마나 깊이 사랑하고 있는가를 깨달았다. 아르카디오는 알아차리지 못했지만 군사재판에서 재판관이 2시간에 걸친 논고를 마무리하고 있었다.

"지금까지 설명한 혐의들을 차치해 놓더라도 결과는 마찬가지라고 생각된다." 재판관이 말을 계속했다. "피고가 부하들을 선동해서 쓸데없이 목숨을 잃게 한 무책임하고 범죄적인 행위만으로도 피고는 사형을 받아 마땅하다."

처음으로 권력의 위대함을 맛보았던 곳, 그리고 어렴풋이 사랑의 의미를 깨닫게 되었던 그 교실로부터 몇 걸음 안 떨어진 곳에서 사형을 선고받은 아르카디오는 죽음이 오히려 우스꽝스러운 장난같이 여겨졌다. 죽음이란 대단한 것이 아니었지만 삶은 뜻있는 것이었고, 그랬기 때문에 사형이 선고되자 그가 느낀 감정은 공포가 아니라 삶에 대한 미련이었다. 남기고 싶은 말이 무엇이냐고 그들이 물을 때까지 그는 아무 말도 하지 않았다.

"내 아내에게 이 말을 전해 주시오." 그는 차분히 가라앉은 목소리로 침착하게 말했다. "딸 이름을 우르슬라라고 지으라 전해 주십시오." 그는 잠깐 말을 끊었다가 다시 말했다. "할머니 이름을 따서 우르슬라라 지으라 말입니다. 그리고 또 만일 태어나는 아이가 아들이라면, 그의 이름을 호세 아르카디오라고 지으라는 말도 전해 주십시오. 큰아버지의 이름이 아니라 할아버지의 이름을 따서 말입니다."

처형장의 담벼락으로 그를 끌고 가기 전에 니카노르 신부는 아르카디오의 종부성사를 거행하겠다고 나섰다.

"나는 회개할 일이 하나도 없습니다."

아르카디오는 그렇게 말하고, 블랙커피를 한잔 마신 다음에 총살 집행 명령에 따랐다. 총살대를 지휘하는 자는 약식 사형집행을 전문으로 하는 사람이었는데, 그 대위의 이름은 로케 카르니세로였다. 우연치고는 너무 딱 맞아떨어지는 그 이름의 뜻은 백정이었다. 끊임없이 내리는 비를 맞으며 처형장인 공동묘지로 가는 길에 아르카디오는 수요일을 맞이해 지평선이 밝아오는 것을 보았다. 삶에 대한 미련은 안개와 함께 사라지고, 대신 그의 머릿속에는 호기심으로 가득 찼다. 그들의 명령에 따라서 담을 등지고 선 순간, 그는 젖은 머리에 분홍빛 꽃무늬 옷을 입은 레베카가 창문을 여는 것을 보았다. 아르카디오는 어떻게든 자기가 여기에 있음을 알려주려고 했다. 정말로 우연이었다. 벽 쪽으로 눈길을 돌렸던 레베카는 깜짝 놀라서 그 자리에 얼어붙어서, 아르카디오에게 손을 흔들어 작별 인사를 하는 것이 고작이었다. 아르카디오도 같이 손을 흔들어 거기에 답을 했다. 그 순간, 총구들이 그의 가슴을 겨누었고 멜키아데스가 끝없이 외던 주문이 한마디 한마디 귓속에서 울렸으며, 교실 안을 헤매던 처녀 산타 소피아 데 라 피에다의 발소리가 들려왔다. 그의 코 끝에서는 시체가 된 레메디오스의 콧구멍에서 느껴졌던 차가운 기운이 감돌았다.

"이런 염병할!" 그제야 그는 겨우 생각이 나서 중얼거렸다. "딸을 낳게 되면 이름을 레메디오스라고 지으라 할걸."

그때 그는 몸이 찢겨지는 것처럼 세차게, 평생 동안 그를 괴롭히던 공포감에 다시 사로잡혔다. 대위는 발포 명령을 내렸다. 아르카디오는 가슴을 내밀고 머리를 들 여유도 없었다. 어디에서 흘러내린 것인지도 모를 뜨거운 액체가 그의 허벅지를 따라 떨어졌다.
"이 겁쟁이들아!" 그는 소리쳤다. "자유당 만세!"

7

전투는 5월에 끝이 났다. 반란 지도자들을 모조리 잡아서 엄벌에 처하겠다는 위압적인 포고를 정부에서 정식으로 발표하기 2주일 전, 아우렐리아노 부엔디아 대령은 원주민 무당으로 변장하고 서쪽 국경을 막 넘으려다가 붙잡혀서 포로가 되었다. 그와 함께 싸운 스물한 명의 부하들 가운데 열넷은 싸움터에서 목숨을 잃었고, 여섯 명은 부상을 당했다. 마지막 패배의 순간까지 그를 따랐던 사람은 헤리넬도 마르케스 대령뿐이었다. 그가 체포되었다는 소식은 특별포고문을 통해서 마콘도 주민들에게 알려졌다.
"그 애가 살아 있어요." 우르슬라가 남편에게 알려주었다. "적들이 그 애에게 자비를 베풀도록 우리 하느님께 기도해요."
사흘 동안 울고 난 뒤인 어느 날 오후, 과자를 만들려고 부엌에서 우유를 젓고 있던 우르슬라는 귓가에서 속삭이는 아들의 목소리를 들었다.
"아우렐리아노의 목소리였어요." 남편에게 그 소식을 전하려고 밤나무 쪽으로 뛰어가면서 우르슬라가 외쳤다. "어떻게 그런 기적이 이루어졌는지 모르지만, 분명히 우리 아들은 살아 있어요. 머지않아서 우린 그 애를 만나게 될 거예요."
우르슬라는 틀림없이 그렇게 되리라고 생각했다. 그래서 집 안의 마룻바닥을 깨끗이 닦고 가구들의 자리를 옮겨 다시 정돈했다. 일주일이 지난 다음 비록 그 사실을 확인할 만한 포고령은 하나도 없었지만, 우르슬라의 예언을 뒷받침하는 풍문이 바람결에 실려 왔다. 아우렐리아노 부엔디아 대령은 사형선고를 받았고, 이곳 주민들에게 교훈을 남기기 위해 마콘도에서 그 집행을 한다는 것이었다. 월요일 아침 10시 20분에, 아우렐리아노 호세에게 옷을 입히던 아마란타는 멀리에서 떠들썩한 사람 소리와 나팔 소리를 들었다. 그 순간 우르슬라가 방으로 뛰어들면서 소리쳤다.
"그 애가 오고 있어!"

군인들은 몰려드는 사람들을 밀어내느라고 개머리판을 휘둘러댔다. 사람들 사이를 비집고 길모퉁이로 달려간 우르슬라와 아마란타는 그를 보았다. 그는 거지꼴이었다. 옷은 갈기갈기 찢어졌고 머리와 수염은 지저분하게 헝클어진데다 맨발이었다. 장교가 탄 말의 머리에 연결된 밧줄로 손을 등 뒤로 꽁꽁 묶인 그는 뜨거운 땅바닥을 느끼지도 못하는 듯 터벅터벅 걸었다. 그의 옆에는 역시 지저분하고 다 찢어진 옷을 입은 헤리넬도 마르케스 대령이 함께 끌려왔다. 그러나 그들의 표정에는 슬픈 기색이 없었다. 그들은 오히려 군인들에게 온갖 욕설을 퍼붓는 마콘도 주민들에 더 놀라는 것 같았다.

"내 아들아!"

우르슬라는 난리법석 속에서 아들을 소리쳐 불렀다. 동시에 자기를 제지하는 병사의 뺨을 때렸다. 장교가 타고 있던 말이 번쩍 앞다리를 들었다. 그러자 아우렐리아노 부엔디아 대령은 걸음을 멈추고 어머니가 내민 손길을 피하면서 차가운 시선으로 바라보았다.

"집으로 돌아가세요, 어머니. 정식으로 허가를 받은 다음에 감옥으로 면회를 오세요."

아우렐리아노 부엔디아 대령이 말했다.

그는 우르슬라의 두어 걸음 뒤에서 머뭇거리는 아마란타를 보고 미소지으며 물었다.

"손은 어쩌다 그렇게 된 거야?"

아마란타는 검은 붕대를 감은 손을 들어 보였다.

"화상을 입었어요."

대답을 하면서 아마란타는 우르슬라가 말발굽에 짓밟히지 않도록 옆으로 끌어냈다. 군대는 발포했다. 호위병들은 포로들을 에워싸고 서둘러 병영 쪽으로 갔다.

해질녘에 우르슬라는 감옥으로 아우렐리아노 부엔디아 대령을 찾아갔다. 우르슬라는 돈 아폴리나르 모스코테를 통해서 면회 허가를 받으려고 손을 써봤지만, 군대가 모든 실권을 장악한 지금에 와서 그에게는 아무런 힘도 없었다. 니카노르 신부는 간장염에 걸려서 자리에 누워 있었다. 사형선고를 받지 않은 헤리넬도 마르케스 대령의 부모도 감금된 아들을 만나려 했으나 개머리판을 휘두르는 병사들에게 쫓겨났다. 중간에 나서서 면회를 주선해 줄 사람은 아무도 없었다. 새벽이 되면 아들은 총살당할 것이 뻔했으므로, 우르슬라는 아들에게 전해줄 물건을 꾸려가지고 혼자서 감옥으로 갔다.
"나는 아우렐리아노 부엔디아 대령의 어미 되는 사람이오."
보초들이 우르슬라의 앞길을 막았다.
"어떻게든 난 안으로 들어갈 거요. 나를 쏘라는 명령을 받았다면, 어서 쏴요."
우르슬라는 보초 하나를 밀어젖히고 웃통을 벗은 병사들이 병기에 기름칠을 하고 있는, 예전에는 교실이었던 방으로 들어갔다. 불그스레한 얼굴에 도수 높은 안경을 쓴 야전복 차림의 점잖아 보이는 장교 한 사람이 보초들에게 물러서라는 손짓을 했다.
"나는 아우렐리아노 부엔디아 대령의 어미 되는 사람이오."
장교는 친절하게 미소를 지으면서 우르슬라의 말을 바로잡았다. "아우렐리아노 부엔디아 대령의 어머님이 아니라, 아우렐리아노 부엔디아 씨의 어머님이시겠죠."
우르슬라는 그 장교의 말소리에서, 고원 지대에 사는 젊은 녀석들의 박정한 태도를 느끼면서 대답했다.
"아무래도 좋아요. 난 아들만 만나면 됩니다."
사형을 선고받은 죄수들에게는 절대로 면회를 허락하면 안 된다는 상부의 지시가 있기는 했지만, 그 장교는 자기가 책임을 지기로 하고, 특별히 우르슬라가 15분 동안 아들과 만날 수 있도록 허락했다. 우르슬라는 가져온 보퉁이를 풀어서 그 속에 들어 있는 것들을 꺼냈다. 갈아입을 깨끗한 옷, 아들이 결혼식 날 신었던 장화, 그리고 아들이 돌아오리라고 예감한 날부터 만들어 두었던 과자들이었다. 우르슬라는 감옥으로 사용되는 교실에서 겨드랑이 아래 임파선이 부어올라 팔을 쩍 벌리고 목침대 위에 누워 있는 아우렐리아노 부엔디아 대령을 만났다. 그는 간수들의 허락을 받아서 면도까지 한 얼굴이었다. 끝이 휘어 올라간 콧수염 때문에 우뚝 솟은 그의 광대뼈가 더욱 눈에 띄었다. 우르슬라의 눈에는 아들이 떠날 때보다 훨씬 창백해 보였고, 키가 더 자랐으며, 어느 때보다도 고독해 보였다. 아들은 그동안 집안에서 일어난 일들을 다 알고 있었다. 피에트로 크레스피의 자살, 아르카디오의 횡포와 총살, 밤나무 밑에 묶여 있는 호세 아르카디오 부엔디아의 신세. 처녀로 미망인이 된 아마란타가 아우렐리아노 호세를 기르는 데 일생을 바치기로 했고, 그 아이는 꽤 영리해서 말을 배우기 시작하면서 읽기와 글쓰기도 한꺼번에 배웠다는 얘기도 알고 있었다. 감방 안에 발을 들여놓은 순간 우르슬라는 아들의 성장과 자신이 넘치는 태도, 전신에서 뿜어져 나오는 눈부신 위엄에 주눅이 들었다. 그리고 아들이 그 무엇이든 알고 있는 데 대해 놀라움을 숨길 수가 없었다.

"내가 옛날부터 미래를 내다볼 수 있다는 걸 알고 계셨잖아요?" 그가 농담하듯 말했다. 그러고는 진지하게 덧붙였다. "오늘 아침에 병사들이 나를 이 방으로 끌고 와서 감금할 때도, 나는 언젠가 이와 똑같은 상황을 겪은 듯한 기분이 들었어요."

길에서 사람들이 자기를 에워싸고 아우성을 치는 동안에도, 사실 그만은 마콘도가 일년 사이에 참 많이 변한 것에 놀라며 이것저것 생각에 잠겨 있었다. 그동안 아몬드 잎들이 지고 나뭇가지가 꺾였다. 처음에는 푸른 칠을 했다가 다시 붉은 빛깔로 칠하고, 그리고 그 뒤에 다시 푸른 빛깔로 칠을 한 집들은 이제 무슨 색깔인지 알아보지도 못할 색이 되었다.

"왜 멍하니 있니?" 우르슬라가 한숨을 쉬었다. "시간이 잘도 가는구나."

"그러게요." 아우렐리아노가 고개를 끄덕였다. "하지만 아직 괜찮아요."

이렇듯 그들이 기다리고 기다리던 면회 시간 동안 나눈 대화는, 비록 그들이 무엇을 물어보고 어떤 대답을 할 것인지 미리 생각을 해두었어도, 결국 보통 때 나누는 평범한 대화로 돌아갔다. 간수가 면회 시간이 다 끝났다고 통고하자, 아우렐리아노는 목침대 매트리스 밑에서 땀에 젖은 종이 한 꾸러미를 꺼냈다. 그 종이에는 레메디오스를 그리워하며 쓰고 마을을 떠날 때에도 몸에 꼭 지니었던, 그리고 전쟁터에서 틈틈이 썼던 여러 편의 시가 적혀 있었다.

"아무에게도 보여주지 않겠다고 약속해 주세요." 아들이 말했다. "오늘밤에라도 아궁이에 넣어 태워버리세요."

우르슬라는 그러마고 약속했다. 그러고는 아들에게 작별 키스를 하려고 자리에서 일어서며 낮은 목소리로 말했다.

"권총을 한 자루 가져왔다."

아우렐리아노 부엔디아 대령은 보초가 눈치채지 못했음을 확인했다.

"저에겐 별로 도움이 되지 못할 텐데요." 그는 낮은 목소리로 말했다. "그

백년의 고독 121

래도 저한테 주세요. 공연히 도로 가지고 나가시다가 간수들이 몸 수색을 할 때 탄로나지 않게 말예요."

우르슬라는 품에서 권총을 꺼내 매트리스 밑으로 밀어 넣었다.

"아직 가지 마세요." 마지막으로 그는 말에 힘을 실어 냉정하게 말했다. "누구한테도 애원하거나 굽실거리지 마세요. 오래전에 제가 총살당해 죽어 버렸다고 생각하세요."

우르슬라는 울음을 참으려고 입술을 깨물었다.

"임파선은 따끈따끈하게 달군 돌로 지지면 좋단다."

그렇게 말하고 우르슬라는 몸을 돌려 감방에서 나갔다. 문이 닫히자 아우렐리아노 부엔디아 대령은 감개에 젖어 그대로 서 있었다. 그러다가 다시 팔을 쩍 벌리고 목침대 위에 누웠다. 자기에게 앞일을 미리 내다볼 수 있는 능력이 있다는 사실을 깨닫게 된 사춘기 시절부터, 그는 줄곧 언젠가 죽음이 자기 앞에 닥치면 확실하고, 돌이킬 수도, 부정할 수는 없으나 징후와 함께 찾아오리라고 믿어왔다. 그런데 지금은 죽을 시각이 몇 시간 안 남았는데도 아무런 조짐도 느낄 수가 없었다. 언젠가 한번은 무척 아름다운 여자 하나가 투크린카에 있는 그의 부대로 찾아와서 보초들에게 아우렐리아노 부엔디아 대령을 만나게 해 달라고 요청했다. 보초들은 좀더 나은 자손들을 가지려는 욕심에서 자기 딸들을 이름난 군인들의 침실로 들여보내는 부모들이 허다하다는 소문을 들었기 때문에, 찾아온 여자를 별로 의심하지도 않고 통과시켰다. 그날 밤 여자가 방으로 찾아든 순간, 아우렐리아노 부엔디아 대령은 빗속에서 길을 잃고 헤매는 남자에 대한 시를 막 마무리짓던 참이었다. 그는 시를 적은 종이 꾸러미를 넣어두는 서랍에 시 쓰던 종이를 넣고 자물쇠를 채우려고 여자 쪽으로 등을 돌리고 섰다. 그 순간, 그의 육감에 걸리는 것이 있었다. 그래서 그는 돌아보지도 않고 서랍에 있는 권총을 움켜쥐었다.

"아가씨, 설불리 쏘지 마세요."

권총을 겨누고 그가 돌아서니, 여자는 권총 든 손을 떨어뜨리고 멍하니 서 있었다. 이렇게 그는 열한 번이나 함정에 빠졌다가 그 중 네 번을 같은 방법으로 모면했다. 또 한 번은 마나우레에 혁명군 사령부로 어느 날 밤 사람이 하나 숨어 들어와서, 열병에 걸려 땀을 내리고 아우렐리아노 부엔디아 대령의 목침대를 빌려 누워 있던 그의 친구 마그니피코 비스발 대령을 대신 칼로 찔러 죽인 일도 있었다. 같은 방의 몇 발자국 떨어진 그물침대에서 잠을 자던 그가 전혀 눈치채지 못한 사이에 벌어진 사건이었다. 그는 자기가 가진 이러한 예감을 정리해서 이론을 세워보려고 애를 썼지만 마음대로 되지 않았다. 예감은 절대적으로 순간적인, 그러나 파악할 수는 없는 어떤 확신처럼 아주 선명하게 갑자기 번뜩하고 찾아온다. 어떤 때에는 너무나도 자연스럽게 생겨나서 현실화된 다음에야 예감이었구나 느낄 정도였다. 또 때로는 아주 확실한 예감이 들었는데 아무 일도 일어나지 않았다. 흔해 빠진 미신에 지나지 않는 경우도 종종 있었다. 사형 선고를 받게 되어 마지막 소원이 무엇이냐고 물어왔을 때, 그는 갑자기 그의 머릿속에 떠오르는 예감이 있어서 서슴지 않고 대답을 했다.

"사형 집행은 마콘도에서 해주기를 바라오."

재판관은 그 말을 듣고 기분이 언짢았다.

"수작 부리지 마, 부엔디아." 재판관이 말했다. "어떻게 해서든지 시간을 벌어보자는 속셈이지?"

"내 소원을 들어주건말건 그건 당신 마음이오." 대령이 말했다. "어쨌든 내 마지막 소원은 그것뿐이오."

사실 이 뒤로, 그는 예감이 떠오르지 않았다. 우르슬라가 그를 감옥으로 면회 온 날 그는 오랫동안 생각하다가, 이번에 죽음의 예감이 찾아오지 않는 이유는 그것이 우연히 찾아오는 죽음이 아니라, 사형 집행자의 의지에 달린 문제이기 때문이라는 결론을 내렸다. 그는 부어오른 임파선이 너무 아파서 뜬눈으로 밤을 지새웠다. 동이 틀 무렵 그는 복도에서 들려오는 발소리를 들었다.

"드디어 행차하셨군."

이렇게 중얼거리면서 그는 별다는 이유도 없이 호세 아르카디오 부엔디아를 생각했다. 그때 밤나무 밑의 호세는 어렴풋이 밝아오는 으스스한 새벽 하늘을 바라보며 아우렐리아노를 생각하고 있었다. 아우렐리아노 부엔디아 대령은 아무런 공포나 미련을 느끼지 않았다. 다만 이 자연적이지 못한 죽음으로 말미암아 남겨둔 많은 일들의 마무리를 짓지 못하는 것이 화가 났다. 문이 열리고 커피 한 잔을 받쳐 든 간수가 들어왔다. 이튿날 같은 시간에, 쑤셔대는 겨드랑이 때문에 아우렐리아노 부엔디아 대령이 괴로워하고 있을 때, 똑같은 일이 벌어졌다. 목요일에는 우르슬라가 가져다준 우유과자를 간수들과 나눠먹은 뒤 몸에 좀 끼지만 깨끗한 속옷으로 갈아입고 에나멜 부츠를 신었다. 금요일이 되었어도 그는 아직 총살당하지 않았다.

사실은 적들이 사형 집행을 꺼리고 있었다. 민중의 저항을 경험한 군인들은 아우렐리아노 부엔디아 대령을 처형하면 마콘도뿐만 아니라 늪지대 전역에서 심각한 정치적인 문제가 생길 것이라고 생각해서 문제를 수도의 고위층에 의뢰 중이었다. 그 회답이 도착하기를 기다리던 어느 토요일 밤에, 로케 카르니세로 대위는 다른 장교들과 어울려 카타리노 술집으로 갔다. 반협박을 당한 듯한 여자 하나가 마지못해 그를 방으로 안내했다. "곧 죽게 될 사람하고 자는 것을 좋아할 여자는 없으니까요." 여자가 그에게 털어놓았다. "어떻게 되는지는 모르지만, 아무튼 아우렐리아노 부엔디아 대령을 총살한 장교와 사형을 집행한 군인들은 모조리 목숨을 잃게 될 것이라고들 수군거려요. 아무리 도망쳐도 결국엔 모두 죽게 된대요."

로케 카르니세로 대위는 그 얘기를 다른 장교들에게 전했고, 장교들은 다시 그들의 상관에게 보고했다. 비록 분명하게 그 얘기를 꺼낸 사람도 없고 당시의 팽팽한 긴장감을 어지럽힐 만한 조처를 군에서 취한 일도 없었지만, 일요일쯤 돼서는 군인들이 어떤 핑계를 대서라도 사형 집행 임무를 벗어나고 싶어한다는 소문이 온 마을에 널리 퍼졌다. 월요일에 우편으로 공식 명령이 도착했다. 24시간 내에 처형하라는 명령이었다. 그날 밤 장교들은 각자의 이름을 적은 쪽지를 모자에 넣고 흔들어 제비를 뽑았다. 운이 없는 로케 카르니세로 대위가 그것을 뽑았다.

"난 정말 운이 없나 봐." 그는 매우 처량한 목소리로 말했다. "태어날 때부터 죽을 때까지 좋은 일이 없어."

오전 5시에 그는 다시 추첨으로 총살형을 집행할 병사들을 뽑아서 마당에 세워놓고, 암시적인 말을 던지며 처형될 사람을 깨워 일으켰다.

"자, 갑시다. 부엔디아. 이제 시간이 되었소."

"아, 이거였군." 대령이 말했다. "지금 막 임파선이 터지는 꿈을 꾸었거든."

아우렐리아노가 총살당한다는 사실을 안 날부터 레베카 부엔디아는 새벽 3시에 일어나 호세 아르카디오가 코를 고는 소리에 흔들리는 침대에 앉아 어두운 침실의 반쯤 열린 창문으로 공동 묘지 담벼락을 살폈다. 지난날 피에트로 크레스피의 편지를 기다릴 때처럼 끈질긴 참을성을 가지고 레베카는 일주일 내내 그러고 있었다.

"여기서 총살하지는 않을 거야." 호세 아르카디오가 말했다. "누가 총살시켰는지 아무도 모르게 한밤중에 부대 안에서 형을 집행하고, 시체도 거기에 묻을 거야."

그러나 레베카는 계속 기다렸다.

"여기로 온 군인들은 원래가 멍텅구리들이라 여기에서 형을 집행할 거예요."

그 사실을 확신한 나머지, 문을 열고 손을 흔들어 작별 인사를 하는 자신의 모습이 눈에 보이는 것 같았다.

"큰 길로 그를 끌고 오지는 않을 거야." 호세 아르카디오가 고집을 부렸다. "주민들이 무슨 일을 저지를지 모르는데, 겁쟁이 부하 여섯으로는 불안할걸?"

남편의 논리를 무시하고 레베카는 계속 창가에서 기다렸다.

"두고 보세요." 레베카가 말했다. "그만큼 똑똑한 사람들이 아니라니까요."

화요일 아침 5시에 호세 아르카디오가 커피를 마신 뒤 개를 밖으로 내보낼 때, 레베카가 갑자기 창문을 닫고 비틀거리는 몸을 의지하려고 침대 머리를 붙잡았다.

"왔어요." 레베카가 작은 소리로 말했다. "정말로 의젓해요."

호세 아르카디오가 창문을 내다보니, 어릴 적에 자신이 입었던 바지를 입고 새벽녘의 쌀쌀한 공기에 떨고 있는 아우렐리아노의 모습이 눈에 들어왔다. 그는 벌써 담벼락 앞에 서서, 겨드랑이가 쓰라려 제대로 내릴 수 없는 팔을 허리에 대고 있었다.

"정말 분하군!" 아우렐리아노 부엔디아 대령이 중얼거렸다. "저런 약해빠진 놈들 겨우 여섯한테 어이없이 당해야 하다니 정말 분해!"

그는 화가 잔뜩 난 사람처럼 핏대를 올리며 그 말을 되풀이했다. 로케 카르니세로 대위는 그것을 기도하는 소리로 잘못 듣고 그를 측은하게 여겼다. 병사들이 총을 겨누자 그 분노는 끈적끈적하고 쓴 맛이 나는 물질로 변했다.

혓바닥이 굳어 말도 나오지 않고 눈이 절로 감겼다. 그러자 알루미늄 상자같은 아침해의 눈부심이 사라지고, 머릿속에 짧은 바지를 입고 목에는 타이를 두른 자신이 어느 맑은 날 오후 아버지를 따라 천막 안으로 들어가서 얼음을 보던 장면이 떠올랐다. 그 순간 고함 소리가 들렸고, 그는 그것이 마지막 사격 명령이라고 생각했다. 그는 총탄이 자기에게로 흰빛을 내뿜으며 날아올 것을 상상하고 등골이 오싹해짐을 느끼면서도 호기심이 일어 눈을 떠보았다. 로케 카르니세로 대위가 두 손을 번쩍 들고 서 있었고, 호세 아르카디오가 당장이라도 쏠 준비가 된 엽총을 겨누고 길을 건너오는 중이었다.

"쏘지 마세요." 대위가 호세 아르카디오에게 말했다. "당신이야말로 하느님께서 보내주신 사람이군요."

그 자리에서 새로운 전쟁이 시작되었다. 로케 카르니세로 대위와 그가 거느리던 부하 여섯 명은 아우렐리아노 부엔디아 대령의 부하가 되어, 리오아차에서 사형을 선고받은 빅토리오 메디나 장군 휘하의 혁명군을 구출하기 위해 떠났다. 그들은 옛날 마콘도 마을을 세우러 올 때 호세 아르카디오 부엔디아가 더듬어 온 길을 따라 산을 넘으면 시간을 절약할 수 있으리라고 생각했다. 하지만 일주일이 지나기도 전에 그들은 그 계획이 불가능한 일임을 깨달았다. 그래서 그들은 위험을 무릅쓰고, 총살대가 가지고 있던 탄환만 지니고 능선을 따라 전진했다. 그들은 마을 근처에서 야영을 하면서, 그들 가운데 한 사람이 변장을 한 다음 손에 황금물고기를 들고 대낮에 마을로 내려가서 잠복 중인 자유당 사람들을 만났다. 그러면 접촉을 한 사람들은 이튿날 사냥을 나간다고 집을 나서서 그대로 돌아오지 않았다. 리오아차가 내려다 보이는 산의 능선에 그들이 도착했을 때에는 이미 빅토리오 메디나 장군이 총살당한 뒤였다. 그래서 아우렐리아노 부엔디아 대령의 부하들은 아우렐리아노를 카리브 해안의 혁명군 총사령관으로 추대하여, 그를 장군 자리에 앉히려고 했다. 그는 그 직책은 받아들였지만, 장군으로 승진하는 것만큼은 보수당 정권을 무너뜨릴 때까지 미뤄두기로 했다. 석 달 뒤에는 1000명 이상의 부하를 모았지만, 그들은 거의 전멸되고 말았다. 그들 가운데 생존자들은 동부 국경으로 도망쳤다. 나중에 그들에 대해서 들려온 소식은 그들이 안틸제도 (유카탄 해협에서 베네수엘라 앞바다에 걸쳐, 호를 그리며 대서양과 카리브 해를 나누는 형태로 이어지는 섬들의 총칭)를 거쳐 라 벨라 곶(串: 콜롬비아의 과히라 반도 끝에 있는 곳)에 상륙한 뒤였다. 정부는 전국 방방곡곡으로 전문을 보내서 아우렐리아노 부엔디아 대령이 전사했다는 얘기를 전했다. 그러나 이틀 뒤에는 먼저 발송된 전보의 뒤를 바싹 쫓아 다른 전문들이 쏟아져 들어와서 남부 평원 지방에서 또 다른 반란이 일어났다는 소식을 전했다. 이렇게 해서 신출귀몰하는 아우렐리아노 부엔디아 대령의 전설이 시작되었다. 저마다 엇갈리는 소식들이 한꺼번에 쏟아졌다. 아우렐리아노 부엔디아 대령은 빌라누에바(콜롬비아 볼리바르 주의 마을)에서 승리했고, 구아카마얄에서 패배했고, 모틸론 원주민들에게 잡아먹혔고, 늪지대의 어느 마을에서 죽었고, 그런가 하면 우루미타에서 다시 봉기했다는 말도 들렸다. 때마침 의회에서 자리를 얻으려고 교섭 중이던 자유당 지도자들은 대령을 당과는 아무 관련없는 사기꾼이라고 규정했다. 정부에서는 그를 산적이나 다름없이 취급해서, 그의 목에 5000페소라는 현상금을 걸었다.

열여섯 차례의 패배 끝에 아우렐리아노 부엔디아 대령은 완전히 무장한 2000명의 원주민을 거느리고 구아히라를 떠나 자고 있던 수비대를 습격해서 리오아차를 포기시켰다. 그는 그곳에다 총사령부를 설치하고 정부와 맞서서 전면전을 벌이겠다고 선언했다. 그러나 정부에서 받은 첫 통고는, 혁명군을 모두 이끌고 동부 국경지대로 철수하지 않는다면 헤리넬도 마르케스 대령을 48시간 안에 총살하겠다고 위협하였다. 그의 참모장으로 임명된 로케 카르니세로 대령은 당황한 낯빛으로 전보를 넘겨주었지만, 아우렐리아노 부엔디아 대령은 그것을 읽고 뜻밖에 신이 난 목소리로 외쳤다.

"훌륭하군." 그는 소리쳤다. "이제 마콘도에도 전신국이 생겼어."

그의 회답은 단호했다. 그는 석 달 안에 마콘도로 총사령부를 옮길 계획이라고 통고했다. 그때 만일 헤리넬도 마르케스 대령이 살아 있지 않으면, 포로로 잡은 장교를 장군들부터 하나씩 재판없이 총살시킬 것이며, 휘하 지휘관들에게도 전쟁이 끝날 때까지 포로로 잡는 장교는 하나도 남기지 말고 죽이라는 명령을 내리겠다고 회신을 보냈다. 석 달 뒤 아우렐리아노 부엔디아 대령이 승리를 거두어 마콘도로 개선했을 때, 늪지대의 길까지 마중을 나와 그를 가장 먼저 껴안은 사람은 헤리넬도 마르케스 대령이었다.

집안에는 아이들이 우글거렸다. 우르슬라는 산타 소피아 데 라 피에다와 그 장녀, 그리고 아르카디오가 총살을 당한 지 다섯 달 만에 태어난 쌍둥이를 거두었기 때문이다. 우르슬라는 아르카디오의 마지막 소원을 무시하고 여자아이의 이름을 레메디오스라고 지었다.

"아르카디오가 정말로 바랐던 이름은 레메디오스였을 거야." 우르술라는 주장했다. "아이의 이름을 우르슬라라고 하지는 않겠어. 그 이름을 가진 사람은 고생을 너무 많이 하거든."

쌍둥이는 호세 아르카디오 세군도와 아우렐리아노 세군도라고 이름 지었다. 아이들은 모두 아마란타가 돌보았다. 아마란타는 거실에 작은 나무의자들을 가져다놓고 탁아소를 차려서 이웃집 아이들까지 데려다 보살폈다. 아우렐리아노 부엔디아 대령이 요란한 폭죽과 종소리에 휩싸여 마콘도로 돌아왔을 때, 집에서는 아이들의 합창이 그를 기다렸다. 할아버지를 닮아서 키가 큰 아우렐리아노 호세도 혁명군 장교복을 입고 군대식 경례로 그를 맞이했다.

그러나 모든 일이 다 잘 된 것은 아니었다. 아우렐리아노 부엔디아 대령이 도망치고 1년이 지나서, 호세 아르카디오와 레베카는 아르카디오가 지어놓은 집으로 이사를 갔다. 총살형을 그가 중단시켰다는 사실을 아는 사람은 없었다. 광장에 닿아 있는 가장 좋은 자리에, 울새들이 둥지를 세 개나 튼 아몬드나무 그늘에 지은 그 커다란 집에는 손님이 드나드는 커다란 현관이 있었고, 채광을 위한 창문도 네 개 있었다. 그들은 그 집에서 쾌적한 생활을 했다. 아직도 결혼을 못한 모스코테 집안의 네 딸과 레베카의 오랜 친구들은 베고니아가 핀 복도에서 몇 년 전에 중단되었던 자수 모임을 다시 시작했다. 호세 아르카디오는 자신이 몰수한 땅의 소유권을 보수당 정부에서 인정받아 아직도 마음대로 썼다. 날마다 오후가 되면 그는 2연발 엽총을 메고 안장에 토끼 꾸러미를 매달고는 사냥개를 앞세워 말을 타고 돌아왔다. 폭풍우가 올 것 같은 9월의 어느 날 오후, 그는 다른 날보다 일찍 집으로 돌아왔다. 식당에서 레베카에게 돌아왔다는 말을 전하고 마당에 사냥개들을 묶어둔 다음, 나중에 소금에 절이려고 토끼 꾸러미를 부엌에 걸어 놓았다. 그리고 옷을 갈아입으러 침실로 들어갔다. 레베카는 나중에, 남편이 침실로 들어갔을 때 자기는 화장실 안에 있었기 때문에 아무 소리도 듣지 못했다고 했다. 그 말은 믿기 어려웠지만, 달리 진상을 알 방법도 없었고 레베카가 자기를 행복하게 해준 남편을 살해할 동기도 생각할 수 없었다. 그것은 마콘도에서 끝까지 풀리지 않은 유일한 의문 사건이었다. 호세 아르카디오가 침실 문을 닫자마자 권총 소리가 집 안을 울렸다. 피가 한 줄기 문 밑으로 새어나와, 거실을 가로질러 길로 나갔다. 울퉁불퉁한 보도를 곧장 나아가 계단을 흘러내리고, 난간을 따라 터키 사람들의 거리로 뻗어나가, 길모퉁이에서 오른쪽으로 돌았다가 다시 왼쪽으로 꺾어져 부엔디아 집 앞에서 직각으로 방향을 바꿨다. 닫힌 문 밑으로 들어가서는 집을 더럽히지 않도록 벽을 따라 응접실을 가로질러 다른 쪽 거실로 건너갔다. 식당의 식탁을 피해 멀리 한 바퀴 돌아서 베고니아화분이 늘어선 복도로 나아갔다. 아우렐리아노 호세에게 산수를 가르치는 아마란타의 의자 밑을 몰래 지나서, 곡물을 쌓아둔 방으로 숨어들어가 우르슬라가 빵을 만들려고 달걀 서른여섯 개를 깨뜨리려 하는 부엌에 다다랐다. 우르슬라가 소리쳤다.

"하느님 맙소사!"

어디서부터 피가 흘러왔는지 알아내려고 핏자국을 되짚어가기로 한 우르슬라는 곡물을 쌓아둔 방을 지나서 아우렐리아노 호세가 3 더하기 3은 6이고 6 더하기 3은 9라고 노래하듯 외우고 있는 베고니아 화분이 늘어선 복도를 지나, 식당과 거실을 통과해서 큰 길을 곧장 따라가다가 오른쪽으로 한 번, 그러고는 왼쪽으로 다시 꼬부라져서 터키 사람들의 거리로 갔다. 빵을 구울 때 걸친 앞치마와 집 안에서 신는 슬리퍼를 그대로 신고 있다는 것도 잊은 채였다. 광장까지 나가 여태까지 들어가 본 일이 없는 집의 문을 지나 침실 문을 열었더니 숨이 막히는 화약 냄새가 코를 찔렀고, 바닥의 막 벗어놓은 각반 위에 엎어져 오른쪽 귀에서 피를 흘리고 있는 호세 아르카디오를 보았다. 몸에서는 상처 하나 찾을 수 없었고, 그를 해친 무기도 발견할 수가 없었다. 그러나 시체에서는 화약 냄새를 지울 수가 없었다. 처음에는 시체에 비누를 칠해서 세 차례나 씻겼고, 다음에는 소금과 식초로, 다시 재와 레몬으로 문질렀으며, 마지막에는 양잿물을 풀어 넣은 나무통에 여섯 시간 동안이나 담가두었다. 어찌나 빡빡 문질렀는지 살갗에 있던 문신의 아라베스크 무늬(아라비아의 장식 무늬)들도 거의 다 지워질 지경이었다. 결국 마지막 수단으로 후추와 커민(중앙아시아, 투르키스탄 원산의 미나리과 식물. 씨앗이 매운 맛과 쓴 맛이 나는 향신료로 쓰임.)과 월계수 잎사귀로 시체를 버무려서 약한 불로 하루 종일 삶아보려 했을 때는 시체가 이미 썩기 시작해서 서둘러 매장해야만 했다. 사람들은 그의 시체를 길이가 2미터 30센티에 너비가 1미터 10센티인, 안에는 철판을 대고 강철 나사못으로 조인 특수 제작한 관에다 단단히 넣었지만, 그래도 장례식 행렬이 지나간 길에는 냄새가 진동했다. 간이 부어서 북처럼 부어오른 니카노르 신부는 병상에 누워서 명복을 빌어주었다. 그때부터 몇 달에 걸쳐 무덤 둘레에 담을 쌓아올리고, 담벼락 사이에 재와 톱밥과 생석회를 다져 넣었어도 묘지에서는 화약 냄새가 가시지 않았다. 오랜 세월 뒤 바나나 회사의 건축 기사들이 콘크리트로 무덤을 완전히 덮어버린 다음에야 겨우 그 냄새가 사라졌다. 시체를 방에서 끌어내자마자 레베카는 문을 모두 닫아 걸고, 세상의 어떤 유혹도 깨뜨릴 수 없는 두터운 무관심의 껍질을 쓰고, 산 채로 집 안에 파묻혀버렸다. 녹슨 은빛 신발에 작은 꽃으로 장식한 모자를 쓰고 레베카가 다시 바깥에 모습을 나타낸 것은 그녀가 아주 늙었을 때, '방랑하는 유대인(Wandering Jew)'이 마을을 지나면서 숨막히는 더위를 몰고 오는 바람에 새들이 창문을 뚫고 들어와 침실에 떨어져 죽었을 때였다. 살아 있는 레베카의 모습을 마지막으로 본 자는 그녀의 집으로 침입하려다 레베카가 쏜 단 한 발의 총에 죽은 도둑이었다. 그 뒤로 하녀이자 가까운 친구인 아르헤니다를 제외하고 그녀와 접촉한 사람은 아무도 없었다. 언젠가 레베카가 자기 와사촌뻘이 된다는 주교에게 가끔 편지를 쓴다는 사실을 알았지만, 그 편지의 회답이 왔는지 아는 사람은 없었다. 마콘도는 레베카를 잊어버렸다.

개선을 해서 돌아오기는 했지만 아우렐리아노 부엔디아 대령은 그런 표면적인 일로 우쭐대는 사람이 아니었다. 정부군은 별다른 저항도 하지 않고 물러섰고 그것은 자유당 편에 선 사람들에게 쉽게 버릴 수 없는 승리의 환상을 품게 했으나, 혁명군 사람들, 특히 아우렐리아노 부엔디아 대령은 진상을 확실히 파악하고 있었다. 그가 당시에 5000 이상을 헤아리는 부하를 지휘하고 해안 지방 두 주(州)를 장악하고 있었으나 사실 그 상태는 해안에 몰아넣어진 것이나 다름없으며, 또한 매우 복잡한 정치적 상황에 처해 있다는 것도 알고 있었다. 예를 들어 대령이 군대의 대포를 맞고 무너진 성당 종탑을 복구하라는 공사 명령을 내렸을 때, 니카노르 신부가 병상에서 한 말은 당시의 상태를 잘 나타내고 있었다.

"거 참 우스운 일이구먼. 그리스도 신앙을 옹호하는 사람들(보수파를 일컬음)은 성당을 파괴하고, 프리메이슨들은 복구를 하다니."

대령은 기분 전환을 위해 몇 시간이고 전신국에 들어앉아서 다른 도시의 사령관들과 의견을 주고받았지만, 전투가 교착 상태에 있다는 확신만 굳히면서 그곳을 나왔다. 자유당이 승리를 거두었다는 새로운 소식이 들어올 때마다 신나게 포고를 하고 기분들을 냈다. 그러나 싸움이 있었던 곳을 지도에서 자세히 살펴보면 정작 그의 군대는 현실에서 점점 멀어져 가면서, 말라리아 모기와 싸움을 벌이며 정글 속으로만 자꾸 들어가고 있다는 사실을 알았다.

"이건 시간 낭비야." 그는 장교들에게 불평을 했다. "당의 겁쟁이 녀석들이 비굴한 태도로 의석이나 얻어볼까 하고 있어서야, 우리가 하는 일은 시간 낭비일 뿐이야."

잠이 오지 않는 밤이면, 대령은 전에 사형 선고를 받고 죽음만 기다리던 바로 그 방에 그물침대를 걸고 누워 생각에 잠긴다. 추운 겨울 아침에 몸을 웅숭그리며 대통령 관저에서 나오는 변호사들이 옷깃을 귀까지 세워 올리고 손을 비비면서 귓엣말을 주고받는다. 그들은 이른 아침의 어둑한 카페로 몰려가서, 대통령이 그렇다고 했을 때나 아니라고 했을 때 그 진의는 무엇이었는지 생각해본다. 그들은 전혀 반대인 얘기를 꺼냈을 때 대통령이 마음속으로 무슨 생각을 했을지 따져보는 모습을 상상했다. 대령은 손으로 모기를 쫓으며 섭씨 35도의 더위에 시달리고 있다. 대령은 부하들에게 바다에 빠지라고 명령해야 하는 두려운 아침이 서서히 다가오고 있음을 느꼈다.

이렇게 회의에 젖어 지내던 어느 날 밤, 그는 마당에서 병사들과 노래를 부르는 필라르 테르네라에게, 자기의 미래를 카드로 점쳐달라고 부탁했다.

"입을 조심해야 되겠는걸." 카드를 세 번이나 펼쳐놓았다가 추린 다음에 필라르 테르네라가 한 말은 그것뿐이었다. "무슨 뜻인지는 나도 모르지만, 점괘가 분명히 그렇게 나왔어. 입을 조심해."

이틀 뒤 어떤 사람이 블랙커피 한 잔을 당번 병사에게 건네주었다. 당번은 그 커피를 다른 병사에게 주었고, 그렇게 손에서 손으로 넘어간 커피는 이윽고 아우렐리아노 부엔디아 대령의 집무실에 다다랐다. 그는 누구에게도 커피를 가져오라고 하지 않았지만, 이왕 가져온 것이라 별 생각 없이 그것을 마셨다. 그 커피에는 말 한 마리 정도는 쉽게 죽일 수 있는 스트리크닌(마전(馬錢)의 씨 등에 들어 있는 알칼로이드 신경자극제)이 들어 있었다. 사람들이 대령을 집으로 옮겨갔을 때에는 이미 몸을 웅크린 채 뻣뻣하게 굳어버렸고, 혀가 이 사이로 나와 있었다. 우르슬라가 끝내 그를 살렸다. 구토제로 위를 깨끗하게 씻어낸 다음, 우르슬라는 그를 따뜻한 담요로 감싸고, 독에 마비된 그의 몸이 체온을 되찾을 때까지 이틀 동안 계란 흰자위를 먹여주었다. 나흘이 지나자 그는 위험한 상태를 벗어나게 되었다. 그러고 싶은 생각은 없었지만, 그는 우르슬라와 장교들이 만류하는 바람에 일주일 동안을 더 누워 있어야 했다. 자기가 쓴 시를 우르슬라가 태워버리지 않았음을 알게 된 것은 바로 이때였다.

"뭐 그렇게 서두를 필요는 없다고 생각했지." 우르슬라가 둘러댔다. "그날 밤 종이 꾸러미를 태우려고 아궁이에 불을 지피려다가 시체가 집에 도착한 뒤에 태워도 늦지 않으리라는 생각이 들었단다."

회복이 되어가느라고 머릿속이 아른아른할 때, 아우렐리아노 부엔디아 대령은 레메디오스의 낡은 인형들에 둘러싸여서 자기가 쓴 시를 읽음으로써, 자기 인생에서 가장 결정적인 순간들을 다시 떠올릴 수 있었다. 그는 다시 시를 쓰기 시작했다. 미래가 없는 전쟁의 분주함을 잊고, 죽음의 구렁텅이에서 방황한 경험을 몇 시간에 걸쳐 시를 썼다. 그럴 때는 오히려 머릿속이 아주 맑아져서 전쟁 형편을 여러 각도에서 검토해 볼 수 있었다. 어느 날 밤, 헤리넬도 마르케스 대령에게 물었다.

"하나만 묻겠는데, 자넨 왜 전쟁에 뛰어들었지?"

"왜라니?" 헤리넬도 마르케스 대령이 말했다. "물론 위대한 자유당을 위해서지."

"싸우는 이유를 알고 있다니 자넨 참 행복한 사람이야. 지금의 난 그저 자존심 때문에 싸운다고밖에 할 수 없어."

"그럼 안 되지."

아우렐리아노 부엔디아 대령은 친구의 놀란 표정을 보고 재미있다는 듯이 미소를 지었다.

"그래 맞아. 하지만 왜 싸우는지도 모르면서 싸우는 것보다야 낫지 않겠어?" 아우렐리아노 부엔디아 대령은 친구의 눈을 바라보며 다시 미소를 머금고 덧붙였다. "그리고 자네처럼 누구에게도 아무 의미 없는 목적을 위해서 싸우는 것보다도 낫지."

그는 이 자존심 때문에, 자유파의 지도자들이 그를 산적이라고 불렀던 것을 공식적으로 철회할 때까지는 내륙 지방의 어떤 군사 집단과도 접촉을 하지 않았다. 하지만 그런 편협한 생각만 버린다면 당장에 전쟁의 악순환을 끊을 수 있다는 것도 알고 있었다. 몸이 회복되는 동안에 그는 이런 것들을 따져볼 시간이 있었다. 그리고 우르슬라를 설득해서 땅에 묻어둔 유산의 나머지와 여태까지 저축했던 많은 돈을 몽땅 받아내는 데 성공했다. 그는 헤리넬도 마르케스 대령에게 마콘도의 행정 및 군사 지휘권을 넘겨주고, 내륙 지방 반란군들과 접촉을 하려고 떠났다.

헤리넬도 마르케스 대령은 아우렐리아노 부엔디아 대령이 가장 신뢰하는 남자일 뿐 아니라 우르슬라도 식구처럼 대하는 터였다. 그는 나약하고, 소심한 편이었다. 그는 가정 교육을 잘 받은 남자였지만 그래도 역시 정치보다는 전쟁에 더 적합한 인물이었다. 정치 고문들은 미궁처럼 난해한 이론을 전개해 가면서 곧 그를 멋대로 조종할 수 있었다. 그래도 그는 마콘도에 전원적인 평화의 분위기를 다시금 조성해서 아우렐리아노 부엔디아 대령이 꿈꾸던, 황금물고기를 만들다가 편안하게 늙어 죽을 수 있을 환경을 마련할 수 있었다. 그는 부모들과 함께 살았지만 일주일에 두어 번씩 우르슬라와 점심을 먹으러 찾아왔다. 그는 아우렐리아노 호세에게 총을 다루는 법을 가르치고, 아직 이르지만 군사 훈련도 시켰다. 우르슬라의 허락을 얻어서 그를 몇 달 동안 군인들의 막사로 데려다가 병영 생활을 시켜 어엿한 어른으로 키우려고 했다. 꽤 오래 전에, 아직 어렸을 때 헤리넬도 마르케스는 아마란타에게 사랑을 고백한 일이 있었다. 그때는 피에트로 크레스피에게 불타는 짝사랑을 느끼고 있던 아마란타였는지라, 그의 사랑을 코웃음으로 넘겨버렸다. 헤리넬도 마르케스는 강한 인내심으로 기다렸다. 그러다가 한번은 아마란타에게 자기 아버지 이름의 머리글자를 수놓은 삼베 손수건 한 다스를 만들어 보내달라고 감옥에서 편지를 보낸 적이 있었다. 그는 손수건을 만드는 데 필요한 돈도 함께 보냈다. 일주일이 지난 뒤 아마란타는 손수건을 만들어 돈과 함께 가져왔다. 감옥에서 만난 그들은 몇 시간 동안 지나간 얘기들을 나누었다. 아마란타가 돌아갈 시간이 되자 헤리넬도 마르케스가 말했다.

"내가 감옥에서 나가면 당신과 결혼하고 싶소."

아마란타는 그 말을 듣고 웃어버렸지만, 아이들에게 공부를 가르치는 동안에 그에 대해 생각했고, 피에트로 크레스피에게 느꼈던 정열을 되살려보려고 했다. 죄수들에게 면회를 가는 토요일이면 아마란타는 헤리넬도 마르케스의 부모 집으로 찾아가 그들을 데리고 면회를 하러 갔다. 그러던 어느 토요일 오후, 부엌으로 들어간 우르슬라는 아마란타가 가마 앞에서 기다렸다 가장 잘 구워진 비스킷을 모아 수놓은 손수건으로 싸는 모습을 보고 깜짝 놀랐다.
"그와 결혼하지 그러니?" 우르슬라가 아마란타에게 말했다. "그만한 사람도 없단다."
아마란타는 불쾌한 표정을 지어 보였다.
"난 남자를 구하러 쫓아다닐 생각은 없어요. 내가 이 비스킷을 가져다주는 건 곧 총살을 당할 그가 측은해서예요."
아마란타는 별 생각도 없이 그런 소리를 했는데, 사실 정부가 반란군이 리오아차에서 물러나지 않는다면 헤리넬도 마르케스 대령을 총살하겠다고 위협하는 성명을 낸 것은 바로 이즈음이었다. 면회는 금지되었다. 아마란타는 그 소식을 듣고 자기가 아무렇게나 내던진 말이 그에게 죽음을 가져오기라도 한 듯, 레메디오스가 죽었을 때와 같은 죄의식에 시달리며 방 안에 틀어박혀 울었다. 우르슬라는 아마란타를 위로했다. 어머니는 아우렐리아노 부엔디아 대령이 틀림없이 총살 집행을 막을 방도를 마련할 것이라고 안심시키며, 전쟁이 끝나면 헤리넬도 마르케스의 기분을 자기가 이쪽으로 돌리도록 하겠다고 약속했다. 우르슬라는 예상보다 빨리 그녀의 약속을 지켰다. 헤리넬도 마르케스가 행정과 군사지휘권을 부여받고서 다시 집으로 찾아왔을 때, 우르슬라는 그를 아들처럼 맞아주었다. 그를 집안에 조금이라도 더 오래 붙잡아두려고 온갖 듣기 좋은 소리를 해가며 기분을 맞춰주었고, 다시 한 번 아마란타와 결혼할 마음을 가져달라고 진심으로 부탁했다. 우르슬라의 소망은 이루어지는 듯싶었다. 점심을 먹으러 오는 날이면 그는 베고니아가 늘어선 복도에서 체커를 하며 아마란타와 시간을 보냈다. 우르슬라는 그들에게 밀크 커피와 비스킷을 가져다주고, 방해가 되지 않도록 아이들을 모두 자기가 돌보았다. 아마란타는 진심으로 이미 재가 된 옛날의 정열을 다시금 마음 속에 불러일으키려고 애썼다. 걷잡을 수 없는 초조감에 젖어서 아마란타는 그와 점심을 먹고 체커를 하는 날이 오기를 기다렸고, 익숙한 이름을 가진 이 군인이 체커의 말을 옮길 때마다 보일 듯 말 듯 떨리는 손을 보고 있노라면 시간은 날아가듯 빨리 지나갔다. 그러나 막상 헤리넬도 마르케스 대령이 다시 청혼을 하던 날, 아마란타는 그의 청을 거절했다.

"난 아무하고도 결혼하지 않겠어요." 아마란타가 그에게 말했다. "당신하고는 더구나 안 돼요. 당신이 정말로 사랑하는 건 아우렐리아노예요. 그와 결혼할 수는 없으니까 나와 결혼하려는 거죠?"

헤리넬도 마르케스는 정말로 참을성 있는 남자였다.

"난 내 마음을 굽히지 않을 겁니다. 언젠가 당신도 내 마음을 알아줄 날이 있을 테니까요."

그는 계속해서 집으로 찾아왔다. 아마란타는 침실 안에 처박혀서 눈물을 삼켜가며, 우르슬라에게 최근의 전황을 알려주는 헤리넬도 마르케스의 목소리를 듣지 않으려고 손가락으로 귀를 막았다. 그를 보고 싶어 죽을 지경이면서도, 필사적으로 참으며 그의 앞에는 모습을 드러내지 않았다.

이즈음에 아우렐리아노 부엔디아 대령은 2주일에 한 번씩 상황을 자세히 알려주는 편지를 마콘도에 보낼 여유가 생겼다. 그러나 우르슬라 앞으로 편지가 온 것은 단 한 번, 그가 마을을 떠난 지 8개월쯤 지났을 때였다. 대령이 정성 들여서 쓴 편지를 넣고 단단히 봉한 봉투 하나를 특별전령이 집으로 가져다주었다.

'아버지가 곧 돌아가실 것이니, 잘 보살펴주시기 바랍니다.'

우르슬라는 깜짝 놀랐다.

"아우렐리아노가 이런 편지를 보낸 걸 보니, 그 애가 아무래도 아버지의 죽음을 예감한 모양이다."

우르슬라는 사람들을 불러 호세 아르카디오 부엔디아를 침실로 옮겼다. 그런데 체중이 전과 같지 않았다. 밤나무 밑에 앉아서 오랜 세월을 보내는 동안에 마음대로 체중을 늘리는 비법을 터득했기 때문에 그를 안으로 들어 옮기려고 일곱 사람이 달라붙었어도 꼼짝을 하지 않아, 결국 질질 끌어서 옮겼다. 햇볕과 비바람에 전 거구의 노인이 숨을 쉬자, 보드라운 버섯 향과 말뚝에 피어난 꽃 내음, 오랜 세월 모아두었던 들판 냄새가 방 안을 가득 채웠다. 이튿날 아침에 보니 그의 침대는 텅비어 있었다.

온 집안을 뒤진 끝에, 우르슬라가 밤나무 아래로 가보니 그는 거기로 돌아가 있었다. 할 수 없이 침대에 묶어두기로 했다. 힘은 예전과 다름없었지만, 호세 아르카디오 부엔디아는 저항하지 않았다. 그는 모든 일들이 아무래도 좋았던 것이다. 밤나무로 돌아간 것도 그러고 싶어서가 아니라 다만 몸에 습관으로 배어 있었기 때문이다. 우르슬라는 직접 그를 보살피고, 밥을 먹이고, 아우렐리아노의 소식을 들려 주었다. 그러나 사실 꽤 오래 전부터 그가 무엇이든 이야기할 수 있는 사람은 푸르덴치오 아귈라뿐이었다. 죽을 날이 가까워오자 심한 노쇠 현상으로 그의 몸은 성한 곳이 거의 없었다. 푸르덴치오 아귈라는 하루에 두 번씩 그를 찾아와 여러 가지 이야기를 나누었다. 싸움닭 얘기도 나왔다. 그들은 이제는 필요가 없어진 승부를 위해서보다는 죽고 나면 일요일에 별로 할 일이 없을 테니, 소일거리를 위해 멋진 닭들을 키울 양계장을 세우기로 약속했다. 몸을 닦아주고, 먹여주고, 그리고 누구인지 알 수는 없으나 전쟁터에서 싸우는 아우렐리아노 대령이라는 사람에 대한 소식을 알려 주는 이도 푸르덴치오 아귈라였다. 혼자 있는 동안 호세 아르카디오 부엔디아는 끝없이 연결된 넓은 방들을 꿈꾸며 시간을 보냈다. 자신이 침대에서 일어나 문을 열고 쇠 장식이 붙은 똑같은 침대와, 똑같은 등나무 흔들의자와, 똑같은 로스 레메디오스의 성모 마리아 그림이 안쪽 벽에 걸린 또 다른 비슷한 방으로 들어가는 꿈을 꿨다. 그 방에서 나온 그는 먼젓번 방과 똑같은 다른 방으로 들어갔다. 거기서 다시 문을 열면 또 다른 똑같은 방이 나타났으며, 그리고 또다시 문을 열면 똑같은 방이 나타나고, 계속해서 똑같은 방들이 나타났다. 그는 한없이 계속되는 방들을 드나드는 것이 재미있었다. 거울들을 나란히 세워 놓은 복도처럼 끝없는 미궁을 이루는 방들 사이를 헤매는 그의 방황은, 푸르덴치오 아귈라의 손이 그의 어깨에 닿으면 중단되었다. 그러면 그는 꿈에서 깨어나면서 지나온 방들을 되짚어 온 길을 되돌아가 현실의 방에서 기다리는 푸르덴치오 아귈라를 만났다. 침실로 옮겨 온 지 2주일이 지난 어느 날 밤, 푸르덴치오 아귈라는 한가운데쯤 있는 방에서 호세 아르카디오 부엔디아의 어깨를 잡았다. 그러자 그는 그 방이 현실의 방이라고 생각하고 자리를 잡고 앉았다. 이튿날 아침, 식사를 가져오던 우르슬라는 복도를 걸어오는 한 남자를 만났다. 남자는 몸집은 작지만 다부진 체격에 검은 옷을 입고, 커다란 검은 모자를 어딘지 쓸쓸해 보이는 눈이 가려질 정도로 깊이 눌러 쓰고 있었다.

'깜짝이야!' 우르슬라는 생각했다. '까딱했으면 멜키아데스로 착각할 뻔했어.'

그는 불면증이 만연했을 때 마콘도를 떠나서 여태까지 소식이 없던, 비시타시온의 동생 카타우레였다. 비시타시온이 왜 돌아왔느냐고 물었더니 그는 엄숙한 목소리로 대답했다.
"왕의 장례식에 참석하려고 왔지요."
그래서 그들은 호세 아르카디오 부엔디아의 방으로 가서 힘껏 그를 흔들어보고 귀청이 떨어져라 소리를 질렀다. 그리고 콧김이 나오나 보려고 코 앞에 거울을 갖다대었지만, 그는 깨어나지 않았다. 얼마 있다가 목수들이 관을 만들려고 치수를 재는 동안에, 그들은 창 밖에 작고 노란 꽃들이 하늘에서 비처럼 내리는 것을 보았다. 꽃비는 조용한 폭풍우가 덮친 것처럼 밤새도록 내려서 지붕을 덮고 문을 열 수 없을 만큼 집 앞에 쌓였다. 꽃비는 바깥에서 잠자던 짐승들을 질식시켰다. 하늘에서 어찌나 꽃송이가 퍼부어댔던지 아침에는 길바닥이 폭신한 이불처럼 두텁게 꽃으로 깔렸다. 장례 행렬이 지나가기 위해서 길에 깔린 꽃 더미를 삽이나 넉가래로 밀어내야만 했다.

8

수놓던 것을 무릎에 놓고 등나무 흔들의자에 앉아서 아마란타는, 생전 처음 면도를 하려고 턱에 비누거품을 잔뜩 바르고 가죽 채찍에 면도날을 갈고 있는 아우렐리아노 호세를 지켜보았다. 그의 얼굴에 있는 여드름에서는 피가 비쳤고, 블론드 콧수염을 손질하다 잘못해서 윗입술을 베었다. 면도를 다 끝냈어도 별로 달라진 것이 눈에 띄지 않았지만, 그래도 열중하는 그를 보면서 아마란타는 이제 자기도 퍽 늙었다는 기분을 느끼게 되었다.
"넌 꼭 네 나이 때의 아우렐리아노를 닮았구나." 아마란타가 말했다. "너도 이제는 어른이 되었어."
사실 그는 벌써 오래전부터 어른이 다 되어 있었다. 그래도 아마란타는 아직도 그를 어린애로 생각하고 아무렇지도 않게 그가 지켜보는 가운데 옷을 훌훌 벗어버리기가 일쑤였다. 필라르 테르네라에게서 그를 떠맡아 기르기 시작했던 옛날부터의 습관이다. 맨 처음 알몸의 아마란타를 보았을 때 아우렐리아노 호세의 관심을 끌었던 것은 그저 젖가슴 사이에 움푹 파인 골짜기였다. 그 때만 해도 아무것도 모르던 그는 아마란타에게 왜 그렇게 가슴 한가운데가 파였느냐고 물었다. 아마란타는 손가락으로 가슴을 파내는 시늉을 하면서 이렇게 말했다.

"이런 식으로 여러 번 살을 잘라갔거든."

좀더 세월이 흘러서 아마란타가 피에트로 크레스피의 자살에 대한 충격에서 회복되어 다시 아우렐리아노 호세와 함께 목욕을 하게 되었을 때, 그는 이제는 파인 곳에는 별 흥미가 없었고 젖꼭지가 갈색인 그 멋진 젖가슴을 보고 이제껏 경험하지 못한 전율이 온몸에 퍼지는 것을 느꼈다. 아우렐리아노 호세는 그때부터 열심히 아마란타를 뜯어보며, 아랫배 쪽에 있는 신기한 존재를 깨달았다. 그것을 보고 있자니, 찬물을 끼얹을 때의 아마란타처럼 온몸에 소름이 끼쳤다. 그는 그물침대에서 자다 말고 새벽이면 일어나 아마란타와 살을 맞대고 자면 무서움이 사라진다고 느껴, 자주 그의 침대로 가서 자곤 했다. 그러나 아마란타의 벌거벗은 모습을 의식하게 된 그날부터, 그가 모기장을 들추고 아마란타의 침대로 기어 들어가는 까닭은 어둠에 대한 두려움 때문이 아니라, 그보다는 새벽 무렵 아마란타의 따뜻한 입김에 감싸이고 싶다는 욕망으로 변했다. 아마란타가 헤리넬도 마르케스의 청혼을 거절했을 무렵의 어느 날 아침 일찍, 그는 숨이 막히는 기분을 느끼면서 잠에서 깨어났다. 아마란타의 손가락이 꿈지럭대는 따뜻한 벌레처럼 그의 아랫배를 더듬고 있었다. 잠결에 뒤치는 척하면서 그는 몸을 돌려 아마란타가 자기를 만지기 쉬운 자세를 취했다. 그랬더니 검은 붕대를 감지 않은 쪽 손이 눈먼 연체 동물처럼 그의 욕망이 우거진 수초 속으로 기어들어왔다. 서로 모르는 척하면서, 그러면서도 서로 상대가 알고 있다는 것을 의식하면서, 그 밤부터 두 사람은 끊어낼 수 없는 하나의 죄의식으로 묶이게 되었다. 아우렐리아노 호세는 응접실 시계가 자정을 알리는 왈츠를 울릴 때까지 잠을 이룰 수가 없었다. 벌써 피부가 젊은 기운을 잃어가는 노처녀도 자신의 고독감을 달래줄 수단으로 자랄 줄을 꿈에도 생각지 않고 키운 몽유병자가 모기장을 들추고 기어 들어올 때까지 잠시도 마음이 놓이지 않았다. 그 무렵 그들은 밤마다 벌거벗고 서로 뜨거운 애무를 나누면서 함께 잤을 뿐 아니라, 집안 구석구석을 뒤지며 서로를 찾아다녔고, 틈만 나면 문을 안으로 잠그고 침실 안에서 가라앉지 않는 흥분의 상태에서 시간을 보냈다. 어느 날 곡식 창고에 숨어서 키스를 하려는 순간, 마침 창고에 들어선 우르술라에게 현장을 들킬 뻔했다.

"고모가 그렇게도 좋으니? 아무것도 모르는 우르슬라는 아우렐리아노 호세에게 물었다. 그는 고개를 끄덕였다. "그래, 그렇겠지."

우르슬라는 빵을 굽기 위한 밀가루를 계량해서 그대로 부엌으로 돌아갔다. 그러나 이 사건으로 아마란타는 제정신을 차렸다. 아마란타는 자기가 벌써 위험한 상태에 도달해 있고, 어린아이와 키스놀이에 지나지 않는 장난을 치고 있는 것도 아닌, 위험하고도 미래가 없는 정열에 빠져 있다는 사실을 깨닫게 되어, 그 관계를 끝내기로 단호히 결심했다. 그때 군사 훈련을 받고 있던 아우렐리아노 호세는 어쩔 수 없이 현실을 받아들여 부대에서 잠을 잤다. 토요일이 오면 그는 다른 군인들과 어울려 카타리노의 가게로 갔다. 그는 그곳에서 시든 꽃 냄새를 풍기는 여자들과 시간을 보내며 설익은 청춘을 발산하여 갑자기 닥쳐온 외로움을 잊으려 했으며, 어둠 속에서 같이 잠자리에 든 여인을 아마란타처럼 느끼려고 온갖 상상을 다하면서 애썼다.

얼마 안 있다가 갈피를 잡을 수 없는 전쟁 소식들이 전해져 왔다. 정부에서는 반란이 점점 더 심해지고 있음을 인정하는 한편, 마콘도의 장교들은 머지않아 평화협상이 시작되리라는 보고를 받았다. 4월 초순의 어느 날, 특별 전령이 헤리넬도 마르케스 대령을 찾아왔다. 그는 자유당 지도자들이 벽지의 반란군 지휘자들과 접촉하고 있는 것이 사실임을 전하면서, 만일 자유당이 반란을 중지한다면 정부는 내각 구성에 있어서 장관 자리를 그들에게 셋이나 내주고, 의회에 소수파로서 동참하게 하고, 무기를 버리고 투항하는 자는 모두 사면을 시키겠다는 휴전을 위한 타협안을 내놓았다고 알려주었다. 그리고 그 전령은 이런 휴전 조건에 불만을 품은 아우렐리아노 부엔디아 대령의 극비 명령을 전달했다. 헤리넬도 마르케스 대령은 가장 유능한 심복 다섯 명을 골라서 함께 국외로 도피할 준비를 하라는 명령이었다. 명령은 비밀리에 실행되었다. 휴전협정이 발표되기 일주일 전, 엇갈리는 풍문이 나도는 가운데 아우렐리아노 부엔디아 대령은 로케 카르니세로 대위를 포함한 열 명의 심복 장교들과 함께 자정이 넘은 한밤중에 남몰래 마콘도로 숨어들어 와서, 사령부를 해산하고 무기를 땅에 묻고 서류를 불태웠다. 새벽에 그들은 헤리넬도 마르케스 대령과 그의 부하 다섯 사람을 데리고 날이 밝기 전에 마콘도를 떠났다. 너무나 민첩하게 비밀리에 작전을 수행했기 때문에, 우르슬라는 누가 자기 침실 창문을 조용히 두드려 깨울 때까지 아무것도 몰랐다. 전령이 목소리를 낮추어 우르슬라에게 알려주었다.

"아우렐리아노 부엔디아 대령을 보고 싶으면, 빨리 문간으로 나오십시오."

우르슬라는 침대에서 벌떡 일어나 잠옷 바람인 채 문간으로 나가자, 흙먼지를 일으키며 몰래 마콘도를 떠나가는 사람들이 보였다. 아우렐리아노 호세가 아버지를 따라 떠났다는 소식을 알게 된 것은 이튿날이 되어서였다.
정부와 야당이 전쟁이 중지되었음을 알리는 공동성명을 발표한 지 열흘이 되어서 이미 서쪽 변방 지역에서 무력 봉기를 했다는 아우렐리아노 부엔디아 대령에 대한 소문이 전해졌다. 숫자도 얼마 안 되고 무기도 변변히 갖추지 못한 그의 군대는 일주일도 채 버티지 못하고 무너져 흩어졌다. 자유당과 보수당이 협상에 성공해서 그들의 단결을 국민에게 알리려고 온갖 노력을 기울이는 것을 무시하고, 아우렐리아노 부엔디아 대령은 한 해 동안 일곱 차례에 걸쳐서 봉기를 일으켰다. 어느 날 밤, 대령은 리오아차로 배를 끌고 가서 포격을 가했다. 리오아차 수비대는 보복 조치로써 민중들 사이에 이름이 알려진 열네 명의 자유주의자를 깨워서 총살했다. 대령은 국경의 세관 하나를 2주일이 넘게 점령하고 있으면서 전면 전쟁을 국민에게 호소했다. 국경을 떠나서 수도의 외곽 지대를 공략하기 위해 5000킬로미터나 되는 미개척지를 강행 돌파하려는 무모한 작전을 세웠다가 밀림에서 석 달 동안 헤매기도 하였다. 또 한 번은 마콘도에서 20킬로미터도 안 떨어진 곳까지 진격을 했다가 정부군 정찰대에 쫓겨, 오래전에 그의 아버지가 스페인 범선을 발견한 마법의 땅 부근 숲속에 숨어 지내야만 했다.
비시타시온이 죽은 것은 이때쯤이었다. 비시타시온은 불면증이 두려워 왕위까지 버린 덕택에 평화로운 죽음을 맞이할 수 있었다. 죽기 전에 남긴 그의 소원은 20년 동안 봉급을 받아 침대 밑에 모아둔 돈을 꺼내어 아우렐리아노 부엔디아 대령에게 보내 전쟁 비용에 보태 써달라는 것이었다. 그러나 이때쯤에는 아우렐리아노 부엔디아 대령이 어느 주(州)를 공격하려고 상륙작전을 벌이다가 전사했다는 소문이 파다하던 때여서, 우르슬라는 비시타시온의 돈을 꺼내는 일에는 관심도 두지 않았다. 2년 안에 네 번씩이나 공식적으로 발표된 아우렐리아노 부엔디아 대령의 죽음은 이번에는 사실인 것 같았다. 발표가 있은 지 여섯 달이 지났어도 그에 대한 다른 소식이 하나도 들려오지 않았기 때문이다. 우르슬라와 아마란타가 다시 상복을 입으려는 참에, 갑자기 기묘한 소식이 전해졌다. 아우렐리아노 부엔디아 대령이 아직 살아 있지만, 그는 이제는 자기 나라의 정부와 전쟁을 할 생각을 버리고, 카리브 해의 여러 나라에서 승리를 거두며 연방주의 전투에 참가 중이라는 얘기였다. 그에 대한 소식이 들려올 때마다 그는 점점 더 먼 곳에 가 있었다. 나중에 알려진 바에 따르면, 이때 아우렐리아노 부엔디아 대령의 머릿속을 지배하던 생각은, 중앙아메리카의 모든 반란군을 통합하여 연합군을 구성하고 그 군대로 알래스카에서 파타고니아에 이르는 모든 지역에서 보수당 정권을 쓸어버리겠다는 것이었다. 그가 고향을 떠난 지 여러 해가 지난 다음에 처음으로 우르슬라에게 편지가 도착했다. 산티아고 데 쿠바(쿠바 동부의 항구)에서 온 것이었다. 그 편지는 여러 손을 거치는 동안에 다 구겨져 글자도 알아보기 힘들었다.

"그 아이는 이제 우리가 알던 아이가 아니야." 우르슬라는 편지를 다 읽은 뒤 말했다. "이런 식으로 가다가는 이번 크리스마스는 지구 끝에서 지낼 거야."

우르슬라한테서 이 말을 들으며 그 편지를 받아 읽은 사람은 전쟁이 끝난 날부터 마콘도의 촌장이 된 보수당의 장군 호세 라켈 몬카다였다.

"이 아우렐리아노라는 친구 말입니다." 촌장은 편지를 보고 말했다. "보수당이었더라면 좋을 뻔했어요."

많은 보수당 관리들이 그랬듯이 호세 라켈 몬카다도 자기 당을 수호하기 위해 전쟁에 참여했으며, 군사적인 재능은 없었으나 전쟁터에서 공을 세워 장군으로 승진했다. 그러나 당의 많은 사람들이 그랬듯이 그는 반군 사상을 가지고 있었다. 그는 군인이란 주의주장없이 야망에 불타는 모략가들이며, 일일이 관리들에 맞서 혼란만 부추기는 밥벌레들이라고 생각했다. 지성적이고 성격이 활달하고 혈기왕성한 그는 닭싸움을 좋아했으며, 일찍이 아우렐리아노 부엔디아 대령의 가장 두려운 적이었다. 그는 광범위한 해안 지역의 여러 직업 군인들에게 영향력을 발휘하는 사람이었다. 한 번은 작전상 그가 장악하던 어느 거점을 아우렐리아노 부엔디아 대령의 군대에게 내어주게 되었다. 그때 그는 후퇴를 하면서 두 통의 편지를 남겨두었다. 그 중 한 통은 무척 길었다. 그 편지에는 전쟁을 좀더 인간적으로 수행하는 데 힘을 같이하지 않겠느냐는 제안이 적혀 있었다. 다른 한 통은 자유당이 장악한 지역에 살고 있는 아내에게 보내는 편지였다. 꼭 아내에게 전해 달라는 부탁도 덧붙였다. 그 다음부터 아무리 살벌한 전투가 진행되는 동안에라도 두 사령관은 가끔 포로 교환을 하기 위해서 잠정적인 휴전을 하곤 했다. 이런 휴전이 성립될 때에는 축제 기분까지 들었으며, 몬카다 장군이 아우렐리아노 부엔디아 대령에게 체스 두는 법을 가끔씩 가르쳐준 것도 이때였다. 그들은 아주 좋은 친구가 되었다. 그들은 심지어 양 당에 속하는 대중을 동원해서 직업군인과 정치가 세력을 몰아내고 저마다의 장점만을 도입한 인도주의적인 정권을 수립할 가능성도 타진해 보았다. 전쟁이 끝나고 아우렐리아노 부엔디아 대령이 끝없는 반란을 계속하며 산길을 따라 헤매는 동안, 몬카다 장군은 마콘도의 촌장으로 임명되었다. 그는 군복을 벗고 민간인 옷을 입었다. 무장하지 않은 경찰로 군인들을 대치하고 사면법을 엄격히 지켜 전쟁 중에 목숨을 잃은 자유당 투사들의 가족을 돌봐주었다. 그는 마콘도를 시로 승격시켜서 자연히 마콘도의 첫 시장에 취임하였다. 시민들에게 서로 신뢰하는 분위기를 조성해 줌으로써 전쟁이란 지난날의 악몽에 지나지 않는다는 생각을 불어넣었다. 간장염으로 몸이 쇠진해 버린 니카노르 신부의 후임으로는 첫 연방 전쟁의 역전 용사로, '돌대가리'라는 별명을 가진 코로넬 신부가 왔다. 암파로 모스코테와 결혼한 브루노 크레스피의 장난감과 악기를 파는 가게는 크게 번창했으며, 그가 세운 극장은 스페인 극단이 순회 공연할 때마다 꼭 들르는 곳이 되었다. 하나뿐인 그 노천극장에는 나무벤치와 그리스 가면으로 장식한 벨벳 막이 드리워져 있고, 사자의 입 속에 들어앉은 것처럼 꾸민 매표소가 세 개 있었다. 학교가 수리된 것도 이 무렵이었다. 그 일의 책임은 늪지대에서 부임해 온 선생인 멜초르 에스칼로나가 맡았다. 그는 게으름뱅이 학생들에게 벌을 줄 때면 자갈을 깐 안뜰을 무릎으로 걷게 하고, 말버릇이 나쁜 아이들에게는 매운 고추를 씹어 먹게 해서 학부형들은 매우 흡족해했다. 새 교실에서 처음으로 공부를 시작한 아이들은 산타 소피아 데 라 피에다의 쌍둥이 아들 호세 아르카디오 세군도와 아우렐리아노 세군도였다. 그들은 흑판과 분필과 자기들 이름을 새긴 알루미늄 컵을 가지고 학교에 다녔다. 어머니의 청초한 아름다움을 물려받은 레메디오스는 미녀 레메디오스로 알려지게 되었다. 나이를 먹고, 상복을 입고 지낸 기간이 무척 길었고, 온갖 걱정거리에 시달리기는 했어도 우르슬라는 조금도 늙지 않았다. 산타 소피아 데 라 피에다의 도움을 받으면서 우르슬라는 과자 가게에 더욱 열을 올려서, 2~3년 사이에 아들의 전쟁 비용을 대느라고 축냈던 재산을 다시 모았을 뿐 아니라, 침실에 묻어놓은 호리병들이 원래대로 황금으로 가득찼다. 우르슬라는 종종 이런 말을 했다.

"하느님이 내 목숨을 거두어 가시는 날까지 이 이상한 사람들만 모인 집에도 돈만큼은 떨어지지 않을 거야."

이런 시기에 니카라과에서 연방군을 탈영하여 독일 배에 올라탄 아우렐리아노 호세가 말처럼 탄탄한 몸과, 원주민으로 착각할 만큼 검게 그을린 수염투성이 얼굴로 아마란타와 결혼해야겠다는 결심을 몰래 품고 부엌에 모습을 나타냈다.

부엌에 들어서는 그의 모습을 본 아마란타는 상대가 입을 열기도 전에 왜 갑자기 그가 돌아왔는지를 바로 알 수 있었다. 식탁에 마주 앉았을 때도 그들은 서로의 얼굴을 보지 않았다. 그러나 그가 돌아온 지 2주일이 지난 어느 날, 그는 우르슬라가 함께 있는 것도 개의치 않은 채 아마란타를 뚫어져라 바라보면서 이렇게 말했다.

"늘 고모 생각을 했어요."

아마란타는 그를 피해 다녔다. 우연하게라도 둘만 있지 않으려고 신경을 썼다. 언제나 미녀 레메디오스의 곁에 붙어다녔다. 하루는 손에 감고 다니는 검은 붕대를 언제쯤 돼야 풀어버리겠느냐고 그가 물었을 때, 아마란타는 그 질문이 자기가 아직 처녀라는 것을 비꼬는 것임을 알아차리고는 부끄러워서 낯을 붉혔고, 또한 화가 났다. 조카가 돌아온 날부터 아마란타는 언제나 침실 문을 잠그고 잠들었다. 며칠 동안 그가 옆방에서 아무 일 없이 평화롭게 코를 골며 자는 것을 확인하고는, 나중에는 그만 문 잠그는 것을 잊어버리고 말았다. 그런데 그가 돌아온 지 두 달쯤 지난 어느 날 새벽 아마란타는 자기 방으로 몰래 들어오는 그의 발소리를 들었다. 전부터 마음먹었던 것과는 달리, 아마란타는 도망을 치거나 소리를 지르는 대신에 오히려 마음이 포근하게 풀리는 기분을 느꼈다. 아마란타는 그가 어렸을 때 자주 그랬듯이 모기장을 들추고 살며시 들어오는 것을 느꼈다. 그가 옷을 하나도 걸치지 않은 몸이라는 것을 알았을 때는, 식은땀이 솟고 떨려서 이가 마주쳤다.

"저리 가지 못해?" 아마란타는 안타까울 만큼 호기심을 느끼면서도 속삭였다. "빨리 가지 않으면 소리를 지르겠어."

그러나 아우렐리아노 호세는 이제는 어린애가 아니라, 다 큰 젊은이였기 때문에 자기가 할 일이 무엇인지를 잘 알고 있었다. 그날 밤부터, 그들 사이에는 새벽까지 조용히 이어지는 결말없는 싸움이 시작되었다.

"난 네 고모란 말이야." 지친 목소리로 아마란타가 속삭였다. "나이도 엄마뻘일 뿐 아니라, 젖만 먹이지 않았을 뿐이지 너를 기른 건 나야."

아우렐리아노 호세는 동틀 녘이 되면 물러나갔다가 이튿날 새벽에 다시 돌아왔다. 올 때마다 아마란타가 문을 열어 둔 것을 알아채고는 더욱 흥분했다. 그는 아마란타에 대한 욕망을 잠시 동안이라도 버린 적이 없었다. 그는 점령당한 도시의 컴컴한 침실 안에서 아마란타의 모습을 떠올렸다. 부상당한 병사들의 붕대에 말라붙은 핏자국에서, 죽음이 눈앞에 닥친 위기의 순간에, 온종일 언제 어디서나 아마란타를 잊지 못했다. 그는 아마란타의 모습을 잊기 위해서 도망쳤다. 그는 멀리 떠나서 아마란타에 대한 기억을 머릿속에서 지워버리려고 남들이 무모하다고 할 만큼 용기를 내어 전쟁에 열중했다. 하지만 쓰레기장 같은 전쟁터에서 그에 대한 기억을 버리려고 하면 할수록 전쟁 자체가 아마란타처럼 느껴졌다. 그래서 그는 아마란타를 잊는 길이라고는 죽음밖에 없다고 믿어서 함부로 생명을 내던졌다. 그러던 어느 날, 그는 사촌이기도 한 고모와 결혼해서 족보를 따지다보니 자기가 낳은 아들이 할아버지뻘이 되어 버렸다는 남자의 얘기를 어떤 군인에게서 듣게 되었다. 그는 깜짝 놀라 물었다.

"그럼 자기 고모하고도 결혼할 수가 있단 말이야?"

"어디 고모하고뿐이겠나?" 다른 군인이 대꾸했다. "자기 어머니하고도 결혼할 수 있는 세상을 만들려고 우리가 이렇게 신부님들과 전쟁을 하는 것이 아니겠나?"

2주일 뒤에 그는 탈영했다. 그는 아마란타가 기억보다 더 시들었고, 쓸쓸해 보이는 데다 수줍어한다는 사실을 알았다. 이미 한창 때가 지났음에도 침실의 어둠 속에서는 더욱 뜨겁고, 맹렬하게 저항하는 것이 더욱 도발적으로 느껴졌다.

"넌 짐승 같은 애로구나." 사냥개에게 몰린 꼴이 된 아마란타는 그에게 말했다. "교황한테서 특별히 허락을 얻지 않고는 넌 가엾은 고모한테 이런 몹쓸 짓을 하면 안돼."

아마란타가 허락해 주기만 한다면, 교황의 발에 키스를 하기 위해 무릎으로 기어서라도 유럽을 횡단해서 로마로 가겠다고 아우렐리아노 호세는 맹세했다.

"그뿐만이 아니야." 아마란타가 다시 말했다. "우리가 아이를 낳으면 돼지 꼬리가 달린 애가 태어날 거야."

아우렐리아노 호세는 어떤 얘기에도 귀를 기울이지 않았다.

"아르마딜로가 태어나도 상관없어요."

어느 날 아침, 발산하지 못한 욕망의 고통을 참다못한 그는 카타리노의 가게로 갔다. 젖가슴이 처진, 정은 깊지만 천박해 보이는 여자를 하나 골라서 당분간 괴로울 일이 없도록 아랫배를 비웠다. 그러고는 아마란타를 무시한다는 새로운 방법을 쓰기로 했다. 그는 복도에서 능숙한 솜씨로 재봉틀을 돌리며 일을 하는 아마란타를 보고도 말을 걸지 않았다. 아마란타는 오히려, 무거운 짐을 내려놓은 듯 홀가분해졌다. 자기도 모르게 헤리넬도 마르케스 대령을 떠올리며, 체커를 즐기던 오후를 그리워했다. 심지어는 그와 함께 잠자리에 들었으면 하고 꿈꿀 만큼 추억에 잠기게 되었다. 무관심 작전을 한참 벌이다가 제풀에 지친 아우렐리아노 호세는 더 이상 참지 못하고 어느 날 밤 아마란타의 방으로 기어들어갔다. 그는 그 사이에 자기의 입장이 얼마나 불리해졌는지를 전혀 모르고 있었다. 아마란타는 단호하게 그를 거절했고, 그대로 침실 문을 잠가버렸다.

아우렐리아노 호세가 고향으로 돌아온 지 2~3개월이 지난 어느 날, 재스민 냄새를 풍기는 살집 좋은 여자가 다섯 살쯤 되어 보이는 남자아이를 데리고 이 집에 나타났다. 그 여자는 자기가 데려온 아이가 아우렐리아노 부엔디아 대령의 아들이며, 우르슬라의 손에 영세를 받게 하려고 마콘도로 데려왔노라고 말했다. 아직 이름도 없는 그 아이의 혈통을 의심하는 사람은 아무도 없었다. 그 아이는, 처음으로 얼음을 구경하려고 아버지를 따라나섰을 때의 대령을 그대로 빼다 박았다. 그 여자는 아이가 태어날 때 이미 두 눈을 뜨고 태어나서는 주위에 둘러선 사람들을 어른스러운 눈초리로 찬찬히 뜯어보았으며, 지금도 눈 한번 깜짝하지 않고 어디를 쳐다보면 좀 무섭더라는 얘기를 했다.

"아비하고 똑같구먼." 우르슬라가 말했다. "좀 다른 점이 있다면, 아비는 눈으로 노려보기만 해도 의자가 저절로 뒤집어졌다는 것뿐이야."

아버지가 인정하기 전에는 아버지의 성을 따를 수 없다는 법의 제한 때문에 그 아이는 어머니의 성을 따르는 대신 이름을 아우렐리아노라고 지어서 세례를 받게 했다. 몬카다 장군이 대부(代父)가 되었다. 아마란타가 그 아이를 맡아서 기르겠다고 나섰지만, 아이 어머니는 그 호의를 거절했다.
  이때만 해도 우르슬라는 씨앗이 좋은 수탉의 우리에 암탉들을 풀어 놓듯, 부모들이 딸들을 용감한 군인의 침실로 들여보내는 풍습을 모르고 있었지만, 그 해가 지나기 전에, 싫어도 알 수밖에 없었다. 아우렐리아노 부엔디아 대령의 자식이 아홉 명이나 영세를 받으러 우르슬라를 찾아왔다. 가장 큰 아이는 아버지의 집안과는 닮지 않은 초록빛 눈동자에 피부가 검었고, 나이는 벌써 열 살이나 되었다. 찾아오는 아이들은 나이와 피부 색깔이 저마다 달랐지만 하나같이 사내아이들이었으며, 얼굴에는 아버지의 핏줄을 증명하는 고독한 표정이 서려 있었다. 그들 가운데 두 아이가 돋보였다. 제 나이에 비해서 몸집이 큰 그 중 한 아이는, 손만 닿으면 무엇이나 다 산산조각을 내는 힘을 가지고 있어서 꽃병이나 사기그릇은 모조리 박살을 냈다. 또 한 아이는 어머니를 닮아 파란 눈동자에 머리카락이 길게 자라서 여자처럼 구불거렸다. 그는 마치 이 집에서 오랫동안 살기라도 한 듯 허물없이 집 안으로 들어서서는 곧장 우르슬라의 침실에 있는 장롱 앞으로 가서 졸랐다.
  "태엽 달린 발레리나 인형을 주세요."
  우르슬라는 깜짝 놀랐다. 장롱을 열고 멜키아데스가 살아 있을 때 쓰던 낡은 잡동사니들을 헤집어서, 언젠가 피에트로 크레스피가 선물로 가져왔으나 모두들 잊고 있던, 스타킹에 싸인 태엽달린 발레리나 인형을 찾아냈다. 12년 동안에 걸쳐서 아우렐리아노 부엔디아 대령이 전투지를 전전하면서 낳게 한 아이들은 모두 아우렐리아노라고 이름 짓고 성은 어머니를 따라서 영세를 받게 했다. 처음에는 우르슬라도 찾아 온 이들에게 돈을 주고, 아마란타는 그 아이들을 거두어서 키우겠다고 했다. 그러나 끝내 그들은 선물을 주고, 대모(代母) 역할만 맡게 되었다.
  "영세만 받게 해줬으면 우리 일이야 다 한 게 아니겠니?" 아이들의 출생지와 생일, 그리고 어머니의 이름과 주소를 수첩에 적으면서 우르슬라가 말했다. "이렇게 모두 자세히 기록해 두면 아우렐리아노가 돌아와서 일을 처리할 때 도움이 될 거야."

점심을 나누면서 몬카다 장군과 이 엄청난 자손 문제를 이야기하던 우르슬라는 어서 아우렐리아노 부엔디아 대령이 돌아와서 여기저기 흩어져 있는 아들들을 모두 거두어들였으면 좋겠다고 말했다.

"염려하지 마십시오." 몬카다 장군이 수수께끼같은 말을 했다. "아우렐리아노가 생각했던 것보다 빨리 돌아올지도 모르니까요."

몬카다 장군이 알고 있으면서도 그날 점심때 털어놓지 않았던 사실은, 아우렐리아노 부엔디아 대령이 여태까지 유례가 없었던 장기적이고 격렬하며 피비린내 나는 반란의 진두에 서기 위해 이미 이쪽을 향하고 있다는 것이었다.

첫 전쟁이 일어나기 몇 달 전처럼 상황은 다시 긴박해졌다. 시장이 앞장서서 시작했던 닭싸움은 중단되었다. 방위대의 지휘관인 아킬레스 리카르도 대위가 사실상 시의 실권을 장악했다. 자유당 사람들은 도발적이라며 대위를 비난했다.

"곧 심상치 않은 사태가 벌어질 모양이구나." 우르슬라가 아우렐리아노 호세에게 말했다. "6시가 넘으면 밖에서 쏘다니지 마라."

그런 얘기는 하나마나였다. 예전에 호세 아르카디오가 그랬듯이, 아우렐리아노 호세는 이미 우르슬라의 손아귀를 벗어난 지 오래였다. 집으로 돌아와 아무런 불편없이 살게 된, 아우렐리아노 호세의 마음속에서는 큰 아버지인 호세 아르카디오의 욕정적이고 게으른 버릇이 그에게로 옮겨온 듯싶었다. 아마란타에 대한 그의 열정은 흔적도 없이 사라졌다. 그는 마음가는 대로 생활을 했다. 당구로 시간을 보내거나 아무나 걸려드는 여자와 어울려 고독을 잊고, 우르슬라가 숨겨둔 돈을 찾아다 썼다. 옷을 갈아입기 위해서나 집을 찾아올 뿐이었다.

"남자 아이들이란 다 똑같구나." 우르슬라는 한탄했다. "처음에는 모두 얌전하고, 말도 잘 듣고, 부지런해도, 수염만 나기 시작하면 나쁜 짓을 벌인단 말이야."

어떻게 자기가 태어나게 되었는지를 끝까지 모르고 살았던 아르카디오와 달리 그는 자기가 필라르 테르네라의 아들이라는 사실을 알았다. 필라르는 그가 자기 집에 오면 낮잠을 자고 갈 수 있도록 그물침대를 걸어주기도 했다. 그들은 부모 자식관계라기보다, 고독을 함께 나누는 동지 같았다. 필라르 테르네라에게는 희망이라고는 조금도 남아 있지 않았다. 그녀의 웃음소리는 오르간

소리처럼 무거워졌고, 젖가슴은 어쩌다 만져도 금새 지칠 만큼 힘이 없었으며, 아랫배와 허벅지는 여러 남자들을 거친 여자들이 마땅히 겪는 운명의 제물이 되었다. 그러나 마음만은 별로 괴로움을 겪지 않으면서 늙어갔다. 살이 피둥피둥하게 찌고 입이 거친 그녀가, 불행한 여자 흉내를 내며 허망한 카드점의 꿈은 접고 남의 연애에서나 위안을 얻는 신세가 되었다. 아우렐리아노 호세가 와서 낮잠을 자고 가는 바로 그 집에서, 이웃에 사는 아가씨들은 연인을 맞아들였다. 그들은 불쑥 안으로 들어와서 무턱대고 말을 했다.

"방 좀 빌릴게요, 필라르."

"물론 빌려주지." 필라르는 시원시원하게 대답했다. 그리고 이미 다른 사람들이 방을 차지하고 있을 때면 이렇게 설명을 했다. "침대에서 그렇게들 즐거워하는 걸 보면 나도 기분이 좋단 말이야."

필라르 테르네라는 돈을 하나도 안 받으면서 그런 호의를 베풀었다. 돈도 없고 연애도 못하면서 자기를 욕심내던 수많은 남자들을 하나도 거절하지 않았듯이 누구의 어떤 부탁도 거절하지 않았다. 그녀에게서 뜨거운 피를 물려받고 태어난 다섯 딸들은 일찍부터 파란만장한 삶을 살았다. 필라르 테르네라가 손수 키운 두 아들 가운데 하나는 아우렐리아노 부엔디아 대령이 지휘하는 부대에서 싸우다가 목숨을 잃었으며, 다른 한 아들은 열네 살 때 늪지대의 어느 마을에서 암탉들이 들어 있는 닭장을 훔치다가 부상을 입고 붙잡혔다. 카드로 점을 칠 때마다 키가 크고 얼굴이 거무스름한 아우렐리아노 호세는, 어떤 의미에서 하트의 킹이 지난 반세기 동안 그녀를 위해 세상에 나타나리라고 예언했던 바로 그 남자처럼 느껴졌다. 카드 점괘가 약속한 대로 그녀에게 찾아왔던 모든 남자들이 그랬듯이, 그에게는 이미 죽음의 낙인이 찍혀 있었다.

"오늘밤에는 외출하지 마라." 필라르 테르네라가 말했다. "카르멜리타 몬티엘이 네 침실에 들여보내 달라고 어찌나 졸라대는지 나도 견딜 수가 없으니, 오늘은 여기서 자거라."

아우렐리아노 호세는 그 부탁에 감추어진 깊은 의미를 눈치채지 못했다.

"자정까지는 돌아올 테니 기다리라고 하세요."

그는 극장으로 갔다. 스페인 극단이 '여우의 단검'을 상연할 예정이었다. 사실 그것은 소리야 (호세. 스페인의 극작가 1817~1893)의 '고트족 (민족대이동 시기, 동게르만 계 부족이었던 고트족은 종종 학문적인 지식이 없는 무법자의 별칭으로 쓰임)의 단검'이라는 연극인데, 자유파들이 보수파를 가리켜 '고트 자식들'이라고 불렀기 때문에 아킬레스 리카르도 대위가 제목을 바꾸라고 명령했다. 입구에서 표를 낼 때 아우렐리아노 호세는 아킬레스 리카르도 대위가 총을 가진 부하 두 사람을 거느리고 관객들을 몸수색하는 광경을 보았다.

"그만두시오, 대위." 아우렐리아노 호세가 경고를 했다. "어느 누구도 감히 내 몸에 손을 댈 수는 없소."

대위는 강제로 아우렐리아노 호세의 몸수색을 하려 했고, 무기를 지니고 있지 않았던 그는 도망을 치기 시작했다. 병사들은 총을 쏘라는 대위의 명령에 따르지 않았다. 한 병사가 설명했다.

"저 사람은 부엔디아 집안 사람입니다."

화가 머리끝까지 치민 대위는 그 병사의 손에서 총을 빼앗아 길 한복판으로 뛰어나가서 겨냥하며 소리쳤다.

"겁쟁이들 같으니라구! 아우렐리아노 부엔디아 대령이라면 더 좋았을걸."

총성이 울렸을 때, 스무 살 난 처녀인 카르멜리타 몬티엘은 오렌지 꽃 향수를 뿌리고 필라르 테르네라의 침대에 로즈메리(충실·정조·추억을 상징하는 꽃) 잎을 뿌리고 있었다. 아우렐리아노 호세는 이 여자를 통해 아마란타가 거절했던 행복을 찾아, 아이를 일곱 낳고 살다가 이 여인의 품에서 평온한 죽음을 맞이할 운명이었다. 하지만 카드 점괘를 제대로 알아듣지 못한 총탄이 그만 그의 등을 뚫고 들어가 가슴을 찢어놓고 말았다. 그날 밤에 역시 죽을 운명이었던 아킬레스 리카르도 대위는 아우렐리아노 호세보다 네 시간 일찍 죽었다. 아우렐리아노 호세를 쓰러뜨린 총성과 함께, 어디서 날아왔는지 알 수 없는 두 발의 총탄을 맞고 대위가 쓰러지자, 많은 사람들의 함성이 주위의 어둠을 뒤흔들었다.

"자유당 만세! 아우렐리아노 부엔디아 대령 만세!"

아우렐리아노 호세의 몸에서 피가 다 빠져나오고, 카르멜리타 몬티엘이 자신의 미래에 대한 카드 점괘가 비어 있다는 사실을 알게 된 12시쯤, 400명이 넘는 사람들이 줄지어 극장 앞을 지나가면서 그곳에 내버려 둔 아킬레스 리카르도 대위의 시체에 권총을 쏘아댔다. 벌집이 되어, 스프에 적신 빵 조각처럼 허물어지는 그 시체를 치우려고 순찰대는 손수레를 써야만 했다.

정규군의 횡포에 분개한 호세 라켈 몬카다 장군은 정치적인 영향력을 발휘하여, 다시 군복을 입고 마콘도의 행정과 군사 지휘권을 맡았다. 그러나 그는 자기의 유화 정책이 불가피한 사태를 막지는 못할 것을 알았다. 9월에 들려온 소식은 앞뒤가 맞지 않았다. 정부에서는 전국을 제압하고 있다고 말했다. 그러나 자유파들은 내란이 곳곳에서 일어나고 있다는 소식을 비밀리에 전해 들었다. 정부에서는 피고가 참석하지 않은 군법회의에서 아우렐리아노 부엔디아 대령에게 사형을 구형할 때까지는 내란이 계속되고 있다는 사실을 인정하지 않았다. 수비대에는 아우렐리아노 부엔디아 대령을 잡으면 그 자리에서 판결을 집행하라는 명령이 떨어졌다. 우르슬라는 매우 기뻐하며 몬카다 장군에게 말했다.

"이런 지시가 내린 걸 보니 아우렐리아노가 돌아온 모양이군요."

그러나 장군도 그 진위에 대해서는 아는 바가 없었다.

사실, 아우렐리아노 부엔디아 대령은 이미 한 달 전에 귀국했다. 그에 앞서 앞뒤가 맞지 않는 소문들이 많이 퍼져서, 멀리 떨어진 지역에 동시에 나타난다는 식이었기 때문에 몬카다 장군도 그가 해안에 있는 주(州) 두 개를 점령했다는 정부의 공식발표를 듣기 전에는 그의 귀국을 믿지 않았다. 그는 전보를 보여주면서 우르슬라에게 말했다.

"축하드립니다. 그는 곧 여기에 도착할 겁니다."

그러자 우르슬라는 처음으로 걱정이 되어 물었다.

"그러면 당신은 어떡하겠어요?"

몬카다 장군은 자기 자신에게 벌써 여러 번 그 질문을 던져 보았다.

"그와 마찬가지입니다. 제 임무를 다할 따름이죠."

10월 1일 새벽에 아우렐리아노 부엔디아 대령은 무장이 잘 된 부하 1000명을 거느리고 마콘도를 공격했고, 방위사령부는 끝까지 진지를 지키라는 명령을 받았다. 정오 무렵 몬카다 장군이 우르슬라와 점심을 같이 먹는 동안, 마콘도를 뒤흔드는 반란군의 대포 소리와 더불어 시청 재무실의 앞쪽이 가루가 되어 날아갔다.

"그들은 우리만큼이나 무장이 잘 되어 있군요." 몬카다 장군이 한숨을 쉬었다. "그런 데다 사기도 우리보다 높습니다."

오후 2시가 되자, 양편에서 쏘아대는 포화에 지축이 흔들리는 가운데 몬카다 장군은 승산이 없음을 깨닫고 우르슬라에게 작별 인사를 했다.
"오늘 밤 안으로 아우렐리아노가 집으로 돌아가지는 못하게 할 작정입니다만, 만일 그가 돌아오면, 제 대신에 포옹을 해주십시오. 전 그를 다시 보지 못할 테니까요."

그날 밤 그는 아우렐리아노 부엔디아 대령에게 그들이 다같이 바라는 것은 전쟁을 인간적으로 수행한다는 것이며, 아우렐리아노 부엔디아 대령이 양쪽 군인들의 부패와 정치인들의 야망과 싸워서 최후의 승리를 거두기 바란다는 긴 편지를 남기고 마콘도에서 탈출하려다가 붙잡히고 말았다. 이튿날 아우렐리아노 부엔디아 대령은 혁명군의 군사 재판에서 그의 운명이 결정되기를 기다리며 몬카다 장군과 우르슬라의 집에서 점심 식사를 같이했다. 식사는 부드러운 분위기 속에 이루어졌다. 그러나 적이자 동지인 두 사람이 마주앉아 전쟁 따위는 잊고 옛일을 떠올리며 이야기꽃을 피우는 동안에 우르슬라는 자기 아들이 침략자라는 생각이 들어 기분이 우울했다. 우르슬라는 아들이 우르르 군대를 끌고 들어와서, 위험이 없음을 확인할 때까지 침실을 온통 뒤집어놓는 꼴을 본 순간부터 그렇게 느꼈다. 아우렐리아노 부엔디아 대령은 반란군 병사들이 그런 짓을 하도록 용납했을 뿐 아니라, 그의 호위병들이 집 둘레를 경비하려고 돌아가면서 위치를 잡을 때까지 우르슬라를 포함한 아무도 3m 이내에 접근하지 못하게 하라고 명령을 내렸다. 그는 계급장을 달지 않은 평범한 목면 군복을 입고, 진흙과 피가 말라붙은 박차가 달린 높다란 장화를 신었다. 허리띠에 찬 자동권총 집은 잠금쇠를 풀어놓았으며, 그곳을 떠날 줄 모르는 손에서는 눈빛에서와 마찬가지로 경계심과 강한 긴장을 읽을 수 있었다. 양쪽이 깊숙이 벗겨지기 시작한 이마는 알맞게 그을려진 빛깔이었다. 카리브 해의 바닷바람에 갈라진 그의 얼굴은 쇠붙이처럼 단단해 보였다. 그 비정함 때문이기도 하겠지만, 그는 정신력으로 노화를 막고 있었다. 마을을 떠났을 때보다 키가 크고 창백하고 말라 보여서, 어떻게든 옛날이 그리워지는 것을 억누르려 하고 있다는 것을 느낄 수 있었다.

"이 아이를 어쩌면 좋을까?" 우르슬라는 기가 막히다는 듯 중얼거렸다. "지금이라면 무슨 일이든 해낼 수 있겠다만."

사살, 그 말이 맞았다. 우르슬라를 위해 가져온 아스테카족 (1512년에 스페인의 코르테스에게 멸망당하기까지 멕시코 고원에 제국을 건설하고, 마야를 계승한 고도의 문명을 지녔던 부족) (멕시코 원주민)의 숄, 점심을 먹으며 이야기 했던 옛 추억, 모두에게 들려주었던 재미있는 이야기. 그런 것에서 예전 그의 모습을 조금 느낄 수 있었을 뿐이다. 공동묘지에 전사자를 묻은 뒤, 군사재판을 서두르도록 로케 카르니세로 대령에게 명령을 하고, 그는 부활한 보수당 정권 아래의 체재를 뿌리째 뽑는 철저한 개혁이라는 힘든 일에 착수했다.

"우리는 우리 당을 대표한다고 자칭하는 자들보다 앞서서 모든 일을 해야 한다." 그는 정치고문들에게 말했다. "그들이 현실에 눈을 뜨게 되면 우리가 이루어 놓은 일들을 보고 놀랄 것이다."

그리고 그는 지난 100년 동안 마콘도 지역의 토지 소유권이 어떻게 바뀌었는지를 철저히 검토하다가 형 호세 아르카디오가 합법화시킨 권리침해 사실을 알게 되었다. 그는 토지대장에서 그 기록을 깨끗이 지웠다. 그저 의례적으로, 한 시간 정도 일을 미루고 결정 사실을 알리기 위해 레베카를 찾아갔다.

한때는 그의 괴로운 사랑의 고민을 들어주던 상대였다. 그 강한 인내심으로 그의 생명을 구해주기도 했던, 어두컴컴한 집 속의 외로운 미망인은 마치 과거의 망령처럼 보였다. 재가 된 마음을 소매가 긴 검은 옷으로 감싼 그녀는 전쟁에 대해서도 거의 몰랐다. 아우렐리아노 부엔디아 대령은 레베카의 뼛속에 든 인광(燐光)이 살갗을 뚫고 밖으로 발산되는 것 같았다. 또, 그녀가 아직도 화약 냄새가 풍겨나오는 정체된 공기와, 도깨비불이 둥둥 떠다니는 것 같은 분위기에서 살고 있다고 느꼈다. 그는 먼저 레베카에게 엄격한 상례(喪禮)를 조금 완화해서 집 안의 공기를 좀 바꾸고, 호세 아르카디오에게 죽음을 가져온 세상 사람들을 용서해 주라는 얘기부터 꺼냈다. 그러나 레베카는 이미 덧없는 일들을 초월해 있었다. 흙의 맛에서, 향수를 뿌린 피에트로 크레스피의 편지에서, 남편과 같이 지낸 폭풍같은 침대 속에서의 비밀스런 일들에서 느꼈던 기분을 다시 느낄 수 없게 된 레베카는, 끈질긴 회상에 의해 추억 하나하나가 형체를 띠고 외부와 단절된 방들을 그림자처럼 떠도는 집 속에서 마음의 평안을 찾고 있었다. 레베카는 등나무 흔들의자에 기대앉은 채, 과거에서 돌아온 유령은 아우렐리아노 부엔디아 대령이라는 표정으로 얘기를 듣다가, 호세 아르카디오가 가로챈 땅들을 본래 주인들에게 되돌려주겠다는 말을 듣고도 전혀 놀라지 않았다.

"마음대로 해요, 아우렐리아노." 레베카가 한숨을 쉬었다. "전부터 생각은 했지만, 지금 확실히 알았어요. 당신은 정말 별난 사람이에요."

 토지소유권 조사가 끝남과 동시에 약식 군사재판이 헤리넬도 마르케스 대령의 주관으로 거행되었으며, 혁명군에게 포로로 잡힌 모든 정규군 장교들은 사형을 선고받았다. 호세 라켈 몬카다의 군법회의가 맨 나중에 열렸다. 우르슬라가 중재에 나섰다.

 "그가 통치하던 시절의 마콘도는 어느 때보다도 안정된 생활을 누렸단다. 그 사람이 얼마나 마음씨 좋고, 또 우리 집안 식구들에게 얼마나 잘해 줬는지는 내가 얘기 하지 않아도 넌 환히 알고 있겠지?"

 아우렐리아노 부엔디아 대령은 책망하는 눈빛으로 우르슬라를 보았다.

 "재판에는 나도 간섭할 수 없어요. 하고 싶은 말이 있으시면 재판정에 나가서 하세요."

 우르슬라는 군사재판이 열리자 자진 출두했을 뿐 아니라, 마콘도에 사는 모든 혁명군 장교들의 어머니들을 출두시켜 몬카다 장군을 위한 증언을 하게 했다. 마콘도를 세운 자들의 늙은 아내들, 그들 가운데서도 남편을 따라 험한 산을 넘어온 여자들이 차례로 출두해서 몬카다 장군에 대해서 입이 마르도록 칭찬했다. 가장 나중에 증언대에 선 사람은 우르슬라였다. 그녀의 아픔서린 위엄과, 이름이 갖춘 무게와, 설득력있는 증언이 가진 박력에 공평무사한 법정도 한 순간 흔들렸다.

 "이 무시무시한 놀이에 여러분은 정말 진지한 자세로 임하고 계시군요. 의무에 충실할 생각이겠지요." 우르슬라는 재판정에 모인 사람들에게 말했다. "하지만 하느님이 우리의 목숨을 허락하시는 마지막 순간까지 우리는 여러분의 어머니임을 잊으면 안 됩니다. 여러분이 혁명가인지는 몰라도 조금이라도 부모의 뜻을 거스르려고 한다면 그때 우리에게는 여러분의 바지를 벗기고 매질을 할 권리가 있다는 것도 잊지 말기 바랍니다."

 군인 막사로 개조된 교실에서 우르슬라가 한 말들이 아직 메아리치는 동안 판사들은 회의를 위해 퇴정했다. 자정에 호세 라켈 몬카다 장군은 사형을 선고받았다. 우르슬라가 맹렬히 질책했지만, 아우렐리아노 부엔디아 대령은 판결을 번복하지 않았다. 날이 샐 무렵 그는 감옥으로 쓰이는 교실로 사형을 선고받은 친구를 만나러 갔다.

 "이것만은 기억해두게. 자네를 총살하는 건 내가 아니라 혁명일세."

들어오는 그를 보고도 몬카다 장군은 야전침대에서 일어서지 않았다.
"그런 소리는 집어치우게!"
마콘도로 돌아온 뒤로 이 순간까지 아우렐리아노 부엔디아 대령은 몬카다 장군과 속을 털어놓고 얘기할 기회가 없었다. 그는 몬카다의 늙어버린 얼굴과, 떨리는 손과 죽음을 각오하고 기다리는 표정을 보고는 놀람과 동시에, 그런 연민에 마음이 흔들린 자신에게 깊은 경멸을 느꼈다. 아우렐리아노 부엔디아 대령이 말했다.
"이런 건 나보다 자네가 더 잘 알 거라고 생각했네만, 군사재판이란 모두 우스꽝스러운 장난에 지나지 않지. 자네는 남들이 지은 죄의 대가를 혼자 치르는 거야. 이번 전쟁에서는 반드시 우리가 승리할 테니까. 입장이 바뀌었다면 아마 자네도 똑같이 행동했을 거야."
몬카다 장군은 일어나서 셔츠 자락으로 대모갑(玳瑁甲)의 두꺼운 안경을 닦으며 말했다.
"그랬을지도 모르지. 하지만 내가 걱정하는 건 자네가 날 쏘아 죽인다는 문제가 아닐세. 우리 같은 사람이야 언제고 이런 식으로 죽고 말 몸이 아닌가?" 그는 안경을 침대 위에 놓고 시계를 줄에서 끌렀다. "내가 걱정하는 건 다른 문제야. 자네가 군인들을 너무 미워하고, 거세게 공격하고, 그들에 대해 너무 생각한 나머지 그들과 다를 바 없는 인간이 되어버렸다는 것이지. 이만큼 자기희생적인 이상이 달리 있을지 모르겠군." 그는 결혼 반지를 빼고 로스 레메디오스의 성모 마리아 메달을 풀어서 시계와 안경 옆에 나란히 놓았다. "이대로 간다면." 몬카다 장군이 말을 계속했다. "자네는 이 나라 역사상 가장 포악하고 잔인한 독재자가 될 뿐 아니라, 자네의 양심의 가책을 조금이라도 덜어주려고 하는 어머니 우르슬라도 총살을 하고 말 거야."
아우렐리아노 부엔디아 대령은 그대로 서 있었다. 그러자 몬카다 장군은 그에게 안경과, 메달, 시계와 반지를 넘겨주고는 목소리를 바꾸었다.
"하지만 난 자네를 탓하기 위해 부른 것은 아닐세. 이것들을 내 아내에게 전해 달라는 부탁을 하고 싶어서 부른 것이네."
아우렐리아노 부엔디아 대령은 그것들을 받아서 주머니에 넣었다.
"자네 부인은 아직도 마나우레에 사나?"
"그래, 아직 마나우레에 살아. 언젠가 자네가 편지를 전해 준, 교회 뒤에 있는 그 집에 살지."

"꼭 전해 주겠네. 호세 라켈." 푸른 안개가 피어오르는 바깥으로 나온 그는, 옛날 어느 새벽처럼 얼굴이 축축이 젖어왔다. 그제야 비로소 자신이 왜 사형 집행을 공동 묘지 담벼락에서가 아니라 학교 마당 안에서 하라고 지시했는지를 알 수 있었다. 문간에서 기다리던 총살대가 그를 보고, 정중히 받들어총 경례를 했다. 그가 명령을 내렸다.

"이제 데리고 가게."

9

전쟁의 덧없음을 가장 먼저 느낀 사람은 헤리넬도 마르케스 대령이었다. 마콘도의 군사 및 행정 담당관으로 있으면서 그는 일주일에 두 번씩 아우렐리아노 부엔디아 대령과 전보로 대화를 나누었다. 초기에 그들이 주고받은 전보의 내용에 따라 전쟁의 진행 방식이 좌우되었으며, 앞으로 어디에서 어떤 규모의 전투가 있을지도 미리 윤곽이 잡혔다. 비록 아우렐리아노 부엔디아 대령이 아무리 가까운 친구라 할지라도 자기의 속마음을 털어놓은 일은 없다. 그러나 그의 말투에는 다른 한쪽에서 전보를 받는 사람이 첫마디에 당장 누구인지를 알 수 있을 만큼 유별난 친근미가 담겨 있었다. 그들의 대화는 처음에 생각했던 것보다 훨씬 길어져서 아우렐리아노는 종종 집안 일 따위의 사소한 얘기까지도 꺼내곤 했다. 그러나 전쟁이 점점 더 격해지고 확대되어 가는 사이에, 그의 모습이 조금씩 비현실의 세계로 사라져가는 느낌이 들었다. 그의 목소리를 전하는 모스 부호 소리가 점차 희미해지고 모호해졌다. 이어지고 짜 맞춰져 단어를 이루기는 해도 전체적인 의미는 점차 사라져 갔다. 그때부터 헤리넬도 마르케스 대령은 다른 세계에 사는 낯선 이와 교신하고 있다는 당혹스러움을 느끼면서, 전보가 오면 잠자코 받고만 있기로 마음먹었다.

"무슨 얘긴지 알겠다, 아우렐리아노." 그는 전보가 끝나는 순간이면 그렇게 키를 두드렸다. "자유당 만세!"

헤리넬도 마르케스 대령은 결국 전쟁으로부터 완전히 단절되었다. 예전 같았더라면 터져 나오는 젊음의 욕망에 쫓겨 목말라했을 것들도 지금의 그에게는 공허하게 변했다. 그가 누리는 안식처는 아마란타의 바느질방뿐이었다. 그는 날마다 오후가 되면 아마란타를 찾아갔으며, 미녀 레메디오스가 돌리는 재봉틀에서 거품처럼 부풀어 나오는 속치마에 주름을 잡아주는 아마란타의 손길을 지켜보며 마음을 달랬다. 그들은 함께 있다는 사실에 만족을 느끼며 아무 말도 나누지 않으면서 몇 시간씩 보냈다. 아마란타는 속으로 그가 아직 사랑의 불씨를 간직하고 있다는 것을 기뻐했다. 그녀의 미묘한 마음속에 어떤 비밀이 숨어 있는지를 그는 미처 눈치채지 못했다. 그가 마콘도로 돌아온다는 소식을 들었을 때 아마란타는 기다림에 애가 닳았다. 그러나 아우렐리아노 부엔디아 대령의 떠들썩한 호위병들에 섞여 집 안에 들어선 그를 보고 아마란타는 외국 생활에서 겪은 고통으로 초췌해지고, 몸을 아끼지 않은 바람에 나이보다 늙고, 땀과 먼지에 범벅이 되어 짐승처럼 악취를 풍기고, 누추한 꼴에 왼팔에는 붕대를 감은 그의 모습에 실망을 느껴 졸도할 지경이었다.

'맙소사. 내가 기다리고 기다리던 사람이 이런 사람이란 말이야?'

그러나 다음 날 그는 말끔히 면도를 하고, 콧수염에는 라벤더 향수를 뿌리고, 피투성이 붕대는 풀어버린 깨끗한 모습으로 다시 아마란타 앞에 나타났다. 그는 표지에 자개를 박은 가죽 장정의 성경책을 아마란타에게 선물로 주었다.

"남자들이란 참 이상하군요." 별다른 할 얘기가 없었던지 아마란타가 불쑥 말을 꺼냈다. "신부들하고 전쟁을 할 때는 언제고, 이제는 성경책을 선물로 갖다주나요?"

그때부터 그는 전쟁이 아무리 극한 상황에 달할 때라도 하루도 빼놓지 않고 아마란타를 찾아왔다. 미녀 레메디오스가 없을 때에는 그가 대신 재봉틀 바퀴를 돌려 주었다. 아마란타는 중요한 직책에 있으면서도 무기를 모두 큰 방에 남겨두고 맨손으로 재봉실에 들어서는 그를 볼 때마다 그가 보여주는 끈질김과 충실성과 온순함에 놀랐다. 그러나 그가 4년에 걸쳐서 끊임없이 사랑 고백을 했어도 아마란타는 언제나 그의 기분을 상하지 않게 구애를 거절했다. 하지만 아마란타는 비록 그를 사랑하지는 않아도, 그가 없이는 살 수 없다고 느끼게 되었다. 무슨 일에도 흥미를 느끼지 못해서, 모두가 지능이 모자란 아이라고 여기던 미녀 레메디오스조차 그의 헌신적인 자세만은 느낄 수가 있었든지 헤리넬도 마르케스 대령의 편을 들었다. 아마란타는 자기 손으로 키운 계집아이가 이제 사춘기로 들어서면서 마콘도에서 가장 아름다운 여자로 자라났다는 사실을 문득 깨달았다. 마음속에서 지난날 레베카에게 느꼈던 질투심이 되살아나는 것을 느낀 아마란타는 자기의 미움이 깊어져 미녀 레메디오스의 죽음을 바라게 되지 않기를 하느님께 빌면서 그녀를 바느질방에 오지 못하게 했다. 헤리넬도 마르케스 대령이 전쟁에 권태를 느끼기 시작한 것은 이 무렵이었다. 그는 아마란타를 위해서라면 자기의 청춘을 희생하여 얻은 영광도 버릴 각오로 온갖 설득을 벌이며 마음 속에 감춰 온 깊은 사랑을 고백했다. 그러던 어느 8월 오후, 자기 자신의 고집을 이기지 못해 절망한 아마란타는 죽는 그날까지 혼자 울면서 고독하게 평생을 보내리라 결심하고는 침실로 들어가 문을 닫아 걸기에 앞서 이렇게 말했다.
 "이제 저를 잊으세요. 우린 이런 짓을 하기에는 너무 늙어버렸으니까요."
 그날 오후에 헤리넬도 마르케스 대령은 아우렐리아노 부엔디아 대령으로부터 전신을 받았다. 그날의 대화는 고착 상태에 들어선 전쟁에 대한 얘기와는 조금도 관계가 없는 평범한 내용의 정기적인 통신이었다. 얘기가 다 끝난 뒤 헤리넬도 마르케스 대령은 인적이 드문 길거리와 아몬드 잎사귀에 수정처럼 맺힌 빗방울을 보고 갑자기 외로움에 젖었다.
 "아우렐리아노." 그는 안타까운 마음을 담아 전신기의 키를 두드렸다. "마콘도에는 지금 비가 내린다."
 오랫동안 침묵이 흘렀다. 갑자기 전신기의 키가 뛰기 시작하며, 아우렐리아노 부엔디아 대령의 비정한 말들을 전해 왔다.
 "바보 같은 소리 마라, 헤리넬도. 8월에 비가 내린다는 것은 당연한 일이다."
 오랫동안 만나지 않았기 때문에 헤리넬도 마르케스 대령은 아우렐리아노의 차가운 반응에 조금 당황했다. 그러나 두 달이 지난 다음에 아우렐리아노 부엔디아 대령이 마콘도로 돌아오자, 당황했던 그의 기분은 놀라움으로 바뀌었다. 그가 얼마나 변해 있었는지 우르슬라조차 놀랄 지경이었다. 이 더위에 담요로 몸을 감싼 채 호위병도 없이 몰래 돌아와서 함께 온 세 명의 첩을 한 집에 머물게 하고는 그물침대에 누워서 대부분의 시간을 보냈다. 정기적인 작전 보고는 거의 관심도 없이 보아 넘겼다. 한번은 국제적인 문제로까지 번질 위험이 있는, 변방 지역에서 철수하는 문제에 대해서 헤리넬도 마르케스 대령이 지시를 내려달라고 한 적이 있었다.
"그런 사소한 일은 알아서 처리하게!" 위압적으로 말했다."
그때는 전쟁에서 가장 중대한 국면일 때였다. 혁명 초기에 가장 적극적인 후원자였던 자유당 지주들이 이때 토지소유권 조사를 방해할 목적으로 보수당 지주들과 비밀리에 결탁을 하고 있었다. 망명한 곳에서 전쟁 자금을 대던 정치가들은 철퇴 성명을 내어 아우렐리아노 부엔디아 대령도 난처한 입장에 처해 있었지만, 그는 그러한 문제쯤은 거들떠보지 않았다. 그는 그의 트렁크 밑바닥에 쌓인 다섯 권에 달하는 자작시는 읽지도 않고 잊혀진 것 같았다. 그는 밤이나 낮잠 시간이 되면 첩 가운데 하나를 불러서 욕망을 채우고, 사소한 걱정 따위는 몽땅 잊은 채 깊이 잠들곤 했다. 그때 그의 마음이 끊임없는 불안에 시달리고 있다는 것을 아는 건 본인뿐이었다. 처음에 그는 영광스런 귀향에 도취하고 찬란한 승리에 매혹되어 영광의 발 아래 입을 벌리고 있는 나락을 엿본 것이다. 그는 그에게 전략을 가르치고, 짐승 가죽과 호랑이 발톱으로 온몸을 감싸고 있어서 어른들의 두려움과 아이들의 경탄을 한 몸에 받고 있던 말버러 공작 (존 처칠, 영국의 군인(1650~1722))을 오른팔처럼 쓰며 거느리고 있었다. 우르슬라를 포함한 어떤 사람도 그에게 3미터 이상 가까이 접근 할 수 없게 한 것은 바로 그즈음이었다. 그의 부관들이 그가 멈추는 곳마다 분필로 그린 원안에는 그 자신만이 드나들 수 있었고, 그는 그 한가운데 서서, 간결하지만 반항의 여지가 없는 명령으로 모든 일을 마음대로 처리해 갔다. 몬카다 장군을 총살하고 난 다음에 그가 처음으로 마나우레에 진군했을 때, 그가 몬카다 장군의 마지막 소원을 들어주기 위해서 그의 부인을 찾아갔지만, 부인은 안경과 메달과 시계와 반지만 받고는 그를 집 안에 들여놓지 않았다.
"들어오시면 안 됩니다, 대령님." 미망인이 그에게 말했다. "전쟁터에서는 당신 마음대로 할 수 있을지 모르지만, 이 집 안을 다스리는 사람은 나니까요."
아우렐리아노 부엔디아 대령은 화난 기색을 보이지 않았지만, 그의 호위병들이 그 집을 약탈하고 불을 질러서 잿더미로 만든 다음에야 기분이 풀렸다.
"자네는 변했어, 아우렐리아노." 그 모습을 본 헤리넬도 마르케스 대령이 충고했다. "마음 속까지 썩은 것 같군."

이 무렵에 반란군의 주요 지휘자들이 모인 두 번째 회의가 열렸다. 그들 가운데에는 온갖 사람들이 다 있었다. 이상주의자, 야심가, 사기꾼, 사회에 불만을 가진 자, 평범한 범죄자. 그리고 공금 착복으로 재판을 받는 것을 피하기 위해 반란에 가담한 전직 보수당 공무원도 끼여 있었다. 그들 대부분은 왜 전쟁을 하고 있는지조차 몰랐다. 서로 다른 가치관 때문에 언제 폭발할지 모르는 그 어정쩡한 무리 가운데에는 수수께끼의 권위자가 한 명 있었으니, 그는 테오필로 바르가스 장군이었다. 그는 간계에 능하고 구세주적인 행동으로 부하들에게서 왜곡된 종교적 신뢰감을 불러일으키는, 거칠고 무식한 토착 원주민이었다. 아우렐리아노 부엔디아 대령은 정치인들의 모략을 이겨낼 방법을 강구하려고 반란군 지휘자들의 단결을 모색하던 참이었다. 테오필로 바르가스 장군은 그의 계획을 미리 간파하고는 몇 시간 안에 가장 유능한 반란군 지휘자들 사이의 파벌을 모두 깨뜨리고 전체적인 지휘권을 장악하기에 이르렀다.

"그 친구는 감시해야 할 난폭한 짐승이나 마찬가지야." 아우렐리아노 부엔디아 대령이 부하 장교들에게 경고했다. "그 친구는 우리에겐 국방장관보다도 더 위험한 인물이야."

그러자 평소 겁쟁이로 알려진 젊은 대위가 조심조심 얘기했다.

"아주 간단한 해결 방법이 있기는 합니다. 그 친구를 아예 죽여버리는 거죠."

아우렐리아노 부엔디아 대령은 그 제안이 냉혹하다는 것에는 놀라지 않았으나, 자신도 그런 생각을 하고 있던 중에 그 대위가 먼저 제안한 것에 놀라서 말했다.

"내가 그런 명령을 내리리라고 생각하나?"

그는 정말로 그런 명령은 내리지 않았다. 그러나 2주 뒤 테오필로 바르가스 장군은 불의의 습격을 받아 난도질을 당해 죽었으며, 아우렐리아노 부엔디아 대령이 전체 반란군의 지휘권을 잡게 되었다. 그의 지휘권이 모든 지휘자들에게 인정을 받게 된 바로 그날 밤부터, 그는 느닷없이 잠에서 깨어나 춥다며 담요를 찾게 되었다. 태양이 쨍쨍 내려쬐는 순간에도 그의 뼛속을 파고들며 괴롭힌 오한은 몇 달 동안 그를 잠 못 이루게 했고, 끝내는 지병이 되기에 이르렀다. 권력의 도취도 차츰 사라져가서 이따금 불안이 마음을 스쳤다. 오한을 떨쳐버리기 위해서 그는 테오필로 바르가스 장군을 암살하자고 제안했던 젊은 장교를 총살시켰다. 그의 명령은 입에서 떨어지기도 전에, 미처 그가 생각하기도 전에 실행에 옮겨져, 생각지도 못한 중대한 결과를 가져왔다. 그는 엄청난 권력 속에서 고독을 느끼고 드디어는 나아갈 방향을 잃기에 이르렀다. 점령한 마을로 진군할 때 자기를 환영하는 인파가 정부군을 위해서도 같은 환호성을 올렸으리라는 생각에 민중들이 싫어졌다. 꼭 닮은 눈으로 그를 바라보고, 꼭 닮은 목소리로 말을 하고, 말을 걸어 보면 꼭 같은 친근감으로 이야기를 하며, 그의 아들이라고 자신을 소개하는 수많은 젊은이들을 가는 곳마다 만날 수 있었다. 그는 자신의 씨가 여기저기로 흩어져 날리는 듯한 기분이 들어 오히려 심한 고독감에 빠져들었다. 자기 부하들조차 자기를 속인다고 믿었다. 그리고 걸핏하면 말버러 공작과 말다툼을 벌였다. 그 무렵의 그는 종종 이런 말을 했다.

"죽음이야말로 가장 훌륭한 벗이지."

불안에 지쳐버렸다. 언제나 같은 곳에 서 있는 듯한 전쟁의 악순환에 질렸다. 점차 나이를 먹고 늙어가는 것이 눈에 띄었다. 싸움의 이유도, 수단도, 그것이 끝나는 시기도 점점 더 알 수 없어졌다. 분필로 그린 원 밖에는 반드시 누군가가 있었다. 그것은 돈에 쪼들리는 사람이기도 했고, 백일해에 걸린 자식을 안은 부모이기도 했다. 또한 부아가 치미는 전쟁에 질려서 영원한 잠에 빠지고 싶다고 생각하면서도 마지막 기력을 짜내 부동 자세를 취하고 "이상 없습니다. 대령님."이라고 보고하는 병사도 있었다. 이상이 없다는 것. 아무 일도 일어나지 않는다는 것. 이것이 이 끝없는 싸움에서 가장 무서운 점이었다. 예감 능력에게도 버림받은 고독한 그는, 죽을 때까지 자신을 따라다닐 것 같은 오한에서 벗어나기 위해 마콘도에서, 갖가지 추억 속에서 도피처를 찾으려 했다. 격심한 무력감에 휩싸인 그는 중대한 기로에 서 있는 전쟁의 향후 방향을 의논하기 위해서 파견된 당의 사절단이 도착했다는 소리에도 잠에서 깨어나지 않은 것인지, 그물 침대 위에서 돌아누우며 이렇게 말했을 뿐이다.

"창녀들에게 데려가."

이런 푸대접을 받은 사절단은 여섯 명의 변호사들이었다. 그들은 뜨거운 11월의 태양에 아랑곳하지 않고 실크해트에 프록코트를 입고 있었다. 우르슬라는 그들을 자기 집에 머물게 했다. 그들은 낮에는 침실에 틀어박혀 은밀히 얘기를 나누더니 날이 저물녘에 아코디언을 연주하는 사람들과 호위를 붙여달라고 해서는 카타리노의 가게를 통째로 빌렸다.

"멋대로들 하게 내버려둬." 아우렐리아노 부엔디아 대령이 명령했다. "저 친구들 무슨 꿍꿍이수작을 벌이려는지 다 알고 있으니까."

12월 초순에, 많은 사람들이 질질 끌다가 결말은 보지 못하리라고 생각했던 회담이 드디어 이루어졌다. 그 회담은 한 시간도 안 가서 끝났다.

숨 막힐 듯 무더운 응접실에서 아우렐리아노 부엔디아 대령은 흰 헝겊을 덮어씌운 자동피아노 곁에 부관들이 그려놓은 원을 벗어나 가까이에서 사절단을 만나주었다. 그는 정치고문들 사이에 의자를 놓고 앉아서, 담요로 몸을 감싸고 침묵을 지키며, 사절들의 간략한 제안에 귀를 기울였다. 그들은 그에게 우선 자유당 지주들의 지지를 얻기 위해서는 토지소유권 조사를 중지해야 한다고 말했다. 그리고 둘째로 기독교인들의 지지를 얻기 위해서 신부들의 영향력을 제압하려는 싸움을 중지해야 한다고 희망했다. 마지막으로 지금 이대로의 가정을 지키기 위해서, 적자와 서자에 대한 동등한 권리를 부여했던 포고문은 철회해야 한다고 말했다. 사절단이 요구 사항을 다 읽고 나자 아우렐리아노 부엔디아 대령은 미소를 지으면서 말했다.

"요컨대, 우리가 싸우는 목적은 단지 정권 획득에 있다는 말이로군."

"아닙니다. 그저 전략을 전환해 달라는 뜻일 뿐입니다." 사절단의 한 사람이 말했다. "지금 우리가 바라는 가장 큰 목적은 민중 속에서 좀더 확고한 기반을 마련하고 싶다는 것 아닙니까? 나중 일들은 차차 생각해야 할 문제이지요."

아우렐리아노 부엔디아 대령의 정치 고문들 가운데 한 사람이 서둘러서 말을 가로막았다.

"그건 모순입니다. 그러한 전술 전환이 옳은 일이라면, 그것은 곧 보수정권이 옳다는 뜻이 되고 맙니다. 당신이 말하듯 그것으로 민중에게 호응을 얻게 된다면, 그것은 현 정권이 이미 국민들 사이에 폭넓은 지지를 얻고 있다는 말이 됩니다. 간단히 말하자면, 우리는 지난 20년 가까이 국민의 감정을 무시하고 싸워왔다는 결론을 내릴 수밖에 없습니다."

그는 얘기를 계속하려고 했지만, 아우렐리아노 부엔디아 대령이 눈짓을 해서 막았다.

"이제 와서 그런 소리를 해봤자 소용없소, 박사. 문제는 향후 우리가 싸우는 목적은 단 한 가지, 바로 정권 획득이라는 것이오." 미소를 지은 채 그는 사절단이 가져온 서류를 받아들고 서명할 준비를 했다. "사태가 이렇게 된 바에야 별다른 도리도 없겠지." 그는 결론을 지었다. "그쪽 제안을 받아들이기로 하겠소."

그의 부하들은 놀라서 서로 얼굴을 마주보았다.

"이런 말을 해도 될지 모르겠습니다만, 대령님." 헤리넬도 마르케스 대령이 차분한 목소리로 말했다. "이건 명백한 배신 행위입니다."

잉크를 찍은 펜을 들고 아우렐리아노 부엔디아 대령은 무서운 눈초리로 그를 쏘아보며 명령했다.

"무기를 모두 이쪽으로 넘기게."

헤리넬도 마르케스 대령은 일어서서 무기들을 모두 책상 위에 내려놓았다. "막사로 가게." 아우렐리아노 부엔디아 대령이 그에게 명령했다. "자네를 혁명군 군사재판에 회부할 테니까." 그리고 그는 선언서에 서명을 하고 사절단에게 넘겨주면서 말했다. "자, 받으시오. 나머지는 알아서 해주시길 바라오."

이틀 뒤 헤리넬도 마르케스 대령은 반역죄로 고발당해 사형을 선고받았다. 아우렐리아노 부엔디아 대령은 여느 때처럼 그물침대에 누워서, 관대한 처벌을 해달라는 청원에는 귀도 기울이지 않았다. 처형을 하기 전날 밤에 우르슬라는 아무도 들여보내지 말라는 명령을 어기고 그의 침실로 찾아갔다. 검은 옷을 걸치고, 보기 드문 위엄을 갖춘 우르슬라는 3분 동안 면담을 하면서 자리에 앉지도 않았다.

"네가 헤리넬도를 총살하리라는 건 잘 안다." 우르슬라가 침착하게 말했다. "그리고 나로서는 막을 도리가 없다는 것도 알고 있어. 하지만 이것만은 잊지 말아다오, 헤리넬도의 시체를 보게 되는 순간에 나는 네가 어디에 숨더라도 꼭 찾아내어 내 손으로 널 죽이고 말겠다고 우리 아버지와 어머니의 뼈에, 호세 아르카디오 부엔디아의 이름에, 그리고 또 하느님께 맹세하마." 그의 대답을 기다리지도 않고 방을 나서면서 우르슬라는 단호하게 이야기를 매듭지었다. "네가 돼지꼬리만 달고 태어났더라도, 벌써 널 죽였을 텐데."

헤리넬도 마르케스 대령이 아마란타의 바느질방에서 지냈던 나른한 오후를 회상하며 보낸 길고 긴 밤에, 아우렐리아노 부엔디아 대령은 또다시 자신을 둘러싼 고독의 껍질을 벗어나려고 몇 시간씩 몸을 비틀었다. 아버지를 따라서 얼음을 구경하러 갔던 어느 날 오후부터, 그가 행복을 느꼈던 순간들이라고는 금세공 작업실에서 황금으로 물고기를 만드느라 시간가는 줄 몰랐던 때 뿐이었다. 그가 40년이라는 세월을 보내고 겨우 소박한 삶의 가치를 깨닫게 될 때까지 그는 서른두 차례 전쟁을 벌였고, 죽음과의 맹약을 거듭 파기했으며, 영광이라는 이름의 수렁에 빠져서 돼지처럼 허덕였다.

고통스러운 불면의 밤에 지칠 대로 지친 그는 새벽녘, 형을 집행하기 한 시간 전에 감옥으로 찾아갔다.

"친구여, 이제 엉터리 연극은 끝났네. 모기들한테 물려서 죽기 전에 어서 여기서 나가세."

헤리넬도 마르케스 대령은 갑작스럽게 변한 그의 태도에서 느낀 경멸을 참을 수가 없었다.

"거절하겠네, 아우렐리아노. 자네가 타락한 꼴을 보느니 차라리 죽는 편이 낫겠어."

"그런 꼴은 보지 않을 거야. 어서 신발을 신고 나와서 이 지긋지긋한 전쟁을 끝낼 수 있게 도와주게."

이런 말을 한 순간, 그는 전쟁을 시작하기는 쉬워도 끝내기는 어렵다는 사실을 모르고 있었다. 정부가 반란군에 유리한 휴전 조건을 제시하도록 하는 데 거의 1년이 걸렸으며, 그 조건을 받아들여야 한다고 반란군 지휘자들을 설득하는 데 또다시 1년이라는 세월이 필요했다. 그는 부하들의 반란을 진압하기 위해서 상상하기조차 어려운 잔혹한 수단을 써야 했다. 최후의 승리만이 목표라고 고집하는 부하들의 기를 꺾기 위해 마지막 수단으로 정부군의 힘을 빌려 그들을 진압한 것이다.

군인으로서 그가 가장 위대했던 때는 이 무렵이었다. 추상적인 이념이라든가 정치인들이 상황에 따라 이리저리 뒤집히는 방침 때문이 아니라, 자신의 참된 해방을 위해서 싸우고 있다는 확신을 가지게 된 그의 가슴은 불타는 정열로 가득 찼다. 일찍이 승리를 위해서 싸울 때 못지않은 신념과 충실함을 가지고 패배를 위해서도 열심히 싸우던 헤리넬도 마르케스 대령은 아우렐리아노 부엔디아에게 쓸데없는 만용은 부리지 말라고 충고했다.

"걱정 말게." 아우렐리아노 부엔디아는 미소를 지으며 말했다. "사람이 죽는다는 게 그렇게 쉬운 일은 아니니까."

그의 경우, 그 말이 맞았다. 자기가 죽을 날이 멀지 않다고 굳게 믿은 아우렐리아노 부엔디아는 오히려 전쟁터의 죽음을 피하는 신비한 면역성을 지녔고, 그날이 올 때까지는 결코 죽지 않으리라는 불사신의 힘을 얻었기에, 승리보다도 훨씬 어렵고, 훨씬 처절하고, 값비싼 패배에 있어서도 성공을 할 수 있었다.

거의 20년 동안 전쟁을 치르면서 아우렐리아노 부엔디아 대령은 여러 번 고향을 찾아갔다. 매번 급작스럽게 찾아갔으며 어디를 가나 수많은 호위병들이 그의 뒤를 따랐다. 우르슬라까지도 접근할 수 없었던 전설적인 분위기가 그의 주위에 서려 있어서, 사람들은 결국 그를 낯선 사람처럼 느끼게 되었다. 마지막으로 그가 마콘도로 돌아와서 세 명의 첩을 위해 집을 한 채 빌렸을 때도, 그는 저녁 식사 초대를 받아들여 함께 식탁에 앉았던 두어 번만 겨우 식구들과 어울렸을 뿐이었다. 전쟁 통에 태어난 미녀 레메디오스와 쌍둥이들은 그를 거의 모르고 있었다. 아마란타도 자신이 어렸을 때 황금물고기를 만드느라고 골몰하던 오빠를, 지금은 모든 사람들로부터 언제나 3미터 이상 떨어져 있는 신화적인 용사와 쉽게 연결 지을 수가 없었다. 그러나 휴전 분위기가 무르익어가자, 다시 한 번 인간적인 존재로 돌아간 그가 드디어 가족 곁으로 돌아오려 한다는 것을 알았을 때, 오랫동안 잠들어 있던 가족의 애정은 어느 때보다 강하게 되살아났다. 우르슬라가 말했다.

"오랫만에 이 집안에서 남자를 볼 수 있겠구나."

영원히 오빠를 잃게 되지나 않나 하는 생각을 처음으로 한 사람은 아마란타였다. 휴전협정이 맺어지기 일주일 전, 그는 호위병을 거느리지 않은 채 집에 들어섰다. 먼저 도착한 맨발의 당번병 두 명이 당나귀에서 안장을 내려 현관에 놓고 시(詩)의 원고가 들어 있는 가방과 보잘것없는 다른 짐을 부리는 사이, 바느질방 앞을 지나가는 그를 보고 아마란타는 불러 세웠다. 그런데 아우렐리아노 부엔디아 대령은 아마란타를 쉽사리 알아보지 못했다.

"나, 아마란타예요." 아마란타는 들뜬 목소리로 말하면서 검은 붕대를 감은 손을 보여주었다. "자, 봐요."

오래전에 사형 선고를 받고 마콘도로 끌려왔던 날 아침, 붕대로 손을 감은 아마란타를 처음 보았을 때나 마찬가지로 아우렐리아노 부엔디아 대령은 미소를 지었다.

"세월이란 참 빨리도 흐르는구나."

반란군 대신에 정부 정규군이 집 주위를 경비했다. 그는 모욕적인 욕설을 들으며, 비싼 값에 팔기 위해 쓸데없이 전쟁을 확대했다는 비난을 받으면서 쫓기듯이 돌아왔다. 그는 발열과 오한으로 덜덜 떨었고, 겨드랑이에는 다시금 임파선이 부어올랐다. 여섯 달 전에 휴전이 이루어지리라는 얘기를 들은 우르슬라는 그가 신방으로 썼던 방의 문들을 활짝 열어젖히고 청소를 한 뒤 몰약(沒藥 : 감람과의 교목. 아라비아·아프리카 등지에 분포. 향기가 있고 쓴맛이 난다)을 구석구석에 피워 퀴퀴한 냄새를 없앴다. 그가 돌아오면 레메디오스가 가지고 놀던 낡은 인형들에 둘러싸여 그 방에서 한가한 삶을 누리며 늙어가게 하리라고 생각했다. 그러나 그는 지난 2년 동안 남아 있는 인생의 모든 날들, 노후의 날들까지 모두 다 살았다. 우르슬라가 특별히 신경을 써서 정리한 금세공 작업장 앞을 지나면서도 그는 문의 자물쇠에 꽂혀 있는 열쇠조차 알아채지 못했다. 오랜 세월이 지남에 따라 집에는 이곳저곳 금이 갔으며, 선명한 추억을 간직한 사람이라면 오랜만에 돌아와서 낙심할 만큼 옛 자취가 모두 사라졌다는 것도 알아채지 못했다. 벽에서 벗겨져 일어나는 석회나, 구석구석에 지저분한 솜처럼 엉킨 거미줄이나, 흰개미가 갉아먹은 대들보나, 정면 돌계단에 낀 이끼를 보고도 그는 전혀 가슴아파하지 않았다. 과거의 기억을 떠올리도록 그의 발 아래 파놓은 어느 함정에도 그는 걸리지 않았다. 그는 장화를 신은 채로 몸에 담요를 두르고 맑은 하늘을 기다리듯, 오후 내내 복도에 앉아 베고니아에 내리는 비를 지켜보았다. 그런 모습을 보고 우르슬라는 아들이 이 집에 오래 머물지 않으리라 예감했다.

'전쟁이 그를 다시 데려가지 않는다면, 아마 죽음이 그를 데려갈 거야.'

그 예측이 우르슬라의 머릿속에 어찌나 뚜렷하게 자리를 잡았는지, 우르슬라는 그것이 불길한 예감이라는 확신이 들었다.

그날 밤 저녁을 먹을 때, 아우렐리아노 세군도는 오른손으로 빵을 뜯고 왼손으로 수프를 먹었다. 그의 쌍둥이 형인 호세 아르카디오 세군도는 왼손으로 빵을 뜯고 오른손으로 수프를 먹었다. 두 아이의 동작이 어찌나 똑같았는지, 그들은 마주앉은 형제가 아니라 거울 앞에서 노는 한 아이처럼 보였다. 형제는 서로가 꼭 닮았다는 것을 알았을 때 생각해 낸 이 재주를 처음 보는 남자를 위해 선보였다. 그러나 아우렐리아노 부엔디아 대령은 그들을 거들떠보지도 않았다. 그는 어떤 일에도 관심이 없는 듯싶었으며, 미녀 레메디오스가 알몸으로 그의 앞을 지나 침실로 가는데도 아무런 반응을 보이지 않았다. 그런 멍한 상태에서 그를 끌어낼 수 있는 사람은 우르슬라뿐이었다. 저녁을 먹다가 우르슬라는 그에게 말했다.

"또다시 어디로 가버릴 생각이라면, 적어도 오늘 저녁을 우리가 어떻게 보냈는지는 기억해다오."

그러자 아우렐리아노 부엔디아 대령은 별로 놀라지도 않으면서, 자기의 비참한 상태를 꿰뚫어본 사람은 우르슬라뿐이라고 느꼈다. 그래서 몇 년 만에 처음으로 우르슬라의 얼굴을 유심히 바라보았다. 주름이 지고 이가 빠지고 머리카락은 윤기를 잃었으며 눈빛에는 힘이 없었다. 아우렐리아노 부엔디아 대령은 오래전인 어느 날, 끓는 국냄비가 식탁에서 떨어져 쏟아지리라 예감했던 순간의 우르슬라를 떠올려보고는 그동안 우르슬라가 완전히 초췌해졌음을 깨달았다. 한 눈에 그는 반 세기에 걸친 생애가 남긴 갖가지 상처자국이 우르슬라의 몸 이곳저곳에 남아 있음을 보았지만, 동시에 그는 그런 상처들을 보면서도 연민의 정조차 느낄 수 없음을 알았다. 그는 자기의 마음 속에서 사랑이 썩어 없어진 흔적이나마 찾아보려고 마지막 힘까지 짜냈지만 아무것도 찾아내지 못했다. 언젠가 한번은 자기 몸에서 우르슬라의 체취를 느끼고 막연한 부끄러움을 느낀 일도 있었고, 자신의 사고 방식에 우르슬라의 영향을 받은 부분이 있다는 것도 종종 느꼈다. 그러나 그 모든 것은 전쟁에 쓸려 내려가 사라졌다. 이제는 아내 레메디오스조차 자기 딸이라고 해도 될 나이의 여자라는 아련한 인상으로만 머릿속에 남았다. 사랑의 사막에서 만나 그의 씨를 받아서 해안 지역에 널리 뿌린 수많은 여자들도 그의 가슴 속에 아무런 느낌도 남기지 못했다. 그 여자들 대부분은 어둠 속에서 그의 방으로 스며들었다가는 날이 밝기 전에 떠나갔고, 이튿날이면 그 여자들에 대해서는 피로감밖에 느끼는 것이 없었다. 시간과 전쟁에 구애받지 않고 그에게 남아 있는 유일한 추억은 어렸을 때 호세 아르카디오에 대한 사랑이었는데, 그것도 애정보다는 공범자 의식에 가까운 감정이었다.

"용서하세요." 아우렐리아노 부엔디아 대령은 우르슬라의 애원을 듣고 미안해하며 말했다. "이 전쟁이 모든 것을 잊게 해버렸거든요."

그때부터 며칠 동안 그는 이 세상에 남긴 모든 발자취를 지우기 시작했다. 그는 금세공을 하던 작업실을 정리해서 장신구 몇 가지만 남겼고, 당번병들에게 옷을 모두 나누어주었다. 그의 아버지가 푸르덴치오 아귈라를 죽인 다음 창을 땅 속에 묻으면서 느꼈던 참회의 기분을 그대로 느끼면서 무기들을 마당에 묻었다. 오직 탄알을 한 발만 장전한 권총 한 자루만 남겨두었다. 우르슬라는 그가 하는 일에 간섭하지 않았다. 그의 행동을 막고 나섰던 때는 오직 한 번뿐이었다. 그것은 언제나 불을 켜놓은 응접실 등잔 앞에 걸어둔 레메디오스의 은판사진을 부수려고 했을 때였다. 우르슬라가 그에게 말했다.

"그 사진은 벌써 오래전부터 네 소유가 아니란다. 이제 그 사진은 집안의 보물이나 마찬가지야."

휴전협정이 이루어지기 전날 밤, 그의 과거를 떠오르게 할 물건들이 완전히 다 사라졌을 때, 그는 시 원고를 담은 가방을 가지고 때마침 산타 소피아 데 라 피에다가 아궁이에 불을 지피려 하는 제빵소로 갔다.

"이걸로 불을 지피게." 그는 노랗게 바랜 종이뭉치를 건네며 말했다. "아주 낡은 것이라 잘 탈 거야."

조용하고 배려심이 있어서, 자기 아이들이 한 말에도 대꾸하는 일이 없는 산타 소피아 데 라 피에다였으나, 순간 그 종이를 함부로 태우면 안 될 듯한 인상을 받았다.

"중요한 서류잖아요?"

"뭐 별로 그렇지도 않아. 그저 기분 전환삼아 썼던 것뿐이니까."

"그렇다면, 손수 태우시는 편이 좋겠어요."

그는 그 말대로 자기 손으로 원고들을 태웠을 뿐 아니라, 도끼로 가방을 찍어 토막낸 뒤 그것도 불 속에 던져 넣었다. 몇 시간 전에 필라르 테르네라가 그를 만나러 왔었다. 몇 년 동안 만나보지 못했던 필라르 테르네라가 그 사이에 너무나 늙고 뚱뚱해져서 아우렐리아노 부엔디아 대령은 놀라움을 금할 수가 없었다. 그러나 비록 그 밝고 매력적인 웃음을 잃기는 했어도 카드에 나타난 미래를 더 잘 읽을 수 있게 된 필라르 테르네라의 능력에는 감탄했다.

"입을 조심해야 되겠어요."

이 말을 듣고, 아우렐리아노 부엔디아 대령은 한창 영광을 누리던 시절 그와 똑같은 예언을 들었는데, 그건 정말 자신의 운명을 정확하게 맞춘 것이었다고 마음 속으로 생각했다. 얼마 안 있다가 임파선을 제거하는 수술을 위해 주치의가 찾아왔을 때, 아우렐리아노 부엔디아 대령은 슬쩍 심장이 정확히 어디에 있는지 알려달라고 했다. 의사는 청진기로 소리를 들으며 더듬다가 그의 가슴에다 요오드를 적신 솜으로 동그라미를 그려주었다.

따뜻하게 내리는 빗속에서 휴전이 시작되는 화요일 아침이 밝아왔다. 아우렐리아노 부엔디아 대령은 5시도 안 되어서 부엌으로 나와 버릇대로 설탕을 넣지 않은 블랙커피를 한 잔 들었다.

"네가 태어난 날도 바로 오늘처럼 날씨가 이랬지." 우르슬라가 말을 걸었다. "네가 눈을 뜨고 태어나서 모두들 깜짝 놀랐단다."

아우렐리아노 부엔디아 대령은 동틀 무렵의 고요함을 가르는 병사들의 분주한 움직임과, 나팔 소리와, 구령 소리에 귀를 기울이느라고 어머니의 말에는 신경을 쓰지 않았다. 여러 해 동안 전쟁터에서 살면서 이제는 퍽 귀에 익숙해졌을 만도 한데, 그는 젊었을 적에 처음으로 벌거벗은 여자와 자리를 같이했을 때처럼 기운이 없어 무릎이 떨리고 소름이 끼치는 기분을 느꼈다. 아우렐리아노 부엔디아 대령은 생각지도 않은 노스탤지어의 포로가 되어서, 만일 그때 그 여자와 결혼을 했더라면 자기는 전쟁이나 명예를 모르는 이름 없는 기술자, 행복한 한 마리의 짐승처럼 살아왔으리라고 생각했다. 뒤늦게 몸서리를 치면서 여태까지 생각해 보지도 않았던 그런 일에 신경을 쓰다보니 그는 아침 밥맛을 잃고 말았다. 아침 7시에 헤리넬도 마르케스 대령은 반란군 장교들을 거느리고 그를 데리러 왔다가, 아우렐리아노 부엔디아 대령이 어느 때보다도 더 말이 없고, 깊은 생각에 잠겨 있으며, 고독해 보인다는 것을 깨달았다. 우르슬라는 그의 어깨에 덮개를 하나 더 둘러주려고 했다.

"정부 사람들이 널 어떻게 여길지 생각 좀 해봐라." 우르슬라가 아들에게 말했다. "네 몰골을 보면 네가 담요를 살 돈도 없어서 항복을 한 줄 알겠다."

그러나 그는 어머니의 호의를 물리쳤다. 문을 나서서 비가 아직도 오는 것을 보고서야 그는 어머니로부터 호세 아르카디오 부엔디아가 쓰던 낡은 중절모만 하나 받아서 썼다. 그러자 우르슬라가 그에게 말했다.

"아우렐리아노야, 지금 가서 네가 고난을 겪게 되더라도, 이 어미를 생각해서 꼭 참겠다고 나에게 약속해 다오."

아우렐리아노 부엔디아 대령은 손을 펴서 들어 보이며 희미한 미소로 그것에 답하고는, 말 한마디없이 집을 나서서 사람들의 아우성과 욕설과 저주를 들으면서 마을을 떠났다. 우르슬라는 죽을 때까지 다시는 문을 열지 않겠다고 다짐하면서 빗장을 질렀다. '우리는 이 안에서 죽어 썩어갈 거야. 우리는 남자가 없는 이 집에서 썩어 한줌의 흙이 되겠지만, 그렇더라도 우리가 우는 꼴을 이 마을의 못난 놈들에게 보이는 일은 절대로 없을 거야.'

우르슬라는 오전 내내 집 안 구석구석을 뒤지며 아들의 추억 거리를 찾아내려고 했지만, 아무것도 찾을 수가 없었다.

휴전을 위한 조인식은 마콘도에서 20킬로미터 떨어진 어느 거대한 판야(동남아시아 원산으로, 열대지방에 분포하는 낙엽고목. 높이 약 30m에 이르며, 씨앗에서 솜털을 얻음.)나무 밑에서 거행되었는데, 뒷날 그곳을 중심으로 네에를란디아라는 마을이 생겼다. 정부와 양쪽 파의 대표, 무기를 지니지 않은 반란군 대표단을 영접한 사람들은, 비바람에 놀라 날아오르는 비둘기 떼처럼 시끄럽게 떠들며 법석대는 견습 성직자들이었다. 아우렐리아노 부엔디아 대령은 흙투성이 나귀를 타고 도착했다. 그는 면도도 하지 않았고, 명예와 명예에 대한 미련도 다 초월하여 지금은 아무런 희망도 없고, 이루지 못한 꿈에 대한 좌절감도 별로 느끼지 못했으며, 다만 겨드랑이의 임파선이 아파서 무척 고통스러울 뿐이었다. 그의 요구에 따라서, 음악이나 폭죽, 축하의 종이나 만세 소리들, 본디 슬퍼해야 마땅한 이 휴전의 성격을 왜곡하는 행사는 아무것도 허락되지 않았다. 남아 있었다면 그의 유일한 사진이 되었을 사진을 한 장 찍은 길거리 사진사는 현상도 하지 못하고 그 자리에서 필름을 꺼내 찢어버려야만 했다.

조인식은 서명만 하고 끝났다. 누덕누덕 기운 서커스 천막의 한가운데 마련한 엉성한 나무 탁자의 둘레에는 끝까지 아우렐리아노 부엔디아 대령에게 충성을 바친 장교들로 구성된 대표단이 앉았다. 서명을 하기에 앞서서 대통령이 보낸 특사가 항복규약을 낭독하려고 했지만 아우렐리아노 부엔디아 대령이 반대했다.

백년의 고독 169

"형식적인 일로 시간을 낭비하지 맙시다."

그는 그렇게 말하면서 서류를 읽지도 않고 서명을 하려고 했다. 그러자 천막 안의 잠이 올 듯한 고요함을 깨뜨리고 장교 하나가 말했다.

"대령님, 부탁드립니다. 맨 먼저 서명하지는 말아 주십시오."

아우렐리아노 부엔디아 대령이 그 청을 받아들였다. 종이 위를 스치는 펜촉 소리만 듣고서 서명된 이름이 누구의 것인지를 짐작할 수 있을 만큼 고요한 침묵 속에서 서류가 탁자를 한 바퀴 다 돌고 난 다음에도 맨 위 칸만은 그대로 비어 있었다. 아우렐리아노 부엔디아 대령이 그 빈 칸을 채우려고 하자, 다른 부하 장교 한 사람이 말했다.

"대령님, 아직 생각할 시간은 있습니다."

아우렐리아노 부엔디아 대령은 눈썹 하나 움직이지 않고 휴전협정서의 첫 페이지에 서명을 했다. 그런데 마지막 페이지에 막 서명을 하려는 순간, 반란군 대령 하나가 나귀 등에 함을 두 개 싣고 천막 앞에 나타났다. 문간으로 다가온 대령은 무척 젊은 사람임에도 불구하고 아주 성실하고 인내심이 강한 사람처럼 보였다. 그는 마콘도 지역에서 혁명군의 재정을 관장하던 사람이었다. 그는 굶어서 허우적거리는 나귀를 끌고 휴전협정이 이루어지는 시간에 맞춰 오기 위해서 엿새 동안이나 힘든 여행을 했다. 그는 보는 사람이 짜증이 날 정도로 느긋하게 밧줄을 풀고 함을 열어 72개의 금괴를 하나씩 하나씩 책상 위에 늘어놓았다. 그 엄청난 재물이 그들의 소유였다는 사실을 모두들 잊고 있었다. 중앙의 지휘권이 무너지고 혁명이 지휘자들 사이의 피비린내 나는 개인 사이의 투쟁으로 바뀌어버린 지난 한 해 동안의 무질서 속에서 재정관리 책임을 누가 지고 있었는지를 밝히는 것은 불가능했다. 혁명에 쓰려고 모은 황금은 모두 녹여서 덩어리로 만들고 진흙을 입혀 구워 벽돌처럼 보이게 만들어, 아무도 손댈 수 없는 곳에 감추어 놓았었다. 아우렐리아노 부엔디아 대령은 항복동의서에 금괴 72개를 반납한다는 조항을 첨부하고 연설없이 의식을 끝내버렸다. 깡마른 젊은 대령은 그의 앞에 마주 서서 까맣고 평온한 눈으로 아우렐리아노 부엔디아 대령의 얼굴을 들여다보았다. 아우렐리아노 부엔디아 대령이 그에게 물었다.

"아직도 할 말이 남아 있나?"

젊은 대령은 기죽지 않고 대답했다.

"수령증을 주셔야죠."

아우렐리아노 부엔디아 대령은 손수 수령증을 썼다. 그리고 나서 견습 성직자들이 나누어주는 비스킷 한 조각과 레모네이드 한 잔을 받아 마시고, 휴식을 위해 특별히 마련된 야전천막으로 들어갔다. 안으로 들어간 그는 셔츠를 벗고, 침대 가에 걸터앉아 정확히 오후 3시 15분에 그의 주치의가 요오드를 적신 솜으로 가슴에 그려준 동그라미를 권총으로 쐈았다. 바로 그 순간 마콘도에서, 아궁이에 얹어둔 우유가 이상하게도 끓지를 않아 수상하게 생각한 우르슬라가 냄비 뚜껑을 열자, 그 안에 구더기가 가득 차 있었다. 우르슬라가 소리쳤다.

"놈들이 우리 아우렐리아노를 죽였구나!"

외로움에 견딜 수 없을 때마다 하던 버릇대로 우르슬라는 마당으로 눈을 돌렸고, 그곳에는 죽을 때보다 훨씬 늙은 호세 아르카디오 부엔디아가 비에 함빡 젖은 불쌍한 모습으로 앉아 있었다.

"그 애는 습격을 당했어요." 우르슬라는 마치 직접 보고 온 것처럼 말했다. "죽은 그 애의 눈을 감겨줄 만큼 착한 사람도 없었지요."

눈물이 가득히 괸 우르슬라의 눈에 저물어가는 하늘을 별똥별처럼 지나가는 오렌지빛의 둥근 물체가 보였다. 우르슬라는 그것이 죽음을 뜻하는 섬광이라고 생각했다. 밤나무 아래에서 남편의 무릎에 매달려 울고 있으려니, 피가 말라붙어 뻣뻣해진 담요에 싸여 눈을 부릅뜬 아우렐리아노 부엔디아가 사람들에게 들려서 돌아왔다.

생명에는 지장이 없었다. 총알은 그의 가슴을 깨끗하게 뚫고 나가서, 의사는 요오드를 바른 끈을 가슴으로 찔러 넣어서 등으로 잡아뽑을 수 있었다.

"이건 내가 이룩한 최고의 걸작이오." 의사는 만족한 듯이 웃으며 말했다. "치명적인 곳을 조금도 건드리지 않고 총알이 말끔히 꿰뚫고 나갈 자리를 정확하게 짚어냈으니까요."

아우렐리아노 부엔디아 대령은 그의 영혼이 평온한 잠을 이루도록 열심히 찬송가를 부르는, 자비심 많은 견습 성직자들이 자신을 둘러싼 것을 보고 필라르 테르네라의 예언을 비웃기 위해서라도 입 안에 권총을 쏘았어야 했다고 못내 후회했다.

"만일 아직도 나에게 권한이 있다면 하고 싶은 일이 꼭 하나 있소." 아우렐리아노 부엔디아 대령은 의사에게 말했다. "당신을 재판없이 총살한다면 속이 후련하겠소. 생명의 은인이라니 당치도 않소. 날 바보로 만들었지 않소."

 실패로 끝난 그의 자살 기도는 그에게 잃었던 모든 명예를 되찾아주었다. 그가 금괴로 벽을 쌓아올린 집을 받고 혁명을 포기해 버렸다는 소문을 퍼뜨린 바로 그 사람들은, 미수로 끝난 그의 자살을 명예로운 행위라 부르짖고, 그를 순교자라고까지 추켜세웠다. 그리고 좀 더 뒤에, 대통령이 그에게 수여하려는 명예훈장을 그가 거절하자, 아우렐리아노 부엔디아 대령의 원수였던 사람들조차 그의 집으로 몰려와서 휴전협정을 파기하고 다시 반란을 일으키자고 부추겼다. 집 안에는 사죄의 뜻을 담아 보내온 선물들이 가득했다. 옛 전우들의 끈질긴 지지에 새삼 감동한 아우렐리아노 부엔디아 대령은 그들이 바라는 대로 행동할 생각이 없다고 딱 잘라 말하지는 않았다. 그러기는커녕 어떤 때는 새로운 반란에 대해 관심이 많은 태도까지 보였기 때문에, 그저 핑계거리를 기다릴 뿐이라고 헤리넬도 마르케스 대령은 생각했다. 대통령이 자유당이건 보수당이건 가리지 않고 퇴역한 군인들에게 연금을, 특별위원회가 퇴역군인들이 연금을 탈 자격이 있는지를 한 사람씩 일일이 검토하여 의회에서 연금법이 승인을 받을 때까지 일절 지급하지 않겠다고 발표했을 때, 그만하면 사실 반란을 일으키기에는 충분한 핑계가 마련된 셈이었다.

 "이건 말도 안돼!" 아우렐리아노 부엔디아 대령이 화가 나서 소리쳤다. "전신환을 기다리다가 모두들 늙어 죽고 말 거야."

 그는 우르슬라가 회복을 위해 사다준 흔들의자에서 처음으로 일어나 침실을 오락가락하면서 대통령에게 보낼 강경한 요청을 받아쓰게 했다. 끝까지 공개되지 않은 그 전보에서 그는 네에를란디아 조약이 최초로 위반되었다는 사실을 지적하여 대통령을 심하게 비난했고, 앞으로 2주일 안에 연금 지급 문제가 해결되지 않는다면 목숨을 걸고 죽을 때까지 전쟁을 벌이겠다고 협박했다. 자기 입장이 어느 모로 보아도 정당했기 때문에 만약 전쟁이 재발한다면 보수당 퇴역군인들의 지원도 받을 자신이 있었다. 그러나 그의 강력한 항변에 대해서 정부 측에서 보여준 반응이라고는 그를 보호한다는 명목으로 그의 집 둘레에 배치했던 경비병들의 숫자를 늘렸다는 것과 모든 면회를 금지시켰다는 것뿐이었다. 감시가 필요하다고 여겨지는 모든 지도자들에게 전국적으로 비슷한 일들이 행해졌다. 이 조치는 매우 적절하게 또한 철저하고도 효과적으로 행해져서, 휴전협정이 이루어진 두 달 뒤 아우렐리아노 부엔디아 대령이 완전히 회복되었을 때는, 가장 강력한 동지들은 이미 죽었거나 추방을 당하거나, 정부 내부에 갇히거나 했다.

　아우렐리아노 부엔디아 대령은 12월에 처음으로 방에서 나와 복도를 살펴보았을 뿐, 다시는 전쟁에 대해 생각하지 않기로 결심했다. 우르슬라는 그 나이에 어떻게 그럴 수가 있을까 싶을 만큼 활기차게 집에 다시 생기가 돌도록 치장을 했다.

　"보고만 계시라고." 아들이 이 집에 같이 살기로 했다는 것을 알았을 때 우르슬라가 말했다. "이 이상한 사람만 모여 사는 집을, 멋지고, 누구나 편하게 찾아올 수 있는 집으로 만들 테니까."

　우르슬라는 벽을 깨끗이 닦아내고, 페인트를 칠하고, 가구를 바꾸고, 정원을 손질해서 꽃을 새로 심고, 침실 안까지 눈부신 여름 햇살이 들어오도록 문과 창문을 모두 열어 젖혔다. 여태까지 계속해서 치르던 상(喪)도 다 끝내겠다고 선언한 다음 우르슬라는 스스로 수수한 옷을 벗어버리고 밝은 옷으로 갈아입었다. 자동피아노에서 음악이 다시 울려 나오고, 집안은 밝고 즐거운 분위기가 되살아났다. 그 음악을 들으며 아마란타는 피에트로 크레스피와 그의 치자나무꽃과, 그에게서 풍기던 라벤더 향기를 떠올렸고, 세월의 흐름에 씻겨졌다고는 하나, 희미한 분노가 시들어버린 마음 속에서 꽃을 피우는 것을 느꼈다.

　어느 날 오후, 응접실을 정돈하던 우르슬라는 집을 감시하던 군인들을 불러서 일을 거들어 달라고 했다. 그들을 지휘하던 젊은 장교는 부하들에게 일을 돕도록 허락했다. 조금씩 조금씩 우르슬라는 그들에게 새로운 일거리를 나누어 주었다. 우르슬라는 그들을 식사에 초대하고, 옷과 구두도 주고, 읽기와 쓰기도 가르쳤다. 정부에서 감시를 중지한 다음에도 그들 중 한 사람은 남아서 오랫동안 우르슬라의 일을 도왔다. 또한, 경비대의 젊은 대장은 미녀 레메디오스에게 거절당하고 미쳐서 1월 1일 아침 그녀의 방 창문 밖에서 사랑에 목숨을 바친 시체로 발견되었다.

10

　세월이 흘러 죽음에 임박한 아우렐리아노 세군도는, 첫아들을 보려고 침실로 들어갔던 6월의 어느 비 오는 날 오후를 떠올렸다. 비록 그 아기가 힘없이 울기만 하고, 부엔디아 집안의 특성을 하나도 타고 나지 못했어도 그는 아이의 이름을 단번에 결정했다.
　"이 아이는 호세 아르카디오라고 부릅시다."
　작년에 그와 결혼한 아름다운 아내 페르난다 델 카르피오도 그러자고 했다. 그러나 우르슬라만큼은 막연한 불안을 숨기지 못했다. 집안의 역사를 돌이켜보고, 비슷한 이름을 자꾸만 되풀이해서 써 온 사실에서, 우르슬라는 어떤 단정적인 결론들을 얻게 되었다. 아우렐리아노라는 이름을 가진 아이들은 머리는 좋았지만 내성적이었고, 호세 아르카디오라는 이름을 받은 아이들은 충동적이며 배짱이 있었으나 어떤 비극적인 면모를 지니고 있었다. 그 어디에도 속하지 않는 경우라고는 호세 아르카디오 세군도와 아우렐리아노 세군도뿐이었다. 서로 질세라 장난이 심했던 그들은 어릴 적부터 어찌나 닮았는지, 어머니인 산타 소피아 데 라 피에다조차 누가 누구인지 구별할 수 없을 지경이었다. 영세를 받은 날 아마란타가 그들의 이름을 박은 팔찌를 하나씩 채워주고, 이름의 머릿글자를 수놓은 색깔이 다른 옷을 입혔지만 아이들은 학교에 들어가자마자 서로 옷을 바꿔 입고, 팔찌도 바꿔 차고서는 이름을 바꿔 말하며 돌아다녔다. 푸른 셔츠를 입고 다니는 아이가 호세 아르카디오 세군도라고만 알고 있던 멜초르 에스칼로나 선생은, 그 아이가 아우렐리아노 세군도의 팔찌를 차고, 다른 아이는 흰 셔츠를 입고 호세 아르카디오 세군도의 이름이 박힌 팔찌를 차고 있으면서도 자기의 이름이 아우렐리아노 세군도라고 우기는 통에 머리가 돌아버릴 것만 같았다. 그 일이 있은 다음부터 선생은 누가 누구인지 통 알아낼 자신이 없었다. 그들이 자라서 저마다의 인생을 걷기 시작한 뒤에도, 우르슬라는 아이들이 짓궂게 남들을 혼란스럽게 하려고 장난을 치며 이름을 바꾸다가 잘못해서 자기들도 모르는 사이에 이름이 완전히 바뀌지나 않았는지 의심스러웠다. 사춘기에 들어설 때까지 그들은 완전히 똑같은 기계 두 대나 마찬가지였다. 똑같은 시간에 잠에서 깨어났고, 화장실에 가고 싶은 시간도 똑같았으며, 병이 나도 똑같이 났고, 심지어는 꿈도 똑같이 꾸었다. 그저 남들이 혼동하는 것이 재미있어서 그들이 똑같이 행동한다고 믿었던 집안 식구들은, 어느 날 산타 소피아 데 라 피에다가 한 아이에게 레모네이드 한 잔을 주었더니 입에 대자마자 다른 아이가 그건 설탕이 안 들었다고 했다는 얘기를 듣고는 생각을 바꾸었다. 레모네이드에 설탕을 깜빡 잊고 타지 않았던 산타 소피아 데 라 피에다는 그 이야기를 우르슬라에게 했다. 우르슬라는 조금도 놀라지 않고 말했다.

"이 집안 사람들은 모두 그렇단다. 날 때부터 특이하지."

시간이 지남에 따라 혼란스러운 분위기는 차츰 가라앉았다. 남을 놀라게 해주는 장난에서 아우렐리아노 세군도로 결정된 아이는 할아버지를 닮아서 몸집이 엄청나게 컸고, 호세 아르카디오 세군도로 결정된 아이는 대령처럼 뼈만 앙상했는데, 그들 사이의 공통점이라면 집안 대대로 물려받은 어딘지 고독해보이는 분위기뿐이었다. 체격과 이름과 성격이 서로 엇갈린 아이들을 보며 우르슬라는 그들이 어렸을 때부터, 카드를 섞듯이 섞어버렸다고 생각했다.

가장 두드러진 차이점은 전쟁 통에 나타났다. 그것은 호세 아르카디오 세군도가 사형 집행 장면을 구경시켜 달라고 헤리넬도 마르케스 대령에게 부탁했다는 점이었다. 우르슬라가 반대했지만, 그는 결국 보고 싶은 것을 볼 수 있었다. 그러나 아우렐리아노 세군도는 사형 집행이라는 말만 듣고도 벌벌 떨었다. 그리고 그는 집에 남았다. 열두 살이 되던 해에 그는 우르슬라에게 자물쇠를 채운 방에 무엇이 있느냐고 물었다.

"종이들뿐이야." 우르슬라가 말했다. "멜키아데스가 읽던 책들이나 그가 죽기 전에 글을 적어둔 종잇조각들만 잔뜩 있지."

그 설명을 듣고 아우렐리아노 세군도의 호기심은 가라앉기는커녕 더욱더 심해졌다. 방 안에 있는 물건들은 하나도 망가뜨리지 않겠다고 하면서 자꾸만 달라붙는 바람에 우르슬라는 결국 방 열쇠를 주고 말았다. 멜키아데스의 시체를 치우고 문에 자물쇠를 채운 다음에는 아무도 그 방에 들어간 일이 없었기 때문에, 자물쇠는 잔뜩 녹이 슬어 있었다. 그러나 아우렐리아노 세군도가 창문을 열었을 때는 날마다 방 안을 비춘 것처럼 낯익은 햇살이 쏟아져 들어왔고, 방 안은 장례식이 있던 날보다 더 말끔하게 모든 것이 손질되어 있었다. 거미줄이라고는 흔적도 찾아볼 수 없었고 병 속의 잉크도 마르지 않은 채 그대로였다. 쇠붙이도 산화되지 않아 광택이 났으며, 호세 아르카디오 부엔디아가 수은을 태우던 가마의 불도 꺼지지 않고 남아 있었다. 책장 선반에는 햇볕에 무두질한 사람의 피부처럼 빳빳하고, 색이 옅은 재료로 장정된 책들이 꽂혀 있었다. 원고들도 무사했다. 방문을 여러 해 동안 닫아두었음에도 방 안 공기는 집 안 다른 어느 곳보다도 신선했다. 흘러간 세월의 자취가 하나도 없어서, 몇 주 뒤에 바닥을 솔로 닦고 물청소를 하려고 물통을 들고 들어온 우르슬라는 할 일이 없어 그냥 도로 나와야만 했다. 아우렐리아노 세군도는 한 책에 정신이 팔려 있었다. 표지도 없고 제목도 찾을 수 없었으나 그는 탁상에 앉아 핀으로 찍은 쌀알만 먹고 사는 여자 이야기나, 그물에 매달 쇠붙이를 빌려주고 그 대가로 물고기를 받았는데 그 물고기의 뱃속에서 다이아몬드가 나왔다는 어부 이야기, 그리고 사람의 소원을 들어주는 램프와 날아다니는 양탄자에 대한 이야기들을 흥미롭게 읽었다. 깜짝 놀란 그는 우르슬라에게로 가서 그 얘기들이 모두 사실인지 아닌지 물었고, 우르슬라는 그 얘기들이 모두 사실이며, 여러 해 전에 집시들이 요술 램프나 날아다니는 양탄자를 가지고 마콘도에 찾아왔었다고 말했다.

"그런데 이제는 사정이 좀 달라졌어." 우르슬라가 한숨을 쉬었다. "세상의 종말이 다가와서 이제 그런 물건들도 볼 수 없게 되었어."

찢겨 나간 페이지들이 많아서 제대로 끝난 것이 없는 이야기들을 모조리 다 읽고 난 다음에 아우렐리아노 세군도는 손으로 쓴 원고에 적힌 글들을 해독하기 시작했다. 그러나 그것은 불가능한 일이었다. 종이에 적힌 글자들은 햇볕에 말리려고 빨랫줄에 멋대로 걸어놓은 빨래들 같았으며, 글자라기보다는 음표처럼 보였다. 어느 무더운 날 정오에 원고를 조사하던 그는 그 방 안에 자기 혼자만 있는 게 아니라는 걸 느꼈다. 멜키아데스가 창문으로 들어오는 햇빛을 받으며 두 손을 무릎 위에 놓고 가만히 앉아 있었던 것이다. 그는 아직 마흔도 되지 않아 보였다. 그는 언제나 입고 다니던 유행이 지난 조끼를 입고 까마귀 날개처럼 보이는 모자를 썼으며, 머리카락의 기름이 땡볕에 녹아서 관자놀이 위로 줄줄 흘러내렸는데, 그의 모습은 아우렐리아노와 호세 아르카디오가 어렸을 때 본 모습 그대로였다. 할아버지의 추억을 세습 재산처럼 물려받은 아우렐리아노 세군도는 멜키아데스를 한눈에 알아볼 수 있었다. 아우렐리아노 세군도가 인사를 했다.

"안녕하세요?"

"안녕?"

그로부터 몇 해 동안 그들은 매일같이 만났다. 멜키아데스는 그에게 세상 얘기를 들려주면서 자기의 해묵은 지식을 전해 주려고 했지만, 자기가 남긴 원고를 해석해 주는 것만은 거절했다.

"100년이 지날 때까지는 누구도 이 원고의 내용을 알아서는 안 된단다."

아우렐리아노 세군도도 그들이 만난다는 사실을 끝까지 비밀로 했다. 한 번은 멜키아데스가 아직 방 안에 있는 동안 우르슬라가 갑자기 들어와서, 그는 자기만의 세계가 무너졌다는 느낌이 들었다. 그러나 다행히도 우르슬라의 눈에는 멜키아데스가 보이지 않았다. 우르슬라가 물었다.

"누구랑 얘기를 하고 있었니?"

"아뇨, 아무하고도요."

"네 증조할아버지가 곧잘 그랬지. 그 양반은 걸핏하면 혼잣말을 하곤 했단다."

한편 호세 아르카디오 세군도는 이미 소원대로 총살이 집행되는 장면을 구경했다. 그는 죽는 그날까지 여섯 발의 총탄이 동시에 날아가면서 뿜어내던 불꽃과, 언덕에 울리던 총성의 메아리와 슬픈 미소를 띠고 어찌할 바를 모르는 눈길로 서 있던 사람을 결코 잊지 못했다. 그 남자는 셔츠가 피로 젖어가는 동안에도 서 있었다. 말뚝에서 풀어 내려 석회를 가득 채운 관에 담겨서도 여전히 미소짓고 있었다.

'아직 살아 있구나! 산 채로 땅에 묻으려는 건가!'

그때의 인상이 어찌나 강렬했던지 그때부터 그는 처형 자체보다도 총살시킨 남자를 생매장하는 그 무시무시한 방식이 싫어서, 군사훈련이나 전쟁을 혐오하게 됐다. 그가 언제부터 교회의 종을 울리고, 〈돌대가리〉 신부의 뒤를 이어받은 안토니오 이사벨 신부의 미사를 거들고, 사제관 앞마당에서 싸움닭을 돌보기 시작했는지 정확히 알고 있는 사람은 아무도 없었다. 헤리넬도 마르케스 대령은 그런 사실을 알게 되자 자유당에서 금지하는 일을 배우는 그를 심하게 꾸짖었다.

"아무래도 저는 본래가 보수적인 사람인가 봐요." 호세 아르카디오 세군도는 대답했다.

그는 자기가 그렇게 된 과정이 숙명이라고 굳게 믿었다. 놀란 헤리넬도 마르케스 대령은 그 이야기를 우르슬라에게 해주었다.
"그것 참 반가운 소리군." 우르슬라는 오히려 기뻐했다. "그 애가 진짜 신부님이 되면 우리 집에도 하느님이 찾아와 주시겠지."
얼마 안 있어, 안토니오 이사벨 신부가 그에게 첫 영성체를 줄 생각이라는 사실이 밝혀졌다. 신부는 싸움닭의 목덜미를 쓰다듬으며 교리 문답을 가르쳤다. 알을 품도록 닭들을 닭장에 넣으면서 신부는 간단한 예를 들어가면서 하느님께서 세상을 창조하는 둘째 날에 달걀 안에서 병아리가 생겨나도록 하신 것을 설명했다. 그러나 이 무렵부터 마콘도 교구의 신부는 망령기가 들어서, 몇 년이 지난 뒤 그는 하느님을 반역한 악마가 하느님과의 싸움에서 이겼다는 해괴한 얘기도 했고, 정신을 제대로 차리고 있지 않는 인간들을 함정에 빠뜨리기 위해서 정체를 감추고 하늘나라의 왕좌에 앉아 있는 자도 하느님이 아니라 악마라고 설명했다. 이렇게 대담한 스승 밑에서 선도를 받은 호세 아르카디오 세군도는 2~3개월 만에 악마와 논쟁을 해도 이길 만큼 신학의 미묘한 이론 전개에 익숙해졌고, 그러는 사이 닭싸움에 대한 지식도 많이 늘었다. 아마란타는 그에게 칼라와 타이가 달린 삼베옷을 한 벌 만들어주고, 흰 구두를 한 켤레 마련해 주었으며, 금박으로 그의 이름을 새겨 리본을 묶은 양초를 가져다주었다. 첫 영성체를 주기 이틀 전 밤에, 안토니오 이사벨 신부는 그와 함께 성구 안치소에 들어앉아 죄악의 사전을 뒤져가면서 고해를 들었다. 고해는 한없이 계속되어서 저녁 6시만 되면 잠자리에 들던 늙은 신부는 고해가 끝나기도 전에 의자에 앉은 채 잠이 들고 말았다. 그 심문은 호세 아르카디오 세군도에게는 하나의 계시였다. 여자들하고 혹시 나쁜 짓을 하지 않았느냐고 신부가 물었을 때 그는 조금도 놀라지 않고 솔직하게 없었다고 대답을 했지만, 그런 짓을 혹시 짐승하고는 한 일이 없었느냐는 질문을 듣고는 무척 당황했다. 5월의 첫 금요일에 그는 호기심에 가득 차서 영성체를 받았다. 나중에 그는, 종탑에 살면서 박쥐를 잡아먹고 산다고 소문난 병에 걸린 성당지기 페트로니오에게 신부와 가졌던 대화에 대해서 물었다. 페트로니오는 이렇게 대답했다.
"암탕나귀하고 그 짓을 하는 몹쓸 기독교인들이 있다고 하더군."
호세 아르카디오 세군도는 강한 호기심을 보이며 자꾸만 질문을 계속했고, 페트로니오는 마침내 참을성을 잃었다.

"난 화요일 밤이면 그런 곳에 가지." 그는 고백을 했다. "비밀을 지켜준다면, 다음 화요일에 너도 데려가주겠어."

다음 화요일이 되자, 페트로니오는 어디에 쓰는 것인지 아무도 모르고 있던 나무의자를 하나 가지고 종탑에서 내려왔다. 그는 호세 아르카디오 세군도를 데리고 근처의 들판으로 나갔다. 소년은 밤나들이에 흠뻑 빠져서, 오랫동안 카타리노의 가게에서 그의 모습을 볼 수가 없었다. 그는 이미 어엿한 닭싸움꾼이 되었다.

"그것들 좀 치워버려!" 멋진 싸움닭을 안고 들어오는 그를 보자마자 우르슬라가 야단을 쳤다. "우리 집안은 벌써 싸움닭 때문에 온갖 고초를 다 겪었으니, 너까지 닭을 가지고 돌아다닐 필요는 없어."

호세 아르카디오 세군도는 아무런 대꾸도 하지 않고 그냥 싸움닭들을 치워버렸다. 그러나 그를 집에 오게 하려고 무엇이라도 내주던 할머니 필라르 테르네라의 집에서는 계속해서 닭을 쳤다. 그는 안토니오 이사벨 신부에게 배운 훌륭한 솜씨를 곧 투계장에서 발휘하기 시작 해, 얼마 안 가서 기르는 닭의 수를 늘렸을 뿐만 아니라, 사내의 욕정을 만족시키는 곳에도 갈 수 있을 만큼 많은 돈을 벌었다. 우르슬라는 그런 그를 동생과 비교해 보고는, 어릴 때 그토록 똑같았던 그들이 어쩌다가 서로 그렇게 달라졌는지 도무지 이해를 할 수가 없었다. 그러나 그런 걱정은 별로 오래 가지 않았다. 곧바로 아우렐리아노 세군도가 게으름과 방탕의 기미를 보였기 때문이다. 멜키아데스의 방에 들어앉아 있을 때 그는, 아우렐리아노 부엔디아 대령이 젊었을 때 그랬듯이 명상을 즐겨했다. 그러나 네에를란디아 조약이 체결되기 얼마 전 아주 우연한 사건으로 인해 그는 명상에서 끌려나와 현실을 마주보게 되었다. 아코디언이 걸린 복권을 파는 젊은 여자가 그에게 친근하게 말을 걸어왔다. 사람들이 걸핏하면 형으로 혼동해서 인사하는 일이 많았기 때문에 아우렐리아노 세군도는 별로 놀라지 않았다. 그러나 사람을 잘못 본 거라고 말해주기도 전에, 여자가 우는 소리로 매달리며 자기 집으로 그를 데려갔다. 여자는 처음 만난 순간부터 그에게 반해, 그가 추첨에서 아코디언을 탈 수 있도록 조작까지 했다. 2주일이 지났을 무렵 아우렐리아노 세군도는 여자가 자기와 호세 아르카디오 세군도를 한 사람이라 생각하고 자신들과 교대로 잠자리에 들고 있음을 알았지만, 사실을 밝히기는커녕 아우렐리아노 세군도는 그 상태를 되도록 연장하려고만 들었다. 그는 이제 멜키아데스의 방으로 돌아가지 않았다. 그는 마당에서 귀동냥으로 배운 아코디언을 연습하며 오후를 보냈다. 우르슬라는 아코디언이라면 프랜시스코 엘 옴브레의 후손들인 떠돌이들이나 연주하는 악기라고 천하게 여겼고, 집안에서는 상을 치르고 있어 음악을 들어선 안 된다고 했다. 하지만 아우렐리아노 세군도는 어느샌가 아코디언의 명수가 되었고, 그의 아코디언 연주 솜씨는 그가 결혼해서 아이를 낳은 다음에도 유명했다.

형제는 두 달 가까이 그 여자를 함께 상대했다. 아우렐리아노 세군도는 항상 형을 지켜보면서 계획을 짜고, 호세 아르카디오 세군도가 그 여자를 만나러 가지 않는 날이면 자기가 가서 여자와 자곤 했다. 그러던 어느 날 아침, 그는 자기가 병에 걸렸음을 알았다. 이틀 뒤 그는 화장실 기둥을 잡고 땀에 흠뻑 젖어 눈물을 흘리고 있는 형을 보고 어떻게 된 일인지를 알았다. 형은 자기가 추잡한 병을 옮겨서 여자가 자기를 쫓아냈다고 고백했다. 그리고 자기의 병을 고쳐주려고 필라르 테르네라가 무척 애를 썼다는 얘기도 했다. 아우렐리아노 세군도는 과망간산을 넣은 따뜻한 물로 씻고 이뇨제를 복용했으며, 두 사람은 저마다 석 달 동안 고생을 치른 끝에 병이 나았다. 호세 아르카디오 세군도는 그 여자를 다시는 만나지 않았으나, 아우렐리아노 세군도는 형의 허락을 받아 여자를 독차지했다.

그 여자의 이름은 페트라 코테스였다. 그 여자는 전쟁 통에 추첨권 장수인 남편과 함께 마콘도로 왔으며, 남편이 죽은 다음에는 그의 사업을 이어받았다. 아몬드를 떠올리게 하는 노란 눈이 표범처럼 날카로운 인상을 주는 아담하고 젊은 혼혈아였지만 마음만은 너그러웠으며, 사랑의 기술에 대해서는 남다른 소질이 있었다. 호세 아르카디오 세군도가 닭싸움에 빠지고, 아우렐리아노 세군도는 첩의 집에서 떠들썩 파티를 벌이며 아코디언을 연주한다는 것을 알게 된 우르슬라는 미쳐버릴 것 같았다. 그 두 아이들에게는 집안의 모든 단점만이 종합되어 되살아났고, 부엔디아 집안의 미덕이라고는 하나도 물려받지 않은 듯 생각되었다. 그래서 우르슬라는 앞으로 누구에게도 아우렐리아노나 호세 아르카디오라는 이름을 붙여주지 않겠다고 굳게 결심했다. 그러나 아우렐리아노 세군도가 첫아들을 얻었을 때, 우르슬라는 아우렐리아노 세군도의 뜻을 굽힐 수가 없었다.

"마음대로 해라." 우르슬라가 말했다. "하지만 조건이 하나 있어. 그 아이는 내 손으로 키우겠다."

비록 우르슬라가 벌써 100살이 넘었고, 백내장으로 눈이 거의 멀었어도, 그는 여전히 활동적이었고, 성실했으며, 냉정한 판단력을 지니고 있었다. 그가 생각하기에 전쟁이라든가, 싸움닭이라든가, 나쁜 여자들이라든가, 황당무계한 사업 같은, 말하자면 부엔디아 집안의 몰락을 초래한 네 가지 재앙과는 거리가 먼 덕망이 있는 사람을 키워서 가문의 체통을 되찾을 수 있는 능력을 가진 사람으로서는 우르슬라를 뒤따를 사람이 없었다.

"이 아이는 반드시 신부가 될 거야." 우르슬라가 엄숙하게 선언했다. "하느님이 나에게 장수할 수 있는 복을 내려주신다면, 이 아이를 꼭 교황으로 키우겠어."

이 이야기를 듣고는 침실 안에 있던 사람들뿐만 아니라, 집 안에 몰려왔던 아우렐리아노 세군도의 소란스런 친구들도 폭소를 터뜨렸다. 샴페인이 터졌다. 그 기세 좋은 소리에, 불길한 추억의 다락방에 처박아 놓았던 전쟁이 한순간 모두의 머릿속을 스쳤다. 아우렐리아노 세군도가 축배를 건의했다.

"교황의 건강을 위하여!"

손님들도 이구동성으로 축배를 들었다. 그 뒤에 주인이 아코디언을 연주했고, 여기저기에서 폭죽이 터졌으며 온 마을에 이 기쁜 소식을 전하기 위한 북소리가 요란히 울렸다. 날이 밝아올 무렵, 샴페인에 흠뻑 취한 손님들은 암소 여섯 마리를 요리해서 길에서 사람들에게 대접했다. 이 거창한 잔치에 놀란 사람은 없었다. 아우렐리아노 세군도가 집안일을 맡게 된 다음부터는 교황의 탄생을 축하한다는 그럴싸한 구실이 없었어도 언제나 잔치가 끊이지 않는 실정이었다. 몇 년 동안 그는 단순히 운이 좋아서였는지, 그렇게 열심히 일하지 않았는데도 키우는 짐승들이 엄청나게 많은 새끼를 낳는 통에, 늪지대에서는 손꼽힐 만큼 어마어마한 재산을 모았다. 그가 기르던 암말들은 세 쌍둥이 망아지를 낳았고, 암탉들은 하루에 두 번씩 알을 낳았으며, 그의 돼지들은 마술의 힘이 아니라면 불가능할 만큼 엄청나게 살이 쪘다.

"이럴 때 저축을 해야 한단다." 우르슬라가 무분별한 증손자에게 충고를 했다. "이런 행운이 평생토록 계속될 리는 없으니까."

그러나 아우렐리아노 세군도는 우르슬라의 말을 건성으로 들었다. 친구들과 어울려 샴페인을 터뜨리면 터뜨릴수록 그의 짐승들은 더 새끼를 많이 쳤다. 그래서 그는 자신의 행운이 자기의 처신과는 관계가 없으며, 자연을 자극할 정도의 정열을 가진 그의 첩 페트라 코테스의 덕이라고 믿게 되었다. 이런 이유로 그는 페트라 코테스가 가축 울타리 곁에서 절대 멀어지지 않도록, 결혼해서 아이를 낳은 다음에도 부인 페르난다의 동의 하에 그녀 곁에서 살았다. 할아버지들을 닮아서 건장하면서도, 그들과는 달리 밝은 성격으로 사람들의 호감을 샀던 아우렐리아노 세군도는 자기가 기르는 짐승들을 돌볼 필요가 거의 없었다. 그가 하는 일이라고는 페트라 코테스를 말에 태워서 가축들의 우리를 돌아다니며, 자신의 낙인이 찍힌 모든 짐승들이 고질적인 다산증(多産症)에 전염되게 하는 것이었다.

그의 평생 동안 찾아왔던 모든 행운이 그렇듯, 이 엄청난 부(富)도 우연히 그에게 찾아들었다. 전쟁이 끝날 때까지 페트라 코테스는 추첨권 장사에서 얻은 수입으로 생계를 유지했고, 아우렐리아노 세군도는 태평스런 우르슬라의 저금통에서 돈을 빼다가 살았다. 그들은 태평스런 한 쌍이어서, 그들에게는 아무 걱정거리도 없었고, 그저 관심이 있다면 밤마다, 그것도 금기된 날에까지 한데 어울려 새벽까지 사랑놀음을 하는 것뿐이었다.

"저 여자가 널 아주 망쳐놓고 말겠구나." 몽유병자처럼 에부수수한 표정으로 집 안으로 들어서는 손자를 볼 때마다 우르슬라가 고함을 쳤다. "그 여자한테 그렇게 홀려 있다가는 얼마 안 가 두꺼비가 뱃속에 들어앉아서 복통으로 몸부림치게 될 게다."

오랜 시간이 걸려서야 자기가 따돌려졌다는 것은 알게 된 호세 아르카디오 세군도는 동생이 왜 그토록 그 여자한테 빠져 있는지 이해할 수가 없었다. 그가 기억하고 있던 바로는 페트라 코테스는 침대에 들면 별로 열을 안 내고, 사랑의 기교도 모자라는 흔해 빠진 여자였다. 그러나 아우렐리아노 세군도는 그때 우르슬라의 애원이나 형의 빈정거림에는 귀도 기울이지 않았다. 페트라 코테스와 함께 살 집을 마련하여, 그녀의 위에서, 아니면 밑에서 밤새 정욕을 불사르고 둘이 함께 죽는 길이 없을까 하는 데만 정신이 팔려 있었다. 아우렐리아노 부엔디아 대령이 노년기의 조용한 즐거움에 드디어 마음이 끌려 다시 작업실 문을 열었을 때, 아우렐리아노 세군도는 자기도 황금물고기를 만들면 장삿속이 괜찮으리라는 생각이 들었다. 그는 대령이 뜨거운 방 안에 몇 시간씩 들어앉아, 체념에서 생겨난 놀라운 인내로 딱딱한 금속판을 차츰 황금비늘로 바꿔가는 것을 지켜보았다. 그 작업 과정이 워낙 힘들어 보인 데다 페트라 코테스의 얼굴이 잠시도 머리를 떠나지 않아서, 3주일 뒤에는 작업실에서 자취를 감추었다. 토끼를 추첨에 붙여 팔아보겠다는 생각이 페트라 코테스에게 떠오른 때는 바로 이즈음이었다. 토끼들이 어찌나 빨리 자라고 많이 새끼를 쳤던지 미처 추첨권을 팔 시간도 모자랄 지경이었다. 처음에 아우렐리아노 세군도는 이 놀라운 번식 속도를 알아채지 못했다. 그러나 동네 사람들이 토끼 추첨에는 관심도 없어졌을 무렵의 어느 날 밤, 그는 마당 벽 쪽에서 들려오는 이상한 소리를 들었다.

"놀랄 것 없어요." 페트라 코테스가 말했다. "토끼들 소리니까요."

그들은 토끼들이 내는 잡음 때문에 잠을 이룰 수가 없었다. 동녘이 밝아오자 아우렐리아노 세군도는 문을 열고 밖을 내다보았다. 마당은 새벽빛을 받아 푸르스름한 토끼들로 완전히 덮여 있었다. 그를 놀려주고 싶은 마음에 페트라 코테스는 이를 악물고 웃음을 참으며 말했다.

"저 토끼들은 전부 어젯밤에 태어난 것들이에요."

"믿어지지가 않는걸. 소를 경품으로 해서 추첨권을 팔아보면 어떨까?"

며칠 뒤 마당을 치우려는 생각에 페트라 코테스는 토끼들을 몽땅 주고 소를 한 마리 사들였다. 그 소는 두 달 있다가 송아지를 세 마리나 낳았다. 이것이 모든 일의 시초였다. 삽시간에 아우렐리아노 세군도는 땅과 가축을 얻게 되었고, 터질 듯한 마굿간과 돼지우리를 증축하느라 바빴다. 너무나 일이 잘 풀려서 그는 웃음이 멈추지 않았다. 마음이 너무 들떠서 엉뚱한 짓도 많이 했다.

"자, 소들아, 길 좀 비켜라. 인생은 짧단다."

우르슬라는 그가 혹시 나쁜 일에 얽혀들지나 않았는지 걱정이 되었다. 그가 어디서 도둑질을 해오는 것이나 아닌지, 저러다가 소도둑으로 잡혀가지나 않을지 애를 태웠다. 샴페인을 따서 머리에 쏟아부으며 기뻐하는 그를 볼 때마다 그의 낭비벽을 꾸짖었다. 그것이 지긋지긋했는지 아우렐리아노 세군도는 어느 날 아침 기분이 좋은 얼굴로, 돈을 한 아름 안고 풀 한 통과 붓 한 자루를 들고 나타나서, 프랜시스코 엘 옴브레가 부르던 노래들을 목청을 돋우어 부르며, 집 안팎을 바닥에서 꼭대기까지 구멍 하나 남기지 않고 1페소짜리 지폐로 몽땅 도배했다. 자동피아노를 들여놓을 때 하얗게 칠했던 낡은 저택은 이제 이상한 회교 사원처럼 보였다. 집안 식구들이 놀라서 소동을 피우고, 우르슬라가 기가 막힌다는 듯 소리를 지르는 가운데 마을 사람들은 이 처음 보는 낭비를 구경하려고 모여들어 길을 꽉 메웠다. 아우렐리아노 세군도는 계속해서 집 정면과 부엌문, 화장실과 침실들을 모두 도배하고, 남은 돈은 마당에다 뿌렸다.

"자, 다들 보았죠?" 아우렐리아노 세군도는 단호하게 선언했다. "이제 아무도 내 앞에서 돈에 대해서 이래라저래라 하지 마세요!"

그 말에 감히 거역할 생각을 가진 사람은 없는 것 같았다. 우르슬라는 담벼락에 붙은 돈을 모두 뜯어내고, 집은 다시 흰 페인트를 칠했다.

"하느님, 비옵나이다." 우르슬라는 기도했다. "우리가 처음 마콘도 마을을 세울 때처럼 가난하게 해주셔서, 우리가 저세상에서 이 엄청난 낭비에 대한 벌을 받지 않아도 되도록 해주시기를 비옵나이다."

우르슬라의 기도에 대한 응답은 반대로 나타났다. 돈을 뜯어내느라고 일하던 일꾼들 가운데 한 사람이 잘못해서, 전쟁이 끝나갈 무렵에 어떤 사람이 집에 가져다두었던 커다란 성 요셉 석고상에 부딪쳤고, 석고상은 넘어져 마룻바닥에서 산산조각이 나버렸다. 그 안에는 금화가 가득 들어 있었다. 사람만큼이나 커다란 석고상을 집으로 가져온 사람이 누구였는지 기억하는 사람은 아무도 없었다.

"분명 세 사람이었어요." 아마란타가 설명을 했다. "비가 멈출 때까지 이걸 맡겨두고 싶다고 해서, 난 사람들이 부딪치지 않게 저쪽 구석에 두라고 했더니 아주 조심스럽게 저기에 놓았어요. 그 뒤로 다시 찾으러 오지를 않아서 여태까지 그 자리에 있었어요."

우르슬라는 이 몇 년 동안, 자기가 경배하는 것이 성인(聖人)이 아니라 약 200킬로그램에 달하는 황금이었음을 미처 깨닫지 못한 채, 석고상의 머리 위에다 촛불을 밝히고 그 앞에 엎드려 기도를 드렸었다. 뒤늦게 자기의 행동이 이교도적인 행위였음을 깨닫고, 우르슬라는 더욱 당황했다. 우르슬라는 그 엄청난 금화 더미에 침을 뱉고, 그 돈을 자루 셋에 나누어 담아서 아무도 모르는 곳에 몰래 묻어버리고 세 사람이 그 돈을 찾으러 곧 돌아와주기를 빌었다. 늙어 몸이 불편해진 뒤에도 우르슬라는 지나는 길에 집에 들르는 길손들을 만나기만 하면 이야기를 하는 도중에 말을 가로막고, 혹시 전쟁 통에 이 집에 와서 비가 멎으면 찾아가겠다고 하면서 성 요셉의 석고상을 맡기고 간 일이 없느냐고 묻곤 했다.

우르슬라는 몹시 당황해했으나 이와 비슷한 사태는 당시에 흔히 일어났다. 마콘도는 기적적인 번영을 누렸다. 개척자들이 진흙과 갈대로 지었던 집들은 다 헐려서 없어지고, 목재 블라인드나 시멘트 바닥 등, 오후 2시의 숨막히는 무더위를 견디기에 훨씬 수월한 벽돌로 지은 건물들이 들어섰다. 호세 아르카디오 부엔디아가 아는 옛 마을의 모습을 떠올리게 하는 것은, 혹독한 환경에도 잘 견뎌 온 먼지투성이 아몬드나무들과 맑은 물이 흐르는 강뿐이었다. 그러나 그 강의 선사시대의 자갈도, 배가 다닐 물길을 내면서 강바닥의 방해물을 치우려고 호세 아르카디오 세군도가 정신없이 휘두른 쇠망치는 가루가 됐다. 그것은 일찍이 그의 증조부가 품었던 것 못지않게 터무니없는 꿈이었다. 왜냐하면 바위투성이 강바닥이나, 물줄기 곳곳에 보이는 여러 장애물 때문에 마콘도에서 바다까지 내려가기란 불가능했기 때문이다. 그러나 호세 아르카디오 세군도는 예상치도 못한 대담함으로 계획을 밀고 나갔다. 이때까지만 해도 그는 상상력이 모자라는 사람으로 통했었다. 페트라 코테스와의 미묘한 관계 말고는 그는 여자를 가까이 한 일이 없었다. 우르슬라까지도 그를 집안의 역사 가운데 가장 무기력한 인물, 닭싸움에서도 별로 재주가 없는 남자라고 생각했다. 그러던 그는 아우렐리아노 부엔디아 대령으로부터 전쟁 중에 다 삭아 없어지고 잔해만 남은 스페인 범선을 바다에서 12킬로미터나 떨어진 곳에서 본 일이 있다는 얘기를 들었다. 여러 해 동안 많은 사람들이 허풍이라고 생각했던 이 이야기는 호세 아르카디오 세군도에게 새로운 세계를 보여주는 듯싶었다. 그는 싸움닭들을 경매에 붙여서 돈을 가장 많이 내겠다는 사람에게 팔아치우고, 사람을 모으고 도구를 사들여서 돌을 깨고, 운하를 파고, 숨어 있던 바위를 빼내고 심지어는 폭포까지 없애겠다는 어려운 계획에 착수했다.

"난 이제 무슨 일이 일어날지 다 알고 있어." 우르슬라가 기막혀서 소리를 쳤다. "시간이 한 바퀴 돌아 처음으로 돌아간 것 같구나."

강에 배를 띄울 수 있다는 결론에 도달한 호세 아르카디오 세군도는 자기의 계획을 실현하는 데 필요한 예산을 자세히 계산해서 동생에게 주었으며,

아우렐리아노 세군도는 그 사업에 필요한 자금을 대주었다. 그는 오랫동안 종적을 감추었다. 시간이 흘러 배를 사오겠다던 얘기는 결국 동생의 돈을 빼돌리려는 책략이었다는 소문이 퍼질 때쯤 되어서, 이상한 배가 마콘도 쪽으로 오고 있다는 소식이 들려왔다. 호세 아르카디오 세군도의 어마어마한 계획을 이미 잊어가고 있던 마콘도 주민들은 강가로 달려가서, 도저히 믿을 수 없었으나 이 마을에서는 처음이자 마지막으로 정박하려고 오는 배를 바라보았다. 그 배는 강둑을 따라서 걷는 스무 명이 굵은 밧줄로 끌어당기는 뗏목에 지나지 않았다. 뱃머리에는 환희로 눈이 빛나는 호세 아르카디오 세군도가 힘겨운 배 끌기 작업을 지휘했다. 그 뗏목에는 뜨거운 태양을 알록달록한 양산으로 가리고, 어깨에 부드러운 벨벳 수건을 두르고, 얼굴에는 진한 화장을 하고, 머리에는 싱싱한 꽃을 꽂고, 뱀모양의 금팔찌를 차고, 이에는 다이아몬드를 박은 아름다운 부인들이 타고 있었다. 호세 아르카디오 세군도가 마콘도까지 끌고 올 수 있었던 것이라고는 이 뗏목뿐이었다. 그것도 한 번뿐이었지만, 그는 자기의 계획이 실패로 끝났다고는 결코 생각지 않았으며, 오히려 자기의 행동은 의지력의 승리를 뜻한다고 자화자찬했다. 그리고 동생과 한푼도 틀리지 않게 돈 계산을 끝낸 뒤 다시 싸움닭을 돌보는 일로 되돌아갔다. 실패로 끝난 그의 모험이 남긴 수확은, 프랑스 창녀들이 와서 훌륭한 솜씨로 전통적인 사랑의 기술을 변화시킨 것이었다. 또 여인들의 사회적인 복리에 대한 사고방식은, 카타리노의 구식 가게를 무너뜨리고 일본식 등불과 옛 생각을 불러일으키는 아코디언 소리로 길거리의 분위기를 완전히 바꾸어놓았다는 점이었다. 여자들은 마콘도에 사흘 동안 유혈이 낭자한 광란의 카니발을 연 장본인들이었으며, 그들이 남긴 업적은, 아우렐리아노 세군도가 페르난다 델 카르피오를 만날 기회를 마련해 주었다는 것이었다.

미녀 레메디오스는 카니발의 여왕으로 뽑혔다. 손녀가 너무 아름다워서 마음이 놓이지 않던 우르슬라에게 그것을 막을 힘은 없었다. 그때까지만 해도 우르슬라는 미녀 레메디오스를 혼자서 밖에 내보내지 않았으며, 고작 외출을 시킨다고 해야 아마란타와 함께 미사를 드리러 성당에 보낼 때뿐이었다. 그럴 때에도 얼굴은 반드시 검은 만틸라로 가리고 가도록 했다. 카타리노의 가게에서 신부로 변장을 하여 신을 모독하는 미사를 드렸던 신심과는 거리가 먼 남자들까지도, 믿기 어려운 미모라는 소문으로 늪지대 전역에 놀라운 열광을 불러일으키고 있는 미녀 레메디오스의 얼굴을 보겠다는 이유만으로 성당으로 발을 옮겼다. 그 소원이 이루어지기까지는 오랜 시간이 걸렸으나, 그러나 이 기회를 얻지 않는 편이 그들에게는 행복이었을지도 모른다. 그 대다수가 그 후로 두 번 다시는 편안한 잠을 이루지 못했기 때문이다. 어떤 외지 사람은 미녀 레메디오스의 얼굴을 보고는 마음의 평화를 잃고 비참함과 굴욕감의 수렁에 빠져 몇 년 동안 고생을 한 끝에 어느 날 밤 기찻길에서 깜박 잠이 들었다가 지나가는 기차에 치여 갈기갈기 찢겨 죽었다. 그가 처음 성당에 나타났을 때, 녹색 코르덴 양복과 수놓은 조끼를 입은 그를 보고 사람들은 첫눈에 그가 아주 먼 곳에서, 아마도 나라 밖 아주 멀고도 먼 곳에서 미녀 레메디오스의 신비스런 매력에 이끌려왔음을 알 수 있었다. 그는 잘생겼고, 단정하며, 점잖은데다, 위엄이 있어서, 그에 비한다면 피에트로 크레스피도 그저 애송이로 여겨질 정도였다. 그 남자의 환심을 살 가망이 없는 여자들은 아쉬운 마음에 입을 삐죽이며 차라리 만틸라로 얼굴을 가려 줬으면 좋겠다고 수군거렸다. 그는 마콘도에 사는 사람들하고는 일체 어울리지 않았다. 그는 일요일 새벽에 동화에 나오는 왕자님처럼 은으로 된 등자(鐙子) 벨벳 밀치 끈으로 장식한 말을 타고 나타나서는 미사를 드린 다음 마을을 떠났다.

 그 모습이 너무나도 매력적이었기 때문에, 그가 성당에 처음 나타났을 때부터 마콘도 사람들은 그와 미녀 레메디오스 사이에는 밀약이 존재하며, 사랑만이 아니라 죽음으로 끝나는 숙명적인 결투가 이미 시작됐다고 믿었다. 여섯 번째인 일요일에 그는 노란 장미 한 송이를 들고 나타났다. 그는 언제나 그랬듯이 자리에 꿇어앉아 미사가 끝나자 미녀 레메디오스의 앞으로 나아가서 가져온 한 송이의 장미를 바쳤다. 미녀 레메디오스는 기다렸다는 듯이 자연스럽게 그 꽃을 받고, 살짝 얼굴을 보여 감사의 미소를 건넸다. 그뿐이었다. 그러나 그뿐만이 아니라, 그날 미녀 레메디오스의 얼굴을 우연히 볼 수 있었던 모든 사람들에게 그 순간은 영원히 잊혀지지 않았다.

 그때부터 그 남자는 악단을 보내 미녀 레메디오스의 창 밖에서 음악을 연주하게 했고, 어떤 날은 그 음악이 동틀 녘까지 계속되었다. 그 인내심 강한 남자를 측은하게 생각한 아우렐리아노 세군도는 이제 그만 포기하라고 했다.

 "아무리 그래봤자 시간 낭비일 뿐입니다." 어느 날 밤 그는 말했다. "이 집안 여자들은 하나같이 노새보다 고집이 세니까요."
　아우렐리아노 세군도는 남자와 가까워져 같이 샴페인에 젖어 보자고 청했다. 그리하여 자기 집안 여자들은 모두 마음이 돌처럼 차갑다는 점을 납득시키려고 했지만, 그는 고집을 굽히려 하지 않았다. 밤이면 계속되는 끊임없는 음악 소리에 화가 난 아우렐리아노 부엔디아 대령은 그 신사의 고통을 권총으로 깨끗이 잊게 해주겠다고 협박했다. 그러나 그의 마음을 돌이킬 수 있는 길은 오직 그의 사기가 저하되기만을 기다리는 것뿐이었다. 빈틈없이 옷도 잘 차려입고 깔끔했던 그 사람은 차츰 너저분하게 누더기를 걸친 모습으로 바뀌었다. 어디서 왔는지 아무도 모르는 그 사람이 머나먼 곳에 있는 고향의 지위와 재산도 송두리째 포기해 버렸다는 소문이 나돌았다. 그는 걸핏하면 사람들과 말다툼을 벌였고, 술집에서 싸움판을 벌이고, 아침이면 자기가 토해 낸 더러운 토사물로 온몸이 범벅이 된 채 카타리노의 가게 마룻바닥에서 눈을 떴다. 그리고 가장 큰 비극은 그가 왕자처럼 차려입고 성당에 나타났을 때에도 미녀 레메디오스는 눈길도 주지 않았다는 사실이다. 그녀는 아무런 악의도 없이 그저 그의 요란한 행동이 재미있어서 노란 장미를 받았을 뿐이며, 만틸라를 들춘 까닭도 자기 얼굴을 보여주기 위해서가 아니라 그의 얼굴을 좀 자세히 보기 위해서였던 것이다.
　사실 미녀 레메디오스는 보통 사람들과 달랐다. 완전히 사춘기에 들어선 다음에도 어머니인 산타 소피아 데 라 피에다는 그녀를 씻겨주고, 옷을 입혀주어야 했다. 무엇이든 혼자 할 수 있게 된 뒤에도 자신이 눈 똥을 막대기로 찍어서 벽에다 동물 그림이라도 그리지나 않을까 언제나 감시를 해야만 했다. 스무 살이 되었어도 그녀는 글을 읽거나 쓸 줄 몰랐으며, 식탁에서도 나이프와 포크를 쓰지 않았다. 모든 관습을 본능적으로 거부해서 발가벗은 채로 집 안을 돌아다니곤 했다. 경비대의 젊은 장교가 그녀에게 사랑을 고백했을 때도, 그런 불성실한 사람은 싫다는 이유만으로 거절했다.
　"그 사람은 정말 바보예요." 미녀 레메디오스가 아마란타에게 말했다. "나 때문에 자기가 죽을 지경이라고 하는 걸 보니, 아마 날 복통쯤으로 알고 있나 봐요."
　그러다가 정말로 그 장교가 자기 방 창 밖에서 시체로 발견되자, 미녀 레메디오스는 자기의 첫인상이 옳았다는 듯 이렇게 말했다.

"보셨죠? 그 사람은 정말로 바보였어요."

그럴 때의 그녀에게는 모든 형식적인 것을 초월해서 사물의 본질을 꿰뚫어볼 수 있는 능력이라도 있는 듯싶었다. 아우렐리아노 부엔디아 대령만은 적어도 이렇게 생각했다. 그는 미녀 레메디오스는 모두가 생각하는 것처럼 정신지체아가 아니며, 오히려 그 반대라고 했다. 대령은 종종 이렇게 말했다.

"20년 동안 전쟁터에서 싸우고 온 아이 같아."

우르슬라는 보기 드문 순결한 아이를 내려주셨다고 하느님께 감사를 드렸으나, 그러면서도 미녀 레메디오스가 지닌 미덕과는 어울리지도 않는 뛰어난 미모가 천진함 속에 감춰진 함정처럼 여겨져서 걱정도 되었다. 그런 까닭에 우르슬라는 미녀 레메디오스를 모든 속된 유혹으로부터 보호하려고 바깥 세상과 단절시키기 위해 신경을 썼다. 그냥 내버려두어도 어떤 악에도 물들지 않을 운명을 미녀 레메디오스가 어머니 뱃속에서부터 타고났다는 것은 까맣게 모르고 있었다. 우르슬라는 카니발이라는 아수라장 속에서 미녀 레메디오스가 여왕으로 뽑히리라고는 생각지도 못했다. 그런데 호랑이로 분장을 하고 싶어서 몸살이 날 지경이었던 아우렐리아노 세군도는, 우르슬라가 생각하는 것처럼 카니발이 이교도적인 축제가 아니라 천주교의 전통적인 행사임을 납득시키기 위해서 안토니오 이사벨 신부를 집으로 데려왔다. 결국 마지못해 납득이 된 우르슬라는 미녀 레메디오스의 대관식에 동의하게 되었다.

레메디오스 부엔디아가 축제의 여왕으로 결정됐다는 소식은 몇 시간 안에 늪지대 건너편까지 퍼졌다. 그녀의 아름다움이 아직 잘 알려지지 않았던 먼 곳에까지 알려지자, 반역의 상징처럼 여겨지는 그녀의 성(姓)을 듣고는 다시금 불안에 휩싸인 사람들도 있었다. 그러나 그들이 불안해할 이유는 하나도 없었다. 그 무렵, 아무 짝에도 쓸모없는 인간이 있다고 한다면 그건 바로 아우렐리아노 부엔디아 대령이었다. 그는 나이를 먹고 모든 것에 환멸을 느낀 나머지 서서히 나라 안 정세에서는 거리가 멀어졌고, 접촉도 끊겼다. 자기 작업실에 틀어박힌 그가 바깥 세계와 관계를 갖는 것은 황금물고기를 파는 일밖에는 없었다. 평화협정이 맺어진 직후에 그의 집을 지키던 옛 군인들 가운데 한 사람이 그가 만든 황금물고기들을 늪지대의 마을로 가지고 가서 판 다음에 돈과 새로운 소식을 가지고 돌아오곤 했다. 그는 보수당 정권이 자유당의 협력을 얻은 가운데, 대통령의 임기를 100년으로 규정하기 위해서 기록을 고친다는 소문도 가져왔다. 교황청과의 정교조약(政敎條約)도 드디어 체결되어서, 로마에서 대주교 한 사람이 다이아몬드를 박은 왕관과 순금으로 만든 왕좌(王座)를 가지고 찾아왔다. 자유당 출신 장관들은 무릎을 꿇고 앉아서 대주교의 반지에 입을 맞추며 사진을 찍었다는 소식도 있었다. 어느 스페인 극단이 수도(首都)에 체재 중일 때 가장 인기 있었던 코러스걸이 복면 강도들에게 납치되었는데, 다음 일요일에 그 여자가 공화국 대통령의 여름 별장에서 발가벗고 춤을 추더라는 소문도 들려왔.

"정치 얘기만은 나한테 하지 말게." 대령이 가끔 주의를 주었다. "우리가 하는 일은 황금물고기를 파는 일이니까."

작업실에서 황금물고기를 만들어서 부자가 되더니 대령이 국내 정세에 대해서는 전혀 얘기조차 듣기 싫어하게 되었다는 소식을 전해 들은 우르슬라는 웃음을 참을 수가 없었다. 무척 현질적이고 계산에 밝은 우르슬라로서는, 황금물고기로 금화를 얻는 것은 좋지만, 금새 그 금화로 다시 물고기를 만들고, 그렇게 계속하다 보면 지겨운 악순환만 거듭하게 된다. 그런데 구태여 왜 그런 일을 하는지 도대체 이해할 수가 없었다. 사실 대령이 흥미를 가졌던 바는 돈을 버는 것이 아니라 일 자체였다. 비늘을 서로 꿰맞추고 깨알만한 루비를 눈에다 박고, 아가미를 늘이고, 지느러미를 붙이느라 신경을 집중하다 보면, 환멸적인 전쟁을 돌아보느라 낭비할 시간은 자연히 없어졌다. 섬세한 기술을 필요로 하는 그 작업은 엄청나게 신경을 소모시켜서, 대령은 곧 작업실에서 보낸 얼마 안 되는 기간 동안 전쟁 통에 늙었던 것보다 훨씬 더 많이 늙고, 언제나 수그리고 앉아 있어서 척추는 굽고, 세밀한 일을 하다 보니 시력은 나빠졌다. 그래도 일에 대한 집중은 그에게 마음의 평화를 가져다 주었다. 전쟁과 연관이 있는 문제에 대해서 그가 마지막으로 흥미를 보였던 것은, 정부에서 약속만 해놓고 실행하지 않던 종신 연금제도의 승인을 받기 위해 양쪽 파의 재향군인들이 그에게 도움을 청하러 찾아왔을 때뿐이었다.

"그건 단념하는 게 좋아." 그는 찾아온 사람들에게 말했다. "다들 알 듯이, 내가 연금을 거절한 것도 죽을 때까지 초조하게 기다리는 것이 싫어서야."

처음 얼마 동안은 저물녘이면 헤르넬도 마르케스 대령이 찾아와, 길가 쪽으로 난 문 옆에 마주 앉아서 지난날들을 돌이키며 시간을 보냈다. 그러나 이제 머리가 벗겨져서 벌써 노인의 인상을 주는 헤르넬도 마르케스 대령을 볼 때마다 되살아나는 추억을 견딜 수가 없는 아마란타는 공연히 그에게 듣기 싫은 소리를 해서 그를 괴롭혔고, 그러니 그는 점점 발길이 뜸해져서 특별한 일이 있을 때나 찾아왔으며, 결국은 중풍을 만나 완전히 발길을 끊고 말았다. 말없이 조용한 나날을 보내며, 집안에 활기를 불어넣는 새로운 사건에는 관심도 보이지 않는 아우렐리아노 부엔디아 대령은, 노년기를 평온하게 보내는 비결이란 고독과 명예 조약을 체결하는 길뿐이라는 것을 깨닫게 되었다. 그는 아침 5시에 얕은 잠에서 깨어나, 부엌으로 가서는 언제나처럼 씁쓰레한 커피를 한잔 마시고 하루 종일 작업실에 들어앉아서 일을 했다. 그러다 오후 4시가 되면 의자를 끌고 복도로 나가서는, 불타오르듯 강렬한 장미 화단과, 그 시각의 밝은 태양과, 그 외로운 마음이 날이 저물 무렵이면 압력솥처럼 씩씩거리는, 조용한 아마란타에게는 제대로 눈길 한번 주지 않고, 모기들의 성화에 쫓겨 들어갈 때까지 줄곧 문 옆에 앉아 있었다. 한 번은 누군가 그가 누리는 고독을 깨뜨리려고 했다. 그 사람은 그곳을 지나다가 인사말을 던졌다.

"대령님, 잘 지내시지요?"

"아닐세, 여기에서 이 앞을 지나갈 내 장례 행렬을 기다리고 있다네."

상황이 이러했기 때문에, 미녀 레메디오스가 축제의 여왕으로 뽑혀 대령의 이름이 다시 세상에 오르내리게 된 데서 생겨난 불안은 기우에 지나지 않았다. 그러나 많은 사람들은 그렇게 생각하지 않았다. 자신에게 닥쳐오는 비극을 까맣게 모르는 마콘도 사람들은 제각기 떠들어대며 광장으로 쏟아져 나왔다. 카니발은 열광의 절정에 이르게 되었다. 마침내 호랑이처럼 차려입겠다는 꿈을 실현하게 된 아우렐리아노 세군도는 너무 떠들어서 쉰 목소리로 소리를 지르며 군중 사이를 돌아다녔다. 바로 그때 늪지대 쪽으로 난 길을 따라서 꿈에도 보기 힘들 만큼 매혹적인 여자를 태운 황금빛 가마의 가장 행렬이 나타났다. 한 순간이었지만 온화한 마콘도 주민들은 가면을 벗고, 스팽글이나 크레이프 종이로 꾸민 여왕이 아니라 진짜 위엄을 갖춘 에메랄드 왕관과 흰 담비 망토를 몸에 두른 눈부신 미녀의 얼굴을 보려고 했다. 그것이 자신들에 대한 도발임을 알아챈 눈치 빠른 사람들도 있었다. 그러나 곧바로 당혹감을 털어낸 아우렐리아노 세군도는 새로 도착한 사람들을 손님으로 맞아들이고 기지를 발휘하여 미녀 레메디오스와 그 침입자 여왕을 같은 자리에 앉혔다.

자정이 될 때까지 베두인족(아라비아 반도부터 북아프리카 사막지대에 사는 아랍계 유목민) 유목민으로 가장한 다른 고장 사람들은 함께 카니발의 광란을 즐겼고, 심지어는 집시들의 재주만큼이나 볼 만한 폭죽놀이와 곡예로 흥을 돋우기까지 했다. 축제 분위기가 한창 무르익어가는데 누군가 아슬아슬한 긴장을 깨고 소리쳤다.

"자유당 만세! 아우렐리아노 부엔디아 대령 만세!"

휘황찬란한 폭죽은 총성과 더불어 사라졌다. 공포의 비명 소리에 음악도 사라지고, 환희는 공포로 바뀌었다. 몇 년이 지난 뒤, 그 침입자 여왕의 호위병으로 가장했던 사람들은 정부에서 내어준 총을 호화로운 외투 속에 감추고 온 정규군 병사들이었다고 믿었다. 정부에서는 그런 주장을 부인하는 특별 성명을 발표했으며, 유혈 사건의 진상을 철저히 조사해서 밝히겠다고 약속했다. 그러나 진실은 끝까지 밝혀지지 않았다. 호위병들은 아무런 도발 행위가 없었는데도 지휘관의 명령에 따라 전투 대형을 취하고 군중에게 무자비하게 발포를 했다는 얘기가 가장 그럴싸하게 들렸다. 다시 질서가 잡혔을 때에는 가짜 베두인족은 단 한 사람도 마콘도에 남아 있지 않았다. 광장에는 죽거나 부상을 당해서 쓰러진 사람들이 많았고, 그들 가운데에는 광대가 아홉, 콜롬비나(광대의 역 자 상대역)가 넷, 카드에 나오는 킹이 열일곱, 악마가 하나, 방랑 시인이 셋, 프랑스 귀족이 둘, 그리고 일본 왕비가 셋 있었다. 혼란 속에서 호세 아르카디오 세군도는 미녀 레메디오스를 무사히 구출해 냈다. 아우렐리아노 세군도는 드레스가 다 찢기고, 흰 담비 망토가 피로 얼룩진 침입자 여왕을 안아 집으로 데려갔다. 그 여왕의 이름은 페르난다 델 카르피오였다. 그 여자는 전국에서 모인 5000명의 미녀들 가운데서도 가장 아름다운 미녀로 뽑혔으며, 마다가스카르의 여왕으로 삼겠다는 약속에 마콘도를 따라왔다고 했다.

우르슬라는 그 여자를 친딸처럼 보살펴 주었다. 마을 사람들은 그 여자의 말을 의심도 하지 않고, 오히려 그녀의 순진함을 동정했다. 학살 사건이 있은 지 여섯 달이 지나서, 부상을 당했던 사람들의 상처도 아물고 공동 묘지의 꽃도 다 말랐을 무렵, 아우렐리아노 세군도는 그 여자가 아버지와 함께 살고 있는 마을까지 다녀와서 마콘도에서 결혼식을 올렸으며, 20일 동안이나 떠들썩하게 잔치를 열었다.

11

신혼 두 달 만에, 두 사람은 하마터면 이혼을 할 뻔했다. 아우렐리아노 세군도가 페트라 코테스를 달래기 위해서 그녀를 마다가스카르의 여왕으로 분장하게 하고 사진을 찍었다. 그 사실을 안 페르난다는 시집올 때 가져온 짐을 다시 꾸리고 작별 인사 한마디 없이 마콘도를 떠나버렸다. 아우렐리아노 세군도는 페르난다를 쫓아가 늪지대로 빠지는 길목에서 겨우 붙잡을 수 있었다. 그는 수없이 빌고 거듭거듭 다짐을 한 다음에야 겨우 신부를 다시 집으로 데려올 수 있었다. 그리고 첩과는 헤어졌다.

자기가 지닌 힘을 잘 알고 있었던 페트라 코테스는 당황하지 않았다. 그를 당당한 사내로 만든 것은 그녀였기 때문이다. 그가 아직 어렸을 때, 멜키아데스의 방에 틀어박혀서 세상 물정을 모르던 그를 밖으로 끌어내 준 사람도 페트라 코테스였다. 그녀는 천성적으로 소극적이고 붙임성이 없으며 홀로 생각에 잠기기만 좋아하는 그의 성격을 완전히 바꾸어서 활동적이고, 대담하고, 융통성 있는 사람으로 만들었다. 그로 하여금 삶의 즐거움, 돈을 물 쓰듯 쓰는 데에서 얻는 환희와 쾌락을 흠씬 맛보게 하여 사춘기 때부터 꿈꾸던 이상적인 남자로 그를 완전히 바꾸어 버린 것이다. 따라서 그의 결혼은 아들이 결혼하는 것이나 매한가지로, 언제가는 이런 날이 오리라고 각오하고 있었다. 그러나 그에게는 결혼 애기를 선뜻 페트라 코테스에게 할 용기조차 없었다. 그래서 그는 난처한 입장을 벗어나고 싶어서 어린애 같은 짓을 하게 되었으니, 곧 일부러 화를 내거나 있지도 않은 일로 그녀를 탓하며 페트라 코테스 스스로 그를 떠나게 하려고 했다. 어느 날 아우렐리아노 세군도가 이유도 없이 자기를 꾸짖으려고 하는 눈치를 채고, 페트라 코테스는 그 함정을 벗어난 다음, 거침없이 말했다.

"그러니까 그 여왕하고 결혼하고 싶다는 거죠?"

부끄러워진 아우렐리아노 세군도는 짐짓 화가 났다는 듯 자기를 잘못 보고 그런 모욕적인 말을 했다고 떠들고는, 다시는 그 집을 찾아가지 않았다.

페트라 코테스는 휴식을 취하고 있는 맹수처럼 꼼짝 않고 앉아서 마치 아우렐리아노 세군도가 새로 생각해 낸 희한한 장난이라도 벌어진 듯, 결혼식장에서 들려오는 음악과 폭죽 소리를 들었다. 페트라 코테스는 자신의 기구한 팔자를 동정하는 사람들을 오히려 달래는 미소를 보였다.

"걱정하지 마세요. 여왕이 내 심부름이나 하고 돌아다니게 될 테니까요."
떠나간 남자의 사진 앞에다 세우라며 초를 한 묶음 가져다주는 옆집 여자에게 페트라 코테스는 알 수 없는 자신감에 넘쳐 말했다. "그를 돌아오게 할 단 하나의 촛불은 언제나 불타고 있답니다."

페트라 코테스가 예상하고 있었던 대로 아우렐리아노 세군도는 신혼 여행이 끝나자마자 그녀의 집을 찾아갔다. 그는 언제나 어울리는 친구들과 떠돌이 사진사를 데리고, 카니발에서 페르난다가 입었던 드레스와 피로 얼룩진 흰 담비 망토를 가지고 왔다. 그 날 오후 기분 좋게 놀다가 흥이 잔뜩 올랐을 때 그는 페트라 코테스에게 여왕의 옷을 입히고, 마다가스카르의 여왕인 그녀에게 죽는 날까지 변치 않는 충성을 맹세 하고는, 사진을 찍어 친구들에게 한 장씩 나누어주었다. 페트라 코테스는 소란한 그 장난을 함께 즐기면서도 한편으로는 자기와 화해를 하기 위해서 이토록 요란한 일을 치러야 할 만큼 그가 겁을 잔뜩 집어먹고 있다는 생각이 들어서, 속으로는 그를 불쌍히 여기기도 했다.

저녁 7시가 되자 아직도 여왕처럼 차리고 있던 페트라 코테스는 침대에서 그를 맞았다. 그는 이제 결혼한 지 겨우 두 달밖에 되지 않았지만, 그의 신방 생활은 어딘가 제대로 되어가지 않는다는 것을 곧 눈치챈 그녀는 은근한 쾌감을 맛보면서 회심의 미소를 지었다. 그러나 이틀 뒤 그는 다시 찾아오지 않았을뿐더러, 대신 중개인을 보내어 결별에 대한 조건을 협의하고자 했다. 페트라 코테스는 체면을 위해서라면 자기 본심을 억누를 각오가 아우렐리아노 세군도에게 서 있음을 깨닫고, 짐작했던 것보다 훨씬 많은 참을성이 필요하리라고 생각했다. 그러나 그녀는 조금도 당황하거나 흥분하지 않았다. 이번에도 상대의 요구를 순순히 따라주었기 때문에 사람들은 그녀를 더욱더 동정했다. 그녀가 간직한 물건들 가운데 아우렐리아노 세군도의 추억을 담은 것이라고는, 그가 죽어서 관에 들어갈 때 신을 생각이라고 늘 말했던 에나멜 구두 한 켤레뿐이었다. 그녀는 그것을 헝겊으로 싸서 트렁크 깊이 넣어

두고, 초조해하지 않고 여유있게 기회를 기다리기로 결심했다.

"얼마 못 가, 분명 다시 찾아올 거야." 페트라 코테스는 이렇게 중얼거렸다. "그 날이 이 구두를 신는 날이라 해도."

그러나 예상했던 만큼 오래 기다릴 필요는 없었다. 사실 아우렐리아노 세군도는 결혼 첫날밤부터 이미 자기가 에나멜 구두를 신어야 할 날을 기다리지 않고 다시 페트라 코테스의 곁으로 돌아가리라는 것을 알고 있었다. 페르난다는 어쩌다 그만 길을 잘못 들어 이 세상에 오게 된 사람이었다. 페르난다는 바다에서 약 1000킬로미터 떨어진 곳에 있는 음울한 도시에서 태어나 자랐다. 그 도시에서는 음산한 밤만 찾아오면 옛 부왕(스페인령 아메리카의 최고 지위 왕실 관리)의 귀신이 타고 가는 마차가 포석이 깔린 길을 달리는 소리를 들을 수 있었다. 오후 6시가 되면 서른두 개의 종탑에서 죽은 자의 명복을 비는 종소리가 울려 퍼졌다. 묘석으로 가득한 넓은 집 안에는 햇빛이 거의 들지 않았다. 마당의 사이프러스나무에서, 침실의 벽걸이 장식에서, 그리고 튜베로즈(월하향. 수선화과의 여러해살이풀. 높이 약 80cm. 여름 밤, 하얀 꽃을 피우며 강한 향을 뿜음)를 심어놓은 정원의 물이 뚝뚝 떨어지는 아치에서 바람도 죽고 말았다. 사춘기에 접어들 때까지 페르난다가 느낄 수 있었던 바깥 세계라고 하면, 여러 해가 흘러도 도대체 낮잠이라고는 잘 줄 모르는 옆집 사람이 연습 삼아 치는 울적한 피아노 소리뿐이었다. 창문으로 들어오는 희뿌연 햇살에 더욱 창백하게 보이는 누런 얼굴의 병든 어머니가 머무는 방에서 정확하고 끈질기고 비정한 피아노 소리에 귀를 기울이며, 그녀는 자기가 장례식에 쓰일 종려나무 화환을 엮고 있는 동안에도 그 음악은 계속되리라는 생각을 했다. 어머니는 5시만 되면 열이 올라서 위세가 당당했던 옛날 얘기만 늘어놓았다. 아주 어린 아이였던 무렵, 어느 달이 밝은 밤에, 페르난다는 흰옷을 입은 아름다운 여인이 교회로 가려고 정원을 지나가는 모습을 보았다. 그 여자를 본 페르난다는, 그 여자에게서 20년 뒤의 자기 모습을 보는 듯한 생각이 불현듯 들어, 자꾸만 신경이 쓰였다.

"그분은 여왕이었던 네 증조할머니란다." 심한 기침이 잠시 멈추자 어머니가 페르난다에게 알려주었다. "튜베로즈를 하나 꺾으시려다 그만 그 독한 냄새에 돌아가시고 말았지."

여러 해가 지나서 자기가 증조할머니를 쏙 빼닮았다는 생각이 들게 되었을 때, 페르난다는 자기가 어렸을 적에 보았던 망령을 의심하게 되었다. 어머니는 그녀의 불신을 꾸짖었다.

"우리 집안은 엄청난 부자에 권력도 대단하단다. 너도 언젠가는 분명 여왕이 될 테니까 두고 봐라."

삼베 식탁보를 덮은 기다란 탁자에 은수저를 가지고 앉았어도 물로 녹인 초콜릿 한 잔과 케이크 밖에 먹을 것이 없는 나날이었지만, 페르난다는 어머니의 말을 믿었다. 비록 아버지 돈 페르난도가 그녀에게 혼숫감을 마련해 주려고 집을 저당잡히기는 했어도, 페르난다는 결혼식을 올리는 그날까지 전설에 나오는 왕국을 꿈꾸었다.

너무 순진했거나 허영심이 있었기 때문이 아니었다. 부모가 페르난다를 그렇게 키웠기 때문이다. 철이 들고부터, 페르난다는 집안 문장이 새겨진 황금요강에 볼 일을 보았던 기억밖에 없었다. 열두 살이 되자 페르난다는 마차를 타고 집을 떠나서 겨우 두 구간밖에 안 떨어진 수녀원 학교로 갔다. 동급생 여자 아이들은 페르난다가 다른 학생들과는 따로 떨어져서 혼자 아주 높은 의자에 앉을 뿐 아니라, 쉬는 시간에도 남들과 어울리지 않는 것을 보고는 놀라움을 감추지 못했다.

"그녀는 특별한단다." 수녀들이 설명했다. "언젠가 여왕이 되실 분이거든."

페르난다는 그 무렵부터 이미 보기 드문 미모와 기품과 주신함으로 귀부인의 품격을 갖추고 있었기 때문에 다른 아이들은 그 이야기를 믿었다. 8년이 지나, 라틴어로 시를 쓰거나, 클라비코드(건반을 누르면 금속조각이 현을 두드려 쇠를 내는 장방형의 건반악기. 소리는 작고 섬세함. 약간의 강약변화와 비브라토 표현이 가능. 15~18세기에 걸쳐 널리 유럽에서 연주되었음)를 연주하거나, 신사들과 매 사냥 이야기를 하거나, 주교들과 호교론(護敎論)에 대해 논쟁을 벌이거나, 나랏일을 다른 나라의 군주들과 의논하거나 신에 대한 문제를 교황과 토론하거나 하는 것들을 모두 배우고 난 다음에, 페르난다는 집으로 돌아가 부모와 함께 장례식에 쓸 종려나무를 엮는 일을 시작했다. 집에 남아 있는 물건들이라고는 꼭 필요한 도구들과 장식용 가지가 달린 촛대와 은제 식기들뿐이었고, 나머지 가재 도구는 모두 페르난다의 교육비를 충당하느라고 팔아서 없어졌다. 어머니는 다섯시면 나타나던 열병으로 이미 돌아가셨다. 빳빳한 칼라가 달린 검은 상복을 입고 금시계 줄을 늘인 아버지 돈 페르난도는 월요일이 되면 집안 살림을 꾸리라고 은전 한 닢을 딸에게 주고는, 지난 주에 만들어놓은 장례용 화환을 짊어지고 나갔다. 아버지는 하루의 대부분을 서재에 들어앉아 있었으며, 어쩌다가 외출을 하게 되더라도 딸과 함께 로사리오의 기도를 암송하기 위해서 여섯 시 전에는 꼭 돌아왔다. 그녀에게는 친구가 하나도 없었다. 전국을 피로 물들인 전쟁에 대해서조차 단 한마디도 들은 적이 없었다. 오후 3시만 되면 어김없이 피아노 연습 소리가 들렸다. 그런 그녀가, 차츰 여왕의 꿈을 버려 갈 무렵이었다. 어느 날 다급하게 문을 두드리는 소리가 두 번 났다. 페르난다가 문을 열자, 상처 난 얼굴에 잘 차려입고 가슴에는 금빛 훈장을 단 너무나도 태도가 딱딱한 군인이 서 있었다. 그 군인은 아버지와 서재로 들어가 오랫동안 비밀스런 얘기를 계속했다. 두 시간 있다가 아버지가 페르난다가 있는 바느질방으로 왔다.

"네 짐들을 챙기도록 해라." 아버지가 말했다. "넌 아주 먼 길을 떠나게 되었단다."

그렇게 해서 페르난다는 마콘도로 오게 되었다. 단 하루 사이에, 오랫동안 부모님이 막아주었던 세상살이의 무거운 짐이 그녀의 어깨 위로 쏟아졌다. 집으로 돌아오자마자 페르난다는, 생각지도 못한 모욕으로 딸이 받았을 상처를 지워주려고 돈 페르난도가 늘어놓는 온갖 탄원과 설득에는 귀도 기울이지 않고 방 안에 틀어박혀 울기만 했다. 아우렐리아노 세군도가 그녀를 데려가려고 찾아왔을 때, 페르난다는 죽는 날까지 자기 방을 떠나지 않겠다고 맹세했던 참이었다. 그의 방문은 예상치 못한 것이었다. 페르난다는 혼란스러운 분노와 견디기 힘든 수치심 속에서도, 자기의 신분을 감추기 위해서 아우렐리아노 세군도에게 거짓말을 했기 때문이다. 그래서 아우렐리아노 세군도가 그녀를 찾아 나섰을 때에는, 페르난다에 대해서 그가 알고 있었던 점이라고는 뚜렷한 고지대의 억양과, 장례용 종려나무를 만들어 판다는 것뿐이었다.

그는 집요하게 그녀를 찾아다녔다. 마콘도를 세우기 위해서 산맥을 넘었던 아르카디오 부엔디아의 대담함과, 헛된 싸움을 되풀이했던 아우렐리아노 부엔디아 대령의 맹목적인 긍지와, 가족이 살아남을 수 있게 했던 우르슬라의 어마어마한 참을성을 지닌 채 아우렐리아노 세군도는 낙담하지 않고 페르난다를 찾아다녔다. 장례용 종려나무를 파는 집이 어디에 있느냐고 물으면, 사람들은 가장 훌륭한 꽃을 사다가 장례식에 쓰게 해주려고 아우렐리아노 세군도를 끌고 이집 저집으로 안내했다. 이 세상에서 가장 아름다운 아가씨를 찾고 있다고 얘기를 하면, 만나는 어머니들마다 하나같이 자기 딸에게로 끌고 왔다. 그는 안개 낀 오솔길, 망각이 약속된 시간, 실망의 미로를 헤맸다. 생각이 소리로 메아리치고, 소원이 불길한 신기루가 되어 피어오르는 누런 황무지를 건넜다. 몇 주일 동안 헛고생을 하고 난 다음에 그는 여기저기서 종들이 죽은 자를 위해 울리는 이름 모를 도시에 이르렀다. 본 적도, 들은 적도 없는데, 뼈에서 나온 염분에 삭아서 구멍이 파인 담과 벌레가 먹어서 무너져가는 발코니와, 비바람에 거의 다 지워진 초라한 간판에 씌어 있는 "장례용 종려나무 팝니다"라는 글이 바로 눈에 들어왔다. 바로 그 순간부터 페르난다가 수녀원장의 보호를 받으며 집을 떠났던, 날씨가 쌀쌀한 어느 날 아침까지 며칠 안 되는 사이에 수녀들은 신부 의상을 완성하고, 지난 200년 동안 가문의 몰락에도 끝까지 남은 가지 달린 촛대와 은제 식기와 금으로 만든 요강과, 다른 수많은 허섭스레기들을 가방 여섯 개에다 꾸려 넣느라고 눈코 뜰 사이가 없었다. 돈 페르난도는 같이 가자고 한 그들의 제안을 받아들이지 않았다. 남은 일들을 모두 처리하고 나면 뒤따라가겠다고 하고서, 그는 딸에게 축복을 기도한 다음에 다시 서재로 들어가서 음울한 삽화와 집안의 문장이 그려진 편지지에 그녀 앞으로 보내는 편지를 썼다. 이것은 페르난다와 그녀의 아버지 사이에 처음으로 가진 인간적 접촉이었다. 결혼은 페르난다에게 참된 의미의 생일이었다. 그러나 아우렐리아노 세군도에게는 결혼이 행복의 시초이자 종말이기도 했다.

 페르난다는 자기의 영혼을 돌봐주던 수녀원장이 보랏빛 잉크로 금욕을 해야 할 날들을 표시해 준, 작은 황금열쇠가 달린 아름다운 달력을 가지고 있었다. 부활 주일, 일요일, 지켜야 할 성일, 매달 첫 금요일, 피정 기간, 미사일, 그리고 여자에게 주기적으로 찾아오는 날을 모두 제하면, 페르난다가 남편과 관계를 가져도 좋은 날은 복잡한 자줏빛 십자표 사이에 남겨진, 42일밖에 되지 않았다. 이 잔혹한 일정표에서 언젠가는 풀려날 날이 오리라고 믿은 아우렐리아노 세군도는 일부러 결혼 잔치를 뒤로 미루었다. 집 안을 가득 메운 브랜디와 샴페인 빈 병들을 치우느라 힘든 와중에도, 폭죽과 음악이 요란히 울리고 남들은 소를 잡아 잔치를 벌이느라고 바빴다. 신부와 신랑은 다른 방에서 다른 시간에 자는 것을 수상하게 여긴 우르슬라는 불현듯 자기의 신혼생활이 생각나서, 얼마 못 가 이웃 사람들의 놀림감이 되고, 결국은 비극의 씨앗이 될 정조대를 페르난다도 차고 있지 않을까 의심스러웠다. 그러나 페르난다는 두 주일만 지나면 남편과 동침할 생각이니 걱정 마시라고 했다. 아닌 게 아니라 그 기간이 지나고 나니까 페르난다는 속죄의 어린양처럼 체념한 표정으로 침실의 문을 열어주었다. 아우렐리아노 세군도의 눈에, 겁먹은 작은 동물처럼 커다란 눈동자로 이쪽을 바라보며 붉은 빛이 감도는 검푸른 색의 긴 머리칼을 베개 위에 펼친, 세상에서 가장 아름다운 여인이 비쳤다. 넋이 나가 바라보고 있었기 때문에 그는 시간이 좀 지나고서야 비로소 페르난다가 복사뼈에 닿을 정도로 길고, 손목까지 소매가 있으며, 배 부근에 테두리가 아름답게 장식된 커다랗고 둥근 구멍이 있는, 새하얀 잠옷을 입고 있다는 것을 깨달았다. 아우렐리아노 세군도는 터져 나오는 웃음을 참을 길이 없었다.

"내 평생에 이렇게 야한 잠옷은 처음 보는군." 그의 웃음소리가 집 안에 쩌렁쩌렁 울렸다. "난 자비 수녀회 여자랑 결혼을 한 거로군."

한 달이 지나도 아내가 그 잠옷을 벗으려고 하지 않자, 그는 페트라 코테스에게로 가서 그녀를 여왕처럼 꾸며놓고 사진을 찍었다. 그 뒤, 다시 집으로 돌아오게 된 페르난다는, 한창 뜨거운 화해를 나누던 중에 끈질기게 졸라대는 남편의 성화에 못 이겨 그의 뜻을 따라주었으나, 서른두 개의 종탑이 있는 마을로 그녀를 찾아갔을 때 꿈꾼 것과 같은 마음의 평안을 주지는 않았다. 아우렐리아노 세군도가 그녀의 살결에서 느낀 것은 깊은 슬픔뿐이었다. 첫아이가 태어나기 얼마 전인 어느 날 밤, 페르난다는 남편이 은밀하게 페트라 코테스의 침대로 다시 찾아갔다는 사실을 알게 되었다.

"그래, 갔었어." 그도 사실을 인정했다. 그러고는 너무나도 난처하다는 표정으로 말했다. "하지만 가축들이 새끼를 잘 치게 하려면 달리 방도가 없어."

그처럼 이상한 변명을 가지고 아내를 납득시키기 위해서는 시간이 좀 필요했지만, 이윽고 반박할 수도 없는 증거를 대가면서 마침내 설득에 성공했다. 페르난다는 다만, 첩의 침대에서 한 짓만은 하지 않겠다는 약속을 남편에게서 받아냈다. 이렇게 해서 세 사람은 서로를 성가시게 하는 일 없이 살아가게 되었다. 아우렐리아노 세군도는 두 여자 모두에게 소홀하지 않았다.

페트라 코테스는 관계가 회복된 것을 자랑하고 다녔다. 그리고 페르난다는 그 사실을 모르는 체했다.

그러나, 이 결정 뒤에도 페르난다는 집안 식구들과 어울리려 하지 않았다. 남편을 침대에서 맞이한 아침, 일어날 때 반드시 몸에 걸치고 있어서 이웃 사람들의 험담거리가 되고 있는 울 목도리를 벗어버리라고 우르슬라가 아무리 말을 해도 듣지 않았다. 그리고 화장실이나 밤에 사용하는 변기를 쓰고 황금 요강은 아우렐리아노 부엔디아 대령에게 팔아서 작은 황금물고기로 바꾸라고 권했으나 소용없었다. 아마란타는 사투리가 심한 페르난다의 말씨나 무언가를 가리킬 때마다 고상한 척하는 말을 쓰는 그 버릇이 싫어서, 그녀 앞에서 언제나 알아들을 수 없는 말을 썼다.

"이비 사바람밤은븐 자바기비 똥봉에베도보 구부역벽질빌을블 할발거버야 뱌."

어느 날, 페르난다가 이 장난에 화를 내며 그게 무슨 뜻이냐고 묻자 아마란타는 단도직입적으로 대답했다.

"너는 언덕이랑 엉덩이도 구분할 줄 모른다는 말이지."

그때부터 그들은 서로 얘기를 하지 않았다. 꼭 할 얘기가 있으면 쪽지에 적거나 다른 사람을 통해 의사를 전달했다. 집안 식구들이 모두 싫어했어도 페르난다는 자기 조상들이 지켜온 관습을 억지로 지키려고 했다. 배가 고파서 먹을 생각이 나면 아무 때나 부엌으로 가서 식사를 하는 식구들의 버릇을 바로잡고, 페르난다는 정해진 시간에 모든 식구가 다함께 식당에 모여서 삼베 식탁보를 씌우고 촛대와 은식기를 차려 놓은 커다란 식탁에 둘러앉아 식사를 하도록 했다. 우르슬라가 일상 생활에서 가장 단순한 행위라고 이전부터 생각했던 것이, 아주 야단스럽고 거들먹거리는 행사가 되었다. 가장 말이 없는 호세 아르카디오 세군도가 가장 강하게 반발을 했다. 그러나 이 습관은 저녁 식사에 앞서서 로사리오의 기도를 드리는 일이나 마찬가지로 곧 뿌리를 내렸고, 이웃 사람들의 호기심을 끌게 되어 얼마 안 있어서 이웃들 사이에는, 부엔디아 집안에서는 식사를 할 때도 보통 사람들과 달라서, 때마다 대미사를 드린다는 소문이 퍼졌다. 전설이라기보다 영감에 가까운 우르슬라의 신앙은, 부모에게서 물려받아 그때그때 상황에 맞게 잘 정리된 페르난다의 신앙과 걸핏하면 충돌을 빚었다. 그래도 우르슬라가 제대로 활동을 하는 동안만은 그나마 옛 관습들이 지켜져서 그 변덕쟁이 식구들의 생활에 여운을 남겼으나, 이윽고 우르슬라가 눈이 잘 안 보이게 되고 나이가 너무 먹어 구석으로 밀려나게 되자, 처음 시집을 올 때부터 페르난다가 조여왔던 답답한 고리가 마침내 채워져 집안 운명은 페르난다에 의해 좌우되기에 이르렀다. 우르슬라의 뜻을 이어받아서 산타 소피아 데 라 피에다가 운영하던, 빵이나 동물 모양 사탕을 만드는 사업을 품위없는 일이라고 단정한 페르난다는 그 사업을 중단하게 했다. 눈뜰 때부터 잠자리에 들 때까지 언제나 활짝 열어두던 문들은 햇빛이 들어 침실 안이 더워진다는 이유로 낮잠 시간에 모두 닫아버렸고, 결국 그 문들은 열리는 일이 없게 되었다. 마을이 처음 설 때부터 문 위에 달아두었던 알로에 가지와 빵 덩어리는 자취를 감추었고, 그 자리에는 대신 예수의 성심(聖心)을 안치하는 벽감(壁龕)이 자리잡았다. 아우렐리아노 부엔디아 대령은 이러한 변화를 눈치채고, 내버려두면 어떻게 될지를 예견했다.

"우리도 이젠 귀족들이 되어가고 있군." 그는 못마땅한 목소리로 말했다. "이런 식으로 나가다가는 보수당 정권하고 또 한 번 싸움을 벌여야 할 판이군. 그 전에 우선 우리집 임금님이 제대로 해주셔야겠지만 말이야."

페르난다는 대령과 마주하는 것을 교묘하게 피했다. 그녀는 속으로 그의 자주적인 사고방식이나 온갖 사회적인 인습에 대한 반항을 내심 꺼렸다. 페르난다는 새벽 5시에 커피를 마시는 그의 습관이나, 작업실의 지저분한 분위기나, 다 떨어진 그의 담요나, 해질녘이면 문 앞에 나앉는 그가 싫었다. 그러나 가족이라는 하나의 기계 속에서 이 느슨한 부품의 존재를 묵인 할 수 밖에 없었다. 노령과 환멸 때문에 지금은 얌전한 동물처럼 지내고 있지만, 나이든 대령이 한번 늙은이의 완고함을 발휘하는 날이면 이 집을 토대부터 뒤집어엎을 수 있다는 것을 알았기 때문이다.

첫아들이 태어나서 남편이 증조할아버지를 따라서 이름을 짓자고 했을 때, 시집을 온 지 1년밖에 안 된 페르난다는 감히 반대할 엄두도 내지 못했다. 그러나 첫딸을 낳았을 때는 아기의 이름을 친정 어머니를 따라 레나타라고 짓겠다며 강력히 고집했다. 우르슬라는 그 아이를 레메디오스라고 부르자고 했다. 험악한 말다툼이 이어진 뒤에 아우렐리아노 세군도가 웃으며 중재에 나서 그 아기를 레나타 레메디오스라고 이름지었지만, 페르난다는 굽히지 않고 레나타라고만 불렀으며 남편의 식구들이나 마을 사람들은 레메디오스의 애칭인 메메라고 불렀다.
  처음에 페르난다는 친정 식구들 자랑을 하는 일이 없었으나 이윽고 친정 아버지를 조금씩 이상화하기 시작했다. 식탁에서 그녀가 하는 얘기를 듣고 있노라면, 돈 페르난도는 모든 허영을 버린 인간으로서 머지않아 틀림없이 성인이 될 사람같았다. 장인을 거침없이 추켜세우는 얘기를 듣고 질려버린 아우렐리아노 세군도는 아내가 듣지 않는 곳에서 가끔씩 흉을 보았다. 다른 식구들도 그를 본떴다. 집안의 평화를 유지하려고 애쓰면서 집안에 마찰이 생기면 속으로 고통을 참고 있던 우르슬라까지도 어느 날인가 자기의 고손자가 '성인의 손자이며, 여왕과 가축 도둑의 아들'이기 때문에 틀림 없이 장차 교황 자리에 오르리라고 했다. 이 미소 뒤에 감추어진 음모에도 불구하고 아이들은 그들의 외할아버지가 전설적인 인물이라고 생각하게 됐다. 그는 성스러운 시구(詩句)를 옮겨 적은 편지를 쓰고, 크리스마스가 오면 문으로 가지고 들어오기가 힘들 만큼 커다란 선물을 보내 주었다. 알고 보면 그 선물들이란 영주였던 시절 막대한 재산의 찌꺼기들이었다. 그들은 그것들을 가져다가 아이들의 침실에 제단을 만들고, 그 옆에는 유리 눈알이 정말 살아 있는 듯해서 기분나쁜 실물 크기의 석고상을 세웠다. 그 성상은 마콘도의 어떤 주민도 입어보지 못한 아름답게 바느질된 모직 옷을 걸치고 있었다. 낡고 추운 집 안에 감돌던 음침한 호화로움이 조금씩 조금씩 부엔디아 집안으로 옮겨왔다.
  "온 집안 식구들 무덤을 그대로 몽땅 보내왔구만." 어느 날 아우렐리아노 세군도가 한마디 했다. "이제 비석하고 늘어진 수양버들만 오면 되겠어."
  아이들이 가지고 놀 만한 선물이 담긴 상자가 온 일은 한 번도 없었지만, 어쨌든 그 골동품같은, 번번이 예상을 깨는 선물은 집안에 변화를 가져오기 때문에 아이들은 해마다 12월이 오기를 기다렸다. 열 번째 크리스마스를 맞이하여 어린 호세 아르카디오가 신학교에 갈 준비를 할 무렵, 단단히 못질을 하고 송진으로 빈틈없이 막은 다음에 낯익은 고딕체로 페르난다 델 카르피오 데 부엔디아 부인 귀하라고 주소를 써 넣은, 외할아버지가 보낸 어마어마하게 큰 상자가 그해에는 다른 때보다 좀 일찍 도착했다. 페르난다가 침실에서 편지를 읽는 동안에 아이들은 서둘러 그 상자를 열었다. 해마다 그랬듯이 아우렐리아노 세군도의 도움을 받으면서 그들은 봉한 것을 떼고, 뚜껑의 못을 빼고, 빈칸에 채워 넣은 톱밥을 퍼내, 납으로 만들어 놋쇠 못으로 조인 기다란 상자를 찾아냈다. 아우렐리아노 세군도는 아이들이 조바심을 내며 기다리는 가운데 여덟 개의 놋쇠 못을 풀어냈다. 납뚜껑을 열고 안을 들여다본 순간 그는 소리를 지르며 아이들을 옆으로 밀쳐냈다. 그 납상자 속에는 피부가 짓물러 터져서 악취를 풍기며 살아 있는 진주조개처럼 거품이 나는 수프 속에서 끓고 있는, 검은 옷을 입고 가슴에는 십자가를 얹은 돈 페르난도가 있었다.

딸이 태어난 지 얼마 안 되어, 네에를란디아 조약의 체결을 기념하는 뜻에서 아우렐리아노 부엔디아 대령을 위한 표창식을 거행하기로 한다는 정부의 계획이 갑작스레 발표되었다. 이제까지의 정부 시책과는 조금도 어울리지 않는 결정이었기에, 대령은 맹렬히 반발하면서 표창을 거절했다.

"난 기념 축제라는 말조차 처음 들어. 뭐에다 쓰는 건지 내 알 바 아니지만, 어딘가 좀 수상하단 말이야."

좁아터진 작업실은 사절들로 가득 찼다. 옛날에는 대령의 주위를 까마귀들처럼 맴돌던 검은 옷을 입은 변호사들이 이제는 나이를 먹고 돌아왔다. 전쟁을 진흙탕 속에 빠뜨리려고 더 점잖은 체하는 얼굴로 찾아왔을 때도 그랬지만, 이번에도 대령은 줄줄이 나타나 늘어놓는 그들의 찬사가 비꼬는 애기로만 들렸다. 그는 그들에게 자기가 국가의 영웅은커녕, 기껏해야 일하다가 지쳐서 황금물고기에 둘러싸여 조용히 죽기만을 유일한 꿈으로 가진 하잘것없는 장인(匠人)에 지나지 않으니, 이대로 내버려두고 어서 돌아가라고 말했다. 대령을 더욱 화나게 한 것은 대통령이 대령에게 훈장을 수여하기 위해 마콘도에서 열리는 행사에 몸소 참석할 거라는 이야기였다. 아우렐리아노 부엔디아 대령은 정권의 횡포나 시대에 역행하는 정책 때문이라기보다는 아무에게도 해를 끼치지 않는 노인을 조금도 존경할 줄 모르는 그 처사가 괘씸해서, 비록 좀 늦기는 해도 대통령에게 총을 쏠 수 있는 기회를 지금부터 기대하고 있겠다는 대답을 한 마디도 빠짐없이 대통령에게 전하라고 했다. 그의 협박이 어찌나 지독했던지 놀란 대통령은 마지막 순간에 마콘도를 방문할 계획을 포기하고 특사를 통해 훈장을 보냈다. 온갖 압력에 견디다 못해서 헤르넬도 마르케스 대령은 중풍으로 누워 있던 몸을 이끌고 옛 전우를 설득하려고 집을 나섰다. 네 사람이 들어 나르는 흔들의자에 실려서 오는, 젊은 시절부터 승리와 패배를 함께 나누던 친구의 모습을 보자, 아우렐리아노 부엔디아 대령은 자기의 행동에 공감을 표하기 위해 저렇게 힘을 들여서 자기를 찾아오고 있구나 생각했다. 그러나 그가 찾아온 본디 목적을 알게 되자, 그는 친구를 작업실에서 쫓아내며 말했다.

"내가 잘못 생각했군. 그때 총살을 당하도록 내버려두는 것이 오히려 자네를 위해서 좋았을 텐데."

그리하여 부엔디아 집안 사람들이 아무도 참석하지 않은 가운데 축제는 계획대로 진행되었다. 이 축제는 우연히도 사육제 주일과 같은 때에 거행되었는데, 어느 누구도 이 우연이 그를 더욱 잔인하게 모욕하기 위해서 정부에서 일부러 꾸민 것이라는 생각을 아우렐리아노 부엔디아 대령의 머리에서 지워낼 수가 없었다. 외로운 작업실에서 그는 군악대의 연주와 예포, 테데움(가톨릭교회에서 아침기도 마지막에 부르는, 주를 찬미하는 성가) 성가의 종소리와 그의 성을 따서 이름을 붙인 집 앞 거리에서 들려오는 연설 소리를 들었다. 분노와 심한 무력감에 그의 눈에는 눈물이 글썽거렸고, 전쟁에 패배하고 나서는 처음으로, 지금 자기에게 보수정권을 깡그리 휩쓸어버릴 전쟁을 시작할 만한 젊음과 힘이 없는 것을 한탄했다. 우르슬라가 작업실 문을 두드렸을 때에도 행사는 계속되고 있었다.

"방해하지 마세요." 그는 말했다. "지금 바빠요."

"열어다오." 우르슬라가 평소와 같이 말했다. "축제하고는 아무 상관없는 일이니까."

아우렐리아노 부엔디아 대령이 걸쇠를 풀고 문을 열었다. 그곳에는 모습이나 피부 빛깔이 제각각이었지만, 이 세상 어디에 있더라도 한눈에 알아볼 수 있는 고독한 분위기를 지닌 17명의 사내들이 서 있었다. 그들은 모두 대령의 아들이었다. 미리 약속을 한 일도 없었고, 서로 모르는 사이였지만, 그들은 축제에 대한 얘기를 듣고 전국 각지에서 먼 거리를 여행해서 왔다. 그들은 모두 아우렐리아노라는 자랑스러운 이름을 갖고, 성은 저마다 어머니의 성을 따랐다. 우르슬라에게는 큰 기쁨을 안겨주었고, 페르난다에게는 기가 막힐 지경이던 사흘 동안에 그들은 이 집에 머물며 전쟁을 치르기라도 하는 듯 법석을 떨었다. 아마란타와 우르슬라는 그들의 이름과, 생일과, 영세를 받은 날짜를 기록해 둔 장부를 옛 서류들 사이에서 찾아내어서 빈 칸에 그들의 현주소를 적어 넣었다. 그 명단은 20년에 걸친 전쟁을 생생하게 보여주었다. 그 명단을 따라 내려가면 현실과 동떨어진 혁명을 위해 스물한 명의 부하를 거느리고 그가 마콘도를 떠나던 날 새벽부터, 피가 뻣뻣하게 말라붙은 담요에 싸여 돌아오던 날까지 대령이 어디에서 어떻게 밤을 보냈는지 그 일정표가 명확하게 나타났다. 아우렐리아노 세군도는 마침 좋은 기회라도 만났다 싶어서, 축제가 열리는 통에 어물어물 지나가버린 사육제를 뒤늦게나마 즐기려고 사촌들에게 샴페인과 아코디언으로 흥청대는 환영잔치를 열어주었다. 그들은 집에 있던 접시를 반이나 깨뜨려버렸고, 담요로 헹가래를 치려고 소를 쫓아다니느라고 장미 화단을 엉망으로 짓밟아놓고, 총을 쏘아대며 닭을 잡았다. 아마란타로 하여금 피에트로 크레스피에게서 배운 슬픈 왈츠를 추게 했고, 싫어하는 미녀 레메디오스에게 남자 바지를 입혀서 장대를 기어오르게 했고, 식당에 기름을 바른 산돼지를 풀어놓아 페르난다가 엉덩방아를 찧게 하였다. 이렇게 오래간만에 집안에 활기가 지진처럼 일게 되자 이런 재난쯤은 아무도 불평하지 않았다. 아우렐리아노 부엔디아 대령은 처음에 그들을 불신하는 태도로 맞았고, 그들 가운데 몇 명은 자기의 진짜 아들이 아닐지도 모른다는 의심을 했지만, 그들의 거친 장난에 곧 마음이 흐뭇해져서 떠날 때에는 그들에게 황금물고기를 나누어주기까지 했다. 붙임성없는 호세 아르카디오 세군도까지도 흥이 나서 하루는 그들에게 닭싸움을 보여주었는데, 몇 명의 아우렐리아노들은 안토니오 이사벨 신부의 속임수쯤은 한 눈에 간파할 수 있을 만큼 닭싸움에는 명수여서, 잘못하다가는 말썽이 생길 뻔했다. 이 엉뚱한 친척들이 있어준다면 앞으로도 한없이 신나게 놀아댈 수 있으리라는 생각이 들었던 아우렐리아노 세군도는 그들에게 모두 마콘도에 정착해서 같이 일을 하자고 제안했다. 그 제안을 받아들인 아우렐리아노는, 할아버지의 탐구심과 행동력을 물려받은 몸집이 큰 혼혈아 아우렐리아노 트리스테뿐이었다. 그는 이미 온 세계의 반을 헤매고 돌아다닌 경험이 있기 때문에 어디에 정착해 사느냐 하는 문제는 별로 상관이 없었다. 그러나 다른 아우렐리아노들은 다들 아직 결혼도 안 했지만, 이미 자신들의 운명은 정해져 있다고 믿었기 때문에 그 제안에 관심이 없었다. 그들은 저마다 집을 한 채씩 가졌고, 재주가 있는 사람들이었으며, 평화를 사랑했다. 그들이 해안 일대로 뿔뿔이 흩어져 떠나기 전, 재의 수요일 (부활절 46일 전의 수요일. 사순절(그리스도가 광야에서 40일간 금식한 것을

기리기 위한 기간)이 시작되는 날.)에 아마란타는 그들에게 억지로 옷을 차려 입혀서 성당으
재는 인간 육체의 연약함을 상징
로 데려갔다. 신앙심이 깊어서라기보다는 재미삼아 그들이 줄을 지어 성체
배령석까지 가자, 안토니오 이사벨 신부는 재로 그들의 이마에 십자가를 그
려주었다. 집으로 돌아온 다음에 막내 아우렐리아노는 이마를 닦으려고 하
다가 자기의 십자가 표시가 지워지지 않는다는 것을 알았다. 형들의 십자가
도 마찬가지였다. 그들은 물과 비누로, 흙과 솔로 문지르고 심지어는 경석
(輕石)과 양잿물까지 써서 지우려고 했지만 소용이 없었다. 그러나 아마란
타나 미사에 갔던 다른 사람들은 십자가를 지우는 데 하나도 힘이 들지 않았
다.
　"오히려 잘됐구나." 우르슬라는 그들을 배웅하면서 말했다. "이제부터는
너희를 알아보기가 훨씬 수월하겠어."
　그들은 악대를 앞세우고 폭죽을 터뜨리면서 줄을 지어 떠났다. 마콘도 사
람들은 그들을 보고 부엔디아의 핏줄은 몇 세기를 지나도 끊어지지 않으리
라는 인상을 받았다. 이마에 재 십자가가 있는 아우렐리아노 트리스테는, 마
을 변두리에 호세 아르카디오 부엔디아가 한창 발명에 미쳤을 때 꿈꾸었던
얼음 공장을 세웠다.
　마을에 온 지 몇 달이 지났다. 어느새 사람들에게 이름도 알려지고 호감을
사게 된 아우렐리아노 트리스테는, 어머니와 (대령의 딸이 아닌) 여동생을
데려다 함께 살 집을 알아보다가 광장 한쪽 구석에 있는 오랫동안 돌보지 않
고 내버려둔 밝고 커다란 집에 흥미를 느꼈다. 그는 집주인이 누구냐고 물었
다. 어떤 사람이 말하기를, 그 집은 지금 주인이 없으나 옛날에는 흙과 담벼
락 석회를 긁어먹는 외로운 과부가 살았다고 했다. 늘그막에 그 여자를 밖에
서 본 것은 작은 조화가 달린 모자를 쓰고 빛바랜 은빛 구두를 신고 주교에
게 보낼 편지를 부치러 우체국으로 가기 위해 두 번 광장을 건넜을 때였다고
알려주었다. 그 여자와 함께 살았던 사람은, 개이건 고양이건 집 안으로 들
어오는 짐승은 모조리 죽여 그 시체를 길에 내다 버리는 바람에, 주민들이
그 악취에 얼굴을 찌푸리게 만든 인정머리 없는 하녀뿐이라고 했다. 그 집에
서 마지막으로 버린 죽은 동물이 햇볕에 바짝 마른 일도 벌써 오래전이어서,
그 집에서 살던 여자와 하녀는 전쟁이 끝나기 전에 죽었으리라고 모두들 믿
었다. 아무도 살지 않는데도 그 집이 무너지지 않은 까닭은 지난 몇 해 동안

태풍이 분 적도 없고, 겨울 나기도 심하지 않았던 덕택이라고 믿는 것 같았다. 그 집의 경첩은 녹이 슬어 삭았고, 문들은 엉킨 거미줄에 매달려 겨우겨우 떨어지지 않고 있었다. 창문은 습기로 부풀어 땜질이라도 한 듯 꼼짝도 하지 않았고, 마룻바닥에는 여기저기 잡초와 들꽃들이 피어 있으며, 갈라진 마루 틈에는 적어도 지난 50년 동안 이곳에서 아무도 살지 않았음을 증명이라도 하듯 온갖 벌레들과 도마뱀들이 자리를 잡아 살고 있었다. 그러나 성미가 급한 아우렐리아노 트리스테는 그런 것들에 별 신경을 쓰지 않고 집 안으로 들어섰다. 그가 어깨로 정면의 문을 밀어서 열었더니, 벌레 먹은 낡은 나무문틀은 먼지와 벌레들이 범벅이 된 마룻바닥에 소리 없이 쓰러졌다. 아우렐리아노 트리스테가 문간에 서서 먼지가 가라앉기를 기다렸다가 방 안을 들여다보았다. 방 한가운데에, 지난 세기에나 입던 옷을 아직도 입고 벗겨진 머리에는 머리카락이 몇 가닥만 남고, 희망의 마지막 별빛이 이미 다 꺼지기는 했어도 아직도 아름다운 커다란 두 눈망울을 지니고, 얼굴의 피부는 고독한 생활에 주름 진 마른 여자가 서 있었다. 죽은 사람같은 그 모습에 소름이 끼친 아우렐리아노 트리스테는, 그 여자가 자기를 겨누고 있는 낡은 권총을 알아보지 못했다. 그는 작게 말했다.

"죄송합니다."

그 여자는 잡동사니가 가득한 방 한가운데 꼼짝 않고 서서 눈앞에 나타난 어깨가 딱 벌어지고 이마에는 재로 문신을 박은 거구의 남자를 뚫어져라 쏘아봤다. 이윽고 안개같은 먼지를 헤치고 과거의 안개에 휩싸인 채, 어깨에 쌍발엽총을 비스듬히 메고 손에는 토끼를 줄에 꿰어 든 남자의 모습이 떠올랐다.

"하느님, 너무 하세요." 그 여자는 낮은 소리로 외쳤다. "이제 와서 그런 기억을 떠올리게 하시다니!."

"이 집에 세를 들고 싶어서 왔는데요."

아우렐리아노 트리스테가 말했다.

그러자 여자는 권총을 높이 들어, 그의 이마에 재로 그린 십자가를 겨누고 어떤 애원도 들어주지 않을 만큼 단호한 태도로 방아쇠에 손가락을 걸고 말했다.

"당장 나가요!"

그날 밤 저녁을 먹으면서 아우렐리아노 트리스테는 집안 식구들에게 아까 있었던 일을 얘기했다. 그 얘기를 들은 우르슬라는 비탄에 잠긴 나머지 울기 시작했다.

"아직 살아 있었구나!"

시간의 경과와, 전쟁의 소란, 날마다 일어나는 수없이 많은 불행한 사건들 때문에 우르슬라는 그만 레베카를 까맣게 잊고 살아왔다. 레베카가 아직도 살아 있으며 벌레들에 파묻혀 썩어가고 있다는 것을 잠시도 잊지 않고 있던 사람은 집념이 강한, 나이 먹은 아마란타뿐이었다. 아마란타는 외로운 침대에서 심장이 얼어붙는 듯한 싸늘함에 놀라 눈을 뜨는 새벽이면 늘 레베카를 생각했다. 지금은 다 쭈그러진 젖가슴이나 가냘픈 뱃가죽에 비누칠을 하면서, 새하얀 페티코트나 늙은 몸을 감춰주는 목면 코르셋을 차면서, 속죄의 표시로 손에 감은 검은 붕대를 새 것으로 갈면서 늘 레베카를 생각했다. 언제나, 하루 종일, 잠을 자거나 깨어 있거나, 가장 고상한 순간이나 가장 볼썽사나운 순간에도 아마란타는 레베카를 잊지 않았다. 그것은 고독이 추억을 정리하여 마음속에 누적되었던 인생의 감상적인 추억은 쓰레기 더미로 불태워 없애고, 추려낸 추억을 순수하게 하고, 확대하여 가장 쓰라린 부분들만 영원히 남게 하였기 때문이었다. 미녀 레메디오스는 레베카의 존재를 알고 있었다. 다 쓰러져가는 집 앞을 지날 때마다 아마란타는 불쾌했던 사건이나 부끄러운 소문 이야기를 들려주고 점차 엷어지는 원망을 조카와 나눔으로써, 자기가 죽은 뒤에도 그 원망이 살아남게 하려고 했다. 그러나 레메디오스는 온갖 종류의 격렬한 감정, 특히 타인의 감정을 받아들이지 않았기 때문에 아마란타는 그 목적을 이루지 못했다. 그런데 우르슬라의 마음은 아마란타의 마음과는 반대 방향으로 움직여서 레베카에 대한 불순한 것은 모두 잊고, 부모의 유골이 든 자루를 가지고 이 집으로 온 가엾은 아이의 모습만, 그녀가 이 집안 사람으로 남을 수 없게 만든 그 부끄러운 사건보다도 강하게 자리잡고 있었던 것이다. 아우렐리아노 세군도가 말을 꺼내 그녀를 여기로 데려와 보살펴주려고 했으나, 오랫동안 고뇌와 비참함을 견디고 겨우 고독에서 위로를 찾게 된 지금에 와서 그것을 버리고 다른 사람의 자비에 기대어 늙은 삶을 어지럽히는 것은 사양하겠다는 레베카의 완고한 반대에 이 선의도 열매를 맺지 못했다.

아직도 이마에 재로 된 십자가 표시가 지워지지 않은 아우렐리아노 부엔디아 대령의 열여섯 아들들이 다시 찾아온 2월, 떠들썩한 잔치를 벌이는 자리에서 아우렐리아노 트리스테는 그들에게 레베카에 대한 얘기를 했다. 그 얘기를 듣자 그들은 한꺼번에 달라붙어서 문짝과 창문을 새로 만들어 달고, 밝은 빛깔로 집에 페인트를 칠하고 벽에는 버팀대를 대고, 바닥에는 시멘트를 깔아 반나절 만에 집의 바깥 모습을 완전히 바꾸어놓았다. 그러나 집 안까지 손질하겠다던 그들의 계획은 끝내 좌절되고 말았다. 레베카는 문간에 서서 밖을 내다보려고도 하지 않았다. 분주한 보수 공사가 끝나기를 기다렸다가 그녀는 공사에 든 비용이 얼마나 되었는지 계산을 한 다음에, 아직도 함께 지내고 있던 나이든 하녀 아르헤니다를 시켜서, 지난번 전쟁이 끝난 다음에 폐기되어 이미 통화 가치를 잃은 지 오래지만, 아직도 쓰이는 줄로 알고 있던 돈을 한줌 보냈다. 그제야 그들은 레베카가 얼마나 오랫동안 세상에서 격리되어 살아왔는지 실감할 수 있었으며, 레베카에게 목숨이 붙어 있는 동안에는 그 폐쇄된 삶에서 끌어낼 수 없으리라는 사실도 깨달았다.

아우렐리아노 부엔디아 대령의 아들들이 두 번째로 마콘도를 찾았을 때, 그 가운데 아우렐리아노 센테노가 마콘도에 남아 아우렐리아노 트리스테의 일을 돕기로 했다. 그는 처음에 영세를 받으려고 찾아왔던 아이들 가운데 하나였으며, 집에 오자마자 2~3시간 만에 손에 닿는 것은 모조리 부수었기 때문에, 우르슬라와 아마란타는 그를 잘 기억하고 있었다. 시간이 지남에 따라 어린 시절의 엄청난 성장은 멈추어서, 지금은 얽은 얼굴에 보통 살집, 보통 키를 가진 남자일 뿐이었으나, 그 손의 무시무시한 파괴력은 옛날이나 다름이 없었다. 그는 일부러 손을 대지 않고도 닥치는 대로 접시들을 부수는 재주가 있어서, 페르난다는 그가 값비싼 사기그릇을 모두 박살내기 전에 백랍그릇을 특별히 그를 위해 샀으나 그 튼튼한 금속 식기도 눈깜박할 새에 그의 손에서 우그러지고 비틀리고 말았다. 그러나 자신도 주체하지 못하는 듯한 이 완력은 어찌되었건, 그에게는 곧바로 남들의 신뢰를 얻는 진실한 마음과 일에 대한 눈부신 재능이 있었다. 그가 짧은 시간 동안에 어찌나 많은 얼음을 만들어냈던지, 마콘도에서 실컷 쓰고도 얼음이 잔뜩 남을 지경이어서, 아우렐리아노 트리스테는 늪지대의 다른 도시로까지 사업 영역을 넓힐 방도를 강구해야만 했다. 아우렐리아노 트리스테가 그의 사업을 현대화시킬 뿐 아니라, 마콘도를 바깥 세상과 연결짓는 결정적인 수단을 취하기로 마음먹었던 때가 바로 이 무렵이었다. 그가 말했다.
"우리는 마콘도에 철도를 놓아야 합니다."
마콘도 사람들이 '철도'라는 말을 처음으로 들은 것도 이때였다. 호세 아르카디오 부엔디아가 태양을 이용한 무기를 만들기 위해서 그렸던 설계도를 떠올리게 하는, 아우렐리아노 트리스테가 책상 위에 그려놓은 도면을 보고, 우르슬라는 시간은 돌고 돈다는 평소의 생각을 더욱 굳혔다. 그러나 그의 조상과는 달리, 아우렐리아노 트리스테는 잠을 못 이루고 식욕을 잃거나 갑자기 기분이 나빠져 남들을 괴롭히는 일은 없었다. 그러기는커녕 아무리 봐도 터무니없는 계획들을 곧 실현할 것처럼 신중히 따지고, 비용과 공사 일정을 합리적으로 계산했으며, 조급해하지 않고 착실히 일을 진행시켰다. 아우렐리아노 세군도가 증조부나 아우렐리아노 부엔디아 대령과 닮았으면서도 닮지 않은 점은 질릴 줄을 모른다는 점이다. 그는 형이 운하를 파겠다고 했을 때만큼이나 가벼운 마음으로 철도를 끌어들이려는 계획에 돈을 내주었다. 아우렐리아노 트리스테는 달력을 살펴보고는 장마철이 지난 다음에 돌아올 계획으로 다음 수요일에 마콘도를 떠났다. 그러고는 그에 대한 소식은 들려오지 않았다. 얼음 공장에서 벌어들이는 커다란 이익에 기분이 좋아진 아우렐리아노 센테노는 물 대신에 과일즙을 재료로 얼음을 만드는 실험을 진행하고 있었는데, 그는 자기도 모르는 사이에 이미 셔벗을 만드는 기초 원리를 터득해 가고 있었다. 장마철이 지나도 아우렐리아노 트리스테가 돌아올 기미가 보이지 않고 아무 소식도 없이 여름이 다 지나가게 되자, 그 얼음 공장이 자기 것이 되었다는 생각이 들어 제품을 다양화하려는 계획을 짜기 시작했다. 다시 겨울이 찾아왔다. 어느 날 해가 아주 높이 떠오른 시간을 골라 강에서 빨래를 하던 한 여자가 놀라서 헐레벌떡거리며 비명을 지르다시피 마을 가운데 길을 뛰어왔다.
"저기에 와요!" 여자가 숨을 몰아쉬며 겨우겨우 설명했다. "아궁이처럼 생긴 무시무시한 것이 동네를 하나 끌고 오고 있어요."
그 순간, 엄청난 소음과 함께 피리 같은 소리와 이상한 신음소리가 마을 전체를 뒤흔들었다. 사실은 이미 몇 주 전부터 침목과 레일을 놓는 수많은 인부들의 모습이 보였으나 거기에 신경을 쓰는 사람은 없었다. 옛날만큼 인기가 없는 집시들이 피리나 탬버린을 연주하며, 예루살렘 천재 약사가 만들었다는, 어딘가 수상한 살 빼는 약의 고마운 효능을 떠들어대는 새로운 사기 수법이라고 생각했기 때문이다. 이윽고 피리 같은 소리와 거친 콧김소리 같은 떠들썩함이 가라앉았다. 주민 모두가 밖으로 뛰어나와보니, 기관차 위에서 손을 흔들고 있는 아우렐리아노 트리스테의 모습이 보였다. 그리고 예정보다 8개월이나 늦어서 겨우 마을에 도착한, 꽃으로 가득한 기차가 넋을 잃고 바라보는 사람들의 시야에 들어왔다. 많은 불안과 안도, 기쁨과 불행, 변화와 재앙과 옛 시절에 대한 그리움을 마콘도에 실어오게 되는 무심한 노란색 기차가.

12

엄청나게 많은 새로운 발명품들에 눈이 쏠려 마콘도 사람들은 어느 것에서부터 놀라야 할지 몰랐다. 그들은 아우렐리아노 트리스테가 두 번째 기차 여행에서 돌아올 때 가져온 푸르데데한 전구를 쳐다보며 꼬박 밤을 새웠다. 그런데 거기에 전력을 공급하는 기계의 시끄러운 소리에 익숙해질 때까지는 시간과 인내심이 필요했다. 그들은 부유한 상인 돈 브루노 크레스피가 사자의 입처럼 꾸민 매표소를 만든 극장에서 움직이는 그림을 보았을 때, 한 영화에서 죽어 땅에 묻혀 그들이 애도의 눈물까지 흘려주었던 사람이 다음 영화에서는 아랍 사람으로 바뀌어 다시 살아나는 장면을 보고는 화가 났다. 2센타보의 돈을 내고, 주인공들의 운명에 기뻐하고 슬퍼했던 관객들은 그런 엉터리 사기극을 참을 수가 없어서 극장 의자를 부숴 버렸다. 브루노 크레스피의 부탁에 따라 마콘도 시장은, 영화가 환각 장치이므로 관객이 소동을 피울 가치도 없는 것이라는 포고령을 냈다. 그런 실망스러운 설명을 듣고 난 많은 사람들은 그들이 겉만 번드르르한 새로운 집시 무리의 제물이 되었다고 느꼈다. 가공 인물들의 거짓 불행 때문에 새삼스럽게 눈물을 흘리지 않더라도 자신들은 이미 고생을 실컷 한 처지라는 생각이 들어서 다시는 영화를 보러 가지 않기로 결심했다. 낡아빠진 아코디언을 대신해 쓰려고 프랑스 창녀들이 가져와 한때 악사들의 생계에 심각한 영향까지 주었던, 나팔이 달린 축음기를 놓고도 비슷한 사태가 벌어졌다. 처음에는 호기심에 이끌려 그 금지된 구역을 드나드는 손님의 수가 몇 배나 늘었다. 축음기라는 희귀한 물건을 가까이에서 보기 위해 시골 여자로 변장하고 그곳을 찾아가는 지체 높은 여자들까지 있다는 소문이 나돌았다. 하지만 그것을 자세히 살펴보고 얻은 결론은, 그것이 창녀들이 얘기하거나 모든 사람들이 믿었던 것처럼 신들린 맷돌이 아니었다. 그것은 심금을 울리고 인간미가 넘치며 생활에 밀착된 악사들과는 비교도 안 되는, 사기성 있는 도구에 지나지 않는다는 것이었다. 그들의 실망이 어찌나 컸던지, 집집마다 축음기를 하나씩 들여놓을 만큼 그것이 보급되었을 때에도 사람들은 그것이 어른들을 위한 오락 기구가 아니라, 아이들이 분해해서 놀기에 적당한 장난감이라고 생각했다. 그런가 하면 돌리는 손잡이가 달려 있어서 구식 축음기라고 모두들 생각했으나, 마을의 한 남자가 철도 역에 전화가 놓였다는 놀라운 사실을 그 눈으로 확인하고 왔을 때는, 매사에 의심하길 좋아하는 사람들까지도 동요를 감추지 않았다. 그 당시의 사태는 마치 하느님이 인간이 어디까지 놀랄 수 있는지를 시험해 보려는 결심이라도 하고 흥분과 실망, 의혹과 계시 사이의 끊임없는 동요 속에 마콘도 주인을 풀어놓았다고밖에 생각할 수 없었다. 이렇게 해서 마침내, 현실의 경계가 과연 어디에 있는 것인지 누구도 알 수 없게 되었다.

이런 사태에, 밤나무 밑에 있던 호세 아르카디오 부엔디아의 망령까지도 진실과 환각이 뒤범벅이 된 꼴을 보고 참을성을 잃고 대낮부터 집 안을 어슬렁거리게 되었다. 철도가 공식적으로 개통이 되었고, 기차가 수요일 11시면 정기적으로 마콘도에 도착하고, 책상 하나와 전화 한 대와 매표구를 갖춘 엉성한 목조 역사(驛舍)가 세워진 무렵부터는, 마콘도의 길거리에는 아주 평범한 사람처럼 행동하는데도 곡마단 사람들처럼만 느껴지는 남자들과 여자들이 나타났다. 호되게 속아서 집시에게 질린 마을에서는 휘슬이 울리는 주전자와 제7일에 영혼을 구제받을 수 있다는 양생법을 똑같은 뻔뻔함으로 팔고 다니는 이 행상의 곡예사들이 단물을 빨아먹을 수 있는 가망이 보이지 않았다. 그러나 그들은 끈기에 부쳐 넘어간 사람들이나 세상 물정에 어두운 손님을 상대로 막대한 수익을 올리고 있었다. 그리고 어느 수요일, 사기꾼들에 섞여서 승마 바지에 각반을 차고, 코르크 헬멧에 쇠테 안경, 토파즈 빛 눈과 마른 닭 같은 피부를 가진 땅딸막하고 붙임성이 좋은 미스터 허버트라는 자가 마콘도로 찾아와 부엔디아 집안에서 점심을 먹었다.

바나나 한 송이를 혼자서 다 먹어치우기 전까지는, 식탁에 있던 누구도 그에게 신경을 쓰지 않았다.
 아우렐리아노 세군도는 하콥 호텔에 방을 얻을 수 없게 되자 서투른 스페인 말로 항의를 하던 그 사람을 우연히 보았으며, 낯선 사람을 보면 자주 이미 하던 버릇대로 그 사람을 집으로 데리고 왔다. 미스터 허버트는 계류 기구 사업을 하는 사람으로 이미 온 세계의 절반을 여행하며 큰 수익을 거두고 있었다. 집시의 날아다니는 양탄자를 타본 일이 있어서 기구쯤은 구식이라고 생각한 마콘도 사람들은 그의 상품에는 관심도 두지 않았다. 그래서 그는 다음 기차로 이곳을 떠나려던 참이었다.
 점심때가 되어서 부엌 벽에 걸어두었던 검게 얼룩진 바나나 송이를 식탁으로 가져오자, 그는 별로 내키지 않는 듯 바나나 하나를 떼어냈다. 그러더니 이야기를 하면서도 계속 먹었다. 그런데 식욕이 왕성한 사람처럼 신이 나서 먹어치우는 게 아니라 학자처럼 집중해서 꼭꼭 씹어 맛을 보고, 한 송이를 다 먹더니 한 송이를 더 달라고 했다. 그리고 언제나 지니고 다니는 연장 상자에서 여러 가지 렌즈가 들어 있는 작은 상자를 끄집어냈다. 특수한 메스로 잘게 썰어 약을 조제할 때 쓰는 저울로 무게를 달고 무기 상인이 쓰는 게이지로 너비를 측정하는 등, 마치 다이아몬드를 사들이는 사람처럼 세심한 주의를 기울여 바나나 하나를 꼼꼼히 조사했다. 그런 뒤에 다시 상자에서 여러 가지 도구를 꺼내어 온도와 습도와 광도를 측정했다. 그 엄숙한 동작이 신경이 쓰여서 아무도 편안하게 식사를 하지 못했다. 미스터 허버트가 무슨 말을 해줄 거라 기대했으나, 그 의도를 알아 챌 수 있는 말은 한마디도 해주지 않았다.
 그 다음 며칠 동안 채집 상자와 잠자리채를 들고 다니면서 나비를 잡으러 마콘도 교외를 돌아다니는 그의 모습을 볼 수가 있었다. 수요일이 되자 토목 기사들과 농경학자들, 수문학자(水門學者)들과 지형학자들, 그리고 측량사들이 무리를 지어 마콘도로 와서는 미스터 허버트가 나비를 잡으러 돌아다니던 지역을 여러 주일 동안 답사했다. 나중에는 노란 기차의 맨 뒤에 연결한, 내부에는 온통 은을 입히고 호화로운 벨벳 좌석에 지붕은 푸른 유리로 덮은 특별 차량을 타고 잭 브라운 씨가 도착했다. 그 특별 차량으로 한때 아우렐리아노 부엔디아 대령이 가는 곳마다 따라다니던 검은 양복을 입은 근엄한 변호사들이, 브라운 씨 주위를 팔랑팔랑 날아다니며 도착했다. 이 모습을 본 마콘도 사람들은 이 농경학자들과 수문학자들과 지형학자들과 측량사들은 물론이고, 계류기구와 알록달록한 나비를 가진 미스터 허버트나, 무시무시한 독일 셰퍼드를 데리고 영구차처럼 꾸민 기차를 타고 온 브라운 씨도 모두 무슨 전쟁을 꾸미려 모여든 줄로만 알았다. 그러나 이 추측은 오래 계속되지 않았다. 마콘도의 의심 많은 주민들이 대체 무슨 일이 벌어지는 건지 당황하기 시작했을 무렵에는, 이미 마을은 각지에서 기차 좌석과 승강구 발판뿐만 아니라 객차 지붕 위에까지 올라타고 몰려든 사람들이 사는 함석 지붕의 목조 가옥이 늘어선 캠프로 변해 있었다. 나중에 모슬린(메린스의 다른 이름. 스페인 원산의 양 메리노 털로 얇고 부드럽게 짠 천) 옷을 걸치고 베일을 단 커다란 모자를 쓴 기운 빠진 아내들을 데려온 그링고(미국인을 비하하는 말)들은 기찻길 건너편에 따로 그들의 마을을 세웠다. 그들은 길가에는 야자나무를 심고, 창문에 철망을 친 집들을 짓고, 테라스에는 하얀 탁자를 놓고 천장에는 선풍기를 달고, 넓고 푸른 잔디밭에다 공작과 메추라기를 길렀다. 그링고 지역은 마치 거대한 닭장처럼 전기가 통하는 철조망을 둘러놓아서, 서늘한 여름날 아침이면 바싹 구워진 참새들이 까맣게 타서 철조망에 매달려 있곤 했다. 그들이 바라는 바가 무엇인지를 아는 사람은 아무도 없었다. 무엇이 목적인지, 과연 단순히 자선을 즐기는 사람들일 뿐인지도 파악하지 못한 사이에 그들은 옛날 집시들보다도 훨씬 영속적이며, 당황스럽고 이해하기 힘든 커다란 혼란을 가져왔다.

옛날 같으면 전지전능하신 하느님만이 가능했던 여러 가지 힘을 발휘해서 그들은 필요에 따라 비를 조절했고, 수확 주기를 빠르게 했으며, 강줄기를 이제까지 있었던 자리로부터 마콘도의 다른 쪽, 즉 공동묘지 뒤쪽으로 옮겨놓았다. 시체에서 풍겨나오는 화약 냄새가 강물을 오염시키지 않게 하려고 초라한 호세 아르카디오의 무덤 위에 콘크리트 벽을 쌓아올린 것도 이때였다. 그들은 또한 가족과 함께 오지 못한 외국인들을 생각해서 정이 깊은 프랑스 창녀들이 사는 거리를 여태까지보다 훨씬 넓은 지역으로 바꾸어놓았다. 그러고는 어느 화창한 수요일 아침 기차로 하나 가득 색다른 창녀들을 실어 왔다. 그 요염한 여자들은 고금(古今)의 사랑의 기교에 익숙할 뿐 아니라 흥분이 되지 않는 남자들을 자극하고, 머뭇거리는 남자에게는 담력을 불어넣고, 탐욕스런 남자들을 한껏 만족시켰으며, 겸손한 남자의 흥을 돋우고, 도가 지나친 남자를 혼내고, 혼자서 해결하는 남자의 마음을 돌리는 온갖 종류의 연고와 기구를 준비해 놓았다. 색이 요란한 옛날 장터가 무색해질 만큼 밝은 색깔로 치장이 되고 외국에서 가져온 상품들로 가게마다 휘황찬란해진 터키 사람들의 거리는, 사기꾼들로 넘쳐흘렀다. 그들은 도박장이나, 사격장이나, 미래를 점치거나 해몽을 하는 점쟁이들이 모여 있는 골목이나, 음식과 술로 휘청거리는 탁자 주변에서 밀고 밀려 다녔으며, 일요일 아침이면 길바닥에는, 때로는 기분 좋게 취한 주정뱅이들도 있었지만 대개는 싸움 구경을 하다가 총에 맞거나, 두들겨 맞거나, 칼에 찔리거나, 술병에 맞아서 죽은 사람들의 시체가 발견되었다. 마콘도로 밀려드는 사람들의 물결이 너무나 엄청나고 무절제해서, 그들이 이주해 오던 초기에는 길바닥에 늘어놓은 가구와 트렁크들과, 누구의 허가도 없이 빈터만 있으면 집을 지으려는 사람들이 법석대는 소란과, 길거리의 아몬드나무 사이에 그물침대를 걸어놓고 남들이 보거나 말거나 대낮부터 모기장 안에서 일을 치르는 염치없는 연인들 때문에 길거리에 나돌아 다니기도 힘들 지경이었다. 마콘도에서 그나마 좀 조용한 곳이 있었다면, 그것은 안틸 제도에서 이주해온 평화로운 흑인들이 정착한 곳이었다. 그들은 마을 변두리에 무더기로 목조 건물을 짓고, 해질녘이면 문 밖에 나앉아서 알아듣기 힘든 말로 슬픈 찬송가를 부르곤 했다. 짧은 기간 동안에 어찌나 많은 변화가 일어났든지, 미스터 허버트가 마콘도를 찾아오고 여덟 달이 지났을 때에는 옛날부터 마콘도에서 살아온 주민들은 이곳이 자신들의 마을이라고는 생각할 수 없었다.

"어쩌다가 우리가 이런 꼴이 됐는지 알기나 해." 아우렐리아노 부엔디아 대령이 어느 날 말했다. "다 그 미국인을 데려다가 바나나 맛을 보여주었기 때문이야."

남들이 뭐라고 해도 아우렐리아노 세군도만은 외국인들이 물밀 듯 밀려들어오자 기뻐서 어쩔 줄 몰랐다. 집에는 갑자기 낯선 손님들과, 감당할 수 없는 가볍고 천박한 자들이 가득 차서 앞마당에는 새로 침실을 세우고, 식당을 넓혀서 낡은 식탁을 열여섯 사람이 함께 앉아서 식사를 할 수 있는 새 식탁으로 바꾸고, 그릇과 포크, 나이프도 새로 장만하였다. 그래도 점심때가 되면 무리를 지어 교대로 식사를 해야만 할 지경이었다. 페르난다는 속이 상해도 억지로 참고 형편없는 손님들을 임금님 모시듯 대접해야 했다. 몰려드는 손님들은 더러운 신발을 신고 들어와 복도를 어지럽히고, 정원에다 소변을 보고, 아무 곳에나 자리를 깔고 낮잠을 자고, 예민한 숙녀들과 점잖은 신사들 앞에서 거친 말을 마구 지껄여댔다.

천박한 사람들이 그렇게 몰려들게 되자 겁이 난 아마란타는 옛날처럼 부엌에서 식사를 했다. 일부러 작업실까지 인사를 하러 오는 사람들도 자기를 존경하거나 공감을 느껴서가 아니라, 박물관의 화석이나 역사적인 유물로 생각하고 호기심에서 자기를 구경하러 온다는 걸 알게 된 아우렐리아노 부엔디아 대령은 작업실 문을 잠그고 밖으로 통하는 문앞에 앉아 있는 모습도 좀처럼 볼 수 없게 되었다. 한편 우르슬라는, 진작부터 발을 끌면서 걸어 다니고 벽을 더듬어서 길을 찾아가는 몸이 되었어도, 기차가 도착할 시간이 되면 어린애처럼 기뻐했다.

"고기도 준비하고 생선도 좀 장만해야지!"

산타 소피아 데 라 피에다의 침착한 지시 아래 제시간에 모든 준비를 마치려고 서두르는 네 명의 요리사에게 우르슬라가 명령을 했다. "뭐든지 다 준비해 두거라. 외지 사람들은 뭘 먹고 싶어할지 모르니까."

한낮 가장 더운 시간에 기차가 도착했다. 점심때가 되면 집 안은 장터처럼 북적거렸고, 자기들을 초청한 집주인이 누구인지도 모르는 손님들은 땀을 뻘뻘 흘리며 식탁에서 가장 좋은 자리를 차지하려고 법석을 피웠다. 요리사들은 수프를 담은 큰 솥들과, 고기를 담은 냄비들과, 야채를 듬뿍 담은 커다란 바가지와, 밥을 담은 나무통을 나르느라고 서로 부딪치고 야단이었으며, 몇 통이나 되는 레모네이드를 쉴 새 없이 따르고 다녔다. 걷잡을 수 없는 무질서 속에서 페르난다는 손님들 가운데 식사를 두 번이나 하는 사람들이 많은 것 같아서 거기에 신경을 쓰느라고 머리가 아팠으며, 여기를 식당으로 착각한 어떤 손님이 계산서를 가져다달라고 했을 때에는 야채 장수처럼 마구 욕지거리를 퍼붙고 싶은 것을 참은 적이 한두 번이 아니었다. 미스터 허버트가 이곳을 찾아온 지도 1년이 지났지만, 일찍이 호세 아르카디오 부엔디아 일행이 위대한 문명 세계로 통하는 길을 찾아서 산을 넘었던 지역에 미국인들이 바나나를 재배할 계획을 세우고 있다는 것 말고는 그들이 무엇을 하려는지 아무것도 알 수가 없었다. 아직도 이마에 재로 그린 십자가가 남아 있는 아우렐리아노 부엔디아 대령의 다른 두 아들이 지축을 뒤흔드는 기적 소리에 끌려서 또 마콘도로 찾아왔는데, 그들이 이곳으로 오게 된 동기는 결국 모든 사람들이 몰려온 동기와 마찬가지였다.
"모두들 이곳으로 오니까 우리도 왔어요."

이 바나나 열병에 걸리지 않은 사람은 미녀 레메디오스뿐이었다. 언제까지나 즐거운 소녀 시절에 머무르면서 형식적인 일에 점점 더 무관심해져 갔다. 악의나 시기심에서도 한층 더 멀어져 자기만의 소박한 세상의 기쁨에 젖어 있었다. 그녀는 왜 여자들이 귀찮은 코르셋이나 페티코트를 입는지 이해할 수가 없었다. 머리에서부터 푹 뒤집어 쓰기만 하면 되는 긴 삼베옷을 직접 만들어서 그것 한 장만 입고 다녔다. 마치 알몸으로 있는 듯한 느낌을 주었으나, 그녀의 말에 따르면 집에 있을 때 입는 가장 예쁜 옷이 이것이었다. 허벅지까지 오는 긴 머리카락을 좀 자르고, 비녀로 틀어 올리거나 비깔고운 리본으로 땋아 내리라고 잔소리를 하면, 아예 빡빡 밀어서 그 머리카락으로 가발을 만들어 성상에 씌웠다. 그녀의 이 소박한 생활에 대한 본능적인 취향에 대해서 말인데, 놀랍게도 오로지 쾌적함만을 추구하여 유행과는 멀어져서, 자연에 내맡긴 채 세상 사람들의 규칙을 무시할수록, 믿기 어렵게도 그녀의 미모는 점점 더 보는 이들을 현혹하고 더욱더 남자들을 도발하게 했다. 아우렐리아노 부엔디아 대령의 아들들이 처음 마콘도로 찾아왔을 때, 우르슬라는 그들의 핏줄 속에도 증손녀와 같은 피가 흐르고 있다는 사실에 생각이 미쳐, 오랫동안 잊고 있었던 두려움에 몸을 떨었다.

"단단히 조심해야 한다." 우르슬라가 미녀 레메디오스에게 경고를 했다. "저애들 가운데 누구하고라도 사고를 내면, 넌 돼지꼬리가 달린 아이를 낳을 테니까 말이다."

그러나 그런 경고는 조금도 염두에 두지 않고 미녀 레메디오스는 남자처럼 차려입고 모래밭에서 마구 뒹굴고, 장대를 기어올라가는 등 참기 어려운 이 광경에 마음이 어지러워진 열일곱 명의 사촌들과 하마터면 비극의 씨앗을 잉태할 뻔 했다. 그들이 마콘도에 와서도 상황이 이러했기 때문에 그 누구도 집에서 자지 못했고, 거기에 남은 네 사람도 우르슬라의 조치에 따라 셋방에서 기거하게 되었다. 이러한 조치에 대해서 미녀 레메디오스가 알았더라면 배꼽이 떨어져라 웃었으리라. 그녀는 자신이 이 지상에 머무는 마지막 날까지 남자들의 마음을 어지럽혀서 날마다 비극을 불러올 운명을 타고났다는 것을 몰랐기 때문이다. 우르슬라의 명령을 거역하고 미녀 레메디오스가 식당에 나타나기만 하면, 타향 사람들 사이에서는 흥분으로 말미암아 초조한 불안에 휩싸였다. 그녀의 허술한 잠옷 밑에 아무것도 걸치지 않고 있다는 것은 너무나 뻔한 사실이었다. 또 빡빡 밀어버린 예쁜 까까머리는 그야말로 도전이며, 덥다며 허벅지가 보일 정도로 대담하게 옷을 걷어 올리거나, 손으로 밥을 먹은 뒤 기분 좋은 듯 손가락을 빠는 것은 범죄적인 도발이라고 생각했기 때문이다. 가족들은 몰랐지만, 외지에서 온 사람들은 미녀 레메디오스의 몸에서 머리가 어질어질할 정도로 강렬한 냄새가 풍겨 나오고, 그녀가 지나가고 몇 시간이 지난 뒤에도 그 냄새가 남아 있다는 것을 깨달았다. 연애의 괴로움을 충분히 맛본 닳고 닳은 남자들조차, 미녀 레메디오스의 체취가 품게 하는 불안은 일찍이 한 번도 경험한 적이 없다고 단언했다. 베고니아꽃이 핀 복도나 응접실, 집안의 어느 곳에서도 미녀 레메디오스가 머물렀던 정확한 위치와, 그리고 얼마 전에 그곳을 지나갔는지를 알아내기는 힘든 일이 아니었다. 오랫동안 함께 살며 일상생활의 여러 냄새와 뒤섞였기 때문에 집안 냄새가 워낙 몸에 배어버린 집안 식구들은 분명하고도 찾기 쉬운 그 흔적을 전혀 느끼지 못하고 있었지만, 외지에서 온 사람들은 그 냄새를 바로 느낄 수가 있었다. 따라서 집을 호위하고 있던 젊은 장교가 어째서 사랑에 병들어 죽었고, 먼 타향에서 찾아온 신사가 왜 절망에 빠져 버렸는지를 이해할 수 있었던 것도 그들뿐이었다.

 자신이 지날 때마다 불러일으키는 참기 어려운 마음의 고통을 깨닫지 못하는 미녀 레메디오스는, 조금의 악의도 없이 남자들을 대했으나 그 천진한 붙임성이 오히려 남자들의 마음을 휘저어 놓았다. 우르슬라가 외지 사람들의 눈에 띄지 않게 부엌에서 아마란타와 같이 식사를 하라고 한 다음부터 미녀 레메디오스는 오히려 간섭을 받지 않아도 좋게 되어서 더욱 마음이 편했다. 사실 식사를 어디에서 하든지 시간을 맞출 필요가 없이 아무 때나 밥을 먹을 수만 있다면 그만이었다. 어떤 때에는 새벽 3시에 점심을 먹고, 낮에는 계속 잠만 자기도 했으며, 이렇게 무질서한 생활은 어떤 우연한 사건이 일어나서 다시 제자리를 찾게 될 때까지 몇 달 동안이나 계속되었다. 이보다는 좀 덜할 때조차 미녀 레메디오스는 오전 11시에 일어나서, 언제까지고 이어질 것 같은 잠에서 깨어나려고 목욕탕으로 들어가 옷을 홀랑 벗어 버리고 그곳에 있는 전갈들을 잡아 죽이느라고 오후 2시까지 시간을 보냈다. 전갈 사냥이 끝나면 물통에서 바가지로 물을 퍼 온몸에 끼얹었다. 이 목욕하는 과정이 어찌나 오래 걸리고 조심스럽고 의식적이었는지 그녀를 잘 모르는 사람이 보았더라면 미녀 레메디오스가 자신의 몸에 스스로 매혹되어 넋을 잃고 바라보는 줄 알았으리라. 그러나 그녀의 경우 그 고독한 의식은 아무런 관능적인 요소도 지니지 못했고, 다만 배가 고파질 때까지 시간을 보내기 위한 한 가지 방편일 뿐이었다. 어느 날, 미녀 레메디오스가 막 목욕을 하려고 하는데, 낯선 남자 한 명이 지붕 위에서 기왓장 하나를 들춰내고 내려다보다가, 그녀의 나체를 본 순간 그 굉장한 모습에 그만 숨이 멎는 듯했다. 미녀 레메디오스도 깨진 기왓장 구멍으로 올려다보이는 애달픈 두 눈을 느끼고 놀랐으나, 별로 부끄러워하는 기색은 없었다.

"조심하세요. 그러다가 떨어지겠어요."

미녀 레메디오스가 소리를 지르자 지붕 위의 외지 사람이 속삭였다.

"난 그냥, 당신이 너무 보고 싶어서……."

"아, 그래요? 하지만 조심하세요. 기와가 다 삭았으니까요."

그 외지 사람은 딱할 정도로 놀란 듯 보였으며, 신기루와도 같은 이 광경을 사라지지 않게 하려고 본능적인 충동과 남몰래 싸우고 있는 것 같았다. 미녀 레메디오스는 지붕이 무너질까 봐 그 남자가 걱정하는 줄 알고, 그를 위험에서 빨리 해방시켜 주려는 마음에 보통 때보다 빨리 목욕을 끝내려고 서둘렀다. 물통에서 물을 퍼 끼얹으면서 미녀 레메디오스는 그 남자에게 비에 떨어진 썩은 나뭇잎들이 쌓여서 지붕이 무너질 지경이고, 그 때문에 목욕탕 안에 전갈이 득실거려서 곤란하다고 설명했다. 그 남자는 이 설명을 은근한 유혹으로 받아들이고 미녀 레메디오스가 몸에 비누질을 하기 시작하자, 이왕 내친걸음에 한 발자국 더 나아가고 싶은 생각이 들었다.

"비누질을 해드리고 싶은데요."

"말씀만은 참 고마워요. 하지만 나한테도 손이 있어요."

"등만이라도 밀어줄게요."

그 외지 사람이 애원하자 미녀 레메디오스가 말했다.

"그럴 필요없어요. 목욕할 때 등까지 비누질을 하는 사람이 있다는 얘긴 들어본 적도 없어요."

미녀 레메디오스가 수건으로 몸을 닦는 동안 그 낯선 이는 눈물을 철철 흘리면서 자기와 결혼해 달라고 애원했다. 그녀는 그 얘기를 듣고서, 목욕하는 여자를 구경하느라고 점심 먹는 것도 잊는 어리석은 남자하고는 절대로 결혼하지 않겠다고 진지하게 대답했다. 미녀 레메디오스가 헐렁한 수도복 같은 옷을 뒤집어 쓰는 것을 본 그 남자는, 모두들 의심하던 대로 그 겉옷 밑은 완전히 알몸임을 알고 심한 충격을 받았다. 이 비밀이 영원히 지워지지 않을 낙인처럼 피부에 찍히는 것을 느꼈다. 그는 목욕탕으로 내려 오려고 기왓장을 두 개 더 치웠다.

"지붕이 아주 높아요." 놀란 미녀 레메디오스가 경고를 했다. "잘못하면 떨어져 죽을지도 몰라요."

그 말이 끝나자마자 삭은 기왓장들이 와르르 무너져 내렸고, 그 남자는 외마디 비명만을 남기고 시멘트 바닥으로 떨어져서 머리통이 깨져 그 자리에서 죽어버렸다. 식당에 있다가 그 소리를 듣고 달려온 외지인들은 시체를 치우려고 서두르다가, 죽은 남자의 살갗에서 미녀 레메디오스의 숨막히는 체취를 맡았다. 그 체취가 어찌나 그의 몸속 깊숙이 배어들었던지 갈라진 그의 두개골에서는 붉은 피 대신에 요염한 향취가 풍기는 주홍빛 기름만 흘러나왔다. 그래서 그들은 미녀 레메디오스의 체취는 죽어서 뼈가 흙으로 돌아간 뒤에도 남자들을 괴롭히게 되리라는 것을 알게 되었다. 그래도 그들은 미녀 레메디오스 때문에 목숨을 잃은 두 남자와 이 사건을 연결 짓지는 않았다. 타향에서 온 사람들이나 마콘도에서 오랜 세월을 살아온 사람들이 레메디오스 부엔디아가 사랑의 향기가 아니라, 죽음의 냄새를 발산한다는 소문을 믿게 되기까지는 또 다른 희생자가 필요했다.

그 사실을 증명하게 된 사건은 그로부터 몇 달이 지난 어느 날, 미녀 레메디오스가 친구들과 함께 새로운 농장을 구경하러 갔을 때 일어났다. 아가씨들이 농장에 들어서자 주위에 죽음의 냄새가 감돌기 시작했다. 나무 사이에서 일을 하던 많은 남자들은 기묘한 황홀감에 사로잡혔고, 보이지 않는 위험에 공포를 느끼기도 했으며, 그들은 그 자리에 엎드려서 울기 시작했다. 그러다가 미친 듯이 무리를 지어 달려들려는 사내들을 보고 놀란 미녀 레메디오스와 여자들은, 겨우 근처의 어느 집으로 몸을 피했다. 얼마 안 있다가 특별한 혈통의 표지나 불사신의 증거처럼 경의를 품게 하는 재 십자가를 하고 다니는 네 명의 아우렐리아노들이 와서 여자들을 구출했다. 미녀 레메디오스는, 법석을 떠는 사이에 사내들 가운데 한 사람이 절벽 바위 끝을 움켜쥐고 매달린 독수리의 발톱처럼 집요한 손길로 그녀의 아랫배를 만졌다는 얘기를 아무에게도 하지 않았다. 미녀 레메디오스는 한 순간 현기증을 느끼며 남자를 쳐다보았는데, 그때 본 그 사내의 애절한 눈망울은 그녀의 가슴 속에 연민의 불꽃으로 깊은 자국을 남겼다. 그날 밤 남자는 터키인들의 거리에서 자신의 대담함과 행운을 자랑삼아 떠들고 다녔으나, 자랑을 늘어놓기 시작한 지 몇 분도 되지 않아 말에게 가슴을 차여서 수많은 외지 사람들이 지켜보는 가운데 길 한복판에서 입에서 피를 토하며 숨을 거뒀다.

미녀 레메디오스가 죽음을 부르는 힘을 지니고 있다는 억측은 네 차례에 걸친 사건들에 의해 더 이상 억측이 아니게 되었다. 입이 가벼운 사내 몇은 사람을 흥분하게 하는 여자와 하룻밤을 같이 잔다면 목숨쯤이야 아깝지 않다고 말했지만, 그러나 정말로 그 말을 실천에 옮긴 사람은 아무도 없었다. 미녀 레메디오스의 마음을 얻을 뿐만 아니라, 그녀가 지닌 위험까지도 피하기 위해서는 사랑이라는 소박한 감정만 있으면 된다는 사실을 그 누구도 알지 못했다. 우르슬라는 미녀 레메디오스에 대해서는 더 이상 신경을 쓰지 않았다. 평범한 여자로 만들어 주려는 마음을 버리지 못하고 있던 시절에는 미녀 레메디오스로 하여금 간단한 집안 일에 재미를 느끼도록 해주기 위해 애를 쓴 일도 있었다.

"남자들이란 네가 생각하는 것보다 훨씬 많은 것들을 요구한단다." 우르슬라는 알쏭달쏭한 얘기들을 했다. "요리를 해야 하고, 청소도 해야 하고, 네가 생각하는 것보다는 훨씬 할 일들이 많아."

일단 욕망을 채우고 난 다음에는 그녀의 유별난 자기 타락을 단 하루도 참아낼 사람이 이 세상에 하나도 없다는 사실을 너무나 잘 알고 있었던 우르슬라는, 자신을 속이면서도, 미녀 레메디오스가 가정에서 행복을 찾을 수 있도록 열심히 가르쳤다. 그러다가 새로운 호세 아르카디오가 태어나고, 그를 교황으로 키우겠다는 확고한 계획을 세우고 난 다음부터 우르슬라는 증손녀에 대해서는 더 이상 신경을 쓰지 않게 되었다. 우르슬라는 미녀 레메디오스가 자기의 타고난 숙명에 따라 살아가도록 내버려두기로 했으며, 머지않아 무슨 기적이라도 일어나서 모든 일이 가능한 요즘 세상, 어느 구석에서 증손녀를 떠맡아 줄 마음씨 착한 남자가 찾아올 수도 있다고 속편하게 생각하기로 했다. 아마란타는 벌써 오래전부터 미녀 레메디오스를 조금이라도 쓸모 있는 사람으로 만들려는 계획을 포기해 버렸다. 아마란타는 미녀 레메디오스가 재봉틀 손잡이를 돌릴 정도의 재능밖에 없다는 것을 알게 된 어느 날 오후부터 그녀에게는 지혜가 부족하다는 간단한 결론을 내렸다.
"제비를 뽑아서 아무나 널 주워가라고 해야 할까 보다."
 남자들이 어떤 말을 해도 반응을 보이지 않는 그녀에게 질리고 만 아마란타가 말했다. 나중에 우르술라가 미녀 레메디오스더러 얼굴을 만틸라로 가리고 미사를 드리러 가라고 말했을 때, 아마란타는 이 조심스런 행동은 오히려 남자들의 호기심을 자극해서, 인내심을 가지고 그녀의 약점을 찾아낼 별난 남자가 곧 나타날 거라고 믿었다. 그러나 어떻게 봐도 부족한 점이 없는 구혼자를, 미녀 레메디오스가 바보처럼 거절하는 꼴을 보고서는 아마란타도 완전히 희망을 버렸다. 페르난다는 아예 그녀를 이해하려고도 하지 않았다. 미녀 레메디오스가 피로 물들어버린 카니발에서 여왕처럼 차려입고 나타났을 때는 그녀가 기가 막히게 아름답다고 생각했다. 그러나 손으로 음식을 먹는 꼴과, 어린애처럼 묻는 말 외에는 대답도 못하는 꼴을 보고, 그녀는 집안의 백치들은 왜 빨리빨리 죽어 없어지지도 않나 하고 안타깝게 여겼다. 아우렐리아노 부엔디아 대령은 미녀 레메디오스야말로 자기가 본 사람 중 가장 총명한 인간이며, 늘 모두를 적당히 골려주는 것을 보면 그 총명함을 알 수 있다고 믿고 다른 사람들에게도 그렇게 말했지만, 다른 사람은 모두 미녀 레메디오스를 포기하고 될 대로 되라고 내버려두었다. 그래서 그녀는 고독의 사막을 방황하면서 등에는 아무 십자가도 짊어지지 않고, 평온한 잠과, 끝없는 목욕, 아무 때나 하는 식사, 추억이란 것을 모르는 길고 깊은 침묵 속에서 어엿한 여자로 자라갔다. 이윽고 맞이한 3월의 어느 날 오후, 페르난다는 빨랫줄에 널었던 시트를 접느라고 도움을 청하기 위해 집안에 있는 여자들을 마당으로 불러냈다. 시트를 막 접으려고 하던 아마란타는 미녀 레메디오스의 얼굴이 창백한 것을 보고서 물었다.
 "어디 아프니?"
 다른 한쪽에서 시트를 잡고 있던 미녀 레메디오스는 상대를 동정하는 듯한 미소를 지었다.
 "아뇨, 아프기는커녕 이제껏 이렇게 기분이 좋았던 적이 없었어요."

그녀가 그렇게 말하자마자 페르난다는 빛을 머금은 가냘픈 바람이 손에 잡고 있던 시트를 빼앗아 활짝 펼치는 것을 보았다. 아마란타는 자기가 입고 있던 페티코트의 레이스가 요상하게 떨리는 것을 느끼며 고꾸라지지 않으려고 시트를 잡고 매달린 순간이었다. 미녀 레메디오스가 공중으로 두둥실 떠올랐다. 거의 장님이 되다시피 한 우르슬라만이 이 막을 길 없는 바람이 왜 불어오는지 알아차릴 만큼 침착했으며, 그래서 빛이 이끄는 대로 시트가 날려가도록 손을 놓았다. 미녀 레메디오스는 자기를 떠받치고 공중으로 떠올라서 날개를 치는 시트의 한복판에서 손을 흔들며 작별을 고하고, 풍뎅이와 달리아가 있는 정원을 뒤로 하고 오후 4시의 하늘을 날아올라서, 아무리 높이 나는 새도 쫓아가지 못할 만큼 높은 창공으로 영원히 사라졌다.

외지 사람들은 미녀 레메디오스가 자기가 타고난 여왕벌로서의 운명에 희생되었으며, 승천 이야기는 가족들이 체면을 구기지 않기 위해 지어낸 이야기라고 생각했다. 그런 승천에 대한 얘기에 샘이 잔뜩 난 페르난다도 결국은 기적이 일어났음을 인정하게 되었으며, 시트나 도로 보내달라고 하느님께 기도를 드렸다. 많은 사람들이 기적이 일어났음을 믿었고, 촛불을 밝혀 9일 동안 기도를 드리기로 했다. 아우렐리아노들을 멸족하게 하려는 야만적인 사건이 영광을 경악으로 바꾸어놓지만 않았더라면, 마콘도 사람들은 오랫동안 다른 얘기는 않고 그 기적에 대해서만 얘기했을지도 모른다. 그것이 나쁜 징조라고 생각해 본 일은 없었지만, 아우렐리아노 부엔디아 대령은 그의 아들들이 맞을 비극적인 종말을 미리부터 느끼고 있었다. 아우렐리아노 세라도르와 아우렐리아노 아르카야가 마콘도에 머물러 살겠다는 뜻을 비쳤을 때, 아버지는 그들의 결심을 돌리려고 애썼다. 그는 하룻밤 사이에 위험천만한 곳으로 바뀌어버린 마콘도에 남아서 도대체 그들이 무엇을 하려고 하는지 이해할 수가 없었다. 그러나 아우렐리아노 센테노와 아우렐리아노 트리스테는 아우렐리아노 세군도의 동의를 얻어서 그들을 사업에 참여하도록 했다. 아우렐리아노 부엔디아 대령은 막연하게 신경이 쓰이는 일이 있어서 그 결정에 반대했다. 마콘도에서는 역사상 처음 나타난 자동차인 오렌지색의, 개들도 겁을 먹을 만큼 무섭게 짖어대는, 경적이 달린 컨버터블을 타고 나타난 미스터 브라운을 보자, 나이 먹은 군인인 아우렐리아노 부엔디아는 사람들이 굽실대는 꼴을 보고 불쾌한 생각이 들었다. 또한 그는 마콘도 사람들이 지난날 처자식들을 남겨둔 채 어깨에 엽총을 걸머지고 전쟁터로 떠날 때와는 달리 많이 변했음을 느꼈다. 네에를란디아 휴전협정이 이루어진 뒤로 이제껏, 지방 관리들이란 온순하고 지쳐 있던 마콘도 보수파들 사이에서 뽑은 무능한 시장이나 장식용 판사뿐이었다.

"지금의 정부는 정말 형편없어." 아우렐리아노 부엔디아 대령은 맨발에 나무 몽둥이를 들고 지나가는 경찰관들을 볼 때마다 탄식을 했다. "그토록 여러 번 전쟁에 나가서 싸웠는데, 결국 우리가 얻은 것이라곤 집에 푸른 페인트를 칠하지 않아도 되는 권리뿐이었어."

그러나 바나나 회사가 진출해 오자, 시의 관리들은 거들먹거리는 외지인들로 바뀌었다. 미스터 브라운은 이 외지인들을 그의 설명에 따르자면, 그들의 신분에 맞는 생활을 즐기고, 더위나 모기, 부족한 것이 많은 도시에서 겪어야 할 수많은 불편함에 시달리지 않게 하려고, 전기 철조망을 친 닭장 속에다 몰아넣었다. 종래의 경찰관들은 마체테(정글칼)를 휘두르는 암살자들로 대치되었다. 작업실에 틀어박힌 아우렐리아노 부엔디아 대령은 침묵과 고독 속에서 보낸 몇 해 만에, 처음으로 바깥에서 벌어지고 있는 변화에 대해서 생각했고, 자기가 전쟁을 완전히 마무리 짓지 못하고 도중에 중단한 것이 역시 잘못이었음을 깨닫고 후회했다. 그 무렵의 어느 날, 사람들에게 잊혀진 마그니피코 비스발 대령의 동생이 그의 일곱 살 난 손자에게 마실 것을 사주려고 광장에 있는 손수레 장수에게로 갔다. 아이가 그만 실수를 해 어느 경찰관과 부딪혀서 마실 것이 그 경찰관의 옷에 튀어 얼룩이 생겼다. 그러자 그 야만인은 마체테를 휘둘러 아이를 갈기갈기 토막냈고, 말리려 했던 할아버지마저 단숨에 목을 잘라버렸다. 모든 마을 사람들은, 한 무리의 남자들이 집으로 나르고 있는, 목이 없는 노인과, 한 여자가 머리카락을 붙잡아 끌고 가는 머리와, 아이의 토막 난 시체가 담긴 피투성이 자루를 보았다.

그 사건은 아우렐리아노 부엔디아 대령에게는 속죄의 끝을 뜻했다. 그는 갑자기 자기가 젊었을 때, 미친 개한테 물렸다는 이유만으로 두들겨 맞고 죽은 여자의 시체를 보았을 때 느꼈던 것과 같은 분노가 갑자기 되살아나는 것을 느꼈다. 그는 집 앞에 모인 구경꾼들을 보고 자기 자신에 대한 깊은 경멸감으로 인해 예전으로 돌아간 쉰 목소리로 더 이상 마음속에만 담아둘 수가 없었던 증오를 쏟아냈다.

"두고 봐." 대령은 고함을 쳤다. "내 아들들을 전부 무장시켜서 이 개 같은 그링고 자식들을 싹 쓸어버릴 테니까!"

그 주일 내로, 해안을 따라 펼쳐진 각 지역에서 그의 열일곱 아들들은 그들의 이마에 재로 그린 십자가를 겨누어 쏘려는, 보이지 않는 악당들로부터 토끼처럼 쫓기며 사냥을 당했다. 저녁 7시에 어머니의 집에서 나오던 아우렐리아노 트리스테는, 어둠 속에서 날아온 총알로 이마에 구멍이 났다. 아우렐리아노 센테노는 공장에 자주 걸어놓고 자던 그물침대 위에서, 이마에 얼음 찍는 꼬챙이가 손잡이만 남겨놓고 완전히 박힌 무참한 모습으로 발견되었다. 아우렐리아노 세라도르는 영화 구경을 하고 나서 애인을 집까지 바래다준 다음 대낮처럼 환한 터키인들의 거리를 거쳐서 집으로 돌아오던 도중, 한 사람이 갑자기 군중 속에서 뛰어나와 그에게 권총을 발사했으며, 그 총에 맞은 그는 기름이 펄펄 끓는 가마솥에 빠져 목숨을 잃었다. 그리고 몇 분 안 되어서는 아우렐리아노 아르카야가 여자와 함께 있는 방 밖에서 누군가 문을 두드리며 소리를 질렀다.

"어서 나와요. 당신 형제들이 모두 죽어가고 있어요!"

함께 있던 여자가 나중에 들려준 얘기에 따르면, 아우렐리아노 아르카야가 침대에서 뛰쳐나가 문을 열자마자 모젤 권총이 불을 뿜어 그의 두개골을 날려 버렸다고 했다. 그 암살의 밤에 집안 식구들이, 죽은 네 아우렐리아노를 위해서 밤샘 준비를 하는 동안 페르난다는 아우렐리아노 세군도를 찾으려고 미친 여자처럼 시내를 뛰어다녔으나, 정작 본인은 암살 지령이 대령의 성을 가진 사람을 모조리 살해하라는 얘기라고 생각한 페트라 코테스에 의해 무사히 옷장 속에 숨겨졌다. 페트라 코테스는 그를 나흘 동안이나 옷장 속에 숨겨두었다가 해안 지역에서 온 전보들을 보고, 보이지 않는 적이 쫓는 사람들은 재로 이마에 십자가를 그린 형제들뿐임이 분명해진 다음에야 꺼내 주었다. 아마란타는 조카들에 대한 기록을 담아둔 장부를 꺼내어 전보가 도착할 때마다 줄을 그어 이름을 지웠고, 마침내 가장 나이가 위인 아우렐리아노 하나만 남게 되었다. 그녀는 검은 피부와 초록빛 커다란 눈이 두드러지게 대조적인 대령의 첫아들을 생생하게 기억하고 있었다. 그의 이름은 아우렐리아노 아마도르였으며, 깊고 깊은 산 속에 들어앉은 외진 마을에서 목수 일을 하면서 살았다. 2주가 지나도 그가 사망했다는 전보가 오지 않자 아우렐리아노 세군도는 눈 앞에 닥친 위기를 혹시 그가 모르고 있을 수도 있다는 생각이 들어서 조심하라고 이르기 위해 사람을 보냈다. 심부름을 갔던 사람은 아우렐리아노 아마도르가 안전하다는 소식을 가지고 돌아왔다. 씨를 말려버리라는 명령이 내린 날 밤에 두 사람이 그를 죽이려고 집으로 찾아가서 권총을 쏘아댔지만 그들은 이마의 십자가를 제대로 맞히지 못했다. 아우렐리아노 아마도르는 마당의 담을 뛰어넘어서, 장작을 사는 일로 친분이 두터워진 원주민들 덕택에 그곳 지리를 자기 손바닥만큼이나 환히 알고 있던 산 속으로 도망쳤다. 그 뒤 그에 대한 소식은 알 수가 없었다.

　아우렐리아노 부엔디아 대령에게 그때는 암흑의 시절이었다. 대통령은 그에게 전보를 보내 조의를 표했으며, 이 사건을 철저히 규명하겠다고 약속하고, 죽은 사람들의 명복을 빌었다. 그 명령을 받들어 시장은 조화를 네 개 가져다가 관 위에 얹으려고 했지만, 대령은 그 꽃들을 길바닥에 던졌다. 장례식이 끝난 다음에 그는 손수 전보를 써서 공화국 대통령에게 보내려고 했는데, 전신국에서는 그런 과격한 전보는 발송할 수 없다고 거절했다. 그래서 그는 공격적인 감정을 더욱 노골적으로 표현하는 구절들을 보태서 봉투에 넣어 편지로 발송했다. 가까운 전우들이 죽었을 때와는 달리, 대령이 느낀 것은 슬픔이 아니라 갈 곳을 잃은 분노였으며 몸이 쇠잔해지는 듯한 무력감이었다. 그는 안토니오 이사벨 신부가 적들이 그의 아들들을 쉽게 알아볼 수 있도록 이마에 씻기지 않는 재로 십자가를 그려주어 적들과 내통했다며 비난했다. 이제는 머리가 둔해져 설교를 하다가 황당무계한 해석을 곁들여서 신자들을 불안하게 만들던 노쇠한 신부는 어느 날 오후, 문제의 수요일에 쓰는 재를 담은 그릇을 가지고 집으로 찾아와서 물로 깨끗이 씻어낼 수 있음을 증명하기 위해 식구들에게 모두 십자가를 내리겠다고 했다. 그러나 그들이 겪은 비극이 너무나 마음에 깊숙이 박혀 있었던지라 페르난다까지도 실험을 거절했으며, 그 이후로 부엔디아 집안에서는 재의 수요일에 성체를 모시기 위해 무릎을 꿇는 사람은 아무도 없었다.

　아우렐리아노 부엔디아 대령은 오랫동안 마음의 평화를 되찾지 못했다. 그는 황금물고기를 만드는 일을 중단했으며, 식사도 제대로 하지 못했고, 화가 난 듯 중얼중얼거리면서 담요를 질질 끌고 몽유병자처럼 집 안을 배회했다. 그렇게 석 달이 지나고 나니 머리는 백발이 되고, 윤기 있던 콧수염은 핏기를 잃은 입술 위로 늘어져 있었지만 그의 눈빛만은, 자신이 태어날 때 옆에 있던 사람들을 놀라게 했고, 쳐다보기만 해도 가만히 있던 의자가 쓰러지던 시절처럼 불타기 시작했다. 대령은 쌓여가는 고뇌 속에서, 젊은 시절 자신을 험난한 길을 넘어서 영광의 황무지로 인도했던 예감을 되찾으려고 애썼지만 헛일이었다. 그 어떤 것도, 그 어떤 사람도 그의 마음속에 조그마한 애정도 불러일으키지 못하는 낯선 집에서 그는 길을 잃고 방황하는 기분이었다. 한번은 전쟁 전의 과거를 회상할 수 있는 자취를 발견하고 싶은 마음에서 멜키아데스의 방문을 열었으나, 그가 그곳에서 찾은 것이라고는 여러 해 동안 그곳에 쌓여 있던 쓰레기와, 휴지와, 먼지 더미뿐이었다. 아무도 열어본 일이 없어서 습기에 양피지가 묵직해진 책에는 푸른 곰팡이가 피어 있었으며, 이 집에서 가장 깨끗하고 밝던 방 안의 공기에는 썩은 추억의 냄새만 감돌고 있었다. 어느 날 아침 그는 밤나무 밑에서 죽은 남편의 무릎에 매달려 울고 있는 우르슬라를 발견했다. 바깥에서 비바람에 50년 동안이나 견딘 강인한 그 노인을 볼 수 없었던 집안 사람은 아우렐리아노 부엔디아 대령뿐이었다. 우르슬라가 말했다.

"아버지에게 인사드리렴."

그는 밤나무 앞에 잠시 멈추어 섰지만, 자기 앞에 있는 텅 빈 공간에서 아무런 애정도 느끼지 못했다. 그가 물었다.

"아버지가 뭐라고 그러시나요?"

"무척 슬퍼하고 계신단다. 아버지는 네가 곧 죽을 거라고 생각하셔."

"이렇게 전해주세요." 아우렐리아노 부엔디아 대령이 미소를 지으면서 말했다. "사람은 죽어야 할 때 죽는 것이 아니라, 죽을 수 있을 때에 죽는다고 말입니다."

죽은 아버지의 예감은 그의 마음속에 남은 마지막 자존심에 불을 지폈다. 그는 그것을 갑자기 힘이 되살아난 것이라고 잘못 생각했다. 때문에 그는 성 요셉의 석고상 속에서 발견된 금화를 마당 어디에 묻었는지 대라고 우르슬라를 다그쳤다.

"절대로 안 가르쳐 줄 거야." 우르슬라는 옛날에 한 맹세를 마음속에 다지면서 고집스럽게 말했다. "언젠가는 반드시 그 돈의 임자가 나타날 거야. 그 사람만이 그 돈을 캐낼 수 있어."

그처럼 돈에 욕심이 없던 남자가 어째서 이렇게 돈을 탐내는지 그 이유는 아무도 몰랐다. 그것도 급한 일을 처리하는 데 필요한 적은 액수의 돈이 아니라, 그 돈의 액수만 듣고도 아우렐리아노 세군도가 놀라서 얼굴이 하얘질 만큼 막대한 액수였다. 옛 동지들에게 그가 도움을 구하러 찾아갔을 때, 친구들은 모두 그를 피했다. 그 무렵 그는 이런 말을 했다.

"자유당과 보수당의 다른 점을 구태여 꼽는다면, 자유당은 5시에 미사를 드리러 가고, 보수당은 8시에 미사를 드리러 간다는 것뿐이지."

그렇게 말하면서도, 대령은 열심히 설득을 하러 다녔다. 체면 따위는 깡그리 잊고 여기에서 조금, 저기에서 조금씩 도움을 받아 부지런히 그리고 악착같이 돌아다녀서, 우르슬라가 땅에 묻은 것보다도 훨씬 많은 돈을 여덟 달 동안에 모을 수가 있었다. 그러고 나서 그는 병이 들어 앓고 있는 헤르넬도 마르케스 대령을 찾아가서 전면적인 전쟁을 시작할 생각이니 도와달라고 했다.

비록 중풍에 걸려 등나무 흔들의자에 앉아 있기만 하는 처지라도 혁명의 낡은 줄을 조종할 수 있는 사람은 헤르넬도 마르케스 대령뿐이었던 때도 있었다. 네에를란디아의 휴전협정이 이루어진 다음에 아우렐리아노 부엔디아 대령이 세속 생활을 버리고 황금물고기를 만드는 일에서 도피처를 찾고 있던 시절에도 그는 혁명군이 패배할 때까지 그에게 충성을 바쳤던 장교들과 계속해서 접촉을 했다. 그들과 함께 그는 날마다 굴욕, 탄원, 진정서, '내일 와라', '이제 곧이다', '지금 신중히 검토 중이다'라는 말로 지새우는 비참한 전쟁을 하고 있었다. 그것은 종신연금을 지급할 의무를 지고 있으면서도, 전혀 지급하려 하지 않는, 정부에 대한 승산없는 싸움이었다. 20년 동안 피를 흘려 싸웠던 전쟁은, 이 끝없는 사무 정체라는 부식성 전쟁보다는 타격이 적었다. 세 번이나 암살을 피하고, 다섯 번이나 부상을 당하면서도 살아남고, 수많은 전투에서도 몸을 완전하게 지켜온 헤르넬도 마르케스 대령조차도 이 무시무시한 지구전에는 지쳐서, 세든 집의 깜빡깜빡하는 전등불 아래에서 아마란타를 생각하는 늙고 비참한 패배의 수렁에 잠겨갔다. 헤르넬도 마르케스 대령이 소식을 아는 살아남은 전우들은 유명하지도 않은 대통령 옆에서 얼굴을 치켜들고 사진을 찍어 신문지면을 떠들썩하게 했다. 대통령은 자기의 얼굴이 박힌 단추를 그들에게 나누어주었으며, 그들은 그 단추를 옷깃에 자랑스럽게 달았고, 나중에 그들이 죽은 다음에 관 위에 씌워달라며 그들이 지니고 있던 피와 화약으로 찌든 깃발을 바쳤다. 긍지높은 다른 사람들은 세상 사람들의 자비의 그늘 속에서 굶주림으로 죽어가면서 분노를 씹으며 살았고, 빌어먹을 영광 속에서 늙어 썩어갔다. 그래서 아우렐리아노 부엔디아 대령이 그에게 부패한 정권을 뿌리뽑고 외국인 침략자들의 농간을 물리치기 위해서 반란을 시작하자고 제안했을 때, 헤르넬도 마르케스 대령은 연민으로 몸을 떨었다.

"아, 아우렐리아노!" 그는 한숨을 쉬었다. "난 자네가 늙은 줄은 알고 있었지만, 보기보다도 훨씬 더 망령이 들었구먼그래."

13

이 몇 년 동안 혼란한 나날을 보내느라 우르슬라는 호세 아르카디오를 교황으로 키우기 위한 교육에 전념할 수가 없었다. 그러나 그는 공부를 계속하기 위해서 곧 신학교로 떠나야 할 시기가 왔다. 페르난다의 엄격한 교육과 아마란타의 비탄 사이를 오가면서 바삐 살아오던 그의 여동생 메메도 거의 동시에, 클라비코드 연주의 대가가 되기 위해 수녀 학교에 갈 나이가 되었다. 우르슬라는 무기력한 교황 견습생의 근성을 단련시켜 온 자기의 방법이 별로 효과적이지 못했다는 심각한 회의를 느끼고 있었다. 하지만 그 잘못을 자신이 나이가 너무 먹어 손발을 제대로 놀리지 못한다거나 앞에 놓인 물건도 잘 알아보지 못할 만큼 시력이 나빠졌다는 데 돌리지 않고, 오히려 스스로도 제대로 파악하지 못한, 서서히 진행되는 시간의 타락이라는 애매모호한 이유를 들어서 변명했다.

"요즘은 일년 일년이 옛날하고는 전혀 다르게 지나는구나."

매일매일의 현실이 손가락 사이로 빠져 달아나는 듯한 기분을 느끼면서 우르슬라는 자주 그런 얘기를 했다. 옛날에는 아이가 하나 크는데도 무척 오랜 세월이 걸렸다고 우르슬라는 생각했다. 호세 아르카디오가 집시들을 따라서 고향을 떠났다가 온몸에 뱀처럼 문신을 하고 돌아와서 천문학자들이나 늘어놓을 듯한 얘기를 떠들어댈 때까지 얼마나 많은 세월이 흘렀으며, 아마란타와 아르카디오가 원주민들의 말을 잊고 스페인 말을 배우기까지 얼마나 많은 일들이 있었는지를 생각해 보면 충분히 알 수 있었다. 호세 아르카디오 부엔디아가 밤나무 밑에서 견뎌야 했던 비바람과 이슬만 헤아려 보아도 쉽게 알 수 있었고, 아직 쉰도 안 된 아우렐리아노 부엔디아 대령이 오랫동안 전쟁 속에서 고통을 겪고 죽어가는 몸으로 고향으로 돌아왔을 때, 눈물을 흘리며 남편을 떠나보내야 했던 것을 생각하면 충분했다.

옛날에는 동물과자를 만들면서 하루를 꼬박 보내고 나서도, 아픈 아이의 눈자위를 까뒤집어 보고는 그 아이에게 피마자 기름을 발라주어야 할지 살펴볼 여유가 있었다. 그러나 이제는 별로 할 일이 없는 듯싶어서 호세 아르카디오 업고 새벽부터 저녁까지 시간을 보내다 보면, 어느덧 하루는 다 갔는데 하다 만 일들이 남아 있곤 했다. 사실상 우르슬라는 지금 나이가 몇 살인지조차 까먹었을 만큼 늙었으면서도 늙으려는 기색이 보이지 않았다. 그래서 방해꾼 취급을 받으면서도 온갖 일에 참견을 해대거나, 낯선 사람들만 나타나면 전쟁 중에 비가 멈출 때까지만 보관해 달라고 성 요셉의 석고상을 맡긴 일이 없느냐고 끈질기게 물어댔다. 우르슬라가 언제부터 시력을 잃게 되었는지 아는 사람은 아무도 없었다. 말년에 침대에서 일어나지 못하게 됐을 때도, 우르슬라가 늙는구나 하고 생각했을 뿐 장님이 되었다는 사실은 아무도 몰랐다. 우르슬라 자신은 자기가 장님이 되어간다는 사실을 호세 아르카디오가 태어나기 전부터 알고 있었다. 처음에는 일시적인 시력 감퇴인 줄 알고 남몰래 눈에 꿀을 넣거나 닭뼈 스프를 마셨지만, 얼마 안 가서 자기가 되돌아올 수 없는 암흑으로 영원히 빠져들고 있음을 깨달았다. 마콘도에 처음으로 전기가 들어왔을 때에도 전깃불을 제대로 못 보고 어렴풋이 흐릿한 광채만 느꼈을 뿐이어서, 전등이라는 현대 문명의 새로운 발견에 대해 별로 느끼는 바가 없었다. 장님이 되었다는 사실을 밝히면 자신이 이제 쓸모없어졌음을 여러 사람에게 알리는 결과만 초래할 것이기 때문에, 우르슬라는 그 사실을 아무한데도 얘기하지 않았다. 우르슬라는 백내장(白內障)으로 시력을 잃어 이제는 보고 판단할 수 없는 거리감을, 물건들이 놓여 있던 자리를 기억해 내고 사람들의 소리를 들음으로써 측정하려는 공부를 아무도 모르게 조용히 계속했다. 나중에 어둠 속에서 부피나 빛깔보다는 훨씬 도움이 되는 냄새의 쓰임새를 터득한 뒤, 우르슬라는 드디어 비참한 패배의식에서 벗어날 수 있었다. 그녀는 어두운 방 안에 앉아 바늘에 실을 꿰고 단추를 달 만큼 익숙해졌고, 우유가 끓는 시간도 정확히 알게 되었다. 무엇이 어디에 놓여 있는지도 어찌나 확실하게 알았던지 자기가 장님이 되었다는 사실도 곧

잘 잊었다. 한번은 결혼반지를 잃어버리고 페르난다가 온통 집 안을 뒤지는 법석을 부렸는데, 우르슬라가 그 반지를 아이들의 침실에 있는 선반 위에서 찾아내기도 했다. 다른 사람들이 별로 신경을 쓰지 않고 집안을 돌아다니는 동안에 우르슬라는 방심하지 않고 남들이 눈치 채지 못하게 혼자 그들을 살피어, 집안 식구들이 모두 자기도 모르는 사이에 같은 길만 거듭 해서 돌아다니고, 같은 행동을 반복한다는 사실을 발견했으며, 그들이 그녀가 장님이 되었다는 사실을 눈치채지 못하게 했다. 그리고 그들이 날마다 반복하는 과정에서 벗어날 때만 무엇인가 잃게 된다는 사실도 알아냈다. 그래서 페르난다가 반지를 잃어버렸다고 소란을 피우는 소리를 듣자, 우르슬라는 그날 페르난다가 한 행동 가운데 다른 날과 달랐던 것은 전날 밤에 침대에서 빈대가 나왔다고 메메가 얘기해서 아이들 매트리스를 마당으로 내다가 햇볕에 쬐었다는 것뿐이었음을 생각해 내었다. 아이들도 청소를 도왔기 때문에 페르난다가 반지를 아이들의 손이 닿지 않는 곳에 빼어두었으리라는 결론을 얻었고, 그래서 우르슬라는 선반을 지목했다. 그러나 페르난다는 날마다 자기가 꼭 지나다니는 곳들만 찾아댔고, 날마다 계속되는 과정에서는 물건을 잃지 않는다는 진리를 몰라서 헛된 고생만 계속했다.

  어린 호세 아르카디오를 키우는 일은 집 안에서 일어나는 세밀한 변화들을 모두 알고 있으려는 우르슬라의 힘든 과업에 큰 도움이 되었다. 아마란타가 침실에 있는 성인들의 석고상에 새 옷들을 입히는 것을 알고, 우르슬라는 아이에게 색깔공부를 시키는 척하면서 물었다.

  "자, 말해 보렴!" 우르슬라는 호세 아르카디오에게 얘기를 했다. "성 라파엘(성서외전에 나오는 대천사, 그리스도교 미술에서는 늘 미모의 청년으로 표현됨) 천사가 입은 옷이 무슨 색이지?"

  이렇게 해서 눈으로 보지 못하는 사실들을 우르슬라는 아이에게 들어서 익혔고, 호세 아르카디오가 신학교로 공부를 하러 떠나기 전에 성인들이 입고 있는 옷의 감촉만으로도 그 옷이 무슨 빛깔인지 알게 되었다. 그러나 때때로 예기치 않은 사태들이 벌어지기도 했다. 어느 날 베고니아꽃이 핀 복도에서 수를 놓던 아마란타를 보지 못해서 우르슬라는 그만 그녀와 부딪히고 말았다.

  "왜 이러시는 거예요?" 아마란타가 종알댔다. "조심 좀 하고 다니세요?"

  "그건 다 네 잘못이란다." 우르슬라가 대답했다. "오늘은 네가 자리를 잘

못 잡아서 앉아 있으니까 그렇지."

　우르슬라는 진심으로 그렇게 생각했다. 그러나 그 일이 있었던 다음에 우르슬라는 남들이 쉽게 넘겨버려서 잘 모르고 있던 사실을 하나 터득하게 되었다. 그것은 태양이 1년 동안 서서히 움직이고 있으며, 그에 따라서 복도에 나앉아 있는 식구들도 무의식중에 조금씩 위치를 바꾸고 있다는 것이었다. 그날부터 아마란타가 앉아 있는 정확한 자리를 알아내려면 그날이 몇 월 며칠인지만 생각하면 되었다. 비록 눈에 띌 만큼 손이 떨리고 몸을 제대로 가누기 힘들 만큼 발이 무거워지기는 했어도 우르슬라는 작은 몸으로 여기저기 부지런히 쏘다녔다. 그녀는 옛날 집안 살림을 혼자 떠맡았을 때 못지않게 부지런했다. 그리고 노쇠한 몸을 이끌고 완고한 고독 속에서 오히려 새로운 통찰력을 얻은 그녀는 아주 보잘것없는 집안일까지도 철저히 관찰하면서, 바쁜 삶을 보내느라 밝혀낼 수 없었던 일들도 비로소 확실히 알 수 있었다. 호세 아르카디오를 신학교에 보낼 준비를 서둘 무렵에 우르슬라는 이미 마콘도라는 마을이 처음 생길 때부터의 집안 역사를 세밀히 따지며 머릿속에 정리했고, 그동안 자손들에 대해서 품고 있던 여러 생각들을 고쳐 갖게 되었다. 우르슬라는 이제까지 자기가 생각했던 대로 아우렐리아노 부엔디아 대령이 전쟁에 시달린 탓에 마음이 굳어 집안 식구들에 대한 사랑을 잃어버린 것이 아니라, 그의 아내 레메디오스를 포함해 평생 동안 그와 하룻밤을 지낸 여자들, 하물며 그의 아들들까지, 그 누구도 사랑한 적이 없다는 사실을 깨달았다. 그리고 그가 다른 사람들이 생각했던 것처럼 어떤 이상을 추구하기 위해서 그토록 오랫동안 여러 전쟁을 치렀거나 전쟁에 싫증이 나서 눈앞의 승리를 포기한 것이 아니며, 모든 이유는 단 하나, 그의 업보나 마찬가지인 자존심 때문이었음을 깨닫게 되었다. 그래서 우르슬라는 자기가 모든 삶을 쏟아넣었던 자기 아들에게는 사랑할 수 있는 능력이 전혀 없다는 결론을 내렸다. 아직 아들이 뱃속에 있었을 때 우르슬라는 뱃속에서 아이가 우는 소리를 들은 적이 있었다. 그 울음소리가 어찌나 분명하게 들렸던지 옆에서 자다가 깬 호세 아르카디오 부엔디아는, 아이가 태어나면 복화술사(腹話術師: 입을 열지 않고도 이야기를 하는 광대)가 될 것이라는 생각에 기뻐서 어쩔 줄을 몰랐다. 다른 사람들은 그 아이가 태어나면 예언자가 될 것이라고 말하기도 했다. 그러나 우르슬라는 그 웅얼거리는 소리야말로 아이가 돼지꼬리를 달고 태어나리라는 첫 조짐이라고 굳게 믿어서 아이가 뱃속에서 죽기만을 하느님께 빌었다. 그러나 늙어서 통찰력을 얻게 된 우르슬라는 어머니의 뱃속에서 아이가 울었던 것은 복화술의 시범이나 예언자의 능력을 나타내는 것이 절대 아니고, 아이가 태어나면서 사랑할 능력이 완전히 결핍된 인간이 되리란 것을 증명하는 표시였다는 사실을 터득했다. 아들에 대한 평가를 이렇게 격하하고 나자, 당연한 일이지만 오히려 아들에 대한 사랑과 연민이 갑자기 솟아났다. 그런가 하면 그 냉정한 마음에 질려서, 그녀 스스로도 괴로워하고 있던 아마란타는 우르슬라의 마지막 분석 과정에서 이 세상의 어느 누구보다도 다정한 여인이었음을 깨달았다. 피에트로 크레스피에 대한 매정한 처사도 모든 사람들이 생각했던 대로 복수를 하려는 욕망에서 야기된 것이 아니었다. 헤르넬도 마르케스 대령에게 평생에 걸쳐 괴로움을 준 것도 모든 사람들이 생각했던 대로 자신이 겪은 괴로움에서 연유한 것이 아니었다. 그 두 가지 사건 모두 헤아릴 수 없을 만큼 깊은 사랑과 스스로도 어쩔 수 없는 두려움의 결사적인 투쟁 과정에서 빚어진 결과였으며, 마침내는 아마란타가 자신의 고통스러운 마음에 품고 있던 어처구니없는 공포가 승리를 거두었다는 결론을 내렸다. 확실히 그렇게 깨닫고 우르슬라는 그녀를 깊이 동정했다. 그리고 이 무렵부터 우르슬라는 자기 젖을 받아먹고 자라지 못하고 땅바닥의 흙과 담벼락의 석회를 긁어 먹었으며, 자기 피를 물려받지 않고 무덤 속에 묻혀서도 뼈가 딸그락거리는 얼굴도 모르는 사람들에게서 받은 피가 핏줄 속에 흐르던 레베카를 깊이 이해하게 되었다. 우르슬라는 뒤늦은 후회와 갑작스레 눈을 뜬 경의를 느끼며 레베카를 회고하고 애정을 담아 그녀의 이름을 부르며 찾곤 했다. 열정적인 마음과 불타는 자궁의 소유자였던 레베카만이 우르슬라가 이 집의 핏줄 속에 흐르기를 바랐던 자유롭고 대담한 마음을 지니고 있었다.

"레베카." 우르슬라는 벽을 따라 걸으면서 이름을 불렀다. "너한테는 정말 너무했던 것 같구나!"

집안에서는 모두들 우르슬라가 정신이 나간 줄 알았으며, 가브리엘(성모 마리아에게 수태를 알린 대천사) 천사처럼 오른쪽 팔을 들고 걸어다니게 되었을 때에는 특히 그랬다. 그러나 페르난다만은 우르슬라가 별로 주저하지도 않고 지난 한 해 동안 집에서 나간 돈이 모두 얼마나 되는지 단숨에 대답하는 것을 보고는, 그녀의 이 기묘한 행동의 그늘에는 명철한 판단의 양지가 아직도 남아 있음을 인정했다. 어느 날 부엌에서 우르슬라가 냄비에다 수프를 끓이다가, 남이 옆에서 듣는 줄도 모르는 채 불쑥, 처음 집시들이 마콘도를 찾아왔을 때 사두었다가 호세 아르카디오가 예순 다섯 번의 세계일주를 떠나기 전에 잃어버렸던 옥수수 빻는 기계가 필라르 테르네라의 집에 있다고 중얼거리는 것을 듣고서는 아마란타도 페르난다와 같은 생각을 하게 되었다. 이제 100살이 다 되었으면서도, 옛날에 웃음소리로 비둘기들이 놀라 달아나게 했듯이 지금은 아이들을 깜짝깜짝 놀라게 하고, 뚱뚱한 몸이 되었으면서도 건강하고 몸놀림도 가벼운 필라르 테르네라는 카드로 치는 점보다 나이가 들어 깨우친 현명함이 훨씬 적중률이 높다는 사실을 경험으로 배웠기 때문에, 우르슬라의 말이 정곡을 찔렀다는 것을 알고도 놀라지 않았다.

그런데 우르슬라는 호세 아르카디오가 성직을 맡게 되는 날을 볼 만큼 오래 살 것 같지 않음을 깨닫고는 불안에 잠겨 초조해지기 시작했다. 그래서 그녀의 통찰력을 빌리면 훨씬 더 명확하게 파악할 수 있었던 것들조차 눈으로 보려고 해서 여러가지 실수를 범하게 되었다. 어느 날 아침에 우르슬라는 장미 향수인 줄 잘못 알고 아이의 머리에다 잉크를 부었다. 남들이 재미있어 하면 한축 끼려고 서두르다가 걸핏하면 걸려 넘어지기도 했으며, 이제 막 휘감기기 시작한 암흑의 거미줄 속에서 벗어나려고 발버둥쳤다. 그때가 되어서야 우르슬라는 자기의 우둔함이 노쇠함이나 어둠이 거둔 첫 승리가 아니라, 시간이 내려준 형벌임을 깨달았다. 우르슬라는 터키 사람들이 무명천을 잴 때 쓰던 속임수처럼 하느님이 달이나 해라는 기간에 속임수를 쓰기 전인 옛날에는 모든 사물들이 지금과 달랐다고 생각했다. 요즘은 아이들만 빨리 자라는 것이 아니었고, 사람의 마음도 옛날과는 달라졌다. 미녀 레메디오스의 육체와 영혼이 하늘로 날아올라 갔는데도 페르난다는 자기 시트가 없어졌다고 투덜거리며 돌아다녔다. 아우렐리아노들이 죽어서 시체가 식기도 전에 아우렐리아노 세군도는 집 안에 다시 불을 환히 밝히고, 술주정꾼들을 잔뜩 불러서 아코디언을 켜고, 샴페인으로 목욕을 했다. 그들은 죽은 것이 사람이 아니라 개에 지나지 않는 듯 행동했고, 그토록 많은 고통을 겪으며 동물과자를 팔아서 겨우 마련한 집을 타락의 쓰레기장으로 바꾸어 놓으려고 했다. 호세 아르카디오의 짐을 꾸리는 동안 이런 생각들을 하면서 우르슬라는 차라리 지금 당장 죽어 자기 몸 위에 흙을 뿌리게 하는 편이 더 낫지 않을까 하는 궁리도 했으며, 인간으로 하여금 이토록 심한 고통과 엄청난 곤욕을 치르도록 한 것을 보니 인간이 쇳덩어리로 만들어진 줄 아느냐고 겁도 없이 하느님에게 따지고 싶은 기분도 들었다. 이런 질문을 되풀이하느라 머릿속이 어지러웠던 우르슬라는 당장 밖으로 뛰쳐나가 외국인들처럼 멋대로 행동하면서, 한 순간이라도 좋으니 마지막 반항을 시도해서 좌절감 따위는 다 던져버리고, 온갖 것들에 똥이나 싸갈기고, 지난 백년 동안 참고 참으면서 마음속에 차곡차곡 다져둔 온갖 몹쓸 욕설을 한껏 퍼부어대고 싶은 욕망이 참을 수 없을 만큼 강하게 치밀어 올랐다. 우르슬라가 고함을 쳤다.
"염병할 것!"
트렁크에 옷을 꾸려 넣고 있던 아마란타는 우르슬라가 전갈에 물리기라도 한 줄 알고 깜짝 놀라 물었다.
"어디 있어요?"
"뭐 말이냐?"
"전갈 말예요."
우르슬라는 손가락으로 가슴을 가리키며 대답했다.
"이 안에 있다!"
목요일 오후 2시 호세 아르카디오는 신학교로 출발했다. 그 날 작별 인사를 나눌 때 내키지 않는다는 듯 뾰로통한 얼굴로 배운 대로 눈물 한 방울 흘리지 않고, 구리 단추가 달린 벨벳 양복에, 목에는 풀을 먹인 넥타이를 매고 땀을 철철 흘리던 그의 마지막 모습을 우르슬라는 두고두고 잊지 못했다. 우르슬라가 냄새만 맡고도 뒤따르기 쉽도록 뿌려준, 코를 찌르는 장미 향수 냄새를 식당 가득 남기고 호세 아르카디오는 떠나갔다. 마지막 점심 식사를 함께 나누는 동안에 식구들은 떠들썩한 잔치 기분을 냄으로써 초조감을 감추려고 애썼다. 안토니오 이사벨 신부가 문득 내뱉은 말에도 야단스레 고개를 끄덕였다. 그러나 귀퉁이에는 은장식을 박고 안감은 벨벳으로 된 트렁크를 꺼내오자, 모든 식구들은 눈앞에 관을 놓고 앉은 듯한 표정을 짓고 말았다. 이 송별식에 참석하지 않은 사람은 아우렐리아노 부엔디아 대령뿐이었다.
"교황이 다 무슨 소용이야! 어리석기는!" 그는 툴툴거렸다.
그로부터 석 달이 지난 다음에 아우렐리아노 세군도와 페르난다는 메메를 학교로 데려다주고 오는 길에 클라비코드를 가져와서 자동피아노가 있던 자리에 놓았다. 아마란타가 자신의 수의를 뜨기 시작한 것도 그 무렵이었다. 바나나 열병은 이미 오래 전에 진정되어 있었다. 마콘도의 오래 된 주민들은 자기들이 새로 온 사람들에 의해 구석으로 밀려났음을 깨닫게 되었고, 지난날의 보잘것없는 생활 방편에 매달려 살았으나, 한편으로는 엄청난 조난에서 살아남았다는 안도감을 느끼고 있었다.

집에는 변함없이 점심때가 되면 손님들이 들끓었다. 여러 해가 지난 다음 바나나 회사가 이곳을 떠날 때까지 예전과 같은 분위기로는 돌아갈 수 없었다. 이즈음에는 페르난다가 집안을 거의 다스리다시피 해서, 손님들에게 베푸는 친절에도 대폭적인 변화가 있었다. 우르슬라는 어둠 속에 갇혀 살다시피 했고 아마란타도 수의를 짓는 일에만 빠져 있어서, 한때 여왕으로 추대되었던 여인은 자기가 손수 손님을 가려 초대할 권리를 확보하게 되었으며, 부모님에게서 배웠던 엄격한 규칙들을 그 손님들에게 강요할 수 있었다. 부엔디아 가(家)는 그녀의 엄격함 덕택에 쉽게 번 돈을 물 쓰듯 쓰는 외지인의 저속함이 판을 치는 마을에 유일하게 남겨진, 오래된 관습을 사수하는 보루가 되었다. 그녀에게 있어서 훌륭한 사람들이란 바나나 농장과는 아무런 관계가 없는 사람들을 뜻했다. 시아주버니인 호세 아르카디오 세군도까지도 멋진 싸움닭들을 버리고 바나나 회사의 팀장이 되자 그녀의 차별 대상이 되고 말았다.

"호세 아르카디오 세군도는 이제 이 집에 발을 들여놓지 못할 거예요." 페르난다가 선언했다. "외지인들과 어울리는 한, 절대로 안 돼요."

집안 사정이 빡빡해지자 아우렐리아노 세군도는 페트라 코테스의 집에서 점점 더 편안함을 느꼈다. 처음에 그는 아내의 짐을 덜어준다는 핑계로 잔치 장소를 옮겼다. 그리고 가축들이 새끼를 잘 안 친다는 핑계를 대면서 곡식 창고와 마구간을 옮겼다. 마지막으로 그는 첩의 집이 더 시원하다는 핑계를 대고 자기가 거래를 하는 작은 사무실까지도 그곳으로 옮겨갔다. 페르난다가 남편이 아직 멀쩡하게 살아 있으면서도 과부나 다름없음을 깨달았을 때에는 이미 너무 늦어서 되돌릴 수 없는 상태였다. 아우렐리아노 세군도는 집에서 식사를 하는 일이 거의 없었다. 체면치레로 아내와 함께 자려고 이따금 집에 들르긴 했지만 그것만 가지고는 아무도 그들 사이가 온전하다고 믿지 않았다. 어느 날 그는 그만 날이 밝을 때까지 페트라 코테스의 침대에 머무르고 말았다. 그러나 생각했던 바와는 달리 페르난다는 그를 나무라지 않았고, 원망섞인 말도 하지 않았다. 그러나 그날로 그의 옷을 꾸려 담은 트렁크 두 개를 첩의 집으로 보냈다. 그녀는 모든 사람들이 그 꼴을 보고 나면 난봉꾼 남편도 부끄러움을 이기지 못해서 머리를 숙이고 집으로 돌아오려니 생각해서, 대낮에 사람이 많이 다니는 한길 복판을 가로질러서 가라는 지시를 하고 그 짐을 보냈다. 그러나 그 과감한 행동도, 페르난다가 남편의 성격이나 부모님 곁과는 판이하게 다른 사실을 조금도 이해하지 못하고 있다는 사실을 다시 한 번 증명한 셈이었다. 한길을 따라 버젓이 지나가는 그 짐들을 본 사람들은 모두, 그 속사정을 알았기 때문에 언젠가 이렇게 될 거라고 생각했고, 아우렐리아노 세군도는 자기에게 자유가 부여되었음을 축하하는 뜻에서 사흘 동안이나 잔치를 벌였다. 페르난다가 더욱 속이 상한 노릇은, 자기는 기다란 구식 드레스를 입고 옛날 장신구로 치장을 하고 낡아빠진 자부심만 지닌 채 여자로서의 한창 때를 맞아야 할 처지였지만, 첩은 벨벳으로 지은 울긋불긋한 드레스를 차려입고, 자신의 지위를 되찾았다는 기쁨으로 눈을 빛내며 두 번째 청춘을 만끽하게 되었다는 사실이었다. 아우렐리아노 세군도는 젊은 시절의 광포한 정열이 다시 살아났다. 페트라 코테스가 형으로 착각해서 그를 사랑하고, 두 남자와 번갈아가면서 잠자리에 들며, 두 사람의 몫을 해낼 만큼 정력이 대단한 남자를 만난 줄 알고 그 행운을 하느님께 감사하던 시절로 돌아간 것 같았다. 되살아난 그의 정열은 주체할 수 없을 정도여서, 그들은 식사를 하려고 식탁에 마주 앉았다가 눈길이 서로 마주치면 아무 말 없이 그릇을 내려놓고 침실로 가서 허기짐과 사랑놀이에 지쳐 죽을 지경이 된 일도 한두 번이 아니었다. 몰래 프랑스 창녀들을 찾아갔을 때 봐둔 것이 생각난 아우렐리아노 세군도는 페트라 코테스에게 차양이 달린 멋진 침대를 사주고, 창문에는 벨벳 커튼을 치고 침실 천장과 벽에는 큼직한 수정 거울을 달았다. 그 때처럼 그가 법석을 떨며, 아낌없이 돈을 쓴 적은 없었다. 날마다 11시면 도착하는 기차 편으로 그는 샴페인과 브랜디를 계속해서 실어 왔다. 역에서 돌아오는 길에 그는 아무나 가리지 않고 원주민들이나 외지인들, 아는 사람들이나 모르는 사람들을 붙잡아 끌고 와서 잔치를 벌였다. 자기 나라 언어로만 얘기를 해서 상대하기 어려운 브라운 씨까지도 유혹의 손길에 말려들어서 몇 번이나 페트라 코테스의 집까지 끌려와 정신을 잃을 만큼 술에 취했다. 또 한번은 자기가 가는 곳마다 끌고 다니는 독일 셰퍼드로 하여금 아코디언의 연주에 맞춰서 멋대로 불러대는 텍사스 노래에 맞춰 춤까지 추게 했다.
 "멈춰라! 소들아." 잔치가 한창 흥겨워졌을 때 아우렐리아노 세군도가 소리를 질렀다. "삶은 짧으니 이제 새끼낳는 건 멈춰라!"
 그는 신수가 훨씬 좋아졌으며, 어느 때보다도 많은 사람들에게 사랑을 받았고 가축들은 정신없이 새끼를 쳤다. 계속되는 잔치 때문에 수많은 소와 돼지와 닭들이 도살당했다. 앞마당의 흙은 잡아먹힌 가축들이 흘린 피로 검은 빛이 되었고, 언제나 질퍽질퍽했다. 뼈다귀와 창자들이 마당에 잔뜩 쌓이고, 쓰레기가 진흙 구렁텅이에 범벅이 되어서, 그들은 몰려드는 말똥가리새들이 손님들의 눈알을 쪼아대지 못하게 하려고 쉴 새 없이 다이너마이트를 터뜨려야만 했다. 세계를 두루 여행하고 갓 돌아왔을 때의 호세 아르카디오가 보여준 식욕과 맞먹을 만큼 먹성이 좋았던 아우렐리아노 세군도는 몸이 불고, 피부는 자줏빛이 되어, 모습은 영락없이 거북이를 닮아갔다. 그의 엄청난 폭식(暴食)과 어처구니없는 낭비벽과 듣도 보도 못할 만큼 대단한 손님 접대는 그 명성을 뒤따를 자가 없어서, 곧 소문이 늪지대의 경계선을 넘어 퍼져나가 늪지대에서 소문난 대식가들이 줄을 지어 몰려들었다. 누가 가장 많이 먹을 수 있는지를 겨루는 시합이 페트라 코테스의 집에서 열리게 되자, 이 주책없는 경기에 참여하기 위해 여기저기에서 이름난 먹보들이 찾아왔다. 어느 불운한 토요일에 '코끼리 여자'라는 별명으로 전국에 잘 알려진 몸집이 거대한 여자 카밀라 사가스투메가 나타날 때까지는 아우렐리아노 세군도가 무적의 대식가로 이름을 날렸다. 그들의 대결은 화요일 새벽까지 계속되었다. 시합 첫날, 카사바(고구마 비슷한 열대성 식물)와 마와 튀긴 바나나를 곁들여 먹고, 샴페인 한 상자 반을 마신 아우렐리아노 세군도는 자기가 이겼다고 자신했다. 그는 침착한 상대보다 더 열의가 있었고, 기운도 넘쳤다. 여자에게는 확실히 이 분야의 전문가다운 부분이 있어서 집 안을 꽉 메울 만큼 모여든 구경꾼들에게 신경도 덜 쓰는 편이었다. 이기고 싶은 조급한 마음에서 아우렐리아노 세군도가 덥석덥석 먹을 것을 삼킨 반면에, '코끼리 여자'는 외과 의사만큼이나 차분한 솜씨로 고기를 잘게 썰어서 서두르지 않고 천천히, 맛을 음미하듯 먹었다. 몸이 단단하고 우람했지만, 몸집에 어울리지 않는 여성적인 부드러움을 지니고 있었고, 얼굴이 무척 아름답고 손질이 잘 된 가느다란 손가락이 남의 마음을 사로잡을 만한 매력의 소유자여서, 집으로 들어서는 그녀의 모습을 처음 보았을 때 아우렐리아노 세군도는 낮은 목소리로, 식탁에서가 아니라 침대에서 시합을 벌였으면 더 좋겠다고 중얼거렸다. 이윽고 그녀가 식탁에서의 예절을 조금도 어기지 않으면서도 송아지의 옆구리를 깨끗하게 먹어치우는 광경을 보고, 그는 진지한 얼굴로 저렇게 우아하고, 매력적이고, 식욕이 왕성한 코끼리 인간이야말로 이상적인 여인이 아니겠느냐고 논평했다. 그의 말이 맞았다. '코끼리 여자'가 마콘도에 도착하기 전에 퍼졌던, 그녀가 예의 범절을 모른다는 평판은 근거 없는 헛소문이었다. 그녀는 사람들이 얘기했듯이 백정도 아니었고, 그리스 서커스단의 수염 난 여자도 아니었으며, 버젓한 성악전문 학교의 교장이었다.

　그녀가 먹는 즐거움을 안 것은 그녀가 이미 존경받을 만한 한 집안의 어머니가 된 다음부터였다. 억지로 식욕을 돋우지 않고, 영혼의 절대적인 안정 상태를 유지함으로써 아이들이 식사를 더욱 잘 하게 만드는 방법을 연구하다가 그렇게 된 것이었다. 그녀가 시범을 통해서 보여준 이론은 의식 세계가 완전히 안정 상태를 찾게 되면, 인간은 지쳐서 멈출 때까지 쉬지 않고 식사를 계속할 수 있다는 생각을 바탕으로 삼고 있었다.

　집과 학교를 떠나서, 전국적으로 방탕한 대식가라고 소문이 난 남자와 시합을 하러 온 까닭도 도덕적인 동기에서였다. 아우렐리아노 세군도를 보자, 그녀는 첫눈에 그의 위장이 못 견뎌서가 아니라 인품이 모자라 그가 시합에서 지리라는 것을 알았다. 첫날의 시합이 마무리될 무렵 '코끼리 여자'가 태연한 모습을 보이는데 비해, 아우렐리아노 세군도는 떠들고 웃어대면서 기운을 빼고 있었다. 그들은 네 시간 정도 잠을 잤다. 잠에서 깨어나자 저마다 오렌지 50개를 짜낸 주스와, 커피 8리터와, 날달걀 30개씩을 마셨다. 오랫동안 자지도 않고 돼지 두 마리와, 바나나 한 다발과, 샴페인 네 상자씩을 다 처분하고 이튿날 아침을 맞은 '코끼리 여자'는, 아우렐리아노 세군도가 무의식 중에 그녀의 비결을 몸에 익혔음을 깨달았다. 그는 '코끼리 여자'가 생각했던 것보다 만만찮은 상대였다. 하지만 페트라 코테스가 구운 칠면조 두 마리를 식탁에 올려놓았을 때, 그는 울혈(鬱血 : 정맥혈이 막히어 혈관에 피가 몰리는 현상)이 되어지기 일보 직전이었다.

"자신이 없으면 이 칠면조는 먹지 마세요." '코끼리 여자'가 그에게 말했다. "시합은 무승부로 하죠."

그녀는 자기 자신도 이제는 한 술도 더 들 수가 없다고 생각했으며, 이러다가는 상대가 생명까지 잃을지도 모른다는 걱정에 진심으로 그렇게 말했다. 그러나 아우렐리아노 세군도는 그 말을 새로운 도전이라 풀이하고, 한이 없을 듯싶은 그의 식성도 당하지 못할 줄 알면서도 그 칠면조를 목 깊숙이 집어삼켰다. 그는 기절했다. 그는 개처럼 입에서 거품을 물고 단말마의 신음을 지르고, 뼈다귀가 수북한 접시에 얼굴을 파묻으며 고꾸라졌다. 어둠 속으로 빨려 들어가는 기분을 느끼면서 그는 누가 자기를 높은 탑의 꼭대기에서 바닥이 보이지 않는 구덩이로 집어던진 기분을 느꼈고, 마지막으로 잠깐 의식이 돌아왔을 때, 그 구덩이 밑바닥에는 죽음이 기다리고 있음을 알았다. 그는 겨우 입을 열어서 말했다.

"나를 페르난다에게 데려다줘."

첩의 침대에서는 절대로 임종을 맞지 않겠다고 그가 아내에게 했던 약속을 지켰다고 그의 친구들은 생각했다. 페트라 코테스는 그가 죽어서 관에 들어갈 때 신겠다던 에나멜 구두를 깨끗이 닦은 다음에, 그 구두를 전해 줄 사람을 구하고 있을 때 아우렐리아노 세군도가 위험한 상태를 벗어났다는 전갈이 왔다. 그는 정말로 일주일이 다 가기도 전에 회복되었고, 2주일 뒤에는 자기가 살아났음을 축하하기 위해서 이제까지 볼 수 없었던 광란의 잔치를 열었다. 그는 그 뒤로도 여전히 페트라 코테스의 집에서 살았으나 날마다 페르난다를 찾아갔고, 가끔 식구들과 식사를 함께 했다. 입장이 바뀌어서 그가 첩의 남편에다가 아내의 정부가 된 듯싶었다.

덕분에 페르난다는 쉴 수 있었다. 홀로 있는 따분한 시간 동안 그녀를 달래준 것은 낮잠 시간에 하는 클라비코드(건반 악기의 일종) 연습과 아이들의 편지뿐이었다. 그녀가 2주일에 한 번씩 아이들에게 보낸 편지에는 진실이 하나도 없었다. 페르난다는 자신의 고민을 아이들에게는 하나도 알리지 않았다. 베고니아를 비추는 햇빛과, 오후 2시의 찌는 듯한 더위와, 길거리에서 사람들이 벌이는 잔치 소리가 끊임없이 들려와도, 부모님이 살았던 그 식민지식 저택을 점점 닮아가는 이 집에 감춰진 쓸쓸함을 아이들은 모르게 하려고 했다. 페르난다는 살아 있는 세 유령과, 그녀가 클라비코드를 연주할 때 나타나서 응접실의 어둠 속에서 살피는 듯한 눈으로 쳐다보는 호세 아르카디오 부엔디아의 죽은 유령 사이를 오가면서 홀로 살았다. 아우렐리아노 부엔디아 대령은 그림자나 마찬가지였다. 아무런 승산도 없는 전쟁을 벌이고자 헤르넬도 마르케스 대령을 설득하기 위해 나섰던 마지막 나들이 이후로, 그는 밤나무 밑으로 소변을 보러 갈 때 말고는 작업실에서 나오는 일이 없었다. 그는 3주일에 한 번씩 찾아오는 이발사 이외에는 손님도 맞지 않았다. 우르슬라가 하루에 한 번씩 가져다주는 음식을 불평없이 먹었으며, 전처럼 열심히 황금물고기를 만들었지만, 사람들이 그 물고기를 예술품으로 생각해서 아니라, 역사적인 유물로 여겨서 사간다는 것을 알게 된 다음부터 그것을 팔지 않기로 했다. 그는 결혼할 때부터 지금까지 침실을 장식하고 있던 레메디오스의 인형들을 앞마당으로 내다가 불태웠다. 언제나 다른 사람들을 주의 깊게 살피고 있던 우르슬라는 아들이 무슨 짓을 하는지 알았지만, 그를 말릴 수는 없었다. 우르슬라가 그에게 말했다.

"네 마음은 돌덩이가 된 모양이구나."

"이건 마음과는 아무 상관 없는 일이에요. 방 안이 온통 좀벌레투성이가 되었잖아요?"

아마란타는 계속해서 자기 수의를 짰다. 페르난다는 그녀가 가끔 메메에게는 편지를 쓰고 선물까지 보내면서도, 왜 호세 아르카디오에 대한 얘기는 전혀 하지 않는지 이해할 수가 없었다. 그래서 우르슬라를 통해 물어보았더니 아마란타는 이렇게 대답했다.

"그 이유는 절대 알려줄 수 없어요."

이 대답은 페르난다의 마음속에 영원히 풀 수 없을 듯한 수수께끼를 남겼다. 키가 크고, 어깨가 솟아오르고, 자부심이 강하고, 언제나 레이스가 달린 풍성한 페티코트를 입고 오랜 세월과 나쁜 추억에도 기품을 잃지 않은 아마란타는 이마에 처녀성을 상징하는 재로 그린 십자가라도 달고 다니는 것 같았다. 사실 그녀의 처녀성은, 직접 빨아서 다리미질을 하고 다시 손에 감아 잘 때에도 풀어놓지 않는 검은 붕대에 고이 담겨 있었다. 아마란타가 수의를 짓는 동안 시간은 흘러갔다. 낮이면 바느질을 하고 밤이면 다시 실을 뽑는지도 모를 노릇이었는데, 이 작업은 그녀가 고독을 물리치려는 뜻에서가 아니라, 반대로 오히려 고독을 지키기 위해서 하는 일인 듯싶었다.

외로운 세월 동안 페르난다가 가장 걱정했던 것은 메메가 첫 방학을 맞아 돌아왔다가 아우렐리아노 세군도가 집을 나갔다는 사실을 알게 되는 것이었다. 메메가 집으로 돌아왔을 때, 부모들은 미리 짜고서 그녀로 하여금 아우렐리아노 세군도가 아직도 집안에 충실한 모범 남편이라 믿게 하고, 또한 집안의 슬픔을 하나도 눈치채지 못하게 했다. 해마다 두 달 동안 아우렐리아노 세군도는 모범적인 남편 역을 연기하고, 밝고 활기찬 학생들의 클라비코드 연주로 흥을 더하는 아이스크림과 과자를 곁들인 파티를 열어주고는 했다. 이때부터 벌써 메메는 어머니의 성격을 거의 물려받지 않았음이 드러나기 시작했다. 메메는 오히려 아마란타가 열두 살이나 열네 살 때의, 그러니까 피에트로 크레스피에 대한 숨은 정열이 그 마음을 뒤틀어놓기 전 슬픔이라는 것을 모른 채, 춤추는 듯한 발걸음으로 명랑하게 집안을 뛰어다니던 때와 꼭 닮았다. 그러나 메메는 아마란타와는 달리, 가족 그 누구와도 달리, 아직 이 집안 사람들에게는 숙명과도 같은 고독의 징조를 보이지 않았다. 오후 2시에 게으름 피우지 않고 정해진 대로 클라비코드 연습을 할 때조차, 이 세상에 완전히 만족하고 있는 모습이었다. 메메는 분명히 집을 좋아했으며, 그래서 한 해 내내 고향으로 돌아가서 젊은 사람들과 어울려 신나게 놀 일만 꿈꾸는 듯 보였고, 거창한 것을 좋아하고, 지나칠 정도로 손님을 좋아하는 아버지의 성격도 싫어하지 않는 것 같았다. 이 몹쓸 유전의 첫 조짐은 메메가 세 번째 방학을 맞아서 집에 미리 알리지도 않고, 제멋대로 네 명의 수녀와 예순여덟 명의 학생들을 초청해서 집으로 끌고 왔을 때 분명해졌다.

"이럴 수가 있나!" 페르난다가 한탄했다. "제 아빠를 꼭 닮았군."

푸른 제복에 사내들처럼 군화를 신은 소녀들이 하루 종일 집안에서 어슬렁거리지 않도록, 침대와 그물침대를 이웃집에서 닥치는 대로 빌려야 했고, 식사 시간에는 아홉 개로 조를 짜서 교대로 먹도록 준비를 하고, 목욕 시간을 정하고, 의자를 40개나 마련해야만 했다. 초대는 실패였다. 시끄러운 여학생들이 아침 식사를 끝냈는가 싶으면 곧 점심 시간이었으며, 그러고는 또 저녁 식사가 뒤따라서, 결국 일주일 동안 그들은 농장 산책밖에 하지 못했다. 저녁이 되면 수녀들이 더 이상 몸을 움직이거나 지시를 못 내릴 정도로 지쳐도 지칠 줄 모르는 소녀들은 앞마당을 뛰어다니며 지루한 교가(校歌)를 불러댔다. 어느 날 방해만 될 뿐인데도, 돕겠다고 나섰던 우르슬라는 소녀들에게 짓밟혀 죽을 뻔했다. 또 한번은 마당에서 노는 여학생들을 아랑곳하지 않고 아우렐리아노 부엔디아 대령이 밤나무 밑에서 오줌을 누어 수녀들이 법석을 떨었다. 아마란타가 부엌에서 수프에 소금을 치는 순간에 들어온 수녀가 공연히 그 하얀 가루가 무어냐고 물었다가 아마란타가 장난삼아 한 대답에 놀라 때 아닌 소동을 빚기도 했다. 아마란타는 이렇게 대답했었다.

"비소예요."

도착하던 그 날도 여학생들은 잠자리에 들기 전에 모두들 화장실에 갔다 오려고 우왕좌왕 했으며, 새벽 1시가 되도록 차례를 기다려 화장실에 가는 아이들이 있었다. 페르난다가 머리를 짜내어 요강 일흔두 개를 마련했다. 그래서 비록 한밤중의 소동은 해결되었지만, 대신 아침마다 다시 난리를 치러야 했다. 새벽부터 손에 요강을 든 계집아이들이 화장실 앞에 줄을 지어 요강을 닦을 차례를 기다려야만 했던 것이다. 그들 가운데 몇 명은 열이 오르고, 또 몇 학생은 모기에 물려 고생을 했지만, 그래도 대부분은 놀랄 만큼 건강해서 웬만한 불편쯤은 잊고 땡볕이 내리쬐는 대낮에도 마당을 멋대로 뛰어다녔다. 나중에 그들이 떠난 다음에 보니 꽃들은 모두 짓밟혔고, 가구도 망가졌으며, 벽은 온통 낙서와 그림으로 지저분해졌다. 그래도 그들이 떠났다는 안도감 때문에 페르난다는 불평을 하지 않았다. 페르난다는 빌려온 침대와 의자를 모두 돌려주고, 일흔두 개의 요강은 멜키아데스의 방에 넣어두었다. 한때 이 집안의 정신적인 중심지 노릇을 했으며, 지금은 자물쇠를 채워둔 그 방은 이때부터 '요강 방'이라는 이름으로 불리게 되었다. 멜키아데스의 방만은 먼지가 쌓이지 않고 파손된 곳이 없어서 놀란 다른 식구들과는 달리, 그 방이 벌써부터 똥구덩이처럼 더러워졌다고 생각한 아우렐리아노 부엔디아 대령은 새로 붙인 그 방 이름이야말로 제격이라고 생각했다. 아무튼 누구의 생각이 정확한지 따위는 그에게 별 관심이 없었으며, 그 방의 운명을 알 게 된 것도 요강을 치우느라고 페르난다가 하루종일 왔다갔다 하며 그의 일을 방해했기 때문이었다.

이 무렵에 호세 아르카디오 세군도가 집에 다시 모습을 나타냈다. 그는 아무에게도 인사를 하지 않고 복도를 지나 곧장 작업실로 가 대령과 얘기를 나누었다. 비록 그를 보지는 못했어도 우르슬라는 팀장들이 신는 장화 소리를 듣고는 그와 집안 식구들 사이에 거리감이 생겼음을 느꼈다. 어렸을 때에는 둘이 똑같이 생긴 것을 이용해서 기발한 장난을 함께 쳤지만, 지금은 아무런 공통점도 없는 그의 쌍둥이 동생과도 거리가 멀어졌다. 그는 직선적이고, 고지식했으며, 언제나 생각에 잠겨 있었다. 사라센 사람(시리아 아라비아 사 막에서 사는 유목민)처럼 쓸쓸한 분위기를 풍겼으며, 얼굴에는 가을 빛깔처럼 어두운 광채가 감돌았다. 그는 그의 어머니 산타 소피아 데 라 피에다를 많이 닮았다. 우르슬라는 가족 얘기를 할 때 걸핏하면 그를 잊어서 미안한 마음을 가지고 있던 터였다. 그런 때, 그가 집으로 찾아오자 대령이 한참 일할 시간이면서도 작업실로 맞아들이는 것을 깨닫고는 다시 한 번 지난 일들을 돌이켜보다가, 그가 진짜 아우렐리아노라는 이름이 어울리는 인물이며, 어린 시절 어느 때인지는 몰라도 두 형제의 위치가 바뀌었다는 이제까지의 믿음을 한층 굳혔다. 그의 생활을 자세히 아는 사람은 아무도 없었다. 한때 그는 일정한 거처조차 없어서, 필라르 테르네라의 집에서 싸움닭을 기르며 가끔 그 집에서 자기도 했지만, 거의 언제나 프랑스 창녀들의 방을 전전하고 있다는 것을 알았다. 그는 우르슬라의 태양계 안에서 방황하는 하나의 행성처럼 아무런 애착도 야심도 없이 우주를 표류했다.

사실 헤르넬도 마르케스 대령을 따라 군인들의 막사에서 처형하는 광경을 보러 갔다가, 사형수의 그 슬프면서도 남을 비웃는 듯한 미소가 눈에 새겨진 저 먼 날 새벽 이후, 호세 아르카디오 세군도는 사실상 이 집 식구가 아니었으며, 앞으로도 그는 스스로 가정을 가질 일은 없을 것이다. 이것은 그가 가지고 있는 가장 오래된 기억일 뿐 아니라, 어린 시절에 대한 유일한 기억이기도 했다. 그가 가지고 있던 또 다른 기억은 낡은 조끼를 입고 까마귀 날개처럼 차양이 늘어진 모자를 쓴 노인이 창가에서 그에게 신기한 얘기들을 들려준 일이었는데, 그것이 어느 시절에 있었던 일인지는 확실히 알지 못했다. 그것은 교훈을 주지도 못하고 향수를 불러일으키지 않는 희미한 기억이었지만, 그와는 반대로 처형당한 사람에 대한 기억만은 세월이 흐름에 따라 점점 더 가까워오기라도 하는 듯 나이를 먹을수록 더욱 또렷하게 되살아나 사실상 그가 가야 할 인생 방향을 정해 주었다. 우르슬라는 아우렐리아노 부엔디아 대령을 은둔 생활에서 끌어내는 데 호세 아르카디오 세군도의 힘을 빌려야겠다고 생각했다.

"영화 구경이라도 가라고 얘기해 보려무나." 우르슬라가 그에게 말했다.

"그 애가 영화를 재미있어하지는 않겠지만, 적어도 맑은 공기는 마실 수 있지 않겠니?'

그러나 우르슬라는 그 말을 한 뒤 곧 그가 대령 못지않게 남의 부탁 따위에 관심이 없고, 동정 따위를 느끼지 못하는 딱딱한 껍질을 쓰고 있다는 것을 깨달았다. 그들이 작업실에서 오랜 시간 단 둘이 무슨 얘기를 나누었는지 그녀는 물론 아무도 몰랐지만, 우르슬라는 가족들 중 마음이 맞는 것은 두 사람뿐이라고 생각했다.

사실 호세 아르카디오 세군도에게도 대령을 은둔 생활에서 끌어낼 힘은 없었다. 여학생들이 떼를 지어 몰려온 사건은 그 인내의 한도를 넘어섰다. 가장 좋은 먹잇감이었던 레메디오스의 인형들을 모두 태워버려도 좀벌레들이 신혼 초부터 쓴 침실에서 극성을 부린다는 핑계를 대고 그는 작업실에다 그물침대를 걸어 맨 다음 앞마당으로 나가 일을 볼 때 말고는 그곳을 떠나는 일이 없었다. 우르슬라는 하찮은 얘기나마 그와 나눌 기회가 없었다. 먹을 것을 가지고 가도 거들떠보지도 않고 작업대 귀퉁이에 두었다가 작은 물고기를 다 만든 다음에나 식사를 하고, 고기가 식거나 수프가 굳어버리는 일쯤은 신경도 쓰지 않는다는 것을 우르슬라는 알고 있었다. 그가 제안한 망령스런 전쟁을 헤르넬도 마르케스 대령이 마다한 다음부터 그의 성격은 점점 더 완고해졌다. 그는 자기 껍질 속에 숨어들어가 자물쇠를 채워버렸으며, 식구들은 그를 죽은 사람이나 마찬가지로 여기게 되었다. 서커스단이 행진하는 것을 보려고 길가로 난 문에 그가 모습을 나타낸 10월 11일까지, 그에게서는 아무런 인간적인 행동을 볼 수 없었다. 아우렐리아노 부엔디아 대령에게는 그날도 지난 몇 해 동안의 여느 날들과 마찬가지였다. 새벽 5시에, 그는 담벼락 저쪽에서 울어대는 두꺼비와 귀뚜라미 소리에 잠이 깨었다. 토요일부터 내리기 시작한 보슬비는 아직도 끊임없이 내렸고, 그는 뼛속까지 파고드는 한기를 느꼈기 때문에, 문을 열고 정원의 나뭇잎에 빗방울이 떨어지는 희미한 소리를 듣지 않아도 비가 내리는 것을 알고 있었다. 그는 언제나 그렇듯이 담요를 둘러쓰고, 너무 낡아서 자기도 '고트족 잠방이'라고 부르면서도, 입으면 편해서 아직도 걸치고 다니는 기다랗고 허술한 목면 잠방이 차림이었다. 그는 그 위에 통이 좁은 바지를 겹쳐 입었으나 목욕을 할 생각이었으므로 단추는 채우지 않았고, 다른 때처럼 옷깃에 황금 단추를 끼우지도 않았다. 그는 담요를 두건처럼 머리 위에서부터 덮어쓰고 늘어진 콧수염을 손가락으로 쓸어 다듬고는 오줌을 누려고 마당으로 나갔다. 아직 해가 뜨려면 시간이 많이 남아 있어서, 호세 아르카디오 부엔디아는 빗물에 썩은 종려나무 잎사귀로 엮은 엉성한 지붕 밑에서 아직 자고 있었다. 이제까지 그랬듯이, 대령은 그 모습을 볼 수가 없었으며, 뜨거운 오줌 줄기가 신발을 적시자 잠이 깬 유령이 이상한 언어로 그에게 한 불평도 듣지 못했다. 그는 추위나 눅눅한 날씨 때문이 아니라 10월의 답답한 안개 때문에 목욕을 뒤로 미루기로 했다. 작업실로 돌아가던 길에 산타 소피아 데 라 피에다가 아궁이에 불을 지피려고 켠 관솔 냄새를 맡고는 부엌에 들러 설탕을 타지 않은 커피를 한 잔 방으로 가져가려고 커피가 끓기를 기다렸다.

아침마다 산타 소피아 데 라 피에다는 오늘이 무슨 요일이냐고 물었으며, 대령은 오늘이 10월 11일 화요일이라고 대답했다. 그때 뿐만 아니라 살면서 한 번도 분명히 거기에 있다는 느낌을 남에게 준 적이 없는, 조용하고 밝은 금빛 불길에 비춰진 여자를 바라보면서 그는 전쟁 중 어느 해던가 10월 11일에, 자기와 같이 자던 여자가 죽었다는 느낌이 들어 갑자기 잠에서 깨어났던 사건을 불현듯 기억해 냈다. 그 여자는 정말로 죽어 있었으며, 한 시간 전에 그 여자가 오늘이 며칠이냐고 그에게 물었기 때문에 그는 그 날짜를 잊을 수가 없었다. 그러한 추억을 회상하면서도, 예지 능력이 벌써 오래전부터 그를 저버렸을지도 모른다는 것을 생각해 보지도 않았으며, 커피가 끓는 동안에 별로 깊은 향수도 느끼지 않으면서 그저 약간의 호기심에 끌려, 어둠 속에서 불안한 발걸음으로 그물침대로 다가와서 살아 있을 때의 얼굴도 보지 못한 여인을 생각했다. 같은 식으로 그에게 접근했던 수많은 여인들이 결국 공허감을 남기고 사라져버렸지만, 그들 가운데 오직 그 여인만이 몸을 합친 순간 눈물을 흘릴 듯 기뻐하며 숨을 거두기 한 시간 정도 전에, 죽을 때까지 잊지 않겠다고 맹세한 사실을 그는 기억하지 못했다. 그는 김이 무럭무럭 피어오르는 커피를 들고 작업실로 들어간 다음에는 그 여인이나 다른 어떤 여인들에 대한 생각도 말끔히 잊고, 양철 깡통에 담아 둔 황금물고기들을 헤아려보려고 등잔에 불을 켰다. 물고기는 열일곱 개였다. 황금물고기를 팔지 않기로 작정한 뒤에도 대령은, 하루에 두 개씩 황금물고기를 만들었고, 스물다섯 개가 되면 그것들을 모두 녹여서 다시 만들곤 했다. 그는 아침 내

내 아무 생각없이 집중해서 작업을 했다. 아침 10시가 되어 빗줄기가 굵어지자 누군가 작업실 앞으로 지나가면서 빨리 문을 닫지 않으면 집 안이 온통 물바다가 될 거라고 소리를 지르는 것도 듣지 못했다. 우르슬라가 그의 점심을 가지고 들어와서 불을 끌 때까지 자신의 존재조차 잊고 있었다.
"비도 참 억세게 오는구나!" 우르슬라가 말했다.
"10월이니까요."
그렇게 대답하면서도, 그는 그날 만든 첫 황금물고기의 눈에 루비 알을 박아 넣느라 얼굴도 들지 않았다. 그것을 끝내고 다른 것들과 함께 양철 깡통에 담은 다음에야 그는 수프를 먹기 시작했다. 그런 뒤에 양파를 넣고 구운 고기와, 흰 밥과 바나나 튀김을 천천히 먹었다. 그의 식욕은 언제나 똑같아 점심을 먹고 나니 식곤증이 몰려왔다. 과학적인 근거가 있는 미신에서 그는 식사를 하고 나서 소화를 위해 두 시간 동안은 일을 하거나, 책을 읽거나, 목욕을 하거나, 육체 관계 따위를 하지 않았다. 이 규칙만은 철저하게 지켜서 전쟁 통에 부하들이 소화 불량에 걸리지 않게 하려고 작전까지 연기한 일이 여러 번 있었다. 대령은 그물침대에 옆으로 누워서 장도(粧刀)로 귀지를 후벼내다가 곧 잠이 들었다. 그는 담벼락을 하얗게 칠한 어느 빈 집으로 들어가면서, 자기가 그 집에 발을 들여놓은 첫 번째 사람이라는 생각에 겁을 먹고 고민하는 꿈을 꾸었다. 그는 꿈속에서 이 꿈과 똑같은 꿈을 어제도 꾸었고, 지난 여러 해 동안 자주 꾸었지만, 이 꿈은 꿈속에서만 기억에 남아서 잠이 깨면 말끔히 사라질 거라고 생각했다. 잠시 뒤에 이발사가 와서 문을 두드리자 아우렐리아노 부엔디아 대령은 자기가 깜빡 잠이 들었고, 그 짧은 사이에 꿈 같은 걸 꿀 시간은 없었다는 기분을 느끼며 깨어났다.
"오늘은 그만두지." 그는 이발사에게 말했다. "금요일에 와 주게."
수염이 사흘이나 자랐으며 희끗희끗한 곳도 있었으나, 그는 금요일이 되면 이발을 할 것이고, 그때 수염도 한꺼번에 깨끗이 밀어버릴 테니 지금 면도를 할 필요는 없다고 생각했다. 원치도 않는 낮잠을 자서 땀이 끈끈하게 솟아나자 겨드랑이의 상처가 다시 쓰라렸다. 비는 그쳤으나 해는 나지 않았다. 큰 소리로 트림을 하자, 대령의 입 안 가득 수프의 시큼한 맛이 되살아났다. 그것은 담요를 뒤집어쓰고 화장실로 가라는 위장의 명령이었다. 그는 습관에 따라, 다시 일을 하러 갈 시간이라는 것을 알기까지 나무통 속에서 발효되어 풍기는 강렬한 냄새를 맡으며 쪼그리고 앉아, 필요 이상의 시간을 머물렀다. 가만히 앉아 있는 동안 그는 오늘이 화요일이며, 바나나 농장에서 봉급을 주는 날이어서 호세 아르카디오 세군도가 작업실에 들르지 않았다는 생각이 났다. 이런 회상은 지난 몇 주 동안 모든 회상이 그랬듯이, 그로 하여금 전쟁 때의 일에 대해서 생각하게 만들었다. 그는 헤르넬도 마르케스 대령이 언젠가 그에게 이마에 흰 별이 박힌 말을 구해주겠다고 약속을 했지만 아직까지 지키지 않았다는 사실을 깨달았다. 그리고 그는 여러가지 사건들을 생각해 보았으며, 잊을 길이 없는 옛 추억들 때문에 감정이 상처입지 않도록 언제나 냉정히 생각하는 버릇을 키웠던 덕택에 아무런 판단을 하지 않으면서 과거를 회상할 수 있었다. 작업실로 돌아가던 길에, 내렸던 비가 마르는 것을 보고 그는 목욕을 하기에 알맞다고 생각했으나, 목욕탕에는 이미 아마란타가 들어가 있었다. 할 수 없이 그는 두 번째 물고기를 만들기 시작했다. 그가 물고기에 꼬리 지느러미를 달고 있을 때 범선처럼 빛을 뿜으면서 태양이 솟아나왔다. 사흘 동안 비에 씻긴 맑은 하늘에는 날개미들이 가득했다. 대령은 오줌을 누고 싶었지만, 작은 물고기를 다 만들 때까지 미루기로 했다. 오후 4시 40분에 마당으로 나가자, 멀리서 들려오는 나팔 소리, 드럼 소리, 아이들의 기뻐하는 함성이 들려왔다. 청춘 시절이 지나고 처음으로, 대령은 자진해서 향수가 쳐놓은 덫에 발을 올려놓고, 아버지를 따라 집시들의 얼음을 구경하러 간 저 멋진 오후를 그리워했다. 산타 소피아 데 라 피에다는 일거리를 내팽개치고 부엌에서 나와 문간으로 달려가며 소리쳤다.

"서커스단이 왔어요!"

밤나무가 있는 곳으로 가는 대신에 아우렐리아노 부엔디아 대령도 밖으로 나가 행진을 벌이는 서커스단을 구경하는 사람들 속에 섞여들었다. 코끼리 머리 위에 앉아 있는 황금빛 옷을 입은 여자와 구슬퍼 보이는 낙타가 눈에 들어왔다. 네덜란드 여자처럼 옷을 차려입고 음악에 맞춰 국자로 냄비를 두드리는 곰과 행렬 끝에서 바퀴로 재주를 피우는 어릿광대들도 보았다. 모든 것이 지나가고, 밝은 햇살 속의 거리와, 날아다니는 개미들로 가득한 공기와, 벼랑 아래를 내려다보는 소심한 구경꾼들 네댓 명만 남았을 때, 대령은 다시 한 번 자신의 비참한 고독과 마주섰다. 그는 서커스단 생각을 하면서 밤나무 밑으로 갔고 오줌을 누면서도 서커스단을 생각하려고 했지만, 이제는 기억의 흔적조차 없었다. 그는 병아리처럼 머리를 두 어깨 사이에 처박고 이마를 밤나무에 기댄 채 꼼짝도 않고 서 있었다. 이튿날 아침 11시에 쓰레기를 버리려고 뒷마당으로 나갔던 산타 소피아 데 라 피에다는 콘도르들이 잔뜩 날아 내려오는 것을 보고 밤나무 밑에서 아우렐리아노 부엔디아 대령을 발견했다.

14

 메메의 마지막 방학은 아우렐리아노 부엔디아 대령의 초상 기간과 겹쳤다. 문을 닫아 잠근 집에서 파티를 벌일 수는 없는 노릇이었다. 모두 숨죽인 목소리로 얘기를 했고, 침묵을 지키며 식사를 하고, 하루에 세 번씩 로사리오 기도를 드렸으며, 낮잠 시간이 한창일 때 연주하던 클라비코드까지도 장례식 분위기에 맞는 곡만 울렸다. 페르난다는 속으로 은근히 대령을 미워했으면서도, 정부가 죽은 적을 장엄하게 추모하는 것에 깊은 인상을 받아 상을 엄격히 치르게 했다. 아우렐리아노 세군도는 약속한 대로 딸의 방학 기간 동안에는 집에 와서 잤는데, 그 사이에 페르난다가 법적 아내인 자신의 명예를 되찾기 위해 무슨 수라도 썼는지 다음 해에는 메메에게 여동생이 생겼으며, 페르난다의 반대에도 아기 이름을 아마란타 우르슬라라고 지었다.
 메메는 공부를 다 마쳤다. 어엿한 클라비코드 연주자 자격을 부여받은 그녀의 졸업장에 부끄럽지 않게, 메메는 졸업을 축하하러 모인 사람들 앞에서 17세기 민요들을 훌륭한 솜씨로 연주했으며, 이 연주회와 더불어 식구들은 탈상을 했다. 사람들은 메메의 예술성보다는 그녀의 이중성에 놀랐다. 무척이나 까다롭고 어떤 때에는 철부지 같은 짓도 해서, 도대체 심각한 구석이란 없을 것만 같았는데, 일단 클라비코드 앞에 앉으면 생판 다른 사람이라도 된 듯 갑자기 성숙해서 어른이 된 듯싶었다. 메메는 언제나 그런 식이었다. 그녀는 장차 어떤 훌륭한 인간이 되어보겠다는 야망은 조금도 가지고 있지 않았으면서도, 어머니의 역정을 사지 않겠다는 단순한 이유 때문에 부지런히 연습을 해서 좋은 성적을 받게 되었다. 그들이 메메에게 음악이 아닌 다른 공부를 시켰더라도 결과는 똑같았으리라. 메메는 페르난다의 엄격한 성격이나 남의 생각을 무시하고 일을 진행시키는 버릇 때문에 어렸을 때부터 완고한 어머니와의 충돌을 피하고 어머니의 옹고집을 거스르지 않기 위해서라면

백년의 고독 249

메메는 클라비코드 연습보다 더한 희생도 마다하지 않았을 것이다. 졸업식이 거행되는 동안 메메는 양피지 졸업장에 씌어 있는 고딕 글자들과 요란하게 단장한 머리글자들이, 복종심에서가 아니라 단지 귀찮아지는 걸 피하기 위해 받아들였던 의무에서 드디어 자기를 해방시켜 주리라는 인상을 받았다. 이제부터는 아무리 고집이 센 페르난다라고 해도, 수녀들까지도 박물관의 유물처럼 여기는 악기에 대해 이러쿵저러쿵 하지 않겠거니 생각했다. 처음 몇 년 동안에 메메는 자기 예측이 빗나갔다고 생각하게 되었다. 메메가 응접실에서뿐 아니라, 마콘도에서 열리는 모든 자선 단체와 학교 기념식과 애국적인 행사에서 청중을 실컷 졸게 만든 다음에도 그녀의 어머니는 딸의 재능을 이해하고 감상할 능력이 있어 보이는 사람들이 마을에 올 때마다 집으로 초청했기 때문이다. 메메가 클라비코드 뚜껑을 잠그고 옷장 서랍에 열쇠를 넣어둔 걸 잊어도, 언제, 누가 잃어버렸느냐고 페르난다가 시시콜콜 따지지 않게 되려면, 아마란타가 죽어서 초상을 치르느라 식구들이 다시 한 번 집안에 들어앉을 날을 기다려야 한다. 메메는 연주회가 있을 때마다 학교에서 연습할 때처럼 강한 인내심을 가지고 연주했다. 그것은 자유를 위해서 치르는 대가였다. 페르난다는 메메의 고분고분한 태도가 마음에 들었고, 모두를 감동시키는 연주 실력이 자랑스러워서 메메가 집 안이 꽉꽉 차도록 친구들을 데리고 오거나, 숲속에서 오후를 보내도 아무 잔소리를 하지 않았고, 안토니오 이사벨 신부가 설교를 하는 가운데 좋다고 승인한 영화라면 아우렐리아노 세군도나 다른 믿을 만한 부인과 함께 보러 가는 것을 허락해 주었다. 이렇게 휴식의 순간이 돌아오면 메메의 참된 면모가 드러났다. 그녀의 즐거움이란, 시끄러운 잔치라든지, 애인에 대한 품평이었다. 친구들과 몇 시간이고 방 안에 틀어박혀 담배를 배우고, 남자들에 대한 얘기를 주고 받았다. 어느 날은 다같이 럼주 3병을 마시고 취해서 벌거벗고 몸의 이곳저곳을 자로 재 보고 서로 비교해 본 적도 있었다. 메메는 감초 뿌리를 씹으면서 집으로 돌아와, 자신이 술을 마셨다는 사실을 감쪽같이 숨기고, 페르난다와 아마란타가 서로 말 한마디 하지 않으면서 마주 앉아 식사를 하는 데 끼어들었던 날 밤의 일을 결코 잊지 못하리라. 사실 메메는 어느 친구의 침실에서 두 시간 동안이나 눈물이 날 정도로 웃거나, 겁에 질려 우는 미친 짓을 하다가 막 돌아온 길이었다. 그녀는 소동이 가라앉을 무렵에는 다 때려치우고 학교에서 달아나고 싶고 클라비코드는 기껏해야 관장제(灌腸劑) 노릇이나 할 뿐이라고 어머니에게 마구 얘기할 생각이 들 정도로 마음이 들떠 있었다. 식탁의 머리 쪽에 앉아서 부활의 묘약처럼 여겨지는 닭고기 수프를 뱃속에 부어넣고서야 메메는 페르난다와 아마란타가 서로 노리고 앉아서 살벌한 분위기를 짓고 있음을 눈치채게 되었다. 그들의 거드름이나, 무기력함이나, 화려한 삶에 대한 동경을 비웃어주고 싶은 충동을 억제하느라고 메메는 무척 애를 썼다. 두 번째 방학 때부터 메메는 아버지가 눈가림을 하려고 집에 와서 잔다는 사실을 알았으며, 페르난다에 대해서는 본디부터 알고 있었고, 나중에 페트라 코테스를 다른 사람의 소개로 만난 다음에는 아버지를 이해하게 되었다. 메메는 자기가 차라리 첩의 딸이었으면 하고 바라기도 했다. 술기운에 머리가 조금 몽롱해진 메메는 자기가 지금 생각하고 있는 것들을 당장 여기서 털어놓는다면 두 사람이 얼마나 놀랄까 상상해보았다. 그런 몹쓸 상상에 혼자 즐거워하는 빛이 얼굴에 너무나 역력하게 드러나서 어머니 페르난다가 눈치를 챘다.

"왜 그러니?"

"아무것도 아니에요." 메메가 대답했다. "제가 두 분을 얼마나 사랑하고 있는지 갑자기 알 듯한 기분이 들어서요."

아마란타는 그 말에 담긴 노골적인 증오를 느끼고 오싹해졌다. 그러나 페르난다는 그 말에 어찌나 감동을 했던지, 그날 밤 메메가 깨질 듯한 두통에 잠이 깨 시큼시큼한 토사물 속에서 뒹구는 꼴을 보고는 미칠 것만 같았다. 피마자 기름을 한 병 먹이고, 배에는 온찜질을 해주고, 이마에는 얼음덩이를 얹어주었다. 새로 온 프랑스 의사가 두 시간이 넘게 진찰을 한 다음 여자들한테 자주 있는 몸 상태의 변화라는 아리송한 진단을 내렸다. 페르난다는 의사가 처방으로 내린 식이요법에 따라 먹을 것을 마련해 주고, 5일 동안 외출을 금지시켰다. 사기가 떨어진 비참한 상태에서 메메는 잠자코 참는 수밖에 없다는 결론을 내렸다. 완전히 눈이 멀었어도 아직 부지런하고 판단력이 명철했던 우르슬라는 메메에 대해서 정확한 진단을 내렸다.

"내 생각에 이건 주정뱅이의 증상이야."

그러나 우르슬라는 곧 그 진단이 틀렸다 생각했고, 섣불리 그런 생각을 한 자신을 꾸짖었다. 메메가 풀이 죽어 있는 모습을 본 아버지 아우렐리아노 세군도는 양심의 가책을 받고 이제부터는 메메를 좀 더 잘 돌봐주어야겠다고 다짐했다. 그래서 그들 부녀는 유쾌한 친구가 되었으며, 그 덕택에 그는 흥청대는 잔치에서 느끼던 허무함에서 한 동안 해방되었고, 메메는 필연적으로만 여겨졌던 집안의 위기를 불러오지 않고 페르난다의 감시에서 풀려날 수 있었다. 그 당시 아우렐리아노 세군도는 모든 약속을 미루면서까지 메메와 함께 시간을 보내며, 영화나 서커스 구경을 다녔고, 한가한 시간이 나면 꼭 메메와 놀았다. 최근에 그는 혼자서 구두를 신기도 힘들 만큼 꼴사나운 비만과, 닥치는 대로 먹어치워야 만족을 느끼는 먹성이 성격을 뒤틀리게 만들던 참이었다. 그러나 딸과 함께 지내는 즐거움으로 방탕한 생활에서 멀어져 갔다. 메메는 한창 때를 맞이했다. 아마란타가 그랬듯, 그리 아름답지는 않았지만 쾌활하고 솔직해서, 만나는 사람 모두에게 좋은 첫인상을 주었다. 페르난다의 고풍스럽고 수수한 취향이나, 감출 수 없는 인색함과는 어울리지 못하는 메메의 새로운 것을 좋아하는 취향을 아우렐리아노 세군도는 기꺼이 키워주고 싶었다. 어렸을 때부터 그녀에게 두려움을 불어넣었던, 눈을 부라리고 있는 성인(聖人)들이 가득 들어찬 침실에서 메메를 끌어내기로 한 사람도 아우렐리아노 세군도였다. 그는 딸이 사용할 새 방에 으리으리한 침대와 커다란 화장대를 들여놓고, 벨벳 커튼으로 장식해 주었다. 스스로는 깨닫지 못했으나, 그것은 페트라 코테스의 방과 똑같았다. 그는 메메에게 어찌나 흠뻑 빠져 있었던지 딸에게 쓰는 돈을 전혀 아끼지 않았다. 메메 자신이 필요하면 마음대로 아버지의 주머니를 뒤져서 돈을 꺼내가곤 했기 때문에 용돈을 얼마나 주는지도 모를 정도였다. 바나나 회사의 매점에 최신 화장 도구가 도착하는 대로 곧장 딸에게 알려 주곤 했다. 메메의 방은 손톱을 손질하는 경석(輕石)과, 머리카락을 말아올리는 집게와, 칫솔과, 눈을 게슴츠레하게 만드는 안약과 새로운 화장품과 미용 기구로 가득 차서, 페르난다는 방에 들어설 때마다 딸의 화장대가 프랑스 창녀들의 화장대와 똑같으리라는 생각에 기겁할 지경이었다. 그러나 그때 페르난다는 변덕이 심하고 몸이 아픈 어린 아마란타 우르슬라를 돌보며 얼굴도 모르는 의사들에게 애절한 편지를 써 보내느라고 눈코 뜰 새 없이 바빴다. 그래서 아버지와 딸 사이의 공모를 깨닫고도 아우렐리아노 세군도에게 메메를 절대로 페트라 코테스의 집에 데리고 가지 않겠다는 약속을 받아내는 데서 그치고 말았다. 그러나 페트라 코테스도 애인과 그의 딸 사이의 정겨움에 짜증이 나서 메메를 꼴도 보기 싫어하던 터였으므로, 그런 약속은 받아 둘 필요도 없었다. 페트라는 본능적으로 메메가 만일 그럴 마음만 있다면 페르난다가 할 수 없던 일도 해낼 수 있다는 생각이 들어서, 이제까지 몰랐던 두려움에 시달리고 있었다. 메메라면 죽는 날까지 변치 않을 듯했던 사랑을 그녀에게서 앗아갈 수 있을 것 같았다. 아우렐리아노 세군도는 처음으로 첩의 심각한 얼굴과 앙탈에 시달리게 되었고, 이러다가는 모처럼 가져온 그의 트렁크들이 다시 집으로 보내지게 될지도 모른다는 생각이 들었다. 그러나 그런 일은 없었다.

페트라 코테스만큼 아우렐리아노 세군도에 대해서 잘 알고 있는 여자는 없었다. 그녀는 했던 일을 다시 하거나, 한번 정한 것을 변경하기 위해 실랑이를 벌이는 것만큼 아우렐리아노 세군도가 싫어하는 일이 없다는 것을 알고 있었기 때문에 트렁크들을 돌려 보낼 생각을 하지는 않았다. 그래서 트렁크는 그대로 두고, 페트라 코테스는 딸이 쓸 수 없는 유일한 무기를 동원해서 그의 마음을 돌리려고 애썼다. 그러나 메메는 아버지의 생활에 간섭할 마음이 조금도 없었기 때문에 그것도 다 필요 없는 수고였으며, 만일 메메가 아버지의 일에 간섭을 했다면, 그녀는 틀림없이 첩의 편을 들어주었을 것이다. 게다가 메메는 남의 일에 간섭할 만큼 한가하지가 않았다. 메메는 수녀들에게서 배운 대로 제 방을 스스로 쓸고, 잠자리를 정리했다. 아침이면 복도에서 수를 놓거나, 손으로 돌리는 아마란타의 낡은 재봉틀로 바느질을 하며 제 옷을 손질했다. 다른 사람들이 낮잠을 자는 동안에도 메메는 페르난다의 기분을 맞춰 주기 위해 클라비코드를 연습하는 희생을 치렀다. 같은 이유 때문에, 비록 신청 횟수가 자꾸 줄기는 했어도, 교회 행사나 학교 파티에서 연주를 계속했다. 저녁이 되면 몸치장을 하고 간단한 옷을 걸치고 딱딱하고 목이 긴 구두를 신고는, 아버지와 같이 시간을 보낼 계획이 없을 때에만 친구들 집으로 가서 저녁 식사 때까지 놀았다. 그리고 그 시간이 되면 아우렐리아노 세군도가 딸을 마중하러 와서 함께 영화 구경을 갔다.

메메의 친구들 가운데에는 전기 철망을 친 닭장을 뚫고 나와서 마콘도의 계집아이들과 친해진 미국 소녀가 셋 있었다. 그들 가운데 하나가 파트리샤 브라운이었다. 아우렐리아노 세군도의 환대를 고맙게 여기고 있던 브라운 씨는 메메에게 자기 집을 개방하고, 미국인들과 마을 사람들이 함께 어울릴 수 있던 유일한 행사인 토요일 무도회에 그녀를 초청했다. 이 사실을 알게 된 페르난다는 아마란타 우르슬라나 얼굴도 모르는 의사들을 잠시 잊고 신파조로 이야기했다.

"무덤 속 대령님이 이 사실을 아시면 뭐라고 하실지 잘 생각해 보려무나."

물론 페르난다는 우르슬라가 거들기를 바랐다. 그러나 눈이 먼 늙은 여인은 모두의 예상을 뒤엎고, 메메가 분별력 있게 처신하고 개신교로 개종만 하지 않는다면 춤을 추러 가서 제 나이 또래의 미국 소녀들과 친해지는 것을 조금도 나무랄 필요가 없다고 말했다. 메메는 우르슬라가 바라는 바가 무엇인지 재빨리 알아채고는 춤추고 온 다음 날이면 다른 날보다 일찍 일어나서 미사를 드리러 갔다. 페르난다의 반대로, 미국 사람들이 클라비코드 연주를 듣고 싶어한다는 소식을 메메가 전할 때까지였다. 악기는 다시 끄집어내어져서 브라운 씨의 집으로 옮겨졌고, 그곳에서 젊은 연주자는 일찍이 없었던 진지하고 열광적인 찬사를 받았다. 그 다음부터 메메는 토요일 무도회뿐 아니라, 일요일마다 하는 수영과 일주일에 한 번씩 열리는 오찬회에도 초청받았다. 메메는 프로 선수 못지않게 헤엄을 잘 쳤으며, 정구도 배우고, 파인애플을 곁들여 버지니아 햄을 먹는 방법도 익혔다. 춤을 추고, 수영을 하고, 정구를 치다보니 메메는 어느덧 영어로 얘기를 나누는 데 익숙해졌다. 딸의 영어 실력에 신이 난 아우렐리아노 세군도는 세일즈맨에게서 총천연색 사진이 들어 있는 여섯 권으로 된 영어 백과사전을 사주었고, 메메는 틈만 나면 사전을 읽었다. 메메는 한때 사내아이들에 대한 얘기에 열중했던 만큼이나 독서에 열중했고, 여자 아이들과 침실에서 시간을 보냈던 때만큼이나 오랜 시간을 혼자 지내며 책에 빠져 들었다. 그러나 그것은 공부를 하고 싶어서가 아니라 누구나 아는 얘기를 하는데 싫증이 났기 때문이었다. 한때 술에 취해 난리를 피우던 일들은 모두 어린애 같은 짓에 지나지 않았다는 생각이 들었다. 그때 일을 생각하면 저절로 웃음이 나와 한번은 그 얘기를 아우렐리아노 세군도에게 했다. 그는 그 얘기를 듣더니 메메보다도 더 재미있어했다. 그는 허리가 끊어져라 웃으며, 메메가 비밀을 털어놓을 때의 말투를 흉내내어 이렇게 말했다.

"네, 어머니."

그는 메메에게 그녀가 첫사랑에 빠지면 꼭 말해 달라고 다짐을 시켜왔고,

메메가 부모 곁에서 방학을 보내려고 찾아왔던 빨강 머리 미국 소년을 좋아했었다는 얘기를 했을 때도 이렇게 웃으며 말했다.
"그래? 네 어머니에게 알려주고 싶구나."
그러나 메메는 그 소년이 이미 고국으로 돌아갔고, 그 뒤로 아무 소식도 없다는 이야기도 했다. 그녀의 어른스런 판단력은 집안의 평화를 지켰다. 그래서 아우렐리아노 세군도는 페트라 코테스를 위해 더 많은 시간을 바쳤으며, 비록 몸과 마음이 지난날의 방탕을 더 이상 감당할 수 없었어도 주저하지 않고 기회만 있으면 이제는 몇 개의 건반은 구두끈으로 묶어 달아둔 낡은 아코디언을 다시 꺼냈다. 집에서는 아마란타가 끝없이 수의만 짓고 있었으며, 우르슬라는 점점 더 노쇠해서 밤나무 밑에 있는 호세 아르카디오 부엔디아의 모습밖에는 눈에 보이지 않는 어둠 속에 파묻혀 갔다. 페르난다는 권위를 굳혀갔다. 이 무렵 아들 호세 아르카디오에게 매달 보낸 편지에는 거짓이 하나도 없었으며, 편지에서 숨긴 사실이라고는 요즈음 자기가 얼굴도 모르는 의사들과 편지를 주고받다가 대장에 작은 종양이 생겼다고 진단을 받고 텔레파시에 의한 수술을 준비하고 있다는 얘기뿐이었다.
새로운 소동을 불러온 아마란타의 갑작스런 죽음만 아니었더라면 지쳐 있던 부엔디아 저택에는 오랫동안 평화와 행복이 이어졌을 것이다. 그 죽음은 예기치 않던 사건이었다. 비록 나이가 많이 들었고, 가족들과 소원해졌어도, 아마란타는 정신이 말짱했고 몸도 건강했다. 다만 헤르넬도 마르케스 대령을 깨끗이 거절하고 방 안에 틀어박혀서 울었던 날 오후부터 아마란타의 머릿속에 어떤 생각이 들었는지는 아무도 몰랐다. 그녀가 밖으로 나왔을 때는 이미 눈물이 다 말라 있었다. 그녀는 미녀 레메디오스가 하늘로 날아 올라갔을 때나, 아우렐리아노 형제들이 떼죽음을 당했을 때나, 아우렐리아노 부엔디아 대령의 시체를 밤나무 밑에서 발견했을 때는 살짝 비추긴 했지만, 세상에서 가장 사랑한 아우렐리아노 부엔디아 대령이 죽었을 때도 결코 눈물을 보인 적이 없었다. 아마란타는 그의 시체를 옮기는 일도 거들었다. 군장을 달아주고, 면도를 해주고, 머리를 빗겨주고, 그의 수염에 기름을 발라 그가 영광을 누리던 시절보다도 더 멋지게 다듬었다. 사람들은 아마란타가 죽음의 예식에는 익숙하다는 것을 잘 알고 있었기 때문에 그것이 애정에서 우러난 행위라고는 아무도 생각지 않았다. 그 광경을 보고 충격을 받은 페르난다는 천주교와 삶과의 관계를 이해 못하고, 오로지 죽음과의 관계에만 집중했다. 천주교는 종교라기보다는 차라리 장례식의 모든 관습을 간추린 형태라고 느꼈다. 덩굴처럼 얽히는 추억들에 휘감긴 아마란타는 복잡한 교의 따위는 이해하지 못했지만, 그녀는 옛 추억들을 모두 생생하게 간직한 채 늙었다. 피에트로 크레스피의 왈츠를 들으면 젊은 시절에 그러했듯이 갑자기 울고만 싶었으며, 세월의 흐름도 후회도 아무런 도움이 되지 않았다. 습기가 차서 못 쓰게 되었다는 핑계로 자기 스스로 쓰레기통으로 집어던졌던 자동 피아노의 테이프가 지금도 머리 속에서 돌아가며 해머처럼 두드렸다. 그녀는 조카 아우렐리아노 호세와 나누었던 수렁같은 정열의 추억 속으로 가라앉아 보려고도 했고, 헤리넬도 마르케스 대령의 조용하고 남자다운 품안에서 보호를 받고도 싶지만 결국 아무것도 할 수 없다. 호세 아르카디오가 신학교로 가기 3년 전에는 어린 그 아이를 씻기면서 할머니가 손자를 안아주는 것이 아니라 이야기를 들은 바로는 프랑스 창녀들이 그러하듯이, 또한 그녀가 열두 살 때인가 열네 살 때에 몸에 꼭 끼는 바지를 입고 메트로놈과 박자를 맞추려고 마술지팡이를 까딱이면서 춤을 추던 피에트로 크레스피를 보고 그와 그러고 싶었듯이, 한 여자가 한 남자를 껴안 듯 손자를 어루만졌어도 늙은이의 그런 절망적인 행위로는 그 추억을 지울 수 없었다.

　때로는 그런 비참한 행동을 했던 것을 한탄했고, 분노를 이기지 못해 바늘로 손가락을 찔러대기도 했다. 하지만 무엇보다 가장 슬프고, 화가 나고, 괴로웠던 것은 냄새가 지독한 구더기가 들끓는 구아바 열매같은 연정을 죽을 때까지 끊어내지 못하는 일이었다. 아우렐리아노 부엔디아 대령이 전쟁을 잊지 못했듯이 아마란타는 늘 레베카 생각을 했다. 그녀의 오빠가 추억들을 말살시킬 수 있었던 반면에, 아마란타는 그녀의 추억을 펄펄 끓이기만 했던 것이다. 그리고 이 기나긴 세월 동안, 레베카가 죽기 전에는 하느님이 자기를 죽음의 나라로 불러가지 않도록 기도를 드렸다. 레베카의 집 앞을 지나갈 때마다 집이 점점 무너져가는 것을 보고 아마란타는 하느님이 자기의 기도를 들어주었다고 남몰래 기뻐했다. 어느 날 오후 복도에서 바느질을 하며 그 자리에 그렇게 같은 자세로 가만히 앉아 있으면, 누군가 달려와서 레베카가 죽었다는 소식을 자기에게 전해 주리라는 생각을 했다. 아마란타는 편지를 기다리는 사람처럼 그 소식이 오기를 기다렸다. 어느 때는 아무 일도 않고 기다리기가 너무 지루하고 힘들어서 단추들을 모두 뜯었다가 다시 달기도 했다. 아마란타가 만들던 훌륭한 수의가 레베카의 것이었음을 식구들은 아무도 몰랐다. 나중에 아우렐리아노 트리스테가 깊게 주름이 패이고 머리에는 누래진 머리카락 몇 가닥만 남은 망령같은 모습의 레베카를 봤다고 얘기했을 때도, 아마란타는 전해 들은 그 모습이 여태껏 자기가 상상해 온 그대로였기 때문에 조금도 놀라지 않았다. 아마란타는 레베카가 죽고 나면 그 시체를 가져다가 얼굴에서 썩어 없어진 부분은 파라핀으로 땜질을 하고, 성상의 가발을 벗겨다가 씌워서 본디 모습을 갖추어 놓으리라고 마음먹었다. 그리고 마(麻)로 된 수의를 입히고, 자줏빛 주름장식이 있는 벨벳을 안에 댄 관에 넣고 아름다운 시체로 꾸며서 성대한 장례식을 치른 다음에 구더기들 곁으로 보낼 계획이었다.

아마란타는 이 계획을 짜면서 증오에 가득 차 있었기 때문에, 사랑하는 마음으로 계획했어도 다르지 않았을 거라는 생각이 떠오르기만 해도 몸을 부르르 떨었다. 그렇다고 아마란타가 당황한 것은 아니다. 그 뒤로도 치밀하게 세부적인 일들을 수정하고 보완해서 나중에는 죽음의 예식에서는 전문가 정도가 아니라 대가(大家)의 경지에 이르게 되었다. 그러나 이 무시무시한 계획을 짜내면서 아마란타가 생각하지 못한 한 가지 가능성은, 아무리 하느님에게 기도를 드렸어도 자기가 레베카보다 먼저 죽을지도 모른다는 것이었다. 그리고 실제로 그렇게 되고 말았다. 그러나 마지막 순간에도 아마란타는 좌절감을 느끼지 않았다. 오히려, 이것으로 모든 괴로움에서 해방된다고 생각했다. 이미 몇 년 전에 사신(死神)을 보았기 때문이다.

사신을 만난 것은 메메가 학교로 떠나고 얼마 지나지 않은, 어느 찌는 듯이 더운 오후였다. 복도에서 누가 그녀 곁에 앉아 바느질을 하는 모습을 보았는데, 그 모습을 처음 본 순간, 바로 사신임을 알 수 있었다. 사신은 전혀 무섭지 않았다. 파란 옷을 입고 머리를 길게 기른, 어딘지 모르게 고풍스런 느낌이 드는 여자였다. 부엌일을 돕던 시절의 필라르 테르네라와 닮은 점도 있었다. 페르난다도 몇 번인가 그 자리에 함께 있었으나 페르난다는 죽음의 신을 보지 못했다. 그러나 죽음의 신은 매우 현실적이고 인간적인 존재로, 바늘에 실을 꿰어달라고 아마란타에게 부탁하기도 했다. 죽음의 신은 아마란타에게 그가 언제 죽을 것인지 레베카보다 먼저 죽을 것인지 아닌지는 알려주지 않고서, 돌아오는 4월 6일부터 자신의 수의를 짓기 시작하라고 명령했다. 그리고 아마란타에게 레베카의 수의를 만들 때와 같은 마음으로만 한다면 시간이 아무리 많이 걸려도 괜찮다고 말했으며, 그 수의를 다 만드는 날 해질녘에 아무런 고통이나, 두려움이나, 회한을 느끼지 않고 숨을 거둘 것이라고 말했다.

 될 수 있는 대로 시간을 많이 벌려는 생각에, 아마란타는 가장 좋은 아마사(亞麻絲)를 사들여 직접 천을 짰다. 아마란타가 어찌나 정성들여 일을 했는지 천을 짜는 데만도 4년이 걸렸다. 그리고 나서 아마란타는 바느질을 시작했다. 피할 수 없는 날이 다가오자, 아마란타는 기적이 일어나기 전에는 레베카가 죽는 날까지 이 일을 끌고 갈 수가 없음을 깨달았다. 그러나 일에 열중한 끝에 실패한 것을 어찌하겠느냐는 마음의 여유를 갖게 되었다. 이때가 되어서야 그녀는 아우렐리아노 부엔디아 대령이 왜 자꾸 황금물고기를 다시 만드는지 그 까닭을 이해하게 되었다. 온갖 세상사는 피부의 표면에서 끝나고, 내적 세계는 모든 미움에서 해방되었다. 좀 더 빨리, 몇 년쯤 전에 깨달았다면 좋았을 거라고 그녀는 후회했다. 그 무렵이었다면 분명 기억을 순화하여 새로운 빛 아래에서 이 세상을 다시 보고, 저물녘의 피에트로 크레스피의 라벤더 향기를 몸서리치지 않고도 떠올리며, 나아가 증오나 사랑에서가 아니라 고독에서 생겨난 헤아릴 수 없는 연민으로 레베카를 비참한 수렁에서 구할 수 있었을 것이다. 어느 날 밤 메메가 자기에게 한 말에 증오가 담겼음을 느끼고도 당황하지 않은 것은, 지난날 자기 자신처럼 겉으로는 순수한 듯이 보여도 사실은 이미 깊은 증오의 독이 온몸에 퍼져 또 하나의 젊음 속에서 뚜렷이 자신을 느낄 수 있었기 때문이다. 그러나 이때 그녀는 이미 모든 개선의 가능성이 사라졌음을 알고도 서슴없이 숙명을 받아들이기로 마음먹은 뒤였다. 아마란타의 소원은 죽기 전에 수의를 다 짓는 것뿐이었다. 처음에 그랬듯이 자질구레한 손질을 하느라고 시간을 질질 끄는 대신에, 이제는 일을 빨리 끝내려고 잔뜩 서둘렀다. 2월 4일 밤, 마지막 바느질을 끝낼 예정으로 일을 하던 그녀는 일이 끝나기 일주일 전에, 이유는 말하지 않으면서 메메에게 다음날 있을 클라비코드 연주회를 앞으로 당기는 것이 어떻겠냐고 제안했다. 그러나 메메는 그 말에 전혀 신경을 쓰지 않았다. 그래서 아마란타는 어떻게든 이틀을 미룰 길을 찾았다. 2월 4일 밤 태풍이 불어 발전소에 사고가 나서 전기가 들어오지 않자, 분명 죽음의 신이 소원을 들어준 것일 거라고 생각했다. 그 다음 날 아침 8시에 아마란타는 마지막으로 이 세상의 어떤 여자도 흉내 내지 못할 만큼 아름다운 수를 놓고, 담담하게 자기가 그날 해질녘에 죽으리라고 선언했다. 아마란타는 그 얘기를 집안 식구들뿐 아니라 온 마을 사람들에게 전했다. 그 이유는 보잘 것 없는 인생도 세상 사람들에게 마지막 봉사를 함으로써 가치를 가질 수 있다고 평생 동안 믿었기 때문이며, 죽은 자에게 편지를 전하는 데 자기보다 적당한 인물은 없다고 생각했기 때문이다.

아마란타 부엔디아가 죽은 사람들에게 전해 줄 편지를 모아가지고 해질녘에 죽음의 나라로 간다는 소식은 곧 온 마콘도에 퍼졌으며, 오후 3시에는 응접실에 준비해 둔 상자가 편지로 가득 찼다. 편지 쓰기가 귀찮은 사람들은 전해 줄 말을 아마란타에게 남겼고, 아마란타는 그 말과 함께 전해 들어야 할 사람의 이름과 사망한 날짜를 수첩에 적었다.

"걱정들 하지 마세요." 아마란타는 부탁하러 오는 사람들에게 말했다. "저쪽에 도착하는 대로 그분이 어디 계시는지 물어봐서 당신 얘기를 전해 드릴 테니까요."

이것은 완전히 희극이었다. 아마란타는 조금도 슬퍼하거나 초조한 기색을 보이지 않았으며, 이런 일을 떠맡게 되어서 오히려 신이 나는 듯했다. 아마란타는 젊을 때 못지않게 날씬한데다 허리가 조금도 굽지 않았다. 광대뼈만 그렇게 도드라지지 않고 이 몇 개가 빠지지 않았더라면, 아마 훨씬 더 젊어 보였을 것이다. 아마란타는 사람들을 시켜 편지를 잘 정리해서 타르를 바른 상자에 넣고, 자기가 죽은 다음에 자기 시체 옆에 그 상자를 놓고 습기가 차지 않도록 조심해서 묻으라고 했다. 아침에 아마란타는 목수를 불러서, 옷을 맞출 때처럼 응접실에 서서 관을 만들 때 쓸 치수를 쟀다. 아마란타가 마지막 순간이 다가오는 데도 이렇게 건강한 것을 본 페르난다는 사람들을 골탕 먹이기 위해 장난을 친다고 생각했다. 부엔디아 집안 사람들은 병에 걸리지 않고도 죽는다는 사실을 경험으로 알고 있던 우르슬라는 아마란타가 자기의 죽음을 예감했다고 믿었지만, 그건 그렇다 치더라도 편지가 어서 전해지기를 바라는 사람들이 초조해하며 흥분한 나머지 아마란타를 산 채로 묻어버리지나 않을까 걱정이었다. 그래서 우르슬라는 집 안으로 몰려들어오는 사람들에게 고래고래 고함을 지르며 쫓아보내려 했다. 사람들을 다 몰아내자 이미 시간은 오후 4시가 가까웠다. 그동안 아마란타는 가진 물건들을 가난한 사람들에게 모두 나누어줘서 엄숙한 관 위에는 죽을 때 입고 갈 간단한 옷과 코르덴으로 된 거친 슬리퍼만 남아 있었다. 아우렐리아노 부엔디아 대령이 죽었을 때 그를 관에 눕히려다가 보니 그에게 신길 신발이라고는 작업실에서 신던 덧신뿐이어서 뒤늦게 신발을 사러 갔던 일이 생각난 아마란타는, 자기가 죽어서 신을 신발을 미리 챙겨두었던 것이다. 5시 조금 전에 연주회를 위해 메메를 데리러 왔던 아우렐리아노 세군도는 집 안에 장례 치를 준비가 다 되어 있는 것을 보고 놀랐다. 주위를 둘러보니 기운이 있는 것은 냉정한 아마란타뿐이었다. 그녀는 여유롭게 발의 굳은 살을 깎고 있었다. 그래서 아우렐리아노 세군도와 메메는 아마란타에게 장난기가 가득한 작별 인사를 하고, 돌아오는 토요일에는 아마란타의 부활을 축하하는 잔치를 열어주겠다고 약속했다. 아마란타 부엔디아가 죽은 사람들에게 전해 줄 편지를 접수한다는 소문을 들은 안토니오 이사벨 신부는 아마란타를 위한 종부성사를 거행하기 위해 5시에 도착했다. 신부는 아마란타가 목욕을 끝내고 나올 때까지 15분 동안이나 기다렸다. 잠옷을 입고 머리카락을 등까지 늘어뜨린 아마란타가 나타나자, 나이든 신부는 아마란타가 장난을 쳤다고 믿고 복사(服事: 집전 때 사제를 도와 시중드는 사람)를 돌려보냈다. 신부는 종부성사를 할 필요가 없다고 생각했지만, 그래도 이 기회를 이용해서 지난 20년 동안 태만했던 아마란타에게서 고해를 들어야겠다고 생각했다. 아마란타는 마음에 한 점 부끄러움이 없으니 하느님의 도움은 필요없다고 말했다. 그 말을 듣고 페르난다는 기겁했다. 남들이 듣건 말건, 페르난다는 아마란타가 고해의 부끄러움이 두려워 이단자로서 죽음을 맞으려고 하다니 대체 무슨 죄를 지은 것이냐고 큰 소리로 떠들어댔다. 그 말을 곰곰히 듣던 아마란타는 그 자리에 벌렁 누워서 자기의 처녀성이 더럽혀지지 않았다는 것을 남들이 보는 앞에서 증명해 달라고 우르슬라에게 부탁했다.

"오해하지 말아줘요." 아마란타는 페르난다더러 들으라고 큰 소리로 말했다. "아마란타 부엔디아는 이 세상으로 올 때와 똑같은 몸으로 이 세상을 떠납니다."

아마란타는 그대로 일어나지 않았다. 정말로 병이라도 앓는 사람처럼 방석을 깔고 누워서, 관 속으로 들어갈 때 그렇게 준비하라고 죽음의 신이 일러준 대로 그의 긴 머리를 땋아 귀 옆에서 똬리를 틀었다. 그러고는 우르슬라에게 거울을 가져다 달라고 해서 40여 년 만에 처음으로, 늙음과 고뇌로 수척해진 자신의 얼굴을 비춰보았다. 이때 자기가 몰래 떠올려보던 모습과 얼마나 닮았는지를 깨닫고 몹시 놀랐다. 우르슬라는 침실이 조용해지는 것을 알아채고는 날이 저물어온다고 느꼈다.

"페르난다에게 작별 인사를 하려무나." 우르슬라가 아마란타에게 빌었다. "죽기 전의 화해란 평생의 우정보다 훨씬 값진 것이란다."

"이제는 다 쓸데없는 일이죠."

서둘러 엉성하게 만든 무대 위에 불이 밝혀지고 연주회의 제2부가 시작되려고 하자, 메메는 자꾸 아마란타가 떠올랐다. 곡목을 반쯤 연주했을 때, 누가 메메의 귀에 속삭여서 소식을 전했고 음악회는 중단되었다. 집으로 돌아온 아우렐리아노 세군도는 검은 붕대로 손을 감고 아름다운 수의로 몸을 감싼, 늙은 처녀의 추하고 핏기 잃은 시체를 보려고 모여 선 사람들을 밀치고 들어갔다. 아마란타는 응접실의 편지 상자 옆에 안치되어 있었다.

아마란타가 죽은 뒤 9일째부터 우르슬라는 자리에서 일어나지 못한 채 산타 소피아 데 라 피에다의 시중을 받았다. 산타 소피아 데 라 피에다는 먹을 것과 아나토 나무즙을 탄 목욕물을 침실로 가져오고, 마콘도의 최근 소식들을 전해 주었다. 아우렐리아노 세군도는 우르슬라를 자주 찾아와서 옷 같은 것을 두고 갔다. 우르슬라는 그 옷들을 다른 일용품들과 함께 침대에 늘어놓아서, 손만 뻗으면 모든 일을 침대에 누워서 처리할 수 있는 하나의 세상이 순식간에 완성됐다. 우르슬라를 무척 닮은 아마란타 우르슬라는 우르슬라를 무척 좋아해서, 우르슬라에게 글 읽는 법을 가르쳐 달라고 했다. 사람들은 100살이라는 나이의 무게로 자연히 몸이 약해졌을 뿐이라고 생각했다. 시력이 나빠졌다는 것은 알았어도 우르슬라의 눈이 아주 멀어버렸다는 사실을 아는 사람은 아무도 없었다. 그 무렵 우르슬라는 마음이 더없이 평화로웠기 때문에, 집안에서 일어나는 일들을 세심히 관찰할 만한 여유가 있었고, 그래서 메메의 말 못할 고민을 가장 먼저 눈치 챈 사람도 우르슬라였다.

"이리 오렴." 우르슬라가 메메를 불렀다. "자, 이제 우리 둘뿐이니 이 할

미에게 무슨 일이 있었는지 얘기해 보려무나."
 메메는 짧게 웃고는 얘기를 꺼내지 않으려고 했다. 우르슬라는 억지로 얘기를 시키지는 않았지만, 메메가 다시 찾아오지 않는 것을 보고는 역시 무슨 일이 있다고 생각했다. 우르슬라는 메메가 다른 때보다 훨씬 일찍 몸치장을 마치고 외출 시간이 될 때까지 잠시도 차분히 있지 못하고, 옆에 있는 침실에서 밤새도록 잠을 이루지 못하고 뒤척이며, 주위에 날아다니는 나방 한 마리에도 괴로워한다는 것을 알았다. 한번은 메메가 아버지 아우렐리아노 세군도를 만나러 간다고 외출을 했는데, 얼마 안 있다가 아우렐리아노 세군도가 메메를 찾으러 왔는데도 엄마인 페르난다가 조금도 의심하지 않는 것을 보고, 우르슬라는 페르난다의 우둔함에 아주 질렸다. 메메가 어떤 비밀을 갖고 있으며, 위험한 일에 관계되어 열심히 불안을 감추려 하고 있는 것은 누가 보아도 분명했으나, 메메가 영화관에서 남자와 키스하는 것을 보고 페르난다가 난리를 피운 것은 상당히 시간이 지난 뒤였다.
 스스로 냉정함을 잃었던 메메는, 어머니에게 발각되자 우르슬라가 고자질이라도 한 줄 알고 화를 냈다. 그러나 고자질은 메메 스스로 한 것이나 다름없었다. 사실 오래전부터 메메는 아무리 둔한 사람이라도 눈치를 챌 만한 흔적들을 남기고 다녔음에도, 페르난다는 남모르게 얼굴도 보지 못한 의사와 편지를 주고받느라고 바빠서 그것을 눈치채지 못하고 있었을 뿐이었다. 그러나 이윽고 페르난다도 메메의 이유가 있는 듯한 침묵과, 갑작스런 신경질과, 주체할 수 없이 바뀌는 기분과, 앞뒤 안 맞는 말들을 눈치채게 되었다. 그래서 페르난다는 딸이 눈치채지 못하게 용의주도한 감시를 시작했다. 겉으로는 아무렇지도 않은 척하면서 딸이 친구들과 외출을 하게 하고, 토요일 파티에 입을 옷을 손질해 주고, 딸의 경계할 만한 질문은 조금도 하지 않았다. 페르난다는 메메가 벌써부터 거짓말을 해가면서 딴짓을 하고 있다는 증거를 충분히 가지고 있었지만, 딸의 의심을 살 만한 행동은 조금도 하지 않으면서 적당한 기회가 오기만을 기다렸다. 어느 날 밤 메메가 아버지와 함께 영화 구경을 가겠다고 했다. 그러나 조금 있다가 페르난다는 페트라 코테스의 집 쪽에서 들려오는 폭죽이 터지는 소리와 남편인 아우렐리아노 세군도가 연주하는 아코디언 소리를 들었다. 페르난다는 서둘러 옷을 갈아입고 극장으로 가 어둠 속에서 딸이 앉아 있는 좌석을 찾아냈다. 예감이 적중하여 오히려 기절할 것 같아서 딸과 키스하는 남자의 얼굴을 보지는 못했지만, 관객들이 떠들고 웃어대는 소란 속에서 그 남자가 떨리는 목소리로 하는 얘기는 가까스로 알아들을 수 있었다.
"미안해."
페르난다는 그 말을 듣고 단 한마디 말도 없이 메메를 극장에서 끌어냈다. 창피를 좀 당하라고 일부러 시끄러운 터키 사람들의 거리를 끌고 다닌 뒤에 침실에 가두고 자물쇠를 채워버렸다.
다음 날 오후 6시, 페르난다는 자기를 찾아온 남자의 목소리를 들었다. 그 남자는 얼굴이 창백하고 젊었다. 페르난다가 집시를 본 일이 있었다면 그렇게 놀라지는 않았겠지만 그는 놀랄 만큼 음울하고 검은 눈을 갖고 있었다. 페르난다처럼 격식을 따지는 여자가 아니라면 딸의 마음을 이해할 수도 있을 것 같은 꿈꾸는 듯한 분위기를 갖고 있었다. 그는 후줄근한 옷에 하얀 양철을 겹겹이 덧대 기운 구두를 신었으며, 손에는 지난 토요일에 산 새 밀짚모자를 들고 있었다. 그 남자는 평생 그때처럼 겁이 난 적은 없었을 것 같아 보였지만, 그래도 비굴해지지 않을 만큼 침착성과 위엄을 지녔고, 힘든 일을 해서 갈라진 손과 손톱만 아니었더라면 천성적인 기품을 지닌 사람으로 여겨질 만했다. 그러나 페르난다는 한 눈에 그가 노동자라는 것을 알았다. 후줄근한 그 옷은 그래보여도 그가 가진 것 중에 가장 좋은 옷이었다. 비록 와이셔츠 아래 피부에는 그즈음 바나나 회사에 유행한 피부병에는 걸려 있지 않았으나 바나나 회사 사람이라는 것을 알아챘다. 페르난다는 그의 말을 들으려고도 하지 않았다. 온 집안에 노란 나방이 들끓어 바로 문을 닫아야 했으나 그를 현관 안으로 들이려고도 하지 않았다.
"돌아가요." 페르난다가 말했다. "당신 같은 남자가 뼈대 있는 집안을 찾아올 이유가 없을 텐데요?"
그의 이름은 마우리시오 바빌로니아였다. 그는 마콘도에서 태어나 그곳에서 컸으며, 지금은 바나나 농장의 견습공이었다. 메메는 어느 날 오후에 파트리샤 브라운과 함께 숲으로 드라이브를 나가려고 차를 가지러 갔다가 그를 만났다. 마침 운전 기사가 몸이 아프다고 해서 그들은 그에게 운전을 맡겼으며, 메메는 운전 기사가 어떻게 차를 운전하는지 보고 싶은 생각에서 그의 옆자리에 앉았다. 직업적인 운전 기사들과는 달리 마우리시오 바빌로니아는 그들에게 실질적인 기술을 가르쳐 주었다. 이 무렵에 메메는 브라운 씨 댁을 처음으로 드나들기 시작했고, 이때만 해도 여자들이 차를 운전하는 것은 경박한 행동이라고들 생각하고 있었다. 그래서 메메는 이론적인 지식을 얻는 데 만족할 수밖에 없었으며, 그 일이 있고 나서 몇 달 동안 마우리시오 바빌로니아를 만나지 못했다. 나중에 생각이 난 것이지만, 메메는 드라이브가 계속되는 동안, 투박한 손은 둘째로 치더라도 그의 남자다운 잘생긴 얼굴에 반했었다. 그런데도 나중에 파트리샤 브라운에게는 저 건방지고 자신감 넘치는 태도로 견딜 수가 없다고 말했다. 아버지를 따라 영화를 보러 간 첫째 토요일, 삼베로 만든 옷으로 갈아입고 조금 떨어진 곳에 앉아 있는 마우리시오 바빌로니아를 다시 만났다. 그는 메메의 모습을 보기 위해서라기보다 오히려 자기가 보고 있다는 것을 이쪽이 알아차리게 하려고, 영화는 제쳐 두고 자꾸만 뒤를 돌아보았다. 메메는 그의 천박한 행동에 화가 났다. 나중에 마우리시오 바빌로니아는 이쪽으로 와서 아우렐리아노 세군도에게 인사를 했고, 그제서야 메메는 그가 전에 아우렐리아노 트리스테의 발전소에서 일했기 때문에 두 사람이 서로 아는 사이임을 알았으며, 자기 아버지를 회사의 윗사람으로 대하는 것도 눈치챘다. 이런 사실을 알고 나서야 그의 오만한 행동에 상했던 메메의 마음이 누그러졌다. 그 뒤로도 그들은 단둘이서 만난 일도 없고 인사를 나누는 외에는 얘기도 안 했는데, 어쩐 일인지 메메는 어느 날 밤 배가 난파되었는데 그 남자가 자기를 구출하는 꿈을 꾸었고, 꿈속에서조차 메메는 고마움은커녕 화가 나서 참을 수가 없었다. 마우리시오 바빌로니아뿐 아니라, 자기에게 관심을 가진 어떤 남자에 대해서도 자기를 도와줄 기회를 주고 싶지 않았던 메메로서는 그에게 그런 기회를 준 것이 속상해 죽을 지경이었다. 그래서 메메는 꿈에서 깬 뒤에도 그를 피하기는커녕 꼭 만나야겠다고 생각할 정도로 화가 치밀었다. 일주일이 지나는 동안 점점 화가 쌓인 메메는 토요일에 마우리시오 바빌로니아가 그녀를 보고 인사를 했을 때, 가슴이 심하게 두근거리는 것을 감추느라 무척 애를 먹었다. 기쁨과 분노가 뒤엉킨 묘한 기분에 사로잡힌 메메는 처음으로 그에게 손을 내밀었으며, 그때는 마우리시오 바빌로니아도 머뭇머뭇 그녀의 손을 쥐기만 했다. 메메는 자신의 순간적인 행동을 후회했으나, 그러나 그의 손도 싸늘하고 땀이 나 있다는 사실을 깨닫고 그 후회는 잔혹한 기쁨으로 바뀌었다. 그날 밤 메메는 마우리시오 바빌로니아에게 공연히 딴 생각을 품고 좋아하지 말라고 말해 버리기 전에는 마음이 잠시도 편치 않으리라는 것을 깨달았으며, 그것만 생각하면서 일주일을 보냈다. 메메는 온갖 쓸데없는 핑계를 대가면서 파트리샤 브라운에게 차를 가지러 가자고 했으나 헛수고였다. 그러다가 때마침 마콘도에서 방학을 보내고 있던 빨강 머리 미국 청년을 이용하기로 마음먹고 신형차를 보러 가자는 핑계를 대고 함께 공장으로 갔다. 그를 만난 순간 메메는 지금까지 자기가 스스로를 속여왔고, 마우리시오 바빌로니아와 단둘이만 있고 싶은 욕망에 미칠 지경임을 깨달았다. 그러나 메메가 도착하는 것을 보고 그가 한눈에 메메의 마음을 알아챘다는 생각이 들자 메메는 역시나 화가 치밀었다. 메메가 말했다.

"새로 나온 차들을 구경하러 왔어요."

"핑계가 참 그럴 듯하군요."

메메는 마우리시오 바빌로니아가 자만심으로 불타고 있다는 생각이 들었으며, 어떻게든 그의 기를 꺾고 싶었다. 그러나 그는 그럴 만한 여유를 주지 않았다.

"그렇게 당황할 필요는 없습니다." 그는 큰 소리로 말했다. "남자 때문에 애가 타는 여자가 당신이 처음은 아니니까요."

굴욕을 느낀 나머지 메메는 자동차 구경은 하지도 않고 공장에서 도망쳤다. 집으로 달려와서는 밤새도록 잠도 못 자고 화가 나서 울었다. 사실 조금씩 신경이 쓰이기 시작했던 빨강 머리 미국 청년도 갑자기 철부지 어린애같이 여겨졌다. 이즈음에 메메는 마우리시오 바빌로니아가 나타나기 전에는 반드시 노란 나방이 나타난다는 것을 알게 되었다. 전에도 작업장에서 나방을 본 일이 있었지만, 그때는 페인트 냄새를 맡고 몰려 든 나방들이려니 하고 넘겨버렸었다. 한번은 영화를 보려고 극장으로 들어가려는 순간에 그녀의 머리 위에서 팔랑이는 나방들을 본 일도 있었다. 그러다가 마우리시오 바빌로니아가 그녀를 그림자처럼 따라다니게 되자, 그의 모습을 군중 속에서도 가려낼 수 있게 되었고, 그가 나타날 때마다 보이는 나방과 그 사이에 어떤 관계가 있다는 생각을 하게 되었다. 마우리시오 바빌로니아는 연주회나, 극장이나, 대미사 때에는 언제나 나타났다. 하지만 그가 와 있는지 아닌지 확인하려고 주위를 둘러볼 필요가 없었다. 그가 있는 곳에는 언제나 나방이 있기 때문이었다. 한번은 숨 막힐 정도로 날아다니는 나방들 때문에 아우렐리아노 세군도가 신경질을 부리는 것을 보고, 메메는 그에게 모든 비밀을 알려주겠다고 약속했던 대로 그에게 나비의 비밀을 털어놓으려고 했지만 이때만큼은, 여느 때처럼 웃으며 "네 엄마에게 알려주고 싶구나."라고 하지 않을 거라는 직감에 그만두었다.

어느 날 아침에 장미 가지를 치고 있던 페르난다는 겁에 질려 비명을 지르며, 미녀 레메디오스가 하늘로 날아오른 자리에 서 있던 메메를 잡아끌었다. 페르난다는 순간 어디서 날개가 퍼덕이는 소리를 듣고, 미녀 레메디오스의 기적이 딸을 통해서 다시 되풀이될 것 같은 생각이 든 것이다. 그 소리는 나방들이 내는 소리였다. 갑자기 빛에서 솟아난 듯한 그 나방들을 본 메메는 가슴이 울렁거림을 느꼈다. 그 순간 마우리시오 바빌로니아가 파트리샤 브라운이 보내주는 선물이라면서 꾸러미를 하나 들고 들어섰다. 메메는 얼굴이 달아오르려 하는 것을 참고 동요를 억누르며 겨우겨우 자연스런 미소까지 지으면서, 자기가 여태까지 흙을 만져서 손이 더러워졌으니 그 꾸러미를 난간에 두고 가라고 말했다. 사실은 두어 달 만에, 한번 만났다는 사실도 떠올리지 못한 채 쫓아내 버릴 상대이지만, 이때 단 한 가지 페르난다의 마음에 걸리는 것은 남자의 거무죽죽한 피부색이었다.

"그 사람 어딘가 이상한 데가 있더구나." 페르난다가 말했다. "그 사람 얼굴색을 보니 곧 죽을 사람 같아."

메메는 어머니가 나방들에게 겁을 먹었으리라고 생각했다. 장미덩굴을 다 손질하고 난 다음 메메는 손을 씻고 그 꾸러미를 끌러보려고 침실로 갔다. 그것은 중국 장난감처럼 생겨서 상자를 하나 열면 또 다른 상자가 나왔다. 다섯 번째 상자를 열었더니 아주 서툰 글씨로 적은 쪽지가 나왔다.

"토요일에 극장에서 만납시다."

메메는 뒤늦게 그 상자를 호기심 많은 페르난다가 언제라도 열어볼 수 있는 자리에 한참 동안 놓아두었다는 생각에 놀랐으며, 마우리시오 바빌로니아의 대담함에 마음이 흔들렸고 또한, 자기가 데이트에 응할 것이라고 믿는 그의 순진함에 놀랐다. 그때 메메는 돌아오는 토요일에 아빠 아우렐리아노 세군도에게 볼일이 있다는 것을 알고 있었다. 그러나 일주일 동안 그녀의 마음속에서는 조바심이 끊임없이 일었고, 그래서 토요일이 되자 아버지를 설득해 극장에서 혼자 영화를 볼 테니 영화가 끝나면 다시 데리러 와달라고 했다. 영화관에 불이 켜 있는 동안 한 마리 나방이 그녀의 머리 위에서 팔랑거렸다. 이것이 시작이었다. 불이 나가자 마우리시오 바빌로니아가 메메의 옆자리로 옮겨와 앉았다. 메메는 불안의 늪에서 허우적거렸으며 꿈속에서 그랬듯이, 어둠 속에서 잘보이지도 않는 그 남자가 기름 냄새를 풍기며 그녀를 구해 주기만을 바랐다. 그가 말했다.

"만일 당신이 오지 않았더라면, 다시는 나를 보지 못했을 겁니다."

메메는 그의 손이 그녀의 무릎 위로 미끄러져 오는 것을 느꼈으며, 그 순간 두 사람은 고독 너머의 세상에 도착한 것을 알았다. 메메가 미소를 지으면서 말했다.

"난 당신이 싫어요. 안 해도 좋을 말만 골라서 하거든요."

날이 갈수록 메메는 그 남자에게 미쳐버리고 말았다. 잠도 못 자고, 입맛도 잃고, 고독 속으로 깊이깊이 빠져서 아버지까지도 귀찮게 여겨질 정도였다. 메메는 치밀한 거짓말을 해서 페르난다의 눈을 속였고, 친구들과는 만나지도 않았고, 언제 어디서라도 마우리시오 바빌로니아를 만나기 위해서 모든 약속을 깨뜨렸다. 처음에 메메는 그의 난폭함에 짜증이 났다. 작업장 뒤에 있는 벌판에서 처음으로 단둘이 만났을 때, 그는 메메를 짐승처럼 거칠게 다뤄 기진맥진하게 만들었다. 그것 역시 하나의 애정 표현이라는 것을 알기까지는 시간이 걸렸으며, 그 다음부터 그녀는 마음의 평정을 잃고 그 없이는 살 수 없게 되었다. 그가 풍기는 잿물로 닦아낸 기름 냄새에 정신없이 빠져 있고 싶은 욕망에 미칠 것 같았다. 그렇지만 아마란타가 죽기 얼마 전에, 메메는 광란 속에서 한 순간 정신을 차리고는 불안한 미래를 생각하고 두려움에 떨었다. 그러고는 카드점을 잘 친다는 여자 얘기를 듣고 몰래 만나러 갔다. 그 여자는 필라르 테르네라였다. 들어서는 메메를 본 순간에 필라르는 왜 그녀가 자기를 찾아왔는지를 알았다.

"어서 앉아라." 필라르 테르네라가 메메에게 말했다. "부엔디아 집안 사람의 미래를 점치는 일이라면 카드 따위는 필요하지도 않아."

메메는 100살이 넘은 점쟁이가 자신의 증조모라는 사실을 모르고 있었으며, 그 비밀은 영원히 알 수 없었다. 사랑의 고민은 침대에서가 아니고는 없앨 수 없으리라고 필라르 테르네라가 얘기한 뒤에는 더더욱 그 얘기를 믿을 수 없었으리라. 그런 말은 마우리시오 바빌로니아도 했는데, 메메는 역시 믿지 않았다. 기껏해야 노동자가 대충 둘러대려고 한 말이라는 생각을 마음 속에 갖고 있었기 때문이다. 그때 메메는 욕망을 채우고 나면 돌아다 보지도 않는 것이 남자의 본능이라고 믿었으므로, 한 가지의 사랑은 다른 사랑을 말살시킨다고 생각했었다. 필라르 테르네라는 메메의 잘못된 생각을 고쳐주고, 자기가 메메의 할아버지인 아르카디오를, 그리고 아우렐리아노 호세를 차례로 잉태한 침대를 빌려주겠다고 제안했다. 필라르는 또한 겨자 즙을 증발시켜서 바라지 않는 임신을 피하는 방법과, 곤란한 일이 생겼을 때 '양심의 가책'까지도 쫓아버릴 수 있는 묘약을 만드는 비결도 알려주었다. 필라르 테르네라를 만나고 난 메메는 자기의 마음속에서 지난번 술에 취해서 소동을 피울 때처럼 용기가 솟아오름을 느꼈다.

그러나 아마란타의 죽음 때문에 메메는 결심을 실천하는 것을 뒤로 미루어야 했다. 아흐레 동안 초상을 치르는 사이 메메는 밀려드는 조객들 틈에 끼여 찾아온 마우리시오 바빌로니아 곁을 잠시도 떠나지 않았다. 긴 애도 기간과 강제 칩거가 시작되어, 그들은 한 동안 떨어져 있어야만 했다. 그 긴 기간은 극심한 불안과 참을 수 없는 초조와 억압된 충동의 나날이었으며, 외출을 하게 된 첫 날 저녁에 메메는 곧장 필라르 데르네라의 집으로 달려갔다. 메메는 반항도 하지 않고 신중함도 잊은 채 번거로운 절차도 생략하고, 풍부한 재능을 보이고 뛰어난 통찰력을 발휘하면서 마우리시오 바빌로니아에게 몸을 맡겼다. 마우리시오 바빌로니아보다 의심 많은 남자였다면 그녀가 무척 경험이 많은 여자라고 오해했을 것이다. 그러나 엄격한 어머니로부터 메메를 해방시켜 주려는 마음에서 아무런 의심도 하지 않고 메메와 자기가 시간을 같이 보냈다고 거짓말을 해준 아버지 아우렐리아노 세군도의 공모에 힘입어 석 달 동안 일주일에 두 번씩 사랑을 나누었다.

페르난다가 극장에서 그 두 사람을 기습한 날 밤에는 아무리 아우렐리아노 세군도라 해도 신경이 쓰여서, 딸이 자기에게라면 마음속 얘기들을 해주려니 하는 기대를 품고 침실에 갇혀 있는 메메를 만나러 갔다. 그러나 메메는 입을 꾹 다물고 침착한 태도로, 그 고독 속에서 한 걸음도 나오려 하지 않는 것을 본 아우렐리아노 세군도는, 이제 그들 사이에는 아무런 유대 관계도 없으며, 그들의 동지애나 신의는 과거의 환상에 지나지 않다고 생각했다. 아우렐리아노 세군도는 옛날에 자기가 윗사람이었다는 것을 빌미삼아 그들을 헤어지게 할 생각으로 마우리시오 바빌로니아를 직접 만나려고 했다. 하지만 페트라 코테스가 그런 것은 여자들이 처리할 일이라고 하는 바람에 어쩌면 좋을지 망설이면서, 감금되어 있는 동안 딸의 고민이 해결되지 않을까 하는 막연한 희망에만 매달리게 되었다.

메메는 조금도 슬퍼하지 않는 것 같았다. 오히려 우르슬라는 옆방에서 메메의 평화롭게 잠든 숨소리와, 조용히 자기 일을 하는 침착성과, 규칙적인 식사와 건강한 소화 상태를 느낄 수 있었다. 거의 두 달 동안 벌을 받던 메메에게 이상한 점이 있었다면 그것은 그녀가 남들처럼 아침이 아니라, 저녁 7시에 목욕을 한다는 사실뿐이었다. 한번은 목욕탕에 있는 전갈을 조심하라고 주의를 해주고 싶은 생각도 들었지만, 메메가 고조 할머니 우르슬라를 밀고자로 믿어 피하고만 있었기 때문에 늙은이의 불필요한 말참견은 삼가기로 했다. 노랑나방들은 해질녘이면 집 안으로 날아 들어왔다. 매일 밤 목욕을 하고 나올 무렵 메메는 열심히 살충제로 나방을 죽이는 엄마 페르난다를 볼 수 있었다.

"정말 큰 일이야." 페르난다가 중얼거렸다. "옛날부터 밤에 나오는 나방은 불길하다고 했는데."

어느 날 밤 메메가 목욕탕에 있는 사이에 페르난다가 우연히 메메의 침실로 들어갔다. 방 안에는 거의 숨도 쉬지 못할 만큼 나방이 꽉 들어 차 있었다. 페르난다는 그 나방들을 쫓으려고 아무것이나 손에 잡히는 헝겊을 집어 들었다. 그러자 그 보따리에서 마룻바닥으로 굴러 떨어진 겨자 덩어리를 보고 그 겨자와 딸의 밤 목욕을 연결지어 생각해 본 페르난다는 겁에 질려 심장이 굳어버리는 것 같았다. 페르난다는 처음과 달리 이번엔 잠시 두고보려는 생각조차 하지 않았다. 그 이튿날 페르난다는 새로 부임한 시장을 점심에 초대했다. 페르난다와 마찬가지로 시장은 고원 지대에서 온 사람이었다. 페르난다는 시장에게 요즈음 자꾸만 닭을 도둑맞고 있으니 밤에 뒷마당에다 경비원을 하나 배치시켜 달라고 부탁했다. 그날 밤 그 경비원은, 지난 몇 달 동안 거의 매일 밤 그랬듯이 전갈과 나방들 사이에 알몸으로 둘러싸여 사랑에 몸이 달아 기다리는 메메를 만나기 위해, 목욕탕 기왓장을 들어내던 마우리시오 바빌로니아를 발견했다. 총알이 그의 척추에 깊숙이 박혔고, 그는 평생 동안 침대에서 벗어나지 못할 신세가 되고 말았다. 그는 신음도 없이, 불평도 없이, 단 한 순간의 배반도 없이, 그를 잠시도 편안하게 내버려두지 않던 나방들과 추억에 시달리면서, 닭 도둑으로 몰린 채 쓸쓸히 늙어 죽었다.

15

메메 부엔디아의 아들을 집으로 데려올 때쯤, 마콘도가 치명적인 타격을 받게 될 사건이 잇달아 일어나고 있었다. 온 세상이 어수선했으므로 사람들은 남의 개인적인 문제에 신경을 쓸 만큼 한가하지 않았다. 페르난다는 그런 분위기를 잘 이용해서 아이를 남들로부터 숨길 수 있었다. 페르난다는 도저히 거절할 상황이 못 되었던 탓으로, 아이를 받아들일 수밖에 없었다. 그 아이를 욕조에 처넣어 버릴까 하는 생각도 여러 번 했지만, 마지막 순간이면 겁이 나서, 내키지 않으면서도 평생 성가신 짐을 떠맡게 되었다. 페르난다는 아이를 아우렐리아노 부엔디아 대령이 쓰던 작업실에 밀어 넣었다. 페르난다는 시어머니인 산타 소피아 데 라 피에다로 하여금 그 아이가 바구니에 담겨서 물에 떠내려왔다는 얘기(모세에 대한 이야기를 인용한 것임)를 믿도록 만드는 데 성공했다. 우르슬라는 죽을 때까지 아이의 혈통을 알지 못했다. 페르난다가 아이에게 밥을 먹일 때 어슬렁어슬렁 작업실로 들어온 어린 작은아들 아마란타 우르슬라도 물에 떠내려 온 바구니 얘기를 곧이들었다. 메메의 비극을 페르난다가 멋대로 처리한 다음, 그녀와 사이가 멀어진 남편 아우렐리아노 세군도는, 아이가 집에 온 지 3년이 지난 어느 날, 페르난다가 한눈을 파는 사이에 도망친 아이가 아주 잠깐 동안 발가벗은 채 머리는 헝클어지고 성기는 칠면조의 늘어진 턱처럼 생겨서는, 백과사전에 나오는 식인종 같은 모습을 하고 복도에 서 있는 것을 보고서야 그 아이의 존재를 알게 되었다.

페르난다는 이런 비참한 운명이 자신에게 닥쳐오리라고는 생각지도 못했다. 그 아이의 출현은, 페르난다가 오래전에 영원히 집에서 몰아냈다고 생각했던 것이 되돌아온 것이나 마찬가지였다. 사실 페르난다는 척추가 부러진 마우리시오 바빌로니아가 실려나가자마자, 이 불상사를 깨끗이 지워버리기 위한 치밀한 계획을 짜냈다. 이튿날 페르난다는 남편에게 한마디 의논도 없이 짐을 꾸리고 딸이 갈아입을 옷 세 벌을 가방에 챙겨넣고는, 기차가 출발하기 반 시간 전에 메메의 방으로 가서 이렇게 말했다.

"자, 레나타, 어서 가자."

페르난다는 아무 설명도 하지 않았다. 메메 역시 기대하지도 바라지도 않았다. 메메는 그들이 어디로 가는지도 알지 못했고, 도살장으로 간다고 해도 별로 놀라지 않았을 것이다. 메메는 뒷마당에서 울린 총성과 그 순간 들려온 마우리시오 바빌로니아의 고통스런 비명 소리를 들었을 때부터 입을 열지 않았고, 평생 동안 다시는 말을 하지 않았다. 방에서 나오라고 어머니가 말했을 때 메메는 머리를 빗지도 세수를 하지도 않고, 아직도 그녀 곁을 맴도는 나방도 의식하지 못하면서 몽유병자처럼 기차에 올랐다. 그 무거운 침묵이 메메의 단호한 결심에서 나온 것인지 아니면 비극에서 받은 충격으로 벙어리가 된 것인지 페르난다는 알지 못했다. 그다지 알고 싶은 마음도 없었다. 메메는 자기가 마술에 걸린 땅을 지나갔다는 것도 알지 못했다. 기찻길 양쪽에 늘어선, 끝없이 펼쳐진 바나나 농장도 보지 않았다. 새하얀 페인트칠을 한 미국인들의 집, 더위로 허옇게 마른 정원, 테라스에서 카드놀이를 하는 반바지에 파란 줄무늬 셔츠를 입은 여자들을 그녀도 보지 않았다. 바나나를 잔뜩 싣고 먼지 나는 흙길을 가는 우마차들도 그녀는 보지 않았다.

기차를 타고 가는 승객들을 애태울 만큼 멋진 젖가슴을 자랑하는 여자들이 송어처럼 강물에서 팔딱거리고 있는 것을, 마우리시오 바빌로니아의 노랑나방들이 팔랑이며 날아다니는 다닥다닥 붙어 있는 초라한 노무자들의 움집들을, 그 집들의 문간에서 요강에 올라앉은 핏기없고 마른 아이들을, 지나가는 기차에다 욕지거리를 퍼붓는 애 밴 여자들을 그녀는 보지 않았다. 학교 공부를 끝내고 고향으로 돌아오는 길에는 축제라도 벌어지는 듯했던 창 밖으로 스쳐가는 풍경은, 이제 메메의 마음에 조그마한 감동조차 불러일으키지 못했다. 기차가 푹푹 찌는 농장을 지나 검게 그을린 스페인 범선이 아직도 남아 있는 양귀비가 무성한 들판을 지나, 약 백 년 전에 호세 아르카디오 부엔디아의 꿈을 좌절시킨, 맑고 상쾌한 바람이 불고 파도가 부서지는 흐린 바다가 보이는 땅으로 나왔다.

오후 5시에 늪지대의 마지막 역에 도착하자 메메는 페르난다의 뒤를 따라 기차에서 내렸다. 그들은 헐떡거리는 말들이 끄는 커다란 박쥐처럼 보이는 마차를 타고 어느 황막한 도시의 소금에 전 길을 따라, 어디에선가 페르난다가 소녀 시절 낮잠 시간이 되면 들을 수 있었던 것과 같은 피아노를 연습하는 소리가 들려올 때까지 갔다. 그러고서 다시 나무바퀴가 요란한 소리를 내고 녹슨 철판이 아궁이처럼 붉게 보이는 배로 옮겨 타고 강을 따라 여행했다. 메메는 선실에서 꼼짝도 하지 않았다. 하루에 두 번씩 페르난다는 메메의 침대 곁에 식사를 가져다두었고, 그때마다 손도 대지 않은 채로 다시 물러나왔다. 메메가 식사를 하지 않은 것은 굶어죽겠다고 결심을 했기 때문이 아니라, 음식 냄새만 맡아도 속이 메스꺼웠고 물만 마셔도 토할 것 같았기 때문이었다. 겨자 증기의 효과도 보지 못하고 임신을 했다는 것을 그때의 메메는 알지 못했다. 페르난다도 그때부터 거의 일 년이 지나 아이가 집에 오게 될 때까지는 그 헛구역질의 원인이 무엇인지를 몰랐다. 숨이 막힐 듯한 선실에서, 철판 벽의 진동과 배의 바깥쪽 바퀴에 파헤쳐진 역겨운 진흙 냄새로 미칠 듯했던 메메는 날짜를 헤아리는 것조차 잊었다. 오랜 시간이 흐른 뒤, 마지막 노랑나방이 선풍기 날개에 부딪쳐 찢겨 죽은 것을 본 메메는 틀림없이 마우리시오 바빌로니아가 죽었다고 생각했다. 그러나 메메는 낙담하지 않았다.

아우렐리아노 세군도가 절세 미인을 찾아가다가 길을 잃었던 햇살이 강한 고원을 노새 등에 타고 횡단하면서, 원주민들이 만든 길을 따라 산을 넘고, 돌을 쌓아 올려 만든 좁은 골목에서 서른두 개의 교회 종탑이 만가를 울리는 음산한 도시에 들어설 때까지 메메는 쉬지 않고 마우리시오 바빌로니아 생각만 했다. 그날 밤 그들은 사람이 살지 않는 식민지식 저택에서 잤다. 페르난다는 잡초가 무성한 방 마룻바닥에 널빤지를 깔아 잠자리를 마련하고, 창문에서 떼낸 커튼으로 몸을 감고 잤는데 그 커튼은 몸을 뒤칠 때마다 찢어져갔다. 메메는 잠들지 못하고 괴로워하던 어둠 속에서, 오래 전 크리스마스이브에 납으로 된 관에 담겨온 검은 색 옷을 입은 신사가 눈앞에 스쳐지나가는 것을 보고 자기들이 어디에 와 있는지를 깨달았다.

다음날 아침, 미사를 드린 뒤 페르난다는 어떤 음침한 건물까지 메메를 데리고 갔다. 왕비로서의 교육을 받았다는 수도원 이야기는 어머니에게 자주 들었기 때문에, 메메는 거기가 어딘지를 곧바로 알 수 있었다. 페르난다가 바로 옆방에서 누군가와 이야기를 나누는 동안, 메메는 검은 꽃무늬 바탕의 거친 삼베옷과 고원 지대의 혹독한 추위로 딱딱해진 장화를 신고 추위에 떨면서, 벽에는 식민지 시절 대주교들의 커다란 초상화가 즐비한 응접실에서 얌전히 기다리고 있었다. 스테인드글라스 창문에서 흘러내리는 샛노란 빛을 받으며 응접실 한가운데 서서 마우리시오 바빌로니아를 생각하고 있으려니, 세 벌의 갈아입을 옷이 든 가방을 손에 든 아름다운 견습 수녀가 사무실에서 나왔다. 그리고 메메에게 다가오며 걸음도 멈추지 않고 손을 내밀며 말했다.

"따라오렴, 레나타."

메메는 그 수녀의 손을 잡고 가자는 대로 이끌려갔다. 견습 수녀와 보폭을 맞추려는 모습을 마지막으로 흘끗 페르난다에게 보이고 메메는 수녀원의 철문 속으로 사라졌다. 아직도 메메는 마우리시오 바빌로니아와 그의 기름 냄새나는 체취와, 그에게서 떠날 줄 모르던 나방들을 생각하고 있었으며, 이름이 여러 번 바뀌고 한마디 말도 없이 크라코프(폴란드 남부의 마을. 크라카우)의 어두운 병원 구석에서 늙어 죽게 된 어느 먼 훗날 가을 아침까지 메메는 하루도 빠짐없이 그에 대한 생각을 했다.

페르난다는 무장 경관의 호위를 받는 기차를 타고 마콘도로 돌아왔다. 기차 안에서 그는 승객들 사이에 떠도는 긴장감과, 철로 주변 마을들에서 바쁘게 움직이는 군인들과, 무언가 심각한 일이 곧 일어날 것만 같은 분위기를 느꼈지만, 마콘도에 도착해서 식구들로부터 시숙인 호세 아르카디오 세군도가 바나나 농장의 인부들을 선동해서 파업을 일으키려고 한다는 얘기를 듣게 되었을 때까지는 아무것도 모르고 있었다.

"드디어 올 데까지 왔구나." 페르난다가 혼잣말을 했다. "무정부주의자까지 나타났으니 말이야."

파업은 2주일 뒤에 시작되었지만, 우려하던 큰 일은 일어나지 않았다. 노무자들은 일요일만큼은 바나나를 베고 싣는 일을 하지 않도록 해 달라고 요구했다. 그들의 주장은 매우 정당했으므로 안토니오 이사벨 신부까지도 그것이 하느님의 율법에 합당하다며 노무자들 편을 들었다. 호세 아르카디오 세군도의 이번 승리와 그 다음 몇 달 동안 일어난 파업의 성공은, 여태까지 프랑스 창녀들을 불러온 것 말고는 이렇다 할 것이 없었던 그의 이름을 드날리게 했다. 뜬금없이 선박업을 시작하겠다는 생각에서 싸움닭을 몽땅 팔아 버렸을 때만큼이나 충동적인 결단을 내려서, 그는 바나나 회사의 팀장 자리를 내놓고 노무자들의 편에 서기로 했다. 그는 곧 국가 질서를 어지럽히려는 국제적인 음모 조직의 앞잡이 취급을 당했다. 일 주일 정도 불길한 소문들이 나돌던 어느 날 밤, 그는 어떤 비밀 모임을 끝내고 빠져나오는 순간, 신원을 알 수 없는 자가 쏜 네 발의 총알을 기적적으로 피할 수 있었다. 그 뒤 몇 달 동안, 컴컴한 방구석에서 홀로 지내던 우르슬라도 느낄 수 있을 만큼 긴장감이 감돌았다. 우르슬라는 아들 아우렐리아노가 주머니에 반란을 조장하는 알약을 넣고 다니던 불안한 시절이 되살아난 듯한 기분이 들었다. 우르슬라는 큰증손자 호세 아르카디오 세군도를 만나 얘기를 하고 옛날에 무슨 일이 있었는지 알려주고 싶었지만, 작은증손자 아우렐리아노 세군도에게 물어도 저격 사건이 있던 밤 이후로 그의 행방을 아는 사람은 아무도 없다고 했다.

"아우렐리아노 때하고 똑같아." 우르슬라가 큰 소리로 말했다. "세상은 결국 돌고 돈다는 얘기가 맞는 것 같아."

페르난다만이 그 시절의 불온한 움직임에 대해서도 별로 느끼는 바가 없었다. 아무런 상의도 하지 않고 메메의 일을 처리한 것 때문에 남편과 격렬한 말다툼을 한 날부터 그녀는 바깥 세계와 접촉 없이 살았다. 아우렐리아노 세군도는 필요하다면 경찰의 도움을 얻어서라도 딸을 구해내려고 했지만, 페르난다는 메메가 스스로 수녀원으로 들어갔다는 사실을 증명하는 서류를 그에게 보여주었다. 메메는 수녀원의 쇠창살 문 안에 이미 들어선 다음, 어머니에게 끌려 그곳까지 올 때처럼 무관심한 태도로 그 서류에 서명했다. 아우렐리아노 세군도는 마우리시오 바빌로니아가 닭을 훔치려고 뒷마당으로 숨어들었다는 얘기를 믿지 않았던 것과 마찬가지로 그 증거물의 신빙성을 믿지 못했지만, 아무튼 이 두 가지 이유로 일이 해결된 기분이 들어 안심하고 페트라 코테스 곁으로 돌아가, 그곳에서 다시 시끄러운 흥청거림과 한없는 먹어치우기 행사를 부활시켰다.

한편 페르난다는 마을의 술렁거리는 분위기를 조금도 실감하지 못하고, 우르슬라의 무시무시한 예언을 듣지도 않으면서, 전부터 품고 있던 계획을 실행하기로 했다. 페르난다는 그 무렵에 첫 의식을 집전하게 되었던 호세 아르카디오 앞으로 긴 편지를 써서, 레나타가 황열병 때문에 하느님 곁으로 갔다고 적었다. 그런 다음 산타 소피아 데 라 피에다에게 아마란타 우르슬라를 맡긴 뒤 메메의 불행한 사건 때문에 중단되었던 다른 고장 의사와 편지를 주고받는 데 온 정신을 쏟았다. 가장 먼저 전부터 미뤄두었던 텔레파시 수술 날짜를 정하려고 했다. 그러나 눈에 보이지 않는 먼 곳의 의사는 마콘도에서 소동이 계속되는 동안에는 수술을 실시하지 않는 편이 현명하리라는 답장을 보내왔다. 워낙 마음이 조급하고 세상일에도 어두웠던 페르난다는 편지를 다시 써서, 마콘도에 큰 소동 따위는 없으며 이상한 소문이 나 있는 것은 모두 다 옛날에 닭싸움이나 선박에 정신이 팔렸던 것처럼, 이제는 노동조합 일로 바쁘게 돌아다니는 시아주버니의 변덕 때문이라고 설명했다. 아직도 의사와 합의가 이루어지지 못한 어느 찌는 듯한 수요일, 손에 바구니를 든 늙은 수녀 하나가 찾아와서 문을 두드렸다. 현관에 나온 산타 소피아 데 라 피에다는 누가 선물이라도 보낸 줄 알고 예쁜 레이스 헝겊을 덮은 바구니를 받으려고 손을 내밀었다. 그러나 그 바구니를 아무도 모르게 직접 페르난다 델 카르피오데 부엔디아 님에게 전해 주어야 한다는 지시를 받았노라며 늙은 수녀는 내민 손을 막았다. 그것은 메메의 아들이었다. 예전에 페르난다의 영혼을 인도하던 선생은 편지로 이 아이는 두 달 전에 태어났으며, 어머니가 자기 뜻을 밝히려고 입을 여는 일이 없었던 탓으로 아이의 이름은 그들 멋대로 할아버지 이름을 따서 아우렐리아노라고 지어 영세를 주었다고 알려주었다. 페르난다는 이 운명의 얄궂은 장난 때문에 속이 뒤집히는 듯했지만, 그래도 그 감정을 수녀들 앞에서만은 내색도 하지 않았다.

"남들에게는 바구니에 담겨서 물에 떠내려 오는 걸 발견했다고 하겠습니다."

페르난다가 미소까지 지으며 말하자 수녀가 대꾸했다.

"그런 얘기를 믿을까요?"

"성경에 나오는 얘기도 다들 믿잖아요? 내 얘기도 믿을 거예요."

수녀는 돌아갈 기차를 기다리면서 집에서 점심을 들었고, 단단히 부탁을 받았기 때문에 아이에 대한 얘기는 다시 꺼내지 않았다. 하지만 페르난다는 수녀가 집안의 수치를 목격한 달갑지 않은 증인이라 생각했고, 나쁜 소식을 가져오는 사자들을 목매달아 죽이던 중세의 관습이 없어져 버렸음을 몹시 아쉬워했다. 하는 수 없이 수녀가 돌아가는 대로 아이를 욕조에 빠뜨리기로 결심했지만, 아무래도 그런 잔인한 짓은 할 수 없어서 그 골칫덩이가 사라지게 될 날을 끈기 있게 기다리기로 했다.

어린 아우렐리아노가 처음으로 생일을 맞이했을 때, 아무런 예고도 없이 마을의 긴장이 폭발하고 말았다. 여태까지 지하에서 숨어 지내던 호세 아르카디오 세군도와 다른 조합 지도자들이 어느 주말에 갑자기 나타나서, 바나나 재배 지역 마을들을 돌아다니며 시위를 선동했다. 당국에서는 시위를 할 때는 질서를 지켜서 하라고 규제했을 뿐이었다. 그러나 월요일 밤이 되자 주모자들은 집에서 끌려 나와 발에 5킬로그램짜리 족쇄가 채워진 채 걸어서 주(州) 형무소까지 연행되어 갔다. 그들 가운데에는 호세 아르카디오 세군도도 있었고, 멕시코 혁명 당시 대령이었다가 마콘도로 망명 중이며 아르테미오 크루스(멕시코의 작가 푸엔테스(1928~)의 소설 《아르테미오의 최후》(1962)의 주인공) 동지의 영웅적인 행동을 직접 목격했다고 자랑하던 로렌조 가빌란도 있었다. 그러나 그들은 정부와 바나나 회사가 어느 쪽에서 구류 중인 그들의 식비를 대주어야 할지의 문제를 놓고 다투다가 해결을 보지 못하는 통에, 석 달도 안 되어서 모두 감옥에서 풀려나왔다. 이때 노무자들이 항의를 한 것은 그들의 숙소에 위생 시설이 모자라고, 의료 시설이 전혀 없고, 작업 조건이 조악하다는 점이었다. 더 나아가 그들은 그들이 일한 대가로 돈을 받는 것이 아니라 회사의 구매소에서 버지니아 햄을 살 때 이외에는 쓸모가 없는 배급표를 받는 처사가 부당하다고 비난했다.

호세 아르카디오 세군도는 구매소에서 팔 상품을 운송하지 않는다면 뉴올리언스에서 적재 바나나 항구까지 빈 배로 돌아와야 할 바나나 전용선의 유지비를 조달하기 위해서 그런 배급표 제도를 생각해 냈다는 얘기를 폭로했다가 감옥으로 가게 되었다.

다른 불평들이란 누구나 다 알고 있던 흔한 일들이었다. 회사의 전속 의사들은 아픈 사람들을 제대로 진찰도 하지 않고 간호사를 시켜 진료실 앞에 한 줄로 세워놓고, 찾아온 환자가 학질을 앓거나, 임질에 걸렸거나, 변비에 시달리거나를 가리지 않고 유산동(硫酸銅 : 동을 유산과 함께 가열하여 얻는 청색 결정. 유산제2동 유동성, 안료 등에 사용) 빛깔의 알약을 주었다. 모든 병에 그 알약을 주었기 때문에 아이들은 여러 차례 줄을 서서, 받은 알약들을 삼키지 않고 집으로 가져가 빙고놀이를 했다. 회사의 노무자들은 다 쓰러져가는 비좁은 막사에 모여 살았다. 회사의 기사들은 제대로 된 화장실을 만들지 않고 크리스마스 직후 50명에 1대 꼴로 이동식 화장실을 캠프로 가져와서, 장기간 사용하려면 어떻게 되는지를 가르치는 형편이었다. 옛날에는 아우렐리아노 부엔디아 대령을 귀찮게 따라다녔지만, 이제는 바나나 회사의 눈치를 보는 늙은 변호사들은 노무자들의 그런 불만들을 마술이라도 부리는 듯한 솜씨로 없애갔다. 노무자들이 만장 일치로 정리한 요구 사항도 오랫동안 바나나 회사에 전하지 않았다. 그 사실을 알자마자 브라운 씨는 유리로 벽을 만든 호화로운 찻간을 기차에 연결하고는, 손꼽히는 회사 간부들을 데리고 마콘도를 떠났다. 그런데 그 다음 토요일에 어느 사창굴에서 달아난 회사 간부 한 사람을 붙잡았다. 붙잡힌 간부는 자청해서 그를 함정에 빠뜨린 여자와 함께 벌거벗은 몸으로 자고 있다가 노무자들의 요구 사항이 담긴 서류에 서명을 했다. 그러나 변호사들은 법정에서 서류에 서명한 사람은 회사 간부가 아닌 다른 사람이라고 주장했으며, 그 말을 의심하지 않게 하려고 사기꾼이라는 죄목을 붙여 그 사람을 감옥에 가두었다. 얼마 있다가 신분을 숨기며 3등 객차로 여행하던 브라운 씨가 예기치 않은 기습을 받아 붙잡혀, 노무자들의 요구서에 서명할 수밖에 없었다. 그러나 그 다음 날, 그는 머리를 검은 빛깔로 염색하고 재판관들 앞에 나타나서 유창한 스페인어를 지껄여댔다. 변호사들은 그 사람이 앨라배마 주 프랫빌에서 태어난 바나나 회사의 대표 잭 브라운이 아니라, 마콘도에서 태어나 다고베르토 폰세카라는 이름으로 영세를 받은 아무 상관도 없는 약초 판매상임을 증명했다. 이것을 본 노무자들이 또 들고 일어나려고 하자, 변호사들은 두 나라의 영사와 외무 장관의 공증까지 받은 브라운 씨의 사망 확인서를 공개하였다. 그 사망확인서에는 브라운 씨가 시카고에서 소방차에 치여 지난 6월 9일에 죽었다고 적혀 있었다. 그런 억지에 지쳐버린 노무자들은 마콘도 당국을 거부했고, 불만 사항을 들고 상급 재판소로 올라갔다. 그곳에서 법률 곡예사들은 바나나 회사가 여태까지 상근 직원을 한 사람도 고용한 사실이 없으며, 지금도 한 사람도 고용하고 있지 않을뿐더러, 앞으로도 고용할 계획이 없고, 그저 가끔씩 임시 노동자들을 시간제로 데려다 쓰곤 했기 때문에 노무자들의 요구 사항에는 근거가 전혀 없다고 증언했다. 그래서 버지니아 햄이나, 만병통치 알약이나, 크리스마스 때의 이동식 화장실 얘기는 모두 다 꾸며낸 이야기가 되어버렸으며, 법원의 결정에 따라 바나나 농장에는 상근 직원이 없다고 발표되었다.

대규모 파업이 일어났다. 농장의 작업은 중단되었고, 바나나가 나무 채 썩어갔다. 120개의 차량이 달린 기차는 선로 곳곳에 멈춰 있었다. 마을마다 할 일 없이 노는 노무자들로 넘쳐흘렀다. 터키 사람들의 거리에서는 토요일에만 흥청대던 사람들이 이제는 며칠씩 눌러앉았고 하콥 호텔의 당구장은 스물네 시간 동안 손님을 교대로 받으며 하루 종일 문을 열어두었다. 호세 아르카디오 세군도는 이 마을의 질서를 되찾기 위해서 군대가 파견되어 오리라는 애기를 당구장에서 들었다. 비록 미신을 믿는 사람은 아니었지만, 그 소식은 오래전 어느 날 아침 헤르넬도 마르케스 대령의 허락을 받고 사형이 집행되는 장면을 보았을 때부터 계속해서 기다려온 죽음의 전조라고 그는 생각했다. 그러나 그런 불길한 예감에도 그는 침착성을 잃지 않았다. 그는 치려던 공을 주의 깊게 겨누어서 캐논(당구에서 수구가 연속해서 2개의 표적공에 맞는 것)을 쳤다. 그 뒤에 바로 북을 두드리는 소리, 요란한 나팔 소리, 사람들이 고함을 지르고 우왕좌왕하는 소리를 듣고서 그는 이 당구뿐만이 아니라, 그 처형은 본 날 새벽부터 혼자서 자신을 상대로 벌여왔던 승부도 드디어 끝났음을 알았다. 그는 길로 나가서 그들을 보았다. 땅을 뒤흔드는 북소리에 발을 맞추며, 3개 연대가 행군해 들어왔다. 머리가 많이 달린 용이 콧김을 뿜듯 그들은 한낮의 거리를 악취로 채웠다. 그들은 체격은 작았으나 다부졌고, 동작이 거칠었다. 말처럼 땀을 흘렸고, 햇빛에 탄 가죽 냄새를 풍겼으며, 고지대 사람답게 말수가 적고, 고집이 셌으며 뻔뻔스러웠다. 그들이 다 지나갈 때까지 한 시간이 넘게 걸렸지만, 구경하는 사람들은 몇 분대에 지나지 않는 병정들이 원을 그리고 서서 뱅뱅 돌고 있다는 인상을 받을 만큼 그들은 서로 똑같아 보였다. 그들은 모두 형제처럼 닮아 있었고, 배낭과 물통을 똑같이 꾸려 짊어지고 모두 소총 끝에다 대검을 꽂고 있었으며, 맹목적인 복종과 명예 의식이 얼굴에 드러나 보였다.

우르슬라는 어둠 속에서 침대에 누워 군화 소리를 듣고는 맞잡은 두 손을 높게 쳐들었다. 산타 소피아 데 라 피에다도 아주 잠시였지만 다리미질을 갓 끝낸 탁상보 위로 몸을 뻗어 현실 세상을 넘겨다보고는 아들 호세 아르카디오 세군도 생각을 했는데, 그는 같은 시간에 하콥 호텔 앞에서 얼굴 표정 하나 바꾸지 않고 지나가는 마지막 병사들을 지켜보고 있었다.

계엄령이 선포되어서 군대는 계속되는 반목의 중재자 역할을 맡게 되었지만, 화해를 도모하려는 노력은 조금도 보이지 않았다. 마콘도 시내에 배치를 끝내자마자 군인들은 총을 내려놓고 곧장 바나나를 잘라 기차에 싣고는 수송을 시작했다. 그때까지 참고 있던 노무자들은 사보타지에 들어가 작업용 벌목도 이외에는 아무 무기도 없이 숲으로 모습을 감췄다. 노무자들은 농장과 구매소를 불태워버리고, 기관총으로 위협하며 운행을 시작했던 기차를 못 가게 하기 위해 선로를 파괴하고, 전기와 전신 케이블을 절단했다. 도랑은 피로 물들었다. 전기장치를 한 닭장 속에서 간신히 살아 남은 브라운 씨는 가족과 동료들과 함께 군대의 보호를 받으면서 안전 지대로 피신했다. 당국에서 노무자들에게 마콘도 역으로 모이라고 소집령을 내렸을 때, 급박해진 상황은 여태까지 볼 수 없었을 만큼 처절한 내란으로 번질 기미가 뚜렷했다. 그 소집령에 따르면, 주(州)의 행정 지도자들과 군대 지휘관들이 돌아오는 금요일에 이곳의 충돌을 진압하기 위해서 마콘도에 도착할 예정이라고 했다.

금요일이 되자 아침 일찍부터 호세 아르카디오 세군도는 역 앞에 모인 군중 속에 섞여서 기다렸다. 그는 이에 앞서서 조합 지도자들과 모임을 가졌는데, 거기에서 그는 가빌란 대령과 함께 군중 속에 섞여 들어가 사태의 진전을 보고 적절한 명령을 내리는 일을 맡았다. 군중들은 광장 둘레에 기관총이 설치되어 있고, 전류가 흐르는 철망을 두른 바나나 농장이 대포로 무장되었음을 보고는 짜고 끈적끈적한 것이 입천장에 달라붙은 것처럼 기분이 나빴다. 12시가 가까워오자, 오지 않는 기차를 기다리면서 3000명이 넘는 노무자와 여자들과 아이들이 역 앞 공터로 몰려나와 설 자리도 없어 옆길로 밀려들어갔다. 그러나 줄지어 늘어선 기관총들을 둘러싼 군인들이 길목을 모두 막고 버티고 있어 빠져나갈 수도 없었다. 이때만 해도 사람들은 기다리는 군중이라기보다는 놀러 나온 패거리들 같았다. 그들은 터키 사람들의 거리에서 튀김이나 마실 것을 파는 판매대를 끌고 와서, 지루함과 태양의 뜨거움도 아랑곳하지 않고 기분 좋게 기다리고 있었다.

오후 3시가 조금 못 되어서, 당국에서 준비한 기차가 내일이나 되어야 올 것 같다는 소문이 퍼졌다. 지친 사람들은 실망해서 한숨을 쉬었다. 그러자 기관총 네 개가 군중을 겨누고 있는 역 지붕으로 중위 하나가 올라가서 조용히 하라고 나팔을 불었다. 호세 아르카디오 세군도 옆에는 네 살짜리와 일곱 살짜리 두 아이를 데리고 나온 아주 뚱뚱한 여자가 맨발로 서 있었다. 그 여자는 작은 아이를 팔에 안고 상대가 호세 아르카디오 세군도인지도 모르고 다른 아이를 안아 올려서 사람들이 하는 얘기를 좀 듣게 해달라고 부탁했다. 호세 아르카디오 세군도는 그 아이를 목말을 태워주었다. 믿는 사람은 없었지만 여러 해가 지난 다음에도 그 아이는 자기가 호세 아르카디오 세군도의 어깨 위에서, 중위가 확성기로 주(州)의 행정 및 군사 지휘자가 쓴 포고령 4호를 읽는 것을 보았다는 얘기를 두고두고 했다. 그 포고령에는 카를로스 코르테스 바르가스 장군과 그의 부관인 엔리케 가르시아 이사사 소령이 서명을 했다. 80단어로 된 그 포고령의 세 항목은 파업을 한 노무자들을 '불량배들'이라 못 박고, 군대로 하여금 경우에 따라 사살할 권한을 부여한다는 것이었다.

모인 사람들이 귀가 먹먹할 정도로 항의를 하는 가운데 그 포고령을 읽고 나자, 역 지붕에 있던 중위는 어느 대위에게 자리를 내주었다. 대위는 확성기를 잡고 자기도 할 얘기가 있다는 시늉을 했다. 사람들은 다시 한 번 조용해졌다.

"여러분들." 대위는 느릿느릿하고 지친 목소리로 나지막하게 말했다. "5분의 여유를 주겠다. 당장 해산하라!"

군중은 더욱 큰 소리로 야유하고 소리질렀다. 그 소리에 묻혀 5분의 시작을 알리는 나팔 소리도 들리지 않았다. 자리를 뜨려는 사람은 아무도 없었다.

"5분이 지났다." 대위는 아까와 똑같은 목소리로 말했다. "1분만 더 기다리겠다. 그래도 떠나지 않는다면 발포한다."

호세 아르카디오 세군도는 얼음처럼 차가운 땀을 흘리며 어깨에서 아이를 내려 여자에게 건네주었다. 여자가 중얼거렸다.

"저 자식들 정말로 쏘려나봐요."

호세 아르카디오 세군도가 여자의 말에 대꾸할 사이도 없이 옆에 있던 가빌란 대령이 그 여자가 방금 한 말을 그대로 되풀이해서 큰 소리로 외쳤다. 긴장과, 끝없는 정적에 도취된 호세 아르카디오 세군도는, 죽음에 사로잡힌 이 군중을 움직이게 할 수 있는 것이 아무것도 없음을 알고서 앞에 서 있는 사람들의 머리를 딛고 올라가서, 평생 처음으로 고함을 쳤다.

"이 겁쟁이들아! 1분이 지나도 우리는 꼼짝도 하지 않을 거다!"

이렇게 소리를 지르고 나자, 두려움보다는 어떤 환각이 그를 감쌌다. 대위가 사격을 개시하라는 명령을 내렸고, 열네 개의 기관총들이 동시에 불을 뿜었다. 눈앞에서 믿을 수 없는 장면이 벌어졌다. 숨가쁘게 총성이 울리고 하얗게 빛을 뿜으며 탄피가 날아가는데도, 돌이 되어 순간적으로 불사신이 된 것처럼, 밀집한 군중 사이에는 조그마한 움직임도 느껴지지 않았고, 말소리도 숨소리도 들리지 않았다. 그 때문에, 마치 기관총에 든 것이 꼭 장난감 화약 같다는 생각이 들었다. 그러나 갑자기 역 반대편 끝에서 불길한 비명이 정적을 깨뜨렸다.

"으아악, 엄마!"

지진같은 진동, 뭉게뭉게 피어오르는 연기, 천재지변이 일어나는 듯한 굉음이 군중 한가운데서 폭발해 단숨에 여기저기로 흩어졌다. 호세 아르카디오 세군도는 겨우 아이를 안아 올렸으며, 다른 아이와 그의 어머니는 삽시간에 공포에 젖어 휩쓸아치는 군중 속에 휩쓸려 들어갔다.

여러 해가 지난 다음에도 그 아이는, 남들이 그를 보고 미친 늙은이라고 손가락질을 하든 말든, 그때 호세 아르카디오 세군도가 자기를 머리 위로 번쩍 쳐들어서 마치 공중에 둥실 떠가듯, 공포에 질린 사람들에 떠밀려 가까운 옆길로 피신시켜 주었다는 얘기를 곧잘 했다. 그때 군중들과는 떨어진 자리에 있었던 그 아이는 광분한 사람들이 구석에 몰리자마자 늘어선 기관총이 불을 뿜는 것을 보았다. 여러 사람들이 동시에 소리쳤다.

"엎드려! 땅에 엎드려라!"

총탄이 휩쓸고 가자 맨 앞에 있던 사람들은 모두 쓰러져 그 외침처럼 땅에 엎어졌다. 살아남은 사람들은 땅바닥에 엎드리는 대신에 필사적으로 광장으로 돌아가려 했다. 무시무시한 용의 꼬리에 튕겨져 하나의 물결이 된 그들은, 역시나 기관총 소리가 끊임없이 이어지는 반대쪽 길에 숨어 있던 또 다른 용의 꼬리에 튕겨져 나온 물결과 합류했다. 완전히 포위당한 것이다. 군중은 커다란 소용돌이를 그리며 빙글빙글 돌았는데 그 소용돌이는 중심을 향해 점점 작아져 갔다. 지칠 줄 모르는 튼튼한 가위로 벗겨지는 양파껍질처럼 기관총탄에 의해 가장자리부터 깨끗이 깎여갔기 때문이다. 아이는 신기하게도 군중의 물결이 미치지 않는 장소에서 가슴을 끌어안고 무릎을 꿇은 한 여자를 보았다. 호세 아르카디오 세군도는 그 아이를 내려놓자마자 얼굴이 피범벅이 되어 그 자리에 고꾸라졌다. 거대한 인파가 무릎을 꿇은 여자와, 그 여자가 있던 곳과, 건기의 높은 하늘에서 내려쬐는 빛과, 우르슬라 이구아란이 동물과자를 그렇게 많이 팔았던 지긋지긋한 세상과, 모두를, 한 번에 집어 삼켰다.

호세 아르카디오 세군도가 정신을 차렸을 때 그는 어둠 속에서 하늘을 보고 누워 있었다. 그는 자기가 조용히 가고 있는 긴 기차에 실려 있으며, 머리에 피가 말라붙었고 온몸이 쑤시는 기분을 느꼈다. 그는 견딜 수 없이 졸렸다. 공포를 잊고 몇 시간 자야겠다는 생각으로 몸이 덜 쑤시는 쪽으로 돌아누웠을 때 그는 비로소 자기가 죽은 사람들 사이에 끼여 있음을 깨달았다. 중앙 통로는 물론이고 화물칸에도 빈자리가 없었다. 시체들은 하나같이 늦가을 석고상처럼 차가웠고, 마른 거품처럼 문적문적거리는 꼴을 보니 학살이 벌어진 다음 꽤 오랜 시간이 흐른 것이 틀림없었으며, 시체는 바나나를 운반할 때처럼 마구 쌓여 있었다. 악몽 같은 장면에서 달아나려고 호세 아르카디오 세군도는 몸을 끌며 기차가 달리는 방향으로 이 찻간에서 저 찻간으로 나아갔다. 잠든 마을을 지날 때마다 창문으로 비쳐 들어오는 불빛에 검사를 통과하지 못한 바나나처럼 바다에 던져질 남자들과 여자들 그리고 어린아이들의 시체가 보였다. 시체들 가운데서 그나마 알아볼 수 있었던 사람은 광장에서 마실 것을 팔던 여자와, 겁에 질려 날뛰는 사람들 사이를 헤치고 지나가려고 모렐리아(멕시코 미초아칸주(州)의 주도(州都))의 은으로 만든 버클이 달린 허리띠를 손에 감아쥔 채로 휘둘러대다가 죽은 가빌란 대령뿐이었다. 첫 찻간까지 간 그는 어둠 속으로 뛰어내려서, 기차가 다 지나갈 때까지 도랑에 엎드려 기다렸다. 그는 여태까지 그렇게 기다란 기차는 본 일이 없었다. 차량은 거의 200개나 이어졌으며, 기관차가 앞뒤로 하나씩, 그리고 가운데에도 하나 달려 있었다. 불은 하나도 켜지 않았으며, 빨강과 초록의 표시등까지 꺼져서, 야간 제한 속도로 소리를 죽인 채 달려갔다. 찻간의 지붕 위에는 기관총을 버티어놓은 군인들의 시꺼먼 그림자들이 보였다.

자정이 지나서 폭우가 쏟아지기 시작했다. 호세 아르카디오 세군도는 어둠 속에서 자기가 뛰어내린 곳이 어디쯤인지는 알 수 없었지만, 기차가 간 방향과 반대쪽으로만 계속해서 간다면 마콘도에 닿으리라는 것쯤은 알고 있었다. 머리는 지끈지끈 아픈 데다 속옷까지 흠뻑 젖은 몸으로 세 시간 넘게 걸었을까, 그는 희미한 새벽빛 속에 떠오르는 몇 채의 민가를 보았다. 커피 냄새에 끌려서 그는 한 여자가 어린아이를 안고 아궁이 위로 허리를 굽히고 있는 어느 집 부엌으로 들어갔다.

"실례합니다." 그는 끊어질 듯한 목소리로 말했다. "나는 호세 아르카디오 세군도 부엔디아입니다."

그는 살아 있다는 것을 스스로 확인하려는 듯이 이름을 또박또박 모두 말했다. 아닌 게 아니라 그 여자는 너저분하고 음산한 몰골의 사내가 머리와 옷은 피투성이요, 시신에게 붙잡힌 듯한 모습으로 들어서자 당연히 그를 유령이라고 생각했으므로, 그가 자기 이름을 댄 것은 잘한 일이었다. 그 여자는 그를 알아보고는 그의 옷을 빨아서 말리는 동안 덮고 있으라고 담요를 가져왔고, 물을 데워서 그다지 깊지 않은 상처를 닦아내고, 머리에 붕대 대신 감으라고 깨끗한 기저귀도 내주었다. 그리고 부엔디아 집안 사람들이 커피에 설탕을 타지 않고 마시는 습관을 알고 있던 그 여자는 블랙커피를 한 잔 내왔으며, 그의 옷을 불 가까이에 널어놓았다.

호세 아르카디오 세군도는 커피를 다 마시고 나자 드디어 입을 열었다.

"아마 3천 명은 될 거야."

"뭐가요?"

"죽은 사람들 말입니다. 분명히 모두 역에 있던 사람들일 거예요."

여자가 딱하다는 듯 그를 바라보며 말했다.

"여긴 죽은 사람이 하나도 없어요. 당신 삼촌인 대령님이 활약하셨을 때는 아니었지만, 마콘도는 그 뒤로 정말로 조용해요."

호세 아르카디오 세군도가 집에 도착하기 전에 들른 다른 부엌에서 사람들은 모두 똑같은 얘기를 했다.

"죽은 사람은 없어요."

역 앞 광장으로 가보아도, 튀김가게 탁자들이 포개어 쌓여 있었을 뿐, 학살이 일어났던 흔적이라고는 조금도 찾아볼 수 없었다. 길거리는 계속되는 비에 인적이 드물었고, 집집마다 문을 닫아 걸어서 안에 사람이 사는지도 모를 지경이었다. 이곳에 사람이 살고 있는 기미가 처음으로 보인 것은 미사 시간을 알리는 종소리였다. 그는 가빌란 대령의 집으로 갔다. 전에 여러 번 본 적이 있는 애 밴 여자가 그의 바로 앞에서 문을 닫아 걸었다.

"그이는 떠났어요." 겁에 잔뜩 질린 목소리로 그 여자가 말했다. "그이는 자기 나라로 돌아갔어요."

전기 철망을 친 닭장 입구는 우비를 입고 방수 모자를 쓴 경찰관 두 명이 여느 때처럼 빗속에 말뚝처럼 서서 경비하고 있었다. 변두리 길거리에서는 안틸 제도에서 온 흑인들이 토요일 찬송가를 부르고 있었다. 호세 아르카디오 세군도는 마당의 담을 뛰어넘어 부엌을 통해 집으로 들어갔다. 산타 소피아 데 라 피에다는 놀라는 기색도 없었다.

"페르난다한테 들키지 않는 것이 좋을 거야. 지금 막 잠이 깨었을 테니까." 미리 짜놓기라도 했던 것처럼 그녀는 아들을 '요강 방'으로 데리고 가서, 멜키아데스가 쓰던 부서진 나무 침대를 손질해 주고, 오후 2시에 페르난다가 낮잠을 자는 사이 먹을 것을 창문으로 넣어 주었다.

아우렐리아노 세군도는 비에 붙잡혀 오도 가도 못하고 집에서 잤다. 오후 3시가 되어도 날이 갤 기미가 보이지 않았다. 산타 소피아 데 라 피에다가 몰래 전해 준 애기를 듣고 그는 멜키아데스의 방으로 가서 형을 만났다. 그는 형의 애기를 듣고도 학살 사건이라든가 시체 더미에 묻혀서 기차에 실려 바다로 갔다는 악몽 같은 이야기를 믿지 않았다. 전날 밤 그는 정부의 특별 포고령을 통해 노무자들은 역 앞에서 떠나라는 명령에 따라 얌전히 자기들 집으로 돌아갔다는 애기를 읽었던 것이다. 또한 그 포고령에는 조합 지도자들이 애국심을 발휘해서 요구를 단 두 가지만 내세우기로 양보했다는 내용도 포함되어 있었다. 그 두 가지 요구 사항은 의료 시설의 개선과 막사에 화장실을 지어달라는 것이었다. 나중에 또 발표된 이야기에 따르면 군관계자가 노무자들과의 협상에 성공해서 그 사실을 서둘러 브라운 씨에게 전하자, 그는 그 요구 사항을 받아들였을 뿐 아니라 노동쟁의의 해결을 축하하는 잔치를 사흘 동안 열라고 돈까지 내놓겠다고 했다. 다만 군관계자가 그 합의서에 서명을 언제 할 것인지 물어보자 그는 줄곧 번개가 번쩍대는 창 밖 하늘을 쳐다보며 전혀 미덥지 않은 말투로 말했다.

"비가 그치면 발표할 거요. 비가 오는 동안에는 모든 업무는 중단이오."

때마침 건기라 석 달이나 비가 오지 않았으나 브라운 씨가 결심한 바를 발표하자, 갑자기 온 바나나 재배 지역에 폭우가 쏟아지기 시작했다. 호세 아르카디오 세군도가 마콘도로 돌아오는 길에 만난 폭우가 바로 그것이었다. 일주일이 지나도 비는 계속 내렸다. 정부가 온갖 통신 수단을 동원하여 전국 각지에 반복적으로 내보내 결국은 사실이라고 받아들여진 공식 발표에 따르면, 마콘도에서 죽은 사람은 아무도 없었고, 만족한 노무자들은 모두 가족에게 돌아갔으며, 바나나 회사는 비가 끝날 때까지 모든 작업을 중단하겠다고 했다. 끝없이 계속되는 폭우 때문에 야기될지도 모르는 긴급 상황에 대처하기 위해 계엄령이 계속 실시되었지만 군인들은 대부분 그들의 영내에 머물렀다. 낮이면 군인들은 바지 자락을 걷어 올리고 길거리의 물 웅덩이에서 아이들과 난파선 놀이를 했다. 그러나 소등 시간이 되면 그들은 개머리판으로 문을 부수고 들어와서, 용의자들을 잠자리에서 끌어내어 다시는 돌아오지 못할 여행길에 오르게 했다. 포고령 제4호에 근거한 깡패, 살인자, 방화범, 반역자들에 대한 조사와 체포가 계속되었지만 군사 당국은 그 사실을, 사령부로 소식을 물으러 모여드는 희생자들의 가족들에게도 숨기고 있었다.

"아마 꿈을 꾸신 거겠죠." 장교들은 말했다. "마콘도에선 아무 일도 일어나지 않았습니다. 여태까지 어떤 불상사도 없었고, 앞으로도 그런 사태는 절대로 일어나지 않을 겁니다. 마콘도는 평화로운 곳이니까요."

이렇게 해서 그들은 조합 지도자들을 말끔히 쓸어낼 수 있었다.

살아남은 사람은 호세 아르카디오 세군도뿐이었다. 그런데 2월의 어느 날 밤, 개머리판으로 문을 두드리는 소리가 들렸다. 아직도 비가 멎기를 기다리고 있던 아우렐리아노 세군도가 나가서 문을 열었더니, 지휘를 맡은 장교와 군인 여섯 명이 서 있었다. 비에 함빡 젖은 그들은 한마디 말도 없이 이 방 저 방으로 돌아다니며 옷장을 하나씩 열어보고, 응접실에서 식료품 창고까지 뒤졌다. 군인들이 방 안의 불을 켰을 때, 잠에서 깨어난 우르슬라는 숨을 죽이고 그들이 방을 뒤지는 동안 깍지 낀 손을 군인들이 움직여가는 방향으로 내밀었다. 산타 소피아 데 라 피에다가 기회를 노려 멜키아데스의 방에서 자고 있던 호세 아르카디오 세군도에게 급히 사정을 알려주었지만, 도망치기에는 이미 늦었다고 생각하고 그는 깨끗이 체념을 했다. 산타 소피아 데 라 피에다가 방문을 닫고 나가자, 호세 아르카디오 세군도는 셔츠를 입고 구두를 신은 다음 나무 침대에 걸터앉아서 군인들이 오기를 기다렸다. 군인들은 이때 황금물고기를 만들던 작업실을 수색하던 참이었다. 장교는 부하들을 시켜서 맹꽁이자물쇠를 부수게 하고, 재빨리 등불을 한 바퀴 휘저어서 작업대와 산(酸)이 담긴 플라스크들이 들어 있던 유리장을 한눈에 둘러보고는, 주인이 오랫동안 버려둔 기구들을 살펴보았다. 아무도 그 방을 쓰지 않는다는 것을 알았을 텐데도 장교는 빈틈없는 태도로 아우렐리아노 세군도에게 은세공을 할 줄 아느냐 물었고, 아우렐리아노 세군도는 이 방이 아우렐리아노 부엔디아 대령이 쓰던 작업실이라고 대답했다.
"아, 그래요."
장교는 고개를 끄덕이며 방 안의 불을 켜고 철저히 수색하라고 부하들에게 명령했다. 부하들은 플라스크 뒤 깡통 속에 숨겨둔 녹이지 않은 물고기 열여덟 개를 찾아 냈다. 장교는 그것들을 작업대 위에 늘어놓고 하나씩 살펴보더니 갑자기 기분 나쁠 정도로 부드럽게 말했다.
"허락해 주신다면 제가 하나 가지고 싶은데요. 한때 이것은 반역의 상징이기도 했지만, 지금은 한낱 기념품일 뿐이니까요."
그는 젊어서 거의 소년에 가까웠으며, 전혀 겁이 없었다. 그때까지 깨닫지 못했지만 꽤나 인상이 좋은 상대였으므로 아우렐리아노 세군도는 기꺼이 작은 물고기를 주었다. 장교는 어린아이처럼 기쁜 빛을 눈에서 감추지 못하며 그것을 셔츠 주머니에 넣고는 다른 것들은 도로 깡통에 넣어 있던 자리에 두었다.
"이것은 아주 훌륭한 기념품입니다." 그가 말했다. "아우렐리아노 부엔디아 대령은 우리가 알고 있는 가장 위대한 분들 가운데 한 사람이니까요."
그렇지만 그가 인간적인 모습을 보여준 것은 한 순간이었고, 그는 직무를 게을리하지 않았다. 맹꽁이자물쇠를 다시 채운 멜키아데스의 방으로 가자, 산타 소피아 데 라 피에다는 마지막 희망에 매달리듯 그들 앞에 서서 말했다.
"이 방에서는 오랫동안 아무도 안 살았답니다."
장교는 부하를 시켜 방문을 열고 등불을 비춰서 방 안을 전부 훑어보았다. 아우렐리아노 세군도와 산타 소피아 데 라 피에다는 불빛이 호세 아르카디오 세군도의 얼굴을 스쳐 지나가는 순간, 그의 눈이 불타는 것을 보았으며 그들은 이제 단념할 수밖에 없다고 생각했다. 그러나 장교는 계속해서 등불을 비추며 별다른 반응없이 방 안을 살펴보다가 찬장에 차곡차곡 들어앉은 일흔두 개의 요강을 발견했다. 호세 아르카디오 세군도는, 어느 때보다도 숙연한 태도로 나무 침대 끝에 걸터앉아 잡혀갈 준비를 하고 기다리고 있었다. 그의 뒤에는 낡아서 너덜너덜해진 책들이 담긴 책장과 양피지 두루마리들과, 깨끗이 정리된 책상과 새로 잉크를 담은 잉크병이 보였다. 아우렐리아노 부엔디아 대령만은 느끼지 못했으나, 어린 시절 아우렐리아노 세군도가 그곳에서 경험한 대로 공기는 깨끗하고, 밝았으며, 먼지도 없고, 손상된 곳도 없었다. 그러나 장교는 요강에만 흥미를 느끼는 듯싶었다. 그가 물었다.
"이 집에는 몇 사람이 살죠?"
"다섯이오."
장교는 납득하지 못하는 모습이었다. 그는 아직도 아우렐리아노 세군도와 산타 소피아 데 라 피에다가 호세 아르카디오 세군도의 모습을 보는 곳에 눈길을 두고 있었다. 이쪽을 보고 있지만 자신의 모습을 보지 못한다는 것을 호세 아르카디오 세군도도 눈치챘다. 장교가 부하들에게 하는 얘기를 듣고 아우렐리아노 세군도는 그 젊은 장교가 아우렐리아노 부엔디아 대령처럼 청맹과니같은 눈을 가졌음을 알 수 있었다.
"정말로 이 방에서는 오랫동안 아무도 안 산 것 같군." 장교가 부하들에게 말했다. "뱀이 있을지도 모르니 조심해."
문이 닫혔을 때, 호세 아르카디오 세군도는 이제 자신의 전쟁은 끝났다고 생각했다. 여러 해 전, 아우렐리아노 부엔디아 대령은 그에게 전쟁의 즐거움에 대해서 자기가 경험한 사실들을 들어 설명했었다. 그는 대령의 얘기를 믿었었다. 그러나 그날 밤, 군인들이 그를 바라보면서도 보지 못하던 순간에 그는 지난 몇 달 동안의 긴장과, 감옥의 비참한 생활과, 역 앞에서의 혼란과 시체를 가득 실은 기차에 대해 생각하면서 아우렐리아노 부엔디아 대령이 거짓말쟁이나 바보에 지나지 않는다는 결론에 이르렀다. 그는 대령이 전쟁에 대해서 설명하는데 왜 그토록 장황하게 말을 늘어놓았어야만 했는지 그 까닭을 알 수가 없었다. '공포'라는 단어 하나면 충분했을 텐데 말이다. 한편으로는 멜키아데스의 방에서 불가사의한 광선과 빗소리와 눈에 보이지 않는 존재라는 의식의 보호를 받으면서, 그는 여태까지 조금도 맛볼 수 없었던 안도감을 느꼈다. 이제 그에게 남은 걱정거리라고는 남들이 자기를 산 채로 묻어버리지나 않을까 하는 것뿐이었다. 그는 그 얘기를 끼니때마다 음식을 가져오는 산타 소피아 데 라 피에다에게 말했고, 그녀는 오래오래 살아서 아들이 완전히 죽은 다음에 땅에 묻히는 것을 꼭 자기 눈으로 봐주겠다고 약속했다. 그것으로 모든 불안에서 벗어난 호세 아르카디오 세군도는 멜키아데스가 남긴 양피지를 몇 번이고 다시 읽기 시작했다. 이해가 잘 안 될수록 오히려 더 재미있게 느껴졌다.
두 달이 지나자 그는 정적의 새로운 형태로 바뀐 빗소리에 익숙해졌으며,

그의 고독을 어지럽히는 것이라고는 산타 소피아 데 라 피에다가 오가는 발소리뿐이었다. 그래서 그는 어머니에게 음식은 창턱에 놓고 가고 문은 자물쇠로 잠가달라고 부탁했다. 나머지 집안 식구들은 그에 대해 까맣게 잊어버렸고, 페르난다도 군인들이 왔을 때 그를 쳐다보고도 보지 못하는 것을 알게 되고는 그가 집 안에 있어도 개의치 않았다. 그렇게 갇혀서 여섯 달을 지낸 다음, 군대가 마콘도를 떠나자 아우렐리아노 세군도는 비가 그칠 때까지 애기라도 나눌 생각에 문에 채운 자물쇠를 열었다. 문을 열자마자 그는 마룻바닥에 죽 놓여 있는, 저마다 몇 번씩은 사용된 흔적이 있는 요강들이 풍기는 악취에 코를 막아야 했다. 구역질 나는 냄새가 방 안에 꽉차 있어도 아랑곳하지 않고, 대머리가 벗겨지기 시작한 호세 아르카디오 세군도는 이해할 수 없는 양피지를 질리지도 않고 읽고 또 읽고 있었다. 은은한 빛이 그를 감싸고 있었다. 문이 열리는 소리를 듣고 그는 흘낏 문 쪽을 쳐다보았다. 그의 눈만 보고도 동생은 그가 증조부와 같은 운명을 맞이했음을 알았다.

"3천 명도 더 되었을 거야." 호세 아르카디오 세군도가 한 말은 이것뿐이었다. "틀림없이 역 앞에 모였던 사람들은 모두 죽었을 거야!"

16

비는 4년 11개월 이틀 동안 계속 내렸다. 이따금 부슬비가 내릴 때도 있어서 그때마다 사람들은 멋지게 차려 입고 날씨가 개는 것을 축하하려고 했지만, 잠깐 비가 걷히는 듯하다가는 오히려 더 억센 비가 쏟아진다는 것을 곧 알게 되었다. 하늘은 계속해서 폭우를 쏟아 부었고, 북쪽에서 덮쳐 온 태풍은 지붕들을 날려버리고 벽들을 무너뜨렸으며, 얼마 남지 않았던 바나나는 뿌리째 뽑혔다. 우르슬라가 문득 떠올린 불면증이 만연하던 시절처럼, 이 기나긴 장마를 맞아 사람들은 권태와도 싸움을 벌여야 했다. 게으름에 휘말리지 않으려고 갖은 수를 짜낸 사람들 중에 아우렐리아노 세군도도 포함되어 있었다. 브라운 씨가 폭풍을 부른 밤, 아우렐리아노 세군도는 마침 볼일이 있어 집에 들렀다. 페르난다가 딴에는 신경을 쓴다고 벽장에서 찾아낸 다 떨어진 우산을 꺼내주려고 했다.

"우산은 필요 없어." 아우렐리아노 세군도는 말했다. "비가 갤 때까지 기다렸다가 갈 테니까."

그것이 물론 철석같은 약속은 아니었을지라도, 아우렐리아노 세군도는 자기가 한 말을 지킬 수밖에 없었다. 그의 옷이 모두 페트라 코테스의 집에 있었기 때문에, 그는 사흘에 한 번씩 입었던 것들을 홀랑 벗어놓고 빨래가 마르기를 기다려야 할 신세가 되었다. 그는 지루함을 이기기 위해서, 조금이라도 손볼 곳이 있으면 집 안을 두루 찾아다니면서 수리를 하느라고 시간을 보냈다. 그는 고장난 경첩을 고치고, 자물쇠에 기름을 치고, 노커를 꼭 조이고, 빗장을 살펴보았다. 몇 달 동안 그는 호세 아르카디오 부엔디아가 살아 있을 무렵 집시들이 빠뜨리고 간 것 같은 연장통을 들고 집 안을 어슬렁거렸다. 그 나름으로 운동삼아 했기 때문이었는지, 겨울의 심심풀이에 지나지 않는 것인지, 스스로 엄격히 절제해서였는지는 알 수 없지만, 불룩 나왔던 그의 배는 가죽 자루처럼 조금씩 조금씩 쭈그러들었고, 복스러운 새끼 거북이 같던 얼굴에서는 붉은 기가 조금씩 가셨다. 그리고 늘어졌던 이중턱은 덜 두드러졌고, 전체적으로 후피동물(厚皮動物 : 포유동물 중에서 가죽이 두꺼운 동물을 통틀어 이르는 말) 같던 면모는 점점 가셔서 다시 한 번 제 손으로 구두끈을 맬 수 있게 되었다. 그가 시계를 분해하고 빗장을 손질하는 모습을 지켜보면서, 페르난다는 그가 아우렐리아노 부엔디아 대령이 작은 황금물고기를, 아마란타가 수의와 단추를, 호세 아르카디오 세군도가 양피지를, 그리고 우르슬라가 추억 이야기를 그랬듯이, 한 번 끝낸 일을 처음부터 다시 시작하는 나쁜 버릇에 빠진 것은 아닌지 하고 걱정했다. 그러나 그 예상은 빗나갔다. 난처하게도 비 때문에 모든 것이 이상해진 것이다. 물기가 있을 리 없는 기계까지 사흘에 한 번씩 기름을 쳐주지 않으면 톱니바퀴 사이에 곰팡이가 피었다. 금실 은실에 녹이 슬고, 젖은 옷에 사프란 색 이끼가 끼었다. 물고기가 문을 통해 집 안으로 들어와 이 방 저 방 헤엄을 치다가 창문으로 빠져나가도 될 만큼 공기가 물기를 머금고 있었다.

어느 날 아침, 이대로 정신을 잃을 것 같은 기분을 느끼며 우르슬라는 눈을 떴다. 들것에 실려서라도 좋으니 안토니오 이사벨 신부에게만 데려가 달라고 그녀가 말했을 때였다. 우르슬라의 등에 거머리가 빽빽이 들러붙어 있는 것을 산타 소피아 데 라 피에다가 발견했다. 피를 다 빨렸다가는 큰일이기 때문에 타다 남은 장작불로 벌레들을 한 마리씩 떼어냈다. 바닥을 말리고, 벽돌을 괴어 침대 다리를 바닥에서 떨어뜨리고, 다시 신을 신고 걸어다닐 수 있도록 도랑을 파서 집의 물이 잘 빠지게 하고, 두꺼비와 달팽이를 쫓아내야 했다. 신경 써야 할 자질구레한 일이 너무 많아서 아우렐리아노 세군도는 자신이 점차 늙어가는 줄도 몰랐다. 그러던 어느 날 오후, 흔들의자에 앉아 이르게 저물어가는 하늘을 바라보던 그는 페트라 코테스를 떠올려도 온몸에 전율이라고는 느껴지지 않는 자신을 깨달았다. 차분한 중년의 아름다움을 지키고는 있지만 따분하기 짝이 없는 페르난다의 품으로 돌아가는 것도 나쁘지 않다는 생각까지 들었다. 그러나 이것도 비 때문이리라. 갑자기 욕정도 사그라지고 맥이 빠진 것처럼 식욕도 사라졌다.

비가 내린 지도 이제 곧 1년이 되는데, 예전 같았으면 이 지루함을 달래기 위해 무엇을 했을지 이것저것 상상해 보았다. 그는 바나나 회사가 대량으로 들여와 보급하기 전에 먼저 함석판을 들여 온 사람들 중 하나였으나, 그것은 그저 함석판으로 페트라 코테스의 침실 지붕을 덮어, 그 시절 마음 속 깊이 스며들었던 빗소리를 즐기기 위해서였다. 그러나 그런 청춘 시절의 방탕한 추억도 더 이상 그의 마음을 움직일 수 없었다. 마지막 광란의 잔치에서 자신에게 주어진 모든 도락(道樂)을 다 써버린 대신, 무엇을 떠올려도 슬픔이나 후회를 느끼지 않는 썩 괜찮은 대가를 얻었기 때문이다. 장마 덕에 한 자리에 앉아 곰곰이 생각할 시간을 갖게 되었다는 생각이 들었다. 또 페인트와 기름통을 들고 어슬렁거리는 동안, 익혀둘 수 있었는데도 그렇게 하지 않은 쓸모 있는 일들을 이것저것 배워두었으면 좋았겠다고 뒤늦은 후회가 든다는 생각이 들었다. 그러나 어느 쪽도 아니었다. 그가 집에 들어앉아 일을 할 마음이 생긴 것은 숙고나 반성의 결과가 아니었다. 그것은 아주 먼 옛날, 멜키아데스의 방에서 하늘을 나는 마법의 양탄자나 뱃사람이 탄 배를 통째로 집어삼키는 고래 따위의 신기한 이야기를 읽느라 정신이 없었던 시절에 움트기 시작한 것으로, 그것이 우연히 건초용 쇠스랑을 닮은 빗줄기 때문에 들춰진 것이다.

페르난다가 한눈을 파는 사이에 어린 아우렐리아노가 복도에 나타났다. 할아버지가 그의 출생에 관한 비밀을 알게 된 것도 이 즈음이었다. 할아버지는 그애의 머리카락을 자른 뒤 옷을 입히고, 낯을 가리는 버릇을 고쳐주었다. 불거진 광대뼈와 커다란 눈과 고독한 표정을 보고는 그 아이가 영락없이 아우렐리아노 부엔디아라는 이름에 어울리는 인물임을 알아냈다. 페르난다는 오히려 한시름을 놓았다. 페르난다는 꽤 오래 전부터 자신의 오만함을 깨닫고 있었으나, 아무리 생각해봐도 좋은 방법이 떠오르지 않아 고치지를 못하고 있었던 것이다. 아우렐리아노 세군도가 저렇게 손자가 생긴 것을 기뻐하며 사실을 있는 그대로 받아들일 줄 알았더라면, 페르난다는 그렇게 혼자 이 궁리 저 궁리를 하면서 미룰 필요도 없었다. 일찌감치 작년에 비밀을 다 털어놓고 고민에서 벗어날 수 있었을 것이다. 벌써 이를 갈기 시작한 아마란타 우르슬라에게 이 조카는 조금 버겁지만 장마철의 심심함을 푸는 데 더없이 좋은 장난감이었다. 아우렐리아노 세군도는 지금은 아무도 손대지 않는, 옛날 메메의 방에 있는 영어 백과사전이 생각났다. 그는 아이들에게 삽화, 특히 동물들의 삽화를 보여주고 나중에는 먼 나라의 지도와 유명한 사람들의 사진을 보여주었다. 그는 영어를 읽을 줄 몰라서 아주 유명한 사람이나 도시밖에는 아는 것이 없었으므로, 아이들의 꺼질 줄 모르는 호기심을 채워주기 위해서 수많은 이름과 전설을 지어내야만 했다.

 페르난다는 정말로 남편이 비가 그치기만 하면 첩에게 돌아갈 거라고 생각했다. 그녀는 비가 내리기 시작한 처음 몇 달 동안, 남편이 침실로 들어오면 부끄러운 이야기지만, 아마란타 우르슬라를 낳은 다음부터는 남편의 요구에 응할 수 없는 몸이 된 것을 들킬까 봐 두려웠다. 빈번한 사고로 중단되었으나, 페르난다가 얼굴도 모르는 의사와 편지를 주고 받는데 정신이 팔리게 된 원인도 사실은 이것 때문이었다. 처음 장마가 들기 시작하여 기차가 자주 탈선했을 때의 일이다. 페르난다와 편지를 주고받던 의사는 페르난다가 보낸 편지들이 도중에 분실됐다는 편지를 보내왔다. 시간이 좀 더 흘러, 얼굴도 모르는 의사와의 연락이 완전히 끊기게 되자, 페르난다는 유혈 소동으로 번진 카니발에 남편이 쓰고 나갔던 호랑이탈로 얼굴을 가리고 바나나 회사의 의사를 찾아가 가명을 쓰고 진찰을 받아볼까 하는 생각도 진지하게 해보았다. 그러나 부엔디아 집안에 자주 들러 장마에 대한 나쁜 소식만 가져오던 사람들 가운데 하나가, 바나나 회사에서 비가 내리지 않는 곳으로 옮긴다는 이유로 진료소를 철거 중이라고 말했다. 페르난다는 모든 희망을 잃고 말았다. 페르난다는 포기하고 장마가 끝나 우편 업무가 정상으로 되돌아올 때까지 기다리기로 했다. 페르난다는 마콘도에 마지막으로 남은, 당나귀처럼 풀을 뜯어먹고 사는 괴짜 프랑스 의사의 손에 자기 몸을 맡기느니 차라리 죽어버리는 편이 낫다고 생각해 그때그때 생각나는 치료법으로 고통을 억누르려 했다. 페르난다는 혹시 자기 병을 치료하는 방법을 알고 있지 않을까 해서 우르슬라와 많은 시간을 보내보기도 했다. 그러나 부끄러움을 피하기 위해 빙빙 돌려서 설명하는 버릇이 있는 페르난다의 애기는 '앞'이라는 소리가 '뒤'로 들리고, '낳는다'는 애기가 '내보낸다'는 말로 들렸다. 결국 우르슬라는 페르난다가 아픈 곳이 자궁이 아니라 장인 줄로 잘못 알고 설사약을 먹으라고 일러주었다. 병적인 수치심만 없었더라도 아무렇지도 않게 여겼을 이 병이지만, 편지 분실이라는 문제만 없었다면 페르난다는 비 따위는 신경 쓰지도 않았을 것이다. 생각해보면 페르난다의 일생은 쉼 없이 비가 내리는 하루라고 해도 좋았기 때문이다.

페르난다는 하루의 일정을 바꾸거나 관습을 소홀히 하는 일을 용서하지 않았다. 식사를 하는 사람이 발을 적시지 않도록 식탁을 벽돌 위에 놓고 의자를 널빤지에 올리고 있을 때조차, 삼베 식탁보와 중국 제도기를 쓰고, 저녁을 먹을 때는 촛대에 불을 밝혔다. 어떤 재난을 만나더라도 그 때문에 습관을 흐트러뜨릴 수는 없다고 생각했던 것이다. 장마가 시작되고부터는 가족 누구도 집 밖으로 나가려 하지 않았다. 모든 일이 뜻대로 되는 것이었다면 페르난다는 비가 내리기 시작했을 무렵이 아니라, 더 일찍부터 그렇게 하라고 했을 것이다. 문이란 닫기 위해 만들어진 것이며, 밖에 무슨 일이 있는지 알고 싶어하는 것은 창녀들뿐이라고 진지하게 생각했기 때문이다. 그러나 헤르넬도 마르케스 대령의 장례 행렬이 지나간다는 말에 가장 먼저 밖을 내다본 사람은 페르난다였다. 눈을 가늘게 뜨고 열린 창문 틈으로 본 광경에 큰 충격을 받아 그 뒤로 한 동안 자신의 약한 마음을 탓하기는 했지만 말이다.

페르난다는 그토록 황량한 장례 행렬은 상상도 못 했었다. 사람들은 소가 끄는 수레에 관을 싣고 그 위에 바나나 잎으로 가리개를 만들어 씌웠다. 빗발이 하도 극성스럽고 길바닥이 워낙 질퍽거려서 수레는 걸음을 옮길 때마다 멈추었고, 바나나 잎 가리개는 갈기갈기 찢어질 형편이었다. 어떠한 역전의 용사도 받기를 두려워할, 피와 화약으로 얼룩진 깃발이 덮인 관 위로 우울한 빗물이 줄지어 흘러내렸다. 관 위에는 또한 헤르넬도 마르케스 대령이 아마란타의 바느질방으로 들어가기 전 무장 해제를 하느라고 옷걸이에 풀어 걸었던 은과 청동 줄이 달린 긴 칼도 놓여 있었다. 수레 뒤에는 한 손에 가축몰이꾼의 막대기와 다른 손에는 빗물에 물감이 지워진 조화를 든 네에를란디아 조약 때의 생존자들이, 몇 사람은 신발을 벗고 모두들 바짓가랑이를 걷어 올린 채 진흙탕 속에서 철벅거리며 따라갔다. 아직도 아우렐리아노 부엔디아 대령의 이름을 지닌 거리에 망령처럼 나타난 그들은, 지나가면서 그 집을 흘낏 바라보고 광장 모퉁이를 돌아 사라졌으나 그곳에서 진흙에 바퀴가 빠지자 도와달라고 사람들을 불렀다. 우르슬라는 산타 소피아 데 라 피에다에게 기대어 문 쪽으로 갔다. 장례 행렬의 움직임을 하나하나 다 신경을 쓰며 열심히 지켜보았기 때문에, 우르슬라의 시력을 의심할 사람은 없었다. 하늘에서 소식을 가지고 내려온 천사처럼 높이 쳐든 손이 수레의 흔들림을 따라 움직이고 있어서 더더욱 그러했다.
"잘 가거라, 헤르넬도." 우르슬라가 소리쳤다. "우리 식구들에게 안부 전하고, 비가 그치면 만날 수 있을 거라고 해라."
아우렐리아노 세군도는 증조 할머니인 우르슬라를 도로 침대로 데리고 가서는 언제나처럼 거리낌없이 아까 작별 인사가 무슨 뜻이냐고 물었다.
"그 말 그대로란다." 우르슬라가 말했다. "난 비가 멎기만을 기다린단다. 비가 멎는 대로 죽을 생각이거든."
길의 상태를 보고 아우렐리아노 세군도는 무척 놀랐다. 그는 늦게나마 가축들이 걱정되어, 머리에 방수포를 뒤집어 쓰고는 페트라 코테스의 집으로 갔다. 허리까지 물에 잠긴 페트라 코테스가 마당에서 말의 시체를 물에 떠내려 보내려고 버둥거리는 모습이 보였다. 아우렐리아노 세군도가 지렛대를 가져다가 도와주자, 부풀어오른 커다란 시체는 한 바퀴 빙글 돌고는 질퍽한 흙탕물에 빨려 떠내려갔다. 장마가 지기 시작했을 때부터 페트라 코테스가 한 일이라고는 죽은 가축들을 마당에서 치우는 것뿐이었다. 처음 몇 주일 동안 페트라 코테스는 아우렐리아노 세군도에게 전갈을 보내 어서 대책을 마련해달라고 부탁했다. 그러나 그는 그저 그렇게 호들갑을 떨 필요가 없고 사태도 생각한 것처럼 심각하지 않을 테니, 비가 그친 다음에 대책을 강구해도 조금도 늦지 않을 거라는 답장만 보냈다. 페트라 코테스는 다시 전갈을 보내어 목장이 물에 잠겨 가축들은 먹을 것도 없는 고지대로 도망을 쳐 표범에게 물려가거나 병에 걸려 죽고 있다고 했다.

"지금은 아무런 방법이 없어." 아우렐리아노 세군도는 이렇게 회신했다. "비가 개면 또 태어나겠지."

페트라 코테스가 보는 앞에서 가축들이 픽픽 죽어 갔으며, 혼자서는 여기 저기 뒹구는 시체를 치울 수도 없었다. 페트라 코테스는 팔짱을 끼고 한때 마콘도에서 가장 규모가 크고 견실했던 재산이 장마 때문에 무자비하게 결딴나고, 뒤에는 악취 외엔 아무것도 남지 않는 것을 묵묵히 지켜보았다. 아우렐리아노 세군도가 사정을 살펴보려고 찾아갔을 때에는 죽은 말의 시체와 무너진 마구간에 남아 있는 비쩍 마른 노새 한 마리뿐이었다. 페트라 코테스는 놀라지도, 기뻐하지도, 원망하지도 않는 채 그가 오는 모습을 지켜보다가는 겨우 싸늘한 웃음을 지으며 이렇게 말했을 뿐이다.

"참, 시간 한번 잘 맞춰 오시네요!"

페트라 코테스는 뼈와 가죽만 남아 완전히 늙어 있었다. 육식동물처럼 날카롭던 눈빛은 너무 오랫동안 비만 바라보았기 때문에 구슬픈 빛을 띠게 되었고 순해졌다. 아우렐리아노 세군도는 페트라 코테스의 집에서 석 달을 보냈는데, 그것은 자기 집보다 페트라 코테스의 집이 더 편해서가 아니라, 다시 한 번 방수포를 쓰기로 결심하는 데 그만한 시간이 필요했기 때문이었다.

"뭐 호들갑 떨 필요는 없지." 아우렐리아노 세군도는 페르난다의 집에서 했던 말을 되풀이했다. "몇 시간만 지나면 분명 그칠 거야."

첫 일주일 동안 아우렐리아노 세군도는 시간과 장마에 수척해진 첩에게 조금씩 익숙해졌고, 차차 옛날과 같은 눈길로 페트라 코테스를 바라보게 되었다. 페트라 코테스의 걷잡을 수 없을 만큼 유쾌한 성격과 가축들에게까지 자극을 주어 새끼를 많이 치도록 할 만큼 정열적이던 그녀의 사랑을 돌이켜 보고는, 반쯤은 욕구가 일기도 해서 둘째 주의 어느 날 밤, 페트라 코테스를 흔들어 애무를 재촉했다. 그러나 페트라 코테스는 아무런 반응도 보이지 않았다.

"그냥 주무세요." 페트라 코테스가 졸린 목소리로 말했다. "지금은 이런 거 할 때가 아녜요."

아우렐리아노 세군도는 천장에 달린 거울에 비친 자기 모습을 쳐다보았다. 실감개를 끊어질 듯한 실로 죽 연결한 듯한 페트라 코테스의 등뼈를 보고는 그녀의 말이 맞다고 생각했다. 시대가 뒤숭숭해서가 아니라 이제 그들

자신이 분명 그런 짓을 할 나이가 아니었기 때문이었다.
　아우렐리아노 세군도는 트렁크를 가지고 집으로 돌아갔다. 우르슬라뿐만이 아니라, 마콘도 주민 모두가 비가 그치는 것을 기다렸다가 죽을 작정이라고 아우렐리아노 세군도는 생각했다. 그는 길을 따라가면서, 멍한 눈빛으로 팔장을 낀 채 응접실에 앉아 시간을 날짜나 시각으로 나누는 것도 무의미해져서 그저 그것이 통째로 지나가는 것을 느끼며 내리는 비만 내다보는 사람들을 보았다. 아이들은 아우렐리아노 세군도를 반갑게 맞아 주었으며, 그는 아이들에게 고장 나서 빽빽거리는 아코디언을 켜주었다. 그러나 아이들은 음악보다도 백과사전에 관심을 보였다. 그래서 다시 메메의 방으로 모였고 아우렐리아노 세군도의 상상력은 다시금 힘을 발휘해, 기구(氣球)를 구름 사이에서 잠깐 자리를 찾아 날아다니는 코끼리로 바꾸어놓았다. 한번은 백과사전을 뒤지다가 옷은 생소해도 어쩐지 낯이 익은 듯한 말 탄 사람의 그림을 찾아냈다. 그 사진을 오랫동안 뜯어보던 그는 그것이 아우렐리아노 부엔디아 대령이라는 결론에 이르렀다. 아우렐리아노 세군도는 그 사진을 페르난다에게도 보여주었으며, 페르난다는 그 말 탄 사람이 분명 대령일뿐더러 부엔디아 집안의 모든 사람들을 닮았다고 맞장구쳤다. 그것은 사실 다탄 족 (중세에 아시아 서부와 유럽 동부를 침략한 몽고족과 투르크족 유목민족의 호칭. 타타르인) 무사의 그림이었다. 세월은 로도스 섬의 거상 (기원전 280년경, 소아시아반도의 남서단에 위치하는 로도스 섬 항구 입구에 세워졌다는 청동제 아폴로 거상. 세계 7대 불가사의의 하나) 과 뱀을 춤추게 하는 사람들 얘기를 하는 동안에 흘러갔고, 어느 날 아내는 그에게 곡식 창고에 소금에 절인 고기 6킬로그램과 쌀 한 가마밖에 남은 것이 없다고 말했다. 그러자 아우렐리아노 세군도가 물었다.
　"그래서 날더러 어떻게 하란 말이야?"
　"나도 몰라요. 그건 남자들이 알아서 할 일이잖아요."
　"알았어. 날씨가 걷히면 무슨 수를 써보지."
　아우렐리아노 세군도는 고기 한쪽과 밥 한줌으로 점심을 때우는 일이 있더라도 집안일에 신경 쓰는 것보다는 백과사전을 들춰보는 것이 훨씬 재미있었다.
　"지금은 뭐 어떻게 할 도리도 없잖아?" 아우렐리아노 세군도는 이렇게 말했다. "비가 뭐 평생토록 내리진 않겠지."
　곡식 창고의 급박한 문제 해결을 하루하루 미루는 동안 페르난다의 노여움도 쌓여가서, 어쩌다 튀어나오는 불평이나 아주 가끔씩 내뱉던 욕설이 주체할 수 없는 물살이 되어 뿜어지는 날이 마침내 찾아왔다.

어느 날 아침, 단조롭고 낮은 기타 소리처럼 시작된 욕설은 시간이 지나면서 점점 음조가 높아지고 곡조도 훨씬 다채로워졌다. 아우렐리아노 세군도는 그 노랫 소리를 이튿날 아침 식사가 끝날 때까지 의식하지 못하다가 이때 처음으로 빗소리보다 훨씬 크고 빠른 종알종알 소리가 들려오는 것을 깨달았다. 어디서 나는 소리인가 둘러봤더니, 페르난다가 이리저리 집 안을 왔다갔다 하면서 구시렁거리고 있었다. 어렸을 때에는 여왕이 되려는 준비만 하면서 자랐는데, 이제 와서 보니 남편이라는 자는 벌렁 누워 하늘에서 빵이 떨어지기나 기다리는 게으른 난봉꾼인 데다, 집이라고는 꼭 미친 사람들만 모아놓은 곳 같다고 투덜거렸다. 또 자기 혼자서 주린 창자를 움켜쥐고 당장이라도 망할 것 같은 집안을 꾸려나가느라고 정신도 못 차리겠는데, 아침 해가 떠오를 때부터 잠자리에 들 때까지 웬 할 일은 또 그렇게 많고 참아야 할 일도 그렇게 많은지 자려고 누우면 눈에 유리 가루가 들어간 것처럼 따끔거렸다. 그렇다고 해서 누구 하나 "안녕, 페르난다! 잘 잤어?" 물어보는 일도 없고, 말만이라도 왜 그렇게 얼굴이 창백하냐, 눈 밑이 왜 그렇게 거무죽죽하냐고 물어보는 사람도 없었다. 물론 처음부터 그럴 줄 알고는 있었지만 식구들은 모두 자기를 귀찮은 존재라고만 여겨, 냄비를 쥐는 헝겊이나 벽에 그린 낙서만큼도 대우를 안 해주었으며, 기껏해야 자기 등 뒤에서 수군거리면서 성녀인 체 한다느니, 내숭을 떤다느니, 뱃속이 시커먼 여자라느니 하면서 욕이나 하고, 심지어 죽은 아마란타는 큰 소리로 자기더러 직장(直腸)과 제 샅날도 구별 못하는 여자라고 떠들어댔다.

어쩌면 그런 소리를 그렇게 술술 할 수가 있을까! 그래도 하느님의 뜻이라고 생각해서 참아왔지만 호세 아르카디오 세군도에게, 집안에 저주가 내린 것은 모두가 다 허세나 부리고 성질은 더러운, 노무자들을 죽이라고 정부에서 보낸 사람들이나 마찬가지로 고원 지대에서 온 여자를 집안에 들였기 때문이라고 한 것은 도저히 참을 수가 없다. 이래봬도 자기는 알바 공작의 양녀로 대통령 부인도 벌벌 떨 만한 귀족 집안의 핏줄을 타고났으며, 이베리아 반도에서 전해진 열한 개의 성(姓)을 쓸 권리도 있고, 은식기 열여섯 개만 보고도 모두들 얼이 빠지는 멍청이들만 모여 사는 이곳에서는 아무도 감히 마주 보지도 못할 만큼 지체가 높다. 바람을 밥 먹듯 피는 남편이라는 작자는 은식기를 보고서 기껏 한다는 말이 배를 잡고 웃어대면서 이렇게 나이프와 포크와 스푼이 많은 걸 보니 사람이 아니라 발이 100개나 달린 지네가 식사를 하러 올 모양이라고 하질 않나, 눈을 감고도 언제 흰 포도주가 나오고 그 술이 어느 쪽 어느 유리잔에 담기며, 붉은 포도주를 언제 어느 쪽 어느 유리잔에 부어야 하는지 아는 사람도 자기뿐이고, 죽은 아마란타만 해도 정말 시골 무지렁이여서 흰 포도주는 낮에 마시고 붉은 포도주는 밤에 마시는 걸로 알았었고, 자랑은 아니지만 해안 지역을 다 뒤져봐도 일을 볼 때 황금 요강을 쓰는 사람은 오직 자기뿐일 텐데, 죽은 아우렐리아노 부엔디아 대령은 기껏 한다는 소리가, 염치 없이도 어쩌다가 황금 요강에 변을 보는 영광을 누리게 되었느냐고 비꼬지를 않나, 거기다가 한술 더 떠서 아스트로멜리아(수선화과의 여러해살이풀. 브라질 원산의 구근초) 향이 날 것도 아니고 그냥 똥을 누는 것 뿐이지 않냐고 하지를 않나, 어쩌면 그런 말을 술술 할 수 있는지! 그런가 하면, 그만 실수로 침실에서 대변을 보는 모습을 보여줬다고는 하지만 레나타까지도 가만히 있지 않고, 요강을 아무리 황금으로 만들고 가문의 문장을 새겨 넣었더라도 요강에 든 것은 그저 똥에 지나지 않으며, 그것도 고원 지대 사람들이 싼 것이라 냄새가 더 지독하다고 했다. 내가 낳은 딸마저 이 모양이라 집안 식구들에 대해서는 별로 기대하는 것도 없었지만, 아무리 그래도 남편만은 소중히 여겨 줄 줄 알았는데, 좋든 싫든 혼인성사에 의해 맺어진 배우자이고 또 나를 이 꼴로 만든 장본인이니까, 부족한 것도 없고 기분전환 삼아 장례식 조화나 만들며 살던 부모의 집에서 자기 멋대로 데려다가 고생을 시킨 데 대해서 책임을 져야 할 것이고, 자기 대부(代父)가 직접 서명하고 반지의 문장을 찍어 보낸 편지에서 자기 손은 클라비코드 말고는 아무것도 만지지 않아야 할 손이라고 했건만, 온갖 주의와 경고를 들었을 텐데도, 생각 없는 남편이 나를 우리집에서 끌어다가 지옥의 번철(전을 부치거나 고기를 볶을 때 쓰는 솥뚜껑처럼 생긴 무쇠판)처럼 숨도 못 쉴 만큼 더운 곳으로 데려다놓고 성령강림절(오순절. 부활절 뒤의 제7일요일에 해당 하는 축일. 사도들에게 성령이 강림한 것을 축하함)이 다 지나기도 전에, 그 한 곳에 머물 줄을 모르는 트렁크와 부랑배들이나 가지고 노는 아코디언을 싸 짊어지고 그 나쁜 년이랑 우습지도 않은 살림을 차렸는데, 암말처럼 흔들어 대는 궁둥이만 봐도 어떤 계집인지 쉽게 알 수 있다고 남들이 그러더니만, 아닌 게 아니라 자기와는 정반대인 계집이었고, 자기는 궁전

백년의 고독 297

에서나 돼지우리에서나, 식탁에서나 침대에서나 어디에서나 귀부인이었으며, 본디 태어나길 숙녀로 태어나 하느님을 경배하고 하늘의 율법을 따르기 때문에, 남편은 자기와는 마음대로 할 수 없었던 곡예와 같은 짓들을 다른 여자와 하게 되었는데, 그 여자는 프랑스 창녀들처럼 무슨 짓이라도 할 여자였고, 아니 오히려 창녀만도 못했으니 창녀들은 그나마 솔직해서 문에다 붉은 불이라도 밝혔지만, 그 계집은 그러지도 않았고, 그리고 곰곰이 생각해 보니, 훌륭한 기독교인이며 죽은 다음에도 무덤 속에서 피부가 새색시의 옷처럼 보드랍고, 눈이 에메랄드처럼 맑게 살아 있고 육체가 그대로 남아 있게 될 특권을 하느님에게서 직접 부여받은 성지순례파의 기사이며 본받을 만한 신사인 돈 페르난도 델 카르피오와 도냐 레나타 아르고테 사이에서 태어난 딸인 자기로서는 그런 짓은 도저히 할 수 없다고 했다.

"그건 거짓말이야." 아우렐리아노 세군도가 페르난다의 말을 막았다. "당신 아버지는 여기 도착했을 때는 벌써 썩어서 냄새가 나던데."

아우렐리아노 세군도는 페르난다가 단 한마디의 실수를 할 때까지 기다리느라고 꼬박 하루를 보냈다. 페르난다는 그의 반박을 무시했지만 언성은 조금 낮추었다. 저녁 식사 무렵에는, 짜증스런 불평 소리는 빗소리가 도저히 당할 수 없을 지경이었다. 아우렐리아노 세군도는 머리를 떨군 채 식사도 제대로 못하고 일찍 잠자리에 들었다. 이튿날 아침 식사 시간에 페르난다는 잠을 잘 못 잤는지 부들부들 떨고 있었다. 뱃속에 쌓였던 말은 모조리 토해낸 것 같았다. 하지만 남편이 반숙한 달걀을 하나 먹을 수 있겠느냐고 물었더니, 페르난다는 간단히 지난주에 계란이 다 떨어졌다고만 하지 않고, 이 집안 남자들을 욕하기 시작했다. 멍하니 팔짱만 끼고 있으면서 식탁에 산해진미를 차리라는 말이 잘도 나온다고 했다. 아우렐리아노 세군도는 여느 때처럼 아이들에게 백과사전을 보여주기 위해 식탁을 떠났으나, 페르난다는 메메의 방을 정리한다는 핑계로 들어와서 남편에게 들리도록, 아무것도 모르는 순진한 아이들에게 백과사전에 아우렐리아노 부엔디아 대령의 사진이 들어 있다고 거짓말하는 것을 보니 얼굴 가죽이 꽤나 두껍다고 투덜거렸다. 오후가 되어 아이들이 낮잠을 자는 동안 아우렐리아노 세군도는 복도에 앉아 시간을 보내려고 했지만, 페르난다는 그곳까지 쫓아와 주위를 어슬렁거리며 파리 날개처럼 앵앵대는 소리로 그를 약올리고 괴롭혔다. 집에 먹을 것이 없어서 돌멩이라도 먹어야 할 판국인데, 남편은 페르시아의 왕처럼 버티고 앉아서 비나 멀거니 구경하고 있으니 그도 따지고 보면 게으름뱅이에, 얼간이에, 밥도둑에, 무능력한 인간이라, 이불솜보다도 못 미더운 남자이며, 여자에 붙어서 먹고살기나 하고, 고래 얘기를 듣고도 태연했던 요나(구약성서에 등장하는 헤브라이 예언자. 신의 노여움을 사서 바다로 던져져 큰 물고기(고래)가 삼켰으나 3일 뒤에 상처 하나없이 뱉어냈음)의 아내와 결혼한 줄 알고 있다고 떠들어댔다. 아우렐리아노 세군도는 귀가 먹은 것처럼 아무 반응도 없이 두 시간 넘게 페르난다의 얘기를 듣기만 했다. 오후 늦게서야 아우렐리아노 세군도는 머릿속이 지끈지끈해질 만큼 계속 울려대는 소리를 더 이상 참을 수가 없어서 페르난다의 말을 막았다.

"제발 그만 하고 입 좀 다물어."

그러나 페르난다는 오히려 언성을 높였다.

"입을 다물 이유가 하나도 없는데 어떻게 입을 다물어요? 내 얘기가 듣기 싫은 사람은 다른 곳으로 가요."

그 말을 들은 아우렐리아노 세군도는 자제력을 잃고 말았다. 그는 기지개라도 켜려는 듯 천천히 일어나 분노를 억누르며, 베고니아 화분을 하나씩 들어 엎고, 다음에는 양치(養齒)고사리와, 오레가노와 그리고 다른 꽃 화분을 차례로 집어서 마룻바닥에 내던졌다. 그때까지는 자기의 불평소리가 얼마나 큰 힘을 지니고 있는지 잘 몰랐던 페르난다는 갑자기 겁이 났지만 이미 너무 늦었다. 쏟아져나오는 물처럼 터져나오는 노여움에 몸을 맡겨 우렐리아노 세군도는 사기그릇을 넣어두는 찬장의 유리를 깨뜨리고 조금도 서두르지 않으면서 접시들을 하나씩 하나씩 꺼내서 마룻바닥에 던져 산산조각을 냈다. 집 안을 돈으로 도배하던 때와 마찬가지로 그는 천천히, 조금도 흥분하지 않고 보헤미아 산 수정그릇과 손으로 그림을 그려 넣은 꽃병과 장미를 잔뜩 실은 배에 탄 소녀들의 그림 액자와, 도금한 틀에 끼운 거울을 차례로 깨뜨렸다. 응접실에서 곡식 창고까지 돌아가면서 깨지기 쉬운 것들은 다 부수고, 마지막으로는 부엌으로 가서 커다란 독을 들어내어 마당 한 가운데에 집어던지자 그것은 퍽석 소리를 내며 부서졌다. 그런 뒤 그는 손을 씻고 방수포를 뒤집어 쓰고 나갔다가, 자정이 되기 전에 말린 고기 한 타래와, 쌀 몇 자루와 바구미가 낀 옥수수와, 바짝 마른 바나나 몇 다발을 가지고 돌아왔다. 그때부터 집에서는 음식 걱정이 사라졌다.

아마란타 우르슬라와 어린 아우렐리아노는 아주 나중까지도 이 장마 때를 행복했던 시절로 기억하게 되었다. 그들은 엄격한 페르난다의 눈을 속이고 마당의 물구덩이에서 철벅거리며 놀고 도마뱀을 잡아 해부하고, 산타 소피아 데 라 피에다가 한눈을 파는 사이에 수프에다 나비 날개의 가루를 털어 넣고는 독약을 풀었다고 좋아하고는 했다. 그들에게는 우르슬라가 가장 재미있는 장난감이었다. 그들은 우르슬라를 낡고 커다란 인형이라고 생각했으며, 색색의 천으로 싸고 얼굴에는 숯검정과 잇꽃나무 꽃물로 칠을 하고는 이리저리 끌고 다녔고, 한번은 두꺼비한테 하듯이 가지치기할 때 사용하는 가위로 우르슬라의 눈알을 후벼내려고도 했다. 아이들에게는 오락가락하는 우르슬라의 정신만큼 재미있는 것도 없었다. 우르슬라는 서서히 현실 감각을 잃고 현재와 아주 오래전의 과거를 걸핏하면 혼동했다. 한번은 100년도 전에 땅에 묻힌 증조모 페트로닐라 이구아란이 죽었다고 사흘 동안 계속해서 운 일까지 있었다. 우르슬라의 혼동은 무척 심해져서 심지어는 어린 아우렐리아노를 얼음 구경을 갔을 무렵의 대령으로 혼동하고, 그때 신학교에 가 있었던 호세 아르카디오를 집시들을 따라 집을 나갔던 큰아들이라고 생각했다. 우르슬라가 워낙 식구들 얘기를 많이 해서, 아이들은 오래 전에 죽었을 뿐 아니라, 저마다 다른 시대에 살았던 사람들이 우르슬라를 찾아온 것처럼 꾸미기로 했다. 머리는 재투성이가 되고 얼굴에는 빨간 수건을 두른 채 침대에 앉아 있는 우르슬라는 아이들이 마치 실제로 만나본 것처럼 특징을 자세히 알려주는 친척들의 망령에 둘러싸여 아주 기뻐했다. 우르슬라는 선조들과 얘기를 나누면서 자기가 태어나기 전의 일들에 대해 얘기했다. 그들이 가져온 여러 소식을 듣고, 손님들보다 훨씬 나중에 죽은 사람들에게 대해서 슬픈 얘기를 나누다가는 함께 울기도 했다. 아이들은 얼마 안 있어, 찾아오는 망령들에게 우르슬라가 꼭 물어 보는 것이, 전쟁 중에 비가 그칠 때까지 맡겨두겠다며 성 요셉의 석고상을 가져온 사람이었음을 알게 되었다. 이렇게 해서 아우렐리아노 세군도는 우르슬라만이 아는 장소에 황금이 묻혀 있다는 사실이 생각났지만, 그가 곰곰이 궁리해 낸 질문이나 작전도 우르슬라의 입을 열게 하는 데는 아무 효과가 없었다.

    우르슬라는 혼미한 착란 상태에서도 묻어둔 황금의 진짜 주인에게만 털어놓을 작정인 비밀을 지킬 만큼의 판단력은 가지고 있었다. 우르슬라의 그런 결심은 어찌나 단호하고 빈틈이 없던지, 한번은 아우렐리아노 세군도가 그의 난봉꾼 친구 한 사람을 그 황금의 주인인 것처럼 꾸며서 들여보냈는데, 우르슬라의 함정이 깔린 교묘한 질문 공격에 걸려 보기 좋게 실패했다. 이러다가는 우르슬라가 비밀을 간직한 채 무덤에 묻힐지도 모른다고 생각한 아우렐리아노 세군도는 앞마당에서 물을 빼야 된다는 핑계를 대고 사람들을 불러서 땅을 파헤치고 자기 스스로도 쇠막대기와 온갖 금속탐지기로 땅속을 뒤졌다. 석 달에 걸친 철저한 탐색에도 금 비슷한 것조차 찾을 수 없었다. 나중에는 땅파는 사람들보다 카드점이 황금을 더 쉽게 찾을지도 모른다는 생각이 들어 필라르 테르네라를 찾아갔다. 필라르 테르네라는 점을 칠 카드를 우르슬라가 손수 떼지 않으면 아무 소용도 없으리라고 말했다.

그렇지만 필라르 테르네라는 그 보물이 어디엔가 틀림없이 묻혀 있으며, 우르슬라의 침대를 중심으로 해서 반경 122미터의 원 안에, 캔버스 천으로 만들고 구리 철사로 묶은 3개의 자루에 든 7214개의 금화가 묻혀 있다고 알려 주었다. 그러나 비가 그치고 햇볕이 쨍쨍 내리쬐는 6월이 3년 동안 이어져서 진흙탕이 완전히 마르기 전에는 절대로 그것을 찾지 못할 것이라고 했다. 자세한 듯하면서도 막연하기 짝이 없는 그런 정보를 얻은 아우렐리아노 세군도는 필라르 테르네라의 말도 나오는 대로 말하는 무당의 말과 똑같다고 생각하고, 그 예언이 이루어지려면 적어도 3년은 기다려야 하고, 이제 겨우 8월밖에 되지 않았는데도, 계획을 끝까지 밀고 나갔다. 아우렐리아노 세군도를 놀라게 한 첫 번째 사실은 그를 더욱 혼란에 빠뜨렸다. 우르슬라의 침대에서 뒷담까지의 거리가 정확히 122미터였다는 사실이었다. 페르난다는 자를 들고 다니며 거리를 재는 아우렐리아노 세군도를 보고 그의 쌍둥이 형처럼 그마저 미쳐버리지 않았나 걱정했는데, 인부들에게 도랑을 1미터 정도 더 깊이 파내라고 시키는 꼴을 보고는 형보다 상태가 더 좋지 않다는 생각까지 들었다. 문명 세계로 가는 길을 찾아 나섰던 그의 증조부에 견줄 만한 탐험의 열병에 걸린 아우렐리아노 세군도는 얼마 남지 않았던 기름기도 없어져서 마른 몸매와 멍하니 생각에 잠기는 모습이, 옛날처럼 다시 그의 쌍둥이 형과 똑같아지게 되었다. 아우렐리아노 세군도는 아이들에게는 더 이상 신경을 쓰지 않았다. 아우렐리아노 세군도는 머리끝부터 발톱 끝까지 진흙을 뒤집어쓴 몸으로 아무 때나 불규칙하게, 그것도 부엌 구석에서 식사를 했으며, 가끔 산타 소피아 데 라 피에다가 뭐라고 물어도 제대로 대답도 하지 않았다. 꿈에도 생각해 보지 못했을 정도로 열심히 땅을 파헤치는 그를 보고 페르난다는 그의 무모함은 근면함이요, 그의 탐욕은 헌신이요, 그의 고집은 참을성이라 생각하고, 그의 게으름을 탓했던 자신의 행동을 깊이 후회했다. 그러나 아우렐리아노 세군도는 이때 동정어린 화해를 받아들일 상태가 아니었다. 그는 죽은 나뭇가지와 썩은 꽃의 수렁 속에 턱까지 빠져서 앞마당과 뒷마당을 다 파헤친 다음에 화단을 파 엎기 시작했으며, 집의 동쪽 복도를 받친 기초 밑을 어찌나 깊이 파고 들어갔던지, 어느 날 밤 집안 식구들은 땅 밑에서 무시무시하게 울려 나오는 끼익끼익 소리에 홍수가 밀려온 줄 알고 깜짝 놀라 잠에서 깼다. 방 세 개가 지금이라도 무너질 것 같았고, 페르난다의 방에서부터 복도까지는 깊은 금이 갔다. 그러나 아우렐리아노 세군도는 그런 일이 있었다고 해서 황금을 찾는 일을 중단하지는 않았다. 마지막 희망도 사라지고, 그나마 남은 일이 있다면 카드가 예언한 대로 기다리는 일뿐이었어도, 아우렐리아노 세군도는 무너져 가는 토대를 수리하고 갈라진 틈을 메운 뒤 이번에는 서쪽에서 파들어 가기 시작했다. 그 다음 해 6월 둘째 주에 빗줄기가 주춤하고 구름이 걷히기 시작해서 곧 날씨가 갤 것 같아졌을 때에도 그는 같은 일만 계속하던 중이었다. 마침내 비가 그쳤다. 어느 금요일 오후 2시에 벽돌 가루처럼 빨갛고 까칠까칠하며, 물처럼 상쾌한 태양이 세상을 비추기 시작했고, 그로부터 10년 동안은 비가 한 방울도 내리지 않았다.

　마콘도는 폐허나 다름 없었다. 늪처럼 질퍽거리는 길에 부서진 가구들, 붉은 창포꽃으로 덮인 짐승 뼈와, 처음 도착할 때만큼이나 황망히 마콘도를 떠난 외지 사람들이 남기고 간 물건들이 여기저기 쌓여 있었다. 바나나 열병이 휘몰아치던 시절에 서둘러서 아무렇게나 지은 집들은 빈 집이 된 지 오래였다. 바나나 농장은 모든 시설을 철거하여 철조망으로 둘러쌌던 마을 터에는 쓰레기 더미만 남아 있었다. 나무로 지은 집들과 오후가 되면 시원한 산들바람을 맞으며 카드놀이를 하던 테라스도, 몇 년 뒤 마콘도를 이 세상에서 없애 버릴 바람을 예언이라도 하듯 앞서 불어온 바람에 깨끗이 날아가 없어졌다. 이 탐욕스런 바람이 남기고 간 인간의 흔적이라고는 팬지꽃 더미에 파묻힌 자동차에서 발견된 파트리샤 브라운의 장갑뿐이었다. 마콘도 건설 당시 호세 아르카디오 부엔디아가 탐험했고, 나중에는 바나나 농장이 번창했던 그 마법의 지역은 썩은 그루터기만 남은 습지로 변하여, 그로부터 몇 년 동안 머나먼 지평선에 거품이 이는 조용한 바다가 보였다. 장마가 그친 뒤 첫 번째 일요일에 잘 마른 옷을 입고 마을 모습을 살펴 보러 나갔던 아우렐리아노 세군도는 너무 비참한 기분이 들었다.

바나나 회사가 몰고 온 태풍이 이곳을 휩쓸기 전부터 마콘도에서 살았던 사람들 가운데 이번 재난에서도 살아남은 사람들이 길 한가운데 나앉아서 오랜만에 나온 햇볕을 즐기고 있었다. 기나긴 장마로 그들의 피부에는 조류(藻類)의 초록빛이 서렸고, 눅눅한 곰팡내가 났지만, 태어난 마을이 다시 자신들 것이 되었다는 사실 때문에 마음속 깊이 기뻐하는 것 같았다. 터키 사람들의 거리도 슬리퍼를 신고 귀걸이를 단 터키 사람들이 금강앵무와 값싼 장신구를 바꾸러 왔다가 적당한 곳을 골라서 오랜 방랑 습관을 버리고 정착했던 시절의 모습을 되찾았다. 비가 멈춘 뒤, 가게의 상품들은 모두 엉망이 되어, 가게 앞에 펼쳐놓은 옷감에는 곰팡이가 얼룩얼룩 무늬를 지었고, 카운터는 흰개미가 온통 파먹었으며, 벽은 습기로 삭았지만, 이제 3대째 이른 아라비아인들은 그들의 아버지, 할아버지와 같은 자리에서 같은 자세로 앉아 있었다. 시간의 흐름이나 갖가지 재난에도 아랑곳하지 않고 늘 과묵하고 침착해서 불면증이 만연했을 때나 아우렐리아노 부엔디아 대령의 서른두 번의 전쟁이 끝난 다음에도 그랬듯이, 살았는지 죽었는지 알 수 없었다. 도박장, 튀김노점상, 사격장, 그리고 점집이 있던 뒷골목 잔해 앞에서 그들이 보인 침착함은 아우렐리아노 세군도를 놀라게 했다. 그는 어떤 신비한 수를 썼길래 태풍에도 살아남고, 물에도 빠져 죽지 않았느냐고 물었다. 그들은 모두 능글맞은 미소와 몽롱한 눈빛으로, 따로 의논을 한 것도 아니면서 모두 한결같은 대답을 했다.

"헤엄을 쳤죠."

마콘도 토박이들 가운데서는 아마 페트라 코테스만이 아라비아인들과 비슷한 마음을 지니고 있었을 것이다. 가축우리가 모두 비에 쓸려갔어도 집만은 가까스로 무사했다. 장마가 끝나가던 마지막 해에 아우렐리아노 세군도에게 빨리 돌아오기를 재촉하는 전갈을 보냈지만 그는 언제쯤 그녀의 집으로 돌아갈지 모르겠다는 회답만 보내왔고, 아무튼 돌아갈 때에는 금화 상자를 지고 가서 침실 마룻바닥에 돌을 깔아주겠다고 했다. 이 답신에 페트라 코테스는 혼자서라도 이 재난을 이기고 살아남기로 마음을 단단히 먹었으며, 애인이 탕진해 버리고 홍수에 날아가 버린 재산을 되찾겠다는 맹세를 다질 만큼 분노에 마음이 끓었다. 각오가 그만큼 단단했던 덕택에, 아우렐리아노 세군도가 마지막 편지를 받은 지 여덟 달 만에 찾아갔을 때, 페트라 코테스는 안색이 푸르스름했고, 머리는 헝클어지고, 눈자위가 푹 꺼졌으며, 온몸에 옴이 올라 번들거렸어도 열심히 종이 쪽지에 추첨권 번호를 적고 있었다. 아우렐리아노 세군도는 그 모습을 보고 놀랐으나, 페트라 코테스도 그의 더럽고 초췌한 모습을 보고는 자기를 만나러 와 준 애인이 아니라 그의 쌍둥이 형이 아닌가 생각했을 정도였다.

"당신 머리가 돌아버린 모양이군." 아우렐리아노 세군도는 페트라 코테스에게 말했다. "추첨권 장사를 해서 팔 것이라고는 당신 뼈다귀밖에는 아무것도 없잖아?"

그러자 페트라 코테스는 그에게 침실을 들여다보라고 했다. 그 안에는 노새가 한 마리 있었다. 여주인처럼 앙상한 뼈에 가죽만 남은 그 노새는 페트라 코테스 못지않게 끈질기게 살아남았다. 페트라 코테스는 그 노새를 그녀의 분노로 먹여 살렸다. 건초나 옥수수나 풀뿌리가 다 떨어지자 자기의 침실에 데려다놓고 무명 이불과, 페르시아 양탄자와 플러시 천으로 만든 이부자리와 벨벳 커튼과 금실과 수놓은 호화로운 침대 덮개와 비단 술 장식까지 모두 먹이로 주었다.

17

장마가 끝나면 곧 죽겠다고 했던 우르슬라는 그 약속을 지키려고 무척 애를 썼다. 비가 오는 동안은 제정신으로 돌아오는 일이 좀처럼 없었으나, 뜨거운 바람이 불어와서 장미 덩굴이 말라죽고 진흙탕이 바싹 마르고, 마콘도 일대에 불타는 듯한 흙먼지가 피어올라서 녹슨 양철 지붕과 아몬드 고목에 들러붙기 시작한 8월 이후부터는 그런 일이 잦아졌다. 3년 넘게 아이들의 장난감 취급을 당했다는 사실을 알고 비참한 생각이 들어 우르슬라는 울었다. 우르슬라는 아이들이 얼굴에 칠해 놓은 물감을 닦아내고, 온몸 여기저기 걸쳐놓은 알록달록한 리본과 말린 도마뱀과 개구리, 염주와 아라비아 목걸이를 모두 벗어 던졌다. 아마란타가 죽은 뒤 처음으로 남의 도움을 받지 않고 자리에서 일어나 다시 다른 식구들과 함께 생활을 시작했다.

기력 하나로 우르슬라는 어둠 속에서도 방향을 알 수 있었다. 가끔 발이 걸려 고꾸라지는 장면을 보거나 천사처럼 머리 위로 손을 쳐들고 걸어가는 우르슬라와 부딪친 사람들은 그가 몸이 불편하다고는 생각했지만, 장님이 되었으리라고는 생각지도 못했다. 우르슬라는 눈으로 보지 않아도 처음 집을 지었을 때부터 정성을 들여 가꾼 꽃밭이 장마와 아우렐리아노 세군도의 금화 사냥 때문에 다 망가졌고, 담벼락과 마룻바닥 시멘트에 금이 가고, 가구에 곰팡이가 피고 색이 바랬으며, 문짝이 떨어지려 하고, 집안 식구들은 우르슬라가 젊었던 시절에는 상상도 할 수 없었을 만큼 좌절감과 슬픔에 젖어 있음을 알 수 있었다. 쓰지 않는 방들을 손으로 더듬어 살피고 다니면서 우르슬라는 나무를 갉아내는 흰 개미와, 옷장 속에서 옷을 갉아먹는 좀벌레와 장마가 한창일 때 잔뜩 불어나서 집 토대를 파먹어대는 커다란 붉은개미들의 섬뜩한 소리를 들을 수 있었다. 어느 날 성자상이 든 트렁크를 연 우르슬라는 트렁크 속 옷들을 가루로 만든 바퀴벌레들이 뛰어나와 자기 몸에 달라붙자, 그것을 떼어달라고 산타 소피아 데 라 피에다를 불렀다.

"이런 꼴로 어디 사람이 살 수가 있겠니?" 우르슬라가 말했다. "이렇게 살다가는 우리까지 벌레들한테 잡아먹히겠다."

그때부터 우르슬라는 잠시도 쉬지 않았다. 날이 새기도 전에 일어나서 아이들을 포함한 모든 사람들의 힘을 빌렸다. 우르슬라는 아직 입을 만한 옷을 몇 벌 챙겨서 볕에 내다 말렸고, 살충제를 뿜어대서 바퀴벌레를 몰아냈고, 흰개미들이 문과 창문에 파낸 자국을 모두 긁어냈고, 개미집에 바글대는 개미들을 횟가루를 뿌려 질식시켜 죽였다. 우르슬라는 집을 옛 모습으로 되돌리고 싶어 열을 올리다가 급기야는 여태까지 신경을 쓰지 않던 방에까지 손을 대게 되었다. 우르슬라는 영감인 호세 아르카디오 부엔디아가 현자의 돌을 만들어내려고 정신이 팔렸던 방에서 쓰레기와 거미줄을 쓸어내고, 군인들이 잔뜩 어질러놓은 금세공 작업실을 정리한 다음, 마지막으로 멜키아데스의 방을 한번 살펴보기 위해 방문 열쇠를 달라고 했다. 자기가 죽었다는 사실이 확실해질 때까지는 방문을 열지 말라고 했던 아들 호세 아르카디오 세군도의 부탁을 지켜주기 위해서 산타 소피아 데 라 피에다는 우르슬라를 그 방에 들어가지 않게 하려고 온갖 술책을 다 부렸다. 그러나 집 안의 어떤 구석도 벌레들에게 먹히지 않겠다고 단단히 벼른 우르슬라는 길을 막는 모든 방해물을 이겨내려 했고, 결국 사흘 동안 끈질기게 고집을 부린 결과 방문이 열렸다. 방에서 풍겨나오는 악취에 기절하지 않기 위해 우르슬라는 문설주를 잡고 매달려야 했다. 곧바로 우르슬라는 그 방에 여학생들이 쓰던 요강 일흔두 개가 쌓여 있다는 것과, 어느 비 오는 날 밤에 순찰을 온 군인들이 호세 아르카디오 세군도를 찾으려고 집 안을 뒤졌지만 찾지 못했던 일을 기억해냈다.

"너라는 아이는 정말 어쩔 수가 없구나!" 우르슬라는 증손자의 모습이 보이기라도 하듯 소리를 질렀다. "온갖 예절과 바른 몸가짐을 가르쳤는데도 이렇게 돼지 꼴로 살다니!"

호세 아르카디오 세군도는 여전히 양피지 원고를 읽던 중이었다. 헝클어진 머리카락 사이로 녹색빛이 나는 치석이 덕지덕지 낀 이와 한 곳에 고정된 눈동자가 보였다. 증조 할머니의 목소리를 알아듣고 그는 문 쪽으로 눈을 돌렸다. 미소를 지으면서 자기도 모르게 증조 할머니 우르슬라가 옛날에 자주 하던 말을 되풀이했다.

"할 수 없지요." 호세 아르카디오 세군도가 중얼거렸다. "세월은 흐르게 마련인 걸요."

"그렇긴 하지." 우르슬라가 대꾸했다. "하지만 별로 흐르지도 않았단다."

이 말을 했을 때 우르슬라는 자기가 옛날 사형수의 독방에서 아들 아우렐리아노 부엔디아 대령이 했던 대답을 그대로 되풀이했음을 깨닫고, 지금 자기가 말했듯이 시간은 흐르지 않고 커다란 원을 그리며 빙빙 돌고 있을 뿐이라는 생각에 몸을 떨었다. 하지만 그렇다고 해서 호락호락 포기하지는 않았다. 마치 아이를 야단치듯 호세 아르카디오 세군도를 꾸짖고, 어서 목욕과 면도를 하고 집수리를 도우라고 했다. 자기에게 평화를 가져다주었던 방에서 나가야 한다고 생각하자 호세 아르카디오 세군도는 겁에 질리고 말았다. 날마다 해질녘이면 200개의 찻간에 시체를 잔뜩 실은 기차가 바다로 가려고 마콘도를 떠나는 광경을 보고 싶지 않다며 호세 아르카디오 세군도는 절대로 나가지 않겠다고 소리 질렀다.

"역 앞에 모였던 사람들이었어요. 모두 3408명이었어요."

그제야 우르슬라는 그가, 자신보다도 훨씬 더 어두운 그의 증조부가 그랬듯이 사람의 손이 닿지 않는 고독한 어둠의 세계에 살고 있음을 깨달았다.

우르슬라는 호세 아르카디오 세군도를 방에 그대로 남겨두었지만, 자물쇠를 없애버리라고 설득하는 데는 성공해서, 날마다 그 방을 청소하고, 요강은 하나만 남기고 다 쓰레기장에 내다 버렸다. 그리고 오랜 세월 밤나무 밑에 묶여 지내던 증조부처럼 깨끗하고 손색없게 호세 아르카디오 세군도를 돌보아 주도록 했다. 페르난다는 처음에는 이 법석거리는 소동을, 노망이 빚은 발광쯤으로 생각해서 짜증이 나는 것을 겨우 참았다.

그러나 이 무렵 로마에 있던 호세 아르카디오에게서 수도원에 들어가기 전에 한 번 마콘도로 돌아올 계획이라는 전갈이 왔다. 이 기쁜 소식에 마음이 들뜬 페르난다는 아들이 돌아와서 나쁜 인상을 받지 않게 하려고, 꽃밭에 하루에 네 번씩 물을 주기 시작했다. 그래도 진정이 되지 않아서 어머니는 다른 고장의 의사와 더욱 빈번히 편지를 주고받았으며, 아우렐리아노 세군도가 깡그리 깨뜨려버렸다는 것을 우르슬라가 눈치 채기 전에 양치식물과 오레가노와 베고니아 화분을 새로 마련해서 복도에 늘어놓았다. 나중에는 은식기들을 팔아서 사기 접시와 양은그릇과 숟가락, 알파카 천(소목 낙타과, 라마의 한 변종으로 페루 산 가축인 알파카의 검은 색 또는 암갈색 털로 만든 직물)으로 만든 식탁보를 사들였고, 그 때문에 인도회사의 도기나 보헤미안 글라스가 들어찼던 찬장은 전보다 훨씬 초라해졌다. 우르슬라는 한술 더 떠 이렇게 소리쳤다.

"창문하고 문들을 모두 열어라. 고기와 생선 요리를 만들고, 큰 놈으로 거북이를 한 마리 사고, 외지 사람들을 잔뜩 불러서 이 구석 저 구석에 엎어져 자거나, 장미 덩굴에 소변을 보고, 아무 때나 몇 번이라도 식사를 하고, 트림도 하고, 떠들어 대고, 더러운 신발로 집 안 물건에 잔뜩 흙칠을 하고, 그저 뭐든지 하고 싶은 대로 하라고 그래라. 그래야 이 누추한 몰골을 벗어 나지 않겠니?"

그러나 그것은 다 헛된 꿈이었다. 우르슬라는 작은 동물과자의 기적을 다시 일으키기에는 너무 늙었으며, 혈통을 물려받긴 했어도 우르슬라의 활동력을 물려받은 사람은 없었다. 페르난다의 지시에 따라 부엔디아가의 문은 변함없이 굳게 닫혀진 채였다.

페트라 코테스의 집으로 다시 트렁크를 옮겨간 아우렐리아노 세군도는 집안 식구들을 굶겨 죽이지 않는 것이 겨우였다. 노새를 걸고 추첨권을 판 페트라 코테스와 그는 가축을 몇 마리 마련해서 작은 규모로 복권 장사를 다시 시작했다. 아우렐리아노 세군도는 더 멋있고 그럴듯하게 보이라고 물감으로 색칠한 추첨권을 가지고 집집마다 찾아다니면서 팔았다. 많은 사람들이 그에게 신세를 진 일이 있어서 그 추첨권을 샀고, 나머지 대부분은 불쌍히 여겨서 샀으나 그는 그것을 까맣게 모르고 있었다. 그러나 아무리 그를 불쌍히 생각하고 동정심에서 표를 샀다고 해도 20센타보로 돼지 한 마리나 32센타보로 송아지를 타게 될지도 모르는 일이었으므로, 그들은 혹시나 하는 기대를 품고 화요일 밤이면 페트라 코레스의 집 마당에 몰려 들어와, 적당히 뽑힌 아이가 자루 속에서 손에 닿는 대로 추첨권을 뽑아 번호를 부르기를 기다렸다.

이 추첨은 곧 매주 열리는 큰 행사가 되어서, 마당에는 날이 저물녘이면 음식이나 음료수를 파는 판매대들이 들어서고, 당첨이 되어 기분이 좋아진 사람들은 가끔 누가 술하고 음악만 준비하면 자기가 탄 가축을 잡겠다고 나서기도 해서, 처음에는 별로 그럴 마음이 없었던 아우렐리아노 세군도도 다시 아코디언을 끄집어내어 연주를 하며, 조촐한 먹기 대회에 참여하기도 했다. 옛날만큼은 아니지만 이 요란한 잔치 덕에 아우렐리아노 세군도는 그동안 자기의 기력이 얼마나 쇠퇴했으며, 쿰비아 춤(콜롬비아 카리브 해에 면한 항구 산타 마르타 근교의 민속춤)꾼으로서의 재능이 얼마나 고갈되었는지 느낄 수 있었다. 그는 이제 딴 사람이 되어 있었다. 코끼리 여자의 도전을 받았을 무렵 120킬로그램이나 나가던 체중은 78킬로그램으로 줄었으며 거북이처럼 통통하고 독기없는 얼굴은 이구아나 꼴이 되었고, 언제나 권태와 피로를 느꼈다. 하지만 페트라 코테스에게는, 그가 이때보다 더 마음에 드는 사람이었던 적이 없었을 정도였다. 그것은 그에 대한 동정이나 가난 때문에 둘 사이에 생긴 연대감을 애정으로 착각했기 때문이었다. 거의 부서져 살풍경한 침대는 방탕한 애무의 장소가 아니라 비밀스런 은신처가 되었다. 그 많던 거울들은 추첨에 걸 가축들을 사느라 처분했고, 선정적이었던 능직(綾織) 천과 벨벳을 노새가 다 먹어치우고 난 방에서, 그들은 잠을 잊은 늙은 노인들처럼 늦도록 깨어 있으면서, 옛날 같으면 함부로 낭비해 버렸던 돈을 열심히 계산하며 시간을 보냈다. 이 몫은 페르난다에게 갖다주어서 기분을 풀어주고, 이 몫은 아마란타 우르슬라의 구두를 사는 데 쓰고, 오래전부터 새 옷이라고는 입어본 일이 없는 산타 소피아 데 라 피에다에게는 이 몫을 주고, 이것은 우르슬라가 죽은 다음에 관을 주문할 때 쓸 돈이고, 석 달에 한 번씩 1파운드에 값이 1센타보씩 오르는 커피를 살 돈은 여기 있고, 점점 단맛이 없어지는 설탕은 이 돈으로 사고, 장마에 젖어 아직 마르지 않은 장작을 사려면 이 돈을 쓰고, 이 돈으로는 추첨권을 만들 종이와 물감을 사고, 남는 돈은 복권이 거의 다 팔렸을 때 탄저병 증세로 죽어 기적적으로 겨우 가죽만 건질 수 있었던 4월생 송아지 값을 벌충하는 데 쓰기 위해 동전들을 쌓았다가 허물고, 여기서 돈을 한줌 집어 저리로 옮기고 하는 동안 첫 닭이 홰를 쳐 두 사람을 놀라게 하는 경우도 있었다. 이런 가난한 예식의 동기는 순수하기 짝이 없어서, 그들은 페르난다에게는 언제나 가장 큰 몫을 잘라주었다. 그것은 결코 후회나 연민에서가 아니라 진심으로 자신들보다 페르난다의 행복을 빌었기 때문이었다. 두 사람 다 의식하지 못했지만, 사실 그들은 페르난다를 너무나 갖고 싶어하면서도 갖지 못했던 딸처럼 생각했던 것이다. 그래서 그들은 페르난다에게 네덜란드 제 식탁보를 사주려고 사흘 동안 빵 부스러기만 먹고 지낸 일도 있었다.

그러나 아무리 아득바득 일을 하고 돈을 절약해도, 또 갖가지 궁리를 짜내 보아도 그들의 수호 천사들은 깊은 잠이라도 든 것 같았다. 돈 계산이 잘 맞지 않아서 잠도 못 자고 애를 쓰는 동안, 그들은 어째서 가축들이 옛날처럼 새끼를 잘 치지 않게 되었고, 어째서 돈은 손가락 사이로 술술 빠져나가고, 옛날 같으면 돈을 펑펑 쓰면서 지폐를 말아 담뱃불을 붙이던 사람들이 지금 와서는 닭 여섯 마리가 걸린 추첨권을 12센타보에 사라고 하면 백주에 날강도 짓이라고 펄펄 뛰는지 알 수가 없어 고개를 갸웃뚱거렸다. 아우렐리아노 세군도는 드러내놓고 말하진 않았어도, 그들의 액운이 세상 사람들 때문에 찾아온 것이 아니라, 페트라 코테스의 마음 깊은 곳에 자리잡은 무언가가 장마 동안 가축들을 불임증에 걸리게 했고 돈도 구경하기 힘들게 만들었다고 믿었다. 이 수수께끼 같은 문제에 얽혀들어 페트라 코테스의 감정을 연구하는 과정에서 그에 대한 참된 사랑을 찾게 되었으니, 그로 하여금 자기를 사랑하게 만들려다가 반대로 페트라 코테스에 대한 사랑에 빠졌다. 한편 페트라 코테스도 그를 더욱 깊이 사랑하기 시작했다. 그래서 인생의 가을이 무르익는 지금에 와서, 가난은 사랑의 노예라는 젊었을 적의 생각을 다시 새롭게 했다. 그래서 그들은 함께 지난날의 요란한 잔치와, 으리으리했던 부유함과, 걷잡을 수 없었던 음탕한 삶을 떠올려보며 진저리를 쳤고, 고독을 나눌 수 있는 천국을 찾기 위해서 인생을 그토록 많이 낭비했어야만 했다는 사실을 슬퍼했다. 여러 해 동안의 삭막한 생활 끝에 미친 듯이 사랑에 빠진 그들은 침대에서뿐만 아니라 식탁에 마주 앉아 있는 순간에도 사랑을 나눌 수 있다는 기적을 만났고, 행복에 도취된 나머지 비틀거리는 늙은이가 되어서도 토끼 새끼들처럼 장난을 치거나 강아지들처럼 뒹굴며 지냈다.

복권 장사는 별로 큰 진전이 없었다. 처음에 아우렐리아노 세군도는 전에 가축 판매에 쓰던 방에 일주일에 사흘씩 들어가 처박혀 지내면서 추첨권을 한장 한장 그려갔다. 추첨에 걸린 가축에 따라 빨간 암소와, 초록빛 돼지와, 파란 암탉을 그려 넣고, 인쇄체를 흉내내어 숫자를 꼼꼼히 적은 다음에 페트라 코테스가 이 사업에 가장 적당할 것 같다고 말한 '하느님의 뜻'이라는 복권의 이름을 써나갔다. 그러다 일 주일에 추첨권을 2000장씩 그리는 것은 아무래도 지겨워서, 가축의 그림과 이름과 숫자들을 고무 도장에 파서, 여러 색깔의 물감으로 찍어내어 일을 좀 덜었다. 늘그막에 가서 그는 추첨권에 숫자 대신 수수께끼를 적어서, 그 수수께끼를 푸는 사람들에게 상품으로 가축을 나눠주는 새로운 방법을 써보기도 했지만, 그렇게 하고 보니 일이 너무 번거롭기만 하고 남들이 의심을 많이 해서 한 번 써보고는 그만두었다.

아우렐리아노 세군도는 복권 장사에 너무 열중했기 때문에 아이들에게 신경쓸 여유가 없었다. 페르난다는 아마란타 우르슬라를 여학생 여섯 명만 받는 사립학교에 넣었지만, 아우렐리아노는 공립학교에도 못 가게 했다. 그를 방에서 내놓는 것만 해도 너무 봐준 느낌이 들었다. 더구나 그 당시 학교들은 천주교식 결혼을 통해 합법적으로 태어난 아이들만 받아들였는데, 집으로 데려왔을 때 아우렐리아노의 배내옷에 꽂혀 있던 출생 증명서에는 그가 기아(棄兒 : 내다 버린 아이)라고 기재되어 있었다. 그래서 어린 아우렐리아노는 집 안에 갇혀 산타 소피아 데 라 피에다의 자애로운 보살핌을 받고 우르슬라의 변덕스러운 장난 상대를 하며, 이 노파들의 얘기를 통해 집안의 좁은 세상에 대해 배웠다. 그는 마르고 키가 컸으며 어른들이 귀찮아할 만큼 호기심이 많았지만, 통찰력이 뛰어났고 연구심이 강했던 그 나이 때의 대령과는 달리 좀 멍하고 정신이 딴 데 팔린 듯한 눈빛이었다. 아마란타 우르슬라가 학교에 가 있는 동안 그는 정원에서 지렁이 사냥이나 하고 벌레를 잡아서 괴롭히고는 했다. 그러다가 어느 날 페르난다는 우르슬라의 침대에 넣으려고 전갈을 상자에 모으던 그를 붙잡아, 메메의 방에 넣고 문을 잠가버렸다. 그곳에서 그는 혼자 외로운 시간을 보내다가 백과사전의 사진들을 들춰보았다. 어느 날 오후 우르슬라는 쐐기풀로 집 안 여기저기 물을 뿌리며 돌아다니다가 그를 발견하고는, 벌써 여러 번이나 봤으면서도 그에게 누구냐고 물었다.

"아우렐리아노 부엔디아예요."

"그렇구나." 우르슬라가 대답했다. "슬슬 금세공 일을 배워도 되겠구나."

장마 뒤 찾아와 이따금씩 우르슬라를 제정신으로 돌려놓았던 뜨거운 바람도 이미 그쳐서 우르슬라는 또다시 그를 자기 아들과 혼동하고 말았다. 그 뒤로 우르슬라는 다시는 제정신을 차리지 못했다. 침실로 들어간 우르슬라는, 거북살스러운 크리놀린 (19세기 서양 여자들이 치마를 부풀게 하기 위하여 버팀살을 넣어 만든 속치마)과 남의 집을 정식으로 방문할 때 입는 구슬로 장식된 윗도리를 입고 방 안에서 기다리고 있던 페트로닐라 이구아란과, 불편한 몸으로 흔들의자에 앉아서 공작의 깃으로 만든 부채를 흔들고 있는 그녀의 할머니 트란퀼리나 마리아 마니아타 알라코께 부엔디아와, 부왕(副王)령 시절의 가짜 군복을 걸친 증조부 아우렐리아노 아르카디오 부엔디아와, 벌레들이 불에 타 소로부터 떨어지게 하는 주문을 만들어 냈던 아버지 아우렐리아노 이구아란과, 신앙심이 깊었던 어머니와, 돼지꼬리를 달고 태어났던 조카와, 호세 아르카디오 부엔디아와, 그녀의 죽은 아들들이 조문을 온 사람들처럼 벽을 따라 의자를 늘어놓고 앉아 있는 것을 보았다. 우르슬라는 줄줄이 연결고리를 찾아, 여러 곳에서 저마다 다른 순간에 있었던 사건들에 대해서 생각나는 대로 한마디씩 얘기를 던졌다. 학교에서 돌아온 아마란타 우르슬라나 백과사전을 보다가 지루해진 아우렐리아노는 죽은 사람들의 세계에 빠져서 침대에 앉아 혼잣말을 계속하는 우르슬라를 구경하러 가고는 했다.

"불이야!"

한번은 겁에 질린 우르슬라가 소리를 질러서 온 집안 식구들이 놀라 법석을 떨었다. 알고 보니 우르슬라가 불이 났다고 소리를 지른 까닭은 4년 전에 창고에 불이 났던 때가 떠올라서였다. 과거와 현재를 완전히 혼동해서, 죽기 전에 두어 번 우르슬라가 제정신이 들어 얘기를 했을 때도 사람들은 그 얘기가 지금 느끼고 있는 감정인지 아니면 기억하고 있던 것인지 알 수 없었다. 우르슬라는 조금씩 몸이 쪼그라들어서 점점 태아의 모습을 닮아갔고, 산 채로 미이라가 되어가서 죽기 몇 달 전에는 잠옷 속에 굴러들어 온 마른 살구 같은 모습이 되었다. 언제나 쳐들고 다니던 팔은 거미 원숭이의 앞발처럼 보였다.

우르슬라가 며칠 동안 꼼짝도 않고 누워 있자 산타 소피아 데 라 피에다는 아직 우르슬라가 살아 있는지 확인하기 위해서 몸을 흔들어봐야 했으며, 식사 때면 무릎 위에 올려놓고 설탕물 몇 순가락을 떠먹였다. 갓 태어난 노파라는 느낌이었다. 아마란타 우르슬라와 아우렐리아노는 우르슬라를 안고 침실을 들락날락했고, 아기 예수와 누가 더 큰지를 재어보려고 제단에 올려놓기도 했다. 어느 날 오후에는 곡식 창고 찬장에 넣어두었는데 그때 우르슬라는 자칫했더라면 쥐들한테 잡아먹힐 뻔했다. 성지주일(聖地主日 : 부활제 직전의 일요일. 예수가 수난을 앞두고 예루살렘으로 들어간 날을 기념)에 페르난다가 미사를 드리러 간 것을 확인한 아이들은 침실로 쳐들어가 목과 발목을 잡고 우르슬라를 안아올렸다.

"불쌍한 할머니!" 아마란타 우르슬라가 말했다. "너무 늙어서 그만 돌아가셨어."

우르슬라는 깜짝 놀라 소리쳤다.

"난 살아 있어!"

"이거 봐" 아마란타 우르슬라는 웃음을 억지로 참으면서 말했다. "숨도 쉬지 않아."

"내 애기가 안 들리냐!" 우르슬라가 외쳤다.

"할머니는 말도 못 하는구나." 아우렐리아노가 말했다. "마치 귀뚜라미가 죽은 모습과 똑같아."

그때서야 우르슬라도 깨달았다.

"이런, 이런." 우르슬라가 나지막한 목소리로 한탄을 했다. "죽는다는 것이 결국 이런 것이구나."

우르슬라는 빠른 속도로, 그러나 진심을 담은 기도를 이틀이 넘도록 계속했는데 화요일이 되자 그 기도는 하느님에 대한 부탁과 자손들에 대한 충고로 뒤죽박죽이 되어서, 붉은개미들이 집을 무너뜨리지 못하게 하라느니, 레메디오스의 은판사진 앞에 켜둔 불이 꺼지지 않게 신경을 쓰라느니, 돼지꼬리가 달린 아이가 태어날지 모르니까 부엔디아 집안에서는 근친 결혼을 시키지 말라느니 하는 얘기도 했다. 아우렐리아노 세군도는 우르슬라가 착란 상태에 빠진 때를 이용해서 금화를 묻어둔 곳이 어딘지를 캐내려고 했지만 그의 시도는 또 다시 실패로 끝났다.

"임자가 나타나면." 우르슬라가 말했다. "하느님이 그 사람에게 가르쳐 주실 게다."

산타 소피아 데 라 피에다는 이 무렵에 나타난 자연의 변이를 보고는 우르슬라가 죽을 때가 다가왔음을 알았다. 장미에서는 명아주 냄새가 났고, 이집트 콩이 든 표주박이 떨어지면 콩알들은 혜성처럼 떨어지며 바닥에 기하학적인 무늬를 그렸으며, 어느 날 밤에는 오렌지색으로 빛나는 원반들이 줄지어 하늘을 날아갔다.

성 목요일 아침, 우르슬라는 숨을 거두었다. 마지막으로 모두의 도움을 얻어 나이를 계산해 보았던 때인, 바나나 농장이 들어서던 해에 그녀는 이미 115세에서 122세 사이였다. 그들은 우르슬라를 아우렐리아노가 담겨 도착한 바구니보다 조금 큰 관에다 넣어서 묻었다. 우르슬라를 기억하고 있는 사람들이 몇 안 남았던 탓도 있었지만, 더위에 정신을 잃은 새들이 서늘한 방 안으로 도망쳐 들어가려다 벽과 창문에 부딪쳐 무더기로 죽는 사태가 벌어질 정도로 그날 오후의 날씨가 어찌나 무덥던지, 장례식에는 조문객들이 별로 모이지 않았다.

처음에 그들은 마콘도에 질병이 닥치는 줄 알았다. 여자들은 죽은 새들을 쓸어내느라고, 특히 낮잠 시간에는 정신을 못 차릴 지경이었으며, 남자들은 새들을 수레로 실어다가 강에 내다버렸다. 부활절 날, 100살을 넘은 안토니오 이사벨 신부는 설교를 하다가 새들이 이렇게 떼죽음을 당하는 까닭은 신부가 전날 밤에 본 '방랑하는 유대인'이 몰고 온 나쁜 기운 때문이라고 말했다. 신부는 그것이 숫염소와 이교도 여인 사이에서 태어난 불길한 짐승의 모습을 하고 있으며, 그 입김이 닿으면 공기가 불타고 그의 방문은 갓 결혼한 여자들의 회임을 좌우한다고 했다. 신부가 너무 늙어서 또 헛소리를 한다고 생각한 신자들은 이 무서운 얘기에 귀를 기울이지 않았다. 그러나 수요일 새벽, 한 여자가 굽이 갈라진 두 발 짐승의 발자국을 발견하고는 이웃 사람들을 모두 불러 깨웠다. 그 발자국은 워낙 선명하고 두드러져서, 발자국을 보러 갔던 사람들은 신부가 묘사했던 무시무시한 괴물이 정말로 있다 믿었고, 의논 끝에 집집마다 마당에 덫을 놓고 함정을 팠다. 그래서 그들은 괴물을 잡을 수 있었다. 우르슬라가 죽은 지 2주일이 지났을 무렵, 페트라 코테스와 아우렐리아노 세군도는 가까운 곳에서 들려오는 송아지의 요란한 비명 소리에 놀라 잠이 깨었다. 그들이 달려가 보니 이미 건초 밑에 숨겨둔 함정에 빠져 날카로운 창살에 꽂힌 괴물을 남자들이 끌어내고 있었으며, 짐승의 울부짖는 소리는 더 이상 들리지 않았다. 키가 송아지만큼밖에 안 되는 그 짐승은 황소만큼이나 무거웠으며, 창살에 찔린 상처에서는 초록빛 끈끈한 액체가 흘러나왔다. 온몸에는 거친 털이 나 있었고, 진드기가 들끓었으며, 살갗은 빨판상어의 비늘처럼 단단했다.
하지만 신부의 얘기와는 달리 사람을 닮았다기보다는 병든 천사와 비슷해서, 손은 매끄럽고 잘 움직였으며, 눈은 커다랗고 슬픈 빛을 띠었고, 어깻죽지에는 나무꾼의 도끼로 날개를 찍어낸 듯한 상처 자국이 있었다. 사람들은 그 괴물의 발목을 묶어서 광장의 아몬드 나무에 거꾸로 매달아놓고 모든 사람들이 다 구경할 수 있게 했다. 그 시체가 썩기 시작하자 그들은 이 잡종 동물을 사람처럼 땅에 묻어야 할지, 아니면 짐승처럼 강에 던져버려야 할지를 판단할 수 없어서 장작을 쌓아 태웠다. 그 괴물이 정말 새들이 떼죽음을 당하게 된 원인이었는지 어쩐지는 확인할 길이 없었으나, 어쨌든 갓 결혼한 여자들도 예언처럼 괴물들을 낳지는 않았으며 무더위도 가라앉을 기색을 보이지 않았다.
그해 말에 레베카가 죽었다. 충실한 몸종이던 아르헤니다가 당국에 협조를 요청해서, 사흘 전부터 여주인이 틀어박혀 나오지 않는 침실의 문을 때려부수고 안으로 들어가, 입에 엄지손가락을 물고, 쇠버짐으로 머리가 벗겨진 채, 새우처럼 몸을 웅크리고 외로이 침대 위에서 죽어 있는 레베카를 발견했다. 장례식은 아우렐리아노 세군도가 맡아서 거행했다. 아우렐리아노 세군도는 그 집을 팔아치우려고 좀 고쳐볼까 생각했지만, 어찌나 집이 낡았던지 페인트를 칠하면 벽이 더덕더덕 일어났고, 마룻바닥을 들고 올라오는 잡초나 대들보를 파고 들어가는 담쟁이덩굴은 아무리 두껍게 발라도 소용이 없었다.
홍수가 지난 뒤의 마콘도 상황은 대충 그러했다. 사람들의 나태함과는 반대로 줄기찬 망각의 힘은 변함이 없어서 그들의 추억은 조금씩 조금씩 그러나 용서없이 사라져갔다. 네에를란디아 휴전협정 기념일이 돌아왔을 때 공화국의 대통령이 보낸 사절이 아우렐리아노 부엔디아 대령이 몇 번씩이나 거절한 명예훈장을 다시 가지고 마콘도로 찾아와서, 대령의 가족들이 어디에 사느냐고 물으며 찾아다니느라고 한 나절이나 걸렸을 정도였다. 아우렐리아노 세군도는 그 훈장이 틀림없이 순금일 거라 믿고 받으려 했으나, 사절들이 훈장 수여식을 위한 포고령과 연설의 초고를 준비했을 무렵, 그런 부끄러운 짓은 제발 말아달라는 페트라 코테스의 말을 듣고는 단념했다. 멜키아데스의 지혜를 물려받은 마지막 집시 패거리가 다시 나타난 것도 이 무렵이었다. 그들은 마을이 완전히 피폐해진 데다 마을 사람들이 바깥 세계와는 동떨어져 살고 있음을 알아채고는, 다시 한 번 집집마다 찾아다니며 바빌로니아의 현인들이 최근에 발명한 물건이라고 하며 자석으로 쇠붙이들을 끌고 다니는가 하면, 거대한 돋보기로 태양 광선을 모으기도 했다.

주민들은 냄비가 떨어지고 주전자가 굴러다니는 것을 보고는 벌어진 입을 다물 줄 몰랐으며, 어느 집시 여자가 의치를 꺼냈다 넣었다 하는 광경을 보려고 50센타보를 서슴없이 냈다. 태울 손님도 없는 한산한 역에는 거의 서지 않는 노란 열차가 있었다. 그것은 브라운 씨가 유리 지붕과 호화로운 안락의자가 있는 특별차를 연결시켰던 만원 열차와, 통과하는 데 한나절이 걸렸던 200량짜리 바나나 전용 열차가 남긴 유일한 자취였다. 새들의 떼죽음과 '방랑하는 유대인'의 처형에 대해 보고를 받고 조사를 나온 사제단은 안토니오 이사벨 신부가 아이들과 술래잡기하는 모습을 보고, 그의 보고서가 노령으로 인한 환각의 소산이었다고 판단해서 그를 양로원에 집어 넣었다. 얼마 안 있다가 그들은 아우구스트 앙헬이라는 거만하고, 완고하며, 무모한, 현대의 십자군 전사라고 해야 할 새 신부를 보냈다. 그는 사람들의 영혼이 졸지 않도록 하루에도 몇 번씩 손수 종을 울려댔고, 집집마다 찾아다니면서 미사에 가라고 사람들을 깨워 댔다. 하지만 그도 한 해가 다 가기 전에 공기 속에 들어 있는 게으름과, 모든 것을 쓸모없게 만들고 나이 먹게 하는 뜨거운 먼지와, 점심으로 미트볼을 먹고 난 뒤에 오는 식곤증 앞에서는 무릎을 꿇고 말았다.

우르슬라가 죽은 뒤, 집은 또다시 식구들의 무관심 속에서 폐허가 되기 시작했다. 의지가 굳고 생활력이 강한 아마란타 우르슬라가 세월이 흘러 편견 없고 행복한 현대 여성으로 자라나 문과 창문을 열고, 정원을 다시 일구고,

대낮에 복도를 버젓하게 지나다니는 붉은개미들을 깡그리 죽이고, 망각 속으로 사라져가던 손님에 대한 후덕한 인심을 되살리려고 무진 애를 썼지만 다 소용이 없었다. 속세를 떠난 듯한 페르난다의 사고방식은 우르슬라 때부터 백년에 걸쳐 도도히 흘러온 이 흐름을 막아버렸다. 뜨거운 바람이 그쳤어도 그녀는 문을 열기를 거부했을 뿐만 아니라, 생매장이나 다름없는 삶을 살라는 아버지의 말에 순종하는 뜻으로 창문마다 널빤지를 십자가 모양으로 못질해 막아버렸다. 비싼 돈을 들여서 멀리 있는 의사와 의사들과 편지를 주고받던 일은 실패로 끝났다. 여러 차례 연기를 해오다가 드디어 약속된 날짜에, 페르난다는 침대에 들어가 하얀 시트만 덮고는 머리를 북쪽으로 두고 누워서 기다렸는데, 새벽 1시가 되자 얼굴에 얼음처럼 차가운 액체로 적신 손수건이 덮이는 것을 느낄 수 있었다. 페르난다가 잠에서 깨어나니 햇빛이 창문에 환했고, 사타구니에서 가슴에 이르기까지 아치형으로 크게 꿰맨 자국이 나 있었다. 그러나 처방에 적힌 대로 휴식을 끝내기도 전에, 낯모르는 의사들이 써 보낸 당황스런 편지를 받았다. 그 편지에는 그들이 여섯 시간 동안이나 샅샅이 진찰을 했어도 페르난다가 여러 번이나 자세하게 설명한 증세에 해당하는 징후를 하나도 발견하지 못했다고 적혀 있었다. 그러나 사실은 확실하게 말하기를 꺼려 하는 페르난다의 악습 때문에 혼동이 일어났을 뿐이며, 텔레파시에 능한 의사들이 찾아낸 것이라고는 페서리(자궁의 위치를 바로잡거나 피임하는데 사용하는 기구)만 사용하면 쉽게 고칠 수 있는 살짝 처진 자궁의 위치뿐이었다. 그 회답에 실망한 페르난다는 좀더 자세한 설명을 듣고 싶었지만 낯모르는 의사들은 더 이상 페르난다의 편지에 답장을 보내지 않았다. 들어본 적 없는 단어 때문에 난처했던 그녀는 부끄러움을 무릅쓰고 페서리가 무엇인지를 물어보려고 했는데, 그제야 그녀는 프랑스 의사가 석달 전에 대들보에 목을 매달았고, 마을 사람들의 반대에도 불구하고 그의 시체가 아우렐리아노 부엔디아 대령의 옛 전우의 손에 의해 묘지에 묻혔다는 사실을 알게 되었다. 하는 수 없이 페르난다는 아들 호세 아르카디오에게 사정을 털어놓았고, 아들은 어머니에게 페서리와 그 설명서를 로마에서 보내왔다. 페르난다는 자기의 병을 남들이 눈치채지 못하게 하려고 그 사용법을 모두 외우고 나서 설명서를 화장실에 버렸다. 그러나 그렇게까지 조심할 필요도 없었던 노릇이, 집에 살고 있던 사람들조차 그녀에 대해서 거의 신경을 쓰지 않았다. 산타 소피아 데 라 피에다는 식구들이 먹는 얼마 안 되는 음식을 장만하며 고독한 노년기를 맞이하고 있었으며, 남은 정성은 모두 호세 아르카디오 세군도를 돌보는 데 바쳤다. 미녀 레메디오스의 매력을 부분적으로나마 물려받은 아마란타 우르슬라는 이때까지 우르슬라를 괴롭히느라고 보내던 시간을 학교 숙제에 바쳤고, 공부를 하겠다는 그녀의 훌륭한 결심과 똑똑한 머리는 아우렐리아노 세군도로 하여금 메메 때와 같은 기대를 품게 했다. 그는 바나나 회사 시절 새로 생겨난 관습 대로 아마란타 우르슬라도 브뤼셀로 유학을 보내겠다고 약속을 했는데, 이러한 그의 꿈은 그로 하여금 홍수로 폐허가 된 땅들을 다시 복구하겠다는 결심을 하게 만들었다.

세월이 흐름에 따라 페르난다는 그에게 남이나 다름없는 존재가 되었고, 어린 아우렐리아노도 사춘기에 접어들면서 지독하게 내성적인 아이가 되었기 때문에 아우렐리아노 세군도가 가끔 집으로 찾아온 이유는 오직 아마란타 우르슬라를 만나기 위해서일 뿐이었다. 아우렐리아노 세군도는, 페르난다의 마음도 늘그막에는 좀 부드러워져서 어린 아우렐리아노를 밖으로 내보낼 터이고, 그러면 그 아이는 자기 태생이 어떻다고 의심할 사람이 아무도 없는 바깥 세상 생활에 익숙해질 때가 오리라고 굳게 믿었다. 그러나 아우렐리아노 자신이 집안에 틀어박힌 생활이나 고독을 즐기는 것 같았고, 문밖 바깥 세계에 대해서 알고 싶어하는 눈치조차 전혀 없었다. 우르슬라의 고집에 못 이겨서 멜키아데스의 방문이 열렸을 때 아우렐리아노는 문간에서 오락가락하면서 반쯤 열린 문틈으로 방 안을 엿보았고, 그 순간부터 아우렐리아노와 호세 아르카디오 세군도 사이에 강한 유대가 이루어졌음을 아무도 눈치채지 못했다.

아우렐리아노 세군도는 그 아이가 역 앞에서의 학살에 대해 얘기를 할 때까지 그들 사이에 우정이 싹텄음을 오랫동안 모르고 지냈다. 어느 날, 누군가가 식탁에서 바나나 회사가 떠난 다음에는 이곳이 완전히 폐허가 되었다고 불평을 했는데, 이 얘기를 듣고 있던 아우렐리아노는 어른처럼 성숙한 판단력을 가지고 그 말을 반박했다. 그의 관점은 흔히 다른 사람들이 생각하는 바와는 반대로, 마콘도는 살기 좋은 곳이었고 올바른 길을 가고 있었다. 바나나 회사가 들어서자 혼란과 타락과 착취가 시작되었고, 또한 노무자들에게 한 약속을 지키기가 싫어서 바나나 농장의 기술자들이 홍수를 일으켰다는 것이었다. 그의 얘기는 어찌나 조리가 있었던지 학자들에 둘러싸인 예수의 모습이 이러했으리란 생각이 들었다. 아이는 세부 사항까지 들어가면서 군인들이 3000명이 넘는 노무자들을 역 앞에 모아 가두고 어떻게 기관총으로 학살했으며, 어떻게 그 시체들을 200개의 차량이 달린 기차에 실어서 바다로 가져다 버렸는지를 설명했다. 대부분의 사람들이나 마찬가지로 아무 일도 없었다는 정부측의 공식 발표를 믿고 있던 페르난다는, 이 아이가 아우렐리아노 부엔디아 대령의 무정부주의자 성질을 물려받았다고 생각하고 깜짝 놀라서 입을 다물라고 아이에게 명령했다. 그러나 아우렐리아노 세군도는 쌍둥이 형의 이야기를 믿었다. 사실 모든 사람들이 그를 미쳤다고 생각했지만, 호세 아르카디오 세군도는 이 무렵 집안 식구들 가운데 가장 정신이 말짱한 사람이었다. 그는 어린 아우렐리아노에게 쓰기와 읽기를 가르쳤고 양피지를 연구하도록 부추겼으며, 바나나 회사가 마콘도에 어떤 영향을 끼쳤는지를 누누이 설명해 주었다. 그것이 매우 주관적인 해석이었기 때문에 몇 년 뒤 아우렐리아노가 바깥 세계에 나갔을 때, 사람들은 역사가들이 인정해서 교과서에 집어넣은, 사실은 잘못 해석된 그 얘기와는 워낙 다른 그의 얘기를 미친 수작이라고 생각하고 말았다.

뜨거운 바람이나 먼지 또는 무더위조차 들어올 수 없는 작은 외딴 방에서 두 사람은, 그들이 아직 태어나지 않은 오랜 옛날, 까마귀 날개 같은 차양이 달린 모자를 쓰고 창을 등진 채 여러 가지 세상 이야기를 들려주었다는, 대대로 전해져 오는 노인의 환영을 떠올렸다. 그들은 이곳에서는 언제나 3월이 계속되고, 언제나 월요일만 계속된다는 얘기를 했으며, 호세 아르카디오 부엔디아는 다른 식구들이 얘기했던 것처럼 미친 사람이 아니고, 시간도 실수로 어딘가에 부딪쳐 깨져서 영원의 한 조각을 방 안에 남겨두고 갈 수도 있다는 진리를 꿰뚫어 볼 만큼 제 정신을 갖춘 유일한 사람이었음을 알게 되었다. 더 나아가서 호세 아르카디오 세군도는 양피지 원고에 적힌 신비한 문자들을 분류하는 법을 알아냈다. 그들은 47자에서 53자 사이의 알파벳을 형성하며, 따로 떼어놓으면 작은 거미나 진드기 같았지만, 멜키아데스가 정성스럽게 가지런히 써놓은 원고를 보면 빨랫줄에 널어놓은 빨래들 같았다. 아우렐리아노는 그것과 비슷한 도표를 영어 백과사전에서 본 기억이 나, 그것을 가지고 와서 호세 아르카디오 세군도가 정리해 놓은 표와 비교했다. 그것들은 똑같았다.

　수수께끼 복권을 팔던 시기에, 아우렐리아노 세군도는 터져 나오는 울음을 억지로 참을 때처럼 목이 꽉 메어서 잠에서 깨어나는 일이 흔히 있었다. 페트라 코테스는 그 증세가 여의치 못한 생활에서 오는 몸의 이상 중 하나라고 생각하여, 1년 넘게 아침마다 그의 입천장에 꿀을 발라주고 래디쉬 시럽을 마시게 했다. 숨을 쉬기도 거북할 만큼 목이 꽉 잠기게 되자, 아우렐리아노 세군도는 그 병을 고칠 수 있는 약초를 혹시 구할 수 있을까 싶어서 필라르 테르네라를 찾아갔다. 작은 비밀 사창굴을 운영하던 100살 난 그 겁없는 할머니는 미신이 얽힌 치료법은 믿지 않았기 때문에 차라리 카드 점이나 보기로 했다. 필라르 테르네라는 다이아몬드 퀸이 스페이드 잭의 검에 목을 꿰뚫렸다고 점을 쳤으며, 그 점을 풀이하면 남편을 도로 빼앗아오고 싶은 욕심에서 페르난다가 남몰래 남편의 사진을 핀으로 찌르는 그릇된 방법을 쓰고 있는데, 주술에 대한 지식이 별로 없어서 자신의 몸속에도 종양을 만들어 앓고 있다고 했다. 아우렐리아노 세군도는 사진이라고 해야 결혼식 때 찍은 것뿐이었고, 몇 장 안 되는 그 사진도 모두 식구들 사진첩에 들어 있었으므로, 아내가 없는 사이 집 안을 뒤지다가, 옷장의 맨 밑 서랍에서 포장도 뜯지 않은 페서리 꾸러미를 발견했다. 작고 빨간 고무반지들이 무술에 쓰이는 도구라고 생각한 그는 그것들을 주머니에 넣고 가져다가 필라르 테르네라에게 보여주었다. 그녀는 그것이 어디에 쓰는 물건인지 알 도리가 없었지만, 아무튼 그 모양이 무척 수상해 보여서 마당에 불을 지피고 페서리를 모두 태워버렸다. 페르난다의 저주를 쫓기 위해서 필라르 테르네라는 아우렐리아노 세군도에게 알을 품을 때가 된 암탉을 물에 적셔서 산 채로 밤나무 밑에다 파묻으라고 했다. 그는 암탉을 묻으면 자기의 병이 꼭 나을거라 굳게 믿고 기꺼이 그 말을 따랐으며, 파헤친 흙을 마른 잎사귀로 덮어서 숨기고 나니 숨쉬기가 편해진 기분이 들었다. 한편 페르난다는 페서리가 없어진 것이 낯모르는 의사들의 무언의 비난이라고 여기고는, 페서리만 따로 넣어두는 주머니를 만들어 속옷 안쪽에 달아, 아들이 새로 보내준 페서리를 그 속에다 숨겼다.

　암탉을 묻은 지 여섯 달이 지난 어느 날 밤 자정에 아우렐리아노 세군도는 심하게 기침을 하면서 잠에서 깨어났다. 꿈속에서 게의 집게발이 그의 목을 죄는 기분을 느꼈다. 그제야 그는 아무리 페서리를 불태우고 암탉을 물에 적셔도 결국 자기가 곧 죽게 되리라는 사실을 깨달았다. 아우렐리아노 세군도는 확신했지만 아무에게도 그 사실을 얘기하지 않았다. 아마란타 우르슬라를 브뤼셀로 보내기 전에 죽을지도 모른다는 두려움에 사로잡혀서, 아우렐리아노 세군도는 어느 때보다도 더욱 열심히 일했고, 복권도 일주일에 한 차례 팔던 것을 세 차례씩 팔았다. 아침 일찍부터 가장 후미진 지역까지도 부지런히 돌아다니면서, 죽어가는 사람에게서만 찾아볼 수 있는 초조함을 보이면서 추첨권을 팔았다.

"자, '하느님의 뜻'입니다." 그는 이렇게 알리고 다녔다. "100년에 한 번 있을 기회이니 놓치지 마십시오."

유쾌하고, 즐겁고, 수다스러운 사람처럼 보이려고 눈물이 날 만큼 노력했지만, 그가 흘리는 식은땀이나 창백해진 안색만 보아도 서 있는 것조차 힘들다는 것쯤은 쉽게 알 수 있었다. 가끔 그는 보는 사람이 없는 공터로 가서 쪼그리고 앉아, 속에서 목구멍을 쥐어뜯는 집게발이 가라앉기를 기다리며 쉬었다. 자정이 넘어서도 그는 사창가를 돌아다니며 축음기 앞에서 눈물짓는 창녀들에게 행운이 찾아올 거라고 위로하는 데 열중이었다.

"아가씨, 이 번호는 지난 넉 달 동안 한 번도 당첨된 일이 없는 유망한 번호랍니다." 그는 추첨권을 보여 주면서 말했다. "이 기회를 놓치지 말아요. 인생은 생각보다는 훨씬 짧답니다."

마침내 사람들은 그에 대한 존경심을 잃고 그를 놀려대기도 했으며, 그가 죽기 전 두세 달은 더 이상 그를 돈 아우렐리아노라고 부르지 않고 대신 그의 면전에다 대고 '하느님의 뜻 씨'라고 불러댔다. 그는 목소리가 점점 잠기더니, 마음대로 조절할 수도 없게 되었다. 나중에는 개가 낮게 으르렁대는 소리처럼 바뀌었지만, 그래도 그는 추첨하는 날 페트라 코테스의 집 앞마당에 모일 사람들의 기대가 줄지 않게 하려고 열심히 노력했다. 하지만 목소리를 잃게 되면서, 그는 자기가 그다지 오랫동안 고통을 견디지 못할 것임을 알았고, 돼지나 염소를 복권으로 팔아서는 도저히 딸을 브뤼셀로 보낼 수 없으리라는 생각이 들었다. 그래서 그는 돈이 있는 사람이라면 누구라도 쉽게 복구할 수 있는, 홍수로 폐허가 된 땅을 걸고 하는 어마어마한 복권 판매 계획을 짜냈다. 그 계획이 정말 훌륭했기 때문에 시장도 포고문을 발표하고 그 계획에 협조할 뜻을 밝혔으며, 한 장에 100페소씩 받는 추첨권을 사들이기 위한 모임들이 구성되었으며, 일주일도 다 가기 전에 추첨권은 매진되었다. 추첨이 있는 날 밤에, 당첨된 사람들은 바나나 농장이 경기가 좋았던 시절에나 볼 수 있던 큰 잔치를 벌였다. 아우렐리아노 세군도는 마지막으로 아코디언을 꺼내어 잊혀진 프랜시스코 엘 옴브레의 노래를 연주했지만, 목소리가 안 나와서 노래를 부를 수는 없었다.

두 달 뒤 아마란타 우르슬라는 브뤼셀로 갔다. 아버지 아우렐리아노 세군도는 아마란타 우르슬라에게 복권 판매에서 번 돈뿐만 아니라, 지난 몇 달 동안 근근이 저축했던 돈과, 자동피아노나 클라비코드 같은 다시 고쳐 쓸 수도 없이 낡아버린 물건들을 팔아 마련한 돈을 주었다. 그의 계산으로는 그 돈이면 학비는 충분했으므로, 졸업한 뒤 고향으로 돌아올 여비만 마련하면 되었다. 페르난다는 브뤼셀이 타락의 도시 파리에 너무 가까이 있다는 이유로 난리를 피우며 마지막 순간까지 딸을 유학 보내는 데 반대하다가, 천주교 집안 아가씨들을 위해서 수녀들이 운영하는 기숙사에 대한 앙헬 신부의 소개장을 받고서야 마음을 누그러뜨렸다. 아마란타 우르슬라에게도 졸업할 때까지 그곳에서 살겠다는 약속을 받아냈다. 게다가 교구 신부는, 아마란타 우르슬라가 톨레도까지 프랜시스코 수녀들의 보호를 받으며 여행하고, 거기에서부터는 믿을 만한 사람들과 함께 벨기에까지 갈 수 있도록 주선해 주었다.

여행 도중 보살핌을 받을 수 있도록 바쁘게 편지를 주고받는 사이에 아우렐리아노 세군도는 페트라 코테스의 도움을 받아서 아마란타 우르슬라의 짐을 꾸렸다. 페르난다가 시집 올 때 가져온 트렁크에 짐을 챙기던 날 밤에는 모든 것이 완전히 준비 되어서 유학을 떠나는 여학생은 대서양을 건너는 동안에 입을 옷과 신을 헝겊 슬리퍼가 어떤 것이며, 배에서 내릴 때 입을 구리 단추가 달린 푸른 외투와 코도반(말 엉덩이, 등에서 떼어낸 양질의 무두질한 가죽. 원산지 스페인 코르도바에서 유래) 구두가 어디에 있는지를 환히 외워서 줄줄 읊을 수 있을 정도였다. 그뿐 아니라, 배에 탈 때 바다에 떨어지지 않도록 어떻게 걸어야 하며, 어디를 가도 수녀들과 함께 있어야 하고, 식사 때가 아니면 선실을 나와선 안 되고, 항해를 하는 도중에는 남자 여자를 가리지 않고 낯선 사람이 말을 붙이면 대꾸하면 안 된다는 것도 알고 있었다. 아마란타 우르슬라는 뱃멀미 약이 든 병과, 폭풍우를 만날 때 외우라고 앙헬 신부가 손수 여섯 가지 기도문을 적어준 공책도 몸에 지녔다. 페르난다는 돈을 숨길 수 있는 허리띠를 두꺼운 천으로 만들어 채워주고는 잠을 잘 때도 그것을 벗어놓지 말라고 일렀다. 페르난다는 잿물로 닦아내고 알코올로 소독한 황금요강을 가지고 가라고 했지만, 아마란타 우르슬라는 다른 여학생들이 자기를 놀려댈 것이 두려워서 완강히 거부했다.

몇 달 뒤 죽음의 시간을 맞은 아우렐리아노 세군도는, 페르난다의 끝없는 충고를 들으려고 먼지낀 이등차 창문을 열려고 애쓰던 아마란타 우르슬라의 마지막 모습을 회상했다. 결국 창문은 열리지 않았다. 아마란타 우르슬라는 왼쪽 어깨에 가짜 팬지꽃을 단 분홍빛 비단 드레스를 입고, 버클이 달리고 굽이 낮은 코도반 구두에 가터벨트로 허벅지까지 끌어올린 광택나는 양말을 신고 있었다. 아담한 체격에 머리카락은 길게 풀어 내렸고, 눈동자는 그 나이 때의 우르슬라처럼 쾌활했으며, 웃지도 울지도 않으면서 작별 인사를 하던 모습은 우르슬라처럼 대담한 성격을 보여주었다. 고꾸라지지 않도록 페르난다를 의지하고, 천천히 속력을 내기 시작하는 기차를 따라서 걸어가던 아우렐리아노 세군도는 딸이 손끝으로 키스를 보냈을 때 손을 흔들어주는 것이 겨우였다. 부부는 타는 듯한 햇살 아래 한 동안 꼼짝않고 서 있었다. 결혼식 날 이후 처음으로 팔짱을 끼고, 기차가 지평선 너머로 검은 점이 되어 사라지는 것을 언제까지고 바라보았다.

브뤼셀에서 첫 편지가 도착하기 전인 8월 9일, 호세 아르카디오 세군도는 멜키아데스의 방에서 아우렐리아노와 얘기를 하다가 문득 이런 말을 했다.

"3000명이 넘는 사람들이 바다에 버려졌다는 걸 잊지 마라."

그러더니 그는 갑자기 양피지 원고 위에 쓰러져서 눈을 뜬 채 죽었다. 같은 시각 페르난다의 침대에서 그의 쌍둥이 동생도, 목을 갉아대는 게의 집게발 때문에 겪던 오랜 고통에서 해방되었다. 그는 일주일 전에 목소리를 잃고 숨도 제대로 쉬지 못하면서, 뼈와 가죽만 남은 상태로 역시 한 곳에 머물지 못하는 트렁크와 흠집투성이 아코디언을 가지고 아내의 곁에서 죽음을 맞겠다는 약속을 지키려고 집으로 돌아왔었다. 페트라 코테스는 그를 도와서 옷을 챙겨준 뒤 눈물 한 방울 흘리지 않고 작별 인사를 했다. 그가 전부터 관에 들어갈 때 신고 싶다던 에나멜 구두를 깜박 잊고 빼놓았다. 그래서 그가 죽었다는 소식을 들은 페트라 코테스는 서둘러 상복을 입고 구두를 신문지로 꾸려가지고, 페르난다에게 시체를 보여달라고 부탁했다. 그러나 페르난다는 그녀를 집 안에 들여놓으려고 하지 않았다.

"입장을 바꿔놓고 생각해 봐요." 페트라 코테스가 애원했다. "이런 모욕까지 참을 정도라면 내가 얼마나 그이를 사랑했었는지 아실 것 아니에요?"

"첩인 주제에 모욕이고 뭐고 따질 신세나 돼요?" 페르난다가 대답했다. "어차피 서방이 여럿 있을 테니, 다른 서방이 하나 죽으면 그 구두를 신기지 그래요?"

무슨 일이 있어도 생매장당할 걱정이 없게 하겠다던 약속을 지키기 위해서 산타 소피아 데 라 피에다는 호세 아르카디오 세군도의 목을 부엌칼로 잘랐다. 그들의 시체는 똑같이 생긴 관에 눕혀졌으며, 그래서 그들은 어렸을 적의 똑같았던 모습을 죽어서 다시 한 번 되찾은 꼴이 되었다. 아우렐리아노 세군도의 방탕한 옛 친구들은 그의 관 위에 '암소들아, 그만 낳아라, 삶은 짧다'라는 말을 적은 보랏빛 리본이 달린 화환을 얹어주었다. 이런 못된 장난에 화가 난 페르난다는 그 화환을 집어서 쓰레기통에 던져버렸다. 마지막으로 한 차례 소란을 치르는 사이에, 슬픔을 술로 달래며 집에서 관을 들어내던 남자들이 혼동을 해서, 그들은 서로 무덤이 바뀐 채 묻히고 말았다.

18

아우렐리아노는 오랫동안 멜키아데스의 방에서 나오지 않았다. 그는 다 삭아버린 책 속의 멋진 전설들을 줄줄 외울 정도였으며, 절름발이 헤르만의 학설이나 요괴학에 대한 메모들, 현자의 돌에 대한 비법이나 노스트라다무스가 쓴 세기(世紀)라는 책과 흑사병에 관한 연구에 통달했으나, 사춘기가 되었을 무렵에는 자기가 사는 시대에 대해서는 아무것도 모르면서 중세 사람에 대해서는 기초적인 지식을 갖추게 되었다. 산타 소피아 데 라 피에다가 방으로 들어갈 때마다 그는 언제나 독서에 흠뻑 빠져 있었다. 산타 소피아 데 라 피에다는 새벽이면 그에게 설탕을 뺀 커피를 한 잔 가져다주고, 점심에는 아우렐리아노 세군도가 죽은 다음 이 집에서 유일하게 먹을 수 있었던 둥글게 썰어서 튀긴 바나나만 들여보냈다. 또 그의 머리칼을 잘라준 뒤 서캐를 잡아내고, 버려두었던 트렁크들을 뒤져서 찾아낸 낡은 옷을 몸에 맞게 수선해 주었다. 수염이 자라기 시작하자 아우렐리아노 부엔디아 대령이 쓰던 면도칼을 가져왔고, 비누거품을 낼 때 쓰라고 조그만 표주박을 가져다 주었다. 아우렐리아노 부엔디아 대령의 수많은 아들들 가운데서, 아우릴리아노 호세조차도 이 아이처럼 그를 많이 닮진 않았는데, 우뚝 솟은 광대뼈와 굳게 다문 조금 차가워 보이는 입술은 영락없었다. 아우렐리아노 세군도가 공부하는 모습을 본 우르슬라가 그랬듯이, 산타 소피아 데 라 피에다는 아우렐리아노가 자주 혼잣말을 한다고 생각했다. 그러나 사실 그는 멜키아데스와 얘기를 나누고 있었다. 쌍둥이가 죽은 지 얼마 안 되는 어느 불타는 듯한 한낮에, 그는 까마귀 날개 모자를 쓴 채 창으로 들어오는 빛을 등지고 선 구슬픈 표정의 노인을 보고, 자기가 태어나기 훨씬 전부터 뇌리에 새겨진 추억이 형태를 갖춰 나타났다고 생각했다. 아우렐리아노는 양피지에 쓰인 철자들을 분류할 수 있었기 때문에, 멜키아데스가 그에게 그 문서가 어느 언어로 씌어 있는지 아느냐고 물었을 때 서슴지 않고 대답할 수가 있었다.

"산스크리트어요."

멜키아데스는 자기가 이 방을 찾아올 수 있는 기회가 제한되어 있다고 알려주었다. 그러나 그는 양피지 원고가 씌어진 뒤 100년이 차기 전에 아우렐리아노가 산스크리트어를 깨우쳐서 그 뜻을 해독해 줄 것 같으니 마음 놓고 마지막 죽음의 평화로운 들판으로 가게 되었다고 말했다. 바나나 회사가 흥청거리던 시절에 사람들이 해몽을 하던 강으로 통하는 좁다란 골목에 가면, 카탈루냐 (스페인의 북동부, 피레네 산맥과 지중해에 접하는 지방) 학자의 책방이 있는데, 그 책방에는 산스크리트어 입문서가 있으며, 그 책은 빨리 사지 않으면 반년 뒤에는 좀벌레에 먹혀 없어질 거라고 알려주었다. 산타 소피아 데 라 피에다는 평생 처음으로 자기의 감정을 밖으로 내보였다. 그 이유는 밖에는 나가보지도 않았던 아우렐리아노가 어디어디에 있는 책방으로 가서 책꽂이 두 번째 선반 오른쪽 끝의, 《해방된 예루살렘》과 밀턴의 시집 사이에 꽂힌 책을 사다달라는 얘기를 눈으로 본 것처럼 정확하게 해서, 깜짝 놀랐기 때문이었다. 글을 읽을 줄 모르는 그녀는 아우렐리아노가 한 말을 잘 외우고는, 군인들이 집을 뒤지고 간 다음에 자기와 아우렐리아노만이 아는 장소에 숨겨두었던 작은 황금물고기 열일곱 개 가운데 하나를 팔아서 돈을 마련했다.

아우렐리아노가 산스크리트어 공부에 진전을 보이자 멜키아데스의 방문은 점점 뜸해져서, 나중에는 한낮의 햇빛 속에서 희미하게 나타나는 정도가 고작이었다. 마지막으로 아우렐리아노가 그를 느꼈을 때 그의 모습은 보이지도 않고 목소리만 들렸다.

"나는 열병에 걸려 싱가포르의 사막에서 죽었다."

그러자 갑자기 방 안으로 먼지와 무더위, 흰개미와 붉은개미, 좀벌레들이 몰려 들어와서 지혜의 책과 양피지들을 톱밥으로 바꾸어놓았다.

집에 먹을 것이 부족하지는 않았다. 아우렐리아노 세군도가 죽은 다음 날, 불순한 글을 담은 화환을 관 위에 올려놓았던 친구들 가운데 한 사람이, 옛날에 남편한테 진 빚을 갚겠다고 페르난다에게 말했다. 그 날부터 매주 수요일이 되면 일주일 동안 먹고도 남을 만한 식량을 담은 바구니가 집으로 전해졌다. 자선을 계속 베풀어 주는 것만이 자기를 모욕한 사람에게 모욕을 주는 길이라고 생각한 페트라 코테스가 그 음식을 보내고 있었다는 것은 아무도 몰랐다. 그러나 그 앙심은 자기가 생각했던 것보다 훨씬 일찍 풀려버렸다. 그래도 자존심에서 음식을 계속 보내다가 나중에는 동정하는 뜻에서 음식을 보냈다. 다시 사람들이 복권에 흥미를 잃게 되어 집에는 먹을 것이 하나도 없었어도 페르난다만은 굶지 않도록 음식을 보내는 일도 여러 번 있었으니, 페트라 코테스는 페르난다의 장례행렬이 지나가는 것을 보게 될 때까지는 계속 하겠다고 결심한 맹세를 그렇게 지켜나갔다.

산타 소피아 데 라 피에다에게는 집안 식구의 수가 줄어든다는 것은 곧 반 세기에 걸친 고된 일을 한 대가로 휴식을 얻게 된다는 것을 뜻했다. 천사같은 미녀 레메디오스와 묘하게 진지한 호세 아르카디오 세군도를 낳아준 어머니인 그녀는, 자기의 자식인지 손자인지 이제는 얼핏 분간도 가지 않는 수많은 아이들을 키우느라 고독과 침묵의 평생을 바쳤고, 사실은 자기가 그의 외증조모라는 사실도 모르면서 마치 배 아파 낳은 친자식처럼 아우렐리아노를 보살피는, 이 조용하고 무슨 생각을 하는지 알 수 없는 여자의 입에서는 불평을 통 들어볼 수가 없었다. 밤이면 쥐들이 들끓는 곡식 창고 바닥에 돗자리를 깔고 자야 했으며, 어느 날 밤에는 어둠 속에서 누가 자기를 보고 있는 듯한 기분이 들어 깜짝 놀라 깨어보면 독사가 그녀의 가슴 위로 기어가고 있었지만 그 얘기를 누구한테도 하지 않았다. 그런 것도 이 집에서나 있음직한 일이었다. 만일 그 얘기를 우르슬라에게 했다면 우르슬라는 틀림없이 자기 침대에서 자라고 했으리라. 그즈음 집안 식구들은 과자 가게를 하느라고 겪었던 소란과 전쟁이 가져다준 놀라움과 아이를 키우는 일에 완전히 지쳐서 복도에서 큰 소리라도 나기 전에는 남의 말에 신경쓰거나, 다른 사람을 생각해 줄 만한 마음의 여유가 조금도 없었다. 산타 소피아 데 라 피에다를 생각해 주던 사람은 만난 적도 없는 페트라 코테스뿐이었다. 페트라 코테스는 복권을 팔아 겨우겨우 생계를 꾸려 나가는 동안에도 외출할 때 신을 신발이나 입을 옷만큼은 잊지 않고 보내주었다.

페르난다가 시집 왔을 때, 그녀를 오래 된 하녀라고 생각한 것도 무리가 아니었다. 아무리 시어머니라고 가르쳐줘도, 도저히 믿기가 어려운 이야기라서 듣자마자 잊어버렸다. 그러나 산타 소피아 데 라 피에다는 그런 대우에도 조금도 동요되지 않았다. 오히려 사람들은 산타 소피아 데 라 피에다가 젊었을 때부터 불평 한마디 없이 끊임없이 일을 하며 살아왔으며, 바나나 회사 시절에는 가정이라기보다 흡사 군대 막사처럼 보이던 이 집을 쓸고 닦으며 정돈하는 일을 오히려 달갑게 생각하는 게 아닌가 하는 인상을 받았을 정도였다. 그러나 우르슬라가 죽고 나자, 산타 소피아 데 라 피에다의 초인적인 부지런함과 엄청난 일 솜씨는 사그라지기 시작했다. 그것은 그녀가 늙고 지쳤기 때문만이 아니라, 온 집이 하룻밤 사이에 폭삭 낡아버렸기 때문이었다. 부드러운 이끼가 담벼락을 뒤덮었다. 마당에 빈자리가 조금도 남지 않게 되자 잡초들은 복도의 시멘트바닥을 깨고 나와 유리처럼 금이 가게 했다. 깨진 틈바구니에서 100년 전에 우르슬라가 유리잔에 담가두었던 멜키아데스의 틀니에서 본 노란 꽃들이 피었다. 자연의 맹위를 막아낼 시간이나 수단이 없는 산타 소피아 데 라 피에다는 하루 종일 도마뱀들을 쫓아내느라고 침실 안에서 보냈지만, 날만 저물면 쫓아낸 도마뱀들은 모두 다시 되돌아왔다.

어느 날 아침 그녀는 집의 기둥뿌리를 파헤쳐대던 붉은개미들이 정원을 건너서, 베고니아꽃들이 갈색으로 시든 난간을 타고 집 안으로 떼지어 들어오는 것을 보았다. 그녀는 처음에는 그 개미들을 빗자루로 짓이겨 죽이다가 살충제를 뿌렸고, 나중에는 횟가루까지 뿌려댔지만, 이튿날이면 개미들은 같은 곳에 나타나 끈질기게 다시 집 안으로 들어 왔다. 아들에게 편지를 쓰느라고 페르난다는 손쓸 겨를도 없이 마구 밀어닥치는 파괴를 몰랐으며, 산타 소피아 데 라 피에다 홀로 투쟁을 계속했다. 잡초가 부엌까지 번지지 못하게 애쓰고, 치우고 나면 몇 시간 안에 다시 더덕더덕 늘어지는 거미줄을 걷어내고, 흰개미를 긁어냈다. 그러다가 하루에 세 번씩이나 청소를 하고 먼지를 털어내는 멜키아데스의 방에도 먼지와 거미줄이 가득 차고, 미친 듯이 청소를 해대도 아우렐리아노 부엔디아 대령과 젊은 장교가 예견한 대로 비참함과 쓰레기에 위협당하는 것을 보고 산타 소피아 데 라 피에다는 확실히 자기가 졌다고 생각했다. 그래서 그녀는 다 낡아 빠진 외출용 드레스를 걸치고, 우르슬라의 구두를 신고, 아마란타 우르슬라가 주고 간 면 스타킹을 신고는 갈아입을 옷 두어 벌을 꾸려 아우렐리아노에게 말했다.

"난 이제 손들었어. 내 힘으로는 이 집을 감당할 도리가 없겠어."

아우렐리아노가 산타 소피아 데 라 피에다에게 어디로 떠날 생각이냐고 묻자, 그녀는 전혀 생각해 보지도 않은 것처럼 손으로 막연하게 아무 쪽이나 가리켰다. 그러더니 이제 여생은 리오아차에 사는 사촌 곁에서 보내겠다는 조금은 확실한 내용을 얘기해 주었다. 그러나 그 얘기는 진심이 아니었다. 부모가 돌아가신 뒤로 그녀는 마을의 누구와도 접촉을 하지 않았고, 편지나 선물도 받은 적이 없었으며, 친척에 대한 얘기는 한 번도 입에 올리지 않았었다. 아우렐리아노는 산타 소피아 데 라 피에다가 수중에 1페소 24센타보만 가졌다는 것을 알고는 작은 황금물고기 열네 개를 꺼내주었다. 그는 방 창가에 서서, 그녀가 옷 보따리를 들고 구부정해진 허리에 다리를 질질 끌면서 마당을 건너가는 것을 지켜보았다. 밖으로 나가서 문틈으로 손을 디밀어 빗장을 내리는 모습이 보였다. 그 뒤로 그녀에 대한 소식은 들을 수가 없었다.

산타 소피아 데 라 피에다의 가출을 알게 된 페르난다는 하루 종일 투덜대면서 트렁크와 옷장과 찬장을 열고, 안에 들어 있는 물건들을 하나씩 하나씩 확인하며 혹시 훔쳐간 물건이 없나 조사했다. 난생 처음으로 아궁이에 불을 지피려던 페르난다는 손가락을 데어, 아우렐리아노에게 커피를 끓이는 방법까지 배워야 했다. 얼마 안 가 아우렐리아노가 부엌일을 맡게 되었다. 페르난다는 잠자리에서 일어나면 아침 식사가 준비되어 있음을 알았고, 아우렐리아노가 뚜껑을 덮어 불 위에 올려놓은 음식을 가지러 갈 때만 방에서 나와 그 음식을 가지고 아마포 식탁보와 가지 달린 촛대가 준비된 식탁으로 가서, 열 다섯 개의 빈 의자의 상석에 앉아서 식사를 했다. 이런 지경에 불구하고 아우렐리아노와 페르난다는 서로의 고독을 위로할 줄 모르는 채 각기 좋을 대로 살면서, 거미줄이 장미덩굴 위에 눈처럼 덮이고 대들보를 홀랑 싸고 담벼락을 두껍게 덮어도 잠자코 자기 방만 청소했다. 이 무렵부터 페르난다는 집 안에 귀신들이 가득 차 있을지도 모른다는 생각을 하게 되었다. 집 안의 물건들, 특히 날마다 쓰는 것들은 다리라도 달려서 제멋대로 돌아다니는 듯싶었다. 페르난다는 자기가 분명 침대 위에 놓아두었던 가위를 찾느라고 집 안의 물건들을 온통 다 뒤엎으면서 소동을 벌이고 나서는, 나흘 동안 발도 들여놓지 않았던 부엌의 선반 위에서 그것을 찾았다. 또한 식기를 넣어둔 서랍에서 갑자기 포크 한 개가 없어졌는가 싶더니, 한참 찾다보면 여섯 개는 제단에 있고, 세 개는 세탁실에서 발견되었다. 글을 쓰려고 책상 앞에 앉으면 싸돌아 다니는 집안 물건들이 정말 참을 수 없을 만큼 신경을 돋우곤 했다. 오른쪽에 놓아둔 잉크병이 갑자기 왼쪽에 가 있고 잉크 압지는 어디로 갔는지 보이지도 않다가 이틀 만에 베개 밑에서 나왔다. 호세 아르카디오에게 보낼 편지 몇 장이 아마란타 우르슬라에게 보낼 편지와 뒤죽박죽 섞여서 언제나 편지를 보낼 때는 속에 들어 있는 편지가 바뀌어 들어가지 않았나 하는 찜찜한 기분이 들었는데, 정말로 바뀐 일도 여러 번 있었다.

한 번은 자기가 쓰던 펜을 잃어버리기도 했는데, 2주일이 지난 다음 집배원이 오더니 자기 가방에서 나오더라며 그녀에게 펜을 돌려주었다. 그는 그 펜의 주인을 찾아주려고 집집마다 묻고 다녔다. 처음에는 페서리가 없어졌을 때처럼 낯모르는 의사들이 그녀를 골탕 먹이려고 벌이는 수작이라고 생각해서, 제발 귀찮게 굴지 말아달라는 편지를 쓰려고도 했지만, 잠깐 볼일이 있어서 자리를 떴다가 방으로 돌아와 보면 쓰던 편지도 없어졌고, 왜 그 편지를 쓰려고 했었는지까지 잊어버리는 일도 있었다. 얼마 동안은 아우렐리아노 짓이 아닌가 의심했다. 그래서 일부러 그가 지나다닐 만한 자리에 물건을 놓아두고 혹시 그것을 다른 곳에다 옮겨놓지 않나 몰래 살폈지만, 그녀는 곧 아우렐리아노가 화장실이나 부엌에 갈 때 말고는 절대로 멜키아데스의 방을 떠나지 않고 더구나 심심풀이로 그런 장난을 칠 사람이 아님을 알게 되었다. 그래서 결국은 그것이 다 귀신들의 장난이라는 결론을 내리고, 자기가 쓰는 물건들을 모두 필요한 자리에 묶어두기로 마음먹었다. 그래서 가위는 기다란 끈으로 침대 머리맡에 매어놓았다. 펜대와 잉크 말리는 압지는 책상 다리에 매어놓고, 잉크병은 평상시에 놓고 쓰는 자리인 책상 오른쪽에 아교로 꽉 붙여놓았다. 그러나 그랬다고 해서 문제가 해결되지는 않았다. 바느질을 시작한 지 몇 시간이 지나면 귀신들이 어느 틈에 끈을 짧게 줄여놓아서 가위를 쓸 수가 없었다. 펜대를 묶어둔 끈도 마찬가지였고, 심지어는 그녀의 팔도 오그라들어서, 글을 쓰기 시작해 어느 정도 지나면 손이 잉크병에 닿지를 않았다. 브뤼셀에 있던 아마란타 우르슬라나 로마에 있던 호세 아르카디오는 이런 사건에 대해 전혀 몰랐다. 페르난다는 그들에게 자기가 지금 무척 행복하다고만 썼다. 사실 이제는 모든 책임에서 해방된 처지라 그 말은 맞았다. 모든 문제들은 머리 속에서 미리 해결되어서 생활의 자질구레한 걱정거리들은 찾아볼 수도 없었던 부모들의 세계로 다시 한 번 되돌아간 기분이었다.

특히 산타 소피아 데 라 피에다가 집을 나간 다음부터, 두 아이에게 편지만 쓰는 동안 저절로 시간 감각을 잊게 되었다. 아이들이 고향으로 돌아올 날을 헤아리는 데도 어느새 익숙해졌다. 그러나 아이들이 돌아올 날짜를 자꾸만 미루는 통에 날짜를 종잡을 수 없게 되었으며, 기간이라는 개념도 모호해지고 오늘이나 내일이 별로 다른 것 같지도 않고 시간 자체가 흐르는 것 같지 않았다. 그러나 그녀는 날짜가 지연되어도 초조하기는 커녕 오히려 기뻤다. 곧 종신서원을 한다고 알려 온 지 여러 해가 지났을 때, 호세 아르카디오가 고급 신학을 좀 더 공부한 다음 외교술 공부를 위해 로마에 더 머무르고 싶다는 편지를 보내왔을 때도 페르난다는 성 베드로의 왕좌에 오르는 나선 계단은 매우 높고, 장애물이 워낙 많이 있으리라 생각하며 조금도 초조해하지 않았다. 오히려 그녀의 영혼은 호세 아르카디오가 교황을 만나보았다든가 하는 하잘것없는 소식을 들을 때마다 잔뜩 부풀어 오르곤 했다. 아마란타 우르슬라가 학교에서 얻은 성적이 워낙 뛰어나서 아버지가 미처 생각지도 못했던 특대생으로 뽑혀 예정했던 것보다 오래 브뤼셀에 머물며 학업을 계속해야 되겠다는 편지를 보내왔을 때에도 페르난다는 비슷한 기쁨을 느꼈다.

산타 소피아 데 라 피에다가 그에게 문법책을 사다준 뒤 3년이 더 지났어도 아우렐리아노는 겨우 양피지 원고의 첫 페이지만 해독할 수 있었다. 그 해석이 아무 짝에도 쓸모없는 일이라고는 할 수 없겠지만, 앞으로 얼마나 더 걸릴지 예측할 수 없는 멀고 힘든 일의 첫 걸음에 지나지 않았다. 왜냐하면 스페인어로 번역해 놓았어도 번역된 내용이 암호로 적혀 있어서 그것을 풀어낼 일이 또 따로 남았기 때문이었다. 아우렐리아노에게는 그 암호를 푸는 방법을 알아낼 능력이 없었지만, 멜키아데스가 그 양피지에 적힌 깊은 뜻을 알아내는데 필요한 책이 카탈루냐 학자의 책방에 있음을 알려주었기 때문에, 그는 페르난다에게 그 책을 구하러 나가게 허락해 달라는 얘기를 하기로 마음먹었다. 끝없이 불어나는 쓰레기를 치우는 것을 일찌감치 포기한 방 안에서 허락을 얻어 낼 가장 좋은 방법을 생각하던 그는, 그녀가 방에서 음식을 가지러 나올 때가 유일한 기회라는 것을 알고 부탁할 말을 미리 준비하고 기회가 오기만을 기다렸다. 그러나 막상 그녀를 보니 고심하며 생각한 말이 목에 걸려 나오질 않았다. 그래서 그는 이때부터 페르난다의 거동을 살피게 되었다. 그는 침실에서 왔다갔다 하는 그녀의 발자국 소리에 귀를 기울였다. 그녀가 아이들에게서 오는 편지를 받고, 대신에 아이들에게 보낼 편지를 집배원에게 주려고 문으로 가는 소리를 들었다. 밤이 깊도록 편지를 쓰느라고 종이를 긁어대는 딱딱한 펜 소리도 들었으며, 이윽고 전기 스위치를 끄고 어둠 속에서 기도하는 소리를 들을 수 있었다. 그때서야 아우렐리아노는 다음날이면 기다리던 기회가 오겠거니 생각하고 잠자리에 들었다.

 그는 이튿날 아침 틀림없이 허락을 받을 수 있을 거라 믿고 어깨까지 늘어진 머리와 헝클어진 수염을 깎고 누구한데서 물려받았는지 알 수도 없는 몸에 꼭 끼는 바지와 깃이 달린 셔츠를 입은 다음, 페르난다가 아침을 가지러 나오기를 부엌에서 기다렸다. 그런데 눈 앞에 나타난 여자는 머리를 치켜들고 돌처럼 무겁게 걷던 날마다 보던 여자가 아니라, 누렇게 색이 바랜 담비털 망토를 걸치고 금박을 입힌 종이왕관을 쓰고, 남몰래 울고 난 뒤의 나른함이 느껴지는, 이 세상 사람같지 않은 아름다움을 지닌 늙은 여자였다. 알고 보니 페르난다는 아우렐리아노 세군도가 가져온 트렁크에서 좀벌레가 망쳐놓은 그 여왕 드레스를 발견한 뒤로 가끔 그 옷을 걸치고 돌아다녔었다. 누가 만일 그 여왕 의상을 걸치고 황홀경에 빠져 거울 앞에 서 있는 페르난다의 모습을 보았다면 틀림없이 그녀를 미친 여자라고 생각했으리라. 그러나 페르난다는 미치지 않았다. 추억을 회상하려는 마음에서 여왕의 의상을 입었을 따름이었다. 처음 그 옷을 몸에 걸쳤을 때, 그녀는 가슴이 죄어오는 느낌을 받으며, 그녀를 여왕으로 모셔가려고 찾아왔던 군인의 장화에서 풍겨오던 향긋한 구두약 냄새가 다시 나는 듯해서 눈에는 눈물이 괴었으며, 마음은 잃어버린 꿈에 대한 향수로 밝아졌다. 페르난다는 자기가 이제 늙고 몸도 쇠약해져서 인생의 가장 좋은 시절로부터 너무나 멀어진 것을 느끼고, 지난날 가장 고달팠던 때조차 무척 그립기만 했다. 그리고 그때 처음으로, 복도에서 바람에 실려 오던 오레가노 향기와 해질녘 장미에서 피어오르는 향기, 심지어는 외지인들의 짐승 같은 행동조차 얼마나 필요한 것이었는지를 깨달았다. 날마다 현실을 살면서 받았던 강력한 타격에도 잘 견뎌온 딱딱한 재 같던 그녀의 마음은 향수에 휩싸인 순간 허무하게도 무너져 내렸다. 나이를 먹어 쇠약해져감에 따라서 자발적으로 슬픔에 젖어 있게 되었다. 그녀는 고독 속에서 인간미를 띠어갔다.

그렇지만 어느 날 아침 부엌으로 들어가서, 얼굴이 창백하고 뼈만 앙상한 청년이 눈을 빛내며 내미는 커피를 받은 순간, 그녀의 마음속에서는 경멸의 발톱이 솟아났다. 페르난다는 그에게 외출을 허락하지 않았을 뿐 아니라, 그날부터는 집 안을 다 잠근 다음에 항상 가지고 다니는 페서리 주머니에 열쇠를 깊이 간수했다. 그러나 그것은 쓸데없는 일이었으니, 아우렐리아노는 얼마든지 누구의 눈에도 띄지 않게 빠져나갔다가 집으로 되돌아올 수가 있었다. 그러나 그는 오랫동안 갇혀 살았고, 바깥 세상을 두려워한 데다 순종하는 생활에 익숙해 있었기 때문에 모처럼 마음 속에 생긴 반항의 씨앗을 그대로 말려 버렸다. 그는 다시 방에 틀어박혀 양피지 원고를 읽었으며, 밤늦도록 옆방에서 페르난다가 흐느껴 우는 소리를 듣는 이제까지의 생활로 돌아갔다.

어느 날 아침 그는 여느 때처럼 불을 지피러 부엌으로 나갔다가, 불 꺼진 잿더미 위에 전날 준비해 두었던 음식이 그대로 남아 있는 것을 발견했다. 페르난다의 침실을 들여다 보자, 대리석 같은 피부에 둘러싸인 아리따운 페르난다가 흰 담비 망토를 두르고 침대에 누워 있었다. 넉 달 뒤 호세 아르카디오가 집으로 돌아왔을 때도, 그녀의 시체는 그 모습 그대로였다.

그는 어머니를 꼭 닮은 모습이었다. 음침한 호박단(琥珀緞) 양복에 딱딱하고 둥근 깃이 달린 셔츠를 입고, 넥타이 대신 폭이 좁은 비단 리본을 매고 있었다. 얼굴은 창백하고 활기가 없었으며, 놀란 듯한 눈에 입술은 파리해 보였다. 가운데로 곧게 가르마를 탄 윤기 있고 매끄러운 검은 머리는 성자상에 씌워놓은 가발과 흡사했다. 파라핀 같은 그의 얼굴에 드러난 파란 수염 자국은 마음의 고뇌를 나타내고 있는 것 같았다. 핏기 없는 손에는 푸른 힘줄이 솟아 있고, 손가락은 촌충 같았으며 왼손 검지에는 해바라기처럼 둥그런 오팔이 박힌 금반지를 끼고 있었다. 문을 열어 주었을 때, 아우렐리아노는 그가 누구인지 얘기를 듣지 않았어도 무척 먼 곳에서 왔음을 한눈에 알 수 있었다. 그가 집 안으로 들어서자 집안에는 옛날에 그가 어렸을 적에 어둠 속에서도 쉽게 찾으려고 우르슬라가 머리에 뿌렸던 향수 냄새가 가득 찼다. 그렇게 오랫동안 떠나 있었어도, 뭐라고 꼭 집어서 말하기는 어려웠지만 아무튼 그는 무척 음침하고 고독한 애늙은이처럼 여겨졌다. 그는 곧장 아우렐리아노가 멜키아데스의 처방에 따라서 시체를 보존하려고 할아버지의 할아버지가 쓰던 배수관에다 넉 달 동안 수은을 태운 어머니의 침실로 갔다. 호세 아르카디오는 아무런 질문도 하지 않았다. 그는 시체의 이마에 입을 맞추고, 치마 속에서 아직 쓰지 않은 페서리가 들어 있던 주머니와 옷장 열쇠를 끄집어냈다. 그는 기운없는 표정과는 어울리지 않게 단호하고 절도 있게 일을 했다. 옷장에서 문장이 새겨진 작은 상감(象嵌) 상자를 꺼냈는데, 백단향이 나는 상자 안에는, 페르난다가 여태까지 그에게 감추어왔던 수많은 진실을 털어놓은 길고 긴 편지가 나왔다. 그는 선 채로 그 편지를 조금도 당황하지 않고 몰두해서 읽었다. 세 번째 장을 읽던 그는 잠깐 눈길을 돌려 새로운 눈으로 아우렐리아노를 쳐다보았다.

"그렇다면." 그는 면도날처럼 날카로운 목소리로 말했다. "너는 사생아로구나!"

"전 아우렐리아노 부엔디아입니다."

"어서 네 방으로 가 있어!"

아우렐리아노는 그 말을 듣고 방으로 들어가서, 얼마 뒤 밖에서 호세 아르카디오가 쓸쓸한 장례식을 치르는 소리를 듣고도 얼굴조차 내밀지 않고 방에 처박혀 살았다. 가끔 그는 부엌에서 호세 아르카디오가 애달픈 숨소리로 집 안을 왔다갔다 하는 모습을 보았고, 자정이 넘은 다음에도 폐허가 되어버린 침실을 들락날락하며 돌아다니는 발자국 소리를 들었다. 그는 호세 아르카디오의 목소리를 몇 달 동안 듣지도 못했는데, 그것은 호세 아르카디오가 그에게 얘기를 건네지 않은 탓도 있겠지만, 사실은 아우렐리아노가 그와 얘기를 나누고 싶은 마음도 없는 데다 양피지 원고를 연구하는 일 말고는 조금도 다른 데 신경을 쓰고 싶지 않았기 때문이었다. 페르난다가 죽자, 아우렐리아노는 두 개밖에 남지 않은 작은 물고기 가운데 하나를 꺼내들고는 자기가 필요한 책을 구하기 위해서 현명한 카탈루냐 학자의 책방으로 갔다. 비교해 볼 아무런 경험도 없었으려니와 삭막한 길거리와 버림받은 집들은 그 모습이 보고 싶어 견딜 수 없었던 시절 그가 상상했던 것과 조금도 다름이 없었기 때문에, 그는 길을 걸으면서 아무 흥미도 느끼지 못했다. 그는 단 하나의 목적을 위해 페르난다가 금지했던 것을 딱 한 번만, 필요한 최소한의 시간 동안만 어기기로 했다. 그래서 걸음을 한 번도 멈추지 않고 서둘러 그의 집에서부터 옛날엔 꿈을 풀이하는 사람들이 살던 뒷골목까지 열한 구간을 지나, 숨을 헐떡이며 움직일 자리도 거의 없는 지저분하고 침침한 책방 안으로 들어갔다.

  그곳은 책방이라기보다는 쓰레기장 같았으며, 흰 개미가 갉아먹은 선반에, 구석구석 거미줄이 붙어 있었고, 통로라고 보이는 장소에도 헌책들이 어수선하게 쌓여 있었다. 종잇조각이 수북이 쌓인 커다란 책상에서 주인은 특이한 보랏빛 글씨로 떨어져 나온 공책 조각에 끝없이 무엇인가 쓰고 있었다. 그의 멋진 백발은 앵무새의 왕관처럼 이마를 덮고, 생기있고 가는 푸른 눈은 많은 책을 읽어서 몸에 밴 부드러움으로 감싸여 있었다. 그는 땀에 흠뻑 젖은 채 짧은 반바지를 입고 있었는데, 책방으로 들어선 사람이 누구인지 보려고 머리를 돌리지도 않고 계속해서 글만 썼다. 멜키아데스가 어디쯤에 있으리라고 알려주었기 때문에 아우렐리아노는 별로 힘들이지 않고 자기가 바라는 책 다섯 권을 그 어수선함 속에서도 찾아낼 수 있었다. 그는 아무 말도 없이 카탈루냐 학자에게 그 다섯 권의 책과 함께 작은 황금물고기를 내밀었다. 그러자 학자는 눈을 조개처럼 반쯤 감고 황금물고기를 뜯어보았다.

  "자네 머리가 돈 모양이군." 그는 자기 나라 말로 얘기하면서 어깨를 움찔하고는 아우렐리아노에게 책 다섯 권과 작은 물고기를 도로 내주었다. "그냥 가지고 가게." 그는 이번에는 스페인 어로 말했다. "이 책들을 마지막으로 읽은 사람은 장님 이사키우스 2세(동로마제국의 황제)(1155?~1204)였을 게야. 대체 무엇을 할 셈인가?"

  호세 아르카디오는 메메의 침실을 원래대로 돌려놓고, 벨벳 커튼과 침대의 담홍색 덮개를 세탁과 수선에 맡겼다. 오랫동안 잊혀진 채 욕조에 거칠고 두꺼운 켜가 앉아 있었던 목욕탕도 다시 쓰기 시작했다. 낡아빠진 이국적인 옷과 가짜 향수와 값싼 보석들로 이루어진 그의 조그마한 세상은 그 두 곳 뿐이었다. 집 안에 있는 것들 가운데 가장 눈에 거슬리는 물건은 집안 제단에 있던 성자상이었다. 그는 어느 날 오후 그것들을 마당으로 끌고 나가 불에 태웠다. 그는 아침 11시가 지날 때까지 늦잠을 잤다. 잠에서 깨면 황금빛 용을 그려 넣은 낡은 욕의를 걸치고 노란 술이 달린 슬리퍼를 신고 목욕탕으로 가서 미녀 레메디오스가 그랬듯이 차근차근 오랫동안 목욕 예식을 거행했다. 목욕을 하기 전에 그는 반드시 3개의 하얀 병에 든 향료를 욕조에 뿌렸다. 그리고 바가지로 물을 끼얹으며 목욕을 한 것이 아니라, 향내가 나는 차가운 물속으로 들어가 천장을 보고 두 시간 동안 물에 떠 있으면서 아마란타를 회상하며 마음을 가라앉혔다.

돌아온 지 며칠 지난 다음에 그는 이곳에서 입기에는 너무 더운 호박단 양복을 벗어버리고 옛날에 춤을 가르치러 드나들던 피에트로 크레스피가 입었던 바지만큼이나 몸에 꽉 끼는 홀태바지에, 산 송충이에서 뽑아낸 실로 짜고 가슴에 이름을 수놓은 비단 셔츠를 입었다. 입을 옷이라고는 그것뿐이어서, 그는 일주일에 두 번씩 홀랑 벗고 그 옷들을 빨아 널고는 마를 때까지 욕의를 입고 지냈다. 집에서 식사를 하는 일은 없었다. 그는 한창 기승을 부리는 더위가 좀 가라앉은 오후 쯤 외출을 해서는 밤늦게 집으로 돌아와서 고양이처럼 숨을 색색거리면서 아마란타를 생각하며 괴로운 듯 방 안을 왔다갔다 했다. 그가 집에 대해서 가지고 있던 추억이라고는 아마란타와, 등불 빛에 반짝이던 성자상의 무시무시한 눈빛뿐이었다.

눈부신 8월의 로마에서 그는 여러 차례 잠을 자다 말고 갑자기 눈을 떠, 손에 검은 붕대를 감고 레이스가 달린 페티코트를 입은 아마란타가 객지 생활을 하는 자기의 환상 속에서 이상화된 모습을 하고는 대리석으로 만든 연못에서 솟아오르는 장면을 보았다. 처절한 전쟁의 수렁 속에 그런 영상을 파묻어버리려고 했던 아우렐리아노 호세와는 달리, 호세 아르카디오는 교황의 자리를 목표로 한다는 거짓말로 어머니를 속이면서 사실은 정욕의 늪에 빠져서 그런 생각을 오히려 자꾸만 키워보려고 했다. 호세 아르카디오와 페르난다는 자신들이 주고받았던 편지들이 알고 보면 몽땅 허황된 얘기로만 가득 찼다는 사실을 알지 못했다. 로마에 도착하자마자 신학교를 떠난 호세 아르카디오는, 어머니가 편지에서 약속했던 트라스테베레(로마시내의 서민지구)의 다락방에서 두 친구와 살고 있는 가난하고 불결한 생활에서 자신을 구해줄 막대한 유산을 잃고 싶은 생각은 없었기 때문에, 신학과 종교 율법을 계속해서 익혔다. 죽음이 눈앞에 닥쳤다는 징조를 환히 보여주던 페르난다의 마지막 편지를 받은 그는 당장 거짓 영화의 찌꺼기들을 가방에 꾸려 넣고, 이민 가는 사람들이 도살장으로 끌려가는 가축들처럼 가득 들어찬 배를 겨우 얻어 타고 식은 마카로니와 곰팡이 핀 치즈를 먹으며 대서양을 건넜다. 뒤늦게 자기가 겪어온 불행을 자세히 열거한 페르난다의 유언장을 읽을 것도 없이, 그는 다 부서진 가구와 잡초가 우거진 앞마당을 보고 이제는 하늘이 다이아몬드처럼 빛나고 시간이 흐를 줄 모르던 로마의 봄에서 영원히 쫓겨났으며, 다시는 빠져나갈 수 없는 함정에 떨어졌다는 사실을 깨달았다. 천식 발작에 시달려 잠 못 드는 밤이면 그는 자기의 불행한 운명을 생각하고 또 생각하면서, 어렸을 때 우르슬라가 늙은이다운 거창한 말로 이 세상의 무서움을 알려주었던 어두운 집안을 거닐었다. 우르슬라는 어둠 속에서도, 그를 잃어버리지 않도록, 해가 진 다음에 집 안에 돌아다니는 유령들에게 잡히지 않을 유일한 장소인 침실 한쪽 구석에 그를 앉히곤 했었다.

"만일 네가 거짓말이나 나쁜 짓을 해도 난 다 알게 돼." 우르슬라는 그에게 말하곤 했다. "성인들이 나한테 다 얘기해 주니까 말이야."

고자질을 좋아하는 성인들이 날카롭게 노려보는 동안, 그는 겁에 질려 땀을 흘리면서, 잠을 자러갈 때까지 꼼짝도 못 하고 의자에 앉아서 시간을 보냈기 때문에, 그의 어린 시절에 대한 추억은 그 공포의 방구석에 대한 것이 대부분이었다. 사실은 그렇게 위협을 줄 필요도 없었던 노릇이, 그는 이때 벌써 자기 주변에 있는 모든 것들이 두려웠고, 살아가면서도 이것저것 무서운 것이 많았다. 그의 피를 더럽히는 길거리의 여자들이나, 돼지꼬리가 달린 아이를 낳는 집안 여자들이나, 사람의 목숨을 빼앗아가 평생 마음을 괴롭히는 닭싸움, 건드리기만 해도 20년 동안 전쟁을 일으키는 무기, 환멸과 광란만 불러일으키는 모든 불합리한 모험을 무서워했으니, 간단히 말하자면 하느님이 무한한 선의(善意)로 창조했으나 악마가 타락시킨 모든 것을 두려워했다. 그래서 밤새도록 악몽에 시달리다가 잠에서 깨어나면, 창문으로 들어오는 햇빛과, 목욕탕에서 안아주던 아마란타의 감촉과, 아마란타가 비단 분첩으로 그의 가랑이 사이에 타르크(화장용 분가루. 활석(마그네슘으로 이루어진 규산염 광물)을 분말로 만든 것) 파우더를 두드려줄 때의 쾌감 때문에 무서움이 사라지곤 했다. 화창한 마당의 햇살 아래서는 우르슬라도 전연 다른 사람처럼 보였다. 무서운 얘기도 하지 않았으며, 나중에 교황이 되어서 눈부신 미소를 짓도록 숯가루로 그의 이를 닦아주었고, 세계 각국에서 온 사람들에게 축복을 내릴 때 그의 아름다운 손을 보고 모두 넋을 잃도록 손톱을 깎고 윤을 내주었으며, 머리를 교황처럼 빗겨주고, 교황의 향기가 풍길 수 있도록 몸과 옷에 향수를 뿌려주었다. 카스텔간돌포(로마 교외의 마을)에서 발코니에 선 교황이 모여든 순례자들에게 같은 연설을 7개 국어로 하는 광경을 본 호세 아르카디오는, 잿물에 씻은 듯이 새하얗던 그의 손과, 그가 입은 여름옷의 호화로움과 은근히 풍기는 오데콜롱밖에는 흥미를 느낀 것이 없었다.

고향에 돌아온 지도 거의 1년이 되자, 먹을 것을 사기 위해서 은촛대와 사실은 문장을 새긴 부분만 금을 입혔던 황금 요강을 팔아버리고 난 호세 아르카디오의 낙은 마을 아이들을 집으로 데려다가 같이 노는 것뿐이었다. 그는 볕이 한창 뜨거울 때 아이들을 끌고 나타나 정원에서 줄넘기를 시키고, 복도에서 노래를 부르게 하고, 거실에 있는 가구 위로 기어 올라가 곡예를 부리게 하면서, 자기는 아이들 사이를 돌아다니며, 예의바르게 행동하라고 잔소리를 해댔다. 이 무렵에 그는 몸에 꼭 끼는 바지와 비단 셔츠를 벗어버리고 아라비아인들의 가게에서 사온 평범한 옷을 입고 다녔지만, 그래도 교황처럼 거드름을 피우는 언동만은 버리지 못했다. 옛날에 메메의 학교 친구들이 그랬듯이, 이제는 아이들이 집을 몽땅 차지하고 소란을 피웠다. 아이들이 밤 늦도록 떠들어대고 노래를 부르거나 탭 댄스를 춰서 집안 꼴은 꼭 풍기가 어지러운 기숙사 같았다. 아우렐리아노는 멜키아데스의 방까지 쳐들어와서 자기 일만 방해하지 않는다면 아이들에 대해서는 신경 쓰지 않았다.

어느 날 아침, 문을 열어본 두 아이는 책상 앞에 앉아 양피지 해독에 골몰하고 있는 더럽고 털투성이인 사람을 보고는 유령을 본 것처럼 깜짝 놀랐다. 아이들은 감히 방 안으로 들어갈 용기는 없었지만, 한동안 방 주위를 어슬렁댔다. 그들은 귓속말을 주고받으면서 문틈으로 방 안을 들여다보거나, 채광창으로 살아 있는 동물을 던져 넣었고, 그러다가 한번은 문과 창문에 못질을 해서 막아놓아 그 문을 여느라고 아우렐리아노가 한나절을 고생한 적도 있었다. 장난을 쳐도 야단을 맞지 않자 용기가 생긴 아이들은 어느 날 아침 아우렐리아노가 부엌으로 간 사이에 네 명이 짝을 지어 방으로 들어가 양피지 원고를 찢어버리려고 했다. 그러나 그들이 누래진 종이에 손을 대자마자, 어떤 힘이 부드럽게 그들을 들어 올려서, 아우렐리아노가 돌아와 양피지 원고를 빼앗을 때까지 그들을 허공에 대롱대롱 매달아놓았다. 그 다음부터 아이들은 아우렐리아노를 괴롭히지 않았다.

이미 사춘기에 들어섰으면서도 아직 짧은 반바지를 입고 다니던 가장 나이가 많은 네 아이는 호세 아르카디오의 몸치장을 해주느라고 바쁘게 지냈다. 그들은 남들보다 일찍 집으로 와서, 호세 아르카디오의 수염을 깎아주고, 뜨거운 수건으로 마사지를 해 주고, 손톱과 발톱을 깎고 윤을 내주고, 향수를 뿌려주느라고 아침 나절을 보냈다. 가끔 욕조에 몸을 담근 채 드러누워 아마란타를 회상하는 호세 아르카디오에게 발끝부터 머리끝까지 비누질도 해주었다. 그런 다음에 그의 몸을 닦은 뒤 타르크를 뿌려주고, 옷을 입혀주었다. 그들 가운데 노란 곱슬머리에 눈이 토끼처럼 빨간 한 아이는 걸핏하면 이 집에서 잤다. 그는 호세 아르카디오와 아주 강한 유대를 맺게 되어, 호세 아르카디오가 천식으로 잠을 못 이룰 때는 언제나 동무가 되어, 아무 말도 없이 밤새도록 어둠 속에서 그와 함께 이리저리 집 안을 거닐었다. 어느 날 밤, 우르슬라가 쓰던 침실을 왔다갔다 하던 그들은 시멘트 바닥의 갈라진 틈으로, 마치 땅속의 태양이 마룻바닥을 유리창으로 바꾸어놓은 듯이, 샛노란 광선이 뿜어 올라오는 것을 보았다. 전등을 켤 필요조차 없었다. 그들은 곧장 옛날에 우르슬라의 침대가 놓여 있었고 지금은 샛노란 빛이 가장 강하게 쏟아져 나오는 한쪽 구석으로 가서 시멘트 한 조각을 들어내자, 아우렐리아노 세군도가 황금을 찾느라고 미친 듯이 집 안을 파헤쳤으면서도 끝내 찾아내지 못한 비밀 장소가 나타났다. 그곳에는 구리줄로 아가리를 묶은 자루가 세 개 있었으며, 그 속에는 7214개의 40페세타(스페인의 통화단위)짜리 금화가 어둠 속에서도 불타는 불처럼 빛을 내고 있었다.

그 보물의 발견이 모든 것의 시작이었다. 벼락부자가 된 호세 아르카디오는 가난 속에서도 오랫동안 꿈꾸어왔던 것과는 반대로 로마로 돌아가지 않고, 그 대신에 집을 몽땅 고쳐서 퇴폐의 천국으로 바꾸어놓았다. 커튼을 갈고, 침대 덮개도 새 벨벳으로 바꿨으며 목욕탕 바닥에 돌을 깔고 벽에 타일을 붙였다. 식당의 찬장은 과일 통조림과 햄과 절인 반찬으로 가득 채웠고,

오랫동안 쓰지 않던 곡식 창고는 다시 문을 열어서, 자기의 이름이 새겨진 상자에 담겨 도착한 포도주와 리큐르를 역에서 손수 가져다가 가득 채워 넣었다. 어느 날 밤에 그는 나이 많은 아이 넷과 함께 파티를 열었고, 그 파티는 날이 밝아올 때까지 계속되었다. 아침 6시에 그들은 침실에서 발가벗고 나와, 욕조의 물을 빼고 샴페인을 가득 채운 뒤 한꺼번에 욕조로 뛰어들어, 향기가 그윽한 거품에 휩싸여 금빛 하늘을 날아가는 새들처럼 헤엄을 쳤다. 호세 아르카디오는 아이들이 신나서 떠드는 한쪽 구석에서 샴페인에 둥둥 뜬 채로 눈을 크게 뜨고 아마란타 생각을 했다. 그는 그렇게 생각에 잠겨 알 수 없는 쾌락의 아픔을 되씹었고, 그러는 사이에 욕조에서 노는 데 싫증이 난 아이들은 우르르 침실로 돌아가서 벨벳 커튼을 찢어 몸을 닦고, 멋대로 난장판을 치다가 수정 거울을 깨고, 밀고 밀치면서 누울 자리를 차지하려다가 침대 천장을 부숴놓았다.

호세 아르카디오가 목욕탕에서 돌아와 보니 아이들이 엉망이 된 침실에서 벌거벗은 채 몸을 말고 자고 있었다. 아이들이 마구 부숴놓은 물건들 때문이라기보다는, 진탕 먹고 마시고 나서 느껴야 했던 허무함과 쓸쓸함 속에서 자기 자신이 가엾고도 미워진 그는 트렁크 밑바닥에 고행의(苦行衣) 한 벌과, 고행과 속죄에 사용하는 다른 도구들과 함께 넣어두었던, 개를 쫓는데 쓰는 채찍을 꺼내 미친 사람처럼 고함을 지르고 들개 무리를 쫓을 때처럼 무자비하게 채찍질을 하여 아이들을 집 밖으로 쫓아냈다. 그리고는 완전히 녹초가 되어서 천식 발작을 일으켜 며칠 동안 계속 기침을 했으며, 몰골은 죽으려고 숨이 넘어가는 사람처럼 되었다. 숨을 쉴 수가 없어서 괴로움에 몸부림치던 그는 마침내 사흘째 밤, 아우렐리아노의 방으로 가 근처 약방에서 가루로 된 흡입제를 좀 사다 달라고 부탁했다. 그래서 아우렐리아노는 두 번째로 바깥 구경을 하게 되었다. 겨우 두 구간을 걸어간 곳에 먼지가 뽀얗게 끼고, 라틴어 라벨이 붙은 약 항아리들이 진열된 약방이 있었다. 거기에 있던 나일 강의 뱀(클레오파트라의 별명)만큼이나 아름다운 여자가 호세 아르카디오가 종이쪽지에 적어준 이름을 보고 아우렐리아노에게 약을 내주었다. 가로등의 노란 불빛에 아련하게 비치는 인적없는 길거리를 다시 보아도, 아우렐리아노는 처음 바깥 세상을 보았을 때나 마찬가지로 아무런 감흥도 느끼지 못했다. 은둔적인 생활과 운동 부족으로 약해진 다리를 끌며 아우렐리아노가 한참 뒤에야 숨을 헐떡이며 들어섰을 때, 기다리던 호세 아르카디오는 그가 도망간 거라고 생각하던 참이었다. 바깥 세상에 대한 아우렐리아노의 무관심이 분명해지자, 호세 아르카디오는 어머니에게 했던 약속을 깨고, 아무 때나 외출을 해도 좋다고 했다. 아우렐리아노가 그에게 대답했다.

"하지만 난 바깥에서 할 일이 전혀 없는걸요."

그는 조금씩 풀리기 시작했지만, 그래도 아직은 뜻을 이해할 수 없는 양피지 원고에 골똘해서 방 안에 처박혀 나오지도 않았다. 호세 아르카디오는 그에게 햄 조각이나, 먹고 나면 입안 가득 봄의 풍미를 남기는 설탕을 뿌린 꽃을 방으로 가져다주었으며, 2번 정도는 아주 맛 좋은 포도주를 한 잔씩 주기도 했다. 그는 이때까지도 비밀스런 놀이쯤으로만 생각하여 양피지에 아무런 흥미도 느끼지 않았지만, 고독한 조카가 보여준 신비한 지식과 깊은 지혜에는 마음이 끌렸다. 그 무렵이 되어서야 그는 아우렐리아노가 영어로 된 글을 읽고 이해할 수가 있으며, 양피지를 연구하는 틈틈이 여섯 권의 백과사전을 처음부터 끝까지 소설이라도 읽듯이 줄줄 읽어치웠음을 알았다. 그는 처음에 아우렐리아노가 마치 로마에서 몇 년 동안 살기라도 했듯이 그곳에 대해서 소상하게 알고 있었던 까닭이 알고 보면 백과사전에서 얻은 지식이었다고 생각했지만, 아우렐리아노는 그 외에 현재의 물가나 시세 따위 등 백과사전에 없는 것들도 잘 알고 있었다.

"난 뭐든지 알아요."

어디서 그런 것들을 알아냈느냐고 호세 아르카디오가 물었을 때, 아우렐리아노는 그렇게 간단히 대답했다. 그런가 하면 아우렐리아노는 호세 아르카디오가 집 안을 초조하게 거니는 모습을 보고 그가 상상했던 사람과는 크게 다르다는 사실을 깨닫고 놀랐다. 그는 큰 소리로 웃을 줄도 알았고, 지난날 이 집안에서 있었던 일들에 대해서 때때로 그리워하기도 했으며, 멜키아데스의 방이 너무 너저분한 상태에 이르면 걱정스런 표정도 지었다. 이렇게 같은 피를 가진 두 고독한 남자가 가까워진 것은 우정이라고 할 수야 없었지만, 그들을 갈라놓으면서 동시에 가까이 끌어당기는 깊고 깊은 고독을, 그들이 저마다 조금씩은 견디기 수월하게 만들었다. 이즈음에 호세 아르카디오는 신경쓰이는 집안일을 해결하기 위해서 아우렐리아노의 지혜를 빌렸다. 한편으로 아우렐리아노는 복도에 앉아서 책을 읽으며, 요즈음에도 꼬박꼬박 도착하는 아마란타 우르슬라의 편지를 기다렸다가 받아 보았고, 호세 아르카디오가 처음 도착했을 때는 사용하지 못하게 금지했던 목욕탕도 쓸 수 있게 되었다.
　어느 무더운 날 새벽에 그들은 누군가 다급하게 문을 두드리는 소리에 놀라 잠에서 깨었다. 찾아온 사람은 얼굴이 으스스해 보일 만큼 눈이 커다랗고 초록빛인 노인이었다. 그의 이마에는 재로 그린 십자가가 찍혀 있었다. 그가 걸친 옷은 다 떨어진 누더기였고, 몸에 지닌 짐이라고는 어깨에 걸치고 있는 낡아빠진 보퉁이 하나였다. 어느 모로 봐도 거지였는데, 그래도 그의 몸가짐만은 기품이 있어서 몰골과는 판이하게 달랐다. 그가 여태까지 살아남을 수 있었던 까닭이 생존을 위한 본능이 아니라, 몸 속 깊이 스며든 공포였다는 것은 응접실의 어둠 속에서도 한눈에 알 수 있었다. 그는 아우렐리아노 부엔디아 대령의 열일 곱 아들 가운데 홀로 살아남아서 도망자로서의 길고 위험한 생활에 지쳐 휴식처를 찾아 돌아온 아우렐리아노 아마도르였다. 그는 자기의 신분을 밝히고, 부랑자처럼 떠돌아다니던 비참한 밤이면, 이 세상에 남겨진 유일한 피신처라고 생각했던 이 집에 자기를 숨겨 달라고 애원했다. 그러나 호세 아르카디오와 아우렐리아노는 그를 기억하지 못했다. 그들은 단순한 떠돌이로 생각하고 길로 쫓아냈다. 그리고 두 사람은 집 문간에서 호세 아르카디오가 철이 들기도 전에 시작된 비극의 결말을 보고야 말았다. 몇 년에 걸쳐서 아우렐리아노 아마도르를 추적하며 사냥개처럼 세계의 절반을 쫓아다니던 두 경찰관이 길 건너 아몬드나무 그늘에 나타나서는 모젤 권총을 두 발 쏘아 그의 이마에 그려진 재 십자가를 멋지게 꿰뚫었다.
　어린아이들을 집에서 쫓아낸 뒤 호세 아르카디오는 크리스마스가 오기 전에 나폴리로 떠나는 여객선의 출항 소식만 손꼽아 기다렸다. 그는 그 사실을 아우렐리아노에게로 말해 주었으며, 페르난다가 죽은 뒤로는 누가 보내는지 알 수 없던 음식 바구니도 오지 않았으므로, 혼자 힘으로 살아갈 수 있도록 아우렐리아노에게 가게를 차려 줄 계획을 세웠다. 계획을 세우고 그 얘기를 아우렐리아노에게 해주었다. 그러나 그 마지막 꿈도 이루어지지 못했다.
　9월의 어느 날 아침, 아우렐리아노와 부엌에서 커피를 같이 마신 다음, 호세 아르카디오가 막 아침 목욕을 끝내려는 순간에 지붕의 기왓장을 들춰낸 구멍으로 집에서 쫓아냈던 네 아이들이 쏟아져 내려왔다. 그들은 호세 아르카디오에게 반항할 틈도 주지 않고 옷을 입은 채로 한꺼번에 탕 안으로 뛰어들어서, 머리채를 움켜쥐고는 그의 머리를 물 속에 가라앉혔다. 숨이 넘어가느라고 뱉어내는 물방울이 수면으로 떠오르다가 그치고, 조용해진 창백한 시체가 돌고래처럼 밑바닥으로 가라앉기를 기다렸다. 그런 다음에 그들은 자기들하고 죽은 사람만이 알고 있던 비밀 장소에서 금화가 담긴 자루 세 개를 훔쳐갔다. 이 일은 어찌나 빠르고, 조직적이고, 잔인하게 처리되었는지 마치 군대의 작전처럼 느껴졌다. 자기 방에 틀어박혀 있던 아우렐리아노는 무슨 일이 일어났는지조차 전혀 모르고 있었다. 그날 오후에 부엌에서 그를 만나지 못하자, 이상하게 여긴 아우렐리아노는 호세 아르카디오를 찾으려고 온 집 안을 뒤졌으며, 결국은 욕조의 향기로운 물에 몸이 둥둥 떠서 아직도 아마란타 생각을 하는 크게 부풀어오른 그의 시체를 발견했다. 그제야 비로소 아우렐리아노는 자기가 그를 얼마나 사랑했는지를 깨달았다.

19

아마란타 우르슬라는 남편의 목에 두른 비단 끈의 끝을 쥐고 12월의 산들바람과 함께 돌아왔다. 그녀는 상아빛 드레스에 무릎까지 치렁치렁 늘어지는 진주 목걸이를 하고, 손에는 에메랄드와 토파즈 반지를 끼고, 부드러운 머리는 타래를 지어 곱게 빗어내려서 제비꼬리처럼 생긴 브로치로 귀 뒤에 붙였다. 그녀는 아무런 예고도 없이 나타났다. 여섯 달 전에 그녀가 결혼한 남자는 가냘프고, 뱃사람처럼 보이며 나이를 좀 먹은 벨기에 인이었다. 아마란타 우르슬라는 응접실로 통하는 문을 밀어 연 순간, 자기가 이곳을 떠나 있었던 사이에 상상했던 것 이상으로 집이 폐허가 된 것을 깨달았다.
"세상에나." 아마란타 우르슬라는 놀랐다기보다 즐거운 듯한 비명을 질렀다. "여자가 없으면 이렇다니까!"
가지고 온 짐은 복도를 채우고도 남았다. 그녀는 학교로 갈 때 짐을 꾸려 가지고 갔던 페르난다의 밝은 트렁크 말고도 새 트렁크 두 개와, 커다란 옷가방 네 개와, 양산들을 담은 통과, 모자 상자 여덟 개와 카나리아 50마리가 들어 있는 어마어마한 새장과 남편의 세 바퀴 자전거를 분해해서 첼로처럼 들고 다니게 한 특수 상자를 가지고 왔다. 먼 길을 여행했지만 그녀는 단 하루도 쉬지 않고, 남편이 자동차 부속품들과 함께 꾸려가지고 온 낡은 작업복을 걸치고 집을 복구하는 일을 바로 시작했다. 현관을 장악하고 있던 불개미들을 몰아내고, 장미꽃밭을 다시 일구고, 잡초를 뽑아내고, 난간을 따라 화분에 양치식물과 오레가노(꿀풀과의 여러해살이풀)와 베고니아를 심었다. 그리고 목수·열쇠공·석수장이들을 거느리고서 바닥의 틈새들을 메우고, 문짝과 창문을 제대로 고쳐 달고, 가구를 새로 사고, 벽 안팎을 석회로 발라서, 그녀가 돌아온 지 석 달이 되자 집에 자동피아노가 있던 시절처럼 활기차고 떠들썩한 분위기가 되살아났다. 어느 때 어떤 경우에도 그녀만큼 기분이 좋고, 노래를 부르고 춤을 추는 것을 좋아하며 낡은 물품이나 관습 따위는 아낌없이 쓰레기통에 집어던져 버리는 사람은 이 집안에 없었다. 아마란타 우르슬라는 빗자루를 휘둘러서 장례식의 찌꺼기와 쓸데없는 쓰레기 더미와 주술 도구들이 쌓여 있던 방구석들을 깨끗이 쓸어냈다. 그 가운데 단 하나 남겨두기로 한 것은 우르슬라를 생각해서 버리지 않고 응접실에 남겨둔 레메디오스의 은판사진뿐이었다.
"정말 굉장하지 않아요?" 우스워서 죽겠다는 듯 아마란타 우르슬라가 소리쳤다. "열네 살짜리 증모할머니라니까요!"
석수장이 한 사람이 와서 이 집안에는 유령이 가득 찼으니 쫓아내려면 그들이 묻은 보물을 캐내주는 수밖에 없다고 하자, 아마란타 우르슬라는 큰 소리로 웃으면서 남자들이 그렇게 미신을 믿다니 꼴불견이라고 대답했다. 그녀가 그토록 거침이 없고, 개방적이며, 현대적인 자유로운 정신을 가지고 있었기 때문에 돌아온 그녀를 보았을 때 아우렐리아노는 몸 둘 바를 몰랐다.
"아니, 이럴 수가!" 아마란타 우르슬라는 팔을 벌리고 기뻐서 소리쳤다. "내 귀여운 식인종이 벌써 이렇게 자랐구나!"
아우렐리아노가 미처 입을 열기도 전에 그녀는 자기가 가져온 휴대용 축음기에 판을 올려놓고는 그에게 한창 유행하는 춤을 가르쳐주려고 했다. 그녀는 그에게 아우렐리아노 부엔디아 대령에게서 물려받은 더러운 바지를 벗게 하고 대신 젊어 보이는 셔츠와 두 가지 색이 들어간 구두를 주고 멜키아데스의 방에서 그렇게 너무 오랫동안 처박혀 있으면 못 쓴다고 길거리로 밀어내었다.
우르슬라처럼 몸집은 작으나 활동적이고 굽힐 줄 모르는 성격에, 미녀 레메디오스 못지 않게 아름답고 매력적인 아마란타 우르슬라는 유행을 미리 점칠 수 있는 신기한 본능의 소유자였다. 우편으로 최신 유행을 보여주는 잡지를 받아보면, 그 스타일은 그녀가 직접 디자인을 해서 아마란타가 쓰던 낡아빠진 손재봉틀로 지은 옷과 조금도 다르지 않았다. 아마란타 우르슬라는 모든 패션 잡지와 미술 서적과, 대중 음악에 대한 평론지들을 유럽으로부터 직접 구독했고, 그런 책들을 대충만 훑어봐도 온 세상이 아마란타 우르슬라가 상상한 대로 돌아가고 있음을 알 수 있었다. 그만큼 총명한 여자가, 세계 어느 곳에서 살아도 걱정이 없을 만큼 부자이고, 비단 끈을 고삐처럼 목에 두른 채 어디에나 따라다닐 만큼 그녀를 사랑해주는 남편이 있는데도, 먼지와 더위에 파묻힌 죽음의 마을로 돌아온 이유가 무엇이었는지는 도저히 이해하기 힘든 일이었다. 더구나 세월이 지나면서 아마란타 우르슬라가 이대로 이곳에 정착할 생각을 가진 것이 점점 확실해지기 시작했으니, 그녀가 세운 계획은 모두가 장기적인 것이었으며, 그녀가 내리는 모든 결정은 어떻게 해서라도 마콘도에서 평화롭고 안락한 노년기를 보내겠다는 목적을 품고 있었다.

그런 계획이 오래전부터 그녀의 마음속에 있었다는 것은 카나리아 새장만 보아도 알 수 있었다. 편지에서 어머니가 마콘도의 새들이 떼죽음을 당했다고 얘기를 한 것이 기억나서, 그녀는 일부러 몇 달을 기다려 아포르투나다 제도(카나리아 제도의 옛 이름)에 들렀다 가는 배편을 골라 타고는, 그 섬에서 가장 훌륭한 카나리아 25쌍을 샀고, 그 새들을 번식시켜 마콘도의 하늘을 수놓으리라고 생각했다. 새들이 새끼를 치면 아마란타 우르슬라는 그들을 둘씩 짝지어서 날려 보냈는데, 그 새들은 자유의 순간을 맛보자마자 마콘도를 떠나버렸다. 그녀는 집을 수리할 때 장만했던 새장에서 그들을 키워 그 새장에 익숙해지기를 바랐으나 효과는 없었다. 아몬드 나무 위에 수염새풀로 엮어준 둥우리나, 지붕 위에 뿌려둔 새 모이도 다 쓸데없는 헛수고였으며, 도망가려는 새들이 미련을 느끼게 하려고 새장 안의 새들에게 노래를 시켜도 다 헛일이었으니, 새들은 새장만 벗어나면 하늘로 솟아서 마콘도의 하늘을 한 바퀴 돌고는 곧바로 아포르투나다 제도가 있는 쪽을 찾아내서는 훨훨 날아가 버렸다.

고향으로 돌아온 지 1년이 다 되었어도 친구 하나 사귈 수 없고, 잔치를 벌인다고 해도 오겠다는 사람이 하나도 없기는 했지만, 아마란타 우르슬라는 이 불행한 마을을 예전처럼 되돌릴 수 있으리라고 믿었다. 그녀의 남편

가스통은, 그 숙명의 오후에 기차에서 첫발을 내디딘 순간부터 아내의 결심이 신기루같은 향수 때문에 빚어진 것임을 알고는, 아내의 말에 될 수 있으면 반대를 하지 않기로 결심했었다. 현실을 깨닫게 되면 그런 결심은 곧 사라지려니 생각해서, 그는 자기가 가져온 세발자전거를 조립하는 일조차 시작을 않고, 석수장이들이 뜯어낸 거미줄 덩어리나 뒤적여 그중에서 가장 빛나는 거미알을 찾아내고는, 손톱으로 그 알들을 열어 그 안에서 기어 나오는 깨알 같은 거미들을 확대경으로 들여다보면서 몇 시간씩 시간을 보냈다. 나중에는 아마란타 우르슬라가 지루함을 달래려고 집수리를 계속한다고 생각하고는, 뒷바퀴보다 앞바퀴가 훨씬 큰 커다란 자전거를 조립하기로 마음먹었다. 그리고 근처에서 발견하는 진귀한 곤충들을 닥치는 대로 잡아 표본을 만들어, 비록 천직이 항공술이기는 했어도 전문적으로 곤충학을 공부한 리에쥬 대학 교수에게, 그 곤충들을 마멀레이드 병에 넣어 연구 자료로 삼으라고 보냈다. 그는 자전거를 탈 때면 곡예사의 타이즈에 알록달록한 양말을 신고 셜록 홈즈의 모자를 쓰고 다녔지만, 걸어다닐 때에는 단정한 삼베 옷에 흰 구두를 신고 비단 나비넥타이에 밀짚모자를 쓰고 손에는 버드나무 단장을 짚고 돌아다녔다. 푸른 눈동자가 뱃사람 분위기를 풍겼으며, 살짝 기른 콧수염은 다람쥐 털처럼 보였다. 아내보다 열다섯 살이나 위였지만, 그들의 나이 차이는 그녀를 행복하게 해주려는 그의 굳은 결의와 그가 훌륭한 연인으서의 자질을 갖추었기 때문에 별 문제가 되지 않았다.

사실 사람들은 40대에 들어선 그 신중한 남자가 목에 비단 끈을 두른 채 곡마단 자전거를 타고 다니는 꼴을 보고, 그가 젊은 아내와 분방한 사랑을 나누고 그들이 처음 사귈 때부터 그랬듯이 기분만 나면 어디서든 사랑은 나눌 만큼 마음이 잘 맞으며, 시간이 흐름에 따라서 그들의 정열이 점점 더 깊고 풍요해지고 있다는 사실을 도저히 상상조차 할 수 없었다. 하지만 가스통은 지혜와 상상력이 끝없이 솟아 나는 격렬한 연인이었을 뿐 아니라, 아마도 제비꽃이 핀 들판에서 사랑을 나누고 싶다는 이유만으로 불시착을 하다가 목숨을 잃을 뻔한 사람으로서는 인류 역사상 최초로 꼽힐지도 모른다.

그들은 결혼하기 3년 전, 아마란타 우르슬라가 공부를 하던 학교 위에서 스포츠용 쌍발기로 비행을 하던 가스통이 국기 게양대를 피하느라고 난폭한 조종을 하다가, 캔버스와 얇은 알루미늄으로 된 조잡한 비행기가 전깃줄에 얽혔을 때 처음 만났다. 그 다음부터 그는 부목(副木)을 댄 자기 발쯤은 아랑곳하지 않고 주말만 되면, 페르난다가 바랐던 것만큼 규율이 엄격하지는 않았던 수녀학교의 기숙사로 찾아가 아마란타 우르슬라를 불러내어 스포츠 클럽으로 놀러 다녔다. 그들은 어느 일요일, 들판을 가로지르는 5킬로미터 상공에서 사랑하기 시작했는데, 저 밑의 땅에서 기어다니는 인간들이 점점 작아질수록 서로의 마음이 잘 맞는 것을 느꼈다. 아마란타 우르슬라는 그에게 마콘도가 세상에서 가장 밝고 한가로운 곳이라고 했고, 오레가노 향기로 그윽한 커다란 집에서 성실한 남편과, 절대로 아우렐리아노나 호세 아르카디오가 아니라 로드리고와 곤살로라고 부를 장난꾸러기 두 아들과 레메디오스가 아니라 비르히니아라고 이름 지을 딸과 늙을 때까지 살고 싶다는 얘기를 했다. 아마란타 우르슬라가 향수에 젖어 마콘도를 이상화하면서 너무나도 끈질기고 애절하게 얘기를 해댔기 때문에, 가스통은 그녀를 마콘도로 데려가지 않는다면 그들이 절대로 결혼할 수 없으리라는 것을 깨달았다. 그래서 그는 나중에 목에 비단 끈을 매기로 동의했듯이 그곳으로 갈 것을 약속했지만, 그때는 아마란타 우르슬라가 일시적으로 변덕을 부리는 것이고, 곧 정신을 차리겠거니 생각했었다.

그러나 마콘도에서의 생활이 2년이나 되어도 아마란타 우르슬라가 고향으로 돌아온 첫날처럼 만족해하는 모습을 보고 그는 드디어 불안을 느끼기 시작했다. 이 무렵 그는 그 지역 곤충은 모조리 잡아서 표본을 만들었고, 스페인 어도 이 지방 사람만큼 익혀서 우편으로 받아보는 잡지의 낱말 퍼즐도 모조리 다 풀 수 있었다. 그렇다고 해서 이곳의 풍토가 맞지 않는다는 핑계로 귀국을 서두를 수도 없었으니, 낮잠 시간의 더위나 장구벌레가 떠다니는 물에도 적응할 수 있을 만큼 그의 간은 자연에 순응을 잘했기 때문이다. 그는 이곳 음식에 아주 맛을 들여서 한번은 앉은 자리에서 이구아나의 알을 여든 두 개나 먹어치운 적도 있었다. 아마란타 우르슬라는 그와 정반대로, 기차 편으로 얼음을 채운 상자에 담긴 생선과 조개, 통조림을 한 고기나 병조림을 한 과일을 사들였는데, 그녀는 그런 것 말고는 먹지를 못했으며 비록 자기가 찾아갈 곳이나 만날 사람이 없었어도 우편으로 패션 잡지를 받아 보고 유럽 스타일의 옷을 지어 입었다.

남편은 이때쯤 되어서는 아내가 입고 뽐내는 짧은 치마나, 삐딱하게 기울여 쓴 모자나, 일곱 가닥의 목걸이에는 신물이 나 있었다. 그녀는 언제나 분주하게 돌아다니는 것이 생활의 비결인 듯, 혼자서 집안일을 잔뜩 벌여놓았다가는 집어치우고, 헤아릴 수 없을 만큼 많은 일들에 어수룩하게 손을 대었다가는 하루가 못 가서 다시 부지런히 그 일들을 말끔히 처리해 버렸는데, 페르난다가 보았다면 아버지 쪽의 나쁜 습관을 물려받았다고 했을 바지런함이었다. 그런가 하면 그녀의 쾌활한 성격은 변함이 없어서 주문한 새 레코드가 도착하기만 하면 응접실에서 밤늦도록 가스통을 붙잡아놓고는, 동창생들이 그림과 글로 편지에 설명해 보낸 대로 최근에 유행하는 춤을 연습했으며, 그러다보면 대개 비엔나 흔들의자나 맨 바닥에서 애무하는 것으로 끝을 보았다. 아마란타 우르슬라의 행복을 완전히 이룩하려면 아이를 가졌어야 했지만, 아마란타 우르슬라는 결혼한 지 5년이 될 때까지는 아이를 낳지 않겠다고 남편과 한 약속을 끝까지 존중했다.

무료함을 메울 길이 없을까 궁리하던 가스통은 어느새 아침나절을 멜키아데스의 방에서 붙임성없는 아우렐리아노와 함께 보내는 버릇이 들었다. 그는 고국에 있는 사람들은 잘 모르는 곳에 얽힌 추억 얘기를, 마치 그곳에서 오랫동안 살기라도 한 듯이 소상하게 알고 있는 아우렐리아노와 나누며 재미있는 시간을 보냈다. 백과사전에도 없는 그런 지식을 도대체 어디에서 익혔느냐고 가스통이 물었더니 아우렐리아노는 호세 아르카디오에게 했던 대답을 되풀이했다.

"난 뭐든지 알아요."

아우렐리아노는 산스크리트어 말고도 영어, 프랑스어, 라틴어, 그리스어를 익혔다. 날마다 오후가 되면 그는 외출을 했는데 아마란타 우르슬라가 매주 쓸 용돈을 주었기 때문에, 그의 방은 얼마 안 가서 카탈루냐 학자가 운영하는 책방의 분점처럼 되었다. 그는 밤이 깊도록 열심히 책을 읽었다. 그의 독서 방법을 살펴보면 가스통이 생각한 대로, 새로운 지식을 습득하기 위해서가 아니라, 이미 터득한 지식들을 책으로 확인하려는 작업에 지나지 않았으며, 그에게는 어떤 책도 그가 가장 쾌적한 아침 시간에 해독을 하는 양피지 원고만큼 재미있지는 못했다. 가스통과 그의 아내는 아우렐리아노를 가정 생활 속으로 끌어들이려 했지만, 아우렐리아노는 시간이 흐를수록 점점 더 짙어지는 신비의 그림자에 싸인 은둔자가 되어갔다. 어쩔 수 없이 가스통은 그와 친해 보려던 계획을 포기하고, 무료한 시간을 보낼 다른 놀이를 찾으려고 했다. 그가 항공우편을 시작해 볼 생각을 하게 된 것은 이때였다.

그것은 새로운 계획은 아니었다. 사실 아마란타 우르슬라를 만났을 때, 이 계획은 퍽 진전된 상태였으며, 다만 다른 점이 있다면 첫 번째 계획에서는 그의 집안에서 야자유에 투자를 한 벨기에 령 콩고가 사업 대상이었다면, 이번 계획에서는 마콘도로 바뀌었다는 것뿐이었다. 처음 계획은 결혼을 하고 아내의 환심을 사기 위해 마콘도에서 몇 달쯤 지낼 생각이었으므로 당분간 연기되었다. 그러나 아마란타 우르슬라가 공공복지위원회를 조직하는 데 열중하여 자기가 귀국하자는 뜻을 비쳐도 코웃음치는 것을 보고, 가스통은 이런 식으로 가다가는 시간이 무척 오래 걸리리라는 생각이 들어서 결심을 했다. 아프리카를 개척하는 것 못지않게 카리브 해 지역을 개척하는 것도 보람 있는 일이라는 신념을 가지고, 그동안 잊고 살아온 브뤼셀의 동업자들과 다시금 접촉을 시작했다. 계획이 착착 진행되는 사이에 그는 자갈밭이나 마찬가지인 그 옛날 마법의 땅에 비행장을 만들어, 바람이 부는 방향이라든가, 해안 지역의 지리라든가, 가장 적당한 항로를 연구하느라고 열심이었다. 그의 부지런한 답사 연구는 꼭 옛날 미스터 허버트가 하던 짓과 같아서, 사람들은 그가 항공로가 아니라 혹시 바나나를 심을 장소를 물색하는 것이 아닌가 하는 의심을 품게 되었다. 그는 잘만 하면 마콘도에 영원히 눌러앉을 길이 트일지도 모른다 생각하고, 수도로 몇 번 찾아가서 당국자들을 만나서 허가를 얻는 동시에, 독점 계약을 맺는 데 성공했다. 그러는 한편 그는 한때, 페르난다가 다른 고장의 의사들과 편지를 주고받았던 것처럼, 브뤼셀에 있는 동업자들과 계속 편지를 주고받았다. 마침내 그는 동업자들을 설득해서 베테랑 파일럿과 함께 첫 비행기를 배편으로 보내 이곳에서 가장 가까운 항구에서 조립을 한 다음 마콘도까지 날아오도록 했다. 처음 계획을 세우고 기상관측을 1년 넘게 계속했을 무렵, 그는 아직도 동업자들이 보내는 똑같은 편지들에 씌어 있는 약속을 믿으며, 바람 소리만 들려와도 하늘을 우러러보면서 혹시 비행기가 나타나지 않나 조바심을 내는 새로운 버릇이 생겼다.

아마란타 우르슬라 자신은 그것을 깨닫지 못하고 있었지만, 그녀가 고향에 돌아옴으로 해서 아우렐리아노는 인생에 커다란 전환점을 맞이했다. 호세 아르카디오가 죽은 다음부터 그는 카탈루냐 학자의 책방에 단골이 되었다. 또한 이때 그가 손에 넣은 해방감과 자유로운 생활은 그로 하여금 마콘도에 대한 어떤 호기심을 갖게 했는데, 그래도 특별히 놀랄 일은 없었다. 그는 먼지투성이가 된 한가한 길거리를 배회하면서 과학적인 흥미를 가지고 폐허가 된 집을 살폈고, 녹이 슬고 망가진 창문의 철망들과, 죽어가는 새들과 추억에 억눌린 주민들을 보았다. 그는 상상력을 동원해서 지금은 남자와 여자의 낡은 구두로 가득 찬 수영장과, 잡초가 우거져가는 집과, 쇠사슬로 아직도 기둥에 묶여 있는 독일 개의 해골과, 아직까지도 때르릉때르릉 울려대서 수화기를 집어들었더니 애절하고 가녀린 목소리의 여자가 영어로 질문을 하길래, 예, 그렇습니다. 파업은 벌써 끝났고, 학살당한 3000명의 시체는 바다에 던져졌고, 바나나 회사도 벌써 떠나서 몇 년 만에 마콘도에 오래전에 평화가 찾아왔다는 대답을 해주어야 했던 전화기에서, 바나나 회사가 있던 시절의 사라진 영광들을 되살려보려고 했다.

이리저리 방황하다가 그는 한때 사람들이 기분을 내느라고 돈 뭉치를 불사르고 흥청거렸지만, 이제는 다른 어느 곳보다도 어둡고 비참해진 사창가에 발길이 다다랐다. 그곳에서는 아직도 붉은 등불이 몇몇 켜져 있었고, 썰렁한 댄스홀에는 색이 바랜 꽃다발이 몇 개 걸려 있었으며, 전축 옆에는 다 부지고 뚱뚱한 과부들과, 늙어빠진 프랑스 창녀들과, 죄많은 노파들이 여전히 손님을 기다리고 있었다. 아우렐리아노는 그곳에서 그의 가족은 고사하고 아우렐리아노 부엔디아 대령조차 기억하고 있는 사람조차 찾아볼 수 없다가 결국은 백발 때문에 음화(陰畵) 사진 느낌이 나는 문간에 앉아서 석양을 바라보며 슬픈 찬송가를 부르던, 안틸 제도에서 온 흑인들 가운데 가장 나이가 많은 남자를 만났다.

아우렐리아노는 그 할아버지와 최근 몇 주일 동안 익힌 파피아멘토 말(큐라소 섬에서 쓰이는 크레올 어(語))로 겨우겨우 얘기를 나누었고, 가끔 그 영감의 증손녀가 마련한 닭머리 수프를 함께 먹기도 했다. 그녀는 뼈마디가 굵직하고, 궁둥이는 암말 같고, 젖가슴은 참외만큼이나 싱싱하고, 동글동글한 머리에는 중세 기사들이 머리에 쓰던 투구를 떠올리게 하는 철사줄만큼이나 굵은 머리카락이 덮여 있는 덩치 큰 여자였다. 그녀의 이름은 니그로만타라고 했다. 그 무렵 아우렐리아노는 집 안에서 굴러다니던 은식기와 촛대와 다른 잡동사니들을 팔아서 먹고 살았다. 그러다가 대부분 그랬지만, 빈털터리가 되면 그는 시장식료품점에서 버리려고 하는 닭의 대가리들을 받아 니그로만타에게 가지고 가서 박하를 치고 쇠비름을 넣어서 수프를 끓이게 했다. 니그로만타의 증조부가 죽자 아우렐리아노는 그 집을 드나들지 않았지만, 가끔 밤이면 어둑어둑한 광장 아몬드나무 밑에서 지나가는 남자들을 꾀느라고 들짐승 소리같은 휘파람을 불어대는 니그로만타를 만날 수 있었다. 그는 가끔 그 여자와 함께 시간을 보내며 파피아멘토 말로 닭머리 수프나 가난한 사람들이 먹는 맛있는 음식에 대한 얘기를 나누었다. 만일 그 여자가 아우렐리아노 때문에 손님들이 달아난다는 얘기만 하지 않았더라면 그들의 관계는 오랫동안 계속되었으리라. 비록 그가 가끔 충동을 느꼈고 그 여자만이 같은 추억을 나눌 수 있는 사람이기는 했어도, 그는 그녀와 잠자리를 같이하지는 않았다. 그래서 아마란타 우르슬라가 마콘도로 돌아온 다음에 그를 누나 같은 기분으로 꽉 껴안았을 때 그는 아직도 동정을 지키고 있던 터였으며, 그 포옹에 숨 막히는 듯한 기분을 맛보게 되었다. 그녀를 볼 때마다, 더구나 그에게 요즘 유행하는 춤을 가르쳐줄 때마다, 그는 필라르 테르네라가 카드로 점을 쳐준다고 하면서 곡식 창고로 끌고 들어갔을 때 그의 4대조 할아버지가 느꼈던 뼛골이 사르르 녹는 듯한 기분을 맛보았다. 그 고통에서 벗어나려는 몸부림으로 그는 양피지 원고를 공부하는 데 더욱 열심이었으며, 밤이 되어도 그의 마음을 어지럽히는 냄새를 뿌리고 다니는 이모의 악의 없는 손길에서 벗어나려고 했지만, 그녀를 피하면 피할수록 그녀의 꾸밈 없는 웃음과 기분 좋은 고양이 같은 목소리와, 즐거운 노랫소리가 기다려졌다.

  어느 날 밤 아마란타 우르슬라 부부는 아우렐리아노의 침대에서 9미터밖에 떨어지지 않은 금세공 작업대 위에서 멋대로 배를 비비다가 유리 선반을 깨뜨리고는 염산이 철철 흐르는 가운데서 일을 치렀다. 아우렐리아노는 그 소음 때문에 한 숨도 자지 못했을 뿐 아니라, 이튿날도 짜증이 나서 흐느껴 울었고, 몸에는 열이 오르기까지 했다. 그는 밤이 오기를 기다리며, 아몬드나무 밑 그늘에서 니그로만타를 기다렸다. 그는 얼음처럼 차가운 불안에 시달리며, 손에는 아마란타 우르슬라를 졸라서 얻어 낸 50센타보를 움켜쥐고 있었는데, 돈을 달라고 조른 이유는 반드시 필요해서가 아니라, 그녀를 일에 끌어들여서, 욕보이고, 매춘을 한 것이나 다름없는 입장에 처하도록 하기 위해서였다. 니그로만타는 그를 이끌어 요사스런 촛대로 밝힌 그녀의 방으로 데리고 가서, 부정한 사랑으로 얼룩진 잠자리가 깔린 간이 침대로 안내했고, 암캐처럼 사납고, 돌처럼 단단하고 차가운 몸으로 그를 제압해, 철부지 어린 애를 다루듯이 간단히 해치울 셈이었다. 그러나 예상과는 달리 상대는 어엿한 사내였고, 그 무시무시한 힘은 지진처럼 격렬하게 그녀의 아랫 배를 뒤흔들었다.

그들은 애인이 되었다. 아우렐리아노는 양피지 원고를 공부하느라고 아침 나절을 보낸 뒤 낮잠 시간이 오면 니그로만타가 기다리는 침실로 갔다. 그녀는 처음에는 지렁이처럼 하다가, 다음에는 달팽이처럼, 그리고 마지막에는 게처럼 하는 방법을 전수하고, 그 뒤에는 손님을 끌기 위해 아쉬워하며 그의 곁을 떠났다. 몇 주일이 지난 다음에야 아우렐리아노는 니그로만타가 허리에 첼로 줄처럼 보이는 끈으로 엮은 작은 허리띠를 차고 있다는 것을 알아냈다. 강철처럼 단단한 그 허리띠는 태어날 때부터 지니고 있었으며, 그녀가 자람에 따라 늘어났기 때문에 끝이 어딘지도 알 수 없었다. 언제나 그들은 일을 치르다 말고 침대 위에 발가벗고 마주 앉아서, 정신 착란을 일으킬 만한 더위와, 녹이 슨 양철 지붕 사이로 새어 들어오는 대낮의 별을 보며 식사를 했다. 니그로만타는 정해진 애인을, 제대로 된 기둥서방을 갖기는 이번이 처음이라고 웃어대면서 고백했다. 그런 그녀가 아련한 꿈마저 품기 시작했을 무렵, 아우렐리아노가 아마란타 우르슬라에 대한 비밀스런 사랑을 털어놓으며, 그것은 다른 누구로도 대신할 수 없고 경험으로 사랑의 즐거움을 알면 알수록 슬픔만 커져갈 뿐이라고 말했다.

그 뒤로도 니그로만타는 변함없이 그를 기쁘게 맞이했으나 단지 그 뒤로는 돈을 정확히 받게 되어, 아우렐리아노의 수중에 돈이 없을 때는 외상으로 하기로 하고 숫자가 아니라 선을 엄지손톱으로 문 안쪽에 새겨 넣었다. 해가 진 다음 니그로만타가 광장의 어둠 속에서 새 손님을 받으려고 서 있는 동안 아우렐리아노는 마치 남의 집처럼 복도를 그냥 지나쳐서 그때쯤이면 대개 저녁 식사를 하는 아마란타 우르슬라와 가스통에게 인사도 한 마디 하지 않고 자기 방에 틀어박혔다. 하지만 어두운 집안에 가득한 속삭임과, 웃음소리와, 사랑을 나누기 위한 장난과, 그리고는 드디어 고통스러운 행복이 폭발하는 소리에 글을 읽거나 쓰지도 못하고, 더구나 생각이라고는 조금도 할 수 없었다. 그것이 가스통이 비행기를 기다리기 2년 전 아우렐리아노의 삶이었는데, 카탈루냐 학자의 책방으로 갔다가 네 소년이 화를 내며 중세 사람들이 바퀴벌레를 어떻게 없앴나 하는 방법에 대해서 열을 올리며 싸우는 것을 본 오후에도 그 상황은 마찬가지였다. '성 베다'(영국의 성직자, 역사가(673?~735)) 밖에 읽은 사람이 없는 책들을 그가 좋아하는 것을 알고 있던 책방 주인은 아들한데 타이르는 말투로 아우렐리아노에게, 이왕이면 너도 그들의 논쟁에 한번 끼지 않겠느냐고 했다. 그러자 그는 곧바로, 지상에서 가장 오래된 날개 달린 곤충인 바퀴벌레는 이미 구약성서에서도 슬리퍼로 호된 맛을 보았다. 그러나 바퀴벌레는 붕사(硼砂)를 바른 토마토 조각부터 설탕을 넣은 밀가루에 이르기까지 온갖 퇴치법을 견뎌낼 수 있다고 설명했다. 1603종류에 달하는 바퀴벌레들은 인간이 멀리 원시시대부터 인간자신을 포함한 온갖 생물에 가해온 집요하고 비정한 박해를 잘 견뎌왔다. 그 박해의 방법은 정말 잔혹해서 인간에게는 생식 본능과는 따로, 좀더 명확하고, 훨씬 강력한, 바퀴벌레 말살 본능이 있다는 생각이 들 정도이다. 바퀴벌레가 인류의 잔혹한 손에서 벗어났다고 한다면 그것은 오로지, 바퀴벌레가 어둠에 몸을 숨기기 때문이다. 인간의 본능적인 어둠에 대한 공포감으로 인해 바퀴벌레는 불사신이라고 자랑하고 있을 수 있는 것이다. 그 대신 바퀴벌레는 한낮의 광선을 견디지 못한다는 것이 중세에서 지금에 이르기까지 모든 세상 사람들에게 알려진 바이므로, 바퀴벌레 퇴치에 효과적인 방법은 태양의 눈부신 빛, 이것 밖에는 없다고 설명했다.

그는 이 해박함이 뚝뚝 묻어나는 숙명론 때문에 두터운 우정의 첫걸음을 내딛게 되었다. 그 날부터 아우렐리아노는 그의 생애에서 처음이자 마지막 친구들이 될 그 네 사람의 토론자들과 저녁 무렵이면 함께 어울렸는데 그들의 이름은 알바로, 헤르만, 알폰소, 그리고 가브리엘이었다. 책 속 세상에 틀어박혀 살아왔던 아우렐리아노에게, 책방에서 시작되어 새벽이면 사창굴에서 끝나게 되는 그들의 떠들썩한 모임은 하늘의 계시나 마찬가지였다. 그들이 흥청거리며 놀던 어느 날 밤에 알바로가 알려 주었듯이, 문학이라는 것이 사람들을 우롱하기 위해서 만들어낸 가장 좋은 장난감일지도 모른다는 것을 그는 이때까지 생각해 본 적이 없었다. 그들의 이 독단적인 사고방식이 사실은, 이집트콩을 요리하는 새로운 방법을 알아내는 데 조금도 도움이 되지 못하는 지혜는 아무 짝에도 쓸모없는 것이라고 부르짖던 카탈루냐 현자에게서 이어받았다는 것을 아우렐리아노가 알기까지에는 꽤 시간이 걸렸다.

　아우렐리아노가 바퀴벌레에 대해서 장황한 연설을 한 날 오후에도 그들의 토론은 결국 굶주림 때문에 몸을 파는 여자들이 우글거리는 마콘도 교외에 있는 거짓으로 가득 찬 사창굴에서 끝났다. 그곳 포주는 문이 여닫히는 소리에는 굉장히 예민했지만 붙임성이 좋은 중년의 여자였다. 언제나 머금고 있던 그녀의 미소는 상상 속에서만 존재하는 가게를 현실이라고 생각한, 남을 잘 믿는 마음씨 착한 손님들이 원인인 듯했다. 그 가게에 있는 모든 것들은 그 미소나 마찬가지로 착각 속에서 우러났고, 현실적이고 구체적인 것은 아무것도 없었으니, 누가 앉기만 하면 폭삭 무너지는 가구가 그러했고, 부속품이 없어서 암탉이 둥지를 튼 축음기와 종이로 만든 꽃으로 장식된 정원과, 바나나 회사가 오기 몇년 전의 달력과, 출판된 일이 없는 잡지에서 오려낸 그림들을 넣은 액자가 그러했다. 창녀들도 공상 속의 인간들 같아서, 포주가 그들에게 손님이 왔다고 말하면 마치 기계처럼 딱딱하게 움직였다. 그들은 인사 한마디도 없이, 5년 전에 입던 꽃무늬 드레스를 입고 나타나서는, 옷을 입었을 때나 마찬가지로 아무런 부끄럼도 타지 않으며 발가벗은 몸이 되었고, 사랑의 느낌이 절정에 달하는 순간이 오면 천장이 무너져 내릴 것 같다고 비명을 질러댔다. 그리고는 1페소 50센타보의 화대를 받자마자 포주에게로 곧장 달려가서 빵과 치즈 한 조각을 샀는데, 그 치즈도 진짜가 아님을 혼자만 알고 있던 포주는 그럴 때면 더욱 커다란 미소를 짓게 마련이었다.

　멜키아데스의 양피지에서 시작해 니그로만타의 침대에서 끝나는 세상에 살고 있던 아우렐리아노는, 이 비현실적인 사창굴에서 수줍음의 껍질을 벗어버리려고 했다. 처음에 그는 당황했다. 가장 좋은 순간에 다다를 때쯤 되면 꼭 포주가 방으로 들어와 그들의 은밀한 쾌락에 대해 이것저것 온갖 논평을 가하곤 했기 때문이다. 시간이 지남에 따라 그런 재난에도 조금씩 익숙해졌으며, 다른 날보다도 더욱 주체할 수 없을 만큼 제정신이 아니었던 어느 날 밤, 좁은 대기실에서 옷을 홀랑 벗어던지고는, 그의 어마어마한 남성 위에 맥주병을 올려놓고 균형을 잡으며 집 안을 뛰어다녔다. 그는 어처구니없는 짓을 잘 저질렀다. 그럴 때마다 포주는 아무런 불평도 없이 언제나처럼 미소를 지으며 같이 흥을 돋우었고, 그들이 들어 있는 집이 존재하지 않는다는 것을 증명하려고 헤르만이 불을 싸지르려고 했을 때나, 알폰소가 앵무새의 목을 비틀어서 닭고기 스튜가 한창 끓어대는 솥에다 집어넣었을 때도 히죽히죽 웃기만 했다.
　아우렐리아노는 자기가 그들 네 사람과 똑같은 친근감과 신으로 연결되어 있다고 생각하여 그들 네 사람을 한 사람 대하듯 했으나, 사실은 그들 가운데 가브리엘과 특별히 가까운 사이였다. 그들의 우정은 어느 날 밤 우연히 아우렐리아노가 아우렐리아노 부엔디아 대령에 대해 얘기했을 때, 가브리엘만이 그 얘기를 의심하지 않았던 밤에 싹텄다. 보통 때에는 남들의 얘기에 끼어들지 않던 포주까지도 여자다운 흥분에 휩싸여서, 아우렐리아노 부엔디아 대령에 대한 소문은 들었지만, 그 사람은 나라에서 자유파들을 죽이기 위한 핑계로 만들어낸 인물에 지나지 않는다고 펄쩍 뛰었다. 그러나 가브리엘은 자기의 4대조 할아버지인 헤르넬도 마르케스 대령과는 둘도 없는 친구요, 전우였던 아우렐리아노 부엔디아 대령의 존재에 대해서 조금도 의심하지 않았다. 그들의 애매모호한 기억력은 노무자들의 학살에 대한 얘기가 나오자 더욱 심각해졌다. 아우렐리아노가 이 문제를 꺼내기만 하면, 포주뿐만이 아니라 그녀보다 나이가 많은 사람들까지 이구동성으로, 역 앞에 꼼짝없이 붙잡혔던 노무자들이나, 시체를 잔뜩 실은 200개의 차량이 달린 기차 얘기를 터무니없는 소리라고 떠들어댔다. 그들은 재판 기록이나, 초등학교 교과서에 적혀 있는 대로, 마콘도에는 바나나 회사가 존재하지 않았다고 주장했다. 그랬기 때문에 아우렐리아노와 가브리엘은 아무도 믿지 않는 사실에 뿌리박은 공감으로 굳게 연결되었다. 또 그러한 사실은 두 사람의 생활에 큰 영향을 미쳐, 그들은 이미 죽어 없어져 추억만이 남겨진 세상을 정처 없이 표류하게 되었다. 가브리엘은 졸음이 오면 아무 데서나 잠들곤했다. 아우렐리아노가 금세공 작업실로 몇 차례 옮겨준 일이 있었는데, 그는 새벽까지 집안을 배회하는 죽은 사람들에게 시달려서 뜬눈으로 밤을 새우곤 했다. 나중에는 그를 니그로만타에게 맡겨두었는데, 그녀는 손님이 없어 한가할 때면 그를 모두에게 개방된 자기 방으로 불러들여서 아우렐리아노의 외상을 적고도 아직 남아 있는 문 안쪽 좁은 공간에 또 다시 빗금을 그어 가브리엘의 외상을 적었다.
　그들의 생활이 비록 무질서하기는 했지만, 그래도 카탈루냐 학자의 권고를 받아들이기로 한 그들은 무엇인가 영원한 업적을 이루어보려고 했다. 고

전문학을 강의하던 전직 교수로서의 경험과 가게에 가득 들어찬 진귀한 책들에서 얻은 지식으로, 카탈루냐 학자는 아무도 초등학교 이상은 가려고도 하지 않는 마을에 사는 그들에게 밤새도록 무엇이 과연 극적인 삶인가 깨우쳐주었다. 우정을 느끼게 되어서 황홀감에 빠지고, 페르난다의 소심함 때문에 여태까지 금지되었던 세상의 매력에 정신을 잃게 된 아우렐리아노는 양피지 원고에 적힌 암호로 된 시구들에서 어떤 예언이 드러나기 시작하게 되었을 즈음에 양피지 연구를 집어치우고 말았다. 그러나 사창굴에 다니는 것을 포기하지 않고도 여러 가지 일을 할 시간이 충분하다는 것을 나중에 알게 된 그는 뒤늦게나마 멜키아데스의 방으로 되돌아가서 마지막 열쇠를 쥐게 될 때까지는 게으름을 피우지 않겠다고 결심했다. 그 무렵 가스통은 비행기가 오기를 기다리느라고 정신이 팔려 있었고, 아마란타 우르슬라는 쓸쓸함을 달래기 위해 어느 날 아침 그의 방에 모습을 나타냈다.

"식인종 씨, 잘 있었어?" 아마란타 우르슬라가 말했다. "다시 동굴로 돌아왔구나."

손수 지은 옷을 입고, 청어 뼈에 세공을 해서 만든 기다란 목걸이를 걸친 아마란타 우르슬라의 모습은 정말로 매혹적이었다. 남편의 성실함이 의심할 바 없음을 확인한 그녀는 남편의 목에서 비단 끈을 풀어주었고, 고향으로 돌아온 다음 처음으로 여유를 갖게 되었다. 아우렐리아노는 일부러 눈을 들어 보지 않아도 그녀가 온 것을 알 수 있었다. 아마란타 우르슬라는 뼈마디가 닿는 소리가 날 정도로 아주 가까이 다가앉아서 작업대 위에 팔꿈치를 괴고, 흥미롭다는 듯 양피지를 들여다 보았다. 산란해지려는 정신을 바로잡기 위해서 아우렐리아노는 자꾸만 기어 들어가려는 목소리를 가다듬고, 당장에라도 끊어진 듯한 목숨과, 가루가 되어 사라지려는 기억에 매달려 바동거리면서 산스크리트의 운명에 대한 얘기도 하고, 종이에 숨어 있는 글자를 햇빛에 뒤집어 비춰서 읽듯이 시간을 응시하면 미래를 미리 볼 수 있다는 과학적 가능성과, 간단히 풀 수 없도록 예언을 암호화할 필요성과, 노스트라다무스의 《세기(世紀)》와, 성 밀란(스페인의 시인 베르세오가 지은 성인전(聖人傳)에 나오는 인물)의 예언에 따라 사라진 칸타브리아 해 얘기를 늘어놓았다. 그러다가 얘기는 그대로 계속하면서, 태어날 때부터 그의 마음 속에서 잠자고 있던 충동이 행동을 시작해서, 이렇게 하면 불안이 사라지리라 생각하고 자기의 손을 그녀의 손 위에 올려놓았다. 그러자 아마란타 우르슬라는 어렸을 때 자주 그랬듯 그의 검지를 다정하게 쥐고는, 아우렐리아노가 얘기하는 동안 줄곧 잡고 있었다. 그들은 아무런 감정도 전달하지 못하는 차가운 검지로 서로 연결된 채 그렇게 한참 있었는데, 아마란타 우르슬라가 한 순간의 꿈에서 깨어나 손으로 이마를 탁 치며 소리쳤다.

"개미들!"

그러고 나서 그녀는 양피지 원고는 몽땅 잊고 춤추듯 문 쪽으로 가서, 브뤼셀로 떠나던 오후 아버지에게 작별을 고할 때 그랬듯이 아우렐리아노에게 손끝으로 키스를 보냈다.

"그 얘기는 나중에 해줘." 그녀가 말했다. "오늘 개미집에 횟가루를 뿌려야 하는데 깜박 잊었지 뭐야."

아마란타 우르슬라는 그쪽에 갈 기회가 있으면 가끔 아우렐리아노의 방에 들러서 남편이 하늘만 쳐다보는 동안 잠깐씩 머물렀다. 이러한 변화에 희망을 얻은 아우렐리아노는 아마란타 우르슬라가 돌아온 몇 달과는 달리 자주 그들과 어울려 식사를 했다. 가스통은 기뻐했다. 식사가 끝나면 한 시간이 넘도록 그는 아우렐리아노와 얘기를 나누었는데, 그의 동업자들이 자기를 속였다는 불평을 늘어놓기가 일쑤였다. 동업자들은 그가 주문한 비행기를 배에 실어서 보냈다고 편지를 보냈지만, 그 배는 도착하지 않았고, 선박회사에서는 그런 화물이 카리브 항로를 운항하는 배에 실리지 않았으므로 도착할 리가 없다고 강하게 주장했다. 그래도 동업자들은 틀림없이 보냈다며 물러서지 않았고, 심지어는 가스통이 그들에게 거짓말을 하고 있다는 편지도 보냈다고 했다. 아무리 편지를 주고받아도 그들 사이에는 점점 의심만 짙어져 결국 그는 편지를 쓰지 않기로 결심했고, 대신에 곧 브뤼셀로 가서 사태를 수습하고는 자기가 직접 비행기를 몰고 오겠다고 말했다. 그러나 그 계획도 아마란타 우르슬라가 남편을 잃는 한이 있어도 마콘도에서는 떠나지 않겠다는 굳은 결심을 입에 담은 순간, 수포로 돌아가고 말았다.

처음에는 아우렐리아노도 다른 사람들처럼 가스통이 세발자전거나 타고 좋아하는 바보라 생각했고, 동정심까지 느꼈다. 나중에 사창가에서 남자들의 본성에 대해서 많이 깨우치고 난 다음에는 가스통의 순종적인 태도 뒤에는 어마어마한 정열이 감추어져 있다고 생각했다. 그러나 가스통을 좀 더 잘 알고 그의 진짜 성격이 순진한 인상과는 정반대라는 것을 깨닫자, 가스통이 비행기를 기다린다는 얘기가 연기가 아닐까 의심하게 되었다. 그리고 가스통이 겉으로 보이는 것처럼 어리석기는커녕 그와는 반대로 무한한 인내와 집념과 명석함을 지닌 사람이며, 무엇이든 아내에게 동의하며 참고 있으면, 즐거움이 언제까지고 계속되지는 않을 테니 아내 쪽에서 먼저 굽히고 들어올 거라고 생각하고 있으며, 결국은 아내가 자신이 쳐놓은 거미줄에 얽혀 이뤄 낸 꿈에도 싫증을 느끼고 자진해서 유럽으로 돌아가자고 나설 때까지 기다리고 있는 것임을 알아챘다. 처음에는 동정을 했던 아우렐리아노는 그를 걷잡을 수 없이 미워하게 되었다. 가스통의 수법은 아우렐리아노에게는 무척 악랄해 보였고, 그러면서도 아주 교묘하게 여겨져서 아마란타 우르슬라에게 일러주어야겠다고 결심을 했다. 그러나 아마란타 우르슬라는 그의 마음속에 숨어 있는 애절한 사랑과 불안과 질투는 눈치 채지 못한 채 그의 의심을 코웃음으로 넘겨버렸다. 아마란타 우르슬라는 어느 날 복숭아 통조림을 따다가 손을 다쳐서 피가 났을 때, 아우렐리아노가 재빨리 달려와서 그녀의 온 몸이 오싹해질 만큼 탐욕스럽게 정신없이 손가락에서 피를 빨아댄 그 날까지, 아우렐리아노가 자신에게 가족적인 사랑 이상의 그 무엇을 품고 있음을 눈치채지 못했다.

"아우렐리아노!" 아마란타 우르슬라는 당황해서 웃음을 지으며 말했다. "너처럼 심술궂은 아이는 훌륭한 박쥐는 될 수 없어!"

그러자 아우렐리아노는 폭발하고 말았다. 아마란타 우르슬라의 상처 난 손에 키스를 퍼부으면서, 그는 가슴 가장 깊숙한 곳을 열고 끝없이 길고 갈기갈기 찢어진 창자를 끄집어내서 그의 순교자적인 삶에 잠복해서 기생하는 무서운 동물을 내보였다. 아우렐리아노는 아마란타 우르슬라에게 자기가 깊은 밤이면 일어나서 외로움과 분함에, 빨아서 말리려고 목욕탕에 널어놓은 그녀의 속옷에 얼굴을 묻고 운 적이 있다고 했다. 니그로만타로 하여금 그의 귓속에다 암고양이 같은 소리로 가스통, 가스통, 가스통, 하면서 속삭여 달라고 했으며, 굶어 죽기가 두려워서 창녀 노릇을 하는 어린 소녀들의 목에 뿌리고 냄새를 맡기 위해 그녀의 향수병들을 훔쳐냈던 얘기도 했다. 그의 격정적인 고백에 놀란 아마란타 우르슬라는 벌렸던 손을 조개처럼 꼭 움켜쥐었다. 상처입은 손은 모든 고뇌와 연민에서 해방되어, 에메랄드와 토파즈 그리고 돌처럼 무감각한 뼈덩어리가 되었다.

"짐승 같으니." 아마란타 우르슬라는 침이라도 뱉을 듯이 소리를 질렀다. "난 벨기에로 가는 다음 배로 이곳을 떠나겠어."

어느 날 오후에 알바로는 카탈루냐 학자의 책방으로 뛰어들어오면서, 큰 소리로 자기가 발견한 동물원 사창굴에 대한 얘기를 떠들어댔다. 그 동물원 사창굴은 '황금의 아이'라고 하는 널따란 노천 살롱이었는데, 그곳에서는 200마리가 넘는 물떼새가 자유로이 날며 귀가 먹먹할 정도로 울어대서 시간을 알려주었다. 무도장을 빙 둘러가며 쳐놓은 철망 울타리들 안에는 아마존 원산 카멜리아 나무 사이로 여러 색깔의 해오라기와, 돼지처럼 살이 통통한 악어들과, 방울이 열두 개나 달린 뱀과, 작은 인조 연못에서 뛰노는 등껍질에 금박을 입힌 거북이들이 있었다. 그곳에는 또한 동성애를 했지만 먹이를 얻으려고 수컷 노릇을 하는 얌전한 하얀 개도 있었다. 그곳의 공기는 방금 생겨난 듯 진하고 맑았다.

유행에서 밀려난 축음기와 새빨간 꽃잎에 둘러싸여 멍하니 손님을 기다리는 아름다운 혼혈 아가씨들은 인간이 천국에 잃어버리고 온 모든 사랑의 기교를 알고 있었다. 아우렐리아노와 친구들이 이 환상의 온실을 처음 찾아간 날 밤, 문가에서 흔들의자에 앉아 지키고 있던 조용하고 당당한 노파는 시간이 뒷걸음질을 쳐서 태초로 돌아가는 것같이 느꼈다. 찾아온 다섯 청년들 가운데서 깡마르고 얼굴빛이 좋지 않은 남자를 알아본 것이다. 다탄 인처럼 광대뼈가 튀어나오고, 이 세상의 시작부터 끝까지 이어질 고독이 곰보 자국처럼 얼굴을 덮고 있었다.

"어머, 아우렐리아노잖아!" 그녀는 중얼거렸다.

그 여자는 전쟁이 시작되기 훨씬 전, 등불 속에서 영광의 고독과 환멸의 망명을 맛보기 훨씬 전, 침실로 자기를 찾아와서 그의 생애에 처음으로 명령을, 그에게 사랑을 베풀라고 명령을 내렸던 아우렐리아노 부엔디아 대령을 다시 한 번 보게 되었던 것이다. 그 여자는 필라르 테르네라였다. 여러 해 전에 그녀는 145살이 되었는데, 그때부터는 자기의 나이를 헤아리는 것을 그만두었다. 그리고 기억이 정지한 주변적인 시간, 계시된 확실한 미래, 카드가 장치한 함정이나, 믿을 수 없는 예측에 겁을 먹는 미래를 까마득히 초월한 곳에서 살아 왔다. 그날 밤부터 아우렐리아노는 4대조 할머니인 줄도 모르고, 그녀의 동정적인 이해와 보살핌 속에서 도피처를 얻을 수 있었다.

필라르 테르네라는 등나무 흔들의자에 앉아서 지나간 과거에 대한 애기를 들려주며, 부엔디아 집안의 영광과 불운, 이제는 사라져간 마콘도의 번영을 얘기했다. 그동안에 알바로는 큰 소리로 웃어서 악어들이나 놀래주며 시간을 보냈고, 알폰소는 지난 주일에 버릇없이 굴던 네 손님의 눈알을 쪼아 뽑은 물새에 대한 엉터리 얘기나 지어대기에 바빴고, 가브리엘은 국경 경비원들에게 붙잡혀 오리노코강 저편에 있는 감옥으로 잡혀가서 그가 삼켜버린 다이아몬드가 똥과 함께 나올 때까지 요강 위에 앉아 있으라는 명령을 받았던 밀수꾼을 애인으로 가진 혼혈아 여인의 방에서 지냈다. 그 아가씨는 돈은 받지 않았으나, 밀수꾼 애인 앞으로 편지를 대신 써달라고 졸라댔다. 모성애가 흘러 넘치는 포주가 운영하던 그 멋진 사창굴은 아우렐리아노가 오랫동안 갇혀서 지내던 시절에 꿈꾸던 세계였다. 그는 이곳에 있으면 마음이 푹 놓였고, 더 없이 좋은 친구들과 함께 있을 수 있어서, 새로운 도피처는 생각해 보지도 않았다. 그러나 그 날 오후, 아마란타 우르슬라가 그의 환상을 무너뜨린 오후만 해도 별다른 도피처는 생각해 보지도 않았다. 가슴속에 맺힌 응어리를 누구에게라도 털어놓고 싶었지만, 필라르 테르네라의 치마 폭에 얼굴을 파묻고 마음이 풀릴 때까지 하염없이 울어대는 것이 고작이었다. 그녀는 그의 머리를 매만지면서 그의 울음이 멎기를 기다렸다. 그녀는 비록 그가 사랑 때문에 울고 있다고 고백하지 않았어도 그것이 유사 이래 가장 오래된 눈물임을 곧 알아챘다.

"이런, 가엾은 것." 필라르 테르네라가 위로하며 말했다. "자, 말해보렴. 상대는 누구지?"

아우렐리아노가 이름을 얘기하자, 필라르 테르네라는 마구 웃어대다가 나중에는 비둘기가 우는 소리를 내며 자신을 진정시켰다. 부엔디아 집안의 역사가 멈출 수 없는 톱니바퀴와 같아서, 축이 가차없이 닳아 없어지지만 않는다면 영원히 굴러갈 바퀴나 마찬가지라는 것을 100년에 걸친 카드 점과 경험으로 알고 있었던 필라르 테르네라는 어떤 부엔디아 집안 사람의 마음도 다 꿰뚫고 들여다볼 수 있었다.

"걱정 말아라." 그녀는 웃으면서 말했다. "지금 어디에 있든지 간에, 그 여자는 지금 너를 기다리고 있단다."

아마란타 우르슬라가 목욕을 끝내고 나온 때는 오후 4시 30분이었다. 아우렐리아노는 그녀가 살짝 주름이 진 목욕 가운을 걸치고 머리에는 수건을 터번처럼 감고 그의 방 앞으로 지나가는 모습을 보았다. 그는 술에 취해 비틀거리면서 살금살금 아마란타 우르슬라의 뒤를 따랐으며, 그가 침실로 들어서자 그녀는 벗으려고 벌렸던 옷깃을 다시 여미었다. 그녀는 소리를 내지 않고 문이 반쯤 열린 옆방을 손으로 가리켰는데, 그 방에서는 가스통이 조금 전부터 편지를 쓰고 있었다. 그녀는 입 모양만으로 말했다.
　"저리 가."
　아우렐리아노는 히죽 웃고는 베고니아 화분을 집어 들 듯이 그녀를 들어올려서 침대 위에 눕혔다. 그는 저항할 틈도 주지 않고 거칠게 목욕 가운을 벗겨냈다. 어둑어둑한 옆방에서 혼자 상상했던 피부 빛깔과 곱슬곱슬한 털과 눈에 안 띄던 점까지 다 볼 수 있는 갓 목욕을 마친 알몸이 드러났다. 마치 심연을 들여다보는 기분이었다. 아마란타 우르슬라는 미끄럽고 나긋나긋한, 향기가 나는 몸을 뒤틀어가면서 현명한 여인의 기민함을 발휘해 자신을 지키려고 했다. 그의 아랫배를 무릎으로 걷어차거나 얼굴을 손톱으로 할퀴거나 했는데, 그러면서도 그들 두 사람은 열린 창문으로 4월의 석양을 구경하는 사람처럼 숨소리 하나 내지 않았다. 마치 목숨을 걸기라도 한 것처럼 맹렬히 싸웠지만, 그들의 공격이나 도피는 유령 같은 몸짓이어서 폭력적인 느낌은 조금도 없었다. 그들의 동작은 느리고, 조심스럽고, 엄숙해서 그 하나하나 사이에 피튜니아(가지과의 한해살이풀, 라플라타 강 유역 원산)가 꽃을 피우고, 옆방에 있던 가스통이 비행에 대한 꿈을 버릴 만큼 오랜 시간이 걸렸다. 서로 미워했던 연인들이 맑은 연못 아래서 화해를 하는 듯한 모습이었다.
　격렬하면서도 예식(禮式) 같은 싸움 속에서, 아마란타 우르슬라는 소리를 내지 않는 것이 오히려 이상하게 여겨질 거라는 생각이 들었다. 이러다가는 옆방에 있는 남편이 그들이 내지 않으려고 애쓰는 싸움 소리보다도 이 침묵을 오히려 더 의심할지도 모른다는 생각이 들었다. 그래서 그녀는 입을 다문 채 웃어댔고, 그를 물어뜯을 때도 아프지 않게 가볍게 물고, 조금씩 조금씩 저항의 몸짓을 누그러뜨렸다. 이윽고 그들은 서로 적이면서도 공범자가 되었다는 사실을 어렴풋이 깨달았다. 난투는 사랑을 나누기 전의 장난으로 바뀌어갔고, 공격은 애무가 되었다. 갑자기 마치 장난이라도 하는 기분으로 아마란타 우르슬라는 반항을 멈추었는데, 자기가 저지른 잘못을 뒤늦게 깨달고 겁이 나서 다시 자세를 취하려고 했을 때는 이미 늦어버렸다. 무지막지한 요동이 그녀의 중심에서 일어나 몸도 움직일 수 없었던 그녀는 그 자리에 내던져졌고, 몸을 지키려는 의지는 죽음 너머에서 기다리는 오렌지색 피리 소리와 보이지 않는 풍선이 무엇인지 알고 싶다는 거역하기 힘든 갈망에 의해 무너졌다. 더듬더듬 수건을 붙잡아, 온 몸을 찢고 새어나오려는 고양이 같은 비명을 틀어막기 위해 입에 무는 것이 고작이었다.

20

 어느 축제 날 밤, 필라르 테르네라는 등나무 흔들의자에 앉아 천국의 문을 지키는 듯한 모습으로 숨을 거두었다. 필라르 테르네라는 그녀의 유언에 따라 관에 담기지 않고 흔들의자에 앉은 채로 매장되었다. 무도장 한가운데 파놓은 커다란 구덩이에 묻는 데는 여덟 사람이 필요했다. 너무 울어서 얼굴이 창백해진 혼혈 여인들은 검은 상복을 입고 바로 미사를 시작했다. 귀걸이와 브로치와 반지를 빼서 구덩이에 던져 넣고는 이름도 없고 죽은 날짜도 기록하지 않은 돌로 뚜껑을 덮은 다음 그 위에 아마존 카멜리아 꽃을 산더미처럼 뿌렸다. 그들은 동물들을 모두 독살시켜 죽이고는 문과 창문을 모조리 벽돌과 회반죽으로 막아버렸다. 그러고는 성인들의 그림이나 잡지에서 오려낸 사진 또는 다이아몬드 똥을 누었거나, 식인종을 잡아먹었거나 먼 바다를 주름잡던 옛 애인들의 사진을 안쪽에 덕지덕지 붙인 나무 트렁크를 꾸려가지고 뿔뿔이 흩어져 갔다.
 모든 것이 끝났다. 창녀들의 찬송가와 값싼 보석에 둘러싸인 필라르 테르네라의 무덤 속에서 과거의 찌꺼기는 썩어갔고, 영원히 계속되는 봄에 대한 그리움을 이기지 못해 지중해의 고향으로 돌아가기 위해서 카탈루냐 학자가 경매에 붙여 팔아치우고 남은 책들의 찌꺼기도 다 썩어갔다. 카탈루냐 학자의 결심을 미리 눈치챘던 사람은 아무도 없었다. 그는 여러 전쟁을 피해서 돌아다니다가 바나나 회사가 한창 번영을 누리던 시절에 마콘도로 왔으며, 그가 이곳에서 이룩한 업적이라고는 길 건너 집으로 꿈을 풀이해 달라고 왔다가 차례를 기다리는 시간을 보내려고 들른 사람들이 쓰레기장 책이라도 만지는 듯이 조심스레 한 장 한 장 들춰보던 낡은 간행본이나 여러 나라 말로 된 원서들을 수집해서 책방을 열었다는 것뿐이었다. 그는 대부분의 시간을 책방 뒤쪽 구석에서 보내며, 공책을 뜯어서 그 종이 위에다 보랏빛 잉크로 무척 꼼꼼하게 무엇인가 계속 썼는데, 그 글의 내용이 무엇인지 아는 사람은 아무도 없었다. 아우렐리아노가 처음 그를 만났을 때, 그는 멜키아데스의 양피지 원고가 떠오르는 그 얼룩덜룩한 종이 뭉치를 두 상자나 쌓아놓고 있었으며, 그때부터 마콘도를 떠나는 날까지 한 상자가 더 많아져서 그가 마콘도에 살던 동안에 글 쓰는 일 말고 딴 일을 조금이라도 했으리라고는 생각되지 않았다. 그가 이곳에서 관계를 유지한 사람들이라고는 처음에 팽이나 연을 책으로 바꾸었던 네 사람뿐이었는데, 그는 그들이 아직 초등학교에 다닐 때 벌써 그들에게 세네카와 오비디우스를 읽혔다. 그는 그 고전 작가들을 마치 오랫동안 한솥밥을 먹은 친구처럼 자세히 알고 있었으며, 성 아우구스티누스가 겉옷 밑에 받쳐 입었던 털 조끼를 4년 동안 벗지 않았다든가, 심령술사 아르나우 데 빌라노바(카탈루냐의 의학자, 신학자, 연금술사)는 어렸을 때 전갈에게 물렸기 때문에 평생 불감증 환자였다는 따위의 몰라도 좋은 것들을 많이 알고 있었다. 글에 대한 그의 집착에는 엄숙한 존경심과 불경한 호기심이 뒤섞여 있었다. 그가 쓴 원고도 그의 이러한 양면성을 담고 있었다. 그 원고를 번역해 보려고 카탈루냐 말을 배운 알폰소는 신문을 오린 쪽지와 묘한 기술을 가르치는 안내서가 담겨 언제나 불룩한 주머니에 원고를 넣고 다니다가, 어느 날 밤 굶주림에 몸을 파는 아가씨들의 집에서 그것을 잃어버리고 말았다. 이 얘기를 들은 나이 든 학자는 모두들 걱정하던 것처럼 소란을 피우지 않고, 오히려 우스워 죽겠다고 하면서, 그것이 바로 피할 수 없는 문학의 숙명이 아니냐고 했다. 그랬으면서 고향으로 돌아갈 때는 아무리 설득을 해도 원고 세 상자를 다 가져가겠다고 고집을 부렸다. 기차를 타려고 역에 나갔을 때 그는 원고 상자를 화물로 보내라는 역원에게 카르타고(아프리카 북안, 현재의 튀니지 부근에 페니키아인이 세운 고대의 도시국가. 기원전 146년 로마군에 멸망)의 욕설을 퍼부어서 결국 그 원고를 객실에 싣고 가져갈 수 있었다.

"이 세상도 끝났어. 사람은 1등 객실에 타면서 문학은 화물 취급을 받다니!"

떠나기 전 그가 마지막으로 남긴 말이었다. 그는 떠나기 전의 일주일을 매우 울적하게 보냈다. 여행 떠날 준비를 하는 동안 전에 페르난다를 괴롭히던 귀신들이 이번에는 그를 찾아와, 여기에 둔 물건을 저리로 옮겨놓으며 장난을 치는 통에, 출발 날짜가 다가오면서 기분이 몹시 상했기 때문이다.

"이런 제길!" 그는 저주를 퍼부었다. "런던 종교 회의에서 승인한 교리 27항 따위는 엿이나 먹어라."

헤르만과 아우렐리아노가 그를 보살펴주었다. 그들은 마치 아이를 대하듯, 그의 주머니에 여권과 출국 서류를 안전핀으로 꽂아주고, 마콘도를 떠나 바르셀로나에 도착할 때까지 무엇을 어떻게 해야 하는지 자세히 적어서 주었다. 하지만 그렇게까지 해주었는데도 그만 자기가 가진 돈의 반이 들어 있는 바지를 버리고 말았다. 떠나기 전날 밤, 원고를 넣은 상자에 못질을 끝내고 맨 처음 그가 마콘도로 올 때 가지고 온 옷가방에 옷을 챙겨넣은 다음, 그는 찢어진 눈을 더욱더 가느다랗게 뜨고 망명 생활의 무료함을 달래주었던 책더미를 가리키며 마치 선언이라도 하듯 친구들에게 말했다.

"저것은 너희에게 주고 가겠다!"

석 달이 지난 뒤, 그들은 29통의 편지와 항해를 하는 동안 심심할 때면 틈틈이 찍어둔 50장이 넘는 사진이 들어 있는 커다란 봉투를 하나 받았다. 편지에 날짜를 밝히지는 않았지만, 한번 훑어보니 어느 편지가 먼저 쓴 것이고 어느 것이 나중에 쓴 것인지는 쉽게 알 수 있었다. 처음에 쓴 몇 통에는 그의 평소의 유쾌함이 서린 투로, 여행 중의 여러 사건에 대해 쓰여 있었다. 선실에 책 상자를 두지 못하게 막으려던 화물 관리 책임자를 바다로 집어던지고 싶었던 충동과, 미신적인 관념 때문에서가 아니라 어쩐지 끝이 없는 숫자 같다는 생각에 13이라는 숫자가 무서워 어쩔 줄 모르겠다던 약도 없는 백치 부인과, 배에 탄 첫날 저녁 식사 때 레리다(카탈루냐 지방의 도시로, 농산물 집산지) 온천 지대의 홍당무 맛을 가려내어 내기에서 이겼다는 따위의 얘기가 적혀 있었다. 그러나 날짜가 지나감에 따라 그는 배에서의 생활에 점점 흥미를 잃게 되고, 배가 멀어져 갈수록 자꾸만 우울해져서, 아주 최근에 있었던 매우 사소한 일까지도 그리워졌다. 점차 쌓여가는 향수는 그가 보낸 사진에도 잘 나타나 있었다. 처음에 찍은 사진들에서는 하얀 파도 거품이 이는 10월의 카리브 해를 배경으로, 스포츠 셔츠를 입고, 은발을 나부끼는 모습이 무척 행복해 보였다. 그러나 마지막에 찍은 사진들에서는 검은 외투에 비단 스카프를 두르고 쓸쓸하고 창백한 얼굴로, 가을 바다를 몽유병자처럼 떠가는 배의 갑판에 서 있었다.

헤르만과 아우렐리아노는 그의 편지에 답장을 써서 보냈다. 처음 몇 달 동안에는 어찌나 편지를 자주 써 보냈던지 마콘도에 살 때보다도 오히려 더 가깝게 느껴질 정도여서, 그가 이곳을 버리고 떠났다는 것에 대한 원망도 없어졌다. 처음에 그는 아무것도 변한 것이 없다고 편지에 적어 보냈는데, 그가 태어난 집에는 아직도 분홍빛 달팽이들이 살고 있고, 마을 외곽에 있는 폭포에서는 석양이 깃들 때면 옛날처럼 향기로운 냄새가 풍긴다는 거였다. 편지들은 역시나 공책을 뜯어서 그 위에 보랏빛 잉크로 써 보낸 것들이었는데, 반드시 한 사람에 한 구절씩 할애해 주었다. 그리고 본인은 잘 모르고 있었겠지만, 그 편지들은 활기와 자극이 넘치는 내용에서 차츰차츰 환멸의 노래로 바뀌어가고 있었다. 수프가 벽난로에서 보글보글 끓어대는 겨울밤이면, 그는 책방 뒤쪽에서 느끼던 따스함과 먼지투성이 아몬드 잎사귀를 태우던 햇살과 낮잠 시간의 노곤한 기분에 듣던 기차의 기적 소리를, 마치 그가 마콘도에 있을 때 고향의 겨울날 벽난로에서 끓는 수프와 커피 장수가 외치는 소리와 봄철에 들려오는 종달새의 노랫소리를 그리워하던 만큼이나 그리워하게 되었다고 했다. 마주 세워놓은 거울같은 두 향수의 틈바구니에서 혼란에 빠진 그는, 비현실에 대한 판단력을 잃고, 무턱대고 모든 사람들이 마콘도를 떠나야 하며 자기가 세상이나 인간의 마음에 대해서 가르친 모든 것을 잊어버리고, 호라티우스(고대 로마의 서정시인 (기원전 65~기원전 8))에게 똥을 퍼부으라고 했다. 그들이 어디에 살든지 간에 과거란 모두가 거짓이며, 기억은 되돌아오지 않을 터이고, 지나간 봄은 다시 불러올 수 없으며, 사랑이 아무리 격렬하거나 깊다고 해도 결국은 한순간에 지나지 않음을 절대 잊지 말라고 했다.

마콘도를 떠나라는 충고를 가장 먼저 받아들인 사람은 알바로였다. 그는 집 앞마당에 묶어놓고 길러, 지나가는 사람들을 놀라게 했던 우리 속 표범을 포함해 가지고 있던 모든 것들을 팔아치우고는 종점이 없는 열차의 평생 승차권을 샀다. 여행을 하면서 그는 역에 닿을 때마다 객실 창문으로 내다본 바깥 풍경을 그림 엽서에 요란하게 써 보냈다. 루이지애나의 목화 농장을 꿈꾸는 흑인들과 캔터키 푸른 목장의 날개 달린 말과 애리조나의 불타는 석양 속의 그리스 연인들이나 미시간 호숫가에서 수채화를 그리다가 다시는 돌아오지 않을 기차인 줄도 모르고 작별 인사가 아닌, 다시 만날 내일에 대한 기대를 담아 그에게 붓을 흔들어주던 빨간 스웨터를 입은 아가씨 따위의 얘기로 가득해서, 그가 무상함을 노래한 긴 시를 갈기갈기 찢어서 망각 속에 집

어딘진 것만 같았다. 그러다 어느 토요일 알폰소와 헤르만 역시 월요일에 돌아오겠다고 하면서 떠나고는 그 뒤로 소식이 끊어졌다. 카탈루냐 학자가 떠나고 1년이 지나고 나서도, 마콘도에 그대로 남아 있는 사람은 가브리엘뿐이었다. 그는 아직도 니그로만타가 가끔 베푸는 적선(積善)에 기대어 빈둥거렸고, 1등 상으로 파리 여행 비용을 대주는 프랑스 잡지에서 내는 현상 문제에 계속 응모하고 있었다. 실제로 그 프랑스 잡지를 구독하고 있던 아우렐리아노도 어떤 때에는 자기 집에서, 그리고 거의 대부분은 가브리엘의 숨겨둔 애인 메르쎄데스가 살고 있던, 마콘도에 단 하나뿐인 약국에서 마타리 냄새와 늘어선 병들 사이에 들어앉아서 현상 문제의 해답을 찾는 일을 도와주었다. 순간순간 사라져 가면서도 영원히 사라지지 않는, 무한히 자기 말살을 꾀하는 과거 안에서 이 약국만이 마지막으로 남은 유물이었다. 마콘도의 죽음은 워낙 철저히 이루어졌기 때문에, 가브리엘이 드디어 현상 문제를 풀어 갈아입을 옷 두 벌과 구두 한 켤레와 라블레(프랑스의 작가·의사 인문주의 학자. 1483~1553) 전집을 꾸려가지고 파리로 떠날 때도 기차가 설 생각도 않고 지나가려고 해서 손을 흔들어 기관사에게 신호를 해서야 겨우 탈 수 있었다. 터키 사람들이 살던 거리도 이 무렵에는 손님이 끊어져서, 마지막으로 남은 아라비아인들은 그들의 전통적인 관습에 따라 문간에 나 앉아 죽음이 그들을 끌고 가기만 기다렸으며, 가지고 있던 포목을 다 팔아치운 지도 여러 해가 지나 어둑어둑한 진열장에는 낡은 마네킹만 남아 있었다. 앨라배마 주 프랫빌에서 파트리샤 브라운이 손자들에게 들려줄 추억 얘기의 소재가 된 바나나 회사 마을도 이제는 잡초만 무성한 들판이 되고 말았다.

앙헬 신부의 뒤를 이어서 이곳에 왔지만, 어느 누구도 그의 이름조차 묻지 않았던 늙은 신부는 근처의 교회를 차지하려고 도마뱀들과 쥐들이 전쟁을 벌이는 동안, 관절염과 회의에서 오는 불면증에 시달리며 그물침대에 누워 하느님의 자비로운 손길이 뻗어오기만을 기다렸다. 새들에게도 버림받고 먼지와 무더위만이 숨막히도록 가득 찬 마콘도에서, 고독과 사랑에 격리된 채, 불개미들이 들끓어서 잠도 잘 수 없는 집에 갇혀 있는 아우렐리아노와 아마란타 우르슬라만이 행복을 누렸고, 그들이 이 세상에서 가장 행복한 사람들이었다.

가스통은 오래전에 브뤼셀로 돌아가 버렸다. 비행기가 오기를 기다리다

지쳐버린 그는 어느 날 꼭 필요한 물건들만 작은 가방에 챙겨 넣고는 자기가 제출한 계획보다 훨씬 야심적인 계획을 당국에 낸 독일 조종사 단체에게 허가가 떨어지기 전에 무슨 일이 있어도 비행기를 가지고 돌아오겠다는 생각을 품고서 마콘도를 떠났다. 그들이 처음으로 사랑을 나눈 날 오후부터, 아우렐리아노와 아마란타 우르슬라는 아주 가끔씩 틈을 노려 정열적인 포옹을 나누었으나, 이 위험한 밀회는 남편의 갑작스런 귀가로 중단되는 일이 많았다. 그러다 단둘이서만 집에 남게 되자 곧바로 그들은 그동안 손해 본 시간을 한꺼번에 메우기 위해서 정신을 잃을 만큼 사랑에 열중했다. 그들이 벌이는 광란의 열정은 무덤 속에 누워 있는 페르난다의 뼈마저 끊임없는 흥분상태에 놓여, 놀란 나머지 달그락달그락 떨리게 할 정도로 상식에서 벗어난 것이었다. 아마란타 우르슬라의 비명 소리와 신음 소리가 오후 2시의 식탁에서도, 새벽 2시에 곡식 창고 안에서도 흘러나왔다.

"정말 안타까워." 아마란타 우르슬라는 웃으면서 말했다. "이렇게 되기까지 우린 너무 먼길을 돌아왔어."

사랑에 넋을 잃었어도 아마란타 우르슬라는 개미들이 정원을 망치고, 그칠 줄 모르는 굶주림을 채우려고 집의 대들보를 갉아먹는 것을 보았으며, 잡초가 또 다시 용암처럼 복도를 집어삼키는 것도 알았지만, 침실까지 들어오지 않는 이상 내버려 두었다. 아우렐리아노는 양피지를 아주 잊어버렸고, 다시는 집 밖으로 나가지도 않았으며, 카탈루냐 학자에게서 온 편지에는 아무렇게나 답장을 써서 보냈다. 그들은 현실 감각과 시간 개념과, 일상생활의 흐름을 잃어 버렸다. 옷을 벗느라고 시간을 낭비하기가 싫어서 문과 창문을 모두 닫아 걸고, 미녀 레메디오스가 그러고 싶어했듯이 벌거벗고 집 안을 돌아다녔으며, 마당의 진흙 속에서도 알몸으로 뒹굴었다.

어느 날 오후에는 목욕탕 안에서 일을 치르다가 물에 빠져 죽을 뻔한 일도 있었다. 눈 깜빡할 새에 그들은 개미들보다 훨씬 더 심하게 집을 파괴했다. 응접실 가구들은 거의가 부서졌고, 아우렐리아노 부엔디아 대령이 전쟁 통에 참호 속에서 치렀던 볼품없는 사랑에도 견디던 그물침대도 그들의 미친 듯한 행위에 너덜너덜 닳았으며, 매트리스를 찢고 솜을 바닥에 마구 뿌려서 날아오른 솜에 질식할 뻔했다. 아우렐리아노가 그의 상대만큼이나 격렬한 사랑의 짝이었으나, 아마란타 우르슬라는 그녀의 4대조 할머니가 동물과자를 만드는 데 바쳤던 뜨거운 정열을 사랑을 나누는 데 집중하기라도 한 것처럼 터무니 없는 발상과 풍부한 감정을 잘 구사해서 이 황폐해진 낙원을 지배했다. 아마란타 우르슬라가 자기가 생각해 낸 사랑의 기교를 쓰면서 쾌락에 노래하고, 즐거움에 웃는 동안, 아우렐리아노는 말없이 멍해지는 일이 많았다. 그의 정열은 안에 틀어박혀 모든 것을 불태웠기 때문이다. 어쨌든 그들은 아무도 따를 수 없는 사랑의 대가(大家)가 되어서, 절정에 달해 지치게 되면 지친 대로 새로운 맛을 찾아내게 되었다. 그들은 서로의 육체를 감상하며, 애무 뒤의 나른함이 미지의 가능성을 지니고 있음을 깨닫게 되었으며, 그 가능성이 욕망보다도 훨씬 감미로움도 알았다. 아우렐리아노가 아마란타 우르슬라의 솟아 오른 가슴을 계란 흰자위로 문지르고, 탄력 있는 허벅지와 복숭아 같은 배에 코코 야자유를 바르는 동안, 아마란타 우르슬라는 아우렐리아노의 당당한 그것이 인형이라도 되는 듯 가지고 놀면서 거기에다 립스틱으로 광대의 눈을 그리고, 눈썹 그리는 연필로 터키 사람의 콧수염도 그려 넣었으며, 비단 나비 넥타이와 작은 은종이 모자로 장식하기도 했다. 어느 날 밤 그들은 머리끝부터 발끝까지 온몸에 복숭아 잼을 바르고는 개처럼 서로 몸을 핥아주다가 복도 바닥에서 일을 치렀다. 그리고 나서 얼마 후, 얼핏 잠을 깨고 보니 그들을 산 채로 잡아먹으려고 식인 개미들이 밀물처럼 밀어닥치는 찰나였다.

사랑의 정신착란 사이사이에, 아마란타 우르슬라는 가스통의 편지에 답장을 쓰곤 했다. 아마란타 우르슬라에게는 남편이 너무 먼 곳에 있고, 또 워낙 바쁜 것 같아서 남편이 다시는 돌아오지 않을 것처럼 여겨졌다. 그가 보낸 한 편지에서 가스통은 자기의 동업자들이 정말로 비행기를 보내기는 했지만, 브뤼셀의 선박회사가 실수로 그 비행기를 마콘도로 보내는 대신 탕가니카에 흩어져 사는 마콘도족에게 보냈다는 얘기를 했다. 이 실수 때문에 복잡한 문제들이 너무 많이 생겨서 비행기를 되찾아오는 데만 2년이 걸릴 것 같다고 했다. 그래서 아마란타 우르슬라는 남편이 갑작스레 집으로 돌아올 가능성은 없다는 결론을 내렸다.

한편 아우렐리아노는 카탈루냐 학자에게서 받는 편지와, 조용한 약사인 메르세데스를 통해서 듣는 가브리엘에 대한 소식을 제외하고는 전혀 바깥 세계와 접촉을 갖지 않았다. 처음에 그것은 현실적인 접촉이었다. 가브리엘은 파리에 머물러 살 작정으로 돌아오는 배 표는 환불해 버리고, 도편 거리에 있는 음침한 호텔에서 방을 청소하는 여자들이 버리는 헌 신문이나 빈병을 주워다 팔면서 먹고 살았다. 아우렐리아노는, 봄이 되어 몽파르나스에 연인들이 모여들기 전에는 절대로 벗지 않을 목이 긴 스웨터를 입고 지내면서, 머지 않아 로카마두르(아르헨티나의 작가 코르타사르(1914~1984)의 소설 《돌차기 놀음(1963)》에 나오는 인물)가 죽을 곳인, 삶은 컬리플라워 냄새가 그득한 방에서 글을 쓰는 그의 모습이 눈에 선했다. 그러나 그에게서 전해 오는 소식은 조금씩 불확실해졌으며, 학자에게서 오는 편지도 차츰 뜸해지고 우울한 내용으로 가득 차서, 그는 그들을 생각하기를 아마란타 우르슬라가 남편 가스통을 생각하듯 했고, 그들 두 사람은 일상적이면서도 영원한 현실이라고는 오직 사랑뿐인 공허한 세상에서 떠돌았다.

그러다가 갑자기 이 무의식적인 행복의 세계에 질풍같이 몰려오는 소 떼처럼, 어느 날 갑자기 가스통이 돌아오겠다는 소식을 전해 왔다. 아우렐리아노와 아마란타 우르슬라는 눈이 휘둥그래진 채, 저마다 마음 속을 살펴보았다. 가슴에 손을 얹고 마주보며, 이제는 그들의 사이가 너무나 가까워서 헤어지느니 차라리 죽는 편이 낫다고 생각했다. 그래서 아마란타 우르슬라는 말이 되는 듯하면서도 안 되는 편지를 남편에게 써서 보냈다. 자기가 아직도 가스통을 사랑하고 있다는 사실을 거듭 밝히면서 그를 다시 만나고 싶다고 하고는, 동시에 아우렐리아노가 없이는 살 수 없으며, 그것이 숙명이라고 생각한다는 얘기도 덧붙였다. 그들이 생각했던 바와는 달리 가스통은 그들에게 차분하고, 거의 부모가 자식에게 얘기하는 투로 답장을 써서 보내왔다. 두 장에 걸친 그 편지에는 사랑의 변덕스러움에 대한 충고와 함께 끝에는 그가 짤막한 결혼 생활에서 누렸던 행복이 그들에게 있기를 빈다는 구절이 들어 있었다. 생각지도 않던 가스통의 태도에 아마란타 우르슬라는 오히려 남편에게 자기를 버릴 핑계 거리를 만들어 준 것이 아닌가 하는 생각이 들어서 모욕감을 느꼈다. 아마란타 우르슬라의 분노는 여섯 달 뒤에 가스통이 레오폴드빌(벨기에령 시절 콩고의 도시. 현재의 킨샤사)에 도착해서 비행기를 겨우 되찾은 다음에, 자기가 마콘도에 남겨두고 온 많은 물건들 가운데에서 미련이 남는 것이라고는 세발자전거뿐이니 그것을 보내달라는 편지를 보냈을 때 더욱 심해졌다. 아우렐리아노는 끈기 있게 꾹 참으면서 아마란타 우르슬라의 성미를 다 받아주었고, 자기가 그녀를 위해서 맑은 날만이 아니라 궂은 날에도 훌륭한 남편 노릇을 할 수 있다는 점을 증명하려고 무척 애를 썼다. 그러다가 가스통이 남기고 간 돈이 다 떨어져 먹고 살 것이 없게 되자, 그들 사이에는 정욕처럼 눈부시게 강렬한 것은 못 되더라도 우애라는 유대가 이루어졌으며, 욕망이 불타 오르던 시절 못지않게 서로 사랑하며 행복하게 살았다. 필라르 테르네라가 죽었을 때 그들은 아기를 가졌다.

임신으로 몸이 무거워지자 아마란타 우르슬라는 물고기 뼈로 목걸이를 만들어 파는 장사를 시작하려고 했다. 그러나 한꺼번에 열 개를 사준 메르세데스 말고는 손님이라곤 찾아볼 수가 없었다. 아우렐리아노는 자기의 언어에 대한 재능과, 백과사전적인 지식과, 가본 일도 없는 먼 곳이나 눈으로 보지 못한 사건들에 대해 자세히 기억하는 기막힌 능력이, 마콘도에 마지막으로 남았던 주민들이 가진 모든 재산을 다 합쳐도 모자랄 만큼 값어치가 나갔지만 지금은 아무 짝에도 쓸모가 없어진 아내의 보석 상자처럼 소용이 없게 되었음을 알았다. 그들은 기적적으로 살아가고 있었다. 아마란타 우르슬라는 유쾌한 성격이나, 짓궂고 에로틱한 장난을 생각해 내는 재치는 잃지 않았으나, 점심을 먹고 나서 복도에 나앉아 잠들지 않고 멍하니 생각에 잠기는 새로운 버릇이 생겼다. 그녀 곁에는 늘 아우렐리아노가 있었다. 때때로 그들은 서로 마주 보며 눈을 들여다보고, 예전에 음탕한 사랑을 나누던 때와 똑같은 진한 애정을 지닌 채 평온함 속에서 사랑을 나누며 해질녘까지 잠자코 있곤 했다. 미래에 대한 불안 때문에 그들의 마음은 자꾸만 과거로 돌아갔다. 그들은, 마당 웅덩이에서 철버덕거리며 우르슬라의 몸에 붙여줄 도마뱀을 잡으러 다니고, 산 채로 묻으려는 척하면서 장난치던 대홍수 때의 실낙원으로 돌아간 기분이었다. 그런 추억을 더듬다가 그들이 철이 들 무렵부터, 함께 있기만 하면 행복했다는 생각을 했다. 좀더 과거로 거슬러 올라가서 회상을 하던 아마란타 우르슬라는 어느 날 멜키아데스의 방에 들어갔다가 어떤 사내아이를 발견했고, 그 아이는 버려진 아이이며, 바구니에 담겨서 물에 떠내려 왔다고 어머니가 얘기해 주던 오후의 일이 생각났다. 그들은 그 얘기가 수상하게 여겨졌지만, 그것을 대신해 진실을 알려줄 자료를 아무 것도 찾지 못했다. 그들이 이것저것 곰곰이 따져보고 얻은 결론이라고는 아우렐리아노의 어머니가 페르난다는 아니라는 것뿐이었다. 아마란타 우르슬라는 아우렐리아노가, 추잡한 뒷얘기만 잔뜩 남겨놓은 페트라 코테스의 아들이 아닐까 하는 의심이 들었고, 그런 생각이 들기만 해도 무서워서 가슴이 꽉 죄어오는 것 같았다.

아우렐리아노는 자기가 아내와 남매간이라는 확신이 들어 마음이 괴로워졌다. 그는 사실을 밝혀야겠다는 생각에 교회로 달려가 지하실 문서보관실에서 혈통을 증명하는 기록을 찾으려고 곰팡이가 피고 좀이 먹은 서류들을 뒤졌다. 가장 오래된 영세에 대한 기록은 초콜릿으로 수작을 부려서 신의 존재를 증명하려고 기를 쓰던 시절 니카노르 레이나 신부가 어린 아마란타 부엔디아에게 영세를 주었다는 것뿐이었다. 열일곱 명의 아우렐리아노 형제 중 하나가 아닐까 생각한 그는, 그 출생 기록을 찾으려고 네 권의 장부를 샅샅이 뒤졌으나, 모든 영세 날짜가 그의 나이와는 너무 멀었다. 그물침대에 누워서, 혈통의 미궁에서 길을 잃고 불안에 떠는 아우렐리아노를 지켜보던, 관절염을 앓고 있는 신부가 불쌍하다는 듯이 그의 이름을 물었다. 그가 대답했다.

"아우렐리아노 부엔디아입니다."

"그렇다면 아무리 찾아봤자 헛수고라네." 신부는 확신에 찬 어조로 외쳤다. "오래전 이곳에는 그런 이름으로 불리던 거리가 있었고, 당시에는 종종 그 이름을 따서 아이들 이름을 지었으니까."

아우렐리아노는 화가 나서 몸을 부르르 떨며 말했다.

"신부님도 그 얘기를 믿지 않으시는군요!"

"뭘 말인가?"

"아우렐리아노 부엔디아 대령이 서른두 번이나 내란을 일으켰다가 모두 패배했다는 얘기 말입니다. 군인들이 노무자 3000명을 몰아다, 기관총으로 쏘아 죽인 다음에 200개의 차량을 연결한 기차에 그 시체들을 실어다 바다에 버렸다는 얘기도 그렇고요."

신부는 애처롭다는 눈초리로 그를 바라보고, 한숨을 쉬며 말했다.

"이 순간에 자네와 내가 이렇게 살아 있으면 되었지 않나."

그래서 아우렐리아노와 아마란타 우르슬라는 그것이 사실이라고 믿어서가 아니라 그렇게 믿으면 불안만은 잊을 수가 있을 것 같아서, 바구니 얘기를 믿어두기로 했다. 뱃속의 아이가 자랄수록 그들은 점점 이상한 사람이 되었으며, 이제는 한 번만 훅 불어도 무너질 것처럼 낡은 집에 더욱 익숙해져 갔다. 그들은 꼭 돌아다녀야 할 곳만 왔다갔다하며 제한된 생활을 해서, 집안에 틀어박힌 채 나누는 사랑의 기쁨을 알았던 옛 페르난다의 침실에서 복도 끝까지가 그것으로, 여기에 자리를 잡고 앉아서 아마란타 우르슬라는 곧 태어날 아기에게 주려고 털실로 양말과 모자를 짜고 아우렐리아노는 가끔씩 오는 카탈루냐 학자의 편지에 답장을 썼다. 그들이 쓰지 않는 곳들은 끈질긴 파괴의 공격에 무너지게 내버려두었다. 금세공 작업실과, 멜키아데스의 방과, 산타 소피아 데 라 피에다의 고요하고 검소한 왕국은 집 안의 깊은 정글에 파묻혀서 감히 안으로 파헤치고 들어가려는 사람도 없을 지경이었다. 자연의 무서운 탐욕에 둘러싸인 가운데 아우렐리아노와 아마란타 우르슬라는 오레가노와 베고니아를 계속해서 가꾸고, 횟가루를 자신들 주위에 뿌려 인간과 개미 사이에 마지막 보루를 쌓았다. 머리는 손질을 안 해 지저분하게 자라고, 얼굴에는 얼룩덜룩 반점이 나타나고, 다리가 퉁퉁 부어오르고, 사랑놀이를 할 때면 족제비처럼 사랑스럽던 몸의 선이 무너져서, 아마란타 우르슬라에게서 불운한 카나리아 새장과 목에 올가미를 찬 남편을 끌고 처음 이곳에 나타났을 때의 젊음은 찾아보기 힘들었지만, 그래도 활동적인 성격만은 조금도 변하지 않았다.

"정말 싫다!" 아마란타 우르슬라는 웃으면서 말했다. "우리가 이렇게 식인종같이 살 줄은 꿈에도 몰랐어."

그들과 바깥 세계를 연결하던 마지막 연결고리는, 임신 6개월째 접어들 때 그들이 받은 편지로 뚝 끊어졌다. 그 편지는 카탈루냐 학자가 보낸 것이 아니었다. 발신지가 바르셀로나로 되어 있었는데, 공무원이 쓴 것 같은 필체로 겉봉에 푸른 잉크로 수신인의 주소가 적혀 있었으며, 얼핏 보아도 반갑지 않은 소식이 담긴 느낌을 주었다. 아마란타 우르슬라가 편지를 열어보려고 하자 아우렐리아노는 그것을 낚아채며 외쳤다.

"그만둬. 이 편지에 무슨 얘기가 적혀 있는지는 알고 싶지 않아!"

아우렐리아노가 짐작했던 대로, 카탈루냐 학자는 그에게 다시는 편지를 보내지 않았다. 아무도 읽지 않았던 낯선 사람에게서 온 그 편지는, 페르난다가 언젠가 결혼 반지를 놓아두고 잊어버린 선반 위에서 좀벌레 밥이 되어, 안에 감춰진 흉기에서 나오는 파멸의 불길에 타들어갔다. 고독한 연인들은 마지막 단계에 접어든 고난을 헤쳐 나가면서, 환멸과 망각의 사막으로 떠내려 보내기 위해 쓸데없는 노력을 되풀이하는 불운의 시기를 살았다. 다가오는 파멸을 의식하면서 아우렐리아노와 아마란타 우르슬라는 마지막 몇 달을 손을 맞잡고 방종한 관계에서 잉태된 아기에게 사랑과 정성을 쏟겠다고 다짐했다. 밤에 침대에서 부둥켜안은 그들은 개미들이 침입하는 소리나, 좀벌레들이 내는 무시무시한 소리나, 옆방에서 자라는 잡초들이 내는 사그락 소리가 계속되어도 무서운 줄 몰랐다. 그들은 죽은 사람들이 지나다니는 소리에 여러 번 잠에서 깨어났다. 집 안의 대를 이어가게 하려고 자연의 섭리와 싸움을 벌이는 우르슬라를 보았고, 위대한 문명의 이기를 찾아 헤매는 호세 아르카디오 부엔디아를, 끊임없이 신에게 기도를 드리는 페르난다를, 전쟁에 대한 망상과 작은 황금물고기 안에서 멍해져 가는 아우렐리아노 부엔디아 대령을, 그리고 요란한 잔치 속에서 고독에 괴로워하는 아우렐리아노 세군도를 만났다. 그들의 생생한 목소리를 통해, 강한 집념은 죽음보다 강하다는 것을 알았다. 지금 곤충들이 인간에게서 빼앗으려 하는 이 처참한 낙원을 장차 어떤 다른 동물이 다시 빼앗아가게 될 먼 훗날, 자기들은 이미 죽었더라도 유령이 되어 계속해서 서로 사랑하리라고 굳게 믿음으로써 다시금 행복해질 수 있었다.

　어느 일요일 오후 6시에 아마란타 우르슬라는 산기를 느꼈다. 굶주림 때문에 몸을 파는 소녀들을 보살피는 붙임성좋은 산파가 집으로 찾아와 임부를 식탁 위에 눕히고, 배 위에 걸터앉아서 말을 달리듯 거칠게 몸을 움직였다. 이윽고 산모의 비명 소리가 큼직한 사내아이의 울음소리로 바뀌었다. 눈물이 글썽한 아마란타 우르슬라의 눈에, 몸집이 큰 것은 분명히 부엔디아가의 피를 물려받았으며, 다부지고 기가 세 보이는 것은 호세 아르카디오, 커다랗고 영리해 보이는 눈은 아우렐리아노라는 이름에 걸맞은 아기의 모습이 비쳤다. 지난 백 년 동안에 사랑으로 태어난 아이는 이 아기가 처음이었으며, 이 아기야말로 새롭게 가계를 열어 피해야 할 악덕과 숙명적인 고독을 떨쳐낼 운명을 가진 아이라는 생각이 들었다.

　"식인종을 쏙 빼닮았네." 아마란타 우르슬라가 말했다. "이름은 로드리고라고 불러야지."

　"아니, 아우렐리아노로 하자." 남편이 반대했다. "서른두 번의 전쟁에 이기도록 말이야."

탯줄을 끊은 다음, 산파는 아우렐리아노더러 등잔을 들고 있게 하고, 아기의 몸에 잔뜩 묻어 있는 푸른 양수를 헝겊으로 닦기 시작했다. 아기를 엎어 놓은 다음에야 그들은 아기에게 다른 사람들과는 좀 다른 데가 있다는 사실을 발견하고 다시 잘 살펴보았다. 아기에게는 돼지꼬리가 달려 있었다.

그들은 별로 놀라지 않았다. 아우렐리아노와 아마란타 우르슬라는 옛날 집안에 같은 일이 있었다는 것을 몰랐고, 우르슬라의 무시무시한 경고도 기억하지 못했으며, 산파가 그까짓 돼지꼬리는 아기가 이갈이를 할 때쯤 되면 저절로 떨어질 거라고 하는 바람에 별로 걱정을 하지 않았다. 더구나 아마란타 우르슬라가 하혈을 계속해서 그런 데다 신경을 쓸 형편도 되지 않았다. 그들은 재 덩어리와 거미줄 뭉치로 쏟아져 나오는 피를 막아보려고 했지만 그것은 분수를 손으로 틀어막으려는 짓이나 마찬가지였다. 처음 몇 시간 동안 아마란타 우르슬라는 그래도 유쾌한 표정을 지으려고 애를 썼다. 그녀는 파랗게 질린 아우렐리아노의 손을 잡고는 걱정 말라고 타일렀으며, 자기 같은 사람은 스스로 죽기로 마음먹기 전에는 죽지 않을 인간이라 말하고 산파가 어수룩한 방법으로 하혈을 막으려는 꼴을 보고는 비웃기까지 했다. 그러나 아우렐리아노가 희망을 잃어감에 따라 빛을 빼앗기기라도 하듯 아마란타 우르슬라의 모습이 점점 투명해지고, 마침내 혼수 상태에 빠지고 말았다.

월요일 아침, 한 여자가 불려왔다. 그 여자는 침대 곁에 서서 사람에게도 동물에게도 틀림없이 효과가 있다는 주문을 외웠으나, 아마란타 우르슬라의 뜨거운 피는 사랑의 기교 이외의 것을 받아들이지 않았다. 절망의 24시간이 지나고 오후를 맞이했을 때, 모두 그녀가 죽은 것을 알았다. 흐르던 피가 자연히 멈추고 볼이 홀쭉해졌기 때문이다. 얼굴의 반점이 사라지고 석고처럼 하얘져서는 미소를 띠고 있었다. 아우렐리아노는 그때 비로소 자기가 친구들을 얼마나 사랑했으며, 얼마나 그들을 필요로 하는지를 깨달았다. 이 순간에 그들과 함께 있을 수 있다면 무엇이라도 다 내주고 싶다는 생각이 들었다. 그는 어머니가 자기를 담아서 보낸 바구니에 아기를 눕히고, 시체의 얼굴을 담요로 덮은 뒤, 과거로 되돌아갈 수 있는 좁은 길을 찾으려고 인적없는 마을을 하염없이 방황했다. 그러다 최근에는 드나든 일이 없는 약국의 문을 두드렸다. 약국은 어느새 목공소로 바뀌어 있었다. 등잔을 들고 나온 노파는 횡설수설하는 그가 가엾다는 듯이, 여기는 약국이었던 적이 없고, 목이

가늘고 눈이 게슴츠레한 메르세데스라는 여자는 본 적도 없다는 말을 되풀이했을 뿐이다.

아우렐리아노는 전에 카탈루냐 학자의 책방이었던 집 문에 이마를 대고 흐느껴 울었다. 사랑의 주문이 깨어질 것이 두려워 울어야 할 때 울지 못했던 복받치는 심정을 뒤늦게나마 지금 자기가 터뜨리고 있음을 깨달았다. 주먹에서 피가 날 정도로 '황금의 아이'의 회벽을 두드리며 필라르 테르네라의 이름을 불렀다. 축제날 밤이면 물떼새가 무리를 짓는 안마당에서 아이처럼 넋을 잃고 바라보았던 하늘을 건너가는 밝은 오렌지색 원반도 지금은 눈에 들어오지 않았다. 다 무너져가는 사창가의 마지막 노천 살롱에서 아코디언 악단이 대주교의 조카이며 프랜시스코 엘 옴브레의 비법을 물려받은 라파엘 에스칼로나가 지은 노래를 연주하고 있었다. 어머니에게 함부로 손을 휘둘렀다가 천벌을 받아서 한쪽이 곰배팔이(팔이 꼬부라져 붙어 펴지 못하거나 팔뚝이 없는 사람을 낮잡아 이르는 말)가 된 술집 주인이 아우렐리아노에게 브랜디 한 병을 대접하겠다고 불렀고, 다음에는 아우렐리아노가 그 사람에게 한 병 사주었다. 술집 주인은 아우렐리아노에게 어쩌다 자기의 팔이 그 꼴이 되었는지를 얘기해 주었다. 아우렐리아노도 자기가 누나와 살았기 때문에 천벌을 받아서 마음이 타들어갔다는 얘기를 했다. 그들은 서로 부둥켜안고 울음을 터뜨렸으며, 그렇게 울고 나니 마음이 조금 가벼워진 기분이었다. 그러나 마콘도의 마지막 새벽에 다시 혼자가 된 그는 광장 한가운데 서서 팔을 벌리고 세상 사람들을 모두 깨울 만큼 큰 소리로 외쳤다.

"친구 따위, 다 필요 없어!"

토사물과 눈물로 범벅이 되어 쓰러진 그를 구해 낸 사람은 니그로만타였다. 그녀는 아우렐리아노를 자기 집으로 데려가서 몸을 깨끗이 닦아 내고, 뜨거운 수프를 먹였다. 그리고 그의 기운을 돋우려는 생각에서 숯 덩어리를 집어서 아우렐리아노의 외상 장부를 지워버렸고, 혼자만 울게 두기가 안쓰러워서 묻지도 않았는데 자신의 슬프고 외로운 추억 얘기를 해주었다. 잠시 꾸벅꾸벅 졸던 아우렐리아노는 두통 때문에 잠에서 깼다. 그리고 눈을 뜨자 비로소 아기가 생각났다.

바구니는 비어 있었다. 처음에는 얼핏 아기를 돌봐주려고 아마란타 우르슬라가 죽음에서 다시 깨어난 줄 알고 기뻐서 소리를 질렀다. 그러나 담요를 들춰보니 그녀의 시체는 돌무더기처럼 그대로 있었다. 자기가 돌아왔을 때 침실 문이 열려 있는 것을 본 기억이 난 아우렐리아노는 오레가노의 향기로 가득 찬 복도를 지나 식당으로 갔는데, 그곳에는 아직도 해산을 할 때 썼던 커다란 솥과, 피투성이 시트와, 재를 담은 항아리와, 탁자 위의 가위와, 거즈 옆에 펴놓은 기저귀 위에 돌돌 말린 아기의 탯줄이 그대로 남아 있었다. 밤중에 아기를 보아주려고 산파가 다시 한 번 들렀을 것이라는 생각이 떠오르자 그는 조금 안심이 됐다. 그는 이 집을 지은 지 얼마 안 되었을 때 자수를 가르치느라고 레베카가 자주 앉았고, 아마란타가 앉아서 헤르넬도 마르케스 대령과 체커를 두었으며, 아마란타 우르슬라가 아기를 위해서 배내옷을 뜨려고 앉았던 흔들의자에 무너지듯 주저앉았다. 아우렐리아노는 제정신이 든 그 한 순간에 자신에게는 더 이상 과거의 압도적인 무게를 지탱할 힘이 없음을 깨달았다. 자기 자신과 남들의 향수가 찔러대는 창질에 깊은 상처를 입은 그는, 말라죽은 장미 위에 여전히 쳐져 있는 거미줄의 끈질김과, 독보리풀의 집요함과, 찬란한 2월 새벽 공기의 인내심을 우러러보았다. 그 순간, 그의 눈에 아기가 보였다. 온 세상에서 다 모여든 듯 바글바글한 개미 떼가 정원 돌길을 따라서, 부풀어오른 채 말라 비틀어진 가죽 주머니같은 시체를 끌고 그들의 굴로 나아가고 있었다. 이 기막힌 장면을 보는 순간 아우렐리아노는 꿈쩍도 하지 않았다. 그것은 놀란 나머지 몸이 굳은 것이 아니었다. 그 기막힌 순간에 멜키아데스가 남긴 마지막 암호가 풀리고 인간들의 시간과 공간에 딱 들어맞는 양피지의 첫 글귀가 눈앞에 떠올랐기 때문이다.

'이 집안의 첫 번째 사람은 나무에 묶이고, 마지막 사람은 개미에게 먹힐지니라.'

이때처럼 아우렐리아노가 재빨리 행동한 적은 없었다. 죽은 사람들이나 그 죽음에 대한 슬픔을 잊고, 외부로부터의 유혹에 흔들리지 않기 위해서, 또 다시 페르난다의 널빤지를 문과 창문에 못질했다. 멜키아데스의 양피지에는 자신의 운명이 적혀 있음을 안 것이다. 멜키아데스의 원고는 조금도 훼손되지 않은 채로 유사 이전부터 무성하게 자란 식물과, 김이 무럭무럭 피어오르는 물웅덩이와 방에서부터 인간의 흔적을 깡그리 없애버린 번쩍대는 곤충들 사이에 남아 있었다. 밝은 곳으로 들고 나와서 읽을 여유가 없었기 때문에 그는 그 자리에 서서, 마치 그 원고가 스페인 말로 쓰여 있고, 한낮의 찬란한 햇빛 아래서 읽기라도 하는 듯 막힘없이 큰 소리로 읽어 내려갔다. 그것은 멜키아데스가 100년을 미리 내다보고, 세밀한 부분까지 하나도 빼놓지 않고 기록한 집안의 역사였다. 멜키아데스는 그 원고를 모국어인 산스크리트어로 적었으며, 짝수행은 모두 아우구스투스 황제가 개인적으로 썼던 암호로 적었고, 홀수행은 스파르타 군대가 썼던 암호로 적어놓았다. 아마란타 우르슬라에 대한 사랑에 마음이 어지러워진 무렵의 아우렐리아노가 어렴풋이 이해하기 시작하면서 마지막까지 풀지 못했던 것은, 멜키아데스가 흔해빠진 시간 속에 사실을 배열하지 않고, 백년에 걸친 날짜의 사건들을 압축해서 모두 한 순간 속에 담아두었기 때문이었다. 이 발견으로 뛸 듯이 기뻐진 아우렐리아노는 멜키아데스가 직접 아르카디오에게 읽어준 적이 있는 어느 교황의 칙령 같은 영송을 큰 소리로 한 글자씩 정성들여 읽었다. 이것은 사실 아르카디오의 총살을 예언한 것이었다. 육체와 영혼이 한꺼번에 승천할 세상에서 가장 아름다운 여인이 태어나리라는 예언을 찾아냈으며, 능력이 모자라고 그만한 끈기가 없었던 탓도 있지만, 그들의 시도가 아직은 너무 일러서 양피지 해독에 실패한 쌍둥이 형제가 태어난 부분도 발견했다. 여기까지 이르러서 그는 자신의 출생에 대해 알고 싶은 조바심에서 뒤로 껑충 뛰어넘었다. 그러자 과거의 목소리와 베고니아의 속삭임 그리고 강한 향수로 이어지는 환멸의 숨소리로 가득한 따뜻하고 부드러운 바람이 불어왔다. 그러나 그는 그 순간, 탐욕스러운 그의 할아버지가 결국엔 행복하게 해주지도 못한 세상에서 가장 아름다운 여인을 찾아서 눈부신 황야를 방황하는 대목을 읽으면서 자신의 출생에 대한 실마리를 얻을 것 같은 생각에 휩싸여 있었으므로 아무것도 느끼지 못했다. 아우렐리아노는 그것을 다시 한 번 확인하고 나서 감추어진 핏줄을 추적했고 드디어 어느 부분에 이르자, 전갈과 노랑나방들이 우글거리는 어슴푸레한 목욕탕에서 반항심으로 자기 몸을 함부로 내주던 여자를 상대로 욕망을 한껏 풀어내던 노무자에 의해 자기가 잉태되는 순간을 찾아내게 되었다.

아우렐리아노는 이 부분에 이르러서 양피지에 어쩌나 몰두해 있었던지, 두 번째로 거센 바람이 불어와서 문짝과 창문들을 날려버리고 집의 동쪽 지붕이 날아가고 집의 토대가 무너진 것도 모르고 있었다. 그때야 비로소 아우렐리아노는 아마란타 우르슬라가 자신의 누나가 아니라 이모였다는 사실을 알았고, 프랜시스 드레이크 경이 리오아차를 습격한 것은 단지 이모와 자기가 가장 복잡하게 얽힌 핏줄의 미로 속에서 서로를 찾아내어, 마침내 가문에 종지부를 찍을 운명인 괴물을 낳기 위해서였다는 사실을 깨달았다. 마콘도는 이미, 성서에서 나오는 미친 듯이 노한 폭풍에 휩쓸려 흙먼지와 쓰레기가 회오리를 일으키는 폐허로 변해 있었다. 아우렐리아노가 자기가 이미 알고 있는 사실들에 시간을 낭비하고 싶은 생각이 없어서 열한 페이지를 건너뛰어 자기가 살고 있는 순간에 대한 얘기를 해독하기 시작했다. 양피지의 마지막 페이지를 해독하는 자신을 떠올려보며 말하는 거울을 들여다보듯이 차례로 수수께끼를 풀어갔다. 아우렐리아노는 다시 건너뛰어서 자기가 언제 어떻게 죽을지를 예언하는 대목을 찾아보려고 했다. 그러나 미처 마지막 줄을 다 읽어내기도 전에, 그는 자기가 다시는 이 방에서 나갈 수 없다는 사실을 알게 되었다. 아우렐리아노 바빌로니아가 양피지 해독을 끝내는 바로 그 순간 이 거울의 마을, 아니 신기루의 마을은 바람에 날려 인간의 기억에서 영원히 사라질 것이 분명했다. 또한 백년의 고독이 운명 지어진 가문은 두 번 다시 지상에 나타날 기회가 없으므로, 과거와 미래를 불문하고 양피지에 기록된 모든 일들은 되풀이될 가능성이 없다는 것을 알았기 때문이다.

The catcher in the rye
호밀밭의 파수꾼

호밀밭의 파수꾼

1

 이제 이야기를 시작해 보자. 아마 너는 내가 어디서 태어나서 어린 시절을 어떻게 구차하게 보냈으며, 또 내가 태어나기 전 우리 부모는 무슨 일을 했는지 따위를 가장 먼저 듣고 싶어하겠지. 그러니까 찰스 디킨스의「데이비드 코퍼필드」식 시시껄렁한 이야기들 말이야. 그러나 나는 그런 이야기는 입에 담고 싶지 않다. 그런 너절한 이야기는 딱 질색인 데다 만약 내가 부모의 신상 이야기를 한다면 두 분 다 나란히 뇌일혈을 두 번씩 일으킬 테니까. 우리 부모는 그런 이야기에는 워낙 민감하신데, 특히 아버지가 더 심했어. 물론 두 분은 모두 좋은 분들이다. 그냥 이런 거에 좀 민감하시다는 것뿐이지.
 어쨌든 지금 나는 따분한 자서전을 늘여 쓰려는 것이 아니다. 다만 지난해 크리스마스 즈음, 갑자기 건강에 이상이 생겨 할 수 없이 이곳에서 요양하게 되기 직전에 내 주변에서 일어난 난리법석을 이야기하려는 참이다. 사실 이 이야기는 D.B.에게도 자세히 털어놓지 않았다. D.B.는 다름 아닌 내 형을 말하는데, 그는 지금 할리우드에 가 있다. 할리우드는 이 지저분한 곳에서 그다지 멀지 않다. 그래서 형은 사실상 주말마다 나를 찾아와 준다. 아마 다음 달에 내가 집으로 돌아가게 될 때도 형은 차를 몰고 와서 나를 집에까지 데려다 줄 것이다. 요즘 마침 재규어를 한 대 뽑았는데, 시속 200 마일도 주파할 수 있는 영국제 소형차란다. 4000 달러나 들인 차라나. 형은 꽤 돈이 많다. 그러나 전에는 그렇지 않았다.
 예전에 집에 있을 때 D.B.는 진정한 작가였다. 《비밀 금붕어》라는 굉장한 단편집을 출간한 적이 있는데, 아마 들어 보지 못했을 것이다. 그 단편집에서 가장 잘된 것이 《비밀 금붕어》이다. 그것은 자기 돈으로 샀다면서 금붕어를 아무에게도 보여 주지 않는 어느 꼬마에 대한 이야기이다. 나는 그 이야기에 홀딱 반했다. 하지만 이제 형 D.B.는 변절하여 할리우드에 나가 있다.

내가 싫어하는 게 하나 있다면 바로 영화라는 것이다. 내 앞에서 영화 이야기 따위는 꺼내지 말아 주길 바란다.

내가 펜시 고등학교를 그만둔 날부터 이야기를 시작하자. 펜시 고등학교는 펜실베이니아 주 어거스타운에 있다. 아마 너도 들어본 적이 있을 것이다. 하다못해 광고란에서라도 보았겠지. 수많은 잡지에다 광고를 내고 있으니까 말이다. 그 광고에는 항상 말쑥한 청년이 말을 타고 장애물을 뛰어넘는 사진이 실린다. 마치 펜시 고등학교에선 언제나 폴로 경기를 하는 것처럼. 그러나 이제껏 펜시 고등학교는커녕 근처에서도 말을 본 적이 없다. 게다가 사진에 나온 그 청년 바로 밑에는 '1888년 창립 이래 본교는 항상 우수하고 명철한 사고를 할 수 있는 청년들을 양성해왔습니다'라고 적혀 있다. 그건 어이없는 말이다. 양성이라니 원! 다른 학교들도 마찬가지겠지만 펜시에서 양성이란 있을 수 없는 일이다. 게다가 우수하고 명철한 청년? 그곳에서 그런 청년은 본 적이 없다. 아니 두 명 정도 있을까? 많다고 해 봤자 그 정도일 것이다. 어차피 그들은 펜시 고등학교에 오기 전부터 우수하고 명철한 소년이었을 테지만.

하여튼 그날은 색슨 홀 학교와 축구 시합이 벌어진 토요일이었다. 색슨 홀과의 시합은 펜시 근방에서는 큰 행사였다. 그것은 한 해를 마무리짓는 최종 시합이었기 때문에, 만약 전통 있는 펜시가 지는 날이면 자살이나 그 비슷한 비장한 짓을 해야 한다고들 생각하고 있었다. 나는 그날 오후 3시 무렵 톰슨 힐 꼭대기까지 올라가 옛날 독립전쟁 때에 사용했다는 도깨비 같은 대포 바로 옆에 서 있었다. 거기서는 경기장 전체가 훤히 내려다보였으므로 양쪽 팀이 온 경기장을 누비며 밀고 밀치는 것을 볼 수 있었다. 관람석 열기가 얼마나 뜨거운지는 눈으로 볼 수 없었지만, 펜시 쪽 관람석에서 무시무시한 환성과 고함이 올라오는 것을 들을 수 있었다. 나를 제외한 전교생이 관람석을 가득 채우고 있었기 때문이다. 반면에 색슨 홀 응원단은 상대적으로 조용하고 기가 죽어 있었다. 원정팀이라 많은 응원단을 데려올 수 없었기 때문이다.

축구 시합을 구경 오는 여학생은 많지 않았다. 여학생을 데려오는 것은 상급생에게만 허락되었기 때문이다. 그것은 아무리 생각해도 너무한 처사이다. 이따금 여학생 몇 명쯤은 볼 수 있는 학교에 다니고 싶었다. 그 여자애들이 팔을 긁고 코를 풀거나 아니면 그냥 키득거리고 있는다 해도 말이다.

교장의 딸인 셀머 서머라는 여학생은 경기장에 자주 나타났다. 죽여주는 미인은 아니었지만 상냥한 여자였다. 언젠가 어거스타운에서 출발한 버스 안에서 그녀 옆에 앉아 대화를 나누었던 적이 있었다. 난 그녀가 맘에 들었다. 코가 유난히 컸고 손톱은 온통 물어뜯어 그 밑의 살에서 피가 비치고 있었지만, 그리고 가슴을 크게 보이려고 넣은 패드가 삐뚤어져서 안쓰러울 정도였어도 말이다. 그녀의 어디가 마음에 들었는가 하면, 자기 아버지가 얼마나 유력한 인사인가를 조금도 의식하지 않고 있다는 점이었다. 아마도 자기 아버지가 바보 얼간이라는 사실을 아는 것 같았다.

내가 축구장에 내려가지 않고 톰슨 힐 꼭대기에 서 있었던 까닭은, 그때 막 펜싱 팀을 인솔하여 뉴욕에서 돌아온 참이었기 때문이다. 나는 빌어먹을 펜싱 팀의 주장이었다. 굉장한 감투가 아니고 뭔가. 우리는 그날 아침 맥버니 고등학교와 시합을 하기 위해 뉴욕에 갔는데 허탕을 치고 말았다. 내가 그만 펜싱용 칼과 장비 일체를 그놈의 지하철에다 놓고 내렸기 때문이다. 하지만 그건 내 잘못만은 아니었다. 나는 우리가 어디서 내려야 하는지 알아보기 위해 망할 지하철 노선도를 줄곧 들여다보고 있었으니까. 그래서 우리는 저녁때가 아니고 낮 2시 반에 펜시로 되돌아오고 말았다. 지하철로 돌아오는 동안 내내 다른 선수들은 나를 무시했다. 어떻게 보면 우습기도 했다.

내가 축구장에 가지 않은 또 하나의 이유는 역사 담당인 스펜서 선생에게 작별 인사를 하러 가는 길이었기 때문이다. 선생은 독감에 걸려 있었다. 그래서 크리스마스 휴가가 시작될 때까지 학교에서 그를 만날 순 없을 거라는 생각이 들었다. 그 선생은 내가 집에 돌아가기 전에 나를 만나보고 싶다는 편지를 보내왔다. 내가 펜시로 되돌아오지 않을 것임을 잘 알고 있었던 모양이다.

참, 그 이야기를 잊을 뻔했다. 나는 학교에서 쫓겨났다. 크리스마스 휴가가 지나고도 학교에 돌아오지 못하게 된 것이다. 나는 무려 네 과목을 F학점으로 장식했다. 게다가 장차 학업에 열중할 의욕도 전혀 없었다. 선생들은 나에게 자주 경고를 했다. 특히 부모님이 늙은 교장 서머의 호출을 받고 학교에 왔던 학기 중간 무렵에는 더욱 그러했다. 그러나 나는 공부에 전념하지 않았고, 마침내 쫓겨나게 된 것이다. 펜시에서 퇴학은 자주 있는 일이었다. 성적이 아주 훌륭한 학교여서 그렇다는 것이다. 뭐, 정말 훌륭한 건 사실이다.

하여튼 12월이었다. 날씨는 마녀의 젖꼭지처럼 매섭게 추웠다. 특히 그 머저리 같은 언덕 마루는 더욱 추웠다. 나는 양면으로 입는 옷을 하나 걸쳤을 뿐 장갑이고 뭐고 아무것도 없었다. 그 전 주일에 어떤 놈이 내 방에서 낙타털 외투를 훔쳐갔기 때문이다. 그 주머니 속엔 털가죽으로 만든 장갑도 들어 있었다. 펜시 고등학교에는 좀도둑들이 우글거렸다. 부유한 집 애들이 많은데도 그 모양이다. 학비가 많이 드는 학교일수록 도둑들이 더 많은 법이다. 거짓말 안 보태고.

어쨌든 나는 그 바보 같은 대포 옆에 서서 꽁꽁 언 채로 시합을 바라보고 있었다. 그렇다고 열심히 관람한 것은 아니다. 내가 그곳에서 서성거린 까닭은 무언가 석별의 정 비슷한 것을 느껴보기 위해서였다. 나는 여태까지 어떤 장소를 떠난다는 것조차 느끼지 못한 채 떠나곤 했다. 그런 것이 싫다. 비록 슬픈 이별이든 언짢은 이별이든 상관없이, 어떤 장소를 떠날 때는 떠난다는 사실을 알고 싶다는 말이다. 그러지 못하면 더 한심한 기분이 든다.

나는 운이 좋았다. 불현듯 내가 이곳을 떠난다는 것을 실감하게 하는 사건이 생각났기 때문이다. 나와 로버트 티치너와 폴 캠벨, 이렇게 셋이서 학교 앞마당에서 미식 축구공을 찼던 10월경의 일이 떠올랐다. 그애들은 좋은 아이들이다. 특히 티치너는 더욱 좋은 녀석이다. 그날은 저녁 식사 직전부터 시작해서 점점 어두워져 공이 보이지 않을 때까지 계속 공을 찼다. 우리는 멈추고 싶지 않았지만 결국 멈출 수밖에 없었다. 생물을 담당한 잠베시 선생이 창문 밖으로 머리를 내밀고 이젠 그만하고 기숙사로 돌아가 저녁 먹을 준비를 하라고 소리쳤기 때문이다. 이런 일들이 기억 속에서 되살아나니 떠난다는 실감도 자연스레 끓어올랐다. 뭐, 적어도 이 경우에는, 나는 그 감정을 품은 채 나는 몸을 돌려 언덕 반대쪽의 스펜서 선생 댁을 향해 뛰기 시작했다. 스펜서 선생은 학교 구내에 살지 않고 앤터니 웨인 가에 살고 있었다.

나는 정문까지 줄곧 달렸다. 그곳까지 와서야 잠시 멈춰서 숨을 돌렸다. 사실은 숨이 막혀 나올 숨도 없었다. 거기에는 그만한 이유가 있었다. 내가 담배를 지독히 피웠기 때문이다. 모두 옛날 이야기지만. 지금은 금연을 강요당하고 있다. 또 한 가지 이유가 있다면 내가 작년에 6인치 반이나 더 자랐기 때문이다. 그래서인지 폐병에 걸리게 되었고 이런 곳에 내려와 진찰이니 검사니 하는 것을 받게 되었다. 지금은 건강이 많이 회복되었지만…….

하여튼 나는 숨을 돌리기가 무섭게 204번 국도를 가로질러 달렸다. 지독히도 추웠다. 하마터면 넘어질 뻔하기도 했다. 내가 왜 그렇게 달리고 있는지 스스로도 알 수 없었다. 아마 달리는 게 좋았던 모양이다. 국도를 횡단하자 내가 이대로 사라지는 게 아닌가 하는 느낌이 들었다. 정말 미치광이 같은 오후였다. 무섭게 추운 데다 햇빛조차 보이지 않았다. 그래서 길을 건널 때마다 흡사 사라져 가는 기분이었다.

스펜서 선생 댁에 당도하자마자 나는 초인종을 세차게 눌렀다. 온몸이 꽁꽁 얼어 있었다. 귀가 아프고 손가락은 곱아서 움직이지 않았다. "빨리 아무나 나와 문 좀 열어주세요." 크게 소리를 지를 뻔했다. 마침내 스펜서 부인이 문을 열었다. 선생의 집엔 하녀니 뭐니 하는 것은 없었기 때문에 늘 선생이나 부인이 문을 열어 주었다. 그들은 부자가 아니었으니까.

"홀든!" 스펜서 부인이 말했다.

"참 잘 왔어요. 자, 어서 들어와요. 설마 동사한 것은 아니겠지?"

부인이 내 방문을 반기고 있다는 생각이 들었다. 부인은 나를 좋아했다. 적어도 나는 그렇게 생각하고 있었다.

나는 급히 집 안으로 들어가며 인사를 했다.

"사모님, 안녕하세요? 선생님도 안녕하십니까?"

"외투는 이리 줘요."

부인은 안녕하시냐는 내 질문은 듣지 못한 채 그렇게 말했다. 부인은 가는귀가 먹었다. 부인이 내 외투를 현관 옷장 속에 거는 동안 나는 손으로 머리칼을 쓰다듬었다.

나는 머리를 곧잘 스포츠형으로 짧게 깎았기 때문에 별로 빗질할 필요가 없었다.

"그간 어떻게 지내셨습니까?"

나는 다시 큰 소리로 말했다. 이번에는 내 말이 전달되도록 하기 위해서였다.

"별일 없이 잘 지냈지. 요즘은 어떻게 지내나?"

부인은 옷장 문을 닫으며 말했다. 이렇게 질문하는 부인의 말투에서 나는 스펜서 선생이 부인에게 내가 퇴학당한 이야기를 했구나 하고 직감했다.

"잘 지내고 있습니다. 선생님은 좀 어떠세요? 독감은 많이 나으셨나요?"

"나았냐고! 아니, 그이는 완전히…… 글쎄, 뭐라고 표현하면 좋을까……

하여튼 방에 계시니까 어서 들어가 봐요."

2

 스펜서 선생 부부는 저마다 다른 방을 쓰고 있었다. 두 분 다 일흔 살쯤 되었을 것이다. 어쩌면 일흔 살이 넘었을지도 모른다. 그럼에도 불구하고 그들은 삶의 재미를 느끼는 모양이었다. 물론 멀쩡한 재미야 아니겠지만. 내 말이 심술궂게 들릴지 모르나 그런 뜻으로 말하는 것은 아니다. 나는 스펜서 선생에 대해 많이 생각했다. 너무 많이 생각하다 보니 도대체 선생은 왜 아직까지 살고 있나 하는 생각까지 들었다. 허리가 굽을 대로 굽어서 서 있는 자세를 보면 아주 한심했다. 칠판 앞에서 무엇을 쓰다가 분필을 떨어뜨리곤 했다. 그럴 때마다 맨 앞줄에 앉은 학생이 일어나서 집어 주지 않으면 안 되었다. 정말 끔찍한 일이 아니고 뭔가! 하지만 그렇게 극단적으로 생각하지 말고 적당히 생각해 보면, 선생도 그 나이 치고는 그럭저럭 제대로 살아가는 편이다. 이를테면 어느 일요일, 나와 몇몇 놈들이 선생 댁에서 핫초콜릿을 대접받은 일이 있었다. 그때 선생은 부인과 함께 몇 해 전에 옐로스톤 공원에서 인디언들로부터 구입한 낡은 나바호 담요를 우리에게 보여 주었다. 그것을 샀다는 사실이 그에게는 그지없이 즐거운 일이었던 모양이다. 요컨대 스펜서 선생처럼 늙은 사람들은 담요 한 장을 사는 데서도 크나큰 행복감을 느끼는 법이라는 것이다.
 선생의 방문은 열려 있었다. 그래도 예의상 노크를 했다. 나는 선생이 어디에 앉아 있는지 알고 있었다. 선생은 큼직한 가죽 의자에 앉아 아까 말한 그 담요로 몸을 감고 있었다. 내가 노크했을 때 그는 내 쪽을 건너다보며 "누구냐?" 소리쳤다.
 "콜필드냐? 들어오너라."
 이분은 항상 소리를 지르는 분이다. 교실 밖에서도 마찬가지이다. 이따금 그 소리가 신경에 거슬릴 때가 있다.
 방 안에 들어서는 순간 공연히 왔구나 하는 후회가 나를 엄습했다. 그는 〈애틀랜틱 먼슬리〉라는 잡지를 읽고 있었다. 사방에 흩어져 있는 알약과 가루약들이 모두 빅스의 코감기약 같은 냄새를 풍기고 있었다. 이건 정말, 사람을 의기소침하게 만드는 분위기였다. 여하튼 병자는 질색이다. 게다가 나를 더욱 우울하게 한 것은 초라하고 낡은 목욕 가운을 입고 있는 그의 모습이었다. 그는 마치 태어날 때부터 그 옷을 입고 나온 듯했다. 늙은이들이 파자마나 목욕 가운 같은 것을 걸친 모습은 딱 질색이다. 쭈글쭈글하고 앙상한 가슴이 드러나 보이기 때문이다. 다리도 그렇다. 늙은이의 다리는 바닷가 같은 데서 보면 언제나 하얗고 털이 하나도 없다.

"안녕하세요?" 내가 말했다. "편지는 고맙게 잘 받았습니다. 편지까지 보내실 필요는 없었어요. 그러지 않으셨어도 작별 인사를 드리러 왔을 겁니다."

선생이 보낸 짧은 편지에는, 휴가 떠나기 전에 자기네 집을 방문해 달라고 적혀 있었다. 꼭 작별 인사를 하고 싶다는 것이었다.

"자, 거기 앉아라."

스펜서 선생이 말했다. 침대를 가리킨 것이었다.

나는 그 침대에 앉았다.

"선생님, 감기는 좀 어떻습니까?"

"좀 더 나으면 의사를 불러야겠어" 하고는 미친 사람처럼 웃기 시작했다. 자기 농담이 마음에 든 모양이었다. 한참 웃다가 허리를 펴고 물었다. "왜 운동장에 가지 않았지? 오늘은 큰 경기가 있는 줄 알았는데."

"네, 그래서 거기에 갔었습니다. 오늘 펜싱 팀과 함께 뉴욕에 갔다가 방금 돌아왔습니다."

내가 말했다. 그나저나 선생의 침대는 바위처럼 딱딱하단 말이야.

선생은 갑자기 진지해졌다. 그럴 줄 짐작하고 있었다.

"그래, 학교를 그만둔단 말이지?"

"네, 그렇게 될 겁니다."

선생은 늘상 그렇듯이 연방 고개를 끄덕였다. 이 늙은이만큼 고개를 많이 끄덕이는 사람은 죽었다 깨어나도 다시 찾아볼 수 없을 것이다. 그가 그렇게 요란하게 끄덕이는 것은, 열심히 사색을 하기 때문인지 아니면 엉덩이와 팔꿈치를 구별할 수 없을 만큼 늙었기 때문인지 알 수 없었다.

"그래, 서머 교장은 뭐라고 하시더냐? 간단한 대화로 끝나지는 않았을 텐데."

"네, 한참 이야기했습니다. 정말 오랫동안 이야기했습니다. 두어 시간 동안 교장실에 있었을 겁니다."
"뭐라고 하시더냐?"
"저, 인생이란 게임이라고 하셨어요. 그러니까 규칙을 따르지 않으면 안 된다고 말씀하시더군요. 꽤 부드럽게 대해 주셨습니다. 성을 내거나 역정을 내시지는 않았다는 뜻입니다. 인생이란 게임이라는 말씀만 계속하셨습니다."
"인생은 게임이야. 누구든 규칙을 따라야 해."
"그렇습니다. 저도 잘 알고 있습니다."
게임 좋아하네. 굉장한 게임이로군! 만약 내가 우수한 놈들로 꽉 들어찬 쪽에 속한다면 인생은 게임일 것이다. 그것은 인정한다. 그러나 우수한 놈이라곤 하나도 없는 쪽에 속한다면 그게 어떻게 게임이 되겠는가? 게임이고 나발이고 아무것도 아니다.
"교장은 자네 부모에게 편지를 했나?" 스펜서 선생이 물었다.
"월요일에 통지하시겠다고 하셨습니다."
"자넨 부모님께 알렸겠지?"
"아직 말씀드리지 않았습니다. 어차피 수요일 밤엔 집에 갈 테니까 그때 만나 뵙게 될 겁니다."
"부모님은 이번 일을 어떻게 받아들이실 것 같은가?"
"뭐, 버럭 화를 내실 겁니다. 정말 화내시겠지요. 이 학교만 해도 네 번째 학교니까요."

나는 여기서 말을 끊고 머리를 흔들었다. 나는 머리를 흔드는 버릇이 있다. "젠장!" 나는 내뱉었다. 사실 "젠장!"이라는 말도 버릇에 가깝다. 워낙 아는 어휘가 적기 때문이고 또 한편으로는 내가 나이에 비해 때로 너무 어리게 굴기 때문이다. 그때 나는 열여섯 살이었고 지금은 열일곱 살이지만 아직도 열세 살짜리 소년처럼 행동하기 일쑤이다.

정말 웃기는 노릇이다. 나는 키가 6피트 2인치 반이나 되는 데다 벌써 머리가 희끗희끗해지고 있으니 말이다. 정말 그렇다. 머리 한쪽, 그러니까 오른쪽 머리에는 새치가 무성하게 자라고 있다.

어렸을 때부터 그랬다. 그런데도 가끔 열두 살짜리처럼 행동하곤 한다. 다들 그렇게들 말하지만 특히 아버지가 앞장서서 그렇게 말씀하신다. 일리 있는 말씀이긴 하지만 절대로 진리는 아니다. 어른들이란 자기네들 말이 절대

진리라고 한다. 나는 그들의 말을 전혀 개의치 않는다. 하긴 나잇값을 하라는 말을 하도 들어서 이제는 잔소리를 들어도 하품만 나오고 따분하게 느껴지는 것은 사실이다. 때로는 내 나이에 비해 어른스럽게 행동하는 때도 있다. 이건 정말이다. 하지만 어른들은 그걸 눈치채지 못한다. 그들이 뭔들 제대로 알아차리는 것이 있겠냐마는.

스펜서 선생은 다시 고개를 끄덕이기 시작했다. 그러고는 콧구멍까지 후비는 것이었다. 그냥 코를 쥐고 있는 것처럼 보이려 했지만 실은 엄지손가락이 콧구멍 속으로 들어가 있었다. 방 안에는 나밖에 없으니까 그런 짓을 해도 상관없다고 생각하는 모양이었다. 나는 별로 개의치 않았지만 콧구멍을 후비는 모습이 매우 불쾌한 광경이라는 것만은 부인할 수 없었다.

다음 순간 선생이 입을 열었다.

"2, 3주일 전 자네 부모님이 교장 선생을 만나러 왔을 때 잠깐 뵌 일이 있었네. 참 훌륭한 분들이었어."

"네, 그래요. 굉장히 좋은 분들입니다."

'훌륭한'이란 말, 그것은 내가 지독히 싫어하는 말이다. 그것은 허위에 찬 단어이다. 나는 그 말을 들을 때마다 구역질이 난다.

갑자기 선생은 내게 설교할 좋은 재료, 그러니까 꼬투리를 발견한 듯한 표정을 지었다. 그는 의자에서 몸을 약간 일으켜 방향을 틀었다. 그러나 내 예상은 빗나갔다. 선생은 자기 무릎 위에 있던 〈애틀랜틱 먼슬리〉를 집어 들어 침대 위, 정확히는 내 옆에다 던지려고 했을 뿐이다. 그런데 겨냥이 빗나가고 말았다. 거리가 불과 2인치인데도 말이다. 나는 일어서서 그것을 집어 침대 위에 놓았다.

그때 나는 갑자기 방에서 뛰쳐나가고 싶은 충동을 느꼈다. 지겨운 설교가 터져 나올 것만 같았기 때문이다. 설교 자체는 상관없지만, 설교에 곁들여 빅스의 코감기약 냄새를 맡고, 파자마에다 목욕 가운을 걸친 선생의 꼴까지 보아야 한다는 현실은 참을 수 없었다. 정말 참을 수 없었다.

아니나다를까 설교가 시작되었다. "도대체 어떻게 된 거야?" 선생이 입을 열었다. 그로서는 꽤 단호한 어조였다.

"이번 학기에 몇 과목이나 들었지?"

"다섯 과목입니다."

"다섯? 그럼 낙제 과목은 몇 개나 되지?"

"네 과목입니다." 나는 침대 위에 걸친 엉덩이를 약간 추슬렀다. 그건 내가 만나 본 가장 딱딱한 침대였다.

"그래도 영어는 합격했습니다. 《베오울프》와 《나의 아들 로드 랜달》 같은 것은 후턴 고등학교에 다닐 때 이미 배웠거든요. 그냥 이따금 작문을 쓰는 것 말고는 공부할 필요가 전혀 없었어요."

선생은 내 말에 귀를 기울이지 않았다. 그는 상대가 무슨 말을 하든 거의 안 듣는 사람이었다.

"내가 자네를 역사 과목에서 낙제시킨 이유는 자네가 아무것도 모르고 있었기 때문이야."

"알고 있습니다. 젠장, 안다고요. 선생님께서도 어쩔 수 없었을 겁니다."

"아는 것이 전혀 없으니……" 선생은 되풀이했다. 자꾸 되풀이되는 말에 미칠 것만 같았다. 이쪽에서 그렇다고 먼저 인정을 했는데도 또다시 되풀이하다니! 그런데 다음 순간 그 말을 세 번째 반복했다.

"아는 것이 전혀 없던데. 학기 내내 교과서를 한 번이라도 들쳐 봤는지 의심스럽더군. 어디 바른 대로 말해 봐."

"저, 두서너 번 슬쩍슬쩍 훑어보았습니다."

나는 그렇게 대답했다. 나는 그의 감정을 상하게 하고 싶지 않았다. 그는 역사에 미친 사람이었으니까.

"뭐, 슬쩍슬쩍 훑어봤다고?"

선생이 말했다. 극히 냉소적인 말투였다.

"자네 답안지가 저 장 위에 놓여 있네. 답안지 다발 맨 위에 있어. 이리 좀 가지고 와 봐."

이건 진짜 치사한 처사였다. 그러나 나는 그것을 갖다 주었다.

사실 그 상황에서는 별 도리가 없었다. 그런 다음 나는 다시 그 시멘트 바닥 같은 침대 위에 걸터앉았다. 작별 인사를 하러 온 것이 얼마나 후회스러웠는지 상상할 수도 없을 것이다.

선생은 그 답안지를 마치 더러운 똥이라도 만지듯 다루었다.

"우리는 11월 4일부터 12월 2일까지 수업 시간에 이집트인을 공부했지. 자네는 자유 논술 문제에서 이집트인을 주제로 택해 썼더군. 그런데 뭐라고 썼는지 한번 들어 보겠나?"
"아니, 괜찮습니다."
나의 응답에 상관없이 그는 읽어 내려갔다. 선생이 뭘 시작하면 그것을 막을 길은 없다. 선생들이란 그대로 밀고 나가는 사람들이니까.

이집트인은 아프리카 북부의 한 지역에 거주한 고대 코카서스 종족에 속한다. 아프리카는 모두가 알다시피 동반구에서 제일 큰 대륙이다.

나는 거기에 가만히 앉아 그 따위 쓰레기 글을 경청하지 않으면 안 되었다. 그것은 진짜 치사한 작태였다.

이집트인은 여러 가지 이유에서 오늘날의 우리에게 극히 흥미로운 존재이다. 죽은 사람의 얼굴이 수십 세기가 지나도 썩지 않게끔 그들이 어떤 재료를 써서 시체들을 미라로 만들었는지 현대 과학조차도 알고 싶어한다. 이 흥미로운 수수께끼는 20세기의 현대 과학에 대한 도전으로 남아 있다.

선생은 거기까지 읽고 답안지를 내려놓았다. 나는 선생이 밉살스럽게 느껴졌다.
"자네가 쓴 소위 논술이란 것은 여기서 끝났군."
이건 정말 빈정대는 말투였다. "그런데 맨 끝에다 나에게 전하는 글을 남겼더군 그래."
"저도 알고 있습니다." 나는 말했다. 내가 그렇게 황급히 말한 까닭은 선생이 그것을 큰 소리로 낭독하지 못하도록 하고 싶었기 때문이다. 그러나 그 낭독을 제지할 길은 없었다. 그는 마치 폭죽처럼 뜨거운 열기에 차 있었던 것이다.

스펜서 선생님께, (선생은 큰 소리로 읽기 시작했다)
제가 이집트인에 대해 알고 있는 것은 이것이 전부입니다. 선생님의 강의는 매우 재미있었지만 저는 이집트인에게 그다지 큰 관심을 가질 수 없었습니다. 저에게 낙제점을 주셔도 괜찮습니다. 하긴 영어 이외엔 모두 낙제점을 받을 테니까요. 이만 줄이겠습니다.

홀든 콜필드

선생은 내 답안지를 내려놓고 마치 탁구 경기나 다른 경기에서 나를 무참히 짓밟기라도 한 것처럼 나를 바라보았다. 그런 넋두리를 큰 소리로 읊어대다니! 나는 그를 영원히 용서하지 않을 것이다. 만일 선생이 그런 것을 썼다 해도 나 같으면 절대로 그렇게 소리 내어 읽지는 않았을 것이다. 정말이지 절대로 읽지 않았을 것이다. 내가 그놈의 글을 쓴 까닭은 무엇보다 선생이 나를 낙제시키면서도 그다지 언짢은 기분을 느끼지 않도록 해 주기 위해서였다.

"낙제점을 주었다고 원망하나, 자네?" 선생이 물었다.

"아닙니다. 저는 절대로 원망하지 않습니다."

나는 아까부터 줄곧 선생이 나더러 '자네'라고 부르지 않길 바랐다.

선생은 내 답안지에 대한 볼일을 마치자 그것을 침대 위에 던지려 했다. 그러나 이번에도 당연히 실패했다. 그래서 나는 다시 일어나서 그것을 집어 올려 〈애틀랜틱 먼슬리〉 위에 놓아야 했다. 2분마다 이 짓을 하려니 진저리가 났다.

"자네가 내 입장이라면 어떻게 했겠나? 정직하게 말해 봐." 선생이 물었다.

하여튼 선생이 나를 낙제시킨 것에 대해 언짢게 느끼고 있는 것만은 확실했다. 그래서 나는 잠시 허튼소리를 지껄였다. 나는 정말 얼간이라느니 하는 식의 말을 늘어놓았던 것이다. 내가 선생의 입장이었어도 선생처럼 행동했을 것이고, 교사라는 직업이 얼마나 힘든 것인지 사람들은 모르고 있다느니 하는 따위의 말을 늘어놓았다. 정말 돼먹지 않은 이야기였다. 모두 허튼 짓거리였다.

그런 허튼소리를 지껄이고 있는 동안에도 내 머릿속에는 다른 생각들이 가득 차 있었다. 내가 살던 곳은 뉴욕이다. 그 때문인지 나는 센트럴 파크의 남쪽 끝에 있는 연못을 생각하고 있었다. 내가 집에 돌아갈 무렵에는 그 연못이 얼어붙어 있지나 않을까. 만일 얼어붙었다면 오리들은 어디로 갔을까.

누군가 트럭을 몰고 와서 그것들을 동물원 같은 곳으로 실어가지나 않았을까. 아니면 그냥 날아가 버리지나 않았을까.

그래도 나는 운이 좋은 편이다. 선생에게 허튼소리를 지껄이면서도 동시에 오리를 생각할 수 있었으니 말이다. 웃기는 일이다. 하긴 선생에게 이야기할 때에는 생각을 집중할 필요가 없으니까. 그런데 내가 허튼소리를 늘어놓는 도중 스펜서 선생이 갑자기 내 말을 가로막았다.

"이번 일에 대해서는 어떻게 생각하고 있나? 그게 알고 싶군, 그것도 몹시 말일세."

"이번 일이라뇨? 펜시에서 쫓겨난 일 말입니까?"

그렇게 되물으면서도 그놈의 빨래판 같은 가슴이나 감춰주었으면 싶었다. 그다지 아름다운 광경이 아니었기 때문이다.

"내가 잘못 생각하고 있는지는 모르겠지만, 자네는 후턴 고등학교나 엘크턴 힐스 고등학교에서도 문제가 있었을 것 같은데."

빈정대는 어조는 아니었지만 역시 야비한 말투였다.

"엘크턴 힐스에서는 별 문제 없었습니다. 내쫓기거나 한 건 아닙니다. 제가 그만둔 거죠."

"왜 그만두었지?"

"왜냐구요? 이야기하자면 사연이 깁니다."

그를 상대로 모든 것을 이야기할 기분이 아니었다. 그는 도저히 이해하지 못할 것이고, 또 그와는 아무 관계도 없는 이야기였다.

내가 엘크턴 힐스를 그만둔 가장 큰 이유는 그곳에 엉터리 같은 놈들만 우글대고 있었기 때문이다. 다만 그뿐이다. 한 예로 하스라는 교장이 있었는데, 이 교장은 내가 이 세상에서 만난 최고의 엉터리였다. 서머 교장보다 열 배나 더한 얼간이였다. 일요일이 되어 학부모들이 차를 몰고 학교에 찾아오면 하스 교장은 악수를 하며 돌아다녔다. 그는 끔찍이 상냥하게 굴었다. 다만 변변찮아 보이는 학부모들에겐 예외였다. 그가 우리 반 친구의 부모와 악수하는 꼴은 정말 가관이었다. 어떤 학생의 어머니가 뚱뚱하거나 못생겼으면, 혹은 학생의 아버지가 어깨가 넓은 구식 양복을 걸쳤거나 남루하고 얼룩진 구두를 신고 있으면, 그 교장은 간단히 악수만 하고는 억지웃음을 던지며 그냥 지나쳤다. 다른 학부모들에게 가서는 무려 반 시간 정도나 지껄이곤 하면서…… 그건 눈 뜨고 볼 수 없는 광경이다. 생각만 해도 미칠 것만 같다. 그냥 침울해져서 나중엔 돌아 버릴 지경이 되고 만다. 엘크턴 힐스는 하여튼 짜증 나는 곳이었다.

그때 스펜서 선생이 나에게 무언가 물었다. 그러나 나는 그 말을 미처 알아듣지 못했다. 하스 교장에 대한 생각에 열중해 있었기 때문이다.

"무슨 말씀을 하셨습니까?" 내가 물었다.

"이 학교를 떠나는 데 대해 미련같은 것은 없나?"

"몇 가지 미련이 있긴 합니다. 그러나 대수롭지 않습니다. 아직은요. 아직 실감이 나지 않는다는 뜻입니다. 좀 시간이 지나야 실감이 날 겁니다. 지금은 수요일에 집에 간다는 생각뿐입니다. 저는 워낙 바보니까요."

"자네 장래에 대한 생각은 전혀 안 하는가?"

"장래에 대해서야 물론 생각하지요. 네, 틀림없이 하고 있습니다."

나는 잠시 장래에 대해 생각한 뒤 덧붙였다.

"그러나 그다지 심각하게 생각하지는 않습니다."

"장차 생각해야 할 거야."

스펜서 선생이 말했다.

"생각해야 할 거라니까. 그러나 그땐 이미 늦었겠지."

그런 말을 듣는 것은 싫었다. 이미 늦었을 거라니, 꼭 죽은 사람 취급이 아닌가. 기가 죽고 침통한 기분이 들었다. "아마 걱정하게 되겠지요" 하고 나도 수긍했다.

"자네 머릿속에 분별이란 것을 넣어 주고 싶구먼. 난 자네를 도와주고 싶어. 가능하다면 자네를 도우려고 하는 거야."

그것은 사실이었다. 거짓이 아니라는 것을 알 수 있었다. 그러나 우리는 양극단에 서 있었다. 그뿐이었다.

"알고 있습니다. 그래서 매우 감사하게 생각하고 있습니다. 농담이 아닙니다. 진심으로 고맙게 생각합니다."

나는 침대에서 몸을 일으켰다. 여기에서 10분이라도 더 지체하는 건 죽어도 싫었다.

"저, 이만 가 보겠습니다. 집에 가지고 갈 장비를 체육관에 두고 왔거든요."

선생은 내 얼굴을 쳐다보며 다시 고개를 끄덕이기 시작했다. 심각한 얼굴이었다. 갑자기 나는 선생에게 미안한 생각이 들었다. 그러나 더 이상 이곳에 머무를 수는 없었다. 우리는 서로 양극을 달리고 있었고, 선생은 침대 위에 무엇을 던질 때마다 실패를 거듭했다. 게다가 후줄근한 목욕 가운을 걸친 채 가슴팍을 훤히 드러내고 있었고, 그놈의 찐득찐득한 코감기약 냄새가 온 방 안에 떠다니고 있는 터라 여기서 더는 우물쭈물할 수가 없었다.

"선생님, 제 걱정은 하지 마세요. 정말입니다. 저는 아무 일 없을 겁니다. 저는 지금 하나의 단계를 통과하고 있는 겁니다. 사람은 누구나 여러 가지 단계를 거치지 않습니까?"

"글쎄, 나는 모르겠네."

나는 그런 식의 응답이 싫다. 그래서 말을 계속했다.

"누구나 그런 단계를 거친다는 것은 틀림없는 사실입니다. 정말입니다. 선생님, 제발 제 걱정은 그만 하세요."

그러고는 얼떨결에 선생의 어깨 위에 손을 얹고 "아셨습니까?" 말했다.

"따끈한 코코아 한 잔 들고 가지 그래. 집사람도 기꺼이⋯⋯."

"그랬으면 좋겠습니다만, 아무래도 지금 가 봐야겠습니다. 체육관에 들러야 하거든요. 여러 가지로 고마웠습니다. 선생님, 정말 고마웠습니다."

그리고 나서 악수를 나누었다. 그 밖의 시시한 일들도 했다. 그러자 정말 섭섭한 기분이 들었다.

"편지 올리겠습니다. 그럼, 감기 조심하십시오."

"그래, 잘 가게."

내가 문을 닫고 응접실 쪽으로 되돌아나올 때 선생은 나를 향해 뭐라고 소리쳤다. 정확하게 듣지는 못했지만 분명 "행운을 빈다!"라고 소리쳤을 것이다. 제발 그런 말이 아니었기를 바란다. 진짜 절실히 바란다. 나라면 누구에게도 "행운을 빈다!"라고는 하지 않을 것이다. 곰곰이 생각해 보면 그야말로 악담이지 않은가.

3

나는 평생을 찾아도 만나 볼 수 없는 지독한 거짓말쟁이일 것이다. 정말 끔찍한 놈이다. 만약 내가 잡지를 사러 가게에 가는 도중에 누가 나더러 어딜 가느냐고 묻는다면, 난 오페라를 보러 가는 길이라고 대답할 가능성이 농후하다. 정말 끔찍한 일이 아닌가. 스펜서 선생에게 장비를 가지러 체육관에 가야 한다고 말한 것도 실은 새빨간 거짓말이었다. 체육관에 장비를 두고 오다니, 누가 언제 그랬단 말인가?

펜시에서 내가 머물던 곳은 새 기숙사에 속하는 오센버거관이었다. 거기에는 3, 4학년 학생만 살고 있었다. 나는 3학년이었고 나와 방을 같이 쓰는 친구는 4학년이었다. 그 기숙사는 펜시 졸업생의 이름을 따서 지은 것이다. 오센버거는 펜시를 졸업한 후 장의사 노릇을 하며 큰돈을 번 사람이었다. 그가 무슨 짓을 했느냐 하면, 누가 죽으면 시체 한 구당 5달러 받고 매장해 주는 장의사 체인점을 전국에다 열었던 것이다. 오센버거는 정말 가관이었다. 그가 시체를 자루에 집어넣어 강물에 그냥 던져 버릴지 누가 알겠나. 어쨌든 그자는 펜시에 거액을 기부했다. 그래서 학교측에서는 우리 기숙사에 그자의 이름을 붙인 걸 것이다.

그해 첫 축구 시합에 그자가 큼직한 캐딜락을 타고 왔었다. 그래서 우리는 모두 관람석에서 일어나 그에게 열렬한 박수갈채를 보내야 했다. 다음날 아침 예배당에서 그자가 설교를 했는데, 그 설교는 무려 10시간이나 계속되었다.

그는 50가지쯤 되는 너절한 농담으로 시작했는데, 자기가 친근한 인간이란 것을 입증하기 위해서였다. 지독한 놈이었다. 다음에는 무슨 어려움에 부딪칠 때마다 당장 무릎을 꿇고 하느님께 기도하는 자신이 조금도 부끄럽지 않았다는 이야기를 꺼냈다. 우리가 어디에 있건 항상 하느님께 기도하고 이야기를 해야 한다고 말했다. 또한 예수를 우리의 친구로 생각해야 한다는 것이었다. 자기는 늘 예수와 이야기한다면서. 심지어는 운전 중에도 그렇게 한다고 했다. 정말 사람 잡는 발언이었다. 나는 그런 엉터리 같은 작자가 기어를 1단으로 바꾸며 좀더 많은 시체를 보내 달라고 예수에게 부탁하는 모습을 상상할 수 있었다.

이 설교에서 마음에 드는 부분이 딱 한 군데 있었다. 바로 설교의 중간쯤이었다. 자신이 얼마나 훌륭하고 멋있는 인간인가를 한창 늘어놓고 있을 때였다. 그때 내 앞줄에 앉아 있던 에드거 마살라라는 녀석이 난데없이 방귀를 뀌었다. 예배당 안에서 방귀라니! 그것은 여간 불경스런 행위가 아니었다. 그러나 재미있는 일이기도 했다. 마살라 자식! 어찌나 강력한 한 방이었는지 하마터면 천장까지 날아갈 뻔했다. 그런데 키득거리는 사람은 하나도 없었다. 오센버거는 못 들은 척하고 있었지만, 단상 위 오센버거 바로 옆에 앉아 있던 서머 교장은 그 소리를 들은 것이 분명했다. 그는 속으로 분노를 되씹고 있었지만 그 시간에는 아무 말도 하지 않았다.

하지만 다음날 저녁 서머 교장은 우리를 학문관에 있는 자습실에 몰아넣고 자습을 시키고는 거기 나타나서 한바탕 설교를 늘어놓았다. 예배 시간에 그런 난장판을 연출하는 소년은 펜시에 있을 자격이 없다는 것이었다. 서머 교장이 설교하는 동안 우리는 마살라더러 한방 더 터뜨리라고 충동질했지만, 그 녀석은 내켜 하지 않았다. 하여튼 내가 살던 펜시 기숙사는 바로 그런 내력이 있는 곳이었다. 새 기숙사인 오센버거관 말이다.

스펜서 선생 집을 떠나 내 방에 돌아오니 기분이 꽤 좋아졌다. 그도 그럴 것이, 다들 시합 구경을 나가고 없는 데다 난방이 잘 되어 있었다. 바깥과는 하늘과 땅 차이였다. 이를테면 아늑함 같은 게 느껴졌다. 나는 외투를 벗고 넥타이를 끄른 다음 다시 와이셔츠의 단추를 풀고 그날 아침 뉴욕에서 산 모자를 썼다. 굉장히 긴 챙이 달린 빨간 사냥모자였다. 나는 지하철에서 내리자마자 운동구점의 쇼윈도에 있는 그 모자를 보았다. 펜싱용 칼이고 뭐고 몽땅 잃어버렸다는 사실을 알아챈 직후였을 것이다. 모자는 겨우 1달러였다. 나는 모자의 챙을 반 바퀴쯤 돌려 챙이 뒤로 향하게 썼다. 정말 꼴불견이었으리라고 생각한다. 하지만 난 그 스타일이 좋았다. 사실 나름대로는 보기도 좋았을 것이다.

나는 읽던 책을 집어 들고 의자에 앉았다. 방마다 의자가 두 개씩 있었다. 하나는 내 의자였고 또 하나는 방을 같이 쓰는 워드 스트라드레이터의 것이었다. 팔걸이는 형편없는 몰골이 되어 있었다. 누구나 거기 자주 앉기 때문이었다. 그래도 제법 편안한 의자였다.

내가 읽고 있던 책은 도서관에서 잘못 대출한 것이었다. 직원이 엉뚱한 책을 대출해 주었는데도 나는 방에 돌아올 때까지 깨닫지 못했다. 그것은 아이작 디네센이 쓴 《아웃 오브 아프리카》라는 책이었다. 고약한 책일 거라고 생각했는데 그렇지도 않았다. 아니 매우 좋은 책이었다.

나는 굉장히 무식하지만 책은 많이 읽었다. 가장 좋아하는 작가는 우리 형 D.B.이고, 다음으로 좋아하는 작가는 링 라드너이다.

호밀밭의 파수꾼 395

형이 내 생일에 링 라드너가 쓴 책을 선물한 적이 있었다. 내가 펜시로 가기 직전이었다. 그 책에는 매우 재미있는 희곡 몇 편이 실려 있었다. 그리고 늘 과속으로 차를 운전하는 아름다운 여자와 사랑에 빠지는 어느 교통 경찰에 관한 단편이 하나 있었다. 그 경찰은 기혼자여서 여자와 결혼을 할 수 없었다. 게다가 여자는 죽고 만다, 밤낮 과속으로 달리다가. 그 이야기는 나를 매료시켰다. 내가 좋아하는 책은, 읽는 사람을 이따금 웃겨 주는 책이다.

나는 고전도 많이 읽었다. 그러니까 《귀향》(토마스 하디의 작품) 같은 책도 읽었다는 뜻이다. 사실 고전들은 좋았다. 또한 전쟁물이나 미스터리도 많이 읽었다. 그러나 그런 것들에서는 별로 감동을 느낄 수 없었다. 정말로 내가 감동하는 책은 따로 있다. 다 읽고 나면 그 작가가 친한 친구여서 전화를 걸고 싶을 때 언제나 걸 수 있으면 오죽이나 좋을까 하는, 그런 기분을 느끼게 하는 책 말이다. 그러나 그런 기분을 느끼게 하는 책은 좀처럼 없다. 아이작 디네센 같은 사람은 내가 전화를 걸고 싶은 작가이다. 그 다음은 링 라드너인데 D.B.가 라드너는 이미 죽었다고 알려 줬다. 다음으로 서머셋 몸의 《인간의 굴레》 같은 것을 들 수 있다. 지난 여름에 독파했는데, 꽤 좋은 책이었다. 그러나 몸에게는 전화하고 싶은 생각까지 들지는 않았다. 이유야 모르지만 몸은 내가 전화하고 싶어지는 그런 사람이 아니었다는 말이다. 오히려 토마스 하디에게는 전화를 걸고 싶다. 유스타시아 바이(《귀향》의 여주인공)가 마음에 들었기 때문에.

나는 모자를 눌러쓰고 앉아 《아웃 오브 아프리카》를 읽기 시작했다. 이미 다 읽은 것이지만 군데군데 한 번 더 읽고 싶은 부분이 있어서였다. 그런데 3페이지 정도 읽었을 때 누군가가 샤워 커튼을 헤치고 이리로 다가오는 소리가 들렸다. 고개를 들지 않고도 누구인지 알 수 있었다. 바로 로버트 애클리였다. 내 옆방을 쓰는 녀석이었다. 우리 기숙사에는 방 두 개 사이에 샤워 룸이 하나씩 설치되어 있는데, 애클리라는 녀석은 하루에도 여든다섯 번이나 내 방에 뛰어드는 놈이었다. 기숙사 전체를 통틀어 오늘 경기장에 나가지 않은 사람은 나와 애클리뿐이었을 것이다.

그 녀석은 도무지 어디에고 가는 일이 없었다. 지독한 괴짜였다. 4학년인데, 펜시에 있는 4년 동안 누구나 그를 '애클리'라고밖에 부르지 않았다. 방을 같이 쓰는 허브 게일조차도 그를 '봅' (로버트의 애칭)이라고 부르지 않거니와 '애크'라고도 부르지 않았다. 그가 결혼한다 해도 그의 아내조차 그를 애클리라고만 부를 것이다. 굽은 어깨에 키가 무척이나 큰 녀석이었다. 6피트 4인치 가량 되는 키에 이빨이 무척 더러웠다. 내 옆방에 있는 동안 이 닦는 걸 한 번도 본 적이 없을 정도였다. 마치 이끼가 낀 것 같은 무시무시한 이빨을 하고 있었다. 그러니까 그놈이 식당에서 으깬 감자에다 콩이니 뭐니 한입 가득 넣고 있는 것을 보면 구역질을 참을 수가 없었다. 게다가 얼굴에는 여드름이 더덕더덕 나 있었다. 대부분의 아이들처럼 이마나 뺨에만 있는 것이 아니라 얼굴 전체에 만발해 있었다. 뿐만 아니라 성질도 나빴다. 좀 음험한 자식이었다. 사실 말이지 난 그 녀석이 그다지 마음에 들지 않았다.

그 애클리가 바로 내 의자 뒤 샤워 룸의 문턱에 서서 스트라드레이터가 있는지 살피고 있다. 나는 그걸 느낄 수 있었다. 그는 스트라드레이터의 배짱을 싫어했기 때문에 그가 있으면 절대로 들어오지 않았다. 그 녀석은 배짱 있는 사람은 누구나 싫어했다.

애클리는 샤워 룸의 문턱을 지나 내 방으로 들어와서 "어우!" 소리쳤다. 그는 지독히 지루하거나 지독히 지쳤다는 말투로 "어우!" 말하는 버릇이 있다. 일부러 찾아왔다는 인상을 주기가 싫은 거겠지. 마치 실수로 들어왔다는 시늉이었다.

"왜?" 대꾸해 주었다. 그렇다고 책에서 얼굴을 쳐든 것은 아니다. 애클리 같은 놈 때문에 책에서 얼굴을 쳐든다면 내가 지는 거다. 결국에는 패배하게 되겠지만, 그래도 당장 얼굴을 쳐들지 않는다면 그리 쉽사리 패배하지는 않겠지.

그는 언제나 그렇듯이 천천히 방안을 거닐기 시작했다. 그리고 책상이나 옷장에서 물건을 하나씩 집어 올렸다. 그 녀석은 항상 남의 물건을 집어 들고는 그것을 들여다보는 습성이 있었다. 정말 신경에 거슬렸다.

"펜싱은 어떻게 됐니?" 애클리가 물었다. 내가 재미있게 책을 읽는 것을 방해하고 싶었던 것이다. 그 녀석은 펜싱 같은 건 안중에도 없었다.

"우리가 이겼냐? 아니면 저쪽이?"

"어느 쪽도 이기지 않았어."

나는 입을 열었지만 얼굴은 들지 않았다.

"뭐라고?" 그가 물었다.

그는 항상 똑같은 말을 두 번 되풀이하게 만드는 버릇까지 있었다.
"어느 쪽도 이기지 않았어."
나는 말했다. 그러고는 곁눈질로 그 녀석이 내 옷장에서 무엇을 끄집어내는가를 살피고 있었다. 그는 내가 뉴욕에서 자주 데리고 다녔던 샐리 헤이스라는 여학생의 사진을 들여다보고 있었다. 내가 그 사진을 얻은 후, 그는 아마 5천 번은 그 사진을 들여다보았을 것이다. 게다가 보고 나서는 원래의 장소가 아닌 다른 장소에 놓는 버릇이 있었다. 일부러 그랬을 것이다. 그쯤은 알 수 있었다.
"이긴 쪽이 없다고? 그게 무슨 말이야?"
"내가 칼이고 뭐고 죄다 지하철에 놓고 내렸거든."
이렇게 말하면서도 나는 고개를 들지 않았다.
"지하철에다? 맙소사, 그럼 잃어버렸단 말이지?"
"엉뚱한 지하철을 탄 거야. 그래서 벽에 걸린 노선도만 줄곧 쳐다보고 있어야 했거든."
그 녀석은 내 쪽으로 다가와서 불빛을 가로막고 섰다.
"야, 네가 들어온 이후로 나는 같은 문장을 스무 번이나 다시 읽고 있어."
애클리가 아닌 다른 인간이라면 내 말의 숨은 뜻을 알아들었을 것이다. 그러나 녀석은 그렇지 않았다.
"학교측은 너한테 변상시킬 작정이겠지?"
그가 다시 물었다.
"몰라. 될 대로 되라지. 그런데 너 좀 앉지 그래. 자식, 불을 가로막고 서서 앉지도 않네."
그 녀석은 자기를 자식이라 부르면 좋아하지 않았다. 난 열여섯 살이고 그는 열여덟 살이라는 이유로 녀석은 항상 나를 자식이라고 불렀다. 그러면서도 내가 자기를 자식이라고 부르면 화를 낸다.
그는 그곳에 그대로 서 있었다. 비켜 달라고 부탁하면 더 비켜 주기 싫어하는 그런 성격의 인간이었다.
"도대체 뭘 읽고 있냐?"
"책 읽어."
녀석은 손으로 나의 책을 젖히더니 제목을 보고는 "재미있어?" 하고 물었다.

"지금 읽고 있는 이 문장은 특히 재미있어."

나는 기분이 내키면 지독하게 빈정댈 수 있다. 그러나 그 녀석은 그것을 알아채지 못했다. 녀석은 다시 방안을 배회하며 내 물건과 스트라드레이터의 물건을 함부로 만지기 시작했다. 마침내 나는 읽던 책을 바닥에 내려놓았다. 애클리 같은 자식이 주위에서 알짱거리는 판국에 무엇을 읽는다는 것은 불가능했다. 정말 불가능했다.

나는 의자에 몸을 깊숙이 파묻고 나서 애클리가 제멋대로 노는 꼴을 관망했다. 뉴욕에 갔다와서 좀 고단하기도 했기 때문에 하품이 절로 나왔다. 그러다가 장난을 좀 치기 시작했다. 나는 지루하면 장난을 치곤 했다. 무슨 장난을 쳤느냐 하면, 사냥모자의 챙을 앞쪽으로 돌려 눈이 가려지게끔 깊숙이 눌러썼다. 그랬더니 아무것도 보이지 않았다.

"장님이 되나 봐. 어머니, 이곳 모든 것은 어두워지고 있습니다."

나는 쉰 목소리로 말했다. 그러자 "바보, 정말 바보로군." 애클리가 비웃었다.

"어머니, 손을 주세요. 왜 제게 손을 내밀어 주지 않으세요?"

"제발 어린애 같은 짓 집어치워."

나는 장님처럼 눈앞을 더듬기 시작했다. 그러나 의자에서 일어나진 않았다. "어머니, 왜 손을 내밀어 주지 않으세요?" 나는 계속 되풀이했다.

물론 장난치고 있었던 것이다. 가끔은 그런 장난이 퍽 재미있을 때가 있다. 게다가 애클리 자식이 당황하고 있다는 것을 직감할 수 있었다. 애클리를 보면 항상 새디스트적인 내 본능이 꿈틀거렸다. 사실 그에게 새디스트처럼 행동한 경우가 여러 번 있었다. 그러나 나는 거기서 끝냈다. 다시 모자 챙을 뒤로 돌리고 편안한 자세를 취했다.

"이건 누구 거니?"

애클리가 물었다. 그는 나와 방을 같이 쓰는 스트라드레이터의 무릎받이를 치켜들고 있었다. 그 녀석은 아무것이나 집어 드는 놈이었다. 남의 팬티건 뭐건 닥치는 대로 집어 들었다. 그건 스트라드레이터의 것이라고 말했다. 그랬더니 녀석은 그것을 스트라드레이터의 침대 위에 내던졌다. 스트라드레이터의 옷장 위에 있었던 것을 그의 침대 위에 내동댕이친 것이다.

그는 스트라드레이터의 의자 쪽으로 가더니 의자 팔걸이에 걸터앉았다. 그는 의자 위에 제대로 앉는 법이 결코 없었다. 언제나 팔걸이에 앉았다.
"그 모자는 어디서 얻었냐?" 그가 물었다.
"뉴욕에서."
"1달러 줬니?"
"1달러."
"바가지 썼군" 하고 말하더니 녀석은 성냥개비 끝으로 손톱의 때를 긁어내기 시작했다. 녀석은 항상 손톱을 후비고 있었다. 어느 모로 보면 우습기도 했다. 항상 이빨은 이끼가 낀 것 같고 귓속은 지저분했지만, 손톱만은 부지런히 청소한단 말이지. 그렇게 하면 제가 깔끔한 청년으로 보일 거라고 생각했던 모양이다. 그 녀석은 손톱을 소제하면서 다시 한 번 내 모자를 쳐다보았다.
"우리 고향에서는 사슴 사냥할 때 그런 모자들을 쓰더군. 그건 사슴 사냥 모자야." 그가 말했다.
"말도 안 돼." 나는 모자를 벗어 들고 그것을 바라보았다. 다음 순간 나는 한쪽 눈을 감고 과녁을 겨누는 척하며 "이건 사람 사냥모자야. 이걸 쓰고 나는 사람들을 사냥한다 이 말이야" 하고 말했다.
"너의 집에선 네가 쫓겨난 거 알고 있니?"
"아아니."
"그런데 대관절 스트라드레이터 새낀 어딜 갔냐?"
"경기장에 갔어. 데이트가 있나 봐."
나는 하품을 했다. 나는 그때 유난히 계속 하품을 했다. 워낙 방이 더웠기 때문이기도 했다. 펜시에서는 얼어 죽든지 아니면 더워서 죽든지 양자택일할 수밖에 없다.
"훌륭하신 스트라드레이터로군. 그런데, 잠깐 네 가위 좀 빌려 줘. 곧 꺼내올 수 있지?" 애클리가 말했다.
"벌써 짐을 꾸렸어. 저 옷장 위에 있어."
"그래도 잠깐 가져올 수 없냐? 이놈의 들쭉날쭉한 손톱, 잘라 버리고 말아야지."
그 녀석은 남이 짐을 꾸렸건, 옷장 꼭대기에 올려놓았건 조금도 개의치 않았다. 하는 수 없이 가위를 가져다 주었다. 그 바람에 나는 하마터면 죽을 뻔했다. 옷장 문을 연 순간 스트라드레이터의 테니스 라켓이 목제 조임틀에 낀 채 내 머리 위로 떨어졌던 것이다. 와지끈 하는 소리를 내면서. 지독히도 아팠다.
애클리 녀석은 죽어라고 좋아했다. 새된 목소리로 낄낄거리며 웃기 시작하는 것이었다. 내가 가방을 내려 가위를 찾는 동안 줄곧 웃고 있었다. 이런 일, 이를테면 누가 돌멩이 같은 것으로 대가리를 맞는 따위의 일이 일어나면 애클리는 오줌을 찔끔거릴 정도로 좋아했다.
"애클리, 임마, 넌 유머 감각이 대단하구나."
나는 그에게 말했다. "그거 알고 있었냐?" 덧붙이면서 그에게 가위를 건네주었다.
"나를 네 매니저로 삼아라. 라디오 방송에 출연시켜 줄 테니까."
나는 그렇게 말하면서 의자에 다시 앉았다. 애클리는 길게 자란 뿔 같은 손톱을 깎기 시작했다.
"탁자 같은 걸 사용하는 게 어때? 탁자 위에다 깎으란 말야. 밤에 맨발로 다닐 때 그 지저분한 손톱을 밟기 싫단 말야" 하고 말했지만 그 녀석은 여전히 마룻바닥에다 손톱을 깎으면서 튕겨내고 있었다. 정말 지저분한 버릇이다. 정말 그랬다.
"스트라드레이터 자식, 누구하고 데이트를 하는 거지?"
애클리가 물었다. 그는 스트라드레이터의 배짱은 증오하면서도 누구하고 데이트를 하는지에 대해서는 관심이 많았다.
"몰라, 그건. 알아 뭣 하니?"
"그냥 물어본 거야. 하지만 난 그런 개새끼는 참을 수 없다 이 말이야. 그놈은 정말 참을 수 없는 놈 중의 하나야."
"그애는 너한테 반해 있어. 너보고 왕자라고 말하던데." 내가 말했다. 나는 농담할 때 아무나 '왕자'라고 부르곤 했다. 그러면 지루함 같은 것에서 벗어날 수 있었기 때문이다.
"그놈은 항상 우쭐해 있어. 그 개새끼는 정말 참을 수 없다구. 저 말야, 그놈은……"
"야, 너, 그 손톱 좀 탁자 위에다 깎아라. 벌써 쉰 번이나 부탁했는데."

호밀밭의 파수꾼 401

"그놈은 항상 우쭐해 있다니까. 나는 그 개새끼 머리가 좋다고는 생각지 않아. 그런데 그 새끼는 지가 제일……."

"애클리! 부탁이야. 그 더러운 손톱은 탁자 위에다 깎으라니까! 벌써 쉰 번이나 부탁했잖아!"

그 녀석은 그제야 탁자 위에다 손톱을 깎기 시작했다. 그것도 기분 전환을 하기 위해서였다. 그 자식은 소리를 질러 대야만 무엇을 하는 놈이다.

나는 잠시 동안 그 녀석의 거동을 살폈다. 그러고는 입을 열었다.

"네가 스트라드레이터를 못마땅하게 생각하는 것은 그가 너 보고 가끔 이를 닦으라고 말했기 때문일 거야. 그애 말이 좀 심하긴 했지만, 그렇다고 해서 너를 모욕할 생각은 아니었을 거야. 그애의 의도는 네가 이따금 이를 닦으면 멋지게 보일 것이고 기분도 좋아질 거라는 뜻이었어."

"나도 이를 닦는단 말야. 이제 그 얘기는 그만둬."

"아니야, 넌 닦지 않아. 줄곧 살펴봤는데 넌 이를 닦지 않아." 나는 말했다. 그렇다고 지저분하다느니 하는 이야기는 하지 않았다. 어떻게 보면 그애도 불쌍하다는 생각이 들었다. 누군가에게 이도 닦지 않는 자식이란 말을 들으면 기분 나쁠 것은 당연한 일이기 때문이다.

"스트라드레이터는 괜찮은 놈이야. 그다지 나쁜 놈은 아냐. 넌 그애를 모르고 있어. 그것이 문제야."

"그래도 그놈은 개새끼야. 거만한 개새끼야."

"거만한 건 사실이야. 하지만 어떤 면에선 관대한 아이야. 그건 정말이야."

그러고 나는 말을 이었다.

"가령 스트라드레이터가 네 마음에 드는 넥타이를 매고 있다고 쳐. 네가 아주 좋아하는 넥타이를 매고 있다고 하면—한 가지 예를 들었을 뿐이야. 그애가 어떻게 하리라 생각해? 아마 풀어서 너한테 줄 거야. 정말 그럴 거야. 그렇지 않으면…… 그애가 어떻게 할지 너도 알 거야. 네 침대 위 같은 데다 두고 가겠지. 하여튼 그애는 그 넥타이를 너에게 주고 말 거야. 보통 애들이라면 그렇게는……."

"듣기 싫어. 나도 그 자식처럼 돈이 있으면 그렇게 해."

애클리가 말했다.

"넌 못해."

나는 고개를 저었다.

"너는 못할 거야. 애클리 자식, 너 같은 놈은 돈이 있다면 세상에서 제일 가는……."

"애클리 자식이라고 부르지 마, 젠장! 나는 네 아비가 될 만한 나이야!"

"아니, 그럴 수야 없지."

제기랄, 애클리는 정말 이따금 사람을 화나게 하는 녀석이었다. 기회만 있으면 너는 열여섯 살이고 나는 열여덟 살이다 하고 강조하려는 녀석이다.

"애초에 너 같은 것은 우리 가족에 끼워줄 리 없잖아." 내가 말했다.

"하여튼 나를 그런 투로 부르지 마."

별안간 문이 열렸다. 이어 스트라드레이터가 황급히 들어왔다. 그는 언제나 무엇이 급한지 부산했다. 모든 것이 중대한 일인 것처럼 굴었다. 그는 내게 다가오더니 난데없이 내 양쪽 뺨을 장난 삼아 가볍게 때렸다. ……이런 행동이 가끔 엄청 거슬린다니까.

"너 오늘 저녁 어디 갈 데 있냐?"

"글쎄, 그럴지도 모르지. 바깥은 어때? 눈이 내리고 있나?"

그의 외투는 온통 눈투성이였다.

"눈이 오고 있어. 이봐, 특별히 갈 곳이 없으면 네 하운드 투스 재킷 좀 빌려 줘."

"시합은 어느 쪽이 이겼니?" 내가 물었다.

"겨우 전반전이 끝났어. 우린 빠져 나온 거야." 스트라드레이터가 말했다. "농담 아냐. 너 그 옷 오늘 밤에 입을 거야, 안 입을 거야? 내 회색 플란넬 재킷에다 뭘 좀 엎질렀거든."

"입진 않지만 네 어깨 때문에 옷이 늘어나는 건 원치 않아." 내가 말했다. 우리는 키는 같았다. 하지만 몸무게는 그애가 나의 두 배는 되었다. 게다가 어깨가 무척 넓었다.

"늘어나게 하지 않는다니까."

그는 급히 옷장으로 달려갔다. 그러면서 "애클리, 재미 좋으냐?" 하고 애클리에게 인사했다. 스트라드레이터는 꽤 붙임성이 있다. 속이 좀 보이는 붙임성이긴 했지만 적어도 애클리에게건 누구에게건 인사만은 항상 깍듯이 했다. 애클리도 "어떻게 지내니?" 하고 되물었지만 실은 입 속에서 뭐라고 중얼거린 정도였다. 사실은 대답하고 싶지 않았겠지만, 인사를 아예 무시할 만한 용기도 없는 놈이었다. 다음 순간 애클리는 나에게 "이제 그만 가 봐야겠어. 나중에 보자" 하고 말했다.

"가봐." 나는 대답했다. 제 방으로 간다 해서 내가 실망할 만한 상대는 아니었으니까.

스트라드레이터는 코트와 넥타이를 벗기 시작했다. "빨리 면도를 해야겠군." 그가 말했다. 정말 턱수염이 무척 길게 자라 있었다. 텁수룩했다.

"네 여자 친구는 어디 있니?"

"별관에서 기다리고 있어."

그는 세면 도구와 수건을 겨드랑이에 끼고 방을 나섰다. 셔츠는 물론이고 아무것도 걸치지 않은 채. 그 녀석은 늘 상반신을 벗고 돌아다닌다. 자기 체격이 굉장히 좋다고 생각하기 때문이다. 사실 그렇기도 했다. 나도 그 점은 인정한다.

4

특별히 할 일도 없고 해서 나는 면도하는 스트라드레이터와 잡담을 했다. 세면장에는 우리 둘밖에 없었다. 다른 학생들은 아직 경기장에 나가 있었기 때문이다.

실내는 지독히 더워서 창문에 뿌옇게 김이 서렸다. 열 개쯤 되는 세면대가 벽에 박혀 있었다. 스트라드레이터는 그중 한가운데 것을 사용했다. 나는 바로 옆 세면대에 걸터앉아 수도꼭지를 틀었다 잠갔다 하는 짓을 반복했다. 나에겐 그런 불안한 버릇이 있었다. 스트라드레이터는 면도하면서 줄곧 '인도의 노래'를 휘파람으로 불었다. 그의 휘파람 소리는 크긴 해도 음정이 엉망이었다. 그런데도 그 녀석은 언제나 '인도의 노래'니 '10번가의 살인' 같이, 아무리 실력이 좋아도 휘파람으로는 쉽게 불 수 없는 노래만 불어댔다. 하여튼 원곡을 이렇게까지 망쳐 버리는 녀석도 드물 거다.

내가 애클리는 지저분한 놈이라고 했던 것을 기억할 것이다. 그건 스트라드레이터도 마찬가지였다. 방향성이 좀 다르긴 하지만. 스트라드레이터는 남들 눈에 띄지 않으면서 은근히 지저분한 놈이었다. 겉으로 보기엔 언제나 멀쩡했다. 그러나 다들 그 녀석이 쓰는 수염을 깎는 면도기를 봐야 한다. 언제나 녹이 슬어 있는 데다 비누거품이니 머리카락 같은 것들이 엉겨 붙어 있었다. 그는 그것을 닦는다든가 청소하는 법이 없었다. 몸단장을 하고 난 그 녀석은 언제나 멀끔했지만, 나같이 그를 잘 알고 있는 사람에게는 아무래도 은근히 지저분한 놈으로 보였다.

그건 그렇고 그 녀석이 멋지게 보이도록 몸단장을 하는 이유는 자신에게 도취되어 있기 때문이다. 자기가 서반구에서 제일가는 미남이라고 생각하고 있었다. 사실 미남이긴 했다. 그건 나도 인정한다. 그 녀석은 학부형들이 졸업 앨범을 보다가 "이애는 누구냐?" 하고 묻게 될 그런 종류의 미남자이다. 그러니까 졸업 앨범에 알맞은 미남이다. 펜시에는 스트라드레이터보다 훨씬 잘생겼다고 생각되는 놈들이 많았다. 그러나 그애들은 사진으로 보면 전혀 미남으로 보이지 않을 것이다. 코가 터무니없이 크고 귀는 당나귀같이 튀어 나온 듯 보일 거다. 나는 그런 경우를 본 적이 많다.

하여튼 나는 스트라드레이터가 면도하는 바로 옆 세면대에 앉아 수도꼭지를 틀었다 잠갔다 하고 있었다. 나는 여전히 빨간 사냥모자를 쓰고 있었는데, 챙은 뒤로 돌려 쓴 상태였다. 그 모자는 내 마음에 꼭 들었다.

"이봐, 부탁이 있는데 들어줄래?"

스트라드레이터가 말했다.

"뭔데?"

나는 시큰둥하게 대답했다. 그 녀석은 항상 부탁을 하는 녀석이었다. 자신이 미남이라든가 우수한 인간이라고 자처하는 자식들은 으레 다른 사람에게 무슨 부탁을 하는 법이다. 자기 자신에게 반해 있는 까닭에 다른 사람들도 자기에게 반했다고 생각하고, 남들이 자기의 부탁이면 무엇이든 들어주고 싶어 못 견딘다고 착각하는 모양이다. 좀 우스운 일이다.

"너 오늘 밤 외출하니?"

"할지 안 할지 모르겠어. 그건 왜?"

"저, 월요일까지 역사 숙제로 약 백 페이지를 읽어야 하거든."

그는 말을 끊었다가 이런 부탁을 꺼냈다.

"그러니까 영어 숙제로 작문 하나 써 주지 않겠니? 월요일까지 제출하지 않으면 기합이래. 그래서 부탁하는 거야, 어때?"

정말 어이없는 부탁이었다. 정말 어처구니가 없었다.
"나는 여기서 쫓겨난 놈이야. 그런데 작문을 대신 써 달라니, 원!"
"알고 있어. 하지만 그걸 제출하지 않으면 기합을 받는단 말야. 야, 친구 좋다는 게 뭐냐. 제발, 부탁이야. 해 주라."
나는 당장 대답하진 않았다. 스트라드레이터 같이 뻔뻔한 녀석들에겐 어정쩡한 상태가 약이 되기 때문이다.
"무엇에 관해 쓰는 건데?"
내가 물었다.
"뭐든지 상관 없어. 묘사하는 글이면 뭐든 괜찮아. 방이라든가 집이라든가 과거에 살았던 장소라든가, 아무거나 묘사하는 글이면 뭐든 괜찮아."
이렇게 말하면서 그 녀석은 하품을 길게 하는 것이었다.
그런 꼬락서니를 보고 있자니 화가 치밀었다. 부탁을 하는 주제에 하품까지 하다니! "그런데 너무 잘 쓰면 안 돼. 그것뿐이야." 그 녀석은 말을 끊었다가 이렇게 덧붙였.
"그놈의 하첼 선생은 네가 영어를 잘하는 것도, 나하고 방을 같이 쓰고 있는 것도 알고 있거든. 그러니까 쉼표 같은 것을 제자리에 찍지 말아 줘."
이건 나를 더 화나게 하는 발언이었다. 작문을 잘 하는 사람이라면, 쉼표를 어디다 찍으라니 하는 말을 들으면 화가 나게 마련이다. 그런데 스트라드레이터는 늘 그렇게 행동했다. 다른 사람에게 자기가 작문을 못하는 까닭은 쉼표를 잘못 찍기 때문이지 다른 이유는 없다는 인식을 심어 주고 싶어하는 놈이었다.
그 점에서 그는 애클리와 좀 비슷했다. 언젠가 애클리 바로 옆자리에서 농구 시합을 구경한 적이 있다. 우리 팀에는 하우이 코일이라는 굉장한 놈이 있었다. 그런데 그는 코트 한가운데서도 백보드에 전혀 닿지 않게끔 슈팅할 수 있는 선수였다. 애클리는 시합이 진행되는 동안 코일에 대해, 농구에 알맞은 완벽한 체격을 가진 놈이라고 계속 지껄여 댔다. 나는 그런 식의 발언은 질색이다.
잠시 후 나는 세면대 위에 앉아 있는 데 질렸다. 그래서 몇 피트 뒤로 물러서서 탭댄스를 시작했다. 무슨 이유가 있는 것이 아니라 그냥 심심풀이로 그랬을 뿐이다. 나는 탭댄스고 뭐고 할 줄 몰랐다. 그렇지만 세면장의 돌바닥은 탭댄스에는 제격이었다. 나는 영화에서 본 배우의 흉내를 내기 시작했다. 뮤지컬에 나오는 것처럼 말이다. 나는 영화라면 독약처럼 싫어하지만 흉내 내는 것은 좋아했다.

스트라드레이터는 면도하면서 거울로 내 모습을 지켜보고 있었다. 내가 필요로 하는 것은 관객뿐이었다. 나는 사실 자기 선전을 좋아하는 인간이다. "나는 주지사의 아들입니다." 나는 말했다. 나는 신바람이 나서 마구 탭댄스를 추며 이리저리 돌아다녔다.

"우리 아버지는 내가 탭댄서가 되는 것을 싫어하셨습니다. 옥스포드에 가기를 원했습니다. 그러나 탭댄스는 타고난 내 기질입니다."

스트라드레이터가 웃었다. 그래도 유머를 아는 놈이었다.

"이제 '지그펠드 풍자극'의 첫날 공연을 시작하겠습니다."

나는 숨이 차올랐다. 숨이 끊어질 것처럼 가빴다.

"주연 배우가 나올 수 없게 되었습니다. 곤드레만드레가 되도록 술에 취했기 때문이죠. 그러니 누가 대역을 맡겠습니까? 바로 본인이 맡을 수밖에 없습니다. 주지사의 아들이 말입니다."

"너 그 모자 어디서 났니?"

스트라드레이터가 물었다. 내 사냥모자를 두고 하는 말이었다. 녀석은 그 모자를 그제야 처음 본 것이었다.

나는 숨이 가빠서 장난을 멈췄다. 나는 모자를 벗어 그것을 바라보았다. 아마 아흔 번째 보는 것이었으리라.

"오늘 아침 뉴욕에서 샀어. 1달러 주고. 마음에 드냐?"

스트라드레이터는 고개를 끄덕였다. "멋있군!" 그는 말했다. 그러나 그 말은 아첨에 불과했다. 왜냐하면 "아까 말한 그 작문, 써 주는 거지? 확실히 대답해 줘" 하고 금세 본론으로 되돌아갔기 때문이다.

"시간이 나면 써 주는 거고, 안 나면 못 쓰는 거고."

이렇게 말하고는 다시 그의 옆 세면대 위에 올라앉았다. "오늘 누구랑 데이트했어? 피츠제럴드냐?"

"천만에. 전에 말했잖아. 그 돼지하고는 끝났다니까."

"그래? 그럼 나한데 양보해. 농담 아냐. 그애는 내 타입이야."

"가져…… 그래도 너한테는 나이가 너무 많지 않냐?"

갑자기 장난을 치고 싶다는 생각이 떠올랐다. 세면대에서 뛰어내려 스트라드레이터 자식의 목을 하프 넬슨 수법으로 졸라 버리고 싶었다. 하프 넬슨이 뭐냐 하면, 상대의 목을 뒤에서 졸라, 원하면 그를 죽일 수도 있는 레슬링 기술이다. 나는 표범처럼 그를 덮쳤다.
"제발 그만둬!" 스트라드레이터가 소리쳤다. 그는 장난치고 싶지 않았던 것이다. 면도를 하는 도중이었으니까.
"어쩌려고 이래? 내 모가지라도 베려는 거야?"
나는 여전히 손을 놓지 않았다. 나는 그에게 꽤 그럴듯한 하프 넬슨 기술을 걸고 있었다. "풀어 보시지. 바이스같이 억센 내 팔을……" 내가 말했다.
"나 참!" 그는 면도칼을 내려놓았다. 그러고는 번개같이 두 팔을 치켜들어 내 팔을 풀어 버렸다. 그 녀석은 힘이 장사였고, 나는 말할 수 없이 허약했다.
"이제 그 바보짓 좀 집어치워." 그는 이렇게 말하더니 다시 면도를 시작했다. 녀석은 깔끔하게 보이기 위해 언제나 두 번씩 면도를 하는 놈이었다. 그 더러운 면도칼로 말이다.
"피츠제럴드가 아니면 도대체 누구지?"
나는 그에게 물었다. 나는 다시 그의 옆 세면대 위에 앉았다.
"그 필리스 스미스라는 애냐?"
"아냐. 그러기로 되어 있었는데, 계획이 온통 틀어지고 말았어. 오늘은 버드소의 여자 친구와 같은 방을 쓰는 애야. 참, 잊을 뻔했군. 그앤 너를 알더라."
"누가?"
"나와 오늘 데이트하는 애지 누군 누구야?"
"그래? 이름이 뭔데?"
나는 당연히 관심을 보였다.
"뭐라더라…… 잠깐, 생각 좀 하고. 아, 진 갤러허라고 했어."
뭐라고! 나는 그 순간 세면대 위에서 떨어져 죽을 뻔했다.
"제인 갤러허겠지." 내가 말했다. 그 녀석이 그녀의 이름을 말하는 순간 나는 세면대 위에서 벌떡 일어서기까지 했다. 하마터면 죽을 뻔했네.

"나도 잘 알아. 재작년 여름에 바로 우리 옆 집에 살았다니까. 굉장히 큰 도베르만을 기르고 있었지. 그놈 때문에 그애와 만나게 된 거야. 그놈의 개가 성가시게 자꾸 우리 집으로 들어와서……."

"야, 불빛을 가리고 있잖아. 제발 비켜. 꼭 거기 서 있어야 되겠냐?" 스트라드레이터가 말했다.

젠장! 나는 흥분해 있었다. 정말 그랬다.

"그애 지금 어디 있는데? 가서 인사라도 해야겠어. 어디, 별관에 있다고?"

"응."

"어쩌다가 내 이야기를 하게 되었냐? 지금 볼티모어에 있다지? 거기로 가게 될지 모른다고 그애가 말했었지…… 시플리로 갈지도 모른다고도 했고…… 나는 그애가 시플리에 간 줄 알고 있었는데. 어째서 내 얘길 끄집어냈을까?"

나는 꽤 흥분해 있었다. 정말 그랬다.

"몰라. 제발 거기서 비켜라. 넌 내 수건 위에 앉아 있어."

스트라드레이터가 말했다. 나는 그의 바보스런 수건 위에 앉아 있었다.

"제인 갤러허." 나는 말했다. 설레는 가슴을 억누를 수 없었다. "맙소사……."

스트라드레이터는 머리에 바이탈리스를 바르고 있었다. 그것은 내 것이었다.

"그애는 댄서야. 발레인가 뭔가를 한다지. 제일 더운 한여름에도 매일 두 시간씩 연습을 하더라. 그래서 다리가 보기 흉하게 될까 봐 걱정을 했지. 뚱뚱해지지 않을까 하고 말야. 나는 그애와 늘 체커 놀이를 했는데……." 내가 이야기하자 그가 물었다.

"그녀와 뭘 했다고?"

"체커 놀이."

"체커 놀이를?"

"맞아. 그애는 들어온 킹을 절대로 움직이지 않았어. 어떻게 하느냐 하면, 일단 킹이 들어오면 그것을 절대로 움직이지 않는다 이거야. 뒷줄에 놓아둘 뿐이야. 킹을 항상 뒷줄에 배열한다는 뜻이야. 늘어놓을 뿐 절대로 그걸 사용하지 않았어. 뒷줄에 늘어놓는 걸 즐겼던 모양이야."
 스트라드레이터는 아무 말도 하지 않았다. 이런 이야기는 대부분의 인간에겐 아무 흥밋거리가 되지 못한다.
 "그애 엄마가 우리와 같은 골프 클럽에 다녔거든." 내가 다시 말했다.
 "난 가끔 용돈을 벌기 위해 캐디 노릇을 했지. 두서너 번 그 애 엄마의 캐디 노릇을 해 봤어. 그 부인은 아홉 홀을 도는 데 약 170타나 나지."
 스트라드레이터는 내 말을 듣지 않고 있었다. 그는 멋진 머리에 빗질을 계속하고 있었다.
 "내려가서 인사만이라도 해야겠군." 내가 말했다.
 "어서 갔다와."
 "좀 있다 가겠어."
 그는 머리를 처음부터 다시 빗기 시작했다. 그까짓 머리를 빗는 데 한 시간씩이나 걸린다.
 "그 애 부모는 이혼했어. 그 애 엄마는 어느 놈팡이와 재혼했지." 내가 입을 열었다.
 "삐쩍 마른 남자가 다리털이 얼마나 무성한지. 지금도 생각나는데, 거기다가 늘 반바지를 입고 다니더라니까. 제인의 말로는 극작가인가 뭔가라더라. 내 보기엔 밤낮 술만 퍼마시고 라디오에서 나오는 미스터리 프로는 하나도 빼놓지 않고 듣는 그런 놈이었어. 그리고 온 집 안을 뛰어다녔어. 그것도 알몸으로. 제인이 있는데도 그랬다니까."
 "그래?" 스트라드레이터는 말했다. 그 말은 그의 흥미를 확실히 자극했을 것이다. 주정뱅이가 제인이 있는데도 불구하고 알몸으로 집 안을 뛰어다닌다는 이야기니 그럴 수밖에. 하여튼 이 녀석은 호색꾼이다.
 "그 애는 어린 시절을 불행하게 지냈어. 농담하는 게 아냐."
 이런 말은 그에겐 관심이 없었다. 그의 관심을 끄는 것은 섹스에 관한 이야기뿐이었다.
 "제인 갤러허라니……거참."
 나는 내 의식에서 그녀를 떨쳐 버릴 수 없었다.
 "내려가서 인사라도 해야겠어."
 "갔다오면 되잖아? 말로만 떠들지 말고."

스트라드레이터가 말했다. 나는 창가로 걸어갔다. 그러나 바깥은 보이지 않았다. 세면장에 가득 찬 열기로 잔뜩 김이 서려 있었기 때문이다.
"당장은 그럴 기분이 아니야." 나는 다시 입을 열어 말했다. 정말 그랬다. 그런 인사는 마음이 내키지 않으면 할 수 없는 것이다.
"나는 그 애가 시플리에 간 줄 알았어. 왜 나는 그 애가 시플리에 갔다고 확신했을까."
나는 잠시 세면장 안을 돌아다녔다. 달리 할 일이 없었기 때문이다.
"그 애가 시합을 재미있게 관람하든?" 내가 물었다.
"글쎄, 그랬을 거야. 잘은 모르겠지만."
"나와 늘 체커를 했다는 말도 하든?"
"난 몰라. 잠깐 만났을 뿐이니까" 하고 스트라드레이터가 말했다. 그는 멋쟁이 머리칼에 빗질을 겨우 끝내고 이제 그 더러운 세면 도구를 치우고 있었다.
"이봐, 내 안부나 전해 줘."
"암, 그러지." 스트라드레이터는 말했다. 그러나 나는 녀석이 그런 안부 따위는 전하지 않을 놈이란 걸 안다. 스트라드레이터 같은 놈은 결코.
그는 방으로 돌아갔지만 나는 잠시 세면장에 남아 제인을 생각했다. 그러다가 나도 방으로 돌아갔다.
내가 방에 돌아갔을 때 스트라드레이터는 거울 앞에 서서 타이를 매고 있었다. 그 녀석은 인생의 절반을 거울 앞에서 보낸다.
나는 내 의자에 앉아 잠시 녀석의 거동을 살폈다.
"내가 쫓겨났다는 말은 할 필요 없다. 알았지?"
"알았어."
이것이 스트라드레이터의 좋은 점이었다. 이 녀석에겐 사소한 일을 일일이 설명할 필요가 없었다. 상대가 애클리였다면 일일이 설명해야만 했을 텐데. 아마 이 녀석은 무엇에든 그다지 큰 관심이 없기 때문일 것이다. 애클리는 달랐다. 애클리는 무엇에나 코를 디미는 놈이었다.
스트라드레이터는 나의 체크 무늬 재킷을 입었다.
"야! 조심해. 여기저기 늘어난다니까."
그건 나도 두 번밖에 입지 않은 것이라고 말해 주었다.

"염려 마. 근데 내 담배는 어디 있지?"

"책상 위에 있잖아."

이 녀석은 제가 놓고도 놓은 자리를 나한테 묻는 놈이다. "머플러 밑을 봐"라고 덧붙여 주었다.

그 녀석은 담배를 자신의 웃옷 주머니에 쑤셔 넣었다. 그러니까 내 웃옷 주머니에 넣었다는 이야기이다.

나는 문득 사냥모자의 챙을 앞으로 돌렸다. 갑자기 공연한 불안감이 나를 엄습했던 것이다. 나는 이다지도 소심한 놈이었다.

"야, 너, 그애랑 어디서 데이트할 거냐? 정해 둔 곳이라도 있냐?" 내가 물었다.

"글쎄, 시간이 있으면 뉴욕에나 갈 생각이야. 그런데 그애는 아홉 시 반까지는 집에 들어가야 된다더라, 젠장!"

나는 그런 식으로 말하는 그의 말투가 싫었다. 그래서 이렇게 말해 주었다.

"아마 그 애가 그렇게 말한 이유는 네가 얼마나 멋있고 매력 있는 남자인지 몰랐기 때문일 거야. 그걸 알았다면 아마 내일 아침 아홉 시 반까지 외출 허가를 받아왔겠지."

"말 한번 잘하는군." 그의 반응이었다. 녀석은 호락호락 놀림감이 되지 않는 놈이었다. 워낙 시건방진 놈이었기 때문이다. "이건 농담이 아냐. 그 작문 꼭 부탁해" 하고 말하더니 그놈은 코트를 걸치고 나갈 채비를 다 마쳤다. "너무 잘 쓰려고 애쓰지 마. 그냥 대충 묘사해 주면 돼. 알았니?"

나는 대꾸하지 않았다. 대꾸할 기분이 나지 않았다. 다만 "그애에게 물어봐 줘. 지금도 킹은 뒷줄에 놓느냐고" 하고 말했다.

"알았어." 대답은 시원하게 했지만 그놈의 스트라드레이터는 그렇게 물어볼 위인이 아니라는 것을 나는 잘 알고 있었다. "그럼 갔다올게." 그는 힘차게 방을 뛰쳐나갔다.

그가 나간 후에도 나는 30분 이상 거기에 앉아 있었다. 의자에 걸터앉은 채 아무것도 하지 않았다. 단지 제인만을 생각했다. 또한 그녀와 데이트하고 있을 스트라드레이터를 생각했다. 그러자 너무나 초조해지면서 미칠 것만 같은 기분이 되었다. 스트라드레이터가 얼마나 호색꾼인가는 이미 말했을 것이다.

그때 갑자기 애클리 녀석이 다시 뛰어들었다. 언제나 그랬듯이 녀석은 샤워 룸의 커튼을 헤치고 뛰어든 것이다. 내 바보 같은 인생에서 딱 한 번, 이때만은 그 녀석이 정말 반가웠다. 생각을 딴 데로 돌릴 수 있게 해 주었으니까.

그 녀석은 저녁 시간이 다 되도록 눌러앉아 자기가 펜시에서 미워하는 놈들을 모조리 열거하며 턱 언저리에 난 큼직한 여드름을 짰다. 손수건도 쓰지 않고서. 사실 그 녀석에게 손수건이 있는지조차 의심스럽지만. 녀석이 손수건을 쓰는 모습은 본 적이 없으니까…….

5

펜시의 토요일 밤 메뉴는 언제나 똑같았다. 저녁 식사로 비프스테이크가 나온다. 이건 정말 성찬이다. 학교측에서 그런 성찬을 베푸는 이유는 간단하다. 일요일에 학교로 찾아오는 많은 학부모들이 틀림없이 사랑하는 아들에게 "어젯밤에는 무엇을 먹었니?" 물을 것이고, 아들들은 "스테이크를 먹었어요" 대답하리라는 것을 서머 교장이 미리 계산에 넣었기 때문이다. 1000달러를 걸고 내기해도 좋다.

이건 지독한 사기였다. 정말 그 스테이크를 보여 주고 싶다. 단단하고 말라 비틀어져서 자르기도 힘들었다. 스테이크가 나오는 밤에는 잘 으깨지지도 않은 감자가 함께 나왔다. 후식으로는 브라운 베티라는 푸딩이 나오는데 아무도 먹지 않았다. 그걸 먹는 놈들은 뭘 모르는 하급생들뿐이었다. 아, 덤으로 애클리 같은 놈도. 그 녀석은 뭐든지 먹는 잡식 동물이니까. 그래도 식당을 나왔을 때는 기분이 꽤 좋았다. 땅에는 눈이 3인치나 쌓여 있었고, 눈은 아직도 그치지 않고 미친 듯이 내리고 있었기 때문이다. 멋진 설경이었다. 우리는 눈싸움을 하며 사방으로 뛰어다녔다. 어린애들같이 놀면서도 마냥 즐거워했다.

나는 데이트는 물론 아무것도 할 일이 없었다. 그래서 레슬링 부원인 맬 브로서드라는 녀석과 함께 버스를 타고 어거스타운에 가서 햄버거나 먹고 영화라도 보기로 했다. 둘 다 밤새 가만히 앉아 멍청히 있고 싶지 않았기 때문이다.

나는 맬에게 애클리를 데리고 가면 어떻겠느냐고 물었다. 애클리란 놈은 토요일 밤마다 아무것도 하지 않고 방안에 틀어박혀 여드름이나 짜고 있는 것이 고작이었기 때문이다. 맬은 그렇게 해도 상관없지만 썩 마음에 들지는 않는다고 대답했다. 맬은 애클리를 그다지 좋아하지 않았다.

우리는 외출 준비를 하러 방으로 들어갔다. 나는 덧신을 신으면서 애클리에게 영화 보러 가지 않겠느냐고 소리쳐 물었다.

그 녀석은 샤워 커튼을 통해 제대로 들었을 것이다. 그러나 그 녀석은 얼른 대답하지 않았다. 그 녀석은 무엇이든 바로 대답하기를 싫어하는 놈이었다. 그렇지만 결국은 커튼을 헤치고 들어와 샤워 룸의 문지방에 서서 나 말고 또 누가 가느냐고 물었다.

그 녀석은 언제나 누구누구가 가는지를 알아야만 직성이 풀렸다. 녀석은 어디서 배가 난파당해 구조를 받게 되더라도 구명정에 타기 전에 노를 젓는 사람이 누구인가를 반드시 묻고 나서야 탈 것이다. 나는 맬 브로서드와 같이 갈 것이라고 했다. "그 자식? ……알았어. 좋아. 잠깐 기다려." 그 녀석이 말했다. 이거 원, 제까짓 게 오히려 선심 쓰는 격이었다.

그 녀석이 준비하는 데 다섯 시간은 족히 걸렸을 거다. 나는 그동안 창문 가로 가서 창문을 열고 맨손으로 눈을 뭉쳤다. 뭉치기에 알맞은 눈이었다. 나는 그 눈덩어리를 아무 데도 던지지는 않았다. 물론 처음에는 던질 생각이었다. 나는 길 건너편에 주차한 차에다 그 눈을 던지려고 자세를 취했다. 그러나 곧 마음을 고쳐먹었다. 차들이 너무나 하얗고 깨끗했기 때문이다. 다음엔 소화전에다 던지려 했다. 그것 역시 너무나 하얗고 깨끗했다. 결국 아무 데도 던지지 않고, 창문을 닫고 눈뭉치를 더욱 딱딱하게 만들면서 방안을 서성거렸을 뿐이다.

얼마 후 브로서드와 애클리와 셋이서 버스에 올랐을 때도 나는 여전히 그 눈덩어리를 쥐고 있었다. 운전사가 문을 열고는 나더러 그것을 밖으로 버리라고 했다. 이건 어떤 사람에게 던지려는 것이 아니라고 설명했지만, 그는 내 말을 믿으려 하지 않았다. 어른들이란 절대로 남을 신용하려 들지 않는다.

그런데 그때 상영된 영화는 브로서드와 애클리가 이미 본 것이었다. 결국 우리가 한 일이라곤 고작 햄버거를 몇 개 먹고 잠깐 동안 핀볼 게임을 하고 나서 버스를 잡아타고 펜시로 되돌아온 것뿐이었다. 그래도 영화를 보지 않앉다고 해서 유감스럽진 않았다.
 그 영화는 캐리 그랜트인가 뭔가 하는 배우가 나오는, 코미디인지 뭔지 하는 엿 같은 것이었다. 게다가 나는 전에도 브로서드와 애클리와 함께 영화를 보러 간 적이 있었는데, 그놈들은 조금도 우습지 않은데도 하이에나처럼 깔깔대는 것이었다. 그놈들 곁에 앉아 영화를 보는 건 조금도 즐겁지 않았다.
 기숙사에 돌아와 보니 겨우 8시 45분밖에 되지 않았다. 브로서드는 브리지라면 사족을 못 쓰기 때문에 상대를 찾아 기숙사를 헤맸다.
 애클리는 내 방에 눌러앉았다, 별 이유도 없이. 그런데 이번에는 스트라드레이터의 의자 팔걸이에 걸터앉는 대신 내 침대에 드러누웠다. 내 베개에다 얼굴까지 파묻고는 극히 단조로운 목소리로 이야기를 늘어놓기 시작했다. 여전히 여드름을 짜면서. 나는 온갖 방법으로 눈치를 주었지만 그 녀석을 내쫓을 수는 없었다.
 그는 지난 여름 자기와 같이 잔 어느 여자 얘기를 따분하게 늘어놓을 뿐이었다. 그 얘기는 벌써 백 번도 더 들었는데, 들을 때마다 얘기가 달랐다. 한번은 자기 사촌의 차인 뷰익 안에서 했다고 하고, 다음 번에는 어느 산책로에서 했다고 하는 것이었다. 그러니까 그건 모두 거짓말이었다. 이 녀석이 동정이 아니라면 도대체 누가 동정이겠는가? 누구를 만져 보기나 했는지조차 의심스러웠다.
 하여튼 나는 마지막으로 스트라드레이터의 작문을 써줘야 했다. 그래서 정신 집중을 위해 좀 꺼져 달라고 말하지 않을 수 없었다. 마침내 녀석은 방을 나갔지만, 언제나 그렇듯이 나가는 데도 꽤 시간이 걸렸다. 그 녀석이 나가자 나는 목욕 가운과 파자마를 걸치고 그 사냥모자를 뒤집어쓰고는 작문을 하기 시작했다.
 하지만 나는 스트라드레이터가 부탁한 식으로 무엇을 묘사하기 위해 방이나 집 같은 것을 떠올릴 생각은 없었다. 나는 방이나 집을 묘사하는 것은 그다지 좋아하지 않았다. 그래서 결국 내 동생 앨리의 야구 글러브에 대해 쓰기로 했다. 그것은 묘사하기에 적합한 소재였다. 정말 그랬다.
 내 동생 앨리는 왼손잡이 야수용(野手用) 글러브를 가지고 있었다. 그앤 왼손잡이였다. 그 글러브의 어떤 점이 묘사할 만한가 하면, 앨리는 글러브의 손가락이고 손바닥이고 어디고 간에 시를 적어 놓았던 것이다. 녹색 잉크로 쓴 시였다. 그렇게 써 놓으면 자기가 수비에 들어가서 타석에 선수가 들어오길 기다릴 때 읽을거리가 있어서 좋다는 것이다.

동생은 지금은 죽고 없다. 우리가 메인 주에 살 때인 1946년 7월 18일에 백혈병으로 죽었다. 그애는 정말 괜찮은 녀석이었다. 나보다 두 살 아래였지만 머리는 50배나 더 좋았다. 머리가 지독히 좋은 애였다. 선생들은 앨리 같은 학생이 자기 반에 있다는 것은 그지없는 기쁨이라고 어머니에게 편지를 띄웠다. 그건 공연한 빈말이 아니었다. 그것은 그들의 진심이었다.

동생은 우리 집안에서 가장 머리가 좋았지만 그게 다는 아니었다. 인간성도 제일 좋았다. 그는 누구에게도 화를 낸 적이 없었다. 빨강머리들은 걸핏하면 화를 낸다고들 하는데 앨리는 그렇지 않았다. 앨리의 머리칼은 굉장히 빨갰다. 어떤 종류의 빨강머리였는지 말해주겠다.

나는 열 살 때부터 골프를 치기 시작했다. 지금도 기억나는데 내가 열두 살 때의 여름이었다. 티에 얹힌 공을 막 치려던 순간, 지금 돌아보면 앨리의 모습이 보이겠지 하는 예감이 들었다. 뒤돌아보니 정말 앨리가 울타리 바깥에서 자전거를 타고 있었다. 그 골프장 주위에는 울타리가 둘러쳐져 있었다. 동생은 150야드 가량 떨어진 곳에서 내가 공 치는 모습을 지켜보고 있었던 것이다. 바로 그런 먼 거리에서도 보일 정도로 빨간 머리였다.

그런데도 동생은 참 착한 아이였다. 그애는 곧잘 웃었다. 저녁 식사 때면 어떤 일을 생각해내고는 어찌나 웃어대는지 한 번은 의자에서 굴러 떨어질 뻔한 적도 있었다.

나는 그때 겨우 열세 살이었다. 그날 내가 차고의 유리를 모조리 박살내자 사람들은 내게 정신분석인가 뭔가를 받게 하려 했다. 그렇다고 그들을 비난하려는 건 아니다. 정말 비난할 뜻은 없다. 동생이 죽은 날 밤 나는 차고 안에서 잤는데, 주먹으로 창문을 모조리 때려부쉈던 것이다. 그해 여름에 산 왜건의 유리까지 박살내려 했는데, 이미 내 손은 형편없이 망가져 있었기 때문에 그럴 수가 없었다. 그런 짓을 하다니, 참 어리석었다는 것은 인정한다. 하지만 그때는 내가 무슨 짓을 하고 있는지조차 의식하지 못했다. 게다가 앨리를 모르는 사람은 내 심정을 이해 못할 것이다.

지금도 손이 쑤실 때가 있다. 비가 오든가 하는 날이면 그렇다. 그리고 나는 완전한 주먹 모양을 만들 수가 없다. 주먹을 꽉 쥘 수 없다는 말이다. 그

밖에 불편한 것은 별로 없다. 어차피 외과 의사나 바이올린 연주자가 될 생각은 없으니까.
　내가 스트라드레이터의 작문에다 쓴 것은 그런 내용이었다. 사랑하는 앨리의 야구 글러브. 마침 나는 그걸 내 여행 가방에 간직하고 있었기 때문에 그것을 꺼내어 거기에 씌어 있는 시를 베꼈다. 다만 앨리의 이름은 다른 이름으로 바꿨다. 그 글이 스트라드레이터의 동생 이야기가 아니라 내 동생의 이야기라는 걸 아무도 모르게 하기 위해서였다. 사실 나는 그러고 싶지 않았지만, 달리 묘사할 소재를 생각해 낼 수 없었다. 게다가 나는 그 야구 글러브에 대해 글을 쓰고 싶었다.
　한 시간 가량 걸렸다. 왜냐하면 스트라드레이터의 지저분한 타자기를 써야 했는데, 그놈이 영 말을 듣지 않는 고물단지였기 때문이다. 내 것을 사용하지 않은 까닭은, 같은 층 홀에 있는 놈에게 벌써 빌려 주었기 때문이다.
　작문을 끝마친 시간은 10시 반 무렵이었을 것이다. 그다지 피곤하지 않았기 때문에 잠깐 창밖을 내다보고 있었다. 눈은 더 이상 내리지 않았고 이따금 어디선가 시동이 잘 걸리지 않는 자동차 소리가 들렸다. 그리고 애클리 녀석의 코고는 소리가 들렸다. 샤워 커튼을 통해 그 소리가 들려왔다. 녀석은 축농증이 있어서 잠잘 때 숨을 제대로 못 쉰다. 그 녀석은 별의별 것을 다 가지고 있었다. 축농증, 여드름, 더러운 이빨, 구린내, 게다가 지저분한 손톱. 그 미친놈이 좀 불쌍하다는 생각이 잠깐 들었다.

6

　어떤 것은 좀처럼 기억해 낼 수 없는 경우도 있다. 지금 나는 스트라드레이터가 제인과의 데이트에서 돌아오던 때의 상황을 떠올려 보고 있다. 복도를 걸어오는 그 녀석의 발자국 소리를 들었을 때 내가 무얼하고 있었는지 통 생각나지 않는다. 아마 여전히 창 밖을 내다보고 있었던 것 같지만, 정말이지 자세히 생각나지 않는다. 나는 그때 몹시 걱정하고 있었다. 그 때문에 무엇을 하고 있었는지 생각이 나지 않는 모양이다. 무슨 걱정이 생기면 나는 가만히 있질 못한다. 하다못해 욕실에라도 가야 한다. 하지만 실제로 가진 않는다. 너무 걱정이 되어서 갈 수가 없다. 내 걱정이 중단되는 것을 원치 않기 때문이다. 스트라드레이터에 대해서 아는 사람이라면 누구나 틀림없이 걱정했을 것이다. 나는 놈과 더블 데이트를 몇 번 해 봤기 때문에 다 알고 하는 말이다. 그 녀석은 못된 짓을 예사로 하는 놈이다. 그건 정말이다.

복도에는 모두 리놀륨이 깔려 있어서 방으로 오는 발자국 소리를 분명히 들을 수 있었다. 그 녀석이 방 안으로 들어왔을 때 내가 어디에 앉아 있었는지 모르겠다—창문가인지, 내 의자인지 아니면 놈의 의자인지 전혀 기억할 수 없다.

그 녀석은 밖이 몹시 춥다고 투덜대며 들어왔다. "다들 어딜 갔지? 이곳은 꼭 시체실 같군." 녀석이 입을 열었다.

나는 대꾸하지 않았다. 토요일 밤이라 모두 외출했거나 자고 있고, 그것도 아니면 주말을 보내러 집에 갔다는 것조차 모르는 그런 바보 같은 놈에게 구태여 대꾸해 줄 생각은 전혀 없었다. 녀석은 옷을 벗기 시작했다. 제인에 대해서는 입도 뻥긋하지 않았다. 나 역시 한마디도 입에 담지 않았다. 다만 그 녀석의 거동만 살피고 있었다. 그 녀석이 한 말은 재킷을 빌려 줘서 고마웠다는 말뿐이었다. 그는 그 옷을 옷걸이에 걸어서 옷장 안에 넣었다.

그런 다음 넥타이를 풀면서 작문은 썼느냐고 물었다. 그래서 그의 침대 위에 있다고 대답했다. 녀석은 침대 쪽으로 걸어가 와이셔츠의 단추를 끄르면서 작문을 읽기 시작했다. 그는 선 채로 작문을 읽으면서 드러난 자기 가슴과 배를 쓰다듬었다. 바보 같은 표정을 지으면서. 녀석은 항상 자기 배나 가슴을 쓰다듬는다.

갑자기 녀석이 소리쳤다.

"아니, 이럴 수가! 홀든, 이건 야구 글러브에 대한 얘기 아냐?"

"그래서 어떻단 말야?"

나는 아주 냉랭하게 말했다.

"어떻냐니, 무슨 소리야? 방이나 집에 대해 써 달라고 했잖나?"

"묘사하는 문장을 써 달라고 했잖아. 그래서 야구 글러브에 대해 썼는데 그게 어떻다는 거야?"

그러자 그는 진심으로 화를 냈다.

"제기랄! 너는 항상 모든 것을 뒤죽박죽으로 만든단 말이야."

그는 말을 끊고 나를 바라보더니 "그러니 학교에서 쫓겨나는 것도 당연하지. 한 가지 일도 제대로 하는 것이 없어. 단 한가지 일도"라고 했다.

"그럼 도로 돌려줘." 나는 그에게로 갔다. 그 녀석 손에서 종이를 빼앗아 그것을 갈기갈기 찢어 버렸다.

"인마, 무슨 짓이야!" 그가 외쳤다.

나는 대꾸조차 하지 않았다. 다만 그 종이 조각을 휴지통에 던져 넣었을 뿐이다. 그러고는 침대에 벌렁 드러누웠다. 우리는 오랫동안 아무 말도 하지 않았다. 녀석은 거의 벌거벗은 채 팬티 바람으로 있었고, 나는 침대에 누운 채 담배에 불을 붙였다. 기숙사에서는 담배를 피우지 못하게 되어 있었다. 그러나 모두 잠들거나 외출해서 담배 냄새를 맡을 사람이 없는 늦은 시간에는 예외였다. 게다가 나는 스트라드레이터를 괴롭히고 싶었다. 녀석은 누가 규칙을 어기면 미쳐 버리는 놈이었다. 그 녀석은 기숙사에서 절대로 담배를 피우지 않았다. 담배를 피우는 사람은 오직 나 혼자뿐이었다.

그 녀석은 여전히 제인에 대해서는 일언반구도 비치지 않았다. 결국은 내가 입을 열었다.

"그애는 9시 반까지 외출 허가를 받았다며? 그런데 꽤 늦게 들어 왔네. 그애의 귀가 시간도 늦게 만든 거 아냐?"

침대 끝에 앉아 발톱을 깎던 녀석이 말했다.

"2, 3분쯤 늦었을까? 나 참, 토요일 밤에 9시 반까지 집에 간다는 애가 어디 있대?"

"뉴욕엔 갔어?"

"너 돌았니? 그애가 9시 반까지 외출 허가를 받았는데 어떻게 뉴욕까지 갈 수 있었겠냐?"

"안됐군."

그가 내 얼굴을 쳐다보았다. "이봐!" 그가 다시 말했다.

"방 안에서 담배를 피우느니 차라리 세면장에 가서 피우는 게 어때? 너야 여기서 나갈 신세지만 나는 오래오래 붙어 있다가 졸업까지 해야 될 몸이니까."

나는 마이동풍이었다. 정말 그랬다. 나는 미친놈처럼 마구 담배를 피워 댔다. 그러고는 옆으로 누워 녀석의 발톱 자르는 꼴을 지켜보았다. 무슨 학교가 이렇담! 발톱을 자른다든가 여드름을 눌러 짠다든가 하는 꼴을 언제라도 구경할 수 있는 학교라니.

"내 안부 전해 주었냐?"

"응."

잘도 전해 줬겠다. 개새끼.

"뭐라고 그러든? 지금도 킹은 모조리 뒷줄에 늘어놓느냐고 물어봤어?"

"아니, 그건 묻지 않았어. 우리가 저녁 내내 뭘 했다고 생각하니? 체커 따위나 했는 줄 알아?"

나는 들은 척도 하지 않았다. 정말 그 녀석이 미웠다.

"뉴욕에 가지 않았다면 그앨 데리고 어딜 갔었냐?"

잠시 후 나는 다시 물었다. 목소리가 마구 떨리는 것을 어찌할 수가 없었다. 젠장! 초조감이 밀려왔다. 무언가 일이 꼬이고 만 듯한 느낌이 들었다.

그 녀석은 발톱을 다 자르고 나자 팬티 바람으로 침대에서 일어나 이번에는 짓궂게 장난을 치기 시작했다. 내 침대 옆으로 와서 나를 향해 몸을 기울이는가 했더니 권투하듯이 장난삼아 내 어깨를 치기 시작했다.

"그만둬." 내가 말했다. "뉴욕에도 가지 않았으면 넌 그애랑 어디 갔는데?"

"아무 데도 가지 않았어. 다만 차 안에 있었어."

그는 다시 장난 삼아 펀치를 내 어깨에 먹였다.

"그만두라고 했잖아. ……누구 차 말야?"

"에드 뱅키의 차."

에드 뱅키는 펜시의 농구 코치였다. 스트라드레이터는 학교 팀의 센터였기 때문에 그에게 귀여움을 받는 선수 중 하나였다. 그래서 스트라드레이터는 차를 쓸 일이 생기면 언제나 그의 차를 빌릴 수 있었다. 학생이 교직원의 차를 빌리는 것은 허용되지 않았지만, 운동부 놈들은 하나같이 단결력이 강했다. 내가 다녀본 어느 학교에서든 운동부 놈들은 늘 단결되어 있었다. 부원끼리는 무슨 일이든 눈감아 준다고나 할까.

스트라드레이터는 내게 계속 장난질을 했다. 손에 칫솔을 들고 있다가 그 것을 입에 물고 펀치를 날리는 것이었다.

"그래, 차 안에서 뭐 했냐? 에드 뱅키의 차 안에서 한 거야?"

내 목소리가 유별나게 떨리고 있었다.

"무슨 말을 그렇게 해? 그 주둥아리를 비누로 닦아줄까?"

"했어?"

"그건 직업상 비밀이야."

그 다음에 있었던 일은 잘 생각나지 않는다. 지금 기억나는 건 내가 세면장에 가는 척하면서 침대에서 일어난 일뿐이다. 다음 순간 있는 힘을 다하여 그 녀석의 목구멍이 찢어지라고 입에 물고 있는 칫솔을 후려갈겼다. 그러나 빗나가고 말았다. 명중시키지 못한 것이었다. 겨우 그 녀석의 머리 옆을 때렸을 뿐이다. 조금은 아팠을 것이다. 그러나 내가 바란 정도로는 아프지 않았을 것이다. 꽤 아프게 할 수도 있었을 텐데 하필이면 오른손이 나갔던 것이다. 나는 오른손으로는 제대로 주먹질을 할 수 없는 형편이다. 전에도 말했지만 그 부상 때문이다.

어쨌든 다음으로 기억하는 것은 내가 마룻바닥에 나동그라졌고, 그 녀석이 얼굴이 벌겋게 상기된 채 내 가슴 위에 앉아 있었던 일이다. 녀석은 두 무릎으로 내 가슴을 누르고 있었다. 그 무게가 1톤은 되었다. 게다가 그 녀석이 내 손목을 쥐고 있어서 도무지 녀석을 때릴래야 때릴 수가 없었다. 그렇지만 않았어도 녀석을 죽여 버렸을 것이다.

"대체 왜 이러는 거야?"

그 녀석은 이 말만 계속 되풀이했다. 그 바보 같은 얼굴은 점점 더 붉어지고 있었다.

"그 지저분한 무릎을 내 가슴에서 치워!"

나는 고함치다시피 그에게 말했다. 정말 나는 고함을 지르고 있었다.

"비켜! 비키지 못해! 이 지저분한 새끼야!"

그러나 그 녀석은 비키려고 하지 않았다. 녀석은 계속 내 손목을 쥐고 있었다. 나는 개새끼니 뭐니 하며 무려 열 시간 동안은 고함을 치고 있었다. 그때 한 말은 거의 기억에 없다. 인마, 너는 하고 싶으면 어떤 여자와도 할 수 있다고 생각하지. 아마 그렇게 말했을 것이다. 그애가 킹을 모조리 뒷줄에 늘어놓는다는 사실 같은 것은 전혀 문제삼지 않는 놈이 바로 너야, 라고도 말해주었을 것이다.

그런 데에 관심조차 없는 이유는 바보 천치이기 때문이라고 말했을 것이다. 그 녀석은 바보 천치라고 하면 화를 냈다. 바보 천치들이란 하나같이 남들에게서 바보 천치라는 말을 들으면 화를 내는 법이다.

"닥쳐! 홀든."

녀석의 커다란 얼굴이 붉게 달아올랐다. "닥쳐." 그는 되풀이해서 말했다.

"넌 그녀가 제인인지 진인지도 모르는 바보 천치란 말야."

"이제 닥쳐, 홀든. 이거 미치겠네! 자꾸 이럴래?" 그가 말했다. 이제 그 녀석도 약이 올라 있었다.

"입 닥치지 않으면 두들겨 팰 테다."

"네놈의 지저분하고 바보 같은 무릎이나 치워!"

"놓아 주면 닥칠래?"

나는 대꾸하지 않았다. 그 녀석은 다시 반복했다.

"놓아 주면 주둥아리 닥칠래?"

"응."

그 녀석은 나를 풀어 주고 일어섰다. 나도 일어섰다. 녀석의 더러운 무릎 때문에 가슴이 지독히 아팠다.

"너는 정말 더러운 바보 천치야."

나는 다시 이렇게 말했다.

그러자 그 녀석은 정말 미쳐 버렸다. 그 녀석은 크고 얼간이 같은 손가락을 내 얼굴 앞에다 흔들었다.

"홀든, 너 정말! 다시 한 번 경고한다. 이게 마지막이야. 입 닥치지 않으면 내……."

"미쳤다고 닥쳐?" 내가 말했다. 나는 거의 절규하다시피 말했다.

"그게 바로 너 같은 바보 천치들의 문제야. 무엇이고 말로 하기를 싫어한단 말야. 그런 걸 보면 바보 천치인지 아닌지를 구별할 수 있지. 무엇이건 지성적으로 토론하기를 싫어……."

그때 녀석은 정말 나를 두들겨 팼다. 다음 순간 내가 깨달은 것은 내가 바닥에 나가떨어져 있다는 사실이었다. 잠깐 기절했는지 어쨌는지는 잘 기억할 수 없다. 그러나 지금 돌이켜보면 그렇지는 않았을 것이다. 영화에서라면 몰라도 그렇게 간단히 사람을 기절시킬 수는 없는 법이다. 하지만 내 코에서는 코피가 줄줄 흐르고 있었다.

고개를 들어 위를 바라보니 스트라드레이터가 내 바로 위에 서서 내려다보고 있었다. 그 녀석은 세면 도구를 겨드랑이에 끼고 있었다.

"닥치라고 했는데 왜 닥치지 않느냐 말야!"

좀 불안에 떠는 목소리였다. 내가 바닥에 나동그라졌을 때 혹시 두개골이라도 박살나지 않았나 해서 겁을 먹은 모양이었다. 유감스럽게도 박살은 나지 않았다. "네가 자청한 거야, 제기랄!" 그 녀석이 말했다. 그러면서도 매우 근심스러운 표정이었다.

나는 애써 일어나려 하지 않았다. 그냥 그대로 잠시 바닥에 누워 있었다. 그러면서 계속 그 녀석에게 바보 멍청이라고 소리 지르고 있었다. 어찌나 화가 나던지 실상 고래고래 소리만 지르고 있었던 것이다.

"이봐, 가서 세수하고 와." 스트라드레이터가 말했다. "내 말 듣고 있냐?"라고도 말했다.

나는 네 천치 같은 얼굴이나 씻고 오라고 말했다. 그건 어린애 같은 말이었지만 나는 지독히 화가 나 있었다. 또 세면장에 가면서 슈미트 부인하고도 한번 하고 가라고 말했다. 슈미트 부인이란 수위의 부인을 말한다. 나이가 예순다섯 가량 되는 할망구였다.

나는 그대로 바닥에 앉아 있었다. 마침내 스트라드레이터 놈이 문을 닫고 복도를 따라 세면장으로 내려가는 소리가 들렸다. 그제야 나는 일어섰다. 그놈의 사냥모자를 찾았지만 좀처럼 보이지 않았다. 그러다가 결국 모자를 찾았다. 침대 밑에 들어가 있었다.

그놈의 모자를 내가 흔히 하듯이 챙을 뒤로 돌리고 뒤집어썼다. 그러고는 거울 앞에 가서 내 바보 같은 몰골을 비추어 보았다. 평생 그런 피투성이는 보지 못했을 것이다. 입이고 턱이고 심지어 파자마와 목욕 가운까지도 온통 피투성이였다. 겁도 났지만 한편으로는 재미도 있었다. 피투성이가 되고 엉망진창이 된 것이 어딘가 나를 강인하게 보이게 했다. 나는 평생 두 번밖에 싸워 본 적이 없다. 그런데 두 번 다 지고 말았다. 나는 그다지 강하지 못하다. 사실대로 말하자면 나는 평화주의자이다.

어쩌면 애클리 녀석이 이 소동을 모두 깨어서 들었는지도 몰랐다. 그래서 그 녀석이 무슨 짓을 하고 있나 보려고 샤워 룸의 커튼을 제치고 녀석 방으로 들어갔다. 내가 그의 방으로 건너간 적은 거의 없었다. 워낙 너저분한 그의 방에서는 항상 고약한 냄새가 진동했기 때문이다.

7

샤워 룸의 커튼을 통해 한 가닥 불빛이 들어오고 있었다. 그것은 우리 방에서 새어나오는 것이었다. 그래서 나는 애클리가 침대에 누워 있는 모습을 볼 수 있었다. 그 녀석이 눈을 뜨고 있다는 사실을 뻔히 알 수 있었다.

"애클리, 깨어 있지?"

"그래."

몹시 어두워서 바닥에 놓인 누군가의 구두를 밟고 하마터면 넘어질 뻔했다. 애클리는 어정쩡하게 일어나 앉아 팔에다 몸의 중심을 실었다. 얼굴에 무언가 흰 것을 잔뜩 바르고 있었다. 여드름 약이었다. 어둠 속에서 보니 꼭 도깨비 같았다.

"도대체 뭐하고 있는 거야?" 내가 말했다.

"뭐하냐고? 자려던 참인데 너희들이 소동을 벌였잖아. 도대체 왜 싸우냐?"

"전등은 어디 있니?"

나는 전기 스위치를 찾으려고 벽을 손으로 더듬으며 물었다.

"불은 켜서 뭐해? 네 손 바로 옆에 있잖아."

결국 스위치를 찾아 불을 켰다. 애클리는 눈이 부신지 손으로 눈을 가렸다.

"저런! 어떻게 된 거야?"

그는 피범벅이 된 나를 보고 그렇게 말했다.

"스트라드레이터와 좀 싸웠어." 나는 바닥에 주저앉으며 말했다. 그 방에는 의자가 하나도 없었다. 놈들이 의자로 무엇을 했는지 나는 알 길이 없었다.

"이봐, 나와 커내스터(Canasta : 두 벌의 트럼프로 하는 카드 놀이) 한 판 안 할래?" 내가 말했다. 그 녀석은 커내스터 광이었다.

"아직 피 흘리면서 무슨. 뭘 좀 바르는 게 좋겠다."

"멎겠지 뭐. 이봐, 커내스터 한 판 안 하겠어?"

"커내스터? 도대체 지금이 몇 신 줄이나 알아?"

"아직 늦지 않았어. 겨우 11시나 11시 반일 텐데 뭐."

"겨우라니? 난 내일 아침 미사에 나가야 돼. 너희들은 한밤중에 소리소리 지르며 싸우기나 하지만. 근데 도대체 뭣 때문에 싸웠니?"

"얘기하자면 길어. 너를 지루하게 만들고 싶지 않아. 애클리, 너를 위해서 하는 소리야." 나는 말했다. 나는 이 녀석과 사적인 일에 대해 얘기한 적이 없었다. 무엇보다 이놈은 스트라드레이터보다 더한 바보 천치였기 때문이다. 애클리에 비하면 스트라드레이터는 천재였다.

"이봐." 나는 입을 열었다. "내가 엘리 침대에서 자도 될까? 내일 저녁까진 안 돌아올 거잖아."

엘리가 안 돌아올 것을 나는 잘 알고 있었다. 그는 주말마다 집에 가기 때문이다.

"엘리가 언제 돌아올지 누가 아니?" 애클리가 말했다.

젠장! 이건 나를 화나게 하는 말이다.

"언제 돌아올지 모른다니 그게 무슨 말이지? 엘리는 일요일 밤까지 돌아오지 않잖아?"

"그야 그렇지. 하지만 다른 사람이 그애의 침대에서 자고 싶어한다고 내게 그걸 허락할 권리가 있는 건 아냐."

이 말엔 나도 야코가 죽었다. 나는 바닥에 앉은 자세로 손을 뻗어 가볍게 그 녀석의 어깨를 두들겼다.

"넌 왕자님이잖아. 애클리 자식. 너도 그 점은 알고 있지?"

"관둬. 나는 진짜로 말하는 거야. 자도 좋다고 내 입으로 말할 순 없잖아?"

"넌 정말 왕자님이야. 신사에다 학자야." 내가 말했다. 그는 정말 그 말 그대로였다.

"근데, 너 혹시 담배 가지고 있니? 없다고 말하지는 마. 그러면 나는 기절해서 죽을 테니까."

"없어. 정말이라니까. 그건 그렇고 대체 왜 싸웠니?"

나는 대꾸하지 않았다. 나는 일어나 창문으로 가서 창 밖을 내다보았을 뿐이다. 갑자기 외톨이가 된 기분이었다. 죽고 싶었다.

"도대체 왜 싸웠냐니까?"

애클리가 다시 물었다. 벌써 쉰 번이나 물었을 것이다. 진짜 끈질긴 자식이었다.

"너 때문에. 나는 네 명예를 옹호했던 거야. 스트라드레이터 놈이 너를 구제불능인 쓰레기라고 말하더군. 그런 말을 함부로 하도록 놔둘 수는 없었지."

이 말을 듣자 그 녀석은 흥분했다.

"그놈이 그랬어? 농담하는 거 아니겠지? 정말 그랬어?"

나는 농담이라고 말했다. 그러고는 엘리의 침대로 가서 누웠다. 정말 우울하고 외로웠다.

"이 방에선 썩는 냄새가 나는걸. 이렇게 멀찌감치 떨어진 곳까지도 네 양말 냄새가 난단 말야. 양말을 빨아 신어야 한다는 상식은 알고 있냐?" 내가 물었다. 그러자 애클리가 대꾸했다.

"이 방이 맘에 안들면 어떻게 하면 되는지 알고 있겠지?"

지독히 재치 있는 놈이었다. "그 불을 끄는 게 어때?" 라고 그가 덧붙였다.

나는 불을 당장 끄지는 않았다. 그대로 엘리의 침대에 누운 채 제인에 대해 이것저것 생각하고 있었다. 그 푹신한 에드 뱅키의 차를 어딘가에 세워놓고, 그 안에 나란히 있었을 스트라드레이터와 그녀를 생각하니 정말 미쳐 죽을 것만 같았다. 그 생각이 떠오를 때마다 창 밖으로 뛰어내리고 싶었다. 나는 스트라드레이터가 어떤 놈인지 잘 안다. 펜시에 다니는 자식들 대부분은 여자와 섹스를 해 봤다고 입으로만 지껄인다. 예컨대 애클리가 그랬다. 그런데 스트라드레이터 놈은 실제로 그것을 한 놈이었다. 나는 그놈과 그짓을 한 여자들 중 적어도 두 명은 직접 알고 있다. 이건 거짓이 아니다.

"야, 인마. 신났던 네 인생 얘기 좀 들어 보자." 내가 말을 다시 꺼냈다.

"그놈의 불좀 꺼. 난 내일 아침 미사 때문에 일찍 일어나야 된다니까."

나는 일어나서 불을 껐다. 그래야 그 녀석이 행복하다니 말이다. 그러고는 다시 엘리의 침대에 누웠다.

"너 어떻게 할 거야? 진짜로 엘리의 침대에서 잘 거야?"

애클리가 물었다. 젠장! 제법 주인 행세를 하고 있잖아.

"그럴지도 모르고 그러지 않을지도 모르고. 걱정 마."

"걱정하는 게 아냐. 다만 엘리가 별안간 나타나서 자기 침대에 누군가가 누워 있는 것을 본다면…… 난 그게 싫단 말이야."

"안심해. 여기서 자지 않을 테니까. 너의 친절한 환대를 악용하지는 않을

게."

　1, 2분이 지나자 그 녀석은 요란하게 코를 골기 시작했다. 그러나 나는 어둠 속에 누워, 에드 뱅키의 차 안에서 있었던 제인과 스트라드레이터에 대한 생각을 지워 버리려고 노력했다. 그러나 그것은 거의 불가능했다. 문제는 내가 그 녀석의 기교를 누구보다 잘 알고 있다는 점이었다. 그래서 더욱 괴로웠다.

　한번은 에드 뱅키의 차 안에서 더블 데이트를 한 적이 있었다. 그때 스트라드레이터는 파트너와 뒷좌석에 있었고 나는 내 파트너와 앞좌석에 있었다. 정말 그 녀석의 기교는 대단했다. 어떻게 했는가 하면, 아주 부드럽고 성실한 목소리로 여자를 유혹하기 시작했다. 자기는 미남일 뿐만 아니라 얌전하고 성실한 녀석인 것처럼. 그 목소리를 듣고 있자니 구역질이 났다. 상대편은 "안돼—제발, 제발 그러지 마" 하고 말했지만 스트라드레이터는 에이브러햄 링컨도 울고 갈 성실한 목소리로 계속 유혹하고 있었다. 그러다 마침내 뒷좌석이 무섭게 조용해졌다. 그때의 내 난처한 기분이란! 그날 그 녀석이 그녀와 끝까지 했다고는 생각지 않는다. 그러나 거의 그와 비슷한 짓까지는 했을 것이다.

　이런 생각을 하지 않으려고 애쓰며 누워 있을 때 스트라드레이터가 세면장에서 돌아와 방으로 들어가는 소리가 들렸다. 너저분한 세면 도구를 치우고 창문 여는 소리도 들을 수 있었다. 그 녀석은 맑은 공기라면 사족을 못 쓰는 놈이었다. 잠시 후 그는 불을 껐다. 그 녀석은 나를 찾아보려는 시늉조차 하지 않았다.

　바깥 거리는 더욱 우울한 분위기였다. 이제는 자동차 소리조차 들리지 않았다. 너무 고독하고 침울해서 애클리 놈을 깨우고 싶은 생각마저 들었다.

　"이봐! 애클리."

　나는 커튼 저편의 스트라드레이터에게 들릴까 봐 속삭이듯 말했다.

　애클리는 내 목소리를 듣지 못했다.

　"야! 애클리!"

　여전히 그 녀석은 듣지 못했다. 바위처럼 잠만 자고 있었다.

　"야! 애클리!"

　이번엔 간신히 그의 귀에 들렸나 보다.

"왜 그래? 도대체 무슨 일이야. 자고 있는 사람더러."

"저 말야, 수도원에 들어가려면 어떡하는 거지?" 내가 물었다. 수도원에 갈까 하고 생각했기 때문이다. "천주교 신자인가 뭔가 하는 것이 되어야 하나?"

"물론 천주교 신자가 되어야지. 자식, 그따위 질문 때문에 날 깨우다니……."

"알았어. 그럼 자라구. 어차피 난 수도원에 가진 않을 테니까. 나같이 운 나쁜 놈은 수도원에 들어간다 해도 못된 수도승들만 와글거리는 곳에 가게 될 거야. 모두 바보 같은 놈들일 거야. 아니면 그냥 개새끼들뿐일 거고."

내가 이렇게 말하자 애클리는 침대에서 발딱 일어났다. "이봐." 그가 말했다.

"나한테는 뭐라고 지껄여도 괜찮지만 내 종교에 대해서 빈정거리면 난 정말……."

"진정해. 아무도 네 종교에 대해 빈정거리지 않아."

나는 앨리의 침대에서 일어나 문으로 걸어갔다. 더 이상 그런 바보 같은 분위기 속에서 빈들거리고 싶지 않았다. 그러나 발걸음을 멈춘 채 애클리의 손을 잡고 허위에 찬 요란한 악수를 해 주었다. 그는 손을 뿌리쳤다.

"대관절 이건 뭐야?" 그가 말했다.

"아무것도 아냐. 네가 워낙 훌륭한 왕자님 같아서 감사하고 싶다는 것뿐이야." 나는 매우 성실한 목소리로 말했다.

"넌 정말 최고야, 애클리 자식. 너도 그걸 아니?"

"입만 살아 있는 녀석, 그러다가 언젠가 또 어느 놈이 너의……."

나는 구태여 그 녀석의 말을 들으려 하지 않았다. 그대로 문을 쾅 닫고 복도로 나왔다.

모두 잠들었거나 외출했거나 아니면 주말이라 집에 가 있었다. 복도는 너무나 조용하고 우울했다. 리히와 호프만의 방 앞에는 콜리노스의 빈 치약 상자가 있었다. 나는 계단 쪽으로 가면서 양 가죽을 댄 슬리퍼로 그 빈 상자를 걷어찼다. 나는 아래로 내려가서 맬 브로서드가 뭘 하고 있는지 알아보려고 했다. 그런데 갑자기 마음이 변했다. 갑자기 무엇인가를 결심한 것이다. 바로 그날 밤 안으로 펜시에서 도망치자는 것이었다. 수요일까지 기다리지 않겠다는 뜻이다. 더 이상 우물쭈물하고 싶지 않았다. 너무나 슬프고 외로웠기 때문이다. 어서 떠나자. 뉴욕에 가서 호텔을 잡자. 아주 값싼 호텔 같은 것을 잡고, 수요일까지 푹 쉬는 것이다. 그러다가 수요일이 되면 원기왕성해져서 집으로 돌아가는 것이다.

퇴학 처분을 알리는 서머 교장의 편지는 화요일이나 수요일은 되어야 부모님 손에 닿을 것이다. 부모님이 그 편지를 받고 완전히 알고 난 다음에야 집에 들어가겠다. 그 편지를 부모님이 읽는 현장에는 결코 어슬렁거리고 싶지 않았다. 엄마는 히스테리가 굉장히 심하신 분이다. 그러나 사태를 다 알고 난 후 모든 걸 받아들이고 나면 그다지 날뛰진 않을 분이다. 게다가 나는 얼마간의 휴식이 필요했다. 신경을 너무 혹사시켰기 때문이다.

어쨌든 나는 그렇게 결심했다. 그래서 방으로 되돌아가 불을 켜고 짐을 꾸리기 시작했다. 이미 많은 것을 꾸려 놓은 상태였다. 스트라드레이터 녀석은 눈도 뜨지 않았다. 나는 담배에 불을 붙이고 옷을 입고 나서 내가 가진 두 개의 여행 가방에다 짐을 꾸렸다. 겨우 2분 걸렸다. 나는 짐 꾸리는 데 명수였다.

다만 짐을 꾸리다가 한 가지 일로 인해 침울해졌다. 그건 엄마가 며칠 전에 보내 준 새 스케이트를 꾸려야 했기 때문이다. 그건 정말 나를 침울하게 만들었다. 스폴딩 운동구점에 들어가 판매원에게 이것저것 바보스러운 질문을 해 대는 엄마의 모습이 눈에 선했다. 그런데 나는 또다시 퇴학을 당했으니 이건 꽤 슬픈 일이었다. 엄마는 번지수가 다른 스케이트를 사 보내셨지만—나는 경주용 스케이트를 원했는데 엄마는 하키용을 사 보냈다—어쨌든 그것은 나를 슬프게 했다. 누군가 나에게 선물을 줄 때마다 항상 슬픈 결과가 나오기 일쑤이다.

나는 짐을 꾸리고 난 다음 돈을 헤아려 보았다. 정확히 얼마가 있었는지 기억나지 않지만 꽤 많은 돈을 가지고 있었다. 1주일 전에 할머니가 큰 돈을 보내 주셨던 것이다. 나에겐 돈을 흥청망청 쓰는 할머니가 계시다. 이제 너무 늙어서 합죽 할멈이 되었지만 1년에 네 번이나 생일을 축하한다며 돈을 보내 주시는 분이다. 그렇지만 돈은 아무리 많아도 부족한 법이기에 언제 비상금이 필요하게 될지 모른다. 정말 그건 절대로 알 수 없는 일이다.

그래서 복도 저쪽에 사는 프레드릭 우드러프에게 가서 그 녀석을 깨웠다.

내 타자기를 빌려간 놈이었다. 나는 그에게 내 타자기를 얼마에 사겠느냐고 물었다. 그 녀석은 꽤 부자였다. 그런데도 그는 모르겠다고 말하는 것이었다. 게다가 그다지 사고 싶지도 않다는 것이다. 그러나 결국 그 녀석이 사주었다. 90달러 가량 주고 산 물건인데, 그 녀석이 나한테 내놓은 것은 단돈 20달러였다. 그 녀석은 자는데 깨웠다고 투덜거렸다.

떠날 준비를 모두 마치고 가방 따위를 모조리 손에 들고는 다시 계단 옆에 서서 마지막으로 복도의 저쪽 끝까지 바라보았다. 울고 싶었다. 왜 그랬는지 지금도 모른다. 나는 빨간 사냥모자를 내가 좋아하는 식으로 모자 챙을 뒤로 돌려 쓰고 있는 목청을 다하여 큰 소리로 외쳤다.

"이 바보들아, 잘들 자거라!"

2층에 있는 놈들은 모두 눈을 떴을 것이다. 그러고 나서 나는 뛰었다. 어떤 병신 같은 놈이 땅콩 껍질을 계단에다 흘려 놨는지 하마터면 모가지가 부러질 뻔했다.

8

시간이 너무 늦어 택시고 뭐고 부를 수가 없었다. 그래서 역까지 줄곧 걸었다. 역까지는 그다지 멀지 않았지만, 날씨가 지독히 추운 데다 눈 때문에 걷기가 힘들었다. 게다가 여행 가방이 두 다리에 계속 차여 거치적거렸다. 그러나 밤 공기가 상쾌했다. 한 가지 문제는 추위 때문에 코가 얼얼해지고, 스트라드레이터에게 한 대 맞은 윗입술이 아파 온다는 것이었다. 그 녀석이 이빨을 덮고 있는 윗입술을 정통으로 때렸던 것이다. 거기가 지독히 아팠다. 그러나 양쪽 귀는 말짱했고 따뜻했다. 내 모자에 달린 귀마개를 이용했던 것이다. 내 모습이 어떨까 하는 것에는 신경도 쓰지 않았다. 주위에는 아무도 없었다. 모두가 잠자리에 들었기 때문이다.

역에 도착했다. 나는 운이 좋았다. 10분만 기다리면 열차가 올 예정이었다. 기차를 기다리는 동안 나는 눈을 약간 집어 얼굴을 닦았다. 아직 피가 잔뜩 묻어 있었다.

나는 언제나 기차 여행을 좋아했다. 특히 야간 열차가 좋다. 불이 켜 있고, 창문은 먹지처럼 까맣고, 판매원이 통로를 지나가면서 커피나 샌드위치나 잡지를 팔기 때문이다. 나는 보통 햄 샌드위치를 한 개 사고 잡지를 네

권 가량 산다. 야간 열차를 타면 그런 잡지에 실린 지루한 소설도 그럭저럭 읽게 된다. 왜 그런 거 있지 않은가? 엉터리 같고 턱이 뾰족한 데이비드라는 놈과, 항상 그놈의 파이프에 불을 붙여 주는 린다니 마르시아니 하는 여자들이 등장하는 소설 말이다. 그런 지저분한 소설도 밤차 안에서는 읽을 수 있다. 그런데 이번엔 사정이 달랐다. 전혀 읽고 싶지 않았다. 나는 아무것도 하지 않고 그냥 앉아 있었다. 내가 한 일이라곤 사냥모자를 벗어 주머니에 집어넣은 것뿐이었다.

그런데 뜻밖에도 한 부인이 트렌턴에서 차에 오르더니 내 옆에 자리를 잡았다. 너무 늦은 시간이어서 차 안은 텅 비어 있었다. 그런데도 그 부인은 빈자리에 앉지 않고 내 옆자리에 앉는 것이었다. 그 여자는 큰 가방을 가지고 있었고 나는 앞쪽에 앉아 있었기 때문이다. 그 부인은 가방을 통로 한가운데다 놓아 두었다.

그 때문에 차장이나 승객은 누구든 그것을 뛰어넘어 지나 다녀야 했다. 그 부인은 방금 큰 파티에라도 갔다온 것처럼 난초꽃을 달고 있었다. 나이는 마흔에서 마흔대여섯 살쯤 되어 보였는데, 굉장한 미인이었다. 나는 여자라면 꼼짝 못한다. 그건 정말이다. 그렇다고 과잉성욕자 따위는 아니다. 그야 섹스에 관해 많이 생각하긴 하지만. 난 그저 여자들을 좋아할 뿐이다. 여자들은 항상 그놈의 가방을 통로 한가운데에 내버려두기 일쑤이다.

어쨌든 그렇게 앉아 있었는데, 갑자기 그 부인이 나에게 말을 걸었다.
"실례합니다. 저건 펜시 고등학교 스티커가 아닌가요?"
이렇게 말하면서 부인은 시렁 위에 올려놓은 내 여행 가방을 올려다보았다.
"네, 그런데요." 내가 대답했다. 부인의 말이 맞다. 내 여행 가방 위에는 펜시의 스티커가 하나 붙어 있었다. 정말 바보 같은 짓이었다.
"그럼 펜시에 다니나요?"
좋은 음성이었다. 전화에 알맞은 목소리였다. 이런 사람은 전화를 휴대하고 다녀야 할 것이다.
"네, 그렇습니다."
"어머! 이럴 수가! 그럼 우리 아들을 알겠네. 어니스트 모로라는 학생인데 펜시에 다니거든요."

"네, 압니다. 우리 반입니다."

부인의 아들은 펜시 고등학교의 창립 이래 처음 보는 최고 얼간이 학생이었다. 샤워를 마치고 복도를 걸어오면서 축축한 수건으로 사람들의 엉덩이를 후려갈기곤 하는 작자였다. 그놈은 바로 그런 잡놈이었다.

"참 잘됐군!" 부인이 말했다. 그 말투는 전혀 따분하지 않았다. 그냥 애교에 찬 말투였다.

"우리가 만났다는 말을 어니스트에게 해야겠어요. 학생, 이름이 뭐지요?"

"루돌프 슈미트라고 합니다." 나는 대답했다. 나는 부인에게 내 신상을 밝히고 싶지 않았다. 루돌프 슈미트는 우리 기숙사 수위 아저씨의 이름이었다.

"펜시를 좋아하나요?" 그 부인이 물었다.

"펜시 말입니까? 그다지 나쁘진 않아요. 천국 같은 곳은 아니지만 대부분의 학교하고 마찬가지겠지요. 몇몇 선생님은 꽤 양심적이기도 하고요."

"어니스트는 입에 침이 마르도록 학교를 칭찬하던데."

"그럴 겁니다."

내가 말했다. 그런 다음 약간 허튼소리를 늘어놓기 시작했다.

"어니스트는 무슨 일에도 잘 적응합니다. 정말입니다. 적응하는 방법을 잘 알고 있다는 뜻입니다."

"그래요?"

내 말에 지독히 흥미를 느끼는 듯한 음성이었다.

"그럼요, 그렇다니까요." 내가 말했다. 다음 순간 부인이 장갑을 벗는 것을 보았다. 아이쿠! 손가락이 보석투성이였다.

"차에서 내리다가 손톱을 다쳐서……" 부인이 말했다. 그러고는 나를 쳐다보고 미소를 지었다. 기막히게 멋진 미소였다. 그건 정말이다. 대부분의 인간들은 미소를 전혀 짓지 않거나, 짓는다 해도 천박한 미소만 짓는다.

"어니스트의 아버지와 나는 자주 그애에 대해 걱정을 해요." 부인은 이런 말을 덧붙였다. "그앤 친구들과 잘 어울리지 못할 거라는 생각이 들거든요."

"무슨 말씀이시죠?"

"글쎄, 그앤 아주 예민한 아이예요. 다른 아이들과 잘 어울린 적이 한 번도 없어요. 나이에 비해 사물을 지나치게 진지하게 받아들이거든요."

예민하다니! 사람 죽이는군! 그 모로 자식이 예민하다면, 화장실의 변기도 그만큼은 예민할 거다.

나는 부인을 자세히 바라보았다. 부인은 바보 같은 여자로 보이지는 않았다. 자기 아들이 얼마나 얼간이인가 하는 정도는 깨달을 만한 엄마의 얼굴이었다. 그러나 그것은 알 수 없는 일이다. 이 세상의 엄마란 누구나 약간씩은 머리가 돈 존재이다. 그러나 나는 모로의 엄마가 마음에 들었다. 괜찮은 여자였다.

"담배 한 대 피우시겠습니까?" 내가 물었다.

부인은 주위를 둘러보았다.

"루돌프, 이곳은 흡연실이 아닌 것 같아요."

부인이 말했다. 루돌프? 어이구!

"괜찮습니다. 피우다가 사람들이 고함지를 때 끄면 됩니다." 내가 말했다. 내가 내민 담배를 한 개비 뽑기에 불을 붙여 주었다.

담배 피우는 부인의 모습은 아주 멋있었다. 그 나이 또래의 다른 여자들처럼 연기를 빨아당기기가 무섭게 삼키지는 않았다. 매력이 넘치는, 정말 성적 매력이 물씬물씬 풍기는 여자였다.

부인은 나를 묘한 얼굴로 바라보았다. "내가 잘못 보았는지 모르지만 학생의 코에서 피가 흐르는 것 같아요." 부인이 갑자기 말했다.

나는 고개를 끄덕이며 손수건을 꺼냈다. "눈덩이에 맞았어요. 완전히 얼음 덩어리에 말이에요." 사실을 이야기하고 싶기도 했지만, 그러려면 시간이 오래 걸릴 것 같았다. 어쨌든 나는 그 여인이 좋았다. 내 이름을 루돌프 슈미트라고 말한 것이 조금씩 후회스러워졌다.

"저, 어니스트 이야긴데요. 그애는 펜시에서 제일 인기 있는 학생에 속합니다. 아세요?"

"아니, 모르고 있었어요."

나는 고개를 끄덕였다.

"사실 누구든 그애를 아는 데 긴 시간이 걸립니다. 좀 우스운 아이지요. 여러 가지 면에서 괴상하지요. 제 말뜻을 아시겠어요? 제가 처음 그애를 만났을 땐 그랬어요. 처음 보았을 때 좀 건방져 보이더군요. 그게 제가 느낀 인상이었습니다. 그런데 사실은 그렇지 않더군요. 단지 독특한 개성을 가지고 있어서 이해하는 데 시간이 걸렸을 뿐이지요."

모로 부인은 아무 말도 하지 않았다. 하지만 반응은 있었다. 정말 그때 그 여인의 모습을 봤어야 한다. 나는 여인을 좌석에 얼어붙게 만들었던 것이다. 엄마란 존재는 다 마찬가지여서 자기 아들이 얼마나 똑똑한가 하는 이야기를 듣고 싶어하는 법이다.

그런 다음 나는 본격적인 허튼소리를 마구 늘어놓았다.

"어니스트가 선거 이야기를 하지 않던가요? 반장 선거 말이에요."

부인은 고개를 저었다. 이렇게 나는 부인을 최면에 빠뜨렸다.

"저, 우리 반 학생의 대부분은 어니스트가 반장이 되기를 바랐어요. 만장일치로 그애를 선출하려 했던 거예요. 반장 일을 맡을 사람은 어니스트밖에 없었다는 말입니다" 하고 말했다. 지독히 꾸며 댔던 것이다.

"그런데 난데없이 해리 펜서라는 학생이 선출되었어요. 그애가 선출된 이유는 간단해요. 어니스트가 자기가 지명되는 것을 허용하지 않았다 이겁니다. 그앤 수줍어하고 겸손하기 때문입니다. 그애가 거절했다니까요. 그애는 너무 수줍어해요. 그 점을 극복하도록 어머니께서 노력하셔야 할 겁니다."

여기까지 얘기하고 나는 부인의 얼굴을 바라보았다.

"그런 얘기 하지 않던가요?"

"아니, 전연."

나는 고개를 끄덕였다.

"어니스트답군요. 그앤 그런 말을 하지 않을 겁니다. 그것이 그애의 유일한 결점이죠. 너무 수줍고 겸손한 것 말입니다. 이따금 마음을 대범하게 먹도록 어머니께서 도와주셔야 할 겁니다. 그건 정말입니다."

마침 그때 차장이 와서 모로 부인의 차표를 검사했다. 나는 그 기회를 포착하여 지껄이기를 그쳤다. 그러나 잠시나마 그런 엉터리 이야기를 지껄인 것은 잘한 일이었다. 언제나 젖은 수건으로 남의 엉덩이나 후려갈기는 모로 같은 놈을 생각해 보라. 그놈은 정말 근성이 나쁜 놈이다. 그런 놈은 어렸을 때만 쥐새끼 같은 게 아니라 평생 쥐새끼 같은 인간으로 남는 법이다. 그러나 이제 내 허튼소리를 들었으니, 모로 부인은 그 자식을 우리가 반장으로 지명하려 해도 그것을 허용치 않을 만큼 매우 수줍고 겸손한 놈이라고 생각할 것이다. 아마 그럴 것이다. 확실히는 알 수 없지만……. 세상의 엄마란 이런 문제에는 그다지 예민하지 못한 법이다.

"칵테일 같은 거 드시고 싶지 않으세요?" 내가 부인에게 물었다. 한잔 하고 싶었기 때문이다. "라운지 객차에 가면 될 거예요. 어떻습니까?"

"어머, 학생은 아직 술 마시면 안 되잖아요?" 부인이 나에게 물었다. 그러나 그 부인은 너무나 매력적이어서 그런 질문도 불쾌하지 않았다.

"엄밀히 따지면 안 되죠. 하지만 이렇게 키가 큰 데다가 흰 머리칼도 많거든요."

나는 옆으로 얼굴을 돌려 흰 머리칼을 부인에게 보여 주었다. 부인은 정말 감탄하는 것이었다. "같이 가시죠. 괜찮지요?" 내가 말했다. 부인과 함께 있을 수 있다면 아주 좋을 것 같았다.

"나는 그만두는 게 좋겠어요. 고맙기는 하지만." 부인이 말했다. "어쨌든 라운지 객차는 틀림없이 닫혀 있을 거예요. 시간이 너무 늦었으니까."

정말이었다. 나는 시간 가는 줄도 모르고 있었던 것이다.

다음 순간 부인은 나를 바라보았다. 그러고는 부인이 묻지 않을까 걱정하던 것을 물었다.

"어니스트의 편지로는 수요일에 돌아오는 걸로 되어 있던데, 크리스마스 휴가는 수요일부터라고…… 설마 가족 중의 누가 아파서 갑자기 불려가는 것은 아니겠지요?"

부인은 그야말로 걱정스러운 표정을 지었다. 그냥 호기심에 캐묻는 것은 아닌 듯했다. 그건 분명했다.

"아닙니다. 모두 잘 계십니다. 문제는 저예요. 수술을 받아야 하거든요."

"어머! 그거 안됐군요."

부인이 말했다. 그건 진심에서 나온 말이었다. 나는 그런 말을 한 것을 이내 후회했다. 그러나 이미 때는 늦었다.

"그다지 중한 것은 아닙니다. 뇌에 조그만 종양이 생겼을 뿐입니다."

"저런!" 부인은 손으로 자신의 입을 막았다.

"괜찮을 겁니다. 그건 뇌의 바깥쪽 가까이에 있어요. 아주 작은 종양입니다. 떼어 내는 데 2분이면 될 겁니다."

그리고 나서 나는 주머니에 넣어 둔 시간표를 읽기 시작했다. 이젠 거짓말을 그만하기 위해서였다. 일단 거짓말을 시작했다 하면 나는 몇 시간이라도 계속할 수 있다. 이건 농담이 아니다. 정말 몇 시간이고 문제 없다.

그 후 우리는 별로 이야기를 하지 않았다. 부인은 가지고 있던 〈보그〉라는 잡지를 읽기 시작했고 나는 잠시 차창 밖을 내다보았다. 부인은 뉴워크에서 내렸다. 내리면서 수술이 순조롭기를 빈다고 인사까지 했다. 부인은 계속 나를 루돌프라고 불렀다.

그리고 여름 방학에 어니스트를 방문하라고 초대했다. 매사추세츠 주 로체스터에 산다고 했다. 집은 바닷가에 있고 테니스 코트를 비롯해서 무엇이든 다 있다고 했다. 나는 고맙지만 할머니와 남미로 가게 되어 있다고 대답했다. 지독한 허풍이었다. 왜냐하면 할머니는 낮에 하는 공연이나 가는 것 말고는 집 밖에 나가는 법이 거의 없었기 때문이다. 내가 아무리 절망에 빠진다 해도, 세상 돈을 다 준대도, 그 개새끼 같은 모로 녀석은 결코 방문하지 않을 것이다.

9

펜 역에 내리자마자 나는 공중전화 박스에 들어갔다. 누군가에게 전화를 걸고 싶었다. 나는 안에서도 보이도록 가방을 전화 박스 바로 옆에 놓았다.

그런데 안에 들어가자 누구에게 전화를 걸어야 할지 생각나지 않았다. 형 D.B.는 할리우드에 있었고, 누이동생 피비는 9시 무렵에 잠자리에 들기 때문에 그애에게 전화할 수도 없었다. 그애를 깨워도 별 문제는 없다. 그애가 화낼리는 없으니까. 다만 문제는 그애가 전화를 받지 않을 수도 있다는 점이었다. 아버지나 엄마가 대신 전화를 받을지 모른다. 그러니 피비에게 전화할 수는 없었다.

다음에는 제인 갤러허의 엄마에게 전화해서 제인의 휴가가 언제부터냐고 물어볼까 했다. 그러나 그러고 싶지 않았다. 게다가 전화하기엔 너무 늦은 시간이었다.

전에 자주 같이 다녔던 샐리 헤이스라는 애를 불러 볼까 하는 생각도 들었다. 샐리의 크리스마스 휴가가 이미 시작되었다는 것은 알고 있었다. 샐리는 긴 엉터리 편지를 나에게 띄워 크리스마스 이브에 크리스마스 트리를 만들려고 하는데 와서 도와 달라고까지 했던 것이다. 그러나 이번에도 그의 엄마가 받을 것 같았다. 그의 엄마는 우리 엄마와 친하다. 그러므로 전화통으로 급히 달려가서 당신 아들이 뉴욕에 와 있다고 우리 엄마에게 알리는 모습이 눈에 선했다. 그러니 헤이스 부인과 전화로 이야기하고 싶지 않았다. 언젠가 그 부인은 샐리에게 내가 난폭하다고 말한 적이 있었다. 난폭한 데다 인생의 방향을 못 잡고 방황하고 있다는 이야기를 딸에게 했던 것이다.

다음으로 내가 후턴 고등학교에 다닐 때 그 학교에 있던 칼 루스라는 놈에게 전화할까 생각해 보았다. 하지만 그놈은 별로 마음에 들지 않았다. 결국 나는 아무한테도 전화하지 않았다. 나는 20분 정도 전화박스에 있다가 다시 나와서 가방을 들고 택시가 있는 터널까지 걸어가서 택시를 한 대 잡았다.

나는 얼떨떨한 상태였다. 운전기사에게 우리 집 주소를 불러 주었던 것이다. 아마 습관 때문이었을 것이다. 2, 3일 호텔에 처박혀 휴가가 시작될 때까지 집에 가지 않겠다던 계획을 까맣게 잊고 있었다. 내가 그것을 알아차렸을 때 차는 이미 공원 중간쯤을 달리고 있었다.

"아저씨, 차를 돌릴 수 있는 곳에서 좀 돌려 주세요. 주소를 잘못 말했어요. 시내로 돌아가고 싶은데요."

운전기사는 좀 약은 사람이었다.

"여기서는 회전이 안 돼요. 일방통행이니까. 90번가까지 가야 됩니다."

나는 다투고 싶지 않아서 좋다고 말했다. 그때 갑자기 무언가 머리를 스쳤다.

"이봐요, 아저씨. 저 센트럴 파크 남쪽에 있는 연못의 오리 있잖아요? 그 작은 호수 말이에요. 그 연못의 물이 얼면 오리들이 어디로 가는지 아시나요? 이상한 질문 같지만…… 혹시 알고 계세요?"

나는 그가 알고 있을 가능성은 백만 분의 일이라고 믿었다.

운전기사는 몸을 돌려 나를 바라보았다. 마치 미친 사람이라도 보는 듯 했다. "무슨 짓을 하려는 거지? 날 놀리는 건가?" 그가 말했다.

"아뇨, 그런 것에 흥미가 있어서요."

그는 더 이상 아무 말도 하지 않았다. 나도 가만히 있었다. 그러는 동안 차는 공원을 지나 90번가에 다다랐다. 그러자 운전기사가 물었다.

"자, 어디로 갈까요?"

"실은 이스트 사이드 근처 호텔엔 들고 싶지 않아요. 아는 사람이라도 만나면 곤란해요. 아무도 모르게 여행하고 있는 중이니까요."

'아무도 모르게 여행한다'는 말은 쓰고 싶지 않았다. 그러나 진부한 것들과 함께 있을 때는 나 역시 김빠진 짓을 하곤 한다.

"혹시 지금 태프트나 뉴요커 호텔에 어떤 밴드가 출연하는지 아세요?"
"모르겠는데요."
"그럼 에드몬트 호텔로 데려다 주세요." 나는 말했다. "도중에 차를 세워놓고 칵테일 한 잔 하지 않으실래요? 내가 사죠. 돈은 있으니까요."
"그건 안 되겠는데. 미안하군요."
 그 운전기사는 제법 말 상대가 되는 인물이었다. 성격도 괜찮았다.
 우리는 에드몬트 호텔에 당도했다. 나는 그곳에 머무르기 위한 수속을 마쳤다. 나는 차에 있을 때는 별 의미도 없이 빨간 사냥모자를 쓰고 있었지만, 호텔에 들어갈 때는 그것을 벗었다. 괴상한 인간으로 보이기 싫어서였다. 그런데 어처구니없는 일이 전개되고 있었다. 그때는 미처 몰랐지만 그 호텔은 변태와 얼간이로 가득 차 있었다. 괴상한 놈들이 우글대고 있었다.
 내가 든 방은 더럽기 짝이 없었다. 창문 밖으로 볼 수 있는 것은 오직 그 호텔의 후면뿐이었다. 뭐, 사실 전망이야 아무래도 좋았다. 기분이 너무나 의기소침해져서 전망이 좋은지 나쁜지조차 분간하지 못할 정도였으니까 말이다.
 나를 방으로 안내한 벨보이는 예순다섯은 되어 보이는 늙은이였다. 이 늙은이는 그 방보다 더 초췌해 보였다. 대머리를 감추기 위해 머리칼을 한쪽에서 반대쪽으로 빗는 그런 대머리들의 축에 끼는 사람이었다. 나 같으면 그런 수고를 하느니 차라리 대머리로 다닐 텐데…… 어쨌든 예순다섯도 더 된 사람에게 이 얼마나 화려한 직업인가! 손님의 가방을 들어다 주고 손님에게서 팁을 기대하다니. 머리가 좋지 않은 늙은이라는 생각이 들었지만 어쨌든 끔찍한 일이었다.
 벨보이가 나간 후 나는 외투를 걸친 채 잠시 창 밖을 내다보았다. 나에겐 별로 할 일이 없었기 때문이다. 그런데 호텔 맞은편 방에서 벌어지는 어떤 광경을 목격하게 되었다. 아마 그 광경을 본 사람이면 누구나 다 깜짝 놀랐을 것이다. 커튼을 내릴 생각도 하지 않았다. 머리가 허옇게 세고 의젓해 보이는 한 남자가 팬티 바람으로 어떤 짓을 하고 있었다. 아마 내가 말해도 믿지 않을 것이다.
 그 남자는 먼저 가방을 침대 위에 내려놓았다. 그런 다음 그 가방에서 여자 옷을 꺼내더니 그것들을 입었다. 실크 스타킹, 하이힐, 브래지어, 게다가 여러 가지 끈이 달린 코르셋을 입는 것이었다. 이번에는 그 위에 몸에 꽉 끼는 이브닝드레스를 입었다. 이건 정말이다. 맹세코 거짓이 아니다. 그러고는 방 안을 이리저리 왔다갔다하는 것이었다. 여자 걸음걸이처럼 종종걸음으로 말이다.

그리고 담배를 피우면서 거울 속의 자신에게 취해 드는 것이었다. 그도 나처럼 혼자였다. 누가 화장실에 있었다면 얘기는 달라졌겠지만 그것까지는 보이지 않았다.

다음에는 그 여장 남자의 방에서 비스듬히 위쪽으로 위치한 방이다. 그 창가에서는 한 쌍의 남녀가 서로 입에서 물을 뿜어내고 있었다. 물이 아니라 하이볼(위스키에 소다수나 물을 탄 음료)이었는지도 모른다. 유리잔에 든 것이 무엇인지는 알 수 없었다. 우선 남자가 한 모금 마시고 그것을 여자를 향해 뿜으면 다음에는 여자가 남자에게 뿜어 댔다. 그짓을 교대로 하고 있었다. 한마디로 볼 만했다. 세상에 이렇게 재미있는 일이 어디 있느냐는 듯이 그야말로 히스테리컬하게 그짓을 계속하는 것이었다. 이건 거짓말이 아니다. 그놈의 호텔에는 변태들이 우글거렸다. 그곳에서 정상적인 인간은 아마 나 혼자뿐이었을 것이다. 이건 지나친 말이 아니다. 하마터면 스트라드레이터 놈에게 전보를 쳐서 첫차로 뉴욕에 오라고 할 뻔했다. 그놈이 왔다면 이 호텔의 왕자가 되었을 것이다.

문제는 그런 너절한 짓이 구경거리가 된다는 점이다. 그런 짓거리가 이 세상에서 자취를 감췄으면 하고 내가 간절하게 소망한다 해도. 예컨대 얼굴에 온통 물벼락을 맞고 있던 그 여자는 꽤 미인이었다. 그게 큰 문제였다. 내 생각에 나는 최고의 호색한인 것 같다. 나도 기회가 있을 때면 지독하게 지저분한 일을 생각하기도 한다. 여자와 서로의 얼굴에 물을 뿜어 대는 그런 지저분한 일에서도 재미를 느낄 것이다. 게다가 둘 다 곤드레만드레가 되었을 때는 정말 재미있으리라는 것도 알 수 있다.

그러나 문제는 내가 그런 착상을 좋아하지 않는다는 점이다. 냉정히 생각해 보면 그런 짓거리에서는 악취가 풍긴다. 좋아하지 않는 여자와는 어울려 놀아서는 안 되며, 정말 좋아하는 경우에는 그 좋아하는 사람의 얼굴에다 물을 뿜어 대는 지저분한 짓거리는 삼가야 한다고 생각한다. 그런데도 그런 지저분한 짓거리가 때로 지독히 재미있다는 것이 문제이다. 남자가 지저분하게 굴지 않으려고 노력할 때, 다시 말해서 정말로 좋은 것을 망치지 않으려고 노력할 때, 여자라는 존재는 별로 도움이 되지 못한다. 나는 2, 3년 전에 한 여자애와 사귀었는데, 그애는 나보다 더 천박했다. 정말 지저분했다.

그러나 그애 덕분에 한동안 무척 재미있게 보냈던 건 사실이다. 지저분하다는 의미에서 그랬다는 말이다.

섹스는 내가 확실히 이해하지 못하는 그 무엇이다. 그것은 자신이 어디에 있는지조차 모르게 만든다. 나는 밤낮 섹스에 관한 규칙을 만들면서도 이내 그 규칙을 어기고 만다. 작년에도 그랬다. 나는 골 때리는 여자애들하고는 절대로 어울리지 않겠다고 규칙을 정했는데, 그 주일이 채 가기도 전에 규칙을 어겼던 것이다.

사실은 바로 규칙을 만든 그날 밤에 규칙을 어겼다. 그날 밤 나는 애니 루이스 셔먼이라는 이만저만 엉터리가 아닌 여자애와 밤새도록 끌어안고 지냈던 것이다. 섹스란 도무지 알다가도 모를 것이다. 맹세코 알 수 없다는 말이다.

나는 그곳에 선 채 제인에게 전화를 걸까 말까 하는 고민을 다시 시작했다. 그애 엄마에게 전화해서 언제 그애가 돌아오느냐고 묻는 대신, 그애가 있는 볼티모어로 장거리 전화를 걸어 보겠다는 생각이었다. 늦은 밤이라 전화를 받을 수는 없겠지만, 그 점도 미리 계산에 넣었다. 누가 전화를 받건 나는 그녀의 삼촌이라고 말할 참이었다. 숙모가 자동차 사고로 죽었기 때문에 급히 알려야 한다고 말할 생각이었다. 그런 작전을 썼다면 일이 순조롭게 돌아 갔을 것이다. 하지만 결국 나는 그렇게 하지 않았다. 왜냐하면 그럴 기분이 나지 않았던 것이다. 그런 일은 기분이 나지 않으면 도저히 할 수 없는 일이다.

잠시 후 나는 의자에 앉아 담배 몇 개비를 피웠다. 어딘가 상당히 꼴렸다. 그런데 갑자기 생각이 떠올랐다. 나는 수첩을 꺼내 지난 여름 어느 파티에서 만났던 한 프린스턴 학생이 내게 주었던 주소 쪽지를 찾아냈다. 수첩은 물이 들어 이상한 색깔로 변해 있었지만, 내용은 읽을 수 있었다. 그건 어떤 여자의 주소였다. 그 여자는 매춘부는 아니지만 때로는 그런 짓도 서슴지 않는다는 이야기를 그 프린스턴 녀석한테서 들었다. 한번은 그 여자를 프린스턴의 댄스 파티에 데리고 갔다가, 그런 여자를 데리고 왔다고 하마터면 쫓겨날 뻔 했다는 것이다. 스트립쇼 경력도 있는 여자라고 했다.

나는 전화통으로 가서 그녀에게 전화를 하고 말았다. 여자의 이름은 페이스 캐번디시였고, 주소는 브로드웨이 65번가의 스탠포드 암스 호텔이었다. 틀림없이 쓰레기통 같은 곳이겠지.

그 여자는 집에 없는 듯했다. 잠시 동안 아무도 전화를 받지 않았다. 그러다가 이윽고 누군가가 수화기를 들었다.

"여보세요."

어느 누구도 내 나이를 짐작하지 못하도록 낮고 굵은 목소리로 말했다. 내 목소리는 꽤 굵었다.

"여보세요" 하는 여자 목소리가 들렸다. 그다지 다정한 목소리는 아니었다.

"페이스 캐번디시입니까?"

"누구죠? 이 밤중에 나한테 전화하는 분이 도대체……?"

이 말에 나는 좀 찔끔했지만 어른스럽게 말했다.

"늦은 것은 잘 알고 있습니다. 용서해 주기를 바라오. 그런데 당신과 꼭 연락을 하고 싶어서 전화했어요."

나는 퍽 상냥하게 말했다. 정말 상냥하게 굴었다.

"대체 누구시죠?"

"댁은 나를 모를 겁니다. 나는 에디 버드셀의 친굽니다. 그 친구가 내게 뉴욕에 가거든 당신과 칵테일 한두 잔 나누는 게 좋을 거라고 말하더군요."

"누구요? 누구 친구라구요?"

그 여자는 진짜 암호랑이였다. 암호랑이와 전화하는 기분이었다. 나에게 고함치고 있는 것 같았다.

"에드먼드 버드셀, 에디 버드셀요."

나는 그 친구 이름이 에드먼드였는지 에드워드였는지 기억할 수가 없다. 단 한 번, 그것도 엉터리 같은 파티에서 만났을 뿐이니까.

"그런 사람 몰라요. 이런 밤중에 깨워서 좋아할 거라고 생각하세요?"

"에드 버드셀이던가? 프린스턴의……"

내가 물었다. 그러자 그는 머릿속으로 열심히 그 이름을 더듬고 있는 듯했다.

"버드셀, 버드셀…… 프린스턴 대학의?"

"그렇습니다."

"당신도 프린스턴 대학에 다니나요?"

"글쎄, 그런 거나 마찬가지입니다."

"그래요…… 에디는 어떻게 지내나요?" 여자가 물었다. 그리고 덧붙였다. "그렇지만 지금은 전화 걸기에 너무 늦은 시간 아네요? 참!"

"그는 잘 지내고 있습니다. 댁에게 안부 전하더군요."

"고맙군요. 그분에게도 안부 전해 주세요" 하고는 이어 갑자기 상냥하게 말했다. "그인 참 훌륭한 사람이에요. 근데 그인 지금 무얼 하고 있나요?"

"그야 아시다시피 여전합니다." 나는 말했다. 그가 뭘 하고 있는지 내가 어떻게 안단 말인가! 거의 남남이라고 할 수 있는 사람인데. 아직 프린스턴에 있는지조차 모르는 처지였다. "이봐요. 어디서 만나 칵테일이라도 한 잔, 어떻습니까?" 내가 다시 말했다.

"지금 몇 신지나 알고 그러세요? 그건 그렇고, 댁은 누구시죠?" 여자는 영국식 말투로 말했다. "좀 젊은 분인 것 같은데."

나는 웃으면서 지극히 상냥하게 말했다.

"그렇게 칭찬의 말씀을 해 주시니 감사합니다. 홀든 콜필드라고 합니다."

가명을 댔어야 했는데, 그땐 미처 그 생각을 못했다.

"이봐요, 코플 씨. 저는 한밤중에는 약속하지 않습니다. 직장 여성이니까요."

"내일은 일요일입니다."

"어쨌든 전 미용을 위해 잠을 자야 해요. 무슨 말인지 아세요?"

"칵테일 한 잔쯤 같이 하면 좋겠다고 생각했습니다. 그다지 늦지도 않았구요."

"글쎄, 참 고맙군요. 어디서 전화하시는 거죠? 지금 어디에 계세요?"

"나 말입니까? 전화박스 안에 있습니다."

"저런!" 여자는 한참 말이 없었다. "……코플 씨, 언젠가 꼭 만나 뵙고 싶군요. 아주 매력적인 남자처럼 느껴지는군요. 아주 매력 있는 분인가 봐요. 하지만 오늘 밤은 너무 늦었어요."

"제가 그리로 갈 수도 있는데요."

"여느 때 같으면 좋다고 환영하겠죠. 칵테일을 마시러 들러 주시면 고맙겠지만, 방을 같이 쓰는 친구가 지금 앓아누워 있어요. 밤새 잠 한숨 자지 못하다가 지금 막 눈을 붙였어요. 그러니까 제 말은……"

"그것 참 안됐습니다."

"어디에 묵고 계시나요? 내일이라면 함께 어울려 칵테일을 마실 수 있겠는데."

"내일은 안 될 겁니다. 사정상 오늘 밤뿐입니다." 내가 말했다. 그렇게 말하다니, 정말 난 바보였다. 그렇게 말해서는 안 되는 것을!

"정말 유감이군요."

"에디에게 대신 안부 전해 드리겠습니다."

"그래 주시겠어요? 뉴욕에서 재미있게 지내세요. 여긴 굉장한 도시니까요."

"알고 있습니다. 고마웠습니다. 안녕."

나는 수화기를 내려놓았다. 난 이렇게 망해 버린 것이었다. 적어도 칵테일 정도는 같이 마실 기회를 포착했어야 하는 건데…….

10

아직 꽤 이른 시각이었다. 몇 시인지는 잘 몰랐지만 그다지 늦은 시각은 아니었다. 내가 싫어하는 일이 하나 있다면, 그것은 피곤하지도 않은데 잠자리에 드는 일이다. 그래서 나는 여행 가방에서 셔츠를 꺼내 가지고 욕실로 들어가 몸을 닦고 옷을 갈아입었다. 무엇을 할까 생각하다가 아래층으로 내려가 라벤더 룸에서 무슨 일이 벌어지고 있는지 구경하기로 했다. 그 호텔에는 라벤더 룸이라는 나이트클럽이 있었다.

셔츠를 갈아입는 동안 나는 하마터면 여동생 피비에게 전화를 할 뻔했다. 나는 그애와 무척 이야기를 하고 싶었다. 상식적인 사람과 이야기를 하고 싶었던 것이다. 그러나 위험을 무릅쓰고 그애에게 전화할 수는 없었다. 왜냐하면 그애는 아직 어리니까. 전화 가까이에 있는 건 고사하고 지금 깨어 있을 리도 없었다. 부모님이 받을 때는 수화기를 내려놓으면 그만이지 하는 생각도 해 보았지만, 그것도 잘될 것 같지 않았다. 그분들은 이내 내가 전화했다는 걸 알아차릴 것이다. 엄마는 언제나 알아차렸다. 엄마는 지독히 예민한 여자였다. 그런데 그때는 정말 피비와 시시껄렁한 대화라도 하고 싶었다.

네게 피비를 보여 주고 싶다. 그처럼 귀엽고 영리한 아이는 평생 본 적이 없을 것이다. 정말 영리한 아이이다. 사실 학교에 들어가서부터 줄곧 백 점만 맞았던 것이다. 진실을 말하자면 우리 식구 중 바보는 오로지 나뿐이다. 형 D.B.는 작가이니 뭔가 하는 작자이고, 전에 말했던 동생 앨리도 죽었지만 정말 천재였다. 나만 바보 천치이다.

피비는 직접 만나 봐야 할 아이이다. 앨리의 머리칼과 약간 비슷한 빨간 머리칼을 하고 있는데, 여름에는 머리를 짧게 깎아 귀 뒤에 찰싹 붙여버린다. 그러면 작고 귀여운 귀가 나타난다. 그러나 겨울에는 머리를 꽤 길게 기른다. 엄마는 그애의 머리를 땋아 줄 때도 있고, 그렇지 않을 때도 있다. 그래도 어떻게 하든 보기 좋다. 그애는 겨우 열 살이다. 나처럼 마른 편이지만 보기 좋게 말랐다. 한번은 그애가 공원을 향해 5번가를 건너가는 것을 본 적이 있다. 그때 정말 보기 좋다고 느꼈었다. 롤러스케이트에 어울릴 날씬함, 바로 그것이었다. 누구라도 그애를 좋아할 것이다. 상대가 무슨 말을 하든 그애는 상대의 말뜻을 정확히 알아차린다.

따라서 그애는 어디든지 데리고 다닐 수가 있다. 예컨대 영화도 보러 갈 수 있다. 그애는 시시한 영화를 보러 가면 그것이 시시한 영화라는 것을 알고, 좋은 영화를 보러 가면 꽤 좋은 영화임을 알아차리는 아이이다. 한번은 D.B.와 내가 그애를 데리고 '빵집 마누라'라는 프랑스 영화를 보러 간 일이 있었다. 레뮈가 출연하는 영화였다. 피비는 이 영화에 압도되고 말았다. 피비가 제일 좋아하는 영화는 로버트 도나트가 나오는 '39계단'이라는 영화였다. 그애는 그 영화를 처음부터 끝까지 암기하고 있을 정도였다. 내가 그 영화를 보는 데 열 번이나 데리고 갔기 때문이다. 예를 들면 로버트 도나트가 경찰을 피해 도망치다가 스코틀랜드의 농가에 오는 장면이 있다. 그러면 피비는 영화 도중에 큰 소리로 대사를 말하는데, 바로 영화 속에서 스코틀랜드 사람이 "당신, 청어 먹을 줄 아슈?" 하고 말하는 것을 동시에 똑같이 읊어 대는 것이었다. 피비는 대사를 깡그리 외우고 있었다. 또 독일 스파이 노릇을 하는 교수가 가운데 관절 아래가 잘린 새끼손가락을 쳐들어 로버트 도나트에게 보이는 장면이 있었다. 이 장면에 이르면 피비는 항상 선수를 쳤다. 그 교수보다 먼저 자기 새끼손가락을 내 코 바로 앞에다 쳐드는 것이다. 정말 귀여웠다. 정말 누가 봐도 마음에 들 것이다.

한 가지 문제는, 그애가 이따금 너무 다정하다는 점이다. 어린애치고는 너무 감정적이다. 이건 정말이다. 그리고 그애는 밤낮 글을 쓴다. 다만 끝내지 않을 뿐이다. 그것은 모두 헤이즐 웨더필드라는 여자애에 관한 이야기이다. 그런데 피비는 헤이즐(Hazel)을 'Hazle'이라고 표기하는 것이 특징이다. 헤이즐 웨더필드는 여자 탐정이라고 한다. 그녀는 고아로 설정된 모양인데, 그녀의 아버지가 밤낮 등장하곤 한다. 그 아버지는 '스무살 가량의 키가 크고 매력적인 신사'라나. 사람 죽이는 글이다.

피비, 요것은 정말 네 마음에도 들 것이다. 어렸을 때부터 영리했다. 아주 어렸을 때부터 나와 앨리는 그애를 데리고 공원에 갔다. 특히 일요일에 그랬다. 앨리는 일요일엔 장난감 범선을 물에 띄우며 놀았다. 이때마다 우리는 피비를 데리고 공원에 가곤 했다. 피비는 하얀 장갑을 끼고 마치 귀부인처럼 우리 사이를 걸어갔다. 앨리와 내가 이런저런 이야기를 하노라면 피비는 열심히 경청했다. 우리는 때로 피비가 옆에 있다는 것을 잊을 때가 있었다. 그애가 하도 작았기 때문이다. 그러면 그애는 자기가 있다는 사실을 알렸다. 계속 말참견을 하는 것이다. 앨리나 나를 쿡쿡 찌르거나 하면서 "누구 말이야? 누가 그랬지? 보비? 아니면 그 여자가?" 하고 참견했다. 우리가 그게 누구라고 말하면 "응, 그랬구나" 하고는 곧 다시 잠자코 경청하는 것이었다.

앨리도 피비한테는 사족을 못 썼다. 피비도 이제 열 살이 되었으니까 예전처럼 그런 아기는 아니지만, 그애는 아직도 모든 사람을 녹여 버리는 아이이다. 지각 있는 사람을 모두 녹여 버린다는 말이다.

하여간 피비는 항상 전화를 걸고 싶은 상대이다. 그런데 아버지나 엄마가 대신 전화를 받을 것 같았다. 그렇게 되면 내가 펜시에서 쫓겨났다는 것을 알게 될까 봐 겁이 났다.

그래서 그냥 셔츠나 마저 입었다. 모든 준비를 마치자 나는 로비에서 무슨 일이 벌어지는가 알아보려고 엘리베이터를 타고 내려왔다.

포주처럼 생긴 두서넛의 사내와 창녀처럼 생긴 두서넛의 여자가 있을 뿐, 로비는 거의 텅 비어 있었다. 그러나 라벤더 룸에서는 밴드의 연주 소리가 들렸다. 그래서 나는 안으로 들어갔다. 그곳은 그다지 혼잡하지 않았다. 나는 뒤쪽의 후미진 자리로 안내되었다. 수석 웨이터 놈의 코밑에다 1달러짜리 지폐라도 흔들어 보였어야 되는 건데. 뉴욕에서는 돈이 모든 것을 대변한다. 이건 과장이 아니다.

밴드는 썩은 생선 같았고 싱어도 마찬가지였다. 요란하고 번지르르했지만 시골티가 나는 번지르르함이었다. 내 또래는 눈 씻고 찾아봐도 없었다. 정말 한 놈도 없었다. 대개가 여자를 거느리고 보란 듯이 으스대는 나이 든 사람들이었다.

그런데 내 옆 테이블만은 달랐다. 그곳에는 서른 살쯤 된 여자 세 명이 앉아 있었다. 셋 모두가 하나같이 못생긴 것들이고, 다들 촌티가 팍팍 나는 모자를 쓰고 있었다. 다만 그중 하나는 금발이었는데 그다지 형편없어 보이진 않았다. 좀 귀여운 데가 있는 얼굴이었다. 그래서 그녀에게 눈짓을 좀 보냈다.

그때 급사가 주문을 받으러 왔다. 나는 스카치와 소다를 주문한 뒤 섞지 말고 가져오라고 일렀다. 머뭇거리지 않고 빠른 템포로 말했다. 머뭇거리다가는 스물한 살 아래로 보여 도무지 술을 얻어먹을 수 없기 때문이다. 그러나 일은 틀어지고 말았다. "실례지만……" 하고 급사가 말했다.

"나이를 증명할 수 있는 것을 가지고 계십니까? 운전면허증이라도?"

나는 지독히 모욕을 당한 것처럼 그놈을 차갑게 노려보았다.

"내가 스물한 살도 안 되어 보이나?"

"미안합니다. 하지만 우리는 나름대로……."

"알았어, 알았어."

나는 포기하듯 말했다. 그리고 콜라나 한 잔 달라고 했다. 그놈은 내 자리에서 물러갔다. 나는 다시 그를 불렀다. "거기다 럼이나 그 비슷한 것 좀 떨어뜨려 줄 수 없어?" 하고 물었다. 나는 아주 상냥하게 부탁했다.

"이런 너절한 데서 어떻게 맨송맨송하게 앉아 있을 수 있나? 럼이나 뭐 그 비슷한 거라도 좀 섞어 줘."

"죄송합니다만……." 이렇게 우물거리더니 그놈은 그냥 줄행랑을 치고 말았다. 그러나 나는 그에게 앙심을 품지는 않았다. 미성년자에게 술을 팔다가 발각되는 날이면 모가지가 달아나기 때문이다. 나는 빌어먹을 미성년자인 것이다.

나는 옆자리에 있는 세 명의 요부들에게 다시 눈길을 보내기 시작했다. 물론 내가 노리는 대상은 금발의 여자뿐이었다. 나머지들은 전혀 내 입맛을 돋우지 못했다. 그러나 눈길을 준다고 해서 노골적으로 그러지는 않았다. 세 여자에게 지극히 냉정한 시선을 보냈을 뿐이다.

그런데 다음 순간 이것들이 갑자기 바보처럼 함께 킬킬거리는 것이었다.

새파란 애송이가 자기들한테 의미심장한 눈빛을 보낸다고 생각한 모양이다. 정말 화가 났다. 내가 자기들하고 결혼이라도 하고 싶어하는 줄 아나. 그들이 나를 무시했으니까 나도 당연히 그들을 무시했어야 했다. 그런데 나는 춤을 추고 싶었다. 이따금 춤추고 싶어 미칠 지경이 되는데, 그 순간이 바로 그런 경우였다.

그래서 나는 몸을 앞으로 기울이며 "누구 춤 한번 추지 않겠습니까?" 하고 말했다. 결코 무례하게 묻진 않았다. 오히려 무척 상냥하게 물었던 것이다. 젠장! 그런데 그들은 또다시 킬킬거리며 웃기 시작했다. 그것들 셋은 정말 바보였다. "자아" 내가 다시 권했다.

"한 번에 한 분씩하고만 추겠습니다. 괜찮죠? 어때요? 자."

나는 정말 춤을 추고 싶었던 것이다. 마침내 금발의 여자가 나와 춤추기 위해 자리에서 일어섰다. 사실 내가 말을 건 것은 분명히 그 여자에게 한정된 것이었다. 우리는 댄스 플로어로 걸어나갔다. 이 모습을 보자 나머지 두 바보들은 히스테리를 일으켰다. 그런 것들을 상대하다니, 나는 정말 굶주려 있었음에 틀림없다.

그러나 그럴 만한 가치는 있었다. 금발의 여자는 춤을 상당히 잘 췄다. 이제까지 상대해 본 여자 중에서 제일 춤을 잘 추는 여자였다. 농담이 아니다. 병신 같은 여자가 댄스 플로어에서는 최고의 파트너로 변신하기도 한다. 반면 정말 영리한 여자는 춤을 추게 되면, 춤추는 시간의 반은 남자 쪽을 리드하려고 애쓰기 십상이다. 게다가 대개 춤이 형편없이 서툴 경우가 많다. 그러니까 그런 여자가 상대라면 그냥 테이블에 앉아 같이 술이나 퍼마시는 게 상책이다.

"춤을 정말 잘 추시는군요." 내가 금발에게 말했다. "프로 댄서가 되지 그러셨어요. 정말입니다. 전에 한번 프로와 춘 적이 있었지만 그 여자보다 두 배나 더 잘 추는 것 같습니다. 마르코와 미란다에 대해 들어 본 적이 있습니까?"

"네?" 금발이 반문했다. 금발은 내 말을 듣고 있지 않았다. 그냥 쉴새 없이 주위를 두리번거리고 있었다.

"마르코와 미란다에 대해 들어 본 적이 있냐고 물었어요."

"몰라요. 정말 몰라요."

"그들은 댄서입니다. 그다지 춤을 잘 추지 못하는 댄서지요. 뭐든지 추긴 추지만 그다지 잘 추지는 못하더군요. 어떤 여자가 춤을 잘 추는 여잔지 아세요?"

"뭐라구요?"

금발은 내 말에 귀를 기울이지 않고 있었다. 마음은 딴 데 가 있었다.

"어떤 여자가 춤을 잘 추는 여잔지 아느냐고요."

"아니, 몰라요."

"이런 겁니다. 지금 내가 댁의 등에 손을 대고 있잖아요? 그런데 내 손 아래 아무것도 없다는 느낌, 그러니까 엉덩이도 다리도 발도 없다는 느낌이 들면, 이때 함께 춤추는 여자는 정말 춤을 잘 추는 여자라는 뜻입니다."

그러나 금발은 여전히 내 말에 귀를 기울이지 않았다. 그래서 나도 잠시 그녀를 무시했다. 우리는 그냥 춤만 추었다. 그런데 이 바보 같은 여자가 춤은 귀신 같이 잘 췄다. 버디 싱어와 엉터리 악단은 'Just one of those things'라는 곡을 연주하고 있었는데 그들도 이 곡을 완전히 망치지는 않았다. 그건 정말 굉장한 노래다. 춤추는 동안 나는 기교를 부리려고 애쓰지 않았다. 사실 춤을 추면서 보란 듯이 요란하게 기교를 부리는 놈들을 나는 증오한다. 나는 다만 그녀를 많이 돌렸다. 그녀도 잘 따라왔다. 이상하게도 그녀 역시 나와의 춤을 즐기고 있다는 생각이 들었다. 그런데 갑자기 그녀가 바보 같은 소리를 내뱉는 것이었다.

"어젯밤 나와 친구들은 피터 로레를 봤어요. 영화 배우 말이에요. 직접 실물을 봤다구요. 신문을 사고 있더군요. 멋있었어요."

"운이 좋았네요. 정말 행운이었군요. 당신도 그걸 알고 있나요?"

이 여자는 정말 바보천치였다. 그러나 춤은 일품이었다. 나는 멍청한 그녀의 머리 위에, 그러니까 가리마가 있는 바로 그 부분에 키스하고 싶다는 생각을 억누를 수 없었다. 그래서 키스를 했더니 그녀는 화를 냈다.

"어머! 이게 무슨 짓이야?"

"아무 의미도 없습니다. 당신은 정말 춤을 잘 추십니다." 나는 말했다. "내게는 어린 여동생이 하나 있는데 초등학교 4학년입니다. 당신은 그애만큼 춤을 잘 추는군요. 이 세상에 살아 있건 죽어 있건 그애만큼 춤을 잘 추는 사람은 없을 겁니다."

"말도 안 되는 소리 하지 말고 조용히 있어요."

아이쿠! 대단한 숙녀였다. 아니 여왕이었다. 젠장!

"어디서 왔습니까?" 그녀에게 물었다.

그녀는 대답하지 않았다. 아마 피터 로레가 나타나지나 않을까 해서 두리번거리는 모양이었다.

"어디서들 오셨습니까?" 나는 다시 물었다.

"뭐라구요?" 그녀가 되물었다.

"어디서들 왔느냐구요. 대답하고 싶지 않으시면 하지 않아도 좋아요. 억지로 대답할 필요는 없어요."

"워싱턴 주 시애틀에서 왔어요." 그녀가 대답했다. 굉장한 선심이라도 쓰고 있다는 말투였다.

"당신은 대화를 참 잘하시는군요. 그거 알고 있나요?"

"네?"

나는 더 비꼬려다 그만두었다. 어차피 그녀 머리 위로 스쳐가는 공허한 메아리가 될 테니까.

"빠른 곡이 나오면 지르박을 추시겠어요? 풀쩍풀쩍 날뛰는 엉터리 지르박 말고 멋지고 가벼운 지르박 말입니다. 빠른 곡이 나오면 모두 앉아 버리고 노털들이나 뚱뚱보들만 남거든요. 그러면 공간을 넓게 잡고 춤을 출 수 있을 겁니다. 오케이?"

"아무래도 좋아요. 그런데 대관절 몇 살이나 됐지요?"

나는 왠지 모르게 화가 났다. "참, 기분 잡치네, 젠장! 난 열두 살이라니까. 나이에 비해 조숙하죠" 하고 말해 버렸다.

"이봐요. 아까도 말했잖아, 그런 말투는 질색이라고." 그녀가 말하더니 이렇게 덧붙였다. "계속 그런 말투로 말하면 난 내 친구들이 있는 데로 가서 앉겠어요."

나는 미친 사람처럼 사과했다. 밴드가 빠른 곡 연주에 들어갔기 때문이다. 그녀는 나와 지르박을 추기 시작했다. 엉터리가 아닌 멋지고 가벼운 지르박을 말이다. 그녀는 정말 춤을 잘 추었다. 나는 그냥 그녀를 건드리기만 하면 되었다. 게다가 그녀는 회전할 때 귀엽고 작은 엉덩이를 멋지게 비틀었다. 그것은 가히 뇌쇄적이었다. 이건 과장이 아니다.

자리에 돌아와 앉을 무렵엔 나는 반쯤 그녀에게 반해 있었다. 여자란 바로 그런 것이다. 여자들이 무엇인가 예쁜 짓을 하면, 별로 볼품이 없거나 바보 같은 여자라도 남자는 그만 그녀에게 반쯤 미치게 된다. 그렇게 되면 그 다음부터는 뭐가 뭔지 모르게 되는 법이다. 여자라는 것들은…… 제기랄! 사람을 미치게 만드는 족속들이란 말이지. 정말이라니까.

여자들은 그쪽 테이블로 나를 초대하지 않았다. 그들이 워낙 무식했기 때문이다. 하지만 나는 그냥 가서 앉았다. 나와 춤을 추었던 금발의 이름은 버니스 크랩스인가 크레브스인가 뭔가였다. 나머지 못난이는 마티와 래번이라고 했다. 나는 그들에게 내 이름은 짐 스틸이라고 했다. 그러고는 그들을 좀 지적인 대화로 이끌려고 노력했다. 그러나 그것은 불가능했다. 그들의 팔을 비틀기라도 하면 되었을까? 게다가 그중에서 누가 제일 바보인지 판별하기도 불가능했다. 그들 세 명은 계속 홀 안을 두리번거리고 있을 뿐이었다. 마치 금방이라도 영화배우가 떼를 지어 몰려들 줄로 아는 모양이다. 뉴욕에 오면 영화배우들은 언제나 라벤더 룸에 죽치고 있을 것이라고 생각하나 보지. 스토크 클럽이나 엘 모로코 같은 곳이 아니라, 이곳 라벤더 룸에서 어슬렁거릴 거라고 생각하는 듯하다.

그녀들이 어디에서 일하는가를 알아내는 데 무려 반 시간이 걸렸다. 그들은 같은 보험회사에 근무하고 있었다. 나는 그들에게 직장이 마음에 드느냐고 물어보았지만 그런 멍청이들한테서 지적인 대답을 기대하기란 불가능했다. 그 못난 마티와 래번에게 자매가 아니냐고 묻자 그들은 무슨 모욕이라도 당한 듯이 분개했다. 둘 다 상대를 닮았다는 것이 싫은 모양이었다. 그것도 무리는 아니었다. 어쨌든 그 광경은 재미있었다.

나는 그녀들 모두와 춤을 추었다. 한 번에 한 명씩 돌아가며 추었다. 못난이들 중에서 래번은 그래도 서투르지 않았지만, 마티는 아주 사람 잡는 것이었다. 마치 자유의 여신상을 질질 끌고 다니는 기분이었다. 그녀를 끌고 다니느라 지친 나는 스스로를 위로하기 위해 그녀를 좀 골려 주기로 마음먹었다. 그래서 나는 방금 저쪽에서 영화 배우 게리 쿠퍼를 보았다고 말했다.

"어디?" 그녀는 잔뜩 흥분해서 외쳤다.

"어디라고!"

"아, 놓치셨어! 방금 나갔어요. 내가 말하자마자 봤어야지요!"

그녀는 사실상 춤추기를 포기하고 사람들 머리 너머로 계속 게리 쿠퍼를 찾았다. "아이, 분해!" 그녀는 말했다. 마치 내가 그녀에게 실연을 안겨 준 것 같았다. 그녀를 놀린 것이 후회되었다. 세상에는 절대 놀려서는 안 되는 사람이 있는 법이다. 설령 놀림받기 딱 좋은 사람이라도.

그런데 정말 웃기는 일이 생겼다. 마티가 테이블로 돌아가서 나머지 두 여자에게 게리 쿠퍼가 방금 이곳에서 나갔다고 말한 것이었다. 그 말에 레번과 버니스는 거의 자살할 뻔했다. 그들은 온통 흥분하여 쿠퍼를 보았느냐고 마티에게 물었다. 마티는 힐끔 보았을 뿐이라고 대답했다. 이건 정말 죽이는 장면이었다.

바는 슬슬 문 닫을 시간이었다. 그래서 나는 그 전에 술을 두 잔씩 가져오게 하고 내 몫으로 콜라 두 잔을 더 가져오게 했다. 테이블에는 유리잔이 즐비했다. 못생긴 래번은 줄곧 콜라만 마시고 있는 나를 놀려댔다. 제법 재치가 번득였다.

그녀와 마티는 그때가 12월 중순이었는데도 톰 콜린스를 마시고 있었다. 수준이 그 정도밖에 되지 않았다. 금발의 버니스는 버본에다 물을 섞어 마시고 있었다. 마치 두꺼비가 파리를 삼키듯 단숨에 꼴깍 마셔 버렸다. 셋은 그러고 있는 동안에도 계속 배우를 찾았다. 저희끼리도 거의 이야기를 주고받지 않았다.

마티가 그래도 제일 많이 지껄였다. 그녀는 화장실을 '어린 소녀의 방'이니 뭐니 하면서 너절하고 지루한 이야기만 늘어놓았다. 그리고 버디 싱어 악단의 말라 빠진 늙은 클라리넷 주자가 일어서서 몇 소절을 정열적으로 연주하자, 마티는 아주 멋있다고 말했다. 그녀는 그의 클라리넷을 '감초 줄기'라고 말했다. 정말 촌스러운 여자였다.

또 다른 못난이 래번은 자기가 재치 있는 타입이라고 믿고 있었다. 그녀는 계속 나더러 아버지에게 전화해서 오늘 밤 무엇을 하셨는지 물어보라고 했다. 오늘 밤 데이트를 했는지 안 했는지 물어보라는 것이었다. 그것도 네 번이나. 정말 재치가 흘러넘치는군.

금발의 버니스는 거의 입을 열지 않았다. 내가 무엇을 물으면 언제나 "뭐라고 하셨지요?" 하고 되물었다. 나중에는 그녀의 그런 태도에 짜증이 날 정도였다.

그들은 술을 전부 마시고 나자 갑자기 일어나 이젠 가서 자야겠다고 했다. 아침 일찍 일어나서 라디오시티 뮤직홀에서 하는 첫 공연을 보러 가야 한다는 것이었다. 나는 좀더 있다 가라고 했지만, 그들은 내 말을 들으려 하지 않았다. 그래서 우리는 작별 인사를 했다. 나는 언젠가 시애틀에 가게 되면 찾아가겠다고 말했다. 만약에 가게 된다면 그러겠다고 했지만, 그렇게 될지 의심스러웠다. 혹시 시애틀에 가더라도 그녀들을 굳이 찾지는 않겠지.

담배니 뭐니 모두 합해서 13달러 정도 계산이 나왔다. 그녀들은 입을 싹 씻었다. 적어도 내가 합석하기 전에 마신 술값은 저희들이 내겠다고 나와야 되는 거 아닌가? 물론 그렇게 하도록 내버려둘 나도 아니지만, 어쨌든 자기들이 술값을 내겠다고 말이라도 했어야 되는 것 아닐까.

그러나 나는 그까짓 것 신경 쓰지 않았다. 그들이 워낙 무식한 데다가 서글프게도 웃기는 모자를 쓰고 있었기 때문이다. 게다가 라디오시티 뮤직홀의 첫 공연을 보기 위해 일찍 일어나야 한다는 이야기에 실망했던 것이다. 도깨비 같은 모자를 쓴 여자가—아니, 실은 누구든—워싱턴 주의 시애틀에서 뉴욕까지 와서는 고작 라디오시티 뮤직홀의 첫 공연을 보려고 아침 일찍 일어난다니! 이건 나를 진짜 실망시키는 일이었다. 나는 도저히 참을 수 없었다. 그런 말만 하지 않았어도 나는 그들에게 술을 백 잔이라도 사 주었을 것이다.

그들이 나가고 난 다음 나도 바로 라벤더 룸을 떠났다. 그곳은 문을 닫으려고 정리를 하고 있었다. 밴드는 연주를 그만둔 지 오래였다. 춤을 같이 출 만한 사람이 있든지, 아니면 콜라 따위 말고 진짜 술을 먹을 수 없다면, 그곳은 더 이상 앉아 있을 수 없는 장소였다. 이 세상 어느 나이트클럽이고 취하지 않고서 오랫동안 머무를 수 있는 곳은 하나도 없는 법이다. 아니면 그야말로 사람 기절시킬 정도의 여자와 같이 있든가…….

11

호텔 로비로 가는 도중 별안간 제인 갤러허가 다시 생각났다. 일단 내 의식을 사로잡은 제인은 좀처럼 나를 놓아주지 않았다. 나는 로비의 구역질 날 것 같은 의자에 앉아, 에드 뱅키의 차에 탄 그녀와 스트라드레이터를 상상했다. 스트라드레이터가 제인과 갈 데까지 가지는 않았을 것이라고 확신하고 있었다. 제인을 너무나 잘 알기 때문이다. ……그래도 그녀의 일을 내 의식에서 털어 버릴 수가 없었다.

나는 제인을 너무나 잘 알고 있었다. 이건 정말이다. 체커 놀이 말고도 그녀는 거의 모든 스포츠를 좋아했다. 그녀와 알게 된 후로 우리는 여름 내내 오전에는 테니스, 오후에는 골프를 하며 시간을 보냈다. 그야말로 그녀와 나는 친밀했다. 그렇다고 육체적으로 어쩌고 하는 그런 관계는 아니다. 그건 아니었다. 우리는 그냥 밤낮 얼굴을 마주보고 있었던 것이다. 여자를 알기 위해 꼭 성적으로 놀아야 하는 건 아니다.

우리가 친해진 계기는 그녀의 집에서 기르는 도베르만 때문이었다. 그놈이 자주 우리 잔디밭에 와서 똥오줌을 실례했던 것이다. 그럴 때마다 엄마는 신경질을 부리며 제인의 엄마에게 전화해서 한바탕 소란을 피웠다. 그런 일에 대해서는 크게 호통을 쳐야 직성이 풀리는 분이었다.

그러고 나서 며칠 후 클럽 풀장 옆에 엎드려 있는 제인을 보았다. 그래서 나는 그녀에게 "안녕" 하고 인사했다. 그녀가 우리 집 바로 옆집에 사는 것은 알고 있었지만, 그 전엔 한 번도 이야기를 나눈 적이 없었다. 그런데 그 날 내가 인사를 하자 그녀는 나를 쌀쌀하게 대하는 것이었다. 그래서 긴 시간을 들여서, 그녀의 개가 어디다 뭐를 깔기든 나는 전혀 상관하지 않는다는 것을 이해시켰다. 설사 응접실에 와서 깔겨도 상관없다고 말했다. 어쨌든 그 후로 제인과 나는 친구가 되었다.

바로 그날 오후 나는 제인과 골프를 쳤다. 그녀가 공을 여덟 개나 잃어버린 것이 지금도 기억난다. 여덟 개나 잃어버리다니! 공을 칠 때 눈을 뜨고 치게 만드는 데만도 굉장한 시간이 걸렸다.

내 덕분에 그녀도 골프를 썩 잘 치게 되었다. 나는 골프를 꽤 잘 친다. 내가 몇 타만에 코스를 일주하는지 말하면 아무도 곧이듣지 않을 것이다. 단편 영화에 출연할 뻔한 적도 있다. 그러나 마지막 순간에 마음을 고쳐먹었다. 나같이 영화를 싫어하는 인간이 영화에 등장한다면 그거야말로 웃기는 이야기가 아닌가.

신기한 여자였다. 제인 말이다. 엄밀한 의미에서 미인은 아니었지만 나를 녹여 버리는 여자였다.

제인은 입이 큰 편이었다. 이야기하다가 흥분을 하면 그 입을 입술이고 뭐고 50가지 방향으로 움직인다. 그것도 나를 꼼짝 못하게 했다. 진짜 죽이는 노릇이었다. 제인은 그 입을 꼭 다무는 일이 결코 없었다. 골프채를 휘두르기 위해 자세를 취하거나 책을 읽을 때도 그놈의 입은 항상 약간 벌어져 있었다. 제인은 늘 책을 읽었다. 그것도 양서만 읽었으며 시도 많이 읽었다. 내가 앨리의 야구 글러브에 쓰여 있는 시 구절까지 몽땅 보여 준 사람은 우리 식구들 말고는 그녀밖에 없었다. 제인은 앨리를 본 적이 없다. 제인은 그 해에 처음으로 메인 주에서 여름을 보냈기 때문이다. 그 전에는 케이프 코드에 가 있었다고 했다. 그래도 나는 그녀에게 앨리에 대해 많은 것을 말해 주었다. 그녀도 내 말에 귀 기울였다.

　엄마는 제인을 그다지 좋아하지 않았다. 제인과 그녀의 엄마는 우리 엄마에게 인사를 하지 않았다. 그 때문에 엄마는 그들이 자기를 깔본다고 생각했다. 엄마와 그들 모녀는 마을에서 자주 마주쳤다. 제인이 라살 컨버터블을 몰고 그의 엄마와 장을 보러 나오기 때문이었다. 엄마는 제인이 예쁘다고 생각하지 않았다. 그러나 나는 제인을 예쁜 여자라고 생각했다. 제인의 모습이 내 마음에 들었다는 뜻이다. 단지 그뿐이다.

　지금도 어느 날 오후가 기억난다. 제인과 내가 서로 성적으로 접촉했던 것은 그때뿐이었다. 어느 토요일이었다. 밖에는 비가 억수로 퍼붓고 있었다. 나는 제인의 집에 가 있었다. 그녀의 집에는 햇빛 차단용 스크린으로 둘러싸인 큰 베란다가 있었다. 우리는 바로 그곳에서 체커 놀이를 하고 있었다. 그녀가 킹을 뒷줄에다 박아 놓고 움직이려 하지 않았기 때문에, 이따금 나는 그녀를 놀렸다. 그렇다고 심하게 놀려 대지는 않았다.

　제인 앞에서는 아무도 그녀를 심하게 놀리고 싶은 마음이 생기지 않을 것이다. 나는 기회만 생기면 여자를 실컷 놀려 주는 걸 즐기지만, 제인에게만은 그럴 마음이 생기지 않았다. 내가 제일 좋아하는 여자는 바로 놀려 주고 싶은 마음이 생기지 않는 여자이다. 다만 그런 여자들도 때로는 놀림받는 것을 좋아할 거라는 생각이 들 때가 있다. 사실 그들은 가끔 놀림받는 것을 좋아한다. 그러나 오랫동안 사귀면서 한 번도 놀려 본 적이 없는 상대라면, 새삼스럽게 놀려 댈 수는 없는 법이다.

　어쨌든 제인과 애무 비슷한 것을 했던 그날 오후의 일로 화제를 되돌리자. 그날은 비가 억수같이 쏟아지고 있었다. 우리는 베란다에 나가 있었다. 그런데 갑자기 그녀의 엄마와 재혼한 그 주정뱅이가 나타나 집 안에 담배가 없느냐고 물었다. 나는 그 사람에 대해 아는 것이 없었다. 그러나 그는 아쉬운 게 없을 때에는 남에게 말조차 걸지 않을 유형의 사나이처럼 보였다. 치사한 성격의 소유자 같았다.

제인은 담배가 어디 있느냐는 질문에 아무 대꾸도 하지 않았다. 그 사나이가 재차 물었는데도 제인은 여전히 대답하지 않는 것이었다. 제인은 심지어 체커 판에서 고개조차 들지 않았다. 결국 그는 그냥 집 안으로 들어가고 말았다.

나는 무슨 일 때문에 그러느냐고 제인에게 물었다. 제인은 나한테도 대답하지 않았다. 체커 판에서 다음 말을 어디로 옮길까를 골똘히 생각하는 듯했다. 그러나 그 순간 그녀의 눈에서 눈물 한 방울이 체커 판 위로 떨어졌다. 빨간 네모꼴 위에. 지금도 그 장면이 눈에 선하다. 그녀는 눈물 방울을 손가락으로 문질러 버렸다. 나는 영문을 몰라 어리둥절했다.

나는 자리에서 일어나 그녀가 앉아 있는 의자 쪽으로 가서, 그녀를 조금 옆으로 물러앉게 하고 바로 그 옆에 앉았다. 사실 그녀의 무릎 위에 앉은 거나 마찬가지였다. 그러자 그녀는 정말 울기 시작했다. 다음 순간 나는 그녀 얼굴에 키스를 했다. 눈이고 코고 이마고 눈썹이고, 닥치는 대로 키스한 것이다. 그러나 입에만은 하지 않았다. 제인은 내가 입 근처에 접근하는 것은 허락하지 않았다. 그래서 우리는 애무에 가장 가까운 행위까지 했던 것이다.

얼마 후 제인은 몸을 일으키더니 집 안으로 들어가서 빨강과 흰색이 섞인 스웨터로 갈아입고 나왔다. 그 옷맵시에 나는 녹아 버렸다. 우리는 영화를 보러 갔다. 가는 도중에 나는 커다히 씨가—이것이 그 주정뱅이의 이름이었는데—무슨 짓을 하려고 했는지 물어보았다. 제인은 아직 어리지만 멋진 몸매를 가지고 있었기 때문에 커다히라는 놈의 구미를 자극했을 거라고 생각했다. 그러나 제인은 그렇지 않다고 대답했다. 그러니 나는 도무지 무슨 일이 있었는지 알 수 없었다. 상대가 어떤 여자인지에 따라서는 무슨 일이 있었는지 도무지 종잡을 수 없을 때도 있다.

우리가 한 번도 서로 애무하지 않았다든가 재미를 보지 않았다고 해서 그녀가 고드름 같은 여자라고 생각하면 안 된다. 그녀는 그런 여자가 아니다. 예컨대 나는 그녀와 항상 손을 잡고 다녔다. 손잡는 것이 뭐 그리 대단하냐고 하겠지만, 그녀와 손잡는 기분은 기가 막혔다. 대부분의 여자들은 손을 잡으면 맥이 빠지고 만다. 또는 상대를 지루하게 만들지나 않을까 두려워 손을 계속 움직이는 여자애들도 있다. 하지만 제인은 달랐다.

영화관 같은 곳에 들어가면, 우리는 자리에 앉자마자 즉시 손을 잡았다. 그러고는 영화가 끝날 때까지 놓지 않는다. 손의 위치를 바꾼다든가 요동을 부리는 일도 없이. 제인과 손을 잡고 있을 때는 손에 땀이 나든 안 나든 걱정할 필요가 없었다. 다만 우리가 알고 있는 것은 행복하다는 것뿐이었다. 정말 행복했다.

또 한 가지 생각나는 것이 있다. 한번은 영화관에서 제인이 나를 기절시킬 뻔했다. 뉴스 영화 비슷한 게 상영되고 있었는데 갑자기 내 목덜미에 누군가의 손이 와 닿는 것이 느껴졌다. 그건 바로 제인의 손이었다. 좀 당황스러운 일이었다. 그녀는 아직 어린 소녀였다. 여자가 누군가의 목덜미에 손을 갖다 대는 것은 스물다섯이나 서른 살쯤 되어서 할 수 있는 일일 것이다. 그것도 대개는 자기 남편이나 어린애들에게나 하는 행동이다. 사실 나도 동생 피비에겐 가끔 그런 행동을 한다. 그런데 새파란 소녀가 그런 행동을 하다니! 내가 기절할 뻔한 것도 당연하지 않은가.

그렇게 나는 로비의 지저분한 의자에 앉아 지난 일들을 회상했다. 제인을 회상했던 것이다. 그러자 제인이 그놈의 에드 뱅키의 차 속에서 스트라드레이터와 함께 있었다는 생각이 다시 떠올라 나는 미칠 것만 같았다. 제인이 스트라드레이터에게 일루를 밟도록 허락하지 않았으리라는 것은 알고 있었지만 그래도 미칠 것 같았다. 사실 이 일에 대해서는 이야기조차 하기 싫다.

로비에는 사람이 거의 없었다. 창녀처럼 생긴 금발의 여자들도 보이지 않았다. 나는 갑자기 그곳에서 뛰쳐나가고 싶었다. 너무나 우울했기 때문이다. 나는 고단하지도 않았다. 그래서 내 방으로 올라가 외투를 입었다. 그놈의 변태들이 아직도 뭘 하고 있는지 궁금해져서 창 밖을 내다보았지만, 이제는 불이고 뭐고 모조리 꺼져 있었다.

나는 엘리베이터를 타고 내려와 택시를 잡아타고 어니 클럽까지 가자고 했다. 어니 클럽은 그리니치 빌리지에 있는 나이트클럽인데, 형 D. B.가 할리우드에 팔려 가기 전에 자주 들르던 곳이다.

형은 가끔 나를 데리고 그곳에 갔다. 어니는 피아노를 치는 덩치가 큰 흑인이다. 그놈은 지독한 속물이라서 상대가 일류 인사나 명사가 아니면 말 상대조차 하지 않았다. 그러나 피아노만은 기막히게 쳤다. 너무 잘 치니까 정말 더럽게 잘 친다고 말할 수밖에 없다. 진부한 표현이지만 어쨌든 내가 느끼기에는 그랬다. 그의 연주를 듣는 걸 좋아했지만 때로는 그의 피아노를 엎어버리고 싶을 때가 있었다. 그놈의 연주를 듣고 있으면, 일류 인사 아니면 상대도 하지 않는 그놈처럼 그의 음악도 그렇게 들리기 때문이었다.

12

내가 탄 차는 방금 누군가가 그 안에다 토하기라도 한 것 같은 냄새가 나는 몹시 낡은 차였다. 밤늦게 어딘가 갈라치면 언제나 이렇게 구역질 나는 차를 타게 된다. 설상가상으로 토요일 밤인데도 거리에는 거의 아무도 없었다. 이따금 여자와 남자가 서로 허리를 감고 길을 건너가거나, 아니면 깡패 같은 녀석들이 여자들을 데리고 우습지도 않은 일에 하이에나처럼 웃고 있을 뿐이었다.

뉴욕은 밤 늦게 거리에서 누군가 웃으면 무서무시한 곳으로 변한다. 사방 몇 마일까지 소리가 울리는 곳이다. 그 소리는 사람을 외롭게 만들고 기를 죽인다. 아아, 집에 가서 피비와 잠시 지껄일 수 있으면 좋겠다. 나는 아직도 생각을 털어 버리지 못했다.

잠시 후 나는 운전기사와 대화를 나누게 되었다. 그의 이름은 호위트였다. 이 사람은 내가 먼저 탔던 택시의 운전사보다 훨씬 사람이 좋았다. 어쩌면 이 운전기사는 오리에 대해서 알지도 모른다는 생각이 들었다.

"저, 호위트 씨. 센트럴 파크의 초호(礁湖 : 작은 늪)를 지나가 본 적이 있습니까? 센트럴 파크 남쪽 말입니다."

"뭐라고 하셨습니까?"

"초호 말입니다. 조그만 연못같이 생긴 곳이요. 오리가 있는 곳 몰라요?"

"아, 그게 어쨌다구요?"

"거기서 오리가 이리저리 헤엄치고 있잖아요? 봄 같은 때 말이에요. 그런데 혹시 겨울이 되면 그 오리들이 어디로 가는지 아세요?"

"누가 어디로 간다고요?"

"오리요, 오리. 혹시 알아요? 누가 트럭 같은 것을 가지고 와서 어디로 싣고 가는 것 아닐까요, 아니면 자기들끼리 어디로 날아갈까요······. 남쪽이나 그 어디 따뜻한 곳으로 말이에요."

호위트는 몸을 돌려 나를 바라보았다. 그는 성질이 급한 사나이였다. 그러나 나쁜 사람은 아니었다.

"내가 그걸 알 까닭이 있소? 그런 바보 같은 것을 내가 어떻게 알겠소!"

"화는 내지 마십시오." 내가 말했다. 그가 화내고 있는 것 같았기 때문이었다.

"누가 화를 냅니까? 아무도 화낸 사람 없어요."

나는 그런 것쯤 가지고 화를 낸다면 할 수 없지 싶어서 그와의 대화를 그만두었다. 그런데 이번에는 그쪽에서 이야기를 시작하는 것이었다. 그는 다시 몸을 빙글 돌려 나를 바라보았다.

"물고기가 가긴 어딜 간다고. 그것들은 있던 자리에 그대로 있는 거죠. 물고기들 말이오. 바로 그 호수 속에 있다 이 말이오."

"물고기? 그건 다르지요. 물고기는 달라요. 난 오리 이야기를 하고 있는 겁니다."

"다르긴 뭐가 다르단 말이오? 다를 게 하나도 없어요."

호위트가 말했다. 그가 하는 말은 모두 화가 난 것 같은 말투였다. 그는 이렇게 덧붙였다.

"겨울에는 오리보다 물고기가 더 고달프다 이 말이오. 제발 머리 좀 쓰시오."

나는 잠시 아무 말도 하지 않았다.

"······알았어요. 그런데 그 작은 호수가 얼어붙으면, 사람들이 그 위에서 스케이트를 타며 놀 때 그놈들은 무엇을 하죠? 물고기 말입니다."

호위트는 다시 뒤돌아보았다. "무엇을 하다니?" 그는 나에게 고함치듯 말했다. 그리고 이렇게 대답했다.

"있는 그 자리에 그대로 있지요."

"얼음을 무시할 수는 없을 겁니다. 얼음을 그냥 무시해 버릴 수야 없죠."

"누가 무시한다는 말이오? 아무도 무시하지 않아요" 하고 호위트가 말했다. 그는 매우 흥분해 있었다. 나는 그가 흥분한 나머지 차를 곧장 전주 같은 것에 돌진시켜버릴까 봐 겁이 났다.

"그놈들은 얼음 속에서도 살아요. 그것이 본성이란 말이오. 그놈들은 겨우내 같은 자리에 가만히 있는다는 말이오."

"그럴까요? 그러면 뭘 먹죠? 얼음 속에 꽁꽁 얼어 있으면 먹이를 찾아 헤엄칠 수도 없을 텐데요."

"그놈들 몸은 애초부터 그렇게 만들어져 있소. 젊은이는 지금 돌았나 보군. 그들은 온몸을 통해 해초 같은 것들로부터 영양분이니 뭐니 닥치는 대로 취한단 말이오. 얼음 속에 있는 해초나 오물에서 말이오. 그것들은 항상 땀구멍을 열어 놓고 있는데, 그것이 그들의 본성이지요. 이제 내 말을 알아들었소?"

이렇게 말하고 그는 다시 나를 돌아보았다.

"아, 그래요?" 나는 말을 끊었다. 차가 어디로 곤두박질치지나 않을까 겁이 났기 때문이다. 게다가 워낙 성미가 급한 사나이였기 때문에 무엇을 의논해 봤자 재미가 없었다.

"어디다 차를 세우고 한 잔 하시지 않겠습니까?"

그는 대꾸하지 않았다. 아직 무엇을 생각하고 있는 모양이었다.

나는 다시 한 번 청했다. 그는 꽤 좋은 사나이였다. 흥미롭다고나 할까.

"난 술 마실 시간이 없어요." 그가 말했다. 그리고 말을 덧붙였다.

"도대체 몇 살이나 먹었소? 왜 집에 가서 자지 않지요?"

"피곤하지 않아서요."

어니 클럽 앞에서 택시비를 물었을 때 호위트는 다시 물고기 이야기를 끄집어냈다. 그는 그 문제를 되새기고 있었음에 틀림없다.

"만일 젊은이가 물고기라면 자연의 엄마가 돌봐 줄 것 아니오? 그렇지 않소? 겨울이라고 해서 물고기가 죄다 얼어 죽는다고는 생각하지 않겠죠?"

"그건 그렇지만……."

"됐어요. 그놈들도 죽지 않는다고 생각했으면 됐어."

호위트는 이렇게 말하고 지옥에서 튀어나온 박쥐처럼 차를 몰고 사라졌다. 그렇게 성질이 급한 사람은 생전 처음이었다. 무슨 말을 하든 모두 그를 화나게 하는 것이었다. 시간이 늦었지만 어니 클럽은 지독히 혼잡스러웠다. 대부분의 고객은 고등학생 아니면 대학생이었다. 이 세상에 있는 거의 모든 학교가, 내가 다니는 학교보다 일찍 크리스마스 휴가에 들어갔던 것이다. 외투를 맡길 데가 없을 정도로 만원이었다.

그러나 사방은 꽤 조용했다. 어니가 피아노를 연주하고 있었기 때문이다. 그가 피아노 앞에 앉는 것은 무슨 신성한 일처럼 여겨졌다. 아무도 그만큼 피아노를 잘 치는 사람은 없었기 때문이다. 나 말고도 두서너 쌍이 테이블이 나기를 기다리고 있었는데, 그들은 모두 어니가 연주하는 모습을 보기 위해 발끝으로 서 있었다. 어니는 피아노 앞에 커다란 거울을 달아 놓고 거기에다 스포트라이트를 비추게 하여, 연주하는 자기 모습을 누구에게나 잘 보이게끔 했다.

그래도 연주할 때 그의 손가락은 보이지 않았다. 그의 큼직하고 늙은 얼굴만 보였다. 내가 들어섰을 때 연주하던 곡이 무엇인지는 모르겠지만, 그것이 무슨 노래이건 간에 그는 그 곡에다 악취를 불어넣고 있었다. 높은 음을 칠 때는 바보 같은 잔물결 소리를 과시적으로 섞었고, 똥구멍이 간질거리게 하는 기만적인 기법을 잔뜩 섞었다. 그 작태에 나는 질려 버렸다.

그런데 연주가 끝났을 때 청중은 어떠했는가. 이건 진짜 네게도 보여 주고 싶다. 정말 구역질이 나는 광경이었다. 청중들은 열광하고 있었다. 영화를 보며 우습지도 않은 장면에서 하이에나처럼 웃는 얼간이들과 다를 바 없었다. 나는 맹세코 신에게 말할 수 있다. 내가 만일 피아니스트나 배우나 그 비슷한 나부랭이라면, 저런 백치 같은 것들이 나를 굉장하다고 인정할 때 나는 그들을 증오하리라. 그들이 나에게 박수를 보내는 것도 싫다. 인간은 항상 얼토당토 않은 것에 박수를 보낸다는 말이지. 내가 피아니스트라면 차라리 벽장 구석에서 연주할 것이다.

어니의 연주가 끝나자 사람들은 정신이 나간 듯이 박수를 쳐 댔다. 어니는 피아노 의자에서 몸을 돌려 겸손한 척, 가식적으로 인사를 했다. 마치 굉장한 피아니스트인 데다가 이를 데 없이 겸손한 인간이기나 한 것처럼. 그는 지독한 사기꾼이였다. 지독한 속물이라는 뜻이다. 그런데 우습게도 나는 그가 가엾다는 생각이 들었다. 사실 그놈은 자신의 연주가 제대로 된 것인지 아닌지조차 모를 거라는 생각이 들었기 때문이다. 그것은 그의 죄만은 아니다. 정신을 잃은 듯 박수를 치는 저 바보들에게도 책임이 있다. 그들은 기회만 있으면 누구든지 망쳐 버리는 존재들이다.

나는 다시 울적해지고 말았다. 진저리가 났다. 그래서 외투를 찾아 입고 호텔로 돌아갈 뻔했다. 하지만 시간은 아직 일렀고, 혼자 있고 싶지는 않았다.

마침내 나는 테이블로 안내되었다. 그곳은 벽 쪽인 데다 기둥 뒤여서 아무것도 보이지 않는 지저분한 자리였다. 게다가 매우 좁아 옆 테이블에 있는 사람들이 일어나서 비켜 주지 않으면—그놈들은 절대로 비켜 주지 않는 개새끼들이었다—의자로 올라가서 의자를 밟고 지나가야 할 판이었다.

나는 스카치와 소다수를 주문했다. 그것은 내가 차가운 럼 칵테일 다음으로 좋아하는 것이었다. 어니 클럽에서는 설사 여섯 살밖에 안 된 아이라 해도 술을 마실 수 있다. 실내가 어두운 데다 나이 같은 건 아무도 상관하지 않기 때문이다. 마약 복용자라고 해도 마찬가지였다.

나는 바보들에게 둘러싸여 버렸다. 이건 농담이 아니다. 내 바로 왼쪽, 그러니까 내 머리 바로 위에 있는 작은 테이블에는 우습게 생긴 사내와 우습게 생긴 여자가 한 쌍 앉아 있었다. 나이는 내 또래거나 아니면 조금 위 같았다. 정말 웃기는 것들이었다. 그들은 조금 남은 술을 너무 빨리 마셔 버리지 않으려고 애를 쓰고 있었다.

나는 달리 할 일도 없어서 잠시 그들의 대화에 귀를 기울였다. 남자는 그날 오후에 관람한 프로 축구 시합에 관해 이야기하고 있었다. 그 사내놈은 시합에서 있었던 플레이를 일일이 다 설명하고 있었다. 농담이 아니라 진짜로! 그렇게 지루한 녀석은 내 평생 처음이었다.

여자는 그런 이야기 따위에는 전혀 흥미가 없는 것이 분명했다. 그런데 여자가 더 우습게 생겼으므로 그 여자로서는 듣지 않을 수 없었다. 못생긴 여자란 진짜 고달픈 법이다. 때로 그들이 가엾게 느껴질 때가 있다. 얼굴을 바라볼 수 없는 때도 있다. 축구 시합 해설하느라 바쁜 바보와 함께 있을 때는 더욱 그렇다.

그런데 내 오른쪽에서 오가는 이야기는 더욱 가관이었다. 오른쪽에는 예일 대학생 같은 녀석이 있었다. 회색 플란넬 양복에다 경박한 바둑판무늬 조끼를 입고 있었다. 아이비리그에 다니는 놈들은 모두 비슷한 꼴이다. 아버지는 나더러 예일이나 프린스턴에 가라고 하시지만 난 죽어도 아이비리그의 학교엔 가지 않을 참이다. 어쨌건 예일 대학생처럼 보이는 이놈은 아찔할 정도로 예쁜 여자를 데리고 왔다. 그녀는 정말 미인이었다. 그런데 이들 둘이 주고받는 대화는 꼭 들어 둘 만했다.
 무엇보다 그들은 약간 취해 있었다. 그런데 남자놈이 무슨 짓을 하고 있었느냐 하면, 테이블 밑으로 그녀의 것을 만지고 있었다. 그러면서 자기 기숙사에 있는 어느 남학생이 아스피린을 한 병 다 먹고 자살하려고 했다는 이야기를 하고 있었다. 한편 여자는 "저런 끔찍해라! …… 안 돼요. 정말 안 돼요. 여기선 안 돼요" 하는 말을 계속하고 있었다. 상상해 보라, 여자를 만지작거리면서 동시에 자살 미수자 이야기를 하고 있는 꼴을! 나는 두 손 들고 말았다.
 그러나 나는 확실히 경마장의 말처럼 초조해지기 시작했다. 완전히 외톨이로 그곳에 앉아 있었기 때문이다. 담배나 피우고 술을 마시는 것 이외에는 아무것도 할 일이 없었다. 그래서 나는 보이에게, 어니가 나와 한 잔 할 생각이 없는지 물어보라고 했다. 내가 D.B.의 동생이라는 것도 전해 달라고 당부했다. 그러나 그 보이가 내 말을 어니에게 전했을 리 없다. 그놈들은 말을 전해 주는 법이 없는 놈들이니까.
 갑자기 한 여자가 다가와서는 "홀든 콜필드 아냐?" 하고 말했다. 릴리언 시몬스였다. 전에 형 D. B. 가 잠시 데리고 다니던 여자였다. 그녀는 무지하게 큰 젖통을 가지고 있었다.
 "안녕하세요?" 나도 아는 체했다. 나는 물론 자리에서 일어나려 했지만 자리가 그 지경이어서 일어나는 것도 큰일이었다. 시몬스는 엉덩이에 쇠꼬챙이를 넣고 다니는 것 같은 해군 장교와 함께 있었다.
 "여기서 만나다니 진짜 반갑다!" 시몬스가 말했다. 그건 위선이었다. 시몬스는 이어 "형은 어떻게 지내지?"라고 물었다. 사실은 그것을 알고 싶었던 것이다.
 "잘 있어요. 할리우드에 있습니다."
 "할리우드에? 그것 한번 멋지네. 뭘 하고 있지?"
 "잘은 몰라요. 글을 쓴대요." 내가 말했다. 난 그런 이야기는 하고 싶지 않았다. 시몬스는 형이 할리우드에 있다는 것만으로도 굉장하다고 생각하고 있었다. 대부분의 인간들은 모두 그렇게 생각한다. 형의 소설을 읽어 보지도 않은 인간들이 말이다. 이런 꼴은 언제나 나를 미치게 만든다.
 "얼마나 멋져!" 시몬스가 말했다. 그리고 나서 그녀는 나를 그 해군 장교에게 소개했다. 이름이 커맨더 블롭이라든가 뭐라고 했다. 그는 악수할 때 상대편의 손가락을 마흔 개 정도 부러뜨리지 않고는 직성이 풀리지 않을 그런 유형이었다. 나는 그런 인간들이 제일 싫다.

"혼자 있나요?" 릴리언 시몬스가 물었다. 그녀는 통로를 완전히 막고 있었다. 그렇게 길을 막고 사람이 지나다니지 못하게 만드는 것을 좋아하는 게 분명했다. 웨이터는 스몬스가 길을 비켜 주기를 기다리고 있었지만 그녀는 아랑곳하지 않았다. 참 재미있었다. 웨이터는 분명 스몬스를 그다지 좋아하지 않았다. 해군 장교도 자기가 데이트하는 상대인데도 그녀를 그다지 좋아하지 않는 것 같았다. 나 또한 그녀를 그다지 좋아하지 않았다. 아무도 그녀를 좋아하지 않았다. 어쩐지 그녀가 측은하다는 생각이 들었다.

"파트너가 없는 거야?" 시몬스가 나에게 물었다. 그때 나는 서 있었지만 시몬스는 나더러 앉으라는 말조차 하지 않았다. 시몬스는 사람을 몇 시간이고 세워 둘 타입이었다.

"잘 생겼죠?" 시몬스는 해군 장교에게 그렇게 말하고는 "홀든은 1분마다 더 미남이 되어 가는군." 나에게 말했다.

해군 장교가 시몬스에게 길을 막고 서 있다는 것을 상기시켰다. "홀든, 우리 자리로 와. 그 술을 가지고." 릴리언 시몬스가 다시 말했다. 그러나 나는 거절했다.

"난 지금 나가려던 참이었어요. 만날 사람이 있어요."

시몬스는 나에게 친절하게 대하려 애쓰는 기색이 역력했다. 그녀가 친절하게 대해주었다는 이야기가 형에게 전달되기를 기대하고 그랬을 것이다.

"둘러대기도 잘하는군. 좋아, 형을 만나거든 내가 증오한다고 전해 줘."

그녀는 내 자리를 떠났다. 해군 장교와 나는 서로 만나게 되어 반가웠다는 인사를 나눴다. 이건 정말 죽고 싶은 짓이었다. 만나서 조금도 반가울 것이 없는 사람에게 "만나서 반가웠습니다"라는 말을 늘어놓고 있다니! 하지만 세상을 살아가자면 그런 말도 해야 하는 법이다.

만날 사람이 있다고 그녀에게 말한 이상, 나는 그곳을 떠나는 도리밖에 없었다. 거기에 눌어붙어서 어니의 맵시 있는 음악을 더 듣고 있을 수는 없었다. 그렇다고 릴리언 시몬스와 그 해군 장교의 자리에 가서 앉을 생각은 추호도 없었다. 그건 지독히도 지루한 일일 것이다. 그래서 나는 그곳을 떠났다. 외투를 받아 입으면서 공연히 화가 치밀었다. 인간들은 언제나 남의 즐거움을 망친다니까.

13

나는 호텔까지 줄곧 걸었다. 41개나 되는 찬란한 구간을 걸어간 것이다. 걷고 싶었기 때문은 아니다. 또 한 대의 택시에 타고 내리는 것이 귀찮았다. 택시 타는 일도 엘리베이터를 타는 것과 마찬가지로 싫증 날 때가 있는 법이다. 갑자기 아무리 먼 곳이건, 아무리 높은 곳이건 걸어서 가지 않으면 직성이 풀리지 않을 때가 있다. 어렸을 때 나는 우리 아파트의 방까지 자주 걸어서 올라가곤 했다. 12층이었는데도.

조금 전까지 눈이 내렸다고는 상상할 수 없을 풍경이었다. 인도 위에는 눈이 거의 없었다. 그러나 날씨는 무섭게 추웠다. 그래서 나는 주머니에서 빨간 사냥모자를 꺼내어 썼다. 맵시 따위에는 신경도 쓰지 않았다. 나는 귀 덮개까지 밑으로 내렸다. 나는 펜시에서 어떤 놈이 내 장갑을 훔쳐갔는지 알고 싶어졌다. 손이 꽁꽁 얼어붙고 있지 않은가. 그놈을 알아낸다고 해서 무슨 조치를 취하겠다는 뜻은 아니다. 나야말로 겁이 많은 놈이니까. 겉으로 드러내지 않으려고 애쓰고 있지만 사실 나는 그런 놈이다.

예컨대 펜시에서 내 장갑을 훔쳐간 놈을 알아냈다고 치자. 나는 아마 그 사기꾼의 방까지 가서는 "내 장갑을 돌려주는 게 어때?" 하고 말할 것이다. 그러면 그 사기꾼은 시치미를 뚝 떼고 천진한 얼굴로 "장갑이라니, 무슨 장갑?" 하고 말할 것이다. 그러면 나는 그놈의 옷장 문을 열어젖히고 반드시 그 장갑을 찾아낼 거다. 가령, 덧신 같은 데다 감춘 것을 말이다. 나는 그것을 꺼내 가지고 그놈에게 내보이면서 "그래, 이게 네 장갑이냐?" 하고 말할 것이다. 그러면 그놈은 엉터리 같은 천진한 얼굴로 "그런 장갑은 처음 보는데. 네 것이면 가져가. 그따위 것, 나한테는 필요 없으니까" 하고 말할 것이다.

그렇게 되면 나는 5분쯤 가만히 서 있을 것이다. 나는 장갑을 손에 쥐고는 그놈의 턱을 향해 한 대 먹여야겠다고 생각할 것이다. 그놈의 턱을 부숴 놓아야겠다고. 그렇지만 막상 그렇게 할 용기는 없을 것이다. 그냥 거기에 서서 험악한 인상을 지으려고 애쓸 것이다.

어쩌면 나는 아주 신랄하고 지저분한 욕을 퍼부어 그놈을 약오르게 하겠지. 그놈의 턱을 갈기는 대신에. 그래서 내가 신랄하고 지저분한 욕을 퍼부으면 그놈은 일어나서 내게 다가와 "임마, 콜필드. 너, 나를 도둑놈 취급하는 거야?" 하고 소리칠 것이다. 그러면 나는 "그렇다. 이 더러운 도둑놈 같으니!" 하고 대답하는 것이 아니라 "아니, 다만 내 장갑이 네 덧신 속에 들어 있었다 이 말이야"라고 하는 게 고작일 터이다. 그러면 그놈은 내가 저를 때리지 않을 것을 확신하고 "이봐, 이건 정확히 해 두자구. 그래, 나를 도둑놈이라고 할 거야?" 하고 되묻는다. 그러면 나는 아마 "도둑놈이라고 말할 사람은 아무도 없을 거야. 다만 내 장갑이 네 덧신 속에 들어가 있었다 이거지" 하고 말할 것이다.

이야기는 몇 시간이고 이런 식으로 계속될 것이다. 결국 나는 그 사기꾼을 때리지도 못하고 그냥 방을 나와 버리겠지. 그러고는 세면장에 가서 몰래 담배를 피우면서 거울에 비친 자신의 모습을 한층 험상궂게 보이게끔 연기할 것이다.

호텔로 돌아가는 도중 나는 줄곧 그런 생각을 했다. 겁이 많은 것은 아무래도 재미없다. 아마 나는 지독한 겁쟁이는 아닐 것이다. 글쎄, 잘 모르겠다. 약간 겁쟁이인지도 모른다. 그리고 장갑쯤은 잃어버려도 그다지 신경쓰지 않는 타입의 인간인지도 모른다. 문제는 내가 무엇을 잃어버려도 그다지 신경 쓰지 않는다는 점이다. 그래서 어렸을 때 간혹 엄마를 몹시 화나게 하곤 했다. 어떤 아이들은 잃어버린 것이 있으면 며칠이고 끈질기게 그것을 찾는다. 나는 잃어버렸을 때 속 태울 만한 물건을 가져 본 적이 없는 것 같다. 어쩌면 그래서 내가 겁쟁이인 건지도 모르지.

나는 좀 겁쟁이일지도 모르겠다. 그렇다고 변명하는 것은 아니다. 정말이다. 정말이지 겁쟁이는 되지 말아야 한다. 누구의 턱을 갈겨야 할 때라든가, 갈기고 싶을 때에는 반드시 갈겨야 한다. 그런데 나는 그 방면에 소질이 없다. 턱을 갈기기보다는 차라리 창 밖으로 내던지든가, 그놈의 모가지를 도끼로 잘라 버리는 편이 낫겠다.

나는 주먹 싸움은 죽어도 싫다. 얻어맞는 것은 괜찮다. 물론 맞는 걸 좋아하는 건 아니다. 하지만 주먹 싸움에서 제일 겁나는 것은 상대편 얼굴이다. 나로서는 상대편 얼굴을 쳐다볼 수가 없다는 게 문제이다. 양쪽이 다 눈을 가리든가 한다면 해볼 만도 하다. 생각해 보면 이것은 야릇한 비겁함이다. 뭐, 어쨌든 나는 비겁한 사람임에 틀림없다. 그냥 농담으로 그러는 게 아니다.

장갑과 비겁함에 대해 생각할수록 나는 더욱 풀이 죽는다. 그래서 계속 걸으면서 어딘가 들러 한잔 더 해야겠다고 생각했다. 어니 클럽에선 석 잔밖에 마시지 않았다. 그것도 마지막 잔은 마시지도 않고 나왔다.

나는 술에 무지하게 강하다. 밤새도록 마시고도 기분만 좋으면 마신 티가 전혀 나지 않는다. 후턴 고등학교에서 있었던 일인데, 레이먼드 골드팝이라는 놈과 둘이서 스카치 1파인트를 사다가 토요일 밤 예배당에서 마신 적이 있다. 거기라면 아무도 보는 사람이 없을 것이기 때문이었다. 그 녀석은 곤드레만드레 취했지만 나는 얼굴에 티도 나지 않았다. 나는 침착하고 냉정했다. 자기 전에 토하긴 했는데 그것도 억지로 토한 것이었다.

나는 호텔에 가기 전에 너저분한 바에 들어가려 했다. 그러나 안에서 지독하게 취한 두 사나이가 나와서 지하철이 어디 있는지 물었다. 그중 하나는 쿠바 사람처럼 보였는데, 길을 알려 주는 내 얼굴에다 썩은 냄새가 나는 입김을 계속 뿜어 대는 것이었다.

결국 나는 그 술집에 들어가지 않기로 하고 그냥 호텔로 돌아왔다.

로비는 텅 비어 있었다. 그곳에는 마치 5천 만 개의 담배꽁초에서 내뿜는 듯한 냄새가 가득 차 있었다. 이건 정말이다. 나는 졸음이 오거나 불편하지는 않았다. 그러나 어쩐지 기분이 언짢았다. 우울했다. 차라리 죽고 싶었다.

그 후부터는 갑자기 엉망진창인 일에 말려들고 말았다.

내가 엘리베이터에 타자 엘리베이터 보이가 "재미 보지 않겠어요? 좀 시간이 늦었나요?" 내게 말하는 것이었다.

"무슨 말이죠?" 내가 물었다. 나는 그가 무슨 말을 하는지 도무지 알 수가 없었다.

"오늘 밤 여자에 관심 있으십니까?"

"나 말입니까?" 내가 반문했다. 정말 바보 같은 대답이었다. 하지만 누군가 다짜고짜 그런 질문을 하면 정말 어리벙벙해질 수밖에 없잖은가.

"몇 살이나 되셨죠?" 보이가 물었다.

"그건 왜 물어요? ……스물둘이오."

"그래요? 어때요? 흥미 없나요? 잠깐은 5달러, 긴 밤은 15달러면 돼요."

그는 시계를 보고 덧붙였다.

"잠깐 놀면 5달러고 정오까지 길게 놀면 15달러."

"좋아요." 내가 말했다. 그것은 내 원칙에 어긋나는 일이었지만 하도 우울해서 원칙이고 뭐고 생각조차 하지 않았다. 그것이 문제였다. 사람은 우울할 땐 분별이 없어진다는 사실, 이것이 문제이다.

"좋다면 어느 쪽을 하시겠소? 짧은 시간이오, 긴 시간이오? 우선 그것부터 알아야 되니까요."

"짧은 시간."

"좋아요. 당신 방은?"

나는 열쇠에 달려 있는 빨간 딱지를 보았다. 그 위에 번호가 있었다.

"1222호."

나는 일이 이렇게 된 것을 벌써 후회하고 있었다. 그러나 때는 이미 늦었다.

"그럼 15분 후에 아가씨를 올려 보내겠습니다."

그가 문을 열자 나는 엘리베이터에서 내렸다. 그러다가 질문을 했다.

"이봐요, 예쁜 여자요? 늙은 건 질색인데."

"늙지 않았어요. 그건 염려 마세요."

"돈은 누구에게 주지?"

"여자한테. 이제 됐습니까?" 그 녀석은 문을 닫았다. 내 코가 문 틈에 낄 뻔했다.

나는 방에 들어가 머리에다 물을 좀 발랐다. 그러나 스포츠형 머리여서 빗질이 불가능했다. 다음으로 입에서 썩은 내가 나지 않나 실험해 보았다. 담배를 워낙 많이 피웠고, 어니 클럽에서 스카치와 소다까지 마셨기 때문이다. 실험하려면 입 아래 손을 대고 숨이 콧구멍 쪽으로 올라가게 하면 되었다. 그다지 썩은 내는 나지 않았다. 그래도 어쨌건 이를 닦았다. 그러고는 와이셔츠도 깨끗한 것으로 바꿔 입었다. 창녀 따위 때문에 치장까지 할 필요는 없다는 걸 알고 있었지만 그래도 뭔가 해야 한다는 생각이 들었다.

나는 약간 불안감을 느꼈다. 성적 흥분을 느꼈지만 그래도 불안했다. 사실 나는 숫총각이었다. 이건 정말이다. 총각 딱지를 뗄 기회는 꽤 많이 있었지만 아직 골인에는 성공하지 못한 상태였다. 늘 그것을 방해하는 일이 일어났기 때문이다. 예컨대 여자의 집에 가면 언제나 그녀의 부모가 엉뚱한 시간에 귀가했다. 또는 엉뚱한 시간에 돌아오지 않을까 지레 두려워하기도 했다. 어떤 때는 친구와 차를 같이 썼는데, 앞자리에 있는 여자가 공연히 우리가 있는 뒷좌석에 신경을 쓰며 뒤에서 무슨 일이 벌어지는지 알려고 했다. 어쨌든 반드시 무슨 일이 일어났다.

그러나 진짜로 할 뻔했던 적은 몇 번 있었다. 특히 그중 한번은 거의 성공할 태세였다. 그러나 무언가가 어긋나고 말았다. 그것이 무엇인지 지금은 기억조차 할 수 없다.

실은 여자와, 그러니까 창녀가 아닌 보통 여자와 막 하려고 할 때에는 여자 쪽에서 계속 못하게 말린다. 그런데 문제는 내가 그녀의 말대로 정말 그만두고 마는 데 있다. 대부분의 새끼들은 그만두지 않지만, 나는 그렇지 않다. 여자 쪽이 정말 그쯤에서 그만두기를 원하는 것인지, 혹은 겁을 집어먹고 있는 것인지, 또는 그 짓을 하고 말았을 때 책임을 내 쪽에 다 전가시키려고 그렇게 하는 것인지 도무지 알 수 없다.

어쨌든 나는 그만두고 만다. 여자가 불쌍하다는 생각이 들기 때문이다. 대부분의 여자는 머리가 좀 둔하다. 잠시 애무하면 여자는 그만 이성을 잃고 만다. 여자는 흥분하면 사고력을 완전히 잃어버린다. 알다가도 모를 일이다. 여자가 그만두라고 해서 그만두는 것뿐이다. 여자를 집에 데려다 주고 나서는 그만두지 말았어야 하는 건데, 하고 후회한다. 그러면서도 나는 늘 그런 식으로 그만두곤 했다.

나는 깨끗한 와이셔츠로 갈아입으면서 이번이야말로 절호의 기회라고 생각했다. 상대가 창녀니까 그녀를 상대로, 나중에 다른 여자와 결혼하게 될 경우를 대비해서 연습할 수도 있을 거라고 생각했다. 나는 결혼에 대해 이따금 걱정할 때가 있다.

후턴 고등학교에 다닐 때 읽은 책 중에 세련되고 상냥하고 게다가 매우 섹시하게 생긴 사나이가 등장하는 책 한 권이 있었다. 지금도 기억하는데, 그의 이름은 무슈 블랑샤르였다. 지저분한 책이었지만 이 블랑샤르라는 사나이는 꽤 멋진 놈이었다. 유럽의 리비에라에 큰 저택을 가지고 있었다. 그가 여가 시간에 하는 일이란 곤봉으로 여자를 때리는 일이었다. 지독한 탕아였다. 그러나 그는 여자를 녹여 버리는 사나이였다.

그 사나이의 말을 빌리면, 여자의 육체란 바이올린과 같아서 그것을 잘 연주하려면 우선 훌륭한 연주가가 되어야 한다는 것이다.
 물론 그것은 엉터리 같은 책이었다. 나도 잘 안다. 그래도 바이올린과 같다고 말한 대목은 도무지 잊을 수가 없다.
 그래서 결혼할 때를 대비해서 연습 좀 해 보자는 생각이 들었던 모양이다. 콜필드와 마법의 바이올린! 그럴 듯했다. 엉터리라는 것을 나도 깨닫고는 있지만 그렇다고 완전히 엉터리는 아닌 것 같았다. 그런 짓도 잘하면 나쁠 것이 없지 않은가. 사실 여자와 어울리고 있을 때 나는 내가 찾아야 할 것을 찾는 데만도 무진 애를 먹었다. 예를 들면 아까 말한 그 할 뻔하다 못 한 여자의 경우, 그녀의 브래지어를 벗기는 데 한 시간이나 걸렸던 것이다. 겨우 벗겼을 때 그녀는 내 눈에다 침을 뱉을 것 같은 표정을 짓고 있었다.
 나는 방 안을 이리저리 서성거리면서 창녀가 나타나기를 기다렸다. 예쁜 여자이기를 계속 기원했다. 그러나 그것에 그다지 신경을 쓴 것은 아니다. 그냥 끝내 버렸으면 하는 심정이었다. 드디어 문을 노크하는 소리가 들렸다. 문을 열어 주러 가다가 바닥에 놓은 여행 가방에 걸려 넘어져서 하마터면 무릎을 박살낼 뻔했다. 나는 언제나 중요한 순간에 여행 가방 같은 것에 걸려 넘어지곤 한다.
 문을 열자 창녀가 서 있었다. 폴로 외투를 걸치고 모자는 쓰지 않았다. 금발에 가까운 머리였지만 염색한 머리라는 것을 곧 알 수 있었다. 늙은 여자는 아니었다. "안녕하세요?" 나는 인사했다. 지독히 상냥한 목소리로.
 "모리스가 말한 분이에요?" 그녀가 물었다. 그다지 다정하진 않았다.
 "엘리베이터 보이 말입니까?"
 "그래요."
 "그게 바로 나요. 자, 들어와요."
 나는 차츰 태연해지고 있었다. 정말이다.
 창녀는 방에 들어오자 외투를 벗어 팽개치듯 침대 위에 던져 놓았다. 외투 안에 입은 옷은 초록색이었다. 그러고 나서 그녀는 책상 의자에 비스듬히 앉아 한쪽 발끝을 올렸다 내렸다 까불거렸다. 그러다가 다시 다리를 꼬고 앉아 위에 얹힌 다리를 흔들어 댔다. 창녀치고는 불안해하고 있는 편이었다. 아마 아직 꽤 어린 나이였기 때문일 것이다. 내 나이 또래였다. 나는 그녀 옆의 큰 의자에 앉아 담배를 권했다.

"담배 안 피워요." 그녀가 말했다. 아주 작아서 모기 소리 같았다. 뭐라고 하는지 거의 들리지도 않았다. 도대체가 무엇을 권해도 고맙다는 인사도 하지 않았다. 철이 들지 않은 여자였다.

"내 소개부터 해야겠군. 나는 짐 스틸이라고 해요." 내가 말했다.

"시계 가지고 있어요?" 그녀가 물었다. 말할 것도 없이 내 이름 따위에는 관심도 없었다. 그녀는 다시 물었다.

"근데, 몇 살이나 되었죠?"

"나 말이오? 스물둘."

"웃기네."

이건 정말 재미있는 말이다. 어린애가 하는 말 같았기 때문이다. 창녀가 '사기 치지 마' 또는 '농담 마!' 같은 말 대신 '웃기네'라고 하다니!

"몇 살이나 되었지?"

내가 그녀에게 물었다.

"철이 들 만큼 먹었어요."

그녀가 말했다. 그녀는 정말 재치 있는 여자였다. "시계 있으세요?" 하고 그녀가 다시 물었다. 그러고는 일어서서 머리 위로 옷을 잡아당겨 벗었다.

그러자 내 기분은 묘해졌다. 그녀가 너무 갑작스레 그렇게 했던 것이다. 여자가 일어나서 옷을 벗으면 보통 남자들은 성적인 충동을 느낄 것이다. 그러나 나는 전혀 충동을 느끼지 않았다. 성적 충동이라고는 조금도 느낄 수 없었다. 오히려 울적함을 느꼈다.

"시계 가지고 있어요?"

"없는데."

내가 대답했다. 정말 묘한 기분이 들었다. "이름이 뭐요?" 내가 그녀에게 물었다. 그녀가 몸에 걸치고 있는 것이라고는 핑크색 슬립뿐이었다. 정말이지 당황스러웠다.

"서니라고 해요." 그녀가 말했다. 그러고는 빨리 하자고 재촉했다.

"이야기 좀 하지 않겠소?" 이건 어린애 같은 발언이었지만 그때 내 기분은 미묘했다. "그렇게 급해요?"

이렇게 말하자 그녀는 미친 사람을 보듯 나를 보았다.

"대체 무슨 말을 하자는 거예요?"

"글쎄, 특별한 것은 없어요. 난 혹시 이야기를 하고 싶지 않을까 해서……."

그녀는 다시 책상 의자에 가서 앉았다. 그녀는 이야기하기 싫은 모양이었다. 그녀는 다시 발을 까불기 시작했다. 정말이지 그녀는 무언가에 쫓기는 듯한 여자였다.

"담배 피우지 않겠소?" 나는 말했다. 그녀가 담배를 피우지 않는다는 것을 깜빡한 채.

"피우지 않는다니까요. 얘기하려거든 어서 해요. 난 할 일이 있으니까요."

그러나 도무지 얘기할 건덕지가 생각나지 않았다. 어쩌다가 매춘부 같은 것이 되었느냐고 묻고 싶었지만, 그걸 묻기는 겁이 났다. 그런 질문에는 대꾸도 하지 않을 것이다.

"뉴욕 출신 아니죠?"

드디어 물음을 던졌다. 그것이 내가 고작 생각해낸 화제였다.

"할리우드." 그녀가 말했다. 그러고는 일어서서 아까 자기 옷을 내려놓은 침대 쪽으로 걸어갔다.

"옷걸이 있어요? 옷을 구기기 싫으니까. 이건 새로 드라이클리닝한 거예요."

"물론 있어요."

나는 바로 대답했다. 일어서서 무슨 일을 하게 된 것이 기쁘기만 했다. 나는 그녀의 옷을 가져다 옷장 안에 걸어 주었다. 우습다는 생각이 들었다. 나는 그 옷을 걸어 줄 때 좀 서글퍼졌다. 그녀가 옷가게에 들어가 그 옷을 사는 장면을 상상했던 것이다. 옷가게에서는 누구도 그녀가 창녀라는 사실을 몰랐을 것이다. 그런 생각이 나를 서글프게 했다. 이유는 잘 모르지만.

나는 다시 의자에 앉아 아까 그 이야기를 계속하려 했다. 그러나 그녀는 대화에 지독히 서툴렀다.

"매일 밤 일하나요?" 물었다. 말하고 나서야 내가 지독한 질문을 했다는 것을 깨달았다.

"네, 그래요."

그녀는 방 안을 이리저리 서성거리다가 책상에서 메뉴판을 집어 들고 읽었다.

"낮에는 뭘 하나요?"

그녀는 어깨를 약간 으쓱했다. 상당히 마른 몸이었다.

"잠을 자든가 영화를 보러 가요." 그녀는 메뉴를 내려놓고 나를 바라보았다. "자, 어서 해요. 나도……."

"이봐요. 오늘 밤에 기분이 나지 않아. 여러 가지 문제로 시달린 밤이었어요. 맹세코 말하는데 돈은 주겠어요. 혹시 하지 않더라도 상관없겠죠? 별상관 있을라고!"

문제는 내가 그냥 하고 싶지 않다는 데 있었다. 사실을 말하자면 그때 나는 성적 흥분보다는 우울함을 느끼고 있었던 것이다. 옷장에 걸려 있는 초록색 옷이라든가 그 밖의 것들이라든가……. 어쨌든 그녀는 나를 우울하게 했다. 게다가 온종일 바보 같은 영화관에 앉아 있는 그런 여자와는 할 수가 없었다. 정말 도저히 할 수 없다는 생각이 들었다.

그녀는 내 말을 믿을 수 없다는 듯이 우스운 표정을 짓고 내게로 다가왔다.

"어떻게 된 거예요?" 그녀가 물었다.

"아니, 아무것도." 말은 했지만 나는 점점 불안감을 느끼고 있었다.

"실은 최근에 수술을 받았거든."

"그래요? 어디를?"

"글쎄…… 뭐라더라…… 클라비코드라고 하더군."

"네? 그게 어디예요?"

"클라비코드 말이에요? 어…… 척수관 안에 있는 거예요. 척수관 아래쪽에 붙어 있어요."

"그래요? 아팠겠네요."

그녀는 이렇게 말하고 나서 내 무릎 위에 앉는 것이었다.

"귀여운 남자로군요."

그녀는 점점 더 나를 불안하게 했다. 그래서 나는 열심히 거짓말을 꾸며댔다.

"아직 회복기에 있어요."

"당신은 영화에 나오는 사람과 닮았군요. 그 남자 이름이 뭐라더라? 저, 그 남자 있잖아요?"

"모르겠는데요." 내가 말했다. 여자는 내 무릎에서 내려가려 하지 않았다.

"잘 알면서. 멜빈 더글라스와 같이 영화에 나오는 그 사람 말이에요. 멜빈 더글라스의 동생으로 나오는 배우 있잖아요? 보트에서 떨어지는 남자 말이에요. 내가 누구를 말하는지 알고 있죠?"

"아니, 모르겠는데요. 나는 가능하면 영화관엔 가지 않거든요."

그러고 나서 그녀는 이상한 짓을 하기 시작했다. 이건 정말 노골적이었다.

"그런 짓 하지 말아 주었으면 좋겠는데." 내가 말했다. "아까도 말했지만 기분이 나지 않는다니까. 수술을 받았다고."

그녀는 내 무릎에서 내려가지 않고 나를 무서운 표정으로 노려보았다.

"이봐요, 나는 자고 있었어요. 자고 있는데 모리스가 깨운 거예요. 만약에 당신이 날……."

"그래서 말했잖아? 왔으니까 돈은 주겠다고 말야. 정말 준다니까. 돈은 얼마든지 있어요. 다만 중병에서 회복하는……."

"그럼 왜 모리스 놈에게 여자가 필요하다고 말했죠? 그 뭔지를 수술했다면서."

"몸이 훨씬 나았다고 생각한 거지. 계산 착오였어요. 농담이 아녜요. 미안해요. 자, 잠깐 일어나요. 지갑을 꺼내야 되니까."

그녀는 지독히 화가 나 있었다. 그러나 그녀는 내 빌어먹을 무릎에서 겨우 일어나 주었다. 덕분에 나는 찬장으로 가서 지갑을 가져올 수 있었다. 나는 5달러짜리 지폐를 꺼내어 그녀에게 건네주며 인사말을 했다.

"고마워요. 무척 고마웠어요."

"이거 5달러 아녜요? 10달러를 줘야지요."

그녀가 이상하게 구는 것이 분명했다. 사실은 이런 일이 일어나지나 않을까 은근히 걱정하고 있었던 참이었다.

"모리스는 5달러라고 했어요. 정오까지면 15달러이고 잠깐은 5달러라고 했어요."

"잠깐이 10달러예요."

"그 새끼가 5달러라고 했다니까. 미안하지만…… 정말 미안하지만 나는 그것밖에 낼 수 없어."

그녀는 전처럼 어깨를 약간 으쓱했다. 그런 다음 "미안하지만 저 옷 좀 집어 주지 않겠어요? 내가 너무 어려운 부탁을 하고 있나요?" 냉랭하게 말했다.

　그녀는 작은 도깨비 같았다. 작고 가는 목소리였지만 사람을 좀 으쌕하게 만드는 무엇이 있었다. 짙은 화장에 덩치가 우람한 늙은 창녀라 해도, 도깨비 같은 인상을 준다는 점에서는 그녀의 반도 따라오지 못했을 것이다.
　나는 그녀의 옷을 가져다주었다. 그녀는 그것을 입고 침대에서 폴로 외투를 집어 들었다.
　"그럼 안녕, 못난이." 그녀가 말했다.
　"잘 가요." 나도 말했다. 고맙다느니 뭐니 하는 따위는 생략했다. 그러기를 잘한 것이다.

14

　서니가 나가고 난 다음, 나는 잠시 의자에 앉아 담배 두서너 개비를 피웠다. 밖이 환해지고 있었다. 정말 비참한 기분이 들었다.
　내가 얼마나 침울했는지 상상할 수도 없을 것이다.
　그 후에 내가 한 일은 앨리와 대화한 것이다. 내 동생 앨리와 진짜 소리를 내어 대화를 했다. 이건 내가 우울할 때 종종 튀어나오는 버릇이다. 집에 가서 자전거를 끌고 나와 보비 폴론의 집 앞에서 만나자고 앨리에게 말했다.
　보비 폴론은 메인 주에 살 때 바로 옆집에 살던 아이였다.
　벌써 여러 해 전 이야기이다.
　어쨌든 실제로 나와 보비는 어느 날 서로의 자전거를 타고 세데 베고 호수까지 가기로 되어 있었다. 우리는 도시락과 공기총을 가지고 가기로 했다. 우리는 아직 어린애들이었으니까. 그래서 우리는 공기총으로 뭔가 쏠 수 있을 것이라고 생각했다. 보비와 내가 이야기하는 것을 듣고 앨리는 저도 가고 싶다고 말했다. 나는 허락하지 않았다. 너는 아직 어리다고 말했다. 그래서 어쩌다 지금처럼 우울해질 때에는 "그래 좋아. 집에 가서 네 자전거를 가지고 와. 보비네 집 앞에서 만나자. 빨리 서둘러" 하고 앨리에게 말하는 것이다. 그렇다고 그 무렵 내가 어디에 갈 때 앨리를 데리고 가지 않았다는 뜻은 아니다. 꼭 데리고 다녔다. 그런데 그날만은 데리고 가지 않았던 것이다. 물론 앨리는 화내지 않았다. 그애는 어떤 일에도 결코 화를 내지 않았다. 그때 일은 지금도 종종 생각난다. 특히 어쩌다 우울해질 때에는 더더욱.

결국 옷을 벗고 침대에 들어갔다. 침대에 눕자 기도를 하고 싶었다. 그러나 그럴 수가 없었다. 기도를 하고 싶다고 해서 항상 할 수 있는 것은 아니다. 나는 일종의 무신론자였다. 나는 예수는 좋아하지만 성서에 기록된 대부분의 것은 그다지 좋아하지 않는다.

예컨대 열두 제자 같은 것은 좋아하지 않는다. 사실 그 제자들은 질색이다. 예수가 죽은 후의 그들은 그래도 괜찮은 편이지만, 예수가 살아 있는 동안은 예수의 밥이나 축내는 인간들에 불과했으니까. 그들이 한 일은 예수를 끌어내리는 일뿐이었다.

오히려 성서에 나오는 다른 인간들이 제자들보다 더 마음에 든다.

진실을 말하건대 성서에서 예수 다음으로 내가 제일 좋아하는 인물은 바로 무덤 속에 살면서 돌로 제 몸에 상처를 입히는 미치광이다. 그 불쌍한 자가 사도들보다 몇 십 배나 더 마음에 든다. 내가 후턴 고등학교에 다닐 때의 일인데, 아래층에 살던 아서 차일스라는 아이와 이 문제에 대해서 여러 번 토론을 벌인 일이 있다. 차일스 놈은 퀘이커 교도였는데, 밤낮 성서를 읽는 놈이었다. 그애는 무척 좋은 애였다. 나도 그를 좋아했다.

그러나 성서의 내용에 관한 한 우리는 여러 가지 점에서 의견이 달랐다. 열두 사도에 대해 특히 그랬다. 차일스의 말로는, 내가 열두 사도를 좋아하지 않는다면 의당 예수도 좋아하지 않아야 한다는 것이었다. 예수가 열두 사도를 골랐으므로 우리는 사도들까지 좋아해야 한다는 주장이었다. 나는 예수가 그들을 고르기는 했어도 사실 아무렇게나 고른 것이라고 말했다. 예수에겐 그네들을 하나하나 분석할 시간이 없었다고 말이다. 그렇다고 예수를 비난한다거나 하는 것은 아니라고도 말했다. 시간이 없었던 것은 예수의 잘못이 아니니까. 지금도 기억나는데, 나는 차일스에게 예수를 배반한 유다가 자살하고 난 다음 지옥에 갔을 거 같으냐고 물었다. 차일스는 물론이라고 대답했다. 바로 그 점에서 나는 그와 의견이 달랐다. 예수는 유다를 지옥에 보내지 않았을 것이다. 나는 천 달러라도 걸겠다고 했다. 지금도 나는 천 달러를 걸겠다. 만약 천 달러가 있기만 하다면. 아마 사도들은 누구든지 유다를 지옥으로 보냈을 것이다. 그것도 아주 급하게. 그러나 예수는 절대로 그런 짓은 하지 않았을 것이다.

차일스는 내가 교회에 가지 않는 게 문제라고 했다. 어떤 의미에서 그애의 말은 옳았다. 사실 나는 교회에 가지 않는다. 애초에 내 부모는 종교가 각기 다르고 자식들은 모두 무신론자들이다. 게다가 나는 목사라는 자들에 대해 참을 수가 없다. 내가 다닌 학교마다 목사가 있었는데, 모두 설교를 시작할 때마다 판에 박힌 거룩한 목소리를 꾸며 내는 것이었다. 나는 그게 싫었다. 왜 좀 자연스런 목소리로 말할 수 없는지를 아직도 모르겠다. 그들의 이야기는 정말 위선처럼 들린다.

나는 침대에 누웠지만 전혀 기도할 수가 없었다. 기도를 시작할 때마다, 아까 그 서니라는 년이 날 보고 못난이라고 말하던 장면이 떠올랐다. 결국 침대에서 일어나 앉아 다시 담배 한 대를 피웠다. 맛이 썼다. 팬시를 떠난 이래로 벌써 두 갑은 피웠을 것이다.

그렇게 담배를 피우고 있는데 갑자기 누군가가 문을 두드렸다. 내 방문이 아니기를 줄곧 바랐지만 그것이 내 방문이라는 것은 너무나 확실했다. 어떻게 알았냐고? 설명할 순 없지만 어쨌든 알고 있었다.

그리고 노크하는 사람이 누구인지도 알고 있었다. 나에겐 신통력과 같은 예민한 감각이 있었으므로. "누구세요?" 내가 물었다. 몹시 겁이 났다. 이런 일에 대해서 나는 꽤 겁쟁이였다.

그러나 밖에서는 계속 노크만 했다. 점점 더 세게 두드렸다. 마침내 나는 파자마 바람으로 침대에서 나와 문을 열었다. 일부러 불을 켤 필요조차 없었다. 이미 날이 환하게 밝았기 때문에. 서니 년과 포주 같은 모리스가 거기서 있었다.

"웬일입니까? 무슨 일이라도?"

제기랄! 목소리가 덜덜 떨렸다.

"별일은 아니오. 5달러만 내시오."

두 사람을 대표해서 모리스가 말하고 있었다. 서니 년은 그 바로 옆에서 입을 벌린 채 그냥 서 있었다.

"돈은 벌써 주었어요. 5달러를 그녀에게 줬다고요. 물어봐요."

내가 말했다. 제기랄, 목소리가 주책없이 떨렸다.

"10달러란 말야. 내가 그렇게 말했잖아? 한 번에 10달러지만 정오까지면 15달러라고. 그렇게 말하지 않았나?"

"그렇게 말하지 않았어요. 한 번에 5달러에다 정오까지면 15달러라고 들었어요. 난 분명히 그렇게 들었으니까…….”
"좀 비켜.”
"왜 그래요?”
이렇게 말은 했지만 심장이 어찌나 요란하게 뛰는지 방 밖으로 튕겨 나갈 것 같았다. 적어도 옷이라도 입고 있었으면 싶었다. 이런 일이 벌어지는 마당에 파자마 바람이라니 생각만 해도 끔찍했다.
"좀 들어가자구.”
모리스는 이렇게 말하더니 그 지저분한 손으로 나를 밀어젖혔다. 나는 뒤로 곤두박질할 뻔했다. 그놈은 덩치가 무지무지하게 큰 놈이었다. 다음 순간 나는 그놈과 서니 년이 둘 다 내 방 안에 들어와 있다는 걸 깨달았다. 둘은 마치 그곳이 저희들 방이라도 되는 것처럼 굴었다. 서니 년은 창틀 위에 앉아 있었고, 모리스 놈은 큰 의자에 앉아 목 뒤쪽 칼라를 잡아늘이는 듯한 몸짓을 해 보였다. 그놈은 엘리베이터 보이의 제복을 입고 있었다. 나는 정말 불안했다.
"자, 내놓으시지. 난 일하러 가야 하니까.”
"벌써 열 번이나 이야기하지 않았어? 난 1센트의 빚도 없어. 그녀에게 5달러를 이미 지불…….”
"잔소리 마. 어서 내놓으라니까.”
"왜 5달러를 더 내야 하지?” 내 목소리가 온 방 안에 울렸다. "나를 속여 먹으려고?”
내 외침에도 아랑곳없이 모리스는 제복 상의의 단추를 다 풀었다. 밑에는 와이셔츠고 뭐고 아무것도 없었고 다만 와이셔츠의 칼라만 목에 매달려 있었다. 그는 털이 무성하고 비대한 배때기를 과시하고 있었다.
"아무도 속여 먹지 않아. 자, 내놓으라니까!”
"못 내놔!”
내가 그렇게 말하자 그놈은 의자에서 일어나 나를 향해 걸어왔다. 몹시 지루하거나 귀찮은 표정이었다. 어쨌든 나는 지독히 겁을 먹고 팔짱을 끼었다. 파자마 바람만 아니었어도 형세가 그렇게 엉망이 되지는 않았을 것이다.
"자, 어서 내놔!”
그놈은 내게 바싹 다가섰다. 그놈은 그 말만 되풀이할 뿐 다른 말은 하지 않았다.

"자, 어서 내놓으라니까!"

"못 내놔!"

"그렇다면 맛을 좀 보여 줘야겠군. 이러고 싶지 않지만 어쩔 도리가 없군 그래. 우리한테 빚진 5달러는 내놓으셔야지."

"난 빚진 거 없어." 내가 말했다. 그리고 이렇게 덧붙였다.

"내게 손대면 소리칠 테니까. 호텔에 든 손님을 모두 깨우겠어. 경관이고 뭐고 다……."

이렇게 말하는 내 목소리가 지랄같이 떨리고 있었다.

"질러 봐. 대가리가 터지도록 떠들어 봐. 좋아." 모리스 놈이 말했다. "네가 창녀와 하룻밤을 잤다는 것을 네 부모에게 알리고 싶어? 너 같은 상류계급의 자식이?"

그놈은 어설프긴 했지만 나름대로 영리한 놈이었다. 정말 영리했다.

"상관 마. 처음부터 10달러라고 말했으면 또 몰라도, 네가 분명히……."

"내놓을 거야, 어쩔 거야?"

그놈은 나를 밀어 문까지 몰고갔다.

그놈의 배때기며 그 밖의 모든 것이 나를 압박했다.

"손대면 가만히 있지 않겠어. 빨리 여길 나가지 못해?"

나는 여전히 팔짱을 끼고 있었다. 정말 나는 바보였다.

그때 서니 년이 처음으로 입을 열었다.

"헤이, 모리스. 이애 지갑을 잡아놓을까? 저, 뭐라고 하더라. 저 위에 있어."

"그래, 그걸 가지고 있어."

"지갑에 손대지 마!"

"벌써 손댄걸."

서니 년은 이렇게 말하면서 5달러 지폐를 내게 흔들어 보였다. "봐요, 내게 빚진 5달러만 가졌어. 난 사기꾼이 아니니까."

나는 갑자기 울부짖기 시작했다. 나는 그러지 않기를 마음속으로 빌고 있었지만, 결국 울부짖었다.

"그렇지, 사기꾼은 아니지! 그냥 5달러를 훔치고 있을 뿐……."

"닥쳐." 모리스가 말하며 나를 밀었다.
그러자 서니 년이 말했다.
"이제 내버려둬요. 자, 됐으니까. 받을 걸 받았으니."
"가자, 어서!"
모리스는 가겠다고 말만 할 뿐 좀처럼 가지도 않았다.
"가자니까, 모리스. 내 버려둬요."
"누가 때리기라도 한대?" 그놈은 천진한 표정으로 말했다.
그러고 나서 그놈은 손가락으로 내 파자마 위 어딘가를 콱 쥐어박았다. 그가 어디를 쥐어박았는지 정확히 알 수는 없었지만 지독히 아팠다. 나는
"이 멍청이 같은 백치 놈."이라고 쏘아붙였다.
"뭐라구?" 그놈이 말했다. 그놈은 귀머거리처럼 귀 뒤에다 두 손을 갖다 댔다.
"뭐라구? 내가 뭐?"
나는 여전히 울부짖고 있었다. 어찌나 화가 나고 또 불안했는지 모른다.
"넌 더러운 바보야. 바보에다가 사기꾼 같으니! 2년만 지나 봐라. 너는 행인들에게 커피값을 구걸하는 뼈만 앙상한 거지가 될 거다. 더러운 외투 위에는 콧물이 질질 흐르고. 너는……."
그때 그놈이 나를 쳤다. 나는 피하거나 몸을 숙이려고조차 하지 않았다. 다만 배에 들어온 강타를 느꼈을 뿐이다.
그렇다고 내가 완전히 뻗은 것은 아니다. 바닥에 내동댕이쳐져 있었지만 그것들 둘이 문 밖으로 나가는 것과 문이 닫히는 것을 바라보았던 기억이 난다. 나는 바닥에 오랫동안 그대로 누워 있었다. 스트라드레이터에게 얻어맞았을 때와 비슷했다. 다만 이번만은 이대로 죽는 것이 아닌가 하는 생각이 들었다. 정말이다. 나는 물에 빠져 익사하는 것 같았다. 도무지 숨을 쉴 수가 없었다. 얼마 뒤 간신히 일어났지만 목욕탕까지 가는 동안 허리를 굽히고 배를 움켜쥔 꼴을 연출해야 했다.
나는 미쳐 있었다. 맹세코 나는 미쳐 있었다. 목욕탕까지 반쯤 왔을 때 나는 배에 총탄이라도 박힌 듯한 시늉을 하기 시작했다. 나는 모리스 놈이 쏜 총탄에 맞은 것이다. 이제 목욕탕에 가서 버번인가 뭔가 하는 것을 한 모금 마셔서 흥분을 진정시킨 다음 행동을 개시하는 것이다.

나는 완벽하게 옷을 입고 주머니엔 자동 권총을 지닌 채 목욕탕에서 약간 비틀거리며 나오는 내 모습을 상상해 보았다. 그러고는 엘리베이터를 타지 않고 아래층으로 걸어 내려간다. 난간 따위를 붙들고 입가에는 피를 조금씩 흘리며 내려간다.
　몇 층 아래까지 걸어 내려가는 것이다. 창자를 움켜쥐고 사방에 피를 흘리며 말이다. 다음에는 엘리베이터의 벨을 누른다. 모리스 놈은 문을 여는 순간, 자동 권총을 손에 든 나를 본다. 그러고는 돼지 멱따듯 겁에 질린 목소리로 제발 쏘지 말아 달라고 애원한다. 그러나 나는 그를 쏘아 버린다. 털이 무성한 살진 배때기에다 여섯 발을 발사한다. 그런 다음 권총을 엘리베이터 통로 아래로 던져 버린다. 지문을 깨끗이 닦고 난 다음에 말이다. 다시 내 방으로 돌아간다. 거의 기다시피 올라간다. 그러고는 전화로 제인을 오게 하여 내 배에 붕대를 감게 한다. 내가 계속 피를 흘리는 동안 제인이 내게 담배를 물려 주는 장면을, 상상의 화면에 그려 본다.
　이건 지랄 같은 영화의 한 장면이다. 영화란 사람을 망치는 것이다. 농담이 아니다.
　나는 목욕을 하면서 한시간 가량 탕 속에 있었다. 그러고 나서 침대로 돌아왔다. 잠들기까지 오랜 시간이 걸렸다. 피곤하지도 않았다. 그러나 마침내 잠이 들었다.
　하지만 내가 정말로 하고 싶었던 것은 자살이었다. 창 밖으로 뛰어내리고 싶었다. 만일 내가 땅바닥에 떨어진 순간 누군가가 와서 내 시체를 덮어 준다는 확신만 있었다면 정말 투신 자살을 했을 것이다. 피투성이가 된 나를 바보 같은 구경꾼들이 내려다보는 건 원치 않았다.

15

　눈을 뜨자 겨우 10시경이었다. 그다지 오래 잔 것은 아니었다. 담배 한 대를 피우자마자 나는 허기를 느꼈다. 내가 마지막으로 먹은 음식이라고는, 브로서드와 애클리와 함께 영화를 보러 어거스타운에 갔을 때 먹은 햄버거 두 개뿐이었다. 그 뒤로 꽤 긴 시간이 흘러서인지 마치 50년 전 일만 같았다.
　전화가 침대 바로 옆에 있었다. 아래로 전화해서 아침 식사를 올려오게 할까도 생각해 보았지만, 혹시 모리스 놈이 가져오지나 않을까 해서 겁이 났다. 미친 놈이 아니라면, 내가 그놈을 보고 싶어하리라고 생각하진 않을 것이다. 나는 침대에 잠시 그대로 누워 있다가 담배를 한 대 더 피웠다. 제인에게 전화해서 집에 돌아왔는지 알아볼까 했지만, 그럴 기분이 나지 않았다.

결국 나는 샐리 헤이스에게 전화를 했다. 그녀는 메리 A. 우드러프에 다니고 있는데, 지금 집에 와 있는 게 분명했다. 2주일 전쯤 그녀에게서 편지를 받았던 것이다. 그녀를 그다지 좋아하진 않았지만 그래도 몇 해 동안 사귀어온 사이였다. 나는 그녀를 꽤 똑똑한 여자라고 생각하곤 했다. 지금 생각해 보면 바보 같은 얘기지만 그녀는 연극이니 희곡이니 문학이니 하는 따위에 대해 여러 가지를 많이 알고 있었다. 그런 것을 잘 아는 여자라면, 그녀가 우둔한지 아닌지를 판가름하는 데 오랜 시간이 걸린다. 샐리의 경우는 정말 여러 해가 걸렸다. 내 결점 중 하나는 내가 성적으로 접촉해 본 여자는 모두 똑똑한 여자로 단정해 버리는 버릇이다. 사실 이 두 가지는 하등의 관계가 없는데도, 나는 여전히 그렇게 생각하고 있다. 어쨌든 나는 그녀에게 전화를 걸었다. 처음에는 하녀가 받고 그 다음에는 그녀의 아버지가 받았다. 그러고 나서야 그녀가 나왔다. "샐리니?" 내가 물었다.

"누구세요?" 그녀가 물었다. 그건 약간 가식적이었다. 이미 그녀의 아버지에게 내 이름을 댔는데 말이다.

"홀든 콜필드야. 잘 지냈어?"

"어머! 홀든이니? 잘 지냈어. 그래 잘 있었어?"

"잘 있었어. 이봐, 어때? 학교 말야."

"아무 일 없어. 다 알면서……."

"잘됐군. 이봐, 오늘 바빠? 일요일이지만 한두 군데에서 낮 공연이 있을 거야. 자선 공연인가 뭔가 하는 것 말야. 가지 않을래?"

"야, 멋져라. 가고 싶어."

멋지다고! 내가 싫어하는 말이 하나 있다면 그것은 멋지다는 말이다. 그것은 가식적인 말이기 때문이다. 그 순간 나는 그녀에게 공연 따위는 잊어달라고 말하고 싶은 강렬한 유혹을 느꼈다.

그러나 우리는 한참 지껄이고 말았다. 그녀가 주로 지껄였기 때문에 말할 틈을 포착할 수도 없었다.

우선 그녀는 하버드 학생에 대해서 이야기했다. 아마 신입생이겠지만 그녀는 그런 언질은 전혀 주지 않았다. 어쨌든 그자가 계속 그녀를 귀찮게 한다는 것이었다. 밤이고 낮이고 전화를 건다는 이야기였다. 밤이고 낮이고? 거참. 그 말에는 나도 손들고 말았다. 다음은 또 다른 남자 이야기였는데, 웨스트 포인트에 다니는 어떤 놈이 그녀 때문에 목을 맬 지경이라는 것이었다. 어이구, 대단도 하시지.

나는 2시에 빌트모어의 시계탑 밑에서 만나자고 말했다. 쇼가 아마 2시 반에 시작될 테니까 늦지 말라고 하곤 전화를 끊었다. 그녀는 늘 늦는 버릇이 있었다. 그녀와 이야기를 하니 머리가 다 아팠다. 뭐, 그래도 그녀는 미인이었다.

샐리와 데이트 약속을 한 다음 나는 침대에서 나와 옷을 입고 짐을 꾸렸다. 방에서 나오기 전에 어젯밤의 변태들이 무엇을 하고 있나 보려고 창 밖을 내다보았다. 그러나 모두 커튼이 내려져 있었다. 그들은 아침이 되면 아주 얌전해진다. 나는 다시 엘리베이터를 타고 내려가 숙박료를 지불했다. 모리스 놈은 어느 곳에도 보이지 않았다. 내가 구태여 목을 빼면서까지 그 자식을 찾지 않은 것은 당연한 일이다.

호텔을 나와 택시를 잡았지만 어디로 갈지 막연했다. 갈 곳이 없었다. 아직 일요일인데 수요일까지는 집에 갈 수가 없었다. 빨라야 화요일쯤일까. 그렇다고 다른 호텔에 갔다가 또 험한 꼴을 당하고 싶지는 않았다. 그래서 나는 운전기사더러 그랜드 센트럴 역까지 가 달라고 했다. 그곳은 내가 샐리와 만나기로 한 빌트모어에서 가까웠다. 그 역의 보관함에 여행 가방을 맡기고 열쇠를 받은 뒤 아침을 먹겠다는 계산이었다.

나는 배가 좀 고팠다. 차를 타고 가는 동안 나는 지갑을 꺼내어 돈을 세어 보았다. 얼마가 남았었는지 지금은 기억나지 않지만 그다지 큰돈은 아니었다. 그러니까 나는 지난 2주 동안에 왕의 몸값만큼이나 엄청난 돈을 써 버린 것이었다. 그건 사실이었다. 나는 원래 씀씀이가 헤펐다. 쓰지 않으면 잃어버리기라도 한다. 게다가 잔돈 받는 것을 깜박 하는 일이 두 번에 한 번꼴은 된다. 그래서 부모님은 펄펄 뛰었다. 뭐, 그러시는 게 당연하지.

그러나 아버지는 꽤 부자이다. 수입이 얼마나 되는지는 잘 모르지만. 그런 거야 나와 이야기한 적이 없으니까. 그래도 수입이 상당히 많다는 것쯤은 알고 있다. 아버지는 모 회사의 고문변호사이고, 변호사들이란 돈을 마구 긁어들이는 족속이니까. 아버지가 부자임을 알 수 있는 또 하나의 근거가 있다. 바로 아버지가 항상 브로드웨이의 쇼에다 투자를 한다는 것이다. 그래 봤자 늘 실패하고 말지만. 그래서 아버지가 투자하면 엄마는 펄펄 뛴다. 동생 앨리가 죽은 후부터 엄마는 상태가 좋지 못했다. 그래서인지 극히 신경질적이다. 내가 다시 퇴학당했다는 사실을 알리기 싫어하는 것도 그 때문이었다.

 역의 보관함에다 여행 가방을 맡기고 작은 샌드위치 바에 들어가 아침을 먹었다. 나로서는 꽤 많이 먹은 셈이다. 오렌지 주스, 베이컨에다 달걀, 그리고 토스트와 커피 등. 여느 때 같으면 오렌지 주스만 마셨을 것이다.

 나는 지독한 소식가이다. 정말이다. 그래서 이처럼 갈비만 남은 거다. 체중을 늘리라는 소리도 자주 듣는다. 하지만 그러려면 전분이고 뭐고 잔뜩 들어 있는 음식을 먹어야 되는데, 그렇게 먹어 본 적이 없다. 어디 가서 외식할 때면 그냥 스위스 치즈 한 쪽과 맥아 우유를 먹을 뿐이다. 양이야 대단치 않지만, 그래도 맥아 우유 속에는 비타민이 듬뿍 들어 있다. 그러니까 나는 H.V. 콜필드인 것이다. 즉, 홀든 비타민 콜필드가 내 본질이지 뭔가!

 내가 달걀을 먹고 있을 때 가방을 든 수녀 두 명이 들어왔다. 다른 수녀원으로 옮겨 가느라 기차를 기다리는 거라고 짐작했다. 그들은 내 옆에 앉았다. 가방을 어떻게 할지 몰라하는 것 같아서 내 쪽에서 손을 빌려 주었다. 그 가방은 아주 싸구려였다. 가죽도 가짜였다. 사실 이건 별로 중요한 일은 아니다. 그러나 나는 싸구려 가방을 들고 있는 모습이 보기 싫다. 이건 좀 잔인하게 들릴지 모르지만 누가 싸구려 가방을 들고 있으면, 들고 있는 그 사람까지 싫어진다.

 엘크턴 힐스에 있을 때의 일이다. 방을 같이 쓰는 딕 슬래글이라는 친구가 있었는데, 그 녀석은 지독히 값싼 가방을 가지고 있었다. 그 녀석은 그 가방을 시렁에 올려놓지 않고 언제나 침대 밑에 처박아 놓았다. 내 가방과 나란히 있는 것을 보이고 싶지 않았던 모양이다. 그 사실이 나를 울적하게 했다. 그래서 내 것을 내버리든지 차라리 그 녀석 것과 바꾸어 버리겠다는 생각을 늘 되씹곤 했다. 내 것은 진짜 가죽인 데다 마크 크로스 회사의 제품이었다. 값도 엄청났을 것이다. 결국 나는 가방을 시렁에서 내려 내 침대 밑에 다 쑤셔 박았다. 그래야 슬래글 녀석이 그 치사한 열등감을 느끼지 않을 것 같아서였다. 그런데 이상한 일이 생겼다. 녀석의 행동이 요지경이었다. 내가 가방을 내 침대 밑에 쑤셔 박은 다음날, 그 녀석이 그것을 끌어내어 시렁 위에 도로 올려놓았던 것이다.

그가 왜 그런 짓을 했는지 깨닫는 데는 시간이 좀 걸렸다. 실은 내 가방이 제 것으로 보이게끔 하고 싶었던 것이다. 녀석은 그렇게 웃기는 놈이었다. 그 녀석은 내 가방에 대해 항상 못마땅하게 여기며 비난섞인 말을 해 왔던 터였다. 너무 새것인 데다가 부르주아 냄새가 난다는 것이었다. 그 녀석은 부르주아라는 말을 즐겨했다. 어디서 읽었던가 아니면 주워들었던 모양이다. 내 물건은 모두 부르주아 냄새를 풍긴다는 것이었다. 심지어 내 만년필도 부르주아 냄새를 풍긴다고 했다. 항상 그것을 빌려 쓰면서도.

우리가 방을 함께 쓴 것은 불과 두 달뿐이었다. 둘 다 방을 옮겨 달라고 요청했기 때문이다. 그런데 우스운 일은 막상 방을 옮기고 보니까 섭섭해지는 것이었다. 그 녀석에겐 유머 감각이 있었고, 우리는 함께 즐거운 시간을 종종 보내기도 했기 때문이다. 그 녀석도 나와 헤어져서 무척 섭섭했을 것이다.

처음 그가 내 물건에서 부르주아 냄새가 난다고 했을 때 그건 단지 농담이었다. 그래서 나는 전혀 마음에 두지 않았다. 사실 그 말은 좀 재미있기도 했다. 그러나 시간이 지나자 그것은 농담으로만 그치지 않게 되었다. 자기 가방보다 훨씬 안 좋은 가방을 가진 아이와 같은 방을 써 보라지. 정말 곤란하게 될 것이다. 내 것은 진짜 고급이고 친구의 것은 그렇지 않은 경우 말이다. 만일 그 친구가 똑똑하고 유머 감각이 있는 놈이라면, 누구의 것이 더 고급이건 조금도 개의치 않으리라 생각할지도 모른다. 그러나 실은 그렇지 않다. 내가 스트라드레이터 같은 바보하고 같은 방을 쓰게 된 이유 중의 하나는 바로 그런 것이었다. 적어도 그 녀석의 가방은 내 것만큼 좋은 것이었기 때문이다.

그건 그렇다 치고, 조금 전 언급한 두 수녀가 내 옆에 앉았기 때문에 우리 사이엔 자연스럽게 대화가 오고 갔다. 바로 내 옆에 앉은 수녀는 짚으로 만든 바구니를 가지고 있었다. 그것은 수녀들이나 구세군들이 크리스마스를 앞두고 모금하기 위해 사용하는 것이었다. 큰 백화점 앞이나 길모퉁이, 그러니까 5번가 같은 곳에 그들이 서 있는 모습을 보았을 것이다.

내 옆에 앉은 수녀가 그 바구니를 떨어뜨렸다. 나는 손을 뻗어 그것을 집어 주었다. 그러고 나서 자선 사업인가 하는 것을 위해 모금하러 다니는 중이냐고 물었다. 그녀는 아니라고 대답했다. 여행 가방에 짐을 꾸렸지만 아무래도 전부 들어가지 않아서 나머지는 손에 들고 다닌다는 것이었다. 그 수녀는 사람을 바라볼 때 예쁘고 상냥한 미소를 짓는 여자였다. 코가 컸으며 그다지 매력적으로는 보이지 않는 철테 안경을 쓰고 있었다. 그러나 무척 친절해 보이는 얼굴이었다.

"혹시 모금을 하고 계시다면 저도 조금 기부하겠습니다. 가지고 계시다가 모금할 시기에 이 돈을 넣어 주셔도 되구요."

"어머, 고맙기도 해라." 그녀가 말했다. 그러자 친구인 또 한 명의 수녀가 나를 바라보았다. 그 수녀는 커피를 마시면서 작고 까만 책을 읽고 있었다. 성서같이 보이기도 했지만 그러기엔 너무 얇았다. 어쨌든 성서 계통의 책이었다. 두 사람의 아침 식사는 토스트와 커피였다. 그것을 보는 순간 나는 우울해졌다. 내가 베이컨과 달걀 따위를 먹고 있을 때, 다른 사람은 토스트에다 커피만 먹고 있는 그런 상황이 싫었기 때문이다.

수녀들은 내가 헌금으로 낸 10달러를 받았다. 그렇게 해도 괜찮냐고 그들은 연거푸 물었다. 내게는 돈이 많이 있다고 말했지만 그 말을 믿는 것 같지 않았다. 그러나 결국 그들은 내 돈을 받았다. 두 수녀가 감사하다는 말을 자꾸 되풀이하는 통에 나는 오히려 부끄러워졌다. 나는 화제를 바꿔 어디로 가는 길이냐고 물었다. 그들은 학교 선생이며 시카고에서 왔다고 대답했다. 168번가인가 186번가인가 잘 기억나지 않지만, 변두리에 있는 어느 수녀원에 교사로 취임할 예정이라고 했다. 내 옆에 앉은 안경을 쓴 수녀가 말하기를, 자기는 영어를 가르치고 친구는 역사와 미국의 정치를 가르친다는 것이었다. 그런데 수녀는 영어를 가르치려고 특정한 책을 읽을 때 도대체 어떤 생각을 하면서 읽을까? 문득 이런 궁금증이 생겼다. 꼭 성적인 책은 아니더라도, 책에는 보통 연인이니 뭐니 하는 것이 자주 등장하지 않는가. 예컨대 토마스 하디의 《귀향》만 해도 유스타시아 바이라는 여인이 나온다. 그녀는 그다지 선정적인 여자는 아니지만, 수녀가 그녀에 대해 읽을 때 어떤 느낌이 들까 하는 의문을 억제할 수 없었다. 그러나 그런 말은 결코 하지 않았다. 나는 다만 내가 제일 좋아하는 과목이 영어라고만 말했다.

"그래요? 그거 반가운 말이군요."

영어 담당이라는 안경을 낀 여자가 말했다. 그리고 이렇게 질문했다.

"금년에 무슨 책을 읽었나요? 매우 알고 싶군요."

그녀는 정말 괜찮은 사람이었다. 그 질문에 나는 곧 대답했다.

"저, 대개는 영국 고전이었어요. 《베오울프》《그렌델》《나의 아들 로드 랜달》 같은 것이었어요. 하지만 선택 과목으로 교과서 이외의 책도 이따금 읽어야 했어요. 제가 읽은 것은 토마스 하디의 《귀향》이니 《로미오와 줄리엣》, 《줄리어스》……."

"《로미오와 줄리엣》을 읽었어요? 참 좋은 작품이죠? 재미있었지요?"

이렇게 말하는 그녀는 도무지 수녀 같지 않았다.

"네, 재미있었어요. 꽤 마음에 들었어요. 몇 군데 마음에 들지 않는 곳도 있었지만 전체적으로 괜찮았어요."

"어느 부분이 마음에 들지 않았나요? 기억할 수 있어요?"

그녀를 상대로 《로미오와 줄리엣》에 대해 논한다는 것은 좀 쑥스러웠다. 그 희곡에는 군데군데 매우 성적인 부분들이 있다. 그런데 상대는 수녀니까 쑥스러울 수밖에. 하지만 그녀가 묻고 있으므로 하는 수 없이 잠시 그녀와 그 희곡에 대해 이야기했다.

"글쎄요. 나는 로미오와 줄리엣에겐 그다지 끌리지 않아요." 내가 말을 이었다.

"좋긴 한데…… 글쎄, 뭐라고 말하면 좋을까? 그들을 보고 있으면 이따금 화가 나더라고요. 로미오와 줄리엣이 자살하는 장면보다 머큐시오가 죽는 장면이 더 애처롭더군요. 사실 머큐시오가 그 사람, 그러니까 줄리엣의 사촌에게 찔려 죽고 난 다음부터는 로미오에게 호감이 가지 않더군요. 그 줄리엣의 사촌 이름이 뭐였더라?"

"티볼트."

"네, 맞아요. 티볼트였어요."

언제나 그자의 이름이 생각나지 않았다. 어쨌든 나는 이야기를 계속했다.

"그건 로미오의 잘못이었어요. 난 그 연극에서 머큐시오를 제일 좋아했거든요. 뭐랄까…… 몬태규 가문과 캐플릿 가문 사람들은 다들 성실하잖아요? 특히 줄리엣 말입니다. 하지만 머큐시오는…… 설명하기 어렵지만, 하여튼 그는 영리하고 재미있는 사람이었어요. 그런 사람이 살해되니 난 미칠 지경이었습니다. 특히 영리하고 재미있는 사람이 살해될 때는 더욱 그래요. 그것도 자기 잘못이 아니라 다른 사람의 잘못으로 살해될 때 말입니다. 반면 로미오와 줄리엣의 죽음은 자기들의 잘못이었어요."

"어느 학교에 다녀요?" 그녀가 물었다. 아마 로미오와 줄리엣에 관한 이야기에서 벗어나고 싶었나 보다.

나는 펜시라고만 했다. 그런데 그녀는 펜시를 알고 있었다. 매우 좋은 학교라는 것이었다. 나는 좋은 학교라는 말에 구태여 반대하진 않았다. 그때 역사와 정치를 가르친다는 수녀가 이젠 떠나는 게 좋겠다고 말했다. 나는 그들이 먹은 전표를 빼앗았다. 그들은 내가 지불하는 것을 허락하지 않았다. 안경을 쓴 수녀가 억지로 전표를 되받아 가는 것이었다.

"이미 너무 많은 친절을 받았는걸요. 당신은 정말 착한 학생이군요."

정말 좋은 여자였다. 내가 기차에서 만난 어니스트 모로의 엄마를 연상시키는 여자였다. 특히 미소 지을 때가 그랬다.

"이야기 참 재미있었어요." 그녀가 말했다. 나도 이야기가 재미있었다고 말했다. 진심이었다. 내가 그때 불안감에 휩싸여 있지 않았다면 더욱 재미있었을 것이다. 그들과 이야기하는 동안 줄곧, 혹시 가톨릭 신자가 아니냐고 불쑥 묻지나 않을까 해서 불안했던 것이다. 가톨릭 신자들은 상대가 가톨릭 신자인가 아닌가를 꼭 확인하려 드는 버릇이 있다. 나는 그런 경우를 여러 번 당했다. 내 성은 아일랜드 계통의 성씨인데, 아일랜드 계통은 대부분 가톨릭 신자이기 때문이다.

사실 아버지는 한때 가톨릭 신자였다. 그러다가 엄마와 결혼할 때 가톨릭과 결별했던 것이다. 가톨릭 신자들은 상대의 성은 몰라도, 상대가 가톨릭이냐 아니냐는 알려고 애쓴다.

나는 후턴 고등학교에 다닐 때 루이스 샤니라는 가톨릭 신자를 알고 있었다. 그애는 내가 그 학교에서 맨 처음 만난 아이였다.

개학하던 날 신체검사를 받으러 양호실에 갔는데, 양호실 바깥에 놓인 맨 앞줄 의자에 그애와 나란히 앉게 되었다. 우리는 테니스에 대한 이야기를 하게 되었다. 그애는 테니스에 큰 흥미를 가지고 있었고, 나 역시 그랬다. 그애는 매년 여름 포리스트 힐스에서 개최되는 전국 대회를 관람하러 간다는 것이었다. 그래서 나도 그렇다고 말했다. 우리는 테니스 선수에 관한 이야기를 한참 주고받았다. 그애는 나이치고 테니스에 조예가 깊었다. 정말 그랬다. 그런데 이야기 도중에 불쑥 "너, 이 마을 성당이 어디 있는 줄 아니?" 묻는 것이었다. 묻는 말투로 보아 내가 혹시 가톨릭 신자인지를 알고자 하는 의도가 역력했다. 그리고 그것은 사실이었다. 그가 종교적 편견을 가졌다는 뜻은 아니다. 단지 내가 가톨릭 신자인지를 알고자 했을 뿐이다. 그는 테니스에 관한 이야기를 즐기고 있기는 했지만, 혹시 내가 가톨릭 신자였다면 더욱 재미있어했을 것이다. 그래, 이런 게 문제이다. 가톨릭이니 뭐니 하고 캐묻는 일은 나를 미치게 만든다. 그렇다고 우리의 이야기가 김샜다는 뜻은 아니다. 그러나 그 질문은 대화에 득이 되지도 않았다.

그래서 두 수녀가 내게 가톨릭 신자냐고 묻지 않은 것을 기쁘게 여겼다는 말이다. 설사 그걸 물었다 해도 대화를 망치지는 않았겠지만 이야기가 조금은 달라졌을 것이다. 그렇다고 가톨릭을 비난하는 것은 아니다. 절대로. 내가 가톨릭 신자라면 나도 마찬가지로 물었을 것이다. 어떻게 보면 내가 아까 말한 가방 이야기와 같은 경우일 것이다. 다만 그런 질문은 재미있는 대화에 아무 보탬이 되지 않는다는 뜻이다.

수녀 두 명이 떠나려고 일어났을 때 나는 정말 어리석고 당혹스러운 짓을 저질렀다. 나는 담배를 피우고 있었는데, 일어서서 작별 인사를 하려고 했을 때 그만 실수로 수녀들의 얼굴에다 담배 연기를 뿜었던 것이다. 그럴 의도는 전혀 없었다. 그만 실수를 저지른 것이다. 나는 정신없이 사과했다. 그들은 내 사과를 예의바르고 상냥하게 받아들였지만 나는 어쩔 줄을 몰랐다.

수녀들이 떠난 후 나는 10달러밖에 헌금하지 않은 것을 유감으로 생각하기 시작했다. 그러나 샐리 헤이스와 공연에 가기로 약속했으니 표를 사려면 얼마간의 돈을 가지고 있어야 했다. 그래도 유감스런 마음에는 변함이 없었다. 돈이란 항상 끝판에 가서 사람을 우울하게 만든다.

16

식사를 했는데도 시간은 겨우 정오밖에 되지 않았다. 샐리와는 2시에 만나기로 되어 있었으므로 나는 천천히 산책을 했다. 나는 두 수녀들에 대한 생각을 멈출 수 없었다. 수업이 없는 시간을 틈타서 그들이 기부금을 모금하러 다닐 때 쓸, 그 밀짚 바구니를 잊을 수가 없었다. 엄마나 숙모, 또는 샐리 헤이스의 엄마 같은 여자가 어느 백화점 앞에 서서, 그 형편없는 밀짚 바구니를 가지고 가난한 사람들을 위해 모금하는 장면을 상상해 보려고 애썼다. 그러나 그것은 불가능했다. 우리 엄마는 혹시 가능할 수도 있지만, 다른 두 분의 경우는 도저히 상상할 수 없었다.

우리 숙모는 상당한 자선가이다. 적십자의 일이니 뭐니 하며 여러 가지를 지원하기도 한다. 하지만 그녀의 옷차림은 매우 요란했다. 그녀는 자선에 관련된 일을 할 때에도 언제나 옷을 잘 차려입고 입술에는 루즈를 칠했다. 검은 옷을 입고 루즈를 바르지 않은 숙모가 자선 사업을 하는 것은 상상할 수도 없다.

샐리의 엄마는 어떨까? 아이쿠 맙소사! 그녀에게 바구니를 들고 돈을 걷게 하려면 헌금하는 사람들 모두가 그녀의 궁둥이에 키스를 해야만 할 것이다. 만일 그렇게 하지 않고 그냥 바구니에 돈만 넣고 인사도 하지 않고 돌아선다면 그녀는 한 시간도 못 가서 모금 운동을 집어치울 것이다. 분명히 싫증을 낼걸. 그녀는 아마 바구니를 돌려주고는 근사한 레스토랑에 점심이나 먹으러 가버릴 것이다.

수녀들이 마음에 들었던 것은 바로 그런 점이다. 우선 그들은 점심을 먹으러 거들먹거리며 식당으로 가지는 않을 것이다. 이런 생각에 문득 서글픈 느낌이 들었다. 그들은 점심 같은 것을 먹으러 으리으리한 곳으로는 절대로 가지 않을 것이다. 나는 그것이 중요하지 않다는 사실을 알고 있었지만, 어쨌든 서글퍼졌다.

별 이유 없이 나는 브로드웨이를 향해 걷기 시작했다. 요 몇 해 동안 그곳에 가 본 적이 없었기 때문이다. 게다가 일요일에도 문을 여는 레코드 가게를 찾고 싶었다. '리틀 셜리 빈즈'라는 음반이 있었다. 그것을 피비에게 사주고 싶었다. 그것은 구하기가 꽤 어려운 레코드였다. 앞니 두 개가 빠져 창피하다는 이유로 밖에 나가기 싫어하는 어느 어린 소녀를 노래한 것이었다.

펜시에서 그 곡을 들은 적이 있었다. 마침 위층에 그 음반을 가진 애가 있었기 때문이다. 피비가 즐거워할 것을 기대하며 그애에게 그걸 팔라고 했지만, 그놈은 팔려고 하지 않았다. 그것은 약 20년 전에 에스텔 프레처라는 흑인 여자가 불렀으니까 매우 오래된 음반이었다. 그녀의 노래에서는 딕시랜드나 사창굴 냄새가 났다. 그렇다고 지저분한 냄새는 아니었다. 백인 여자가 부르면 아주 징그럽게 불렀을 테지만, 에스텔 프레처는 모든 것을 잘 알고 노래를 불렀다.
 그래서 그 음반은 내가 들어본 것 중에 가장 훌륭한 음반이었다.
 나는 문을 연 가게에 가서 그것을 사 가지고 공원으로 갈 작정이었다. 마침 일요일이었고, 여동생 피비는 일요일이면 롤러스케이트를 타러 공원으로 나오곤 했기 때문이다. 나는 피비가 어디쯤에서 왔다갔다 할지 알고 있었다.
 그날은 전날만큼 춥진 않았다. 아직 해가 나지 않아서 산책하기에 그다지 좋지 않았지만. 그래도 한 가지 좋은 일이 있었다. 한 가족을 본 것이다. 방금 교회에서 돌아오는 것이 분명해 보이는 아버지와 엄마와 여섯 살 가량의 어린애가 내 앞에서 걸어가고 있었다. 좀 가난한 집안인 것 같았다. 아버지 되는 사람은 가난한 사람들이 그럴듯해 보이고 싶을 때 쓰는, 회색이 도는 진줏빛 모자를 쓰고 있었다. 남자는 아내와 이야기하면서 어린애에겐 전혀 관심도 없이 걸어가고 있었다.
 그런데 어린애가 걸작이었다. 보도가 아니라 차도 위를 걷고 있었는데, 인도와 차도를 경계 짓는 화강암턱 바로 곁이었다. 그애는 모든 아이들이 그러듯이 일직선으로 걸으려고 애를 쓰고 있었다. 그런데 걸으면서 계속 콧노래를 흥얼거리고 있었다. 나는 그애가 무슨 노래를 부르는지 알아내기 위해 가까이 다가갔다. '호밀밭을 걸어오는 사람을 붙잡는다면'이라는 노래를 부르고 있었다. 목소리도 아주 예뻤다. 아이는 별 이유 없이 그 노래를 부르고 있었다. 차들은 붕붕거리며 곁을 스쳐 가고 브레이크를 밟는 소리가 주변을 요란하게 뒤흔들고 있었다. 부모들은 아랑곳하지 않았다. 그애는 차도 가장자리를 따라 걸어가면서 "호밀밭을 걸어오는 사람을 붙잡는다면" 하고 계속 노래하고 있었다. 그 광경은 내 마음을 한결 명랑하게 해주었다. 내 기분은 더 이상 울적하지 않았다.
 브로드웨이는 사람들로 들끓고 있었다. 일요일에다 겨우 12시였지만 그곳은 몹시 혼잡했다. 모든 사람들은 파라마운트라든가 에스터, 스트랜드, 캐피틀 등 미친 장소로 영화를 구경하러 가고 있었다. 일요일이랍시고 모두가 정장을 하고 있었다. 바로 그것이 한심한 인상을 주었다. 그러나 제일 한심한 것은 그들 모두가 영화 보러 가기를 원한다는 점이었다.
 그들의 모습을 참고 바라볼 수가 없었다. 개중에 할 일이 없어서 영화 구경 가는 사람도 있다는 것은 이해한다. 그러나 영화가 보고 싶어 걸음을 재촉하며 어서 영화관에 도착하려고 애쓰는 인간들을 보면 난 우울해진다. 특히 구름 같은 군중이 긴 행렬을 지은 채 무서운 인내력을 발휘하면서 좌석이 나기를 기다리고 있는 꼬락서니를 보면 더욱 우울해진다. 나는 브로드웨이를 빨리 벗어나고 싶었다.

그래도 나는 운이 좋았다. 맨 먼저 들어간 레코드 가게에 '리틀 셜리 빈즈'가 있었다. 5달러를 내라고 했지만 입수하기 어려운 것이라 상관없었다. 아니 오히려 갑자기 행복해졌다. 당장 그 길로 공원으로 달려가 피비를 찾아서 그것을 주고 싶어 죽을 지경이었다.

레코드 가게에서 나와 약국 앞을 지나게 되었다. 나는 약국으로 들어갔다. 제인에게 전화해서 그녀가 집에 돌아와 있는지 확인하고 싶었다. 그래서 전화통에 가서 전화를 걸었다. 그러나 하필이면 제인의 엄마가 전화를 받는 바람에 끊어 버리지 않을 수 없었다. 그녀의 엄마와 긴 대화에 빠져들고 싶지 않았다. 나는 여자애의 엄마와 통화하기를 좋아하지 않는다. 그런데 적어도 제인이 돌아왔는지 정도는 물어봤어야 했다. 그걸 묻는다고 죽는 건 아닌데 말이다. 하지만 그럴 기분이 아니었다. 그런 일을 하려면 그럴 기분부터 들어야 하는 법이다.

극장표를 사는 일이 남아 있었다. 나는 신문을 사서 어떤 연극이 공연되는가를 훑어보았다. 일요일이라 연극은 세 군데서밖에 하지 않았다. 그래서 나는 '나의 애인은 누구누구'라는 연극의 특등석 표를 두 장 샀다. 그것은 자선 행사인가 뭔가 하는 것이었다. 나는 그런 것을 그다지 보고 싶지 않았다. 그러나 샐리는 엉터리 중의 엉터리 여왕이니까 내가 그 표를 샀다고 하면 침을 흘리며 마냥 좋아할 것이다. 런트 부부가 나오니 말이다. 그녀는 런트 부부가 나올 법한 경박하고 화려한 연극을 좋아했다. 그러나 나는 그런 걸 좋아하지 않는다. 나는 연극이라는 것을 좋아하지 않는다. 영화처럼 나쁜 것은 아니지만 그렇다고 이러쿵저러쿵 떠들어댈 만큼 대단한 것도 못 된다. 무엇보다 나는 배우가 싫다. 배우는 인간답게 연기하지 않는다. 그들 딴에는 그렇게 연기한다고 생각할 것이다. 훌륭한 배우들 중에는 어느 정도 인간답게 연기하는 사람도 있기는 하다. 그렇다고 관람하기가 재미있다는 뜻은 아니다. 그런데 훌륭한 배우는 자신이 훌륭하다는 사실을 의식하는 모습이 너무나 역력하다. 그것이 모든 것을 망치고 만다.

이를테면 로렌스 올리비에도 그렇다. 나는 그가 분장한 《햄릿》을 보았다. 작년에 D.B.가 피비와 나를 데리고 갔다. 형은 우리에게 점심을 사 주고 그 다음에 그 연극에는 데리고 갔다. D.B.는 전에 이미 그 연극을 보았기 때문에 점심을 먹으면서 《햄릿》 이야기를 해 주었다. 그의 이야기를 듣는 순간 보고 싶어 견딜 수가 없었다.

그러나 막상 보게 되자 나는 그다지 재미를 느끼지 못했다. 어째서 로렌스 올리비에가 굉장한지 전혀 알 수 없었다. 목소리는 우렁차고 굉장한 미남이었다. 걷는 모습이나 격투하는 모습도 보기 좋았다. 그러나 D.B.가 말해 준 햄릿의 모습과는 거리가 멀었다. 그는 슬픔에 잠겨 찌든 인간이라기보다 오히려 무시무시한 장군 같았다.

이 연극에서 제일 좋았던 부분은 오필리아의 오빠—마지막에 햄릿과 결투하는 인물—가 다른 곳으로 가게 되었을 때, 그의 부친이 여러 가지 충고를 늘어놓는 장면이었다. 부친이 수다스런 충고를 늘어놓을 때 오필리아는 오빠하고 장난을 치면서 오빠의 단검을 칼집에서 빼 보기도 하고, 아버지 충고에 귀 기울이려는 오빠를 놀린다. 그 장면은 좋았다. 정말 아찔하게 재미있었다. 사실 그런 장면은 흔하지 않다.

피비가 마음에 들어 한 장면은 햄릿이 개의 머리를 쓰다듬어 주는 장면뿐이었다. 피비는 그 장면이 재미있고 좋았다고 했다. 그건 사실이었다. 앞으로 내가 할 일은 그 희곡을 직접 읽어 보는 것이다. 문제는 내가 일부러 희곡을 읽어야 한다는 점이다. 희곡 내용은 배우가 연극으로 보여 주긴 하지만, 나는 거의 대사를 경청하지 않는다. 나는 배우가 언제 또 엉터리 짓을 하지나 않나 하고 걱정하느라 바쁜 사람이니까.

나는 런트 부부가 나오는 연극의 입장권을 산 뒤 택시를 잡아타고 공원으로 갔다. 돈이 얼마 남지 않았기 때문에 지하철을 탔어야 했다. 그러나 나는 될수록 빨리 브로드웨이를 빠져나가고 싶었다.

공원은 을씨년스러웠다. 그리 춥진 않았지만 아직 해가 비치지 않았다. 눈에 보이는 것이라곤 개똥과 늙은이들이 뱉어 버린 가래와 담배꽁초뿐이었다. 벤치는 앉으면 축축할 것 같았다. 정말 우울하게 만드는 장면이었다.

걷는 동안 이따금 별 이유도 없이 몸에 소름이 끼쳤다. 머지않아 크리스마스이건만, 크리스마스조차 다가오지 않을 것 같았다. 정말 무엇도 다가올 것 같지 않았다. 그래도 나는 '나무그늘 길'까지 걸어갔다. 그곳은 피비가 공원에 올 때마다 늘 가곤 하는 곳이었다. 피비는 뮤직홀 근처에서 롤러스케이트 타기를 좋아했다. 재미있는 일이다. 나도 어렸을 때 바로 같은 장소에서 스케이트 타기를 좋아했기 때문이다. 그러나 그곳에 갔을 때 피비의 모습은 어디에도 보이지 않았다.

스케이트를 타는 아이들이 몇 명 있었고, 두 명의 소년이 소프트볼로 공치기를 하고 있었지만, 피비는 없었다. 피비와 같은 또래의 소녀 하나가 혼자 벤치에 앉아 스케이트 끈을 조이고 있었다. 그애가 혹시 피비를 알고 있어서 그애에게 물어보면 피비가 어디 있는지 가르쳐 줄지도 모른다는 생각이 들었다. 그래서 그애에게 다가가 옆에 앉아 물었다.

"혹시 피비 콜필드를 알고 있니?"

"누구?" 그녀가 되물었다. 그애는 청바지 위에다가 스웨터를 스무 개 가량 입고 있었다. 그애 엄마가 손수 뜨개질한 옷이 분명했다. 코가 들쭉날쭉한 것을 보면.

"피비 콜필드. 71번가에 사는데 올해 4학년생이야. 학교는……."

"피비를 아세요?"

"응, 내 동생이야. 지금 어디 있는지 알고 있니?"

"캘론 선생님 반에 있는 애 아니에요?"

"글쎄, 난 몰라. 어쩌면 그런지도 모르지."

"그럼 특별 수업으로 박물관에 갔을 거예요. 우리는 지난 토요일에 갔었어요."

"어느 박물관?"

내가 물었다. 그러자 그애는 어깨를 들썩이며 '모르겠다'는 말을 대신했다.

"그냥 박물관이라니까요."

"나도 그건 알아. 그런데 그림이 있는 쪽이야, 인디언이 있는 쪽이야?"

"인디언이 있는 곳이에요."

"고맙구나."

이렇게 말하고 일어나서 떠나려는 순간 오늘은 일요일이라는 생각이 갑자기 떠올랐다. "오늘은 일요일이야." 내가 말했다.

소녀는 나를 바라보았다.

"어머, 그러면 거기 없을 거예요."

소녀는 스케이트 끈을 죄느라 애를 먹고 있었다. 장갑이고 뭐고 아무것도 끼지 않아 손이 빨갛게 얼어 있었다. 그래서 내가 좀 도와주었다. 스케이트 키를 만져 본 지 몇 해가 되었는데도 전혀 어색하지 않았다. 가령 지금부터 50년 후에 어둠 속에서 스케이트 키를 손에 잡게 된다 해도 그것이 무엇인지 금세 알 것 같았다. 내가 스케이트 끈을 묶어 주었더니 소녀는 고맙다고 했다. 예의바른 착한 소녀였다. 스케이트를 죄어 준다든가 무엇인가를 대신 해 주었을 때 아이들의 예의바르고 상냥한 태도는 참 좋다. 사실 아이들은 다 그렇다. 정말 그렇다. 그래서 나와 함께 따끈한 코코아라도 먹지 않겠느냐고 하자 소녀는 사양했다. 친구들을 만나야 한다는 것이었다. 어린애들은 늘 친구들을 만나지 않으면 안 된다. 여기엔선 나도 물러날 수밖에.

일요일이니 피비가 박물관에 가지는 않았을 것이다. 날씨도 매우 습하고 을씨년스러웠다. 나는 공원을 지나 자연과학 박물관까지 걸어갔다. 나는 스케이트 끈을 죄고 있던 소녀가 말한 박물관이 바로 이곳이라는 것을 알고 있었다.

이 박물관이라면 훤히 알고 있었다. 피비가 다니는 학교는 내가 어렸을 때 다닌 바로 그 학교이다. 나도 밤낮 그 박물관에 가곤 했다. 미스 에이글팅거라는 선생이 있었는데, 그분이 우리를 토요일마다 그리로 끌고 다녔던 것이다. 동물을 보는 때도 있었고 인디언들이 옛날에 만들어 놓은 물건을 보는 때도 있었다. 도자기라든가 짚으로 엮은 바구니, 또는 그 밖의 다른 물건들을 보았던 것이다. 그때 일들을 생각하면 행복해진다. 지금도 그렇다.

인디언이 만든 물건을 보고 나서는 커다란 강당에 가서 영화를 보았다. 콜럼버스가 아메리카 대륙을 발견하기까지의 경위를 보여 주는 영화였다. 그는 페르디난드와 이사벨라에게서 배를 살 자금을 빌리기 위해 애를 먹었다. 게다가 나중에는 선원들이 폭동을 일으키기까지도 했다.

콜럼버스에 대해 그다지 관심이 있진 않았다. 그래도 강당은 좋았다. 캔디니 껌이니 하는 것들을 잔뜩 가지고 들어 갔기 때문에 강당 안은 맛있는 냄새로 가득 차 있었다. 그것은 비가 오지 않는데도 밖에는 비가 오고, 나만 비를 맞지 않는 아늑한 곳에 와 있다는 착각을 주는 냄새였다.

나는 그 박물관을 무척 좋아했다. 지금도 기억난다. 강당으로 가려면 인디언의 방을 통과해야만 했다. 그것은 길고 긴 방이었다. 여기서는 작은 소리로 속삭여야 했다. 선생이 맨 앞에 서고 학생들이 그 뒤를 따랐다. 우리는 짝을 맞춰 두 줄로 섰다. 대개 내 짝은 거트루드 레빈이라는 여자아이였다. 그애는 언제나 내 손을 잡았다. 그애의 손은 언제나 끈적거리거나 땀이 흐르거나 했다.

박물관 건물 바닥은 온통 돌로 되어 있었다. 그래서 공깃돌을 쥐고 있다가 떨어뜨리기라도 하면, 공깃돌은 미친 사람처럼 사방으로 튀며 요란한 소리를 냈다. 그러면 선생님은 우리를 멈춰 세우고 무슨 일이 생겼는지 확인하려고 되돌아오곤 했다. 그래도 화를 내지는 않았다. 에이글팅거 선생 말이다.

우리는 인디언이 전쟁에 사용한 커다란 통나무배 옆을 지나갔다. 그 배는 캐딜락 세 대를 한 줄로 세워 놓은 정도의 길이였다. 20명쯤 되는 인디언이 그 안에 탄 채 노를 젓고 있었다. 그중에는 억센 얼굴로 그냥 서 있는 인디언도 하나 있었다. 모두가 하나같이 전쟁할 때 얼굴에 칠하는 물감을 바르고 있었다. 배의 맨 뒤에는 가면을 쓴 귀신처럼 생긴 사나이가 타고 있었다. 그 사람은 인디언 주술사였다. 그 인디언을 보면 등골이 오싹했지만 싫지는 않았다. 그리고 지나가다가 우리가 노 따위를 건드리면 감시인이 "손을 대지 마시오" 하고 말하곤 했다. 그런데 그것도 경찰과는 달리 부드러운 음성이었다.

다음에는 커다란 투명 케이스를 지나쳤다. 그 안에서는 인디언 남자가 막대기를 비벼 불을 일으키고 있었고, 인디언 여자는 담요를 짜고 있었다. 담요를 짜는 인디언 여자는 몸을 조금 숙이고 있었기 때문에 젖가슴이 온통 들여다보였다. 우리는 그것을 몰래 훔쳐보며 지나갔다. 여학생들도 그랬다. 그 애들도 어린애에 불과했기 때문에 젖가슴은 우리 것과 별 차이가 없었던 것이다.

강당에 들어가기 직전, 그러니까 문 바로 곁에는 에스키모가 있었다. 에스키모는 얼어붙은 호수에 구멍을 뚫고 앉아 그 구멍에서 물고기를 낚아 올리고 있었다. 낚아 올린 물고기 두 마리가 구멍 옆에 놓여 있었다. 그 박물관에는 투명 케이스가 정말 많기도 했다. 2층에는 더 많이 있었다. 물을 마시는 사슴이 들어 있고, 겨울을 보내기 위해 남쪽으로 날아가는 새도 있었다. 가까이에 있는 새들은 모두 박제였다. 철사에 매달려 있었다. 뒤쪽 새들은 벽에다 그려 놓은 것이었는데, 모두 진짜 남쪽을 향해 날아가고 있는 것 같았다. 쪼그리고 앉아 밑에서 위로 새들을 쳐다보면 더욱 서두르면서 날아가는 것같이 보였다.

그러나 이 박물관의 가장 큰 장점은, 모든 것이 언제나 움직이지 않고 제자리에 있다는 점이다. 누구도 자리를 떠나지 않는다. 가령 10만 번을 가 보아도 에스키모는 여전히 두 마리의 물고기를 방금 낚아 내고 있을 것이고, 새는 여전히 남쪽으로 날아가는 중일 테고, 사슴은 여전히 예쁜 뿔과 날씬한 다리를 하고 물웅덩이에서 물을 마시고 있을 것이다. 또한 젖가슴을 드러낸 인디언 여자는 여전히 같은 담요를 짜고 있을 것이다. 아무것도 변하지 않을 것이다.

달라지는 것은 오로지 우리 쪽이다. 그렇다고 우리가 나이를 더 먹어서 그런 것은 아니다. 그것과는 좀 다르다. 우리가 늘 변한다는 것뿐이다. 이번에는 우리가 외투를 입고 있다든지, 지난번 짝이었던 여자아이가 홍역에 걸려 다른 애와 짝이 되었다든지 하는 것이다. 또는 에이글팅거 선생님 대신 다른 선생님이 인솔한다든지, 또는 부모가 욕실에서 지독한 부부 싸움을 벌이는 소리를 들은 다음이라든지, 또는 가솔린 무지개가 떠 있는 길가의 물웅덩이를 지나왔다든지 하는, 우리 쪽의 변화가 있을 것이다. 요컨대 우리는 뭔가 달라지고 있다. 잘 설명할 수는 없지만. 설사 설명할 수 있다 해도 설명할 기분이 들지는 의문이다.

나는 걸으면서 주머니에서 사냥모자를 꺼내 썼다. 나를 아는 사람을 만날 리 없을뿐더러 날씨가 매우 습했기 때문이다. 나는 계속 걸으면서 동생 피비가 옛날의 나처럼 토요일이면 그 박물관에 간다는 사실에 대해 생각했다. 옛날에 내가 본 그 사물들을 피비는 어떻게 느끼고 있을까? 그리고 그것을 볼 때마다 피비는 어떻게 달라지고 있을까. 그런 생각이 나를 우울하게 하지는 않았지만 그렇다고 아주 명랑하게 하지도 않았다.

어떤 사물들은 언제까지나 그대로 있어야 한다. 저 투명 케이스에다 넣어 그냥 그대로 간직해야 한다. 그것이 불가능하다는 것은 알고 있지만, 그 불가능이 너무나 안타깝다. 어쨌든 나는 걸어가면서 계속 그런 생각을 했다.

걸어가다가 유원지 옆을 지나치게 되었을 때 발을 멈추고 어린애 둘이서 시소를 타는 것을 바라보았다. 그중 하나는 뚱뚱한 몸집이었기 때문에 나무게를 맞춰 주기 위해 다른 아이가 타고 있는 쪽에다 내 손을 갖다 댔다. 그런데 그애들은 내가 곁에 있는 것을 달갑지 않게 생각했다. 그래서 나는 그곳을 떠나버렸다.

 그런데 이상한 일이 일어났다. 박물관까지 가자 갑자기 그곳에 들어가기가 싫어진 것이다. 100만 달러를 준대도 싫었다. 그곳은 도무지 나에게 호소력이 없었다. 그렇게 설레는 마음으로 공원을 거쳐 여기까지 왔는데도. 만약 피비가 있었다면 들어갔을 것이다. 그러나 피비는 없었다. 그래서 박물관 앞에서 택시를 잡아타고 빌트모어로 갔다. 그다지 가고 싶지 않았지만 샐리와 약속을 했으니 어쩔 수 없었다.

17

 그곳에 도착했을 땐 아직 시간이 일렀다. 그래서 로비의 큰 시계 바로 옆에 있는 긴 가죽 의자에 앉아서 그곳에 있는 여자들을 바라보았다. 여러 학교가 방학에 들어갔기 때문에 많은 여학생들이 그곳에 앉거나 서성거리면서 남자 친구가 나타나기를 기다리고 있었다. 다리를 꼬고 있는 아이, 다리를 꼬지 않은 아이, 멋진 다리를 가진 아이, 형편없는 다리를 가진 아이, 어엿한 여자처럼 보이는 아이, 알고 보면 창녀인지도 모르는 아이 등등. 내 말뜻을 이해할지 모르겠지만 어쨌든 그것은 구경거리였다. 또 어떤 의미에서는 나를 우울하게 하는 광경이었다. 왜냐하면 이들에게 장차 어떤 일이 일어날까 하는 의문이 자꾸만 떠올랐기 때문이다. 저들이 고등학교나 대학을 졸업했을 때 대체 어떤 일이 일어날까?
 대부분은 아마 바보 같은 자식들과 결혼할 것이다. 내 차는 휘발유 1갤런에 몇 마일을 달릴 수 있다는 말이나 하는 놈들하고, 또는 탁구나 골프처럼 바보 같은 시합에서 지기라도 하면 곧 화를 내며 어린애같이 구는 놈들하고. 또 치사하기 짝이 없는 놈들이나 책과는 담쌓은 놈들, 지루하기 그지없는 놈들하고. 그런데 어떤 놈에 대해서 지루하다고 이야기할 때는 조심해야 한다. 정확히 어떤 놈들이 지루한 인간인지 잘 모르기 때문이다. 나는 지루한 놈들은 이해하지 못한다. 이건 정말이다.
 엘크턴 힐스에 있을 때 두 달 가량 해리스 매클린이라는 애와 같은 방에서 살았다. 그 녀석은 머리가 굉장히 좋았는데도 내가 만난 애들 가운데 가장 지루한 놈 중의 하나였다. 그의 목소리는 신경을 건드리는 듯한 소리였다. 그런데도 그는 한시도 입을 다물지 않고 떠들었다. 말을 멈추는 적이 없었다. 특히 지겨운 것은, 이쪽에서 듣고 싶은 이야기는 절대로 하지 않는다는 점이었다.

그런 녀석도 한 가지는 할 줄 알았다. 그 잡놈은 이 세상의 누구보다도 휘파람을 잘 불었다. 침대를 정돈하든지 옷장에 물건을 걸면서—그 녀석은 항상 옷장에 무엇을 걸고 있었다. 그것은 사람 미치게 하는 것이다—휘파람을 불었다. 물론 그 끔찍한 목소리로 떠들 때를 제외하고는. 그놈은 클래식 음악도 소화할 수 있었지만 대개는 재즈곡을 불렀다. '양철 지붕의 블루스' 같은 재즈는 진짜 기가 막히게 불었다. 그것도 꼭 옷장에 무엇인가를 걸면서 말이다. 여기엔 나도 손들고 말았다. 그렇다고 네 휘파람은 기가 막히다고 말한 적은 없다. 일부러 가서 "네 휘파람은 기가 막히는구나." 말할 사람이 어디 있겠는가? 어쨌든 나는 그놈하고 두 달 정도 같은 방을 썼던 것이다. 지독할 만큼 지루한 녀석하고! 그의 휘파람은 일찍이 들어 보지 못했을 정도로 훌륭한 것이었기 때문에 반쯤 미칠 지경이었는데도 두 달이나 참았다.

그래도 역시 나는 지루한 인간에 대해서 아직 잘 모른다. 훌륭한 여자가 지루한 남자와 결혼한다 해도 너무 슬프게 생각해서는 안 될지도 모른다. 지루한 남자라 하더라도 대부분은 사람을 해치지는 않을 테니까. 게다가 남몰래 휘파람 같은 것을 잘 불지도 모른다. 누가 알겠는가?

마침내 샐리가 계단을 올라오는 모습이 보였다. 나는 그녀를 맞이하러 내려갔다. 그녀는 모양을 잔뜩 내고 있었다. 정말 그랬다. 검은 코트에 검은 베레모 같은 것을 쓰고 있었다. 그녀는 모자 쓰는 일이 거의 없었는데 그때의 베레모는 보기 좋았다. 우스운 이야기지만 그녀를 보는 순간 결혼하고 싶다는 느낌이 들었다. 난 미친놈이다. 그다지 좋아하지도 않으면서 그녀에게 반한 듯한 느낌이 들어 그녀와의 결혼을 생각하다니, 난 좀 미친놈이다. 그 점은 시인한다.

"홀든!" 샐리가 불렀다.

"만나서 반가워. 오랜만이야."

샐리는 어느 곳에서든 만나면 나를 당황케 할 정도로 아주 큰 목소리로 말하는 여자였다. 굉장히 예뻤기 때문에 그럭저럭 견뎠지만, 그래도 그녀의 목소리는 나를 안절부절못하게 만들었다.

"만나서 반가워."

이건 진심이었다. 이어서 잘 지냈냐고 물었다.

"응, 잘 지냈어. 내가 좀 늦었나?"

늦지 않았다고 말했지만 실은 10분 가량 늦었다. 그러나 개의치 않았다. 〈새터데이 이브닝 포스트〉 같은 잡지에 실린 만화에는, 길모퉁이에 선 남자가 약속한 시간에 여자가 나타나지 않아 화내고 있는 그림이 나오지만, 그런 것은 엉터리이다. 만일 만날 여자가 멋진 여자라면 설사 시간에 늦는다 해도 잔소리할 남자가 어디 있겠는가? 그런 남자는 한 명도 없을 것이다.

"서두르는 게 좋겠어. 연극이 2시 40분에 시작되니까." 내가 말했다. 우리는 계단을 내려가 택시 있는 곳으로 갔다.

"뭘 보러 가는 거지?"

샐리가 물었다.

"나도 몰라. 런트 부부야. 그것밖에 표를 살 수가 없었어."

"런트 부부가 나오는 것 말야? 아이 좋아라!"

거봐라, 내 예상대로지. 그녀는 런트 부부라는 말에 정말 좋아했다.

우리는 극장으로 가는 도중 택시 안에서 서로에게 달라 붙었다. 샐리는 루즈인지 뭔지를 칠했기 때문에 처음에는 싫어하는 기색이었다. 하지만 내가 워낙 끈덕지게 유혹하는 바람에 그녀로서도 별 도리가 없었다. 그런데 지랄 같은 택시가 두 번이나 급정거하는 바람에 나는 의자에서 떨어질 뻔했다. 택시 기사들은 저희가 가고 있는 앞도 제대로 보지 않는 자들이다.

어쨌든 그때 내가 얼마나 미쳐 있었느냐 하면, 힘껏 껴안은 포옹을 끝낼 무렵 내 입에서는 사랑한다느니 뭐니 하는 소리가 튀어나왔을 정도였다. 물론 거짓말이지만, 그때 그 순간에는 진심이었다. 난 미친놈이다. 하느님께 맹세코 난 미친놈이라니까.

"오, 달링. 나도 사랑해." 샐리가 말했다. 그러고는 바로 그 말을 한 입으로 "머리를 기르겠다고 약속해. 스포츠형 머리는 촌티가 나. 그렇게 예쁜 머리칼을 가지고" 하고 말을 맺었다.

예쁘다니, 젠장!

연극은 이제까지 본 몇몇 연극만큼 엉터리는 아니었다. 그러나 시시한 건 마찬가지였다. 어느 노부부의 일생, 그러니까 한 50만 년이나 되는 긴 인생을 다룬 연극이었다. 이야기는 그들의 젊은 시절부터 시작되는데, 부모의 반대를 무릅쓰고 여자는 그 남자와 결혼한다. 그리고 차츰차츰 나이를 먹어 간다. 남편은 전쟁에 나가고 아내에겐 술주정뱅이 남동생이 남았다.

나는 도무지 흥미를 느낄 수 없었다. 가족 중의 누가 죽거나 말거나 나는 별로 상관하지 않는다는 말이다. 어차피 모두 배우들이 하는 짓이니까. 남편과 아내는 매우 훌륭한 노부부였다. 기지가 넘치는 부부였다. 그래도 나는 그들에게 그다지 흥미를 느낄 수 없었다. 첫째 이유는 그 연극이 진행되는 동안, 그 부부는 내내 차 같은 것을 마시고 있었기 때문이다. 그들이 무대에 보일 때마다 요리사가 두 사람 앞에 차를 내오든지, 아니면 부인이 누구에게 차를 따르든지 했다. 그리고 줄곧 사람들이 들락날락했다. 사람들이 계속 일어났다 앉았다 하는 것을 보려니까 어지러웠다.

알프레드 런트와 린 폰테인이 노부부의 역을 맡고 있었다. 그들은 훌륭하지만 나는 그들을 그리 좋아하지 않았다. 그래도 그들은 다른 사람과는 달랐다. 그것만은 말해야겠다. 그들은 실제 인간처럼 연기하지 않았지만 동시에 배우처럼 연기하지도 않았다. 이건 설명하기 어렵다. 그들은 자신들이 굉장한 유명인이라는 것을 의식하는 연기를 보이고 있었다. 말하자면 잘하기는 하는데, 지나치게 잘하더라는 말이다. 한 사람이 지껄이면 곧 다른 사람이 그 대사를 받아 재빨리 대사를 읊었다. 이것은 실제의 인간들이 서로의 말을 가로채며 지껄이는 실생활과 비슷했다. 다만 문제는 그것이 지나치게 비슷하다는 것이었다. 이는 아까 말한 그리니치 빌리지의 어니의 피아노 연주와 흡사한 것이었다. 무엇인가를 너무 잘하게 되면, 사실 본인이 조심하지 않는 한 거드름만 피우게 된다. 그러면 훌륭한 연기나 연주는 끝나 버린다. 그래도 어쨌든 그 연극에서 진실로 두뇌를 가진 것처럼 보이는 사람은 역시 런트 부부뿐이었다. 그 점만은 나도 시인한다.

1막이 끝나자 우리는 다른 바보들과 함께 담배를 피우러 복도로 나갔다. 대단한 광경이었다. 평생 그렇게 많은 엉터리들이 모인 것은 보지 못했을 것이다. 모두 담배를 피우며 자신들이 얼마나 똑똑한가를 모두에게 보이려는 듯이 귀가 떨어져 나갈 듯 큰 소리로 연극에 관해 지껄이고 있었다.

우리 옆에는 바보 같은 영화 배우 하나가 담배를 피우며 서 있었다. 이름은 모르겠지만 전쟁 영화에서 공격이 시작되기 직전에 항상 겁을 집어먹고 얼굴이 노래지는 역을 맡는 자였다. 굉장한 금발 여인과 함께 있었다. 그들은 사람들이 자기들을 바라보고 있다는 사실을 모르는 체하기 위해 담담한 태도를 지으려고 애썼다. 지독히 겸손하시군. 나는 한 대 얻어맞은 기분이었다. 샐리는 런트 부처를 격찬할 뿐 별로 지껄이지 않았다. 그건 여기저기 바라보며 매력 있는 자기 모습을 과시하기에 바빴기 때문이다. 그러다가 뜻밖에 로비 쪽에서 아는 남자의 얼굴을 발견한 모양이었다. 쥐색 플란넬 옷에다 바둑판무늬 조끼를 입은 녀석이었다. 아이비리그에 다니는 것이 분명했다. 그놈은 벽에 붙어 서서 죽어라고 담배를 피우며 지독히 지루하다는 표정을 짓고 있었다.

"나, 저 사람 알아." 샐리가 계속 지껄였다. 샐리는 어디를 데리고 가든 아는 사람이 있었다. 혹은 안다고 생각하는 사람이 있었다. 계속 그렇게 말하는 통에 급기야 나는 질려서 이렇게 대꾸했다. "아는 사람이면 가서 성대한 키스라도 해 주지 그래. 저쪽도 좋아할 거야."

샐리는 발끈 화를 냈다. 그러나 결국 그 얼간이도 샐리를 알아차리고 가까이 다가와서 인사를 했다. 둘이 인사하는 모습은 참으로 가관이었다. 20년 만에 처음 만나는 사람들 같았다. 마치 어렸을 때 같은 욕조에서 목욕이라도 한 사이 같았다. 소꿉친구, 이건 구역질이 났다. 웃기는 것은 어쩌면 그들이 어느 엉터리 파티에서 단 한 번 만났을 뿐인지도 모른다는 사실이다.

이렇게 너절하게 놀더니 마침내 샐리가 녀석을 소개했다. 조지 뭐라는 이름이었는데, 앤도버에 다니는 놈이었다. 대단하군. 샐리가 오늘 연극이 어떠냐고 묻자 그놈의 꼴은 볼 만했다. 엉터리 같은 그놈은 누구의 질문에 대답할 때엔 어느 정도의 넓은 공간을 확보해야 하는 그런 놈이었다. 그놈은 샐리의 질문을 받자 뒤로 물러났다. 그러다 바로 뒤에 서 있던 부인의 발을 밟고 말았다. 아마 그 여자의 발가락은 모조리 박살났을 것이다. 하여튼 그놈이 말하기를, 연극 자체는 걸작이 못 되지만 런트 부부는 말할 것도 없이 천사라는 것이다. 진짜 천사라고 했다. 어이가 없었다. 난 손을 들고 말았다. 그런 다음 그놈과 샐리는 서로 알고 있는 녀석들의 이야기를 시작했다. 그 따위 엉터리 이야기는 평생 들어 보지 못했을 것이다. 그들은 서로 경쟁하듯 어느 지명이 머리에 떠오르면 그곳에 사는 자식들의 이름을 죄다 기억에서 끄집어냈다. 그때 다시 좌석으로 돌아갈 시간이 되었기에 망정이지 그렇지 않았다면 나는 먹은 것을 죄다 토해 냈을 것이다. 정말이다.
 다시 막간이 되자 그들은 아까의 그 대화를 지루하게 계속했다.
 또다시 이곳저곳의 지명을 생각해내고 그곳에 사는 놈들의 이름을 늘어놓았다. 그런데 제일 나쁜 것은 그놈이 아이비리그 특유의 엉터리 같은 목소리를 가지고 있다는 점이었다. 녀석은 지친 듯하면서도 젠체하는 목소리를 구사했다. 마치 계집애 같은 말투였다. 그놈은 염치도 없이 남의 데이트에 끼어들었다. 연극이 끝난 뒤 나는 그놈이 우리 택시에 같이 타지나 않을까 우려했다. 왜냐하면 한두 구역 정도 우리를 따라왔기 때문이다. 그러나 칵테일을 마시기 위해 친구들과 만날 예정이라고 했다. 나는 바둑판무늬 조끼를 걸친 엉터리 자식들이 어느 술집에 모여, 그 지친 듯하면서도 신사인 척하는 목소리로 연극이니 책이니 여자니 하는 것을 놓고 비평하는 꼴을 눈에 그릴 수 있었다. 그런 것들에겐 손을 들 수밖에. 우리가 택시를 잡아탄 것은 그 앤도버 엉터리 놈의 이야기를 열 시간이나 듣고 난 다음이었다. 그래서 나는 샐리를 증오했다. 이대로 곧장 그녀를 집으로 보낼까 생각했다. 정말이었다.
 그런데 샐리는 "신나는 계획이 있어" 하고 말하는 것이었다.
 샐리는 항상 신나는 계획을 떠올렸다.
 "이봐." 그녀가 말했다. "저녁 식사에 몇 시까지 집에 돌아가야 해? 급한 일이 있는지, 어떤지 알고 싶어. 몇 시에 들어가야 해? 무슨 특별한 일이라도 있니?"
 "아니, 없어."
 이렇게 정직하게 대답해 본 적이 없었다. 나는 이어서 물었다.
 "그건 왜 묻지?"
 "그럼 라디오 시티로 스케이트 타러 가지 않을래?"
 샐리에게 좋은 계획이란 언제나 이런 것이다.
 "라디오 시티에서 스케이트를? 지금 당장 말야?"
 "한 시간 정도만. 싫어? 싫으면……."
 "싫다고 말하진 않았어." 나는 말을 끊었다가 이렇게 말했다. "좋아, 그게 소원이라면."
 "정말? 마음 내키지 않으면 싫다고 말해. 난 어느 쪽이든 괜찮으니까."

괜찮긴 뭐가 괜찮다는 것인가?
"거기에 가면 예쁜 스케이트용 스커트를 빌려 입을 수 있대. 지네트 킬츠도 지난 주에 빌려 입었대."
샐리가 그리 가고 싶어한 것은 이것 때문이었다. 엉덩이까지만 내려오는 그 스커트를 입고 싶었던 것이다.
그래서 우리는 그곳에 갔다. 스케이트를 빌리고 나서 샐리는 엉덩이만 살짝 덮이는 짧은 스커트를 빌렸다. 그것을 입은 샐리의 모습은 정말 멋있었다. 나도 그 점은 인정한다. 샐리도 그것을 의식하고 있었다. 그 작은 엉덩이가 얼마나 귀여운가를 내게 보이려고 내 앞에서 알짱거렸다. 사실 지독히 예뻐 보였다.
그런데 우스운 것은 우리가 그 스케이트 링크에서 제일 서투르게 타고 있었다는 점이다. 정말 최악이었다. 굉장히 잘 타는 사람도 몇 있었다. 샐리의 발목은 안으로 굽어져 당장이라도 얼음판에 닿을 정도였다. 정말 꼴불견이었다. 그러나 그보다도 지독하게 아팠을 것이다. 그것은 나도 마찬가지였다. 나는 아파서 죽는 줄 알았다. 그러니 우리 모습은 정말 가관이었겠지. 설상가상으로 근처에 서서 얼음판에 넘어지는 사람이나 구경하는 자식들이 적어도 200명은 되었다.
"저 테이블에 가서 뭘 한 잔씩 마실까?"
마침내 내가 말했다.
"좋은 생각이야. 최고로 좋은 생각을 떠올렸군." 샐리가 말했다. 사실 샐리는 아파서 죽어 가고 있었다. 잔인한 자살 행위였다. 정말 그녀가 가엾다는 생각이 들었다.
우리는 스케이트를 벗고 바 안으로 들어갔다. 거기서는 음료수를 마시면서 스케이트 타는 인간들을 구경할 수 있었다. 자리에 앉자마자 샐리는 장갑을 벗었다.
나는 그녀에게 담배를 권했다. 샐리는 그다지 유쾌한 표정이 아니었다. 웨이터가 오기에 그녀를 위해 콜라를 주문했다. 샐리는 술을 마시지 않았기 때문이다. 나는 스카치 소다를 주문했다. 그러나 그 잡놈은 도무지 주문에 응하려 하지 않았다. 그래서 나도 콜라를 마시기로 했다.
그리고 나서 나는 성냥을 그어 댔다. 성냥에 불을 당겨서는 더 이상 쥐고 있을 수 없게 될 때까지 타 내려가게 하고는 재떨이에 떨어뜨린다. 이건 내가 초조할 때 하는 버릇이다.
 그때 갑자기 청천벽력처럼 샐리가 말했다.
 "이봐, 꼭 알아야겠어. 이번 크리스마스 이브에 날 도와주러 오는 거야, 안 오는 거야? 대답해 봐."
 스케이트를 타다 죽을 뻔한 그 발목 때문에 샐리는 아직도 뾰로통해 있었다.
 "편지에 가겠다고 했잖아? 너 벌써 스무 번이나 물었어. 틀림없이 갈게."
 "확실히 알고 싶어서 그래."
 샐리는 이렇게 말하고 나서 바 안을 두리번거리기 시작했다. 갑자기 나는 성냥 장난을 멈추고 테이블을 가로질러 몸을 굽혔다. 이야깃거리가 많았기 때문이다.
 "이봐, 샐리."
 "뭔데?" 그녀가 말했다. 샐리는 방 저쪽에 있는 어떤 여자를 바라보고 있었다.
 "이젠 싫증이 났다는 기분이 든 적 있니?" 내가 물었다. "내 말은 뭐든 하지 않으면 모든 게 엉망진창이 되어 버릴지도 모른다는 불안을 느낀 적이 있느냔 말야. 예를 들어 학교는 마음에 들어?"
 "학교는 지겨워."
 "학교를 증오하느냔 말야. 지겨운 곳이라는 건 나도 알아. 그런데 그것을 증오하느냐 이 말이야."
 "정확히 말해서 증오까지 하지는 않아. 어차피……."
 "난 증오해. 정말 증오하고 있어." 내가 말했다. 그리고 계속 말을 이었다. "그것뿐이 아냐. 모든 게 다. 그래, 뉴욕에 사는 것도 싫어. 택시, 매디슨 가의 버스들, 뒷문으로 내려 달라고 항상 고함치는 운전사들. 런트 부부를 천사라고 부르는 엉터리에게 소개되어야 하고, 밖에 잠깐 나가려 해도 엘리베이터로 올라갔다 내려갔다 해야 하는 것도. 또 항상 부룩스에 가서 바지를 맞추어 입는 자식들, 항상……."
 "그렇게 큰 소리로 고함치지 마."
 샐리가 말했다. 웃기는군. 난 전혀 고함치지 않았는데…….
 "자동차를 예로 들지." 나는 지극히 조용한 목소리로 말했다. "대부분의 인간들을 보라구. 그들은 자동차에 미쳐 있다 이 말이야. 조금이라도 긁힐까 봐 걱정이지. 1갤런의 연료로 몇 마일을 달릴 수 있느냐 하는 것이 언제나 화제거든. 새 차를 사고는 곧 또 새것과 바꿀 생각이나 하고. 나는 차를 증오해. 자동차엔 전혀 관심이 없어. 차라리 말을 갖고 싶어. 말은 적어도 인간적이야. 말은 적어도……"

"무슨 얘긴지 난 통 모르겠다. 얘기가 두서없어……"

"모르겠어? 내가 지금 뉴욕에 와 있는 것은 오로지 너 때문이야. 네가 없었다면 아마 어디 멀리 가 있었을 거야. 숲 속 같은 먼 곳에 말야. 내가 여기 있는 까닭은 실은 네가 있기 때문이라고."

"아주 듣기 좋은 소린데." 샐리가 말했다. 그러나 내가 화제를 바꾸기를 원하는 것이 분명했다.

"언제 시간 있으면 남학교에 가 보는 게 좋을 거야." 내가 말했다. "시험 삼아 한번 가 봐. 엉터리 자식들이 우글거릴 테니까. 놈들이 하는 일이라고는 장차 캐딜락을 살 수 있는 신분이 되기 위해 공부하는 일뿐이야. 그리고 축구 팀이 지면 분해 죽겠다는 시늉이나 하고, 하루 종일 여자와 술과 섹스 얘기만 지껄여 대는 거지. 게다가 더러운 파벌을 만들어 결속까지 하거든. 농구 팀은 그들대로 뭉치고, 천주교 신자들도 그들대로 뭉치고, 지랄 같은 지성인들도 그렇고 놀음하는 놈들도 그렇고. 다 저희끼리 뭉치거든. 심지어 월간 추천도서 클럽에 가입한 놈들도 끼리끼리 뭉친단 말이야. 그러니까 좀 똑똑하려면……"

"이봐." 샐리가 말을 깨뜨렸다. "학교 생활에서 그것보다 더 많은 것을 얻는 학생도 많아."

"그건 그래. 그 말에 나도 동감이야. 몇몇 학생은 그래. 그렇지만 내가 얻은 것은 그런 것뿐이야. 그게 내 말의 요점이야. 바로 그거라니까. 나는 어디서건 아무것도 얻지 못하거든. 난 엉망이야, 형편없이."

"확실히 그렇군."

그때 불현듯 어떤 착상이 떠올랐다.

"이봐, 내게 생각이 있어. 이곳에서 도망치면 어떨까? 좋은 생각이 있어. 그리니치 빌리지에 아는 놈이 있는데, 그놈의 차를 한 2주 동안 빌릴 수 있거든. 전에 같은 학교에 다녔던 놈이야. 그놈한테 10달러 받을 게 있어. 그러니까 어떻게 하느냐 하면, 내일 아침 매사추세츠나 버몬트나 그 근처로 드라이브를 하는 거야. 그 근방은 경치가 기가 막히거든. 정말이야."

그런 생각을 하면 할수록 나는 더 흥분했다. 그래서 손을 뻗어 샐리의 손을 잡았다. 나는 참 어리석었다.

"농담이 아냐." 나는 다시 말을 계속했다. "은행에 180달러 가량 예금이 있어. 내일 아침 은행 문이 열리는 대로 그것을 찾아 가지고 그놈한테 가서 차를 빌리는 거야. 농담이 아냐. 돈이 다 떨어질 때까지 오두막 같은 데 머무를 수 있을 거야. 돈이 떨어지면 내가 어디 가서 일자리를 구해 가지고 우리 둘이서 냇물이 흐르는 그런 곳에서 사는 거야. 그런 다음에 결혼이고 뭐고 할 수 있을 거고, 겨울이 닥쳐오면 장작은 내가 팰 수 있을 거야. 정말 멋진 생활을 할 수 있을 거야. 어때, 너는? 나하고 함께 갈 거지? 말해 보라니까."

"그런 짓은 할 수 없어."

샐리가 말했다. 지독히 화난 목소리였다.

"왜 못해? 왜 못한다는 거야?"

"소리 지르지 마, 제발."

샐리가 말했다. 그건 거짓말이었다. 난 그녀에게 전혀 소리 지르지 않았다.

"왜 안 된다는 거지, 왜?"

"그럴 수 없으니까 그렇게 말하는 것뿐이야. 무엇보다 우리는 실상 어린애나 마찬가지야. 돈이 떨어지고, 만일에 일자리가 없다면 어떻게 할지 생각해 봤어? 굶어 죽고 말 거야. 그건 너무 비현실적인 이야기야. 그건……."

"비현실적이긴 무슨. 난 일자리를 얻게 될 거야. 그건 염려 마. 염려할 필요가 없어. 도대체 뭐가 어쨌다는 거야? 나하고 같이 가고 싶지 않아? 싫으면 그렇다고 말해."

"그런 뜻이 아냐. 전혀 그런 뜻이 아니야." 샐리가 말했다. 나는 웬일인지 샐리가 미워지기 시작했다. 그녀는 이렇게 말했다.

"그런 일을 할 시간은 앞으로 얼마든지 있어. 시간은 있다니까. 내 말은 나중에 네가 대학에 가고 나서도 얼마든지 할 수 있단 뜻이야. 결혼을 하고 나서도 갈 만한 좋은 곳은 얼마든지 있을 거야."

"그렇지 않아. 갈 수 있는 곳이 얼마든지 있는 건 아냐. 그땐 사정이 달라질 거야."

나는 점점 우울해졌다.

"뭐라고 했어? 들리지 않아. 아까는 소리를 지르더니 이번엔……."

"대학에 간 다음에는 멋진 곳에 갈 수 없어진다고 말했어. 잘 들어 봐. 사정이 판이하게 달라질 거라고. 우리는 여행 가방 같은 걸 들고 엘리베이터를 타고 내려갈 거야. 모든 사람에게 전화를 걸어 작별 인사를 하고 어떤 호텔에서는 그림 엽서도 띄워야 하겠지. 나는 회사에 취직해서 돈을 벌고, 택시나 매디슨 가의 버스로 회사에 출근하고, 신문을 읽든지 밤낮 브리지 놀이를 하든지, 영화관에 가서 시시한 단편 영화나 예고편이나 뉴스 영화 같은 것들을 볼 거야. 뉴스 영화라는 것이 또 사람 잡지. 언제나 경마가 개최되는 현장이라든가, 배의 진수식에서 어떤 귀부인이 배에다 대고 병을 깨뜨리는 장면이라든가, 침팬지가 팬티를 입고 자전거를 탄다든가 하는 따위나 보여 준단 말야. 나중에는 뭐든 다 소용없어진다고. 지금과 나중은 전혀 달라. 너는 내 말을 전혀 알아듣지 못한 거야."

"그럴지도 몰라. 너도 알아듣지 못한 거야." 샐리가 말했다. 그쯤 되자 우리는 서로의 고집을 증오했다. 지적인 대화를 하려 해도 아무 의미가 없었다. 나는 그런 대화를 시작한 것을 몹시 후회했다. 결국 나는 이렇게 말했다.

"이제 나가자. 사실 말이지, 너와 함께 있으면 엉덩이가 근질근질해서 견딜 수가 없거든."

이 말에 샐리는 노발대발했다. 그런 말을 하지 말았어야 한다는 것은 알고 있다. 여느 때 같으면 그런 말을 입에 담지는 않았을 것이다. 그러나 샐리는 나를 지독히 울적하게 했던 것이다. 보통 때 같으면 여자에게 그런 속된 말은 절대로 안 한다. 제기랄, 그녀는 지독히 화가 났다. 나는 정신없이 사과했다. 그러나 샐리는 내 사과를 받아들이려 하지 않았다. 마구 울기까지 했다. 이 지경이 되자 나도 약간 겁이 났다. 샐리가 그 길로 집에 돌아가 자기 아버지에게, 내가 저와 함께 있으면 엉덩이가 근질근질해 못 견디겠다고 말했다며 고자질하지나 않을까 겁이 났던 것이다. 그녀의 아버지는 몸집이 크고 말이 없는 사나이였는데 나를 별로 좋아하지 않았다. 그는 언젠가 샐리에게, 나를 두고 시끄러운 자식이라고 말한 적도 있었다.

"농담이야. 미안해."

나는 몇 번이고 그녀에게 사과했다.

"미안하다고? 그거면 다야?! 우습군!" 샐리가 말했다. 그렇게 말하면서도 샐리는 아직 훌쩍거리고 있었다. 나는 갑자기 그런 말을 한 것은 정말 잘못이었다고 생각했다.

"자, 내가 집에까지 데려다 줄게. 농담이었어."

"나 혼자서도 갈 수 있어. 내가 너더러 집에 데려다 달라고 할 줄 알아? 그렇게 생각했다면 넌 돌았어. 나한테 이렇게까지 심하게 대한 사람은 하나도 없었어."

생각해 보면 이 모든 것이 좀 우스운 일이었다. 그래서 나는 갑자기 해서는 안 될 짓을 했다. 한바탕 웃음을 터뜨렸던 것이다. 내 웃음은 유난히 요란하고 바보스러웠다. 예컨대 영화관 같은 데서 내 뒤에 앉은 누가 앞에 있는 나에게 몸을 기울이며 "여보시오, 거 좀 조용히 할 수 없소?" 말하고 싶어지는 그런 웃음이었다. 샐리는 아까보다 더 화를 냈다.

나는 얼마 동안 사과를 하며 용서를 빌었지만 샐리는 막무가내였다. 혼자 있게 내버려 두어 달라는 말만 되풀이했다. 그래서 마지막엔 하는 수 없이 해 달라는 대로 했다. 안에서 구두 따위를 들고 와서 그냥 나 혼자 나와 버렸다. 그래서는 안 되었지만 그때쯤에는 나도 지독히 지쳐서 어쩔 수 없었다.

어째서 내가 그녀에게 그런 말을 했는지 모르겠다. 매사추세츠나 버몬트에 같이 가자고 한 것 말이다. 설사 같이 가겠다고 해도 나는 그녀를 데려가지 않을 것이다. 누군가와 같이 가더라도 그녀와는 같이 가지 않을 것이다. 그런데 문제가 있었다. 내가 그녀에게 가자고 했을 때는 그게 진심이었다는 점이다. 그건 정말 문제이다. 정말 나는 미친놈이라니까.

18

스케이트 링크에서 나오자 배가 좀 고팠다. 나는 드러그 스토어에 들어가 스위스 치즈 샌드위치에 맥아 우유를 먹었다. 그러고 나서 전화 박스에 들어갔다. 제인이 집에 와 있는지 알고 싶었다. 그날 저녁은 완전한 자유의 몸이었기 때문에, 만일 제인이 집에 있으면 춤을 추러 가거나 아니면 아무 데도 데리고 가 보겠다는 생각에서였다. 제인을 알고 난 이래 나는 제인과 한 번도 춤 같은 걸 춰 본 적이 없었다. 그러나 꼭 한 번 제인이 춤추는 걸 본 적이 있었다. 제인은 춤을 꽤 잘 추는 것 같았다.

7월 4일, 클럽에서 열린 독립기념일 파티에서였다. 그때는 제인과 잘 알지 못하는 사이였기 때문에 상대편 남자에게서 굳이 그녀를 가로채려 하지 않았다. 그 남자놈은 초트에 다니는 알 파이크라는 지겨운 놈이었다. 나는 그놈을 잘 몰랐지만 그놈은 언제나 수영장 근처에서 맴도는 놈이었다. 라텍스와 같은 흰 수영 팬티를 입고 언제나 다이빙을 하고 있었다. 그것도 하루 종일 똑같은 하프 게이너(뒤로 제주넘듯 하는 다이빙)만. 그놈은 그것밖에 할 줄 모르면서도 자기가 제일인 줄 알고 있었다. 온통 근육만 있고 머리는 텅텅 빈 놈이었다.

하여튼 그날 밤 제인이 데이트한 상대는 그런 놈이었다. 이해할 수 없었다. 도저히 이해할 수 없었다. 그 후에 제인과 어울리게 되자 나는 그녀에게, 어째서 그 따위 알 파이크와 같이 으스대기만 하는 놈과 데이트를 하게 되었느냐고 물어보았다. 제인의 말이 그애는 전혀 으스대지 않는다는 것이었다. 오히려 그놈은 열등감이 강하다고 말했다. 그놈을 동정하는 것 같았다. 일부러 동정하는 척하는 게 아니라 진짜로 제인의 말은 진정에서 나온 것이었다.

여자들에겐 우스운 점이 있다. 상대가 분명히 개새끼인데, 그것도 지독히 비열하고 건방진 개새끼인데, 그걸 지적해 주면 여자들은 그때마다 "그 남자는 열등감이 있는 남자야"라고 말한다. 하긴 열등감을 가지고 있는지도 모르겠지만 내 의견으로는 그렇다고 개새끼가 아닌 것은 아니다. 계집애들이란 참…… 계집애들은 앞으로 무슨 생각을 할지 모른다.

한번은 내가 로버타 월슈라는 아이와 한방을 쓰는 여학생을, 내 친구의 데이트 상대로 소개해 준 일이 있었다. 내 친구의 이름은 봅 로빈슨이었는데, 그 녀석은 정말 열등감이 심했다. 자기 부모가 'He don't', 'She don't' 할 정도로 문법도 모르는 데다 그다지 돈도 많지 않다는 사실을 부끄럽게 여기는 녀석이었다. 그러나 그애는 개새끼 같은 놈은 아니었다. 아니, 오히려 매우 좋은 놈이었다. 그런데 로버타 월슈의 친구인 그 여학생은 그를 전혀 좋아하지 않았다. 로버타에게 그가 너무 거만하다고 말했다는 것이다. 그녀가 친구에게 그가 거만하다고 말한 이유는, 그가 우연히 자기가 토론팀 부장을 맡고 있다고 말했기 때문이었다. 그런 하찮은 일로 그 녀석을 거만하다고 생각하다니, 이건 말도 안 된다. 여자들에겐 문제가 있다. 만일 남자에게 호의를 갖게 되면 아무리 지독한 개새끼를 놓고도 열등감이 있는 남자라고 말한다. 게다가 반대로 남자가 싫으면 그놈이 아무리 훌륭하고 열등감을 가지고 있어도 그 남자는 거만하다고 말한다. 똑똑한 여자들마저 모두 그 지경이다.

하여튼 제인에게 다시 전화했지만 아무도 전화를 받지 않았다. 나는 하는 수 없이 수화기를 내려놓았다. 그러고는 주소록을 뒤져 그날 밤 누가 나와 시간을 보낼 수 있을지 찾기 시작했다. 그런데 문제가 있었다. 내 주소록에는 불과 세 명밖에 적혀 있지 않았던 것이다. 제인의 전화 번호, 엘크턴 힐스에서 나를 가르친 앤톨리니 선생과 아버지의 회사 전화 번호뿐이었다. 나는 사람들의 주소를 적어 두는 것을 잊고 있었던 것이다.

할 수 없이 나는 칼 루스에게 전화해 보았다. 칼 루스는 내가 퇴학당하고 난 다음에 후턴 고등학교를 졸업한 애였다. 그는 나보다 세 살 가량 위였고, 내가 별로 좋아하는 친구는 아니었다. 그러나 머리가 굉장히 좋은 놈이었다. 후턴에서 지능지수가 제일 높았다. 그 녀석 같으면 어디 가서 저녁 식사나 하면서 좀 지적인 대화를 나눌 수 있는 상대가 되지 않을까 생각했다. 지금 그는 콜럼비아에 다니고 있고 집은 65번가였다. 나는 그 녀석이 집에 돌아와 있을 거라고 생각했다. 그에게 전화했을 때 그는, 저녁은 같이 할 수 없지만 밤 10시에 54번가 위커 바에서 만나 한 잔 하자고 말했다. 나한테서 전화를 받고 꽤 놀랐을 것이다. 전에 한번 내가 그에게 뚱뚱한 엉터리라고 말한 적이 있었으니까.

10시가 되려면 아직 시간이 많이 남았기 때문에, 나는 라디오 시티 극장으로 갔다. 제일 형편없는 짓이었지만 그곳은 가까운 거리에 있었고 달리 할 일이 생각나지 않았기 때문이다.

안으로 들어갔을 때 마침 너절한 쇼가 벌어지고 있었다. '더 로켓' 단원들이 한 줄로 쭉 늘어서서 서로의 허리를 감싸 안고 다리를 힘껏 하늘로 쳐들고 있었다. 관중은 미친 듯이 박수를 보냈다. 내 뒤에 앉은 어떤 남자는 자기 아내에게 "저거 진짜 대단하지? 저거야말로 '일사불란' 그 자체라니까!" 거듭 말하고 있었다. 난 손발 다 들지 않을 수 없었다.

'더 로켓' 공연이 끝나자 롤러스케이트를 신은 사나이가 나와서는 작은 탁자를 잔뜩 늘어놓고 그 밑을 요리조리 빠져 나갔다. 또 그렇게 스케이트를 타면서 만담을 늘어놓기도 했다. 스케이트 솜씨는 훌륭했지만 나는 그다지 재미있지 않았다. 왜냐하면 그렇게 무대에 나와 스케이트를 타기 위해서 그가 열심히 연습하고 있는 장면이 눈앞에 떠올랐기 때문이다. 정말 바보 같은 짓처럼 보였다. 내 기분이 비정상이었는지도 모른다.

다음에는 라디오 시티에서 해마다 하는 크리스마스 쇼가 시작되었다. 천사의 무리가 사방에서 나왔는데, 손에 십자가를 든 사람이 몇 천 명이나 나와 무대를 가득 채웠다. 그들은 일제히 '기쁘다 구주 오셨네'를 미친 듯이 불러 댔다. 굉장했다. 이것이 종교적이며 매우 아름다운 장면이란 것은 알지만, 십자가를 들고 무대 전체를 채운 것은 결국 배우들이라는 사실에서 어떤 종교적인 요소나 아름다움 따위는 찾아볼 수 없었다. 그들은 무대에서 퇴장하면 기다렸다는 듯이 담배를 피우기 시작할 것이다. 1년 전에도 샐리 헤이스와 함께 이걸 본 적이 있는데, 샐리는 무대 의상이나 장식이 참으로 아름답기 짝이 없다고 계속 말했다. 나는 예수가 이런 호화찬란한 의상 따위들을 본다면 아마 구토를 참지 못할 것이라고 말했다. 그랬더니 샐리는 나더러 신을 모독하는 무신론자라고 했다. 어쩌면 그런지도 모른다. 나는 예수께서 진정으로 좋아할 사람은 그 오케스트라에서 작은북을 치는 단원이 아닐까 하고 생각한다. 그 사람은 내가 여덟 살 때부터 계속 보아 왔다. 부모와 함께 보러 갔을 때, 나와 동생 앨리는 이 사람을 더 잘 보려고 자리를 옮기곤 했다. 그렇게 훌륭하게 북 치는 사람은 일찍이 본 적이 없다. 한 곡에서 북 치는 기회란 단 두 번밖에 없는데, 손을 쉬고 있을 때에도 그는 절대로 지루한 표정을 짓지 않았다. 그러다가 북 치는 차례가 되면 심각한 표정을 지은 채 매우 멋지고 아름답게 북을 울려 댔다. 언젠가 아버지와 함께 워싱턴에 갔을 때, 앨리는 그 사람에게 그림 엽서를 띄운 적이 있었다. 그렇지만 그의 손에 들어가지는 않았을 것이다. 주소가 확실치 않았으니까.

크리스마스 쇼가 끝나자 지랄 같은 영화가 상영되었다. 너무도 썩은 냄새가 나는 영화였다. 그래서 오히려 그것에서 눈을 뗄 수가 없었지만. 그것은 전쟁에 나갔다가 기억을 상실한 알렉 뭐라는 영국인 이야기였다. 그는 지팡이를 짚고 병원에서 나와 발을 절면서 런던 시내를 돌아다녔다. 그러면서도 자신이 누구인지 모른다. 실은 공작인데도 그는 그 사실을 모른다. 그러다가 버스 안에서 가정적이고 진실한 여자를 만난다. 여자의 모자가 날아가자 그가 그 모자를 잡아 주는 것이다.

그리고 그들은 버스 위층에 올라가 앉아서는 찰스 디킨스에 대한 대화를 시작한다. 디킨스는 그들이 제일 좋아하는 작가였다. 남자는 디킨스의 《올리버 트위스트》 한 권을 가지고 다니는데, 여자도 그걸 가지고 다녔다. 나는 이 대목에서 토할 뻔했다. 하여튼 두 남녀는 디킨스를 너무 좋아했기 때문에 서로 사랑에 빠진다. 그 후 남자는 여자의 출판업을 도와준다. 여자가 출판업자였으니까. 그러나 그녀의 오빠가 주정뱅이여서 돈을 다 써 버리는 통에 형편이 어려워졌다. 그 오빠라는 자는 원한에 사무친 사나이였다. 전쟁 중에 군의로 활동하다가 신경을 다쳐 지금은 수술을 맡을 수 없기 때문이다. 그러다 보니 밤낮 술타령이다. 그러나 그는 매우 기지가 풍부한 사나이였다. 어쨌든 알렉이 책을 쓰면 그 여자는 그것을 출판하여 두 사람은 상당한 돈을 벌게 된다.

그런데 두 남녀가 결혼하려는 찰나에 다른 여자, 다시 말해서 알렉이 기억을 상실하기 이전의 약혼녀가 나타난다. 알렉이 책방에서 자기 책에 사인을 하고 있을 때 그녀가 그를 알아본 것이다. 그녀의 이름은 마샤이다. 마샤는 알렉에게 당신은 사실 공작인가 뭔가 하는 것이라고 가르쳐 주지만, 알렉은 마샤의 말을 믿지 않는다. 그의 엄마를 보러 같이 가자고 해도 듣지 않는다. 참, 그의 엄마는 앞을 전혀 못 보는 장님이다. 하여튼 나중에 사귄 그 가정적인 여자는 결국 그를 떠나보낸다. 그녀는 고귀한 마음씨를 가진 여자였다. 그래서 알렉이 떠나게 된 것이다.

그러나 그가 기르던 개가 반기며 달려들어도, 엄마가 손가락으로 그의 얼굴을 만져도, 그가 어렸을 때 가지고 놀던 장난감 곰을 가져와도 알렉의 기억은 되돌아오지 않는다. 그러다가 어느 날 알렉이 잔디밭에서 아이들이 하는 크리켓 시합을 보던 중, 공이 날아와 그의 머리에 맞는다. 그 순간 기억이 되살아난다. 그는 집으로 달려 들어가 엄마의 이마에 키스를 하고 야단법석이었다. 그리하여 그는 다시 정상적인 공작으로 되돌아가고, 출판업을 하는 그 가정적인 여자를 까맣게 잊는다.

나머지 스토리도 이야기해야 되겠지만 더 말하다가는 토해 버릴 것 같다. 그렇다고 내가 영화를 망쳐 놓는 것은 아니다. 망치고 말고 할 것도 없는 영화니까. 어쨌든 마지막에 가서 알렉과 그 가정적인 여자는 결혼하게 되고,

술주정뱅이 오빠는 다시 신경을 회복하여 알렉의 엄마를 수술한다. 그래서 엄마도 다시 세상을 볼 수 있게 된다. 게다가 이 주정뱅이 오빠와 마샤는 서로 사랑하는 사이가 된다.

맨 마지막 장면에서는 그 집의 개가 한 무리의 강아지를 거느리고 들어온다. 그리고 그 모습을 보고 긴 식탁에 앉아 있던 일동이 요절복통하는 것으로 영화는 끝난다. 모두 그 개가 수놈인 줄로 알고 있었던 모양이다. 내 말은, 토해서 온몸을 엉망으로 만들고 싶지 않거든 그 따위 영화는 아예 보지 말라는 것이다.

나를 미치게 만드는 일도 벌어졌다. 내 옆에 한 아주머니가 앉아 있었는데, 그는 영화가 계속되는 동안 줄곧 우는 것이 아니겠는가. 영화가 엉터리로 되어 가면 갈수록 더 우는 것이었다. 그렇게 운다는 것은 아주머니가 매우 착한 마음씨의 소유자라는 의미이겠지만, 그의 바로 옆에 앉아서 보니 그렇지도 않았다. 그 아주머니는 어린애를 데리고 있었다. 그 아이가 지독히 지루해하면서 화장실에 가겠다고 졸라 대는 데도 도무지 데리고 나갈 생각을 하지 않았다. 얌전하게 있으라고 타이르기만 하는 것이었다.

아주머니의 마음씨는 무서운 늑대만큼은 부드러웠다. 영화의 엉터리 같은 이야기에 눈이 빠지도록 우는 사람들은 십중팔구 본질적으로 야비한 것들이다. 이건 농담이 아니다.

영화가 끝난 후, 나는 칼 루스와 만나기로 되어 있던 위커 바를 향해 걷기 시작했다. 걸어가면서 나는 전쟁이니 뭐니 하는 것을 곰곰이 생각했다. 전쟁 영화를 보고 나면 늘 그랬다. 전쟁터에 나가야 한다면 도저히 참을 수 없을 것 같다. 정말 참을 수 없을 거다. 그들이 나를 전쟁터에 끌어내 놓고 죽이든지 하면 오히려 나을 것이다. 그러나 군대에 가면 굉장히 오래 그 속에 있어야 할 텐데, 그게 괴로운 것이다.

형 D.B.는 4년간이나 군대에 있었다. 전쟁터에도 나갔다. 그는 D-데이 상륙 작전에도 참가했다. 그런데 그는 전쟁보다 군대를 더 싫어했던 것 같다. 내가 아직 어렸을 때지만, 형은 휴가차 집에 돌아오면 줄곧 침대에만 누워 뒹굴 뿐 거실에도 거의 나오지 않았던 것이 기억난다. 뒷날 해외에 나가 전쟁에도 참가했지만 부상 하나 입지 않고 총 한 방 쏘아 보지 못했다고 했다. 하루 종일 사령관의 차를 운전하며, 카우보이처럼 생긴 장군을 모시고 다니는 게 고작이었다는 것이다.
 언젠가 그가 앨리와 나에게 한 말이지만, 만일 누군가 쏘아야 하는 경우가 있었다 해도 어느 방향으로 쏘아야 할지 몰랐을 거라고 했다. 군대는 나치만큼 더러운 자식들로 들끓는 곳이라면서.
 지금도 기억하는데, 앨리가 형에게 "형은 작가니까 전쟁에 참가하면 작품 쓸 자료를 많이 얻을 수 있어서 좋지 않아?" 라고 물었던 적이 있다. 그러자 형은 앨리에게 야구 미트를 가져오게 하고는, 루퍼트 브룩와 에밀리 디킨슨 중에서 누가 훌륭한 전쟁 시인인가를 물었다. 앨리는 에밀리 디킨슨이라고 대답했다. 나는 시를 별로 읽지 않기 때문에 시와 관련된 비유는 잘 알지 못한다. 그러나 내가 군대에 들어가서 애클리나 스트라드레이터나 모리스 같은 놈들과 늘 함께 있으면서 행군인가 뭔가를 해야 한다면, 나는 반드시 미쳐 버리고 말 것이다. 그것만은 잘 안다. 전에 1주일 동안 보이스카웃에 들어간 일이 있었다. 그때 내 바로 앞에 있는 놈의 모가지를 쳐다보는 것만으로도 견딜 수 없었다. 항상 앞사람의 목덜미를 바라보라고 명령하는 것이었다. 만일 전쟁이 일어나 나를 끌어가야 한다면 차라리 사격 부대 앞에다 나를 세워 두는 게 좋을 것이다. 그렇게 해도 나는 반대하지 않을 것이다.
 형 D.B.의 희한한 점은, 그토록 전쟁을 싫어하면서 지난 여름엔 내게 《무기여 잘 있거라》라는 책을 읽어 보게 했다는 사실이다. 형은 굉장한 작품이라고 했지만 그건 나로서는 알 수 없는 말이었다. 헨리 중위라는 사나이가 등장하는데 아주 좋은 사람이라는 것이다. 형은 군대니 전쟁이니 하는 것을 그토록 싫어하면서 왜 그런 엉터리 같은 책을 좋아하는 걸까? 도무지 알 길이 없다. 내 말은 그런 엉터리 같은 책을 좋아하면서 동시에, 링 라드너의 작품이나 그가 미쳐 있는 또 하나의 책인 《위대한 개츠비》 같은 것을 어떻게 좋아할 수 있는지 알 수 없다는 뜻이다.
 D.B.는 화를 내면서 넌 아직 어려서 그 작품을 제대로 감상할 수 없다고 말했다. 하지만 난 그렇게 생각하지 않는다. 링 라드너나 《위대한 개츠비》 같은 것이라면 나도 좋아한다고 말했다. 사실 그랬다. 나는 《위대한 개츠비》를 미치도록 좋아한다. 개츠비 자식이 하는 '형씨'(대화 끝에 친근하게 부르는 말)라는 그 농담은 죽여준다.
 여하튼 원자폭탄이 발명되어 기쁘다. 이번에 전쟁이 일어나면 나는 그 폭탄의 꼭대기에 올라타고 갈 테다. 지원하겠다니까. 하느님께 맹세코 지원하겠다니까.

19

뉴욕에 살지 않는 사람은 모르겠지만, 위커 바는 시튼 호텔이라는 꽤 좋은 호텔 안에 있는 술집이다. 전에는 자주 갔지만 요사이는 잘 가지 않는다. 그곳에 질려 버렸기 때문이다. 위커 바는 지나칠 정도로 세련된 곳으로 알려지면서 속물들이나 모여드는 장소가 되어 버렸다.

전에는 티나와 재닌이라는 프랑스 아가씨가 매일 밤 세 번씩 나와 피아노를 치며 노래했다. 하나는 피아노를 쳤는데, 그 솜씨는 엉망이었다. 또 하나는 노래를 불렀는데, 거의 다 지저분한 내용이거나 프랑스어 노래였다.

재닌은 노래하기 전에 언제나 마이크에다 대고 속삭이는 목소리로 말했다. "지금부터 부를 노래는 '불리 부 프랑스'입니다. 뉴욕과 같은 대도시에 와서 브룩클린의 젊은이와 사랑에 빠지는 한 프랑스 아가씨의 이야깁니다. 여러분의 마음에 들었으면 좋겠습니다."

이처럼 작은 목소리로 속삭이듯 말하면서 꽤 귀여운 몸짓을 보인 다음 반은 영어, 반은 프랑스어로 바보 같은 노래를 불렀다. 그러면 그 자리에 있는 엉터리 속물들은 미친 듯이 환호했다.

그런 얼간이들이 갈채를 보내는 꼴을 한참 동안 앉아서 지켜봐라. 아마 이 세상의 모든 인간들이 싫어질 것이다. 게다가 바텐더란 놈도 더러운 놈이었다. 그놈은 지독한 속물이었다. 거물이나 명사가 아니면 말도 잘 하지 않았다. 그러나 상대가 거물이나 명사의 경우에는 더욱 구역질이 났다. 그놈은 알고 보면 자신도 굉장한 놈이기라도 한 것처럼 매력적인 웃음을 지으면서 "그래, 코네티컷은 어떻습니까?" 또는 "플로리다는 어떻습니까?" 물었다. 위커 바는 이처럼 지독한 장소였다. 정말이다. 그래서 나는 서서히 발걸음을 끊었다.

내가 그곳에 닿았을 때는 시간이 꽤 일렀다. 나는 바에 앉았다. 꽤 혼잡했다. 칼 루스 놈이 나타나기 전에 스카치 소다를 몇 잔 마셨다. 주문할 때는 내 키가 얼마나 큰가를 알려서 미성년자라는 의심을 덜 사려고 일부러 일어서서 주문했다. 그러고 나서 잠시 주위에 있는 엉터리들을 둘러보았다. 내 옆에 있는 놈은 데리고 온 여자를 말로 비행기 태우고 있었다. 여자의 손을 귀족적이라고 계속 떠드는 것이었다. 사람 죽이는군. 바 건너편에는 남색가들이 들끓었다. 그들은 그다지 남색가처럼 생기진 않았다. 머리가 길다든가 하는 모양새가 아니었다. 그러나 그런 족속이란 것은 금방 알 수 있었다.

드디어 루스가 나타났다. 루스 자식. 굉장한 놈. 그는 후턴 고등학교 다닐 때 내 지도 학생이라는 위치에 있었다. 그러나 그 녀석이 한 것이라고는 밤 늦게 그의 방에 여럿이 모이면 섹스 이야기 따위나 하는 게 고작이었다. 그 녀석은 섹스에 대해 제법 알고 있었다. 특히 변태니 뭐니 하는 것에 대해서. 양하고 이상한 짓을 하는 추잡한 인간이라든가, 여자 팬티를 모자 안에다 꿰매고 다니는 놈이라든가. 대충 그 따위의 이야기들을 늘어놓았다. 남자 변태들과 여자 동성애자들에 대해서도 거론했다.

루스는 미국에서 누구누구가 동성애자인가를 죄다 알고 있었다. 누구의 이름이든 괜찮았다. 이름을 대기만 하면 그 사람이 변태인지 아닌지 가르쳐 주었다. 때로는 믿을 수 없을 정도였다. 그가 지적한 사람들, 영화배운가 뭔가 하는 사람들이 변태라니 믿을 수 없었다. 그가 변태라고 말하는 사람들 중 몇몇은 기혼자였다.

"조 블로가 변태란 말야? 그 조 블로가? 언제나 갱이나 카우보이로 나오는 그 덩치 크고 우락부락한 사나이가?" 우리는 되풀이해서 물었다. 그러면 루스는 "물론이지" 대답하는 것이었다. 그놈은 언제나 "물론이지" 대답했다.

루스의 말로는 기혼이든 미혼이든 상관없다고 한다.
세상에 결혼한 사람의 반은 모두 변태인데 본인은 그것을 의식하지 못한다는 것이었다. 그런 기질이 있으면 하룻밤 사이에도 진짜 변태가 된다고 했다. 그 녀석은 우리에게 지독히 겁을 주었다. 나도 언제 변태가 되려나 하고 숨 죽이고 기다렸을 정도이다. 그런데 루스로 말하자면, 혹시 그도 어느 면에서는 변태가 아닌가 하는 생각이 들었다.

그 자식은 복도를 걸어갈 때 언제나 "이 사이즈가 맞나 실험해 봐." 말하면서 손가락으로 남의 궁둥이를 찔렀다. 또 세면장에서는 우리가 이를 닦거나 하는 동안 문을 열어 둔 채 변기에 앉아서 볼일을 보며 말을 걸곤 했다. 그것도 다소 변태적이잖아? 진짜로. 나는 학교나 다른 곳에서 진짜 변태성욕자들을 꽤 많이 보았다. 녀석들은 늘 그런 짓을 하고 있었다. 그래서 나는 루스도 변태가 아닌가 의심을 했다. 뭐, 이러니저러니 해도 그 녀석은 머리가 좋은 인간이지만.

그 녀석은 사람을 만날 때 잘 있었냐느니 하는 따위의 인사도 하지 않았다. 그 녀석이 앉자마자 처음 한 말은 몇 분밖에 있을 수 없다는 것이었다. 데이트 약속이 있다고 했다. 그리고 나서 드라이 마티니를 주문했다. 올리브를 넣지 말고 그냥 드라이하게 해 달라고 바텐더에게 주문했다.

"이봐, 널 위해 동성애자를 하나 얻어 왔어." 내가 입을 열었다. "저쪽에 앉아 있어. 아, 아직은 보지 마. 너를 위해 마련해 왔다니까."

"바보 같은 소리 마. 콜필드, 넌 여전하군. 언제 어른이 될래?"

내가 루스를 몹시 질리게 한 모양이었다. 그건 사실이다. 그러나 나는 재미있었다. 그 녀석은 나를 즐겁게 해 주는 인간에 속했다.

"성생활은 잘돼?" 내가 물었다. 루스는 그런 것을 물으면 싫어하는 놈이었다.

"좀 가만히 있어. 제발 얌전히 앉아서 가만히 있으라구."

"이렇게 가만히 있잖아. 그보다 콜롬비아는 어때? 마음에 들어?"

"물론이지. 맘에 들지 않으면 누가 다니겠니?"

루스는 때로 이렇게 지루한 말을 하는 놈이다.

"뭘 전공하고 있냐? 변태성욕 같은 거?"

나는 그저 농담 삼아 물었다.

"뭣 때문에 자꾸 그런 이야기를 하지? 놀리는 거야?"

"아냐. 농담이야." 내가 말을 이었다. "이봐, 너는 머리가 좋잖아. 난 지금 충고가 필요하거든. 난 지금 지독히……."

루스는 나를 향해 깊은 신음소리를 토했다.

"어이, 콜필드. 여기 있고 싶으면 얌전히 술이나 마셔. 조용히 이야기를 하고 싶으면……."

"알았어, 알았어. 염려 마."

그 녀석은 나와 심각한 대화를 나눌 마음이 없는 게 분명했다. 이런 것이 똑똑한 인간들의 문제이다. 놈들은 자기가 그럴 기분이 아니면 절대로 진지한 이야기를 하려 들지 않는다. 그래서 나는 그와 일반적인 이야기를 시작했다.
"이건 농담이 아닌데, 네 성생활은 어때? 후턴 다닐 때 자주 사귀던 그 여자하고 아직도 같이 다니냐? 왜 있잖아, 그 지독한……."
"천만에."
"왜? 그녀에게 무슨 일이라도 생겼어?"
"난 전혀 몰라. 네가 물으니까 말인데, 내 짐작으로는 지금쯤 햄프셔의 창녀가 되었을걸."
"그건 너무 심하다. 그녀는 늘 너를 따뜻하게 감싸 주면서 성적 충동에 불까지 질러 줬잖아? 그럼 적어도 그렇게 말해서는 안 되지."
"아이쿠, 골치야!" 루스가 말했다. "이거 또 전형적인 콜필드식 대화를 시작하겠다고? 그것부터 당장 알아야겠는데."
"아냐. 하지만 그건 좀 심하잖아. 그애는 따뜻하고 상냥하게……."
"이런 지긋지긋한 생각의 회로를 언제까지 더듬어 가야 하는가?"
나는 입을 다물었다. 내가 닥치지 않으면 그 녀석이 벌떡 일어나 나 혼자 두고 나가 버리지나 않을까 하는 두려움이 앞섰다. 그래서 나는 조용히 술을 한 잔 더 시켰다. 곤죽이 되도록 취하고 싶었다.
"그럼 지금은 누구하고 사귀는데? 말해 주고 싶지 않아?"
"넌 모르는 여자야."
"그러니까 이름이 뭐냔 말야. 내가 알지도 모르잖아."
"빌리지에 사는 조각가야. 꼭 알고 싶다면."
"그래? 끝내주네! 몇 살인데?"
"물어보지 않았어."
"그럼, 대략 몇 살이나 되느냐구."
"30대 후반쯤."
"30대 후반? 정말이야? 넌 그런 게 좋으냐? 그렇게 나이 들어야 좋아?"
내가 그렇게 물은 것은 그 녀석이 섹스에 대해 정말로 잘 알고 있었기 때문이다. 그 녀석은 내가 아는 녀석들 중에서 섹스에 정통한 사람 중의 하나였다. 그는 열네 살 때 벌써 낸터컷에서 동정을 잃은 놈이었으니까. 이건 정말이다.
"그렇게 물으니까 말인데, 난 성숙한 여자가 좋아."

"그래? 왜? 이건 정말 궁금해서 묻는 거야. 그런 여자와의 섹스가 더 좋아서인가?"

"야, 한 가지만 분명히 해 두자. 오늘 밤에는 콜필드식 질문에는 대답하지 않을 거야. 도대체 언제 어른이 될래?"

나는 잠시 잠자코 있었다. 잠시 그런 식의 말을 않기로 했다.

그러자 루스는 마티니를 한 잔 더 주문했다. 그는 바텐더에게 더 드라이하게 해달라고 부탁했다.

"이봐, 사귄 지는 얼마나 됐는데? 조각한다는 그 여자 말야." 나는 그에게 물었다. 정말로 궁금해서. "후턴에 다닐 때부터 알고 있었니?"

"아냐. 그 여자는 이 나라에 온 지 몇 달밖에 안 돼."

"그래? 어디서 왔는데?"

"상하이라는 곳에서 왔다더군."

"농담 아니지? 그럼 중국 여자야?"

"그래."

"정말이야? 넌 그런 걸 좋아하니? 중국인인데도?"

"물론이지."

"왜지? 난 정말로 그 이유가 궁금해."

"나는 서양 철학보다 동양 철학이 더 깊이가 있다는 것을 알게 됐거든. 네가 물으니까 하는 말이지만."

"그래? 네가 말하는 철학이 무슨 뜻이지? 섹스 관련 철학? 중국에선 그쪽 분야가 더 발전했다는 거냐? 응, 그런 거야?"

"반드시 중국이 더 좋다는 뜻은 아냐. 나는 동양이라고 말했을 뿐이야. 우리가 이런 미친 대화를 계속해야 하니?"

"이봐, 나는 진지하게 말하고 있는 거야."

나는 이어서 질문했다.

"농담하는 게 아냐. 왜 동양이 더 낫다는 거지?"

"그건 너무 복잡해서 간단히 말할 수 없어." 루스가 말했다. "동양인은 섹스라는 것을 육체적인 경험과 동시에 정신적 경험으로 생각하고 있다 이 말씀이야. 만일 네가 나를 생각하기를……."

"동감이야! 사실 나도 섹스란…… 저, 네가 말하는…… 뭔가 육체적 경험이면서 동시에 정신적 경험일 거라고 생각해. 진심으로! 그러나 그건 상대가 누구냐 하는 것에 달려 있겠지. 내가 만일 좋아하지도 않는 상대와 그걸 한다면 난……."
"그렇게 큰 소리로 말하지 마, 콜필드. 조용히 말할 수 없다면 이쯤에서 그만두자."
"좋아. 하지만 들어 봐."
내가 말했다. 나는 점점 더 흥분했다. 그리고 목소리도 조금씩 더 커지고 있었다. 나는 흥분하면 목청이 커지는 경향이 있다. "내 말 뜻은 이런 거야." 나는 말을 이었다. "섹스란 정신적, 육체적 경험일 뿐만 아니라 예술적이기도 하다는 것을 난 알아. 하지만 내 말은, 섹스란 아무하고나 할 수 없다는 거야. 아무 여자하고나 섹스 좀 했다고 해서 그것으로 다 되는 것은 아니잖아. 안 그래?"
"그 이야기는 그만두자. 부탁이니까." 루스가 말했다.
"응, 하지만 들어 봐. 그 중국 여자와 네 이야긴데, 둘 사이의 관계에서 어디가 맘에 들어?"
"그만두자니까!"
나는 지나치게 사적인 이야기로 접어들었던 것이다. 그건 나도 인정한다. 그러나 그 점이 또한 루스의 짜증나는 구석이다. 후턴에 다닐 때부터 그는 상대편에게 일어난 사적인 이야기는 뭣이든지 말하라고 하면서도, 이쪽에서 저한테 일어난 일에 관해 질문하기 시작하면 화를 내곤 했다. 이런 똑똑한 자식들은 자기가 좌중을 지배하지 못하면, 지적인 대화를 하려 들지도 않는다. 자기가 입을 다물 때가 되면 상대편의 입도 닫히게 한다. 자기가 방으로 돌아가야 할 때면 다른 사람들도 각자 방으로 돌아가게 한다. 내가 후턴에 다닐 때도 녀석은 그랬다.
우리는 루스의 방에 모여 그에게서 섹스 강의를 듣곤 했다. 이야기가 끝나고 나서도 각자 방에 돌아가지 않고 우리끼리 이야기를 되씹고 있으면 그놈은 싫어했다. 정말 노골적으로 싫어했다. 우리란 루스를 제외한 아이들과 나를 의미한다. 어떤 다른 아이의 방에서 우리끼리 떠들면 루스는 지독히 싫어했다. 그는 언제나 주연으로서의 역할이 끝나면, 다들 제 방으로 돌아가 가만히 있기를 바랐던 것이다. 그는 저 이외의 다른 사람이 자기보다 더 멋있는 이야기를 하지 않을까 두려워했다. 정말 재미있는 놈이었다.
"나도 중국에나 갈까. 내 성생활은 엉터리니까."
내가 말했다.
"그것도 당연하지. 네 머리는 아직 미숙하니까."
"정말 그래. 그건 나도 알아." 나는 다시 말을 시작했다. "내겐 문제가 있는데, 그게 무엇인지 알겠니? 난 좋아하지 않는 여자와는 결코 섹스하고 싶은 생각이 나지 않아. 그러니까 난 상대가 굉장히 마음에 들어야 돼. 마음에 들지 않으면 욕정이고 뭐고 다 사라지고 말아. 그래서 내 성생활은 무섭게 틀어지고 있다는 말이지. 내 성생활이 말야."
"당연한 일이야. 지난 번 만났을 때 네게 무엇이 필요한지를 내가 말해 주지 않았어?"
"정신분석인지 뭔지를 받아 보라는 말?"
내가 물었다. 그것이 내가 해야 할 일이라고 그 녀석이 말한 적이 있었다. 루스의 아버지는 정신분석인가 뭔가를 하는 의사였다.
"그건 네 생각에 달려 있어. 네가 네 인생을 어떻게 요리하든 내가 관여할 일은 아니니까."
나는 잠시 아무 말도 하지 않았다. 그저 생각에 잠겨 있었다. 그러다가 질문을 했다.
"가령 내가 너의 아버지한테 가서 그 정신분석인가 뭔가를 받는다고 해 봐. 그럼 너의 아버지는 나를 어떻게 하는 거야? 나한테 무엇을 하시느냐 이 말이야."
"특별히 하는 것은 없을 거야. 다만 너에게 이야기를 할 것이고 너도 이야기만 하면 될 거야. 뭐, 어쨌든 아버지는 네가 스스로 네 정신의 형태를 인식하도록 도와줄 거야."
"뭘 도와?"
"정신의 형태. 너의 정신이 작용하는 틀 말야. 이봐, 난 정신분석학 기초를 강의할 생각은 없어. 혹시 흥미가 있으면 우리 아버지에게 전화해서 약속을 잡아. 흥미 없으면 하지 말고. 솔직히 말해서 나야 아무래도 좋지만."
나는 루스의 어깨에 손을 얹었다. 정말 그 녀석은 재미있는 놈이었다.
"넌 정말 내 친구야. 너도 그건 알고 있지?"

나는 그에게 말했다. 그 녀석은 손목시계를 들여다보고 있었다.
"이젠 가야겠어."
루스는 자리에서 일어나서 "만나서 기쁘다" 말하더니 바텐더에게 자기의 계산서를 가져오라고 했다.
"루스." 나는 그가 도망치기 전에 입을 열었다.
"너희 아버지께선 너의 정신도 분석해 주셨니?"
"나? 그건 왜 묻지?"
"이유는 없어. 그래, 분석해 주셨어?"
"엄밀한 의미에서 했다고는 할 수 없어. 어느 정도 순응하도록 도와주시기는 했지. 하지만 전반적인 정신분석은 아직 필요하지 않대. 왜?"
"이유고 뭐고 없어. 그냥 궁금했던 거야."
"그럼. 잘 놀다 가." 루스가 말했다. 루스는 팁을 남겨 두고 막 그 자리를 떠나려는 참이었다.
"한 잔 더 하고 가지 그래. 난 지독히 외로워, 그냥 하는 소리가 아냐."
그러나 그 녀석은 그럴 수 없다고 했다. 이미 약속에 늦었다는 것이다. 그러고는 가 버렸다.
루스. 정말 나를 화나게 만드는 녀석이었다. 그러나 녀석은 이야깃거리를 많이 가지고 있는 놈임에는 틀림없다. 내가 후턴에 다닐 때 알았던 어떤 자식들보다 어휘가 풍부한 녀석이었다. 진짜로 그 학교에는 그런 테스트가 있었다.

20

나는 그곳에 그대로 눌러앉아 취해 가면서 티나와 재닌이 나와서 노래하기를 기다렸다. 그러나 그들은 그 바에 없었다. 남색가처럼 생긴 고수머리 남자가 나와 피아노를 치고 발렌시아라는 새로운 얼굴의 여자가 나와서 노래를 불렀다. 그다지 잘하지는 못했지만 티나와 재닌보다는 나은 편이었고, 선곡도 좋았다. 피아노가 내 곁에 놓여 있었기 때문에 발렌시아도 내 옆에 서 있었다.
나는 발렌시아에게 눈짓을 보냈다. 그러나 그녀는 나 같은 건 본 체도 하지 않았다. 나도 여느 때 같으면 그런 짓은 하지 않았을 텐데, 그땐 지독히 취해 있었다. 발렌시아는 노래를 끝내자마자 번개처럼 사라졌기 때문에 같이 한 잔 하자고 청할 틈도 없었다. 나는 웨이터를 불러 발렌시아가 나와 한 잔 할 생각이 있는지 물어보라고 부탁했다. 그놈은 그렇게 하겠다고 말했다. 그러나 그놈은 내 말을 전하지도 않았을 것이다. 인간들은 다른 사람의 말은 절대로 전해 주지 않는다니까.

나는 지독히 취한 채 새벽 1시 무렵까지 그 바에 앉아 있었다. 나는 앞을 거의 똑바로 볼 수가 없었다. 그래도 한 가지에는 주의했다. 떠들어 대거나 소란 따위를 피우지 않으려고 애쓴 것이었다. 누구의 주목을 끌거나 해서 몇 살이나 되었냐는 질문을 받기는 싫었기 때문이다. 아, 그런데 도무지 앞을 똑바로 볼 수가 없었다.

그런데 정말 지독히 취하자 나는 또다시 어리석은 짓을 하기 시작했다. 창자에 탄알이 박힌 시늉을 시작한 것이다. 창자에 탄알이 박힌 사람은 바에서 나 혼자였다. 나는 재킷 밑에 손을 넣어, 피가 사방으로 뚝뚝 떨어지지 않도록 배를 움켜쥐는 시늉을 했다. 부상당한 사실을 사람들에게 알리고 싶지 않았다. 부상당한 개새끼라는 사실을 감춰야지. 아, 문득 제인에게 전화하고 싶어졌다. 제인이 집에 와 있는지 알아내야 한다. 그래서 계산을 마치고 바에서 나와 전화 있는 곳까지 걸어갔다. 그동안에도 피가 떨어지지 않도록 계속 재킷 밑에 손을 쑤셔 넣고 있었다. 정말 나는 엉망으로 취해 있었다.

그러나 막상 전화박스에 들어가자 제인에게 전화하고 싶은 기분이 사라졌다. 아마 너무 취했던 모양이다. 그래서 어떻게 했느냐고? 샐리 헤이스에게 전화해 버렸다.

제대로 통화하기까지 무려 스무 번이나 다이얼을 돌려야 했다. 아, 이거 도무지 앞이 보이지 않는 것이었다.

"여보세요!"

누군가 전화를 받자 나는 거의 고함치듯 말했다. 그만큼 취해 있었다.

"누구세요?"

냉랭한 숙녀의 음성이 들려왔다.

"홀든 콜필드인데요, 샐리 좀 바꿔 주세요."

"샐리는 자고 있어. 난 그애 할머니야. 홀든, 왜 이런 시간에 전화하지? 지금 몇 신 줄 아니?"

"네, 샐리에게 할 얘기가 있어서요. 매우 중요한 일이에요. 바꿔 주세요."
"샐리는 자고 있다니까. 내일 걸어라. 안녕."
"깨우세요! 깨우세요! 제기랄!"
그러자 다른 목소리가 들려왔다.
"홀든, 나야." 샐리였다. "도대체 무슨 일이니?"
"샐리니? 정말 너야?"
"나야. 소리 지르지 마. 취했니?"
"응. 이봐, 내 말 들어 봐. 크리스마스 이브에 갈게. 됐지? 크리스마스 트리에 장식을 해 주러 말야. 알았어? 샐리, 듣고 있어?"
"그래, 취했구나. 가서 자. 지금 어디 있니? 누구하고 있어?"
"샐리, 크리스마스 트리에 장식하러 갈게. 알았지? 듣고 있어?"
"알았다니까. 이제 가서 자. 어디 있는 거야? 누구하고 있니?"
"아무하고도 같이 있지 않아. 나와 나 자신과 나뿐이야."
정말 취해 있었다. 나는 아직도 창자를 움켜쥐고 있었다.
"총에 맞았어. 로키 패거리들에게 맞았어. 알겠어, 샐리? 알겠어?"
"잘 안 들리네. 됐으니까 가서 자. 이제 끊어. 내일 걸어."
"샐리, 이봐. 내가 크리스마스 트리 장식하는 거 도와주기를 원해? 그걸 바라고 있는 거니, 응?"
"응, 잘 자. 집에 가서 자라니까."
그녀는 전화를 철컥 끊었다.
"잘 자, 잘 자. 귀여운 샐리, 내 사랑하는 샐리. 우리 귀염둥이……" 나는 말했다. 이쯤이면 내가 얼마나 취했는지 상상할 수 있겠는가? 나도 전화를 끊었다.

나는 그녀가 방금 데이트를 하고 돌아왔을 거라고 생각했다. 그녀가 런트 부부와 함께 어딘가로 함께 가는 모습을 상상해 보았다. 다음에는 앤도버라는 새끼와 함께 가는 것을 상상해 보았다. 모두가 찻주전자 안에서 헤엄치면서 얄팍한 재치를 발휘해 이야기를 나누며, 매력 있는 척 속물처럼 노는 꼴을 상상해 보았다. 그녀에게 전화하지 말걸 하는 생각이 엄습했다. 취하면 난 미치광이가 된다니까.

나는 그놈의 전화박스에서 꽤 오랫동안 있었다. 전화통에 매달려 있었던 것이다. 정신을 놓고 쓰러지지 않기 위해서였다. 사실 기분이 과히 좋지 않았다. 마침내 그곳에서 나와 바보처럼 비틀거리며 화장실에 들어가 세면대에 찬물을 가득 채웠다. 그런 다음 그 속에다 머리를 처박았다. 찬물이 귀까지 넘쳤다. 나는 물에서 쳐든 머리를 닦으려고도 하지 않았다. 물방울이 떨어지도록 그냥 내버려 두었다.

나는 창가에 있는 라디에이터로 가서 그 위에 걸터앉았다. 따뜻하고 기분이 좋았다. 방금 전까지는 생쥐처럼 떨고 있었으니까. 웃기는 일이지만 나는 술에 취하면 온몸을 덜덜 떨곤 한다.

달리 할 일이 없어서 나는 그냥 라디에이터 위에 걸터앉아 바닥에 깔린 작은 네모꼴 타일의 수를 헤아렸다. 온몸이 물에 흠뻑 젖고 있었다. 1갤런쯤 되는 물이 목덜미를 따라 내려가며 칼라니 넥타이니 할 것 없이 죄다 적시고 있었다. 그런데도 나는 전혀 신경 쓰지 않았다. 너무 취해서 신경을 쓸 겨를이 없었다. 얼마 후 발렌시아의 피아노 반주를 하던 고수머리의 남색가 같은 남자가 들어와서 금발 머리를 빗었다. 그가 빗질하는 동안 우리는 대화를 나누었다. 그놈은 나한테 별로 친절하게 굴지 않았다.

"이봐요, 바에 들어가면 그 발렌시아를 만나겠지요?" 내가 그에게 물었다.

"그럴 가능성도 있지."

그가 대답했다. 자식! 내가 만나는 놈들은 모두 재치가 있는 개새끼들이란 말야.

"그 여자에게 안부 전해 주시오. 그리고 그놈의 웨이터가 내 말을 그 여자한테 전달했는지도 물어봐 주시겠소?"

"왜 집에 돌아가지 않지? 도대체 몇 살이나 되었어?"

"여든여섯. 이봐요, 그 여자에게 안부를 부탁해. 알았소?"

"왜 집에 돌아가지 않냐고."

"집에는 안 가. 이봐, 피아노 한번 잘 치던데." 나는 그에게 말했다. 그냥 치켜세웠던 것이다. 사실 그의 피아노 실력은 엉망이었다.

"방송에 나아가야겠소, 그렇게 잘생겼으니. 게다가 금발이고……. 혹시 매니저 필요해?"

"집에 돌아가지 그래, 집에 가서 얌전하게 자라니까."

"갈 집이 있어야지. 농담이 아냐. 매니저가 필요하냐고 묻잖아."

그는 대꾸하지 않았다. 그냥 그곳에서 나가 버렸다. 머리를 빗고 쓰다듬고 하더니 그냥 나가 버린 것이다. 스트라드레이터처럼. 미남인 놈들은 다 그 모양이다. 머리만 빗고 나면 그냥 나가 버린다.

마침내 라디에이터에서 내려와 휴대품 보관소로 갔다. 그런데 도중에 울고불고 했다. 왜 그랬는지는 몰라도 하여튼 엉엉 울었다. 지독하게 울적하고 외로웠던 모양이다. 보관소에 도착했지만 표를 어디다 두었는지 도저히 찾을 수가 없었다.

그러나 옷을 맡아 주는 여자는 매우 친절했다. 여직원은 표를 잃어버린 나에게 코트를 내주었다. 그리고 '리틀 셜리 빈즈' 레코드도 내주었다. 나는 계속 그걸 들고 다녔던 것이다. 나는 여직원에게 팁으로 1달러를 주려고 했다. 그러나 그녀는 받으려 하지 않았다. 계속 집에 가서 자라고만 말하는 것이었다. 나는 근무 시간 뒤에 데이트를 하자고 했지만 여직원은 응하지 않았다. 여직원은 내 엄마뻘이라고 말하는 것이었다. 나는 내 흰 머리를 보여 주며 마흔둘이라고 했다. 물론 장난삼아 한 말이었다. 하여튼 여직원은 친절한 여자였다. 사냥모자를 보여 주었더니 그녀는 멋지다고 말했다. 내가 바깥에 나가기 전에 그녀는 그 모자를 제대로 씌워 주었다. 내 머리가 아직 젖어 있었기 때문이다. 참 괜찮은 여자였다.

바깥으로 나오자 술이 조금씩 깨는 것 같았다. 그러나 어찌나 추운지 이빨이 부딪치면서 소리를 내기 시작했다. 떨리는 이빨을 멈출 수가 없었다. 매디슨 가까지 걸어가서 버스를 기다렸다. 얼마 남지 않은 돈을 택시 요금 따위로 날릴 수는 없었다. 하지만 그놈의 버스는 타고 싶지 않았다. 게다가 어디로 갈지조차 정하지 못한 상태였다.

그래서 나는 공원을 향해 걷기 시작했다. 작은 연못가를 지나면서, 오리들이 뭘 하고 있는지 지금도 거기에 있기나 한지 알아봐야겠다고 생각했다. 그 때까지도 나는 오리가 정말 있는지 없는지조차 모르고 있었다. 공원까지는 그리 멀지 않았다. 또 딱히 갈 곳이 없었고 어디서 잘지도 몰랐다. 그래서 그곳으로 가기 시작했다. 피곤은 느끼지 못했다. 다만 지독히 우울했다.

그런데 공원에 도착하자마자 놀랄 일이 생겼다. 피비에게 줄 레코드를 그만 떨어뜨린 것이다. 레코드는 쉰 조각으로 박살났다. 큰 종이 봉투에 넣었는데도 산산이 부서지고 말았다. 나는 더 이상 견딜 수가 없어 그만 소리내어 엉엉 울 뻔했다. 부서진 조각들을 봉투에서 꺼내어 코트 주머니에 집어넣었다. 아무 소용도 없는 짓이었지만 왠지 버리고 싶지 않았다. 나는 그대로 공원 안에 들어갔다. 굉장히 캄캄했다.

나는 세상에 태어나서 줄곧 뉴욕에서 살아왔다. 센트럴 파크는 손바닥 들여다보듯 훤히 알고 있었다. 거기서 항상 롤러스케이트를 탔고 어렸을 땐 자전거를 타기도 했기 때문이다. 그러나 그날 밤엔 연못을 찾는 데 무척 애를 먹었다. 어디 있는지는 알고 있었다. 센트럴 파크 남쪽이다. 하지만 알아도 좀체로 찾을 수 없었다.

생각보다 더 취해 있었음에 틀림없다. 나는 계속 걸었다. 걸으면 걸을수록 주위는 더 어두워졌고 기분은 점점 을씨년스러워졌다. 공원에 있는 동안 개미 새끼 하나 만나지 못했다. 하지만 오히려 그게 좋았다. 만일 누굴 만났다면 1마일 가량 펄쩍 뛰어올랐을 것이다.

마침내 나는 연못을 발견했다. 반은 얼고 반은 얼지 않은 상태였다. 그러나 오리는 보이지 않았다. 연못을 한 바퀴 돌아보았다. 그러다 빠질 뻔하기도 했다. 만일 오리가 있다면 반드시 물가의 풀섶 가까이에서 자고 있을 거라고 생각했다. 그래서 그 근처를 뒤지다가 하마터면 물에 빠질 뻔한 것이다. 그런데도 전혀 찾을 수가 없었다.

결국 조금 밝은 곳에 있는 벤치에 앉았다. 나는 여전히 바보처럼 덜덜 떨고 있었다. 빨간 사냥모자를 쓰고 있었지만 작은 얼음 덩어리가 머리에 가득 차 있는 것 같았다. 은근히 겁이 나기 시작했다. 폐렴인가 뭔가 하는 것에 걸려서 이대로 죽어 버리는 건 아닌가 하는 생각이 들었다.

내 장례식에 바보들이 구름떼처럼 몰려드는 광경을 상상하기 시작했다. 디트로이트에 있는 할아버지도 오시겠지. 이 분은 같이 버스를 타고 가노라면 거리의 번호를 일일이 큰 소리로 읽으신다. 그리고 숙모들이 모여들 것이다. 숙모가 50명 가량 된다. 또 사촌들이 몰려들 것이다. 동생 앨리가 죽었을 때도 모두 왔으니까. 그 바보 같은 무리가 구름떼같이 왔었다. 입 냄새를 지독히 풍기는 숙모가 있었다. 그녀는 앨리가 참으로 평온하게 잠들어 있다고 몇 번이나 말했단다. 이건 D.B.가 나에게 전해 준 이야기이다. 나는 그 자리에 없었다. 손을 다쳐 병원에 입원해 있었다.

하여튼 머리에 얼음 덩어리를 매달고 있자니 폐렴에 걸려 죽는 것이 아닌가 하는 걱정이 들었다. 아버지와 엄마가 불쌍했다. 특히 엄마가 불쌍했다. 엄마는 앨리의 죽음이 안겨 준 슬픔에서도 아직 벗어나지 못했다. 내 옷이나 운동 기구 따위를 어떻게 처분할지 몰라 쩔쩔맬 엄마의 모습이 눈앞에 어른거렸다. 한 가지 다행인 점은, 피비가 아직 어리기 때문에 내 장례식에 오지 못할 것이 분명하다는 사실이었다. 그것만이 좋은 점이었다.

다음으로 여러 사람이 덤벼들어 나를 무덤에 집어넣고 묘비에 이름을 새기고 하는 장면을 생각했다. 나 참, 사람들은 일단 죽어 버린 인간을 무조건 한곳에 꽉꽉 밀어 넣는다니까. 내가 죽으면 강 같은 데다 나를 집어던질 만한 양식 있는 사람이 존재하기를 간절히 바란다. 무덤 속에 밀어 넣는 것만은 질색이다. 일요일이면 모두들 와서 내 배 위에다 꽃다발을 얹어놓든가 하는 그런 바보짓을 할 것 아닌가. 죽어서 꽃을 원하는 사람이 어디 있느냐 말이다. 아무도 없을 것이다.

날씨가 좋을 때면 아버지와 엄마는 앨리의 무덤으로 가서 그 위에 꽃다발을 얹어 놓았다. 처음엔 나도 몇 번 같이 갔지만 결국 그만두고 말았다. 무엇보다 그런 엉뚱한 장소에 있는 앨리를 본다는 것이 마음에 들지 않았다. 죽은 자들이니 비석이니 하는 것들에 둘러싸여 있는 모습이 좋아 보이지 않았다.

해가 비칠 때는 그다지 나쁘지 않았지만 그곳에서 두 번이나, 글쎄 두 번이나 비를 만났던 것이다. 무시무시했다. 앨리의 비석에도 비가 내리고, 앨리의 배 위에서 자라는 잔디에도 비가 내렸다. 공동묘지 구석구석에 비가 내렸다. 그러자 묘지에 온 수많은 사람들은 허겁지겁 자기 차가 있는 곳으로 달려가는 것이었다. 그것이 나를 미치게 했다. 사람들은 자동차 안에 들어가서 라디오를 틀고 곧 저녁을 먹으러 근사한 장소로 향할 것이다. 앨리만 빼놓고 말이다. 내게는 그것이 참을 수 없는 일이었다.

묘지에 있는 것은 동생의 육첸가 뭔가 뿐이고 영혼은 천국인지 어딘지 하는 곳에 갔다느니……. 그런 시시껄렁한 이야기는 알고 있다. 그러나 나는 참을 수 없었다. 나는 동생이 거기 없기를 바랄 뿐이었다. 다른 사람들은 그 애를 모른다. 만일 알면 내 말을 이해할 것이다. 해가 있을 때에는 그곳도 그런 대로 괜찮지만, 해는 자기가 나오고 싶을 때만 나온다.

폐렴에 걸릴지 모른다는 생각에서 벗어나고 싶어졌다. 나는 돈을 꺼내 가로등의 희미한 불빛 아래서 헤아려 보았다. 수중에 있는 것은 1달러짜리 지폐 세 장과 25센트짜리 은화 다섯 개, 그리고 5센트짜리 백동전 한 개뿐이었다. 그러니까 나는 팬시를 떠난 이래 막대한 재산을 탕진한 셈이었다. 나는 연못가에 내려가 아직 얼지 않은 수면을 향해 동전을 던져 물수제비를 떴다. 왜 그런 짓을 했는지 모르겠지만 어쨌든 그런 장난을 했다. 그렇게 하면 폐렴으로 죽을지 모른다는 생각이 머릿속에서 사라질 것이라고 생각했던 모양이다. 그러나 그 생각은 사라지지 않았다. 내가 폐렴에 걸려 죽는다면 피비의 심정이 어떨까 하는 생각이 들었다. 참 유치한 생각이다. 그러나 그런 일이 생기면 피비는 몹시 슬퍼할 것이다. 그애는 나를 굉장히 좋아하니까. 나를 한없이 따르는 아이라는 말이다. 이건 정말이다.

이런 생각이 머리에서 떠나지 않았다. 결국 나는 내가 죽을 경우에 대비해서 몰래 집으로 돌아가 피비를 한번 만나 봐야겠다고 생각했다. 열쇠가 있으니까 몰래 아파트에 들어가 잠시 피비와 이야기라도 나누자는 것이었다. 한 가지 염려되는 것은 우리 집 현관문이었다. 우라지게 삐걱거리는 문이었기 때문이다. 오래된 아파트인 데다가 관리인이란 게 지독히 게을러서 모든 것이 삐걱거리고 끼익거렸다. 내가 몰래 들어가는 소리를 혹시 아버지나 엄마가 듣지나 않을까 걱정스러웠지만, 어쨌든 생각대로 해 보기로 했다.

나는 공원을 빠져나와 집으로 향했다. 줄곧 걸었다. 그다지 멀지 않았다. 피로하지도 않았고 이젠 술도 완전히 깼다. 다만 몹시 춥고, 어디를 봐도 사람의 그림자가 보이지 않았을 뿐이다.

21

지난 여러 해를 통틀어 가장 운 좋은 일이 일어났다. 엘리베이터 보이인 피트라는 자가 그날따라 야근을 하지 않았다는 것이다. 처음 보는 사람이 엘리베이터를 움직이고 있었다. 그러니까 부모님과 부딪히지만 않으면 피비에게 잘 있었느냐는 인사를 하고 도망쳐 나오더라도 내가 왔다 갔다는 사실은 아무도 모를 것이라고 생각했다. 이것은 지독한 행운이었다. 게다가 더욱 다행스럽게도 그 엘리베이터 보이는 좀 모자라는 편이었다. 나는 천연덕스러운 목소리로 딕스타인의 집까지 데려다 달라고 말했다. 딕스타인은 우리와 같은 층에 살고 있는 사람이었다. 그때 나는 빨간 사냥모자를 벗고 있었다. 수상하게 보인다든가 하는 일이 없도록 하기 위해서였다. 나는 무언가 급히 서두르고 있는 사람처럼 엘리베이터를 탔다.

엘리베이터 보이는 엘리베이터의 문을 닫고 막 위로 올라가려고 하려다 내게로 돌아서서 말했다. "그분들은 집에 안 계십니다. 14층 파티에 갔습니다."

"괜찮아요. 나는 기다리기로 되어 있으니까. 난 그 집 조카 되는 사람이에요."

그자는 다소 의심스러운 듯한 바보 같은 표정으로 물었다.

"로비에서 기다리는 게 좋지 않을까요?"

"나도 그랬으면 정말 좋겠지만······. 다리가 아파서 편한 자세를 취해야 되거든요. 그러니까 입구 앞 의자에 앉아 있는 게 나을 것 같아요."

그놈은 내가 무슨 말을 하는지 모르고 있었다. 그저 "그래요?" 말할 뿐 그냥 위로 올라갔다. 나쁘진 않았다. 정말 우습기도 했다. 그러니까 아무도 이해하지 못하는 말을 지껄이기만 하면, 상대편은 이쪽에서 원하는 대로 해 주게 마련이다.

나는 우리 집이 있는 층에서 내렸다. 바보처럼 다리를 절면서. 그러고는 딕스타인의 집 쪽으로 걸어가기 시작했다. 그러나 엘리베이터 문이 닫히는 소리가 들리기가 무섭게 나는 발길을 돌려 우리 집 쪽으로 되돌아갔다. 모든 게 척척 진행되었다. 이젠 술도 다 깼다. 나는 열쇠를 꺼내어 현관문을 가만히 열었다. 그러고는 아주 살금살금 들어가서 문을 조심스럽게 닫았다. 완전히 좀도둑이 따로 없었다.

거실은 물론 캄캄했다. 나는 불을 켤 수 없었다. 그것도 당연했다. 나는 무엇에 부딪혀 요란한 소리를 내게 될까 봐 무척 조심했다. 어쨌든 여기가 우리 집이라는 것은 확실히 알 수 있었다. 우리 집 거실에서는 다른 집에서 도저히 맡을 수 없는 냄새가 난다. 그것이 무슨 냄새인지는 모른다. 콜리플라워 냄새도 아니고 향수 냄새도 아니다. 그러나 집에 돌아왔다는 사실을 알게 해 주는 냄새였다.

나는 코트를 벗어 현관 옷장에 걸고 싶었다. 그런데 이 옷장에는 옷이 잔뜩 걸려 있어서 문을 열면 미친 듯이 덜거덕거렸다. 그래서 코트는 벗지 않기로 했다. 아주 천천히 피비의 방 쪽으로 걸어갔다.

하녀에게 들킬 염려는 없다. 그녀는 고막이 한쪽밖에 없었기 때문이다. 그녀에겐 오빠가 있는데, 어렸을 때 그놈의 오빠가 지푸라기를 그녀의 귀에다 집어넣었다는 이야기를 들은 적이 있었다. 그래서 그녀는 귀머거리나 마찬가지였다.

그러나 우리 부모는, 특히 엄마는 사냥개 같은 귀를 가지고 있었다. 그래서 부모의 방문 앞을 지날 때는 서두르지 않고 조용조용 지나갔다. 숨도 완전히 죽이고. 아버지는 한번 잠들면 머리를 의자로 맞는다 해도 눈을 뜨지 않겠지만, 엄마의 경우는 시베리아에서 기침하는 소리까지 다 듣고 계실 정도였다. 엄마는 신경이 너무나 예민했다. 어떤 때는 밤새 일어나서 담배만 피우실 때도 있다.

약 한 시간이 지나고 나서야 피비의 방에 도달했다. 그러나 피비는 그 방에 없었다. 그애가 오빠 방에서 잔다는 것을 나는 까맣게 잊고 있었다. D.B.가 할리우든가 뭔가에 가고 없을 때엔 피비가 D.B.의 방에서 잤던 것이다. 피비는 그 방을 좋아했다. 우리 집에서 제일 큰 방이었으니까. 게다가 그 방에는 D.B.가 필라델피아의 어느 알코올 중독자 여자에게서 구입했다는 큰 책상이 있는 데다, 가로가 10마일은 될 것 같은 거대한 침대가 있었다. 대체 형이 이 침대를 어디서 샀는지 모르겠다. 어쨌든 피비는 형이 없을 땐 형의 방에서 자는 걸 좋아했고 D.B.도 그것을 허용했다.

피비가 이 미치광이 같은 책상에 앉아 숙제를 하는 모습은 정말 가관이었다. 거의 침대만한 책상이었기 때문에 숙제를 하는 피비의 모습은 보이지도 않았다. 그러나 피비는 그것을 좋아했다. 자기 방은 너무 작아서 마음에 들지 않는다는 것이다. 자기는 뭐든 늘어놓기를 좋아한다나. 여기엔 손들고 말았다. 도대체 피비가 늘어놓을 게 뭐가 있단 말인가?

나는 조용히 D.B.의 방으로 들어가서 책상 위의 전등을 켰다.

피비는 눈도 뜨지 않았다. 불이 들어오자 나는 피비를 잠시 바라보았다. 그애는 얼굴을 베개에 약간 파묻은 채 자고 있었다. 우습게도 입을 벌리고 자고 있었다. 어른이 입을 딱 벌리고 자면 꼴불견이지만 어린애는 그렇지 않다. 어린애는 베개에 침을 마구 흘리고 자도 우습게 느껴지지 않는 법이다.

나는 잠시 방안을 살금살금 걸어다니면서 여러 가지를 보았다. 기분 전환이라도 한 듯 기분이 썩 좋아졌다. 폐렴인가 뭔가에 걸릴 것 같은 기분도 사라졌다. 어쩐지 기운이 났다. 피비가 벗어 놓은 옷이 침대 바로 옆에 있었다. 어린애 치고는 매우 깔끔했다. 다른 애들과는 달리 피비는 함부로 옷을 팽개치지 않는다. 피비는 지저분한 애가 아니다.

엄마가 캐나다에서 사다 준 황갈색 슈트의 재킷은 의자 등받이에 걸려 있고, 블라우스는 시트 위에 있었다. 그리고 구두와 양말은 그 의자 바로 밑에 가지런히 놓여 있었다. 구두는 내가 본 적 없는 새것이었다. 내가 신고 있는 것과 비슷한 짙은 갈색 단화였다. 엄마가 캐나다에서 사다 준 슈트와 잘 어울렸다.

엄마는 피비에게 옷을 잘 입힌다. 이건 정말이다. 엄마는 어떤 분야에서는 안목이 꽤 높았다. 스케이트 사는 데는 소질이 없어도 옷을 고르는 데는 도사였다. 피비가 입는 옷에는 누구나 탄복하지 않을 수 없었다. 대부분의 어린애들은 부모가 부자라 할지라도 대개 촌스러운 옷을 입고 있지 않은가? 하지만 엄마가 캐나다에서 사온 옷을 입은 피비의 모습은 다르다. 이건 정말 모두에게 보여 주고 싶다. 농담이 아니다.

나는 D.B.의 책상에 걸터앉아 책상 위의 물건을 훑어보았다. 대부분은 피비의 물건으로 학교 생활과 관련된 것이었다. 그래 봤자 거의 다 책이었다. 제일 위에 있는 것은 《산수는 즐거워!》라는 책이었다. 나는 첫 페이지를 열어 보았다. 거기엔 피비의 글씨로 다음과 같이 쓰여 있었다.

피비 웨더필드 콜필드
4B-1

나는 두 손 들고 말았다. 피비의 가운데 이름은 조세핀이다. 결코 웨더필드가 아니다. 그러나 피비는 조세핀이란 이름을 싫어했다. 내가 볼 때마다 그애는 새 이름을 고안해서 가운데 이름으로 쓰고 있었다.

산수책 밑에는 지리책이, 지리책 밑에는 철자법책이 있었다. 피비의 철자법 실력은 훌륭했다. 어느 과목이든 잘했지만 그중에서도 철자법에 가장 뛰어났다. 철자법책 밑에는 공책이 쌓여 있었다. 피비는 공책을 5천 권 정도는 가지고 있다. 그처럼 많은 공책을 가진 애는 아마 누구도 보지 못했을 것이다. 나는 맨 위의 공책을 열고 첫 페이지를 보았다. 거기에는 다음과 같이 적혀 있었다.

버니스야, 점심 시간에 날 만나러 오렴.
매우 중요한 이야기가 있으니까.

그 페이지에 적힌 내용은 그것이 전부였다. 다음 페이지에는 이렇게 적혀 있었다.

왜 알래스카 동남부에는 통조림 공장이 그렇게 많이 있는가?
연어가 많이 잡히기 때문이야.
왜 멋진 삼림이 있을까?
기후가 알맞으니까.
우리 정부는 알래스카 에스키모의 생활을 편안하게 하기 위해 무엇을 해 주었나?
내일 조사해올 것!
피비 웨더필드 콜필드.
피비 웨더필드 콜필드.
피비 웨더필드 콜필드.
피비 W. 콜필드.
피비 웨더필드 콜필드.
셜리에게 전해!
셜리 너, 사수자리라고 했지?
그러나 넌 황소자리야.
우리 집에 올 때 스케이트를 가져와.

나는 D.B.의 책상에 걸터앉아 그 공책을 처음부터 끝까지 읽었다. 그다지 오래 걸리진 않았다. 피비의 것이건 누구의 것이건 애들의 공책이란 온종일, 그리고 밤을 새워 읽을 수 있다. 애들의 공책에는 정말이지 감탄만 나온다. 그런 다음 담배에 불을 붙였다. 그것이 마지막 남은 한 개비였다. 그날 담배를 세 갑은 피웠음에 틀림없다.

나는 마침내 피비를 깨웠다. 책상 위에 앉아 내 여생을 보낼 수도 없는 노릇이었다. 또 언제 아버지나 엄마가 들이닥칠지 모르는 일이었기 때문에, 그런 일이 생기기 전에 안녕이라는 말이라도 한마디 하고 싶었다.

피비는 간단히 눈을 뜨는 애였다. 그래서 큰 소리 같은 것은 지르지 않아도 되었다. 침대 옆에 앉아서 "피비야, 일어나" 말하기만 하면 된다. 그러면 대개의 경우 틀림없이 눈을 뜬다.

"오빠!" 피비가 팔로 내 목을 감고 껴안았다. 그애는 정이 많은 아이다. 어린애치고는 너무 정이 많았다. 때로는 지나칠 정도이다. 나는 살짝 키스를 해 주었다. 그러자 그애는 "언제 왔어?" 물었다. 나를 보고 몹시 좋아하고 있었다. 그것은 분명했다.

"큰 소리 내지 마. 방금 왔어. 그래, 어떻게 지냈니?"

"잘 있었어. 오빠, 내 편지 받았어? 다섯 장이나 썼는데……."

"응. 그런데 그렇게 큰 소리로 말하지 마. 편지는 고마웠어."

피비의 편지는 받았지만 답장을 쓸 기회가 없었다. 그 편지들은 모두 그녀가 학교에서 하는 연극에 관한 것이었다.

오빠가 그것을 꼭 봐야 하니까 금요일 밤에 누구와 만날 약속은 하지 말라는 내용이었다.

"연극은 어때? 제목이 뭐였지?"

"'미국인을 위한 크리스마스 행사'야. 재미없는 연극이지만, 거기서 내가 베니딕트 아놀드 역을 해. 그게 제일 중요한 역이야."

이제 피비는 잠에서 완전히 깬 상태였다. 이런 이야기를 하면 피비는 몹시 흥분했다.

"내가 죽어가는 데서 시작하는 연극이야. 크리스마스 이브에 유령이 찾아와서 부끄럽게 느끼는 게 있지 않느냐고 내게 묻는 거야. 그건 자기 나라를 배반한 일에 대한 질문이야. 오빠, 보러 오는 거지?"

피비는 침대에서 똑바로 일어나 앉더니 다시 물었다.

"그래서 편지 썼어. 오는 거지?"

"물론 가지. 틀림없이 갈게."

"아빠는 못 오신대. 비행기 타고 캘리포니아에 가셔야 한대."

아이쿠, 이젠 잠에서 완전히 깼나 보다. 피비는 잠에서 깨는 데 2초도 걸리지 않는다. 침대 위에 일어나 앉아 반쯤 무릎 꿇은 자세로 내 손을 꼬옥 잡았다.
"엄마는 오빠가 수요일에 온댔어. 수요일이라고 그랬다고."
"조금 빨리 왔어. 그렇게 큰 소리로 말하지 마. 다들 깨겠다."
"지금 몇 시야? 엄마가 늦게 돌아온다고 했어. 아빠와 코네티컷 노워크의 파티에 가셨어." 피비가 말했다.
"오늘 오후에 나 뭐 했게? 무슨 영화 봤게? 알아맞혀 봐!"
"모르겠는걸. 그래, 몇 시쯤 돌아오신다고 말씀하시지는 않든?"
"'의사'라는 영화야. 리스터 재단에서 상영한 특별 영화야. 하루만 했는데 바로 그게 오늘이었어. 켄터키의 어느 의사 이야긴데, 절름발이여서 걷지 못하는 어린애 얼굴에다 담요를 덮어씌웠거든. 그래서 그 의사는 감옥에 가. 진짜, 참 멋진 영화였어!"
"피비야, 언제 돌아오신다고 말하지 않든?"
"의사는 아이를 불쌍하게 여긴 거야. 그래서 그 여자아이 얼굴에다 담은 가 뭔가를 덮어씌워 질식시키려 했던 거야. 그런 다음 종신형을 받고 형무소에 갇혀. 그런데도 죽을 뻔했던 그 아이는 항상 그 의사를 찾아가. 그리고 의사가 한 짓에 대해 감사하게 생각해. 의사는 말하자면 자비로운 살인자였어. 물론 그 사람도 자기가 형무소에 갈 만한 짓을 저질렀다는 것을 알고 있어. 아무리 의사라 해도 하느님이 하시는 일을 가로챌 수는 없으니까. 우리 반 친구 엄마가 우릴 데리고 갔어. 앨리스 홈보그라는 애인데, 나와 제일 친한 애야. 그애만이……."
"잠깐!" 내가 말을 가로막았다.
"내가 물었잖아. 몇 시에 돌아온다고 하시던? 그런 말 안 하시던?"
"몇 시라고 말하진 않고 굉장히 늦을 거라고 하셨어. 아빠는 기차 걱정을 하지 않으려고 자동차를 가지고 갔어. 아, 참! 차에 라디오 달았어! 그런데 운전 중에는 틀면 안 된다고 엄마가 그랬어."
나는 다소 마음이 놓였다. 집에 온 사실이 발각될까 봐 걱정했는데, 이제 안심할 수 있었다. 이제 될 대로 되라는 기분이 들었다. 들키면 들키는 거다.
피비의 모습을 네게도 보여 주고 싶다. 칼라에 코끼리 무늬가 있는 파란 파자마를 입고 있었다. 코끼리는 피비가 제일 좋아하는 동물이다.
"그래, 좋은 영화였니?" 내가 물었다.
"참 좋았어. 그런데 앨리스가 감기에 걸려서, 그애 엄마가 자꾸만 그애에게 춥지 않느냐고 물었어. 영화가 한창 계속되고 있는데. 중요한 장면이 나오면 언제나 내 쪽으로 몸을 기울이고는 앨리스에게 춥지 않느냐고 물어보는 거야. 신경질 나서 혼났어."
나는 피비에게 레코드 이야기를 했다.
"너 주려고 레코드를 한 장 사 왔는데…… 오는 도중에 그만 깨 먹고 말았어."
나는 코트 주머니에서 레코드 조각을 꺼내어 보였다. 그리고 덧붙여 말했다.
"내가 취해 있었거든."
"그 조각 이리 줘" 하며 피비가 손을 내밀었다. "내가 가지고 있을게."
이렇게 말하고 피비는 내 손에서 그 조각들을 가져다가 책상 서랍에 넣었다. 피비한텐 정말이지 이길 수 없다.
"D.B.는 크리스마스에 온대?"
내가 물었다.
"올지도 모르고 안 올지도 몰라. 엄마가 그랬어. 할리우드에 남아서 아나폴리스에 대한 영화 시나리오를 써야 할지 모른대."
"뭐, 아나폴리스에 관한 영화라고?"
"연애 이야기 같은 거래. 누가 주연으로 나올지 맞혀 봐. 어떤 배운가 맞혀 봐!"
"난 흥미 없어. 아나폴리스라고? 어이구. 그런데 아나폴리스에 대해 D.B.가 뭘 안다고? D.B.가 쓰는 소설하고 무슨 관계가 있다는 거지?"
이런 이야기는 나를 미치게 만든다. 망할 놈의 할리우드.
"그런데 팔은 왜 그러니?"
나는 피비에게 물었다. 팔꿈치에 큼직한 반창고를 붙이고 있는 게 보였던 것이다. 피비가 소매 없는 파자마를 입고 있었기 때문에 나는 그걸 볼 수 있었다.
"공원 계단을 내려가는데 우리 반의 커티스 웨인트로브라는 남자애가 나를 떠밀었어."

피비가 대답했다. "보여 줄까?" 말하면서 피비는 반창고를 떼기 시작했다.

"그대로 둬. 그애가 왜 너를 떠밀었니?"

"모르겠어. 내가 미우니까 그랬을 거야. 나하고 내 친구 셀마 애터베리라는 애하고 둘이서 그애 운동복에다 잉크를 잔뜩 묻혀버렸거든."

"그건 네 잘못이네. 아무리 그래도 너무 유치한 짓 아냐?"

"응, 맞아. 하지만 그앤 내가 공원에 갈 때마다 나를 따라와. 항상 쫓아다닌단 말야. 정말 신경질 나게 만들어."

"너를 좋아하는 모양이구나. 그렇다고 잉크 칠을 할 것까지는……."

"난 그애가 날 좋아하는 걸 원치 않아."

피비가 말했다. 그리고는 이상한 얼굴로 나를 바라보기 시작했다.

"오빠, 왜 수요일에 집에 오지 않았어?"

"뭐라고?"

이거 원! 피비에겐 잠시라도 방심할 수 없다. 그애를 영리하지 않다고 생각하는 사람은 정신 나간 놈이나 마찬가지이다.

"왜 수요일에 오지 않고 오늘 왔어? 설마 퇴학이라도 당한 거 아냐?"

"학교 전체가 일찍 방학했어. 그렇게 말했잖아."

"쫓겨난 거야! 그렇지?"

피비는 그렇게 말하더니 주먹으로 내 다리를 쳤다. 피비는 치고 싶으면 바로 주먹질을 한다.

"말해 봐. 그렇지? 오빠!"

이렇게 말하고 손을 입에 갖다 댔다. 그러게 감정이 지나칠 만큼 풍부하다니까.

"누가 퇴학당했다는 거야? 아무도……."

"틀림없어. 퇴학을 당한 거야!"

피비는 다시 그 말을 반복하면서 주먹으로 나를 때렸다. 아프지 않을 거라고 생각하면 큰 오산이다.

"아빠는 오빠를 죽이고 말 거야."

피비는 이렇게 말하고는 침대 위에 엎드려 버렸다. 그리고는 베개를 머리 위로 끌어당겨 덮어썼다. 자주 하는 짓이었다. 피비는 진짜로 미친 듯이 흥분할 때가 있다.
"이제 그만둬." 내가 말했다.
"날 죽일 사람은 없어. 누구도 나를…… 피비야, 그런 생각은 버려. 아무도 날 죽이지 않을 테니까."
그러나 피비는 베개를 머리에서 치우려 하지 않았다. 그애는 자기가 하기 싫은 일은 누가 뭐래도 하지 않는다. 그저 "아빠가 오빠를 죽이려 들 거야."계속 중얼거릴 뿐이었다. 그렇게 베개를 머리 위에 눌러 얹고 있어서야 무슨 말이든 웅얼거리는 소리로밖에 안 들리는데.
"누구도 날 죽이지 않을 거야. 머리를 써 보라고. 우선 나는 여기 있지 않을 거다. 어떻게 하느냐 하면, 한동안 농장 같은 데서 일할 거야. 친구가 하나 있는데 그애 할아버지가 콜로라도에서 농장을 하셔. 거기에 가면 일자리를 얻을 수 있을 거야."
나는 말을 이었다.
"그곳에 가더라도 너하고는 늘 연락할 거다. 자, 그걸 머리에서 치워. 자, 피비, 제발."
피비는 베개를 치우려 하지 않았다. 나는 베개를 빼내려고 했지만 그앤 완강했다. 피비와 싸우면 내 쪽이 언제나 지쳐 버린다. 그애가 머리에 베개를 얹은 채 있고 싶어하면, 그것은 어쩔 수 없는 일이다.
"피비, 자, 얼굴을 보여 줘."
나는 몇 번이고 되풀이했다.
"자, 어서, 웨더필드. 자, 얼굴을 보여 달라니까."
그러나 피비는 얼굴을 내놓으려 하지 않았다. 아무리 타일러도 통하지 않는 때가 있다. 할 수 없이 나는 일어서서 거실로 갔다. 테이블 위의 담배 상자에서 담배 몇 개비를 꺼내 주머니에 넣었다.

22

내가 돌아왔을 때 피비는 베개를 치우고 있었다. 그럴 줄 알고 있었지만 그래도 고개는 여전히 내 쪽으로 돌리지 않았다. 이제 침대에 등을 대고 반듯이 누워 있으면서도 나를 바라보지 않았다. 내가 침대 옆에 가서 앉자, 피비는 얼굴을 반대편으로 돌렸다. 나를 철저히 무시하고 있는 것이다. 내가 칼 따위를 모조리 지하철에 놓고 내렸을 때 펜시의 펜싱 팀 자식들이 하던 짓과 똑같았다.

"그 헤이즐 웨더필드는 어떻게 됐니?" 내가 말했다. "그애에 대해 무슨 새로운 이야기라도 썼니? 네가 보내 준 것은 여행 가방 안에 있어. 역에 두고 왔지만 정말 잘 썼더구나."

"아빠는 오빠를 죽일 거야."

젠장! 피비는 무슨 생각을 했다 하면 거기서 벗어나질 않는다.

"그럴 리 없어. 기껏해야 뭐라고 나무랄 거고 그놈의 사관학교 같은 데에 보내는 게 고작일 거야. 기껏해야 그 정도일 거야. 무엇보다 나는 이곳에 있지 않는다니까. 딴 곳으로 갈 거야. 아마…… 콜로라도의 그 농장으로 가겠지."

"웃기지 마. 말도 탈 줄 모르면서."

"누가 못 탄대? 난 말을 잘 탈 수 있다고. 자신 있다고. 2분만 배우면 탈 수 있을 거야.…… 그보다도 그건 떼지 마."

피비는 팔꿈치에 붙인 반창고를 떼고 있었다. "머리를 누가 잘라 주었니?" 내가 물었다. 누구의 솜씨인지, 그애가 바보 같은 머리 모양을 하고 있다는 사실을 그때야 알았던 것이다. 그애의 머리는 너무 짧았다.

"참견하지 마." 피비가 말했다. 피비는 때로 심술궂었다. 정말 심술이 대단했다. "오빠는 또 전과목에 낙제했지?" 쏘아붙이는 것이었다. 이건 정말 심술궂은 질문이군. 그러나 어느 면에서는 우습기도 했다. 이따금 그애는 학교 선생 같은 말투로 말한다. 머리에 피도 마르지 않은 것이…….

"그럴 리가 있겠니? 영어 과목은 합격했어."

이렇게 말하고 나는 별 이유 없이 피비의 엉덩이를 꼬집었다. 저쪽을 향한 채 누워 있었기 때문에 엉덩이가 이쪽을 향하고 있었던 것이다. 그다지 세게 꼬집지 않았는데도 피비는 내 손을 때리려 했다. 물론 맞지야 않았지만.

"어쩌다 또 그렇게 된 거야?"

피비가 갑자기 물었다. 왜 또 퇴학당했느냐는 얘기였다. 그 말에 좀 서글픈 생각이 들었다.

"오, 피비, 제발 묻지 마. 다들 그렇게 묻는 통에 나도 죽을 지경이다."

나는 말했다. "이유야 많단다. 그 학교는 내가 다닌 곳들 중에서 제일 똥통 학교야. 바보들이 우글거리는 학교라고. 게다가 근성이 더러운 자식들이 많아. 그런 지저분한 놈들은 너도 본 적이 없을걸. 예를 들면, 누구 방에서 시시한 대화를 하고 있는 경우를 생각해 봐. 그때 누군가 들어오려고 하는데, 그놈이 멍청하고 여드름투성이라면 아무도 넣어 주려 하지 않는단 말이야. 누가 들어오려고 하면 문에 자물쇠를 채우고 말지. 그리고 내가 너무 겁쟁이라 가입 권유를 거절하지 못한 비밀 동지회라는 것이 있는데, 로버트 애클리라는 여드름투성이인 지루한 자식이 거기에 가입하려 했거든. 몇 번이고 들어오려 했지만 다들 넣어 주지 않았어. 단지 지루하고 여드름이 많다는 이유로 거절한 거야. 정말 말하기도 싫구나. 여하튼 썩은 내가 풀풀 나는 학교야. 이건 진짜야."

피비는 아무 말도 없었다. 그러나 내 말에 귀를 기울이고 있었다. 그애의 목을 보면 경청하고 있다는 것을 알 수 있었다. 그앤 누가 이야기를 하면 열심히 듣는 아이였다. 재미있는 것은 상대의 말뜻을 귀신같이 이해한다는 점이다. 이건 정말이다.

나는 펜시에 대해 계속 이야기했다. 공연히 지껄이고 싶었기 때문이다.

"좋은 선생님이 두 분 계셨는데 그분들도 사실 엉터리였어." 나는 말을 이었다. "스펜서라는 늙은 선생님이 있었거든. 그 부인은 내게 늘 핫초콜릿 같은 것을 대접해 주었어. 두 분 다 좋은 분이야. 그런데 교장 선생님이 역사 시간에 교실에 들어와서 뒷자리에 앉을 때면 스펜서 선생님의 얼굴이 가관으로 변한다니까. 교장 선생님은 교실에 들어와서는 한 30분 가량 교실 뒤에 앉아 있곤 해. 자기가 무슨 암행어사라도 되는 듯 말이야. 그러고는 스펜서 선생님의 수업에 참견하면서 너절한 농담을 늘어놓는 거야. 그리고 스펜서 선생님은 다 죽어 가는 얼굴로 용을 쓰면서 웃거든. 서머 교장 선생님이 썩을 왕자라도 되는 듯 선생님은 비굴한 웃음만 지어. 씨……."

"그런 쌍스런 말좀 하지 마."

"너도 보면 구역질 날 거다, 맹세코. 또 동창의 날이라는 게 있어. 그날엔 아주 오래전 펜시를 졸업한 선배들이 애들과 아내를 거느리고 와서 학교를 돌아다니지. 그중에 쉰 살쯤 된 사람이 있었지. 이 사람을 정말 너한테 보여주고 싶다. 그 사람이 우리 방에 와서 문을 노크하더니 세면장을 사용해도 되겠느냐고 묻는 거야. 세면장은 복도 끝에 있잖니. 그런데 왜 우리에게 묻는지 모르겠더라고. 그런데 그 사람이 뭐라고 말했는지 아니? 자기 이름 석 자가 아직도 화장실 문에 남아 있는지 한번 보고 싶다는 거야. 90년은 되었을 법한 먼 옛날, 어느 화장실 문에다가 자신의 어리석고 슬픈 이름을 새겨 두었다는 거였어. 그런데 그게 아직도 있는지 보고 싶다는 거지. 그래서 나하고 방을 같이 쓰는 친구, 둘이서 세면장까지 안내했어.

그 사람이 자기 이름을 찾아 화장실 문을 모조리 조사하는 동안 우리는 내내 거기 서 있어야 했어. 그러는 동안 그 사람은 우리 들으라고 계속 지껄였지. 펜시에 다닐 때가 자기 생애에서 가장 행복한 시기였다느니 뭐니 하면서 말야. 그리고 우리의 장래에 대해 여러 가지 충고를 하더군. 정말 따분하고 우울했어. 그 사람이 나쁜 사람이라는 뜻은 아냐. 사실 나쁜 인간은 아닐 테니까. 하지만 반드시 나쁜 사람만이 사람을 우울하게 만드는 건 아니잖아? 착한 사람도 우울하게 할 수 있지. 우리를 우울하게 하는 데 필요한 것은, 어느 화장실 문에 새긴 자기 이름을 찾으면서 계속 엉터리 같은 충고를 잔뜩 늘어놓는 거야. 그렇게만 하면 된다니까. 글쎄, 그렇게 숨을 가쁘게 쉬지만 않았어도 그렇게 지겹지는 않았을지도 모르지. 그자는 계단을 올라오면서도 숨을 헐떡이고 있었어. 자기 이름을 찾는 동안에도 내내 헐떡이고 있었단다. 게다가 스트라드레이터와 나한테 펜시에서 얻을 수 있는 모든 것을 얻으라고 충고하는 동안에도 그 우습고 슬픈 콧구멍으로 가쁘게 숨을 쉬고 있더군. 원 참! 피비야, 잘 설명할 수 없구나. 펜시에서 일어난 일은 무엇이건 덮어놓고 싶은 거야. 도저히 잘 설명할 수가 없지만."

그때 피비가 뭐라고 말했다. 그러나 나는 알아듣지 못했다. 그애가 입 언저리를 베개 위에 붙이고 있었기 때문에 도무지 무슨 말을 하는지 알아들을 수 없었다.

"뭐라고? 베개부터 치우고 입을 떼야지. 입을 그렇게 하고 있으니 들을 수가 없잖아."

"오빠는 세상에서 일어나는 일이 다 싫다는 거야?"

그애의 말에 나는 더욱더 우울해졌다.

"아냐. 그건 절대로 아냐. 그렇게 말하지 마. 왜 그런 말을 하니?"

"좋아하지 않으니까 그렇지. 오빠는 어느 학교든 다 싫어해. 오빠가 싫어하는 것은 백만 가지쯤 될 거야. 안 그래?"
"아냐. 그게 바로 네가 잘못 생각하고 있는 점이야, 바로 그거야. 도대체 왜 그런 말을 하지?"
젠장! 피비가 나를 우울하게 하고 있었다.
"실제로 다 싫어하잖아." 피비가 말했다. "좋아하는 것이 있으면 한 가지만 말해 봐."
"한 가지? 내가 좋아하는 것 말야? 좋아, 말하지."
그런데 문제는 내가 도무지 정신을 집중할 수 없었다는 것이다. 나는 가끔 정신 집중을 못한다.
"내가 지독히 좋아하는 것 말야?"
내가 피비에게 다시 물었다.
그러나 피비는 대답하지 않았다. 침대 저쪽 끝에서 새침한 표정을 짓고 있었다. 1천 마일쯤 떨어져 있는 것 같았다.
"자, 대답해 볼까. 내가 지독히 좋아하는 것을 말하라는 거니? 아니면 그저 좋아하는 것을 말하라는 거니?"
"지독히 좋아하는 것."
"알았어" 하고 말했으나 정신을 집중할 수가 없었다. 내가 생각해 낼 수 있었던 것은 밝은 짚 바구니를 들고 성금을 모으며 돌아다니던 두 수녀뿐이었다. 특히 철테 안경을 쓴 수녀가 더욱 그랬다.
또 엘크턴 힐스에서 알게 된 바로 그 아이가 생각났다. 이름이 제임스 캐슬이었는데, 그 아이는 필 스태빌이라는 아주 오만한 자식에 대한 발언을 끝내 취소하지 않았다. 제임스 캐슬은 그놈이 거만한 자식이라고 말했다. 그런데 스태빌의 치사한 친구 하나가 그에게 가서 고자질을 했다. 그러자 스태빌은 더러운 자식들 여섯 명을 데리고 제임스 캐슬 방으로 몰려갔다. 그들은 안에서 문을 잠그고는 그 말을 취소하라고 그애를 위협했다. 그러나 캐슬은 취소하려 하지 않았다. 녀석들은 캐슬을 때리기 시작했다. 어떤 짓을 했는지는 말하기조차 싫다. 너무나 구역질 나는 일이다.
캐슬은 끝내 그 말을 취소하지 않았다. 그 제임스 캐슬이라는 아이, 정말 네게도 보여 주고 싶다. 제임스 캐슬. 여위고 몸집이 작고 약골에다 손목은 연필 굵기 정도밖에 되지 않았다. 결국 그애는 자기가 한 말을 취소하지 않고 창문 밖으로 뛰어내렸다. 그때 나는 샤워를 하고 있었다. 그애가 땅바닥에 떨어지는 소리가 내게도 들렸다. 나는 창에서 무엇이 떨어진 모양이라고 생각했다. 라디오나 책상 같은 것 말이다. 설마 사람이 떨어졌으리라고는 생각조차 못했다.

다음 순간 모두가 복도를 달려 계단을 뛰어내려가는 소리가 들렸다. 그래서 나도 목욕 가운을 입고 계단을 뛰어내려갔다. 돌계단 위에 제임스 캐슬이 쓰러져 있는 것이 보였다. 그는 이미 숨져 있었고 이빨과 피가 사방에 흩어져 있었다. 아무도 시체에 접근하려 하지 않았다. 그는 내가 빌려 준 터틀넥 스웨터를 입고 있었다. 그의 방을 침범한 놈들에게 학교 당국이 취한 조치는 단지 그들을 퇴학시킨 것뿐이었다. 그 자식들은 형무소에도 가지 않았다.

내가 그때 생각해 낼 수 있었던 것은 이게 전부였다. 아침 식사를 할 때 만났던 두 명의 수녀와 엘크턴 힐스에서 알게 된 제임스 캐슬이라는 애뿐이었다. 우스운 일이지만, 사실 나는 제임스 캐슬과 그다지 잘 아는 사이가 아니었다. 그애는 말이 없었다. 수학 시간엔 같은 반에서 공부를 했다. 그러나 그애는 교실 한쪽 구석에 앉아 있을 뿐 벌떡 일어서서 대답하거나 칠판에 나가 문제를 푸는 일이 거의 없었다. 벌떡 일어서서 대답하거나 칠판에 나가 문제를 푸는 일을 꺼리는 학생은 어느 학교에든 있는 법이다.

내가 그애와 이야기한 것은 단 한 번뿐이었다. 그애가 내게 터틀넥 스웨터를 빌려 줄 수 있겠느냐고 물어 왔던 때였다. 그애가 말을 걸었을 때 나는 하마터면 졸도할 뻔했다. 그만큼 놀랐던 것이다. 그때 나는 이를 닦고 있었던 것 같다. 하여튼 사촌이 놀러 와서 같이 드라이브를 가기로 했다며, 그애는 내게 부탁했다. 내가 터틀넥 스웨터를 가지고 있다는 사실을 그애가 알 줄은 몰랐다. 내가 그애에 대해 아는 것이라고는 출석부에서 그애의 이름이 내 이름 바로 앞에 적혀 있다는 사실뿐이었다. R. 케이블, W. 케이블, 캐슬, 콜필드…… 이런 순서였다. 지금도 기억할 수 있다. 사실 나는 스웨터를 빌려 주지 않으려 했다. 그다지 잘 아는 아이가 아니었으니까.

"어, 뭐라고?"

나는 피비에게 말했다. 피비가 나한테 뭐라고 말했는데 내가 잘 듣지 못했기 때문이다.

"오빠는 한 가지도 생각해 내지 못하잖아?"

"아냐, 할 수 있어. 할 수 있어."

"그럼 해 봐."

"난 앨리가 좋아." 나는 이야기를 시작했다. "그리고 내가 지금 하고 있는 것을 좋아해. 지금처럼 너하고 앉아서 이야기하고 이것저것 생각하고, 그리고……."

"앨리는 죽었어. 오빠 자신도 늘 말했잖아? 누가 죽거나 해서 천국에 갔다는 것은 사실……."

"앨리가 죽은 건 나도 알아. 내가 그것도 모르는 것 같니? 그래도 좋아할 순 있잖아? 누가 죽었다고 해서 좋아하던 것까지 그만둘 순 없지 않니? 특히 우리가 알고 있는, 살아 있는 사람보다 천 배나 좋은 사람이라면 더욱 그렇지."

피비는 아무 말도 하지 않았다. 그애는 할 말이 생각나지 않으면 한마디도 하지 않는 아이이다.

"하여튼 나는 지금 같은 상태를 좋아해." 내가 말했다. "지금 이 시간 같은 상태. 너하고 여기 앉아서 잡담하고……."

"그런 건 의미가 전혀 없다고."

"왜 의미가 없어! 이건 확실한 거야. 왜 그렇지 않다는 거지? 사람들은 가치있는 것을 도통 몰라본다니까. 그게 나를 구역질나게 해."

"지저분한 말씨 좀 쓰지 마. 좋아, 그럼 다른 것을 말해 봐. 장차 되고 싶은 것 말야. 이를테면 과학자라든가 변호사 같은 거."

"과학자는 될 수 없을 거다. 과학하고는 담쌓았으니까."

"그럼 변호사는? 아빠처럼……."

"변호사라면 괜찮지만……. 내겐 역시 매력이 없어. 내 말은 항상 죄 없는 사람의 생명을 구해 준다든가 한다면야 변호사도 좋아. 하지만 막상 변호사가 되면 그런 일은 하지 않거든. 그들이 하는 일이란 돈을 모으든지, 골프를 치든지, 브리지를 하든지, 차를 사든지, 마티니를 마시든지, 명사인 체하든지 하는 게 고작이라 이 말이야. 가령 사람의 생명을 구하는 일을 실제로 한다 해도 그래. 그것이 정말 사람의 생명을 살려 주고 싶어서 그랬는지, 아니면 굉장한 변호사가 되겠다는 소망에서 그랬는지 모른단 말야. 그러니까 재판이 끝나면 신문 기자나 다른 여러 사람들에게서 저질 영화의 한 장면처럼 칭찬을 받고 응원도 받는 그런 으리으리한 변호사가 되겠다는 야망에서 한 것인지 모른다 이 말이지. 자기가 엉터리가 아닌지 모르니까 하는 짓이야. 또 그런 녀석일수록 더 알기 어렵거든."

피비가 내 말을 알아들었는지 의심스럽다. 아직 어린애였기 때문이다. 그러나 적어도 귀는 기울이고 있었다. 내 말에 귀를 기울이는 사람이 있다는 것은 꽤 기쁜 일이다.

"아빠는 오빠를 죽이고 말 거야." 피비가 말했다.

그러나 나는 듣고 있지 않았다. 다른 것을 생각하고 있었다. 미치광이 같은 것을. "내가 뭐가 되고 싶은지 말해 줄까?" 내가 입을 열었다. "내가 뭐가 되고 싶은지 말해 줘? 만일 내게 그 지랄 같은 선택권이 있다면 말야."

"뭔데? 욕 좀 하지 말고 말해 봐."

"너 그 노래 알고 있지? '호밀밭을 걸어오는 누군가를 붙잡는다면' 하는 노래 말야. 바로 내가 되고 싶은 것은……."

"그건 '호밀밭을 걸어오는 누군가를 만나면'이라는 노래야." 피비가 말했다. 그리고 덧붙였다. "그건 시야. 로버트 번스가 쓴."

"알고 있어. 로버트 번스의 시라는 것은."

피비의 말이 옳았다. '호밀밭을 걸어오는 누군가를 만나면'이 정답이었다. 사실 그때는 그 시를 잘 몰랐다.

"'만나면'을 '붙잡는다면'으로 잘못 알고 있었어…… 어쨌거나 나는 넓은 호밀밭 같은 데서 조그만 어린애들이 놀고 있는 모습을 항상 눈앞에 그려 본단 말야. 몇천 명의 아이들이 있을 뿐, 주위에 어른이라곤 나밖엔 아무도 없어. 나는 아득한 낭떠러지에 서 있는 거야. 내가 하는 일은 누구든지 낭떠러지에서 떨어질 것 같으면 얼른 가서 붙잡아 주는 거지. 애들이란 달릴 때는 저희가 어디로 달리고 있는지 모르잖아? 그런 때 내가 어딘가에서 나타나 그애들을 붙잡아야 하는 거야. 하루 종일 그 일만 하면 돼. 이를테면 호밀밭의 파수꾼이 되는 거야. 바보짓인 줄은 알고 있어. 내가 정말 되고 싶은 것은 그것밖에 없어. 바보짓인 줄은 알고 있지만 말야."

피비는 오랫동안 말이 없었다. 그러다가 무슨 말을 하나 했더니 또 "아빠는 오빠를 죽일 거야"라고 말하는 것이었다.

"죽이라고 하지, 뭐." 나는 그렇게 말하면서 침대에서 일어났다. 문득 엘크턴 힐스에서 영어를 가르치던 앤톨리니 선생에게 전화를 걸어볼까 생각했기 때문이다. 그 당시 선생은 뉴욕에 살고 있었다. 앤톨리니 선생은 엘크턴 힐스 고등학교를 그만두고 지금은 뉴욕 대학의 영어 교수로 일하고 있었다.
"전화를 걸어야겠다." 나는 피비에게 말했다.
"곧 돌아올게. 자지 말고 있어."
내가 거실에 가 있는 동안 피비가 잠들어 버리는 건 원치 않았다. 자지 않으리라는 것을 뻔히 알았지만 그래도 혹시 몰라서 그렇게 일렀다.
문을 향해 걸어가는데, 피비가 "오빠!" 불렀다. 나는 뒤돌아보았다. 피비는 침대 위에 일어나 앉아 있었다. 정말 귀여웠다.
"나, 필리스 마굴리스라는 아이한테서 트림하는 법을 배우는 중이야. 들어 봐."
나는 귀를 기울였다. 무슨 소리를 들은 것 같기도 했지만 분명하지 않았다. 그래도 "잘하는데" 말해 준 뒤 나는 거실로 들어가서 앤톨리니 선생에게 전화를 했다.

23

전화는 간단히 끝냈다. 전화하는 동안에 아버지나 엄마가 들어오지 않을까 겁이 나서였다. 다행히 우리 부모는 들이닥치지 않았다. 앤톨리니 선생은 매우 친절했다. 오고 싶으면 곧 와도 좋다는 것이었다. 선생 내외는 자고 있었는데, 내가 깨운 모양이었다. 왜냐하면 꽤 한참 만에 전화를 받았기 때문이다. 그의 첫 질문은 무슨 일이 생겼느냐는 것이었다. 나는 그렇지 않다고 했다. 펜시에서 퇴학당했다는 말만은 했다. 선생에게 그 말은 해 두는 것이 좋을 것 같았다. 그러자 선생은 "어, 그러냐?" 말했다. 그분은 굉장히 유머가 풍부한 사람이었다. 그러고는 오고 싶으면 당장 오라는 것이었다.
앤톨리니 선생은 내가 만난 선생 중에서 제일 좋은 선생이다. 아직 젊은 사람이다. 형 D.B.보다 조금 연상인 정도. 그러니까 존경하면서도 농담을 던질 수 있는 상대이다. 아까 말한 제임스 캐슬, 그러니까 창문에서 떨어진 그 애를 안아 올린 사람도 바로 이 선생이었다. 앤톨리니 선생은 제임스 캐슬의 맥을 짚어 보고는 자신의 옷을 벗어 그애를 덮고 양호실까지 줄곧 안고 갔던 것이다. 옷이 피투성이가 되었지만 조금도 상관하지 않았다.

D.B.의 방으로 되돌아가자 피비는 라디오를 틀어 놓고 있었다. 댄스 음악이 흘러나오고 있었다. 가정부에게 들키지 않으려고 소리를 작게 해 두었지만. 그때 피비의 모습은 정말 네게도 보여 주고 싶다. 그애는 이불을 걷어치운 침대 한가운데에 마치 요가 수도자처럼 다리를 꼬고 똑바로 앉아 흘러나오는 음악에 귀를 기울이고 있었다. 사람 죽이는 장면이었다.
"너 춤추고 싶니?" 나는 피비가 더 어렸을 때 그애에게 춤을 가르쳐 주었다. 그애는 춤을 참 잘 춘다. 내가 가르친 것은 몇 안 되었고, 대부분은 혼자서 배운 것이었다. 진짜 춤은 가르칠 수 없다.
"오빠는 신을 신고 있잖아." 피비가 말했다.
"그럼 벗을게. 자, 시작하자."
피비는 침대에서 뛰어내려 내가 신을 벗는 동안 기다리고 있었다. 그러고 나서 우리는 잠시 춤을 추었다. 피비는 정말 춤을 잘 추었다.
나는 어린애와 춤추는 어른은 싫다. 대개는 보기 흉하다. 레스토랑 같은 곳에서 나이 먹은 사람이 조그만 어린애를 댄스 플로어로 끌어내는 것을 종종 본다. 그때 어른은 자신도 모르게 어린애 옷의 등 부분을 추켜 올린다. 그렇지 않아도 어린애는 춤 실력이 나쁜데, 그 꼴이 되면 더 이상 눈 뜨고 볼 수 없어진다.
피비와 나는 사람들 앞에서 그런 짓은 하지 않는다. 집에서 장난삼아 할 뿐이다. 어쨌든 피비의 경우는 다르다. 그앤 정말 춤을 잘 추니까. 이쪽에서 무엇을 하든 그앤 잘 따라온다. 꼭 껴안고 추면 이쪽이 다리가 길어도 문제가 안 된다. 그러면 피비가 알아서 잘 따라온다. 크로스 오버를 하건, 시시한 디프를 하건, 지르박을 섞어서 하건 곧잘 따라온다. 탱고까지도 춘다니까.
우리는 네 가지 곡에 따라 춤을 추었다. 그런데 한 곡이 끝나고 다른 곡이 시작되는 사이에 피비는 늘 우스꽝스런 짓을 했다. 춤을 추다 정지한 자세 그대로 꼼짝 않고 서 있는 것이었다. 입도 벌리지 않았다. 둘 다 그 자세로 가만히 서서는 오케스트라가 다음 연주를 시작할 때까지 기다리고 있어야 했다. 여기에 난 손들고 말았다. 웃거나 해서도 안 되었다.
우리는 네 곡 가량 춤을 춘 다음 라디오를 껐다. 피비는 침대 위로 뛰어올라 이불 안으로 들어갔다.

"어때, 잘 추지?" 그애는 물었다.
"정말 그렇다"고 대답하고는 그애 옆에 앉았다. 숨이 좀 가빴다. 워낙 담배를 많이 피웠기 때문에 숨이 더 가빴던 것이다. 그런데 피비는 아무렇지도 않았다.
"내 이마를 짚어 봐." 피비가 갑자기 말했다.
"왜?"
"만져 봐. 한 번만 만져 봐."
나는 손을 대어 보았다. 그러나 아무렇지도 않았다.
"열이 대단하지?" 피비가 다시 말했다.
"아니, 열이 있는 것 같니?"
"응. 지금 내가 열이 나게끔 하고 있잖아. 자, 다시 만져 봐."
나는 다시 만져 보았다. 여전히 아무렇지도 않았다. 그러나 "이번엔 열이 좀 있는 것 같은데" 말했다. 그애가 열등감을 갖는 것이 싫었기 때문이다.
피비는 고개를 끄덕였다.
"체온계로 잴 수 없을 만큼 뜨겁게 할 수도 있어."
"체온계? 누가 그러든?"
"앨리스 홈보그가 가르쳐 주었어. 다리를 꼬고 숨을 죽이고 앉아서 굉장히 더운 것을 생각하면 돼. 라디에이터 같은 것 말야. 그러면 이마가 굉장히 뜨거워져서 손을 델 지경이 된대."
이 말에 난 손들었다. 나는 어떤 지독한 위험에 빠진 것처럼 그애의 이마에서 손을 뗐다.
"말해 줘서 고맙구나." 내가 말했다.
"어머, 오빠 손은 태우지 않을 거야. 너무 뜨거워지기 전에 멈출 테니까 …… 쉬, 쉬!"
이렇게 말하고 피비는 재빨리 침대 위에 일어나 앉았다. 피비가 그렇게 하는 바람에 나는 깜짝 놀랐다.
"왜 그래?"
"현관!"
피비는 목소리를 죽이고 말했다.
"아빠와 엄마야!"

나는 얼른 일어나 뛰어가서 책상의 불을 껐다. 그리고 담배를 구두로 비벼 끄고는 주머니에 집어 넣었다. 그리고 담배 연기를 없애려고 공중에다 손으로 부채질을 했다. 담배를 피우지 말았어야 했는데. 다음 순간 나는 구두를 움켜쥐고 옷장 안에 들어가 문을 닫았다. 아이쿠, 내 심장이 지랄같이 뛰고 있었다.

엄마가 방 안으로 들어오는 소리가 들렸다.
"피비, 시치미 떼지 마라. 불빛을 보았단다, 이 아가씨야."
"안녕히 다녀오셨어요?" 피비의 목소리가 들렸다.
"잠이 오지 않아서 그랬어요. 재미있었어요?"
"응, 재미있었단다." 엄마가 말했다. 그러나 그 말은 진심이 아니라는 것이 역력했다. 엄마는 집 밖의 다른 곳에서는 그다지 즐거워하지 못했다.
"왜 이렇게 늦게까지 깨어 있니? 혹시 추워서?"
"춥지 않았어요. 그냥 잠이 오지 않았어요."
"피비야, 너 여기서 담배 피웠니? 사실대로 말해 봐."
"뭐라구요?"
"내 말이 들리지 않니?"
"한 개비 잠깐 태웠을 뿐이에요. 한 모금 피워 보고 창 밖으로 던져 버렸어요."
"왜 그런 짓을 했지?"
"잠이 오지 않아서……."
"난 그런 짓 싫어해, 피비야. 그런 짓은 질색이야." 엄마가 말했다. 그리고 이렇게 물었다.
"담요 한 장 더 줄까?"
"괜찮아요. 안녕히 주무세요."
나는 피비가 엄마에게서 벗어나기 위해 애쓰는 모습을 눈앞에 그려 볼 수 있었다.
"영화는 어땠니?" 엄마가 물었다.
"재미있었어요. 앨리스의 엄마가 영화 보는 동안 내내 내 쪽으로 몸을 기울이며 앨리스에게 춥지 않느냐고 묻던 것만 빼고. 집까지는 택시 타고 왔어요."

"네 이마 좀 짚어 봐야겠다."

"감기 같은 건 안 걸렸어요. 앨리스도 감기 걸리지 않았어요. 감기 걸린 건 그애 엄마였어요."

"그래? 그럼 잘 자렴. 저녁 식사는 어땠니?"

"형편없었어요."

"또 그런 말버릇이구나. 아빠가 뭐라고 하셨는지 기억하지? 뭐가 형편없다는 거니? 맛있는 양고기 요리를 먹고서. 엄마는 그것 때문에 일부러 렉싱턴 가를 돌아다녔는데……."

"양고기는 좋았어요. 하지만 찰린은 무엇이든 내려놓을 때마다 숨을 내뿜어요. 음식에고 어디고 온통 입김을 뿜는다니까요. 찰린은 모든 것 위에 입김을 뿜어 댄다구요."

"그래그래, 알았다. 잘 자라. 엄마에게 뽀뽀하고. 기도는 올렸니?"

"목욕탕에 들어가서 했어요. 안녕히 주무세요."

"그래. 얼른 자도록 해라. 골치가 아프구나."

엄마는 걸핏하면 골치가 아팠다. 사실이 그랬다.

"아스피린 몇 알만 드세요." 피비가 말했다. 이어서 질문도 했다. "오빠는 수요일에 돌아오지요?"

"그렇게 알고 있다. 자, 어서 자렴. 이불 목까지 잘 덮고."

엄마가 나가고 문이 닫히는 소리가 들렸다. 나는 2, 3분 더 있다가 옷장에서 나왔다. 나오자마자 피비와 부딪혔다. 캄캄한 데다 피비는 침대에서 나와 내게로 오고 있었기 때문이다.

"다쳤니?" 내가 물었다. 부모님이 돌아왔기 때문에 가만가만 속삭이지 않으면 안 되었다. "난 이제 가야겠다."

어둠 속에서 나는 침대 가를 더듬어 찾아서는 그곳에 앉아 구두를 신기 시작했다. 나는 몹시 초조했다. 그건 인정하지 않을 수 없었다.

"지금 가면 안 돼. 엄마가 잠들 때까지 기다려야 해."

피비가 작은 소리로 속삭였다.

"아냐, 지금이 제일 좋은 기회야. 엄마는 목욕을 할 거고 아빠는 라디오 뉴스 같은 걸 듣고 있을 거야. 지금이 제일 좋은 기회야."

나는 구두끈을 제대로 맬 수가 없었다. 그만큼 나는 초조했다. 그렇다고 집에 있다가 붙잡히면 죽임을 당할 거라고 겁먹었던 것은 아니다. 단지 붙잡히면 극히 불쾌한 일이 생길 거라고 생각했을 뿐이다.
"너 어디에 있니?" 피비에게 물었다. 너무 어두워서 피비가 어디에 있는지 알 수 없었다.
"여기." 피비는 바로 내 옆에 있었다. 그래도 보이지 않았다.
"짐은 역에 맡겨두었단다. 그런데 너, 돈 좀 있니? 내 수중에는 지금 한 푼도 없거든."
"크리스마스 용돈뿐이야. 선물 살 돈이야. 아직 하나도 사지 않았어."
"그러니?"
크리스마스 용돈을 받아 갈 수야 없지.
"좀 줄까?" 피비가 말했다.
"크리스마스에 쓸 용돈은 받고 싶지 않은데."
"조금은 빌려 줄 수 있어" 하더니 피비는 D.B.의 책상으로 가서 서랍을 열었다. 손으로 그 속을 더듬는 소리가 났다. 방 안은 칠흑처럼 캄캄했다.
"가 버리고 나면 내 연극은 보지 못하겠네."
피비가 말했다. 그애의 목소리는 왠지 묘했다.
"아니야, 보러 갈게. 그것을 보기 전엔 다른 데로 가지 않을 거야. 내가 네 연극을 놓치기야 하겠니? 아마 화요일까진 앤톨리니 선생 댁에 있을 거야. 그런 다음 집으로 돌아오마. 기회가 있으면 전화 걸게."
"여기, 이거 받아." 피비가 말했다. 피비는 내게 돈을 주려 했지만 내 손이 어디 있는지 찾지 못했다.
"어디?"
피비는 내 손에 돈을 쥐어주었다.
"이렇게 많이 필요하지는 않아." 내가 말했다. "2달러만 주면 돼. 정말이야. 자아……."
나는 돈을 돌려주려 했지만 피비는 받으려 하지 않았다.
"다 가져가도 좋아. 나중에 갚아 줘. 연극할 때 가져와."
"도대체 얼마냐?"
"8달러 85센트야. 아니 65센트야. 좀 썼으니까."
나는 갑자기 울음을 터뜨렸다. 어찌할 수가 없었다. 아무도 듣지 못하게 울었지만 운 것은 사실이다. 내가 울자 피비는 깜짝 놀랐다. 피비는 내게로 와서 울음을 그치게 하려고 노력했다. 하지만 한번 터진 울음은 그렇게 간단히 그쳐지지가 않았다. 나는 여전히 침대 가에 앉아서 울고 있었다.

피비는 내 목에 팔을 감았고, 나도 피비를 안고 있었다. 나는 오랫동안 울음을 그칠 수 없었다. 이대로 숨이 막혀 죽는 것이 아닌가 생각했다. 피비도 아마 겁이 났을 것이다. 창문 하나가 열려 있어서 피비의 몸이 떨리는 것을 느낄 수 있었다. 피비는 파자마만 걸치고 있었던 것이다. 피비를 침대 속으로 돌려보내려 했지만 그애는 도무지 말을 듣지 않았다. 결국 나는 울음을 그쳤지만 그러기 위해서는 굉장히 오랜 시간이 걸렸다.

나는 외투의 단추를 채웠다. 피비에게 연락하겠다고 했다. 피비는 원한다면 같이 자도 좋다고 말했지만 나는 가는 게 낫겠다고 했다. 앤톨리니 선생이 기다리고 있기 때문에 가야 한다고. 그런 다음 빨간 사냥모자를 외투 주머니에서 꺼내어 피비에게 주었다.

피비는 그런 이상한 모자를 좋아했다. 피비는 받으려 하지 않았지만 내가 억지로 줬다. 그애는 틀림없이 그것을 그대로 쓰고 잠들었을 것이다. 내기해도 좋다. 그애는 정말 그런 종류의 모자를 좋아했다.

나는 기회가 닿으면 전화하겠다는 말을 다시 하고 그곳을 떠났다. 웬일인지 모르지만 나갈 때가 들어올 때보다 더 쉬웠다. 이제 붙잡힌다 해도 상관없다는 생각이 들었기 때문일 것이다. 정말 아무렇지도 않았다. 붙잡을 테면 붙잡으라지 하는 생각이 들었다. 어떤 의미에서는 붙잡아 주기를 은근히 바랄 정도였다.

나는 엘리베이터를 타지 않고 아래층까지 계단으로 내려갔다. 비상 계단을 이용한 것이다. 쓰레기통이 1천만 개나 있어서 그것에 걸려 모가지를 부러뜨릴 뻔했다. 그러나 무사히 빠져나왔다. 엘리베이터 보이에게도 들키지 않았다. 그놈은 내가 아직도 딕스타인 댁에 있는 줄 알 것이다.

24

앤톨리니 선생 부부는 서튼 플레이스의 매우 화려한 아파트에 살고 있었다. 거실로 내려가는 계단이 두 개이고, 바를 비롯해 별의별 것이 다 딸려 있었다. 나는 그곳에 몇 번 가 본 적이 있었다. 그도 그럴 것이 내가 엘크턴 힐스를 그만두고 난 다음에도, 선생은 내가 어떻게 지내는지 궁금하면 종종 우리 집에 들러 함께 식사를 하곤 했기 때문이다. 그때만 해도 그는 독신이었다. 결혼한 후에도 나는 선생 부부와 롱 아일랜드의 포리스트 힐스에 있는 웨스트사이드 클럽에 가서 함께 테니스를 치곤 했다. 부인이 그 클럽의 회원이었기 때문이다.

부인은 엄청난 부자인데 선생보다 열여섯 살이나 연상이었다. 그러나 두 분 사이는 매우 좋은 것 같았다. 그 이유 중 하나는 두 분 모두 지적인 사람들이었기 때문이다. 특히 선생 쪽이 더 그랬다. 다른 사람들과 함께 있는 자리에서는 지성보다는 기지가 번뜩이는 유형이었는데, 그 점이 D.B.와 닮았다. 반면 부인은 조금 고지식했다. 게다가 천식도 앓고 있었다. 어쨌든 이 두 분은 D.B.의 소설을 전부 읽었다. 부인도 말이다. D.B.가 할리우드에 가게 되었을 때 선생은 형에게 전화해서 가지 말라고까지 했다. 결국 D.B.는 가 버렸지만. 앤톨리니 선생의 말로는 D.B.처럼 좋은 작품을 쓰는 사람은 할리우드에 갈 필요가 전혀 없다고 했다. 그건 바로 내가 한 말이기도 했다.

나는 피비의 크리스마스 용돈은 가능한 한 쓰고 싶지 않았기 때문에 선생 댁까지 걸어가려 했다. 그러나 밖에 나오자 기분이 나빠졌다. 좀 어지러웠던 것이다. 그래서 택시를 잡아탔다. 타고 싶지 않았지만. 그런데 택시 잡는 데도 굉장히 시간이 걸렸다.

성격이 나빠 보이는 엘리베이터 보이가 나를 위층으로 올려 보내 주었다. 벨을 누르자 앤톨리니 선생이 문을 열었다. 선생은 목욕 가운에 슬리퍼 차림이었는데, 한 손에는 하이볼을 들고 있었다. 그는 꽤 세련된 사람일뿐 아니라 굉장한 술꾼이었다.

"홀든! 잘 왔다!" 선생이 말하더니 덧붙였다.
"어이쿠, 또 20인치는 더 자랐구나. 만나서 반갑다."
"선생님, 안녕하십니까? 사모님도 안녕하시죠?"
"우리야 잘 지내지. 외투를 벗으렴."
선생은 내 외투를 벗겨서 옷걸이에 걸었다.
"난 또 네가 갓난아이라도 안고 오는 줄 알았지. 갈 곳은 없고 눈썹엔 눈송이가 달리고."
이렇게 선생은 종종 멋있는 농담을 했다.

"릴리언! 커피 아직 멀었소?"

릴리언은 부인의 이름이다.

"다 됐어요." 부인도 큰 소리로 대답했다.

"홀든 왔니? 그동안 잘 지냈어?"

"예, 사모님도 안녕하셨어요?"

이 집에서는 항상 큰 소리로 외쳐야 했다. 그건 부부가 동시에 같은 방에 있는 법이 절대로 없었기 때문이다. 좀 우습기도 했다.

"앉거라, 홀든." 앤톨리니 선생이 말했다. 좀 취해 있음이 분명했다. 방 안은 마치 방금 파티를 끝낸 것 같았다. 사방에 유리잔이 흩어져 있었고 땅콩 접시가 여기저기 널려 있었다.

"방이 너저분해서 미안해." 선생이 말했다. "버팔로에서 온 집사람 친구들을 대접했거든……. 버팔로 출신이라 그런지 완전히 들소들이더군."

나는 웃었다. 부인이 큰 소리로 뭐라고 말했지만 난 알아들을 수가 없었다. "사모님이 지금 뭐라고 하셨죠?" 나는 선생에게 물었다.

"지금 이리로 올 테니 쳐다보지 말라는 거야. 잠자리에서 막 일어났으니까. 담배 피우겠니? 피우기는 해?"

"고맙습니다."

나는 선생이 내민 담배 상자에서 담배 한 개비를 집으며 말했다.

"이따금 피웁니다. 적당히 피우고 있습니다."

"물론 그렇겠지."

선생은 이렇게 말하고는 테이블 위에 있던 큼직한 라이터를 집어 나에게 불을 붙여 주었다.

"그래, 너와 펜시는 이제 일심동체가 아니로구나." 선생이 말했다. 그는 늘 이런 말투로 말한다. 때로는 이런 말투가 재미있게 느껴지지만 그렇지 않을 때도 종종 있다. 가끔은 선생의 농담이 지나치다고 느껴질 때도 있다. 그렇다고 그에게 위트가 없다느니 하는 뜻은 아니다. 그는 재치가 넘치는 사람이다. 하지만 '너와 펜시는 이제 일심동체가 아니로구나' 하는 따위의 말투를 자주 쓰는 모습은 신경에 거슬리는 수가 있다. D.B.도 종종 지나치게 이런 식으로 말한다.

"무엇이 말썽이었지? 영어는 어땠니? 영어에 낙제 점수를 맞았다면 당장 이곳에서 나가라고 하겠다. 요 귀여운 작문의 천재야."
"영어는 합격했습니다. 하지만 거의가 영문학에 관한 것이었어요. 작문은 전학기에 걸쳐 두 번밖에 쓰지 않았습니다."
나는 이어서 설명했다.
"그런데 구두 표현에서 낙제를 하고 말았어요. 필수 과목으로 구두 표현이란 게 있거든요. 거기에 낙제했어요."
"어쩌다가?"
"글쎄요. 잘 모르겠어요."
나는 이런 대화에 깊이 빠져 들고 싶지 않았다. 아직도 좀 어지러운 데다 갑자기 두통이 느껴졌기 때문이다. 정말이다. 그러나 선생은 그것에 대해 흥미를 느끼는 것 같아서 조금 더 설명했다.
"그 시간이 되면 반 학생들이 모두 하나하나 일어나서 연설을 해야 합니다. 아시겠지만 그냥 즉흥 연설이죠. 어떤 학생이 조금이라도 주제에서 벗어나면 나머지 애들이 앞 다투어 '탈선!' 소리치는 겁니다. 이건 미칠 지경이었어요. 도저히 못하겠더라고요. 그래서 낙제 점수를 받았어요."
"왜?"
"글쎄요. 잘 모르겠어요. 탈선이라고 소리쳐야 하는 것이 신경에 거슬렸어요. 글쎄, 잘 모르겠지만……. 문제는 누가 탈선이라고 소리치는 것을 들으면 그 연설이 오히려 듣기 좋게 느껴진다는 점이었어요. 그게 더 재미있는 걸 어쩌겠어요."
"다른 사람이 이야기할 때 본론에서 벗어나지 않으면 싫다 이거니?"
"아뇨. 본론을 벗어나지 않아야죠. 그렇지만 본론에 너무 충실한 것은 좋아하지 않아요. 저는 어떤 사람이 처음부터 끝까지 본론에 충실하게 이야기하는 걸 좋아하지 않는 모양이에요. 구두 표현 과목에서 최고점을 맞는 학생은 처음부터 끝까지 본론을 이탈하지 않는 애들이죠. 그건 맞아요. 그런데 리처드 킨셀라라는 애가 있는데, 그애는 항상 본론에서 벗어난 이야기를 하거든요. 그때마다 반 학생들이 '탈선' 하고 그애를 향해 외쳤어요. 끔찍하더군요. 그애는 매우 불안에 떠는 애여서 제 차례가 오니까 입술을 부들부들 떨더군요. 교실 뒤에 앉아 있는 사람에게는 소리가 거의 들리지도 않을 정도였어요. 그렇지만 떨림이 멈추는 듯해지면서 그애의 이야기는 좋아졌어요.

사실 저에겐 어느 누구의 이야기보다 마음에 들었어요. 하지만 그애도 그 과목에서 낙제했어요. 아이들이 계속 그애에게 '탈선' 하고 소리쳤기 때문에 그애는 D플러스를 받았어요.

한번은 자기 아버지가 버몬트에 구입한 농장 이야기를 그애가 했어요. 그때 아이들은 처음부터 끝까지 '탈선'이라는 공격의 화살을 보냈죠. 빈슨 선생님도 그애가 그 농장에서 어떤 동물을 기르며 어떤 채소를 재배하는가 하는 이야기를 하지 않았다며 완전히 낙제점을 주었어요. 그애가 어떻게 했느냐 하면, 처음에는 그 농장 이야기를 하다가 갑자기 그의 엄마가 삼촌한테서 받은 편지에 대해 말하기 시작한 거예요.

그 삼촌은 마흔두 살 때 소아마비에 걸렸는데, 부목을 발에 대고 있는 꼴을 보여 주기 싫어서 아무도 병원에 문병 오지 못하게 했다는 이야기였어요. 아, 네. 농장과 별관계가 없는 이야기라는 건 저도 인정해요. 그래도 좋은 이야기였어요. 누구든 삼촌 이야기를 하면 듣기 좋잖아요. 더욱이 아버지의 농장 이야기를 시작했다가 갑자기 삼촌에게 더욱 흥미를 가지다니. 멋지잖아요! 그렇게 흥분해서 이야기하고 있는 애에게 '탈선' 하고 소리치는 것은 야비하다고 생각해요. 잘 모르겠어요. 설명하기 어렵네요."

더 이상 설명하고 싶은 생각도 별로 없었다. 또 갑자기 두통이 느껴졌다. 나는 앤톨리니 부인이 빨리 커피를 가지고 들어오기를 얼마나 학수고대했는지 모른다. 말로는 다 준비되었다고 하면서 실은 준비되어 있지 않은 상태, 이런 것이 사람을 어리둥절하게 만드는 때가 있다.

"홀든, 간단하지만 좀 고루한 교육학적 질문을 한 가지 하겠다. 모든 것에는 때와 장소가 있다고 생각하지 않니? 처음에 부친의 농장 이야기를 꺼냈다면 끝까지 그 주제를 끌고 간 다음에 삼촌에 대한 이야기로 옮겨 가야 했다고 생각하지 않니? 아니면 삼촌의 부목이 그렇게 흥미로운 거라면 처음부터 그것을 주제로 선택했어야 되지 않았을까? 농장 이야기가 아니라."

나는 생각하거나 대답하고 싶은 기분이 나지 않았다. 머리도 아프고 기분도 좋지 않았다. 게다가 속이 쓰리기까지 했다.

"그럴지도 모르죠. 그래야 하겠죠. 아마 농장이 아니라 삼촌을 주제로 했어야 될 겁니다. 그게 가장 흥미로운 것이었다면 말입니다. 하지만 제 얘기는, 대부분의 경우 그다지 재미있지 않은 이야기를 해 보고 나서야 비로소 무엇이 가장 재미있는가를 알게 된다는 말입니다. 그건 어쩔 수 없는 일입니다. 그러니까 적어도 말하는 사람이 흥미를 갖고 있는 데다 흥분해서 이야기하고 있다면, 그대로 내버려 두는 것이 좋다고 생각해요.
 저는 누군가 무엇에 흥분해서 이야기는 것이 좋습니다. 선생님은 그 빈슨 선생을 모르시지만, 그는 사람을 미치게 할 수 있는 분이에요. 그와 그의 수업은 사람을 미치게 합니다. 그는 밤낮 통일을 하고 간결하게 말하라고 떠들죠. 하지만 세상에는 간결하게 말할 수 없는 것도 있어요. 누가 그렇게 하라고 해도, 쉽사리 간결하고 통일성 있게 말하지는 못할 것도 있단 말입니다. 선생님은 그 빈슨 선생님을 모르시겠지만, 그분은 퍽 지적인 분이긴 해도 머리는 별로 안 좋다니까요.”
 "이제 겨우 커피가 되었어요.” 부인이 말했다. 부인은 커피와 케이크와 여러 가지 먹을 것이 담긴 쟁반을 가지고 들어왔다.
 "홀든, 이쪽은 보지 말아요. 꼴이 말이 아니니까.”
 "안녕하세요, 사모님.” 나는 자리에서 일어나려 했지만 앤톨리니 선생이 내 재킷을 붙들어 앉혔다. 부인은 머리에 컬을 만드는 헤어롤을 잔뜩 만 채, 루즈 따위는 전혀 바르지 않고 있었다. 그다지 화려해 보이진 않았다. 꽤 늙어 보였다.
 "여기 놓고 가겠어요. 자, 받으세요.”
 이렇게 말하며 부인은 유리잔을 치우고 쟁반을 담배 테이블 위에 놓았다.
 "홀든, 엄마는 안녕하시지?”
 "네, 안녕하십니다. 최근엔 뵙지 못했지만 제가 마지막으로······.”
 "여보, 홀든에게 필요한 건 모두 옷장에 있어요. 맨 위 선반에 말이에요. 난 자야겠어요. 너무 피곤해요.” 부인이 말했다. 사실 피곤해 보였다.
 "두 분이 이불은 깔 수 있겠죠?”
 "우리가 할 테니까 어서 가서 자요.” 앤톨리니 선생이 말했다. 그리고 그는 부인에게 키스했다. 부인은 잘 자라는 인사를 하고 침실로 들어갔다. 이 부부는 다른 사람 앞에서도 아무렇지 않게 키스했다.
 나는 커피를 약간 마시고 돌처럼 굳은 케이크를 반쯤 먹었다. 앤톨리니 선생은 하이볼을 또 한 잔 마셨을 뿐이다. 그것도 매우 진하게 해서 마셨다. 주의하지 않으면 그는 알코올 중독이 될지도 모른다.

"한 2주 전에 네 부친과 점심 식사를 같이 했지." 선생이 갑자기 말했다. 알고 있었냐는 물음을 덧붙여서.

"몰랐는걸요."

"네 부친이 너에 대해 몹시 염려하고 있는 건 알지?"

"알고 있습니다. 아버지가 제 걱정을 하는 것 말입니다."

"나한테 전화하시기 전에 너의 학교 교장 선생님에게서 긴 편지를 받으신 모양이더라. 요컨대 네가 전혀 노력하지 않는다는 취지의, 다소 가슴 아픈 그런 사연이었던 모양이야. 수업을 빼먹고 어느 과목은 예습도 하지 않으며, 대체로 말해서······."

"전 수업을 빼먹진 않았어요. 그런 짓은 못하게 되어 있으니까요. 가끔 수업에 들어가지 못한 경우는 두서너 시간 있었지만 그건 아까 말씀드린 구두 표현 시간뿐이었어요. 하지만 일부러 빼먹은 수업은 하나도 없습니다."

이런 이야기는 전혀 하고 싶지 않았다. 커피를 마셔서 뱃속은 다소 나아졌지만 여전히 골치가 아팠다.

앤톨리니 선생은 다시 담배에 불을 당겼다. 악마처럼 담배를 피웠다. 그런 다음 선생은 이렇게 말했다.

"홀든, 솔직히 말해서 나도 너한테 뭐라고 말해야 좋을지 모르겠구나."

"그럴 겁니다. 전 얘기하기가 매우 어려운 상대일 겁니다. 그건 저도 알고 있습니다."

"내 생각으로는 네가 지금 무서운 타락의 길로 치닫고 있는 것 같다. 사실 그것이 어떤 종류의 타락인지······ 홀든, 내 말 듣고 있니?"

"네."

그는 내 정신을 집중시키려고 애쓰고 있었다.

"아마 이런 종류일 거야. 네가 나이 서른쯤 되어서 어떤 바에 앉아 있다고 하자. 대학 시절에 축구를 한 것 같이 보이는 사람을 모두 증오하며 앉아 있을지도 모르지. 또는 '그건 그와 나 사이의 비밀이야'라는 식으로 이야기하는 사람을 미워할 정도의 교양밖에 지니지 못했을지도 모르고. 아니면 결국 어느 회사에 근무하면서 가까이 앉은 속기사에게 서류를 집어던지는 그런 인간으로 끝나게 될지도 몰라. 뭐 꼭 그렇게 된다는 것은 아니지만. 뭐랄까 ······. 내가 하고픈 말이 뭔지는 알겠지?"

"네, 알겠습니다."

내가 말했다. 사실 잘 알고 있었다.

"그러나 제가 사람을 미워한다는 것은 선생님의 오해예요. 축구 선수라면 무조건 미워하는 그런 사람이 아니라구요. 저는 많은 사람을 미워할지 몰라요. 하지만 그건 잠깐입니다. 이를테면 펜시에서 알게 된 스트라드레이터라는 놈이나 로버트 애클리를 미워하는 정도일 겁니다. 가끔 그애들을 미워한 것은 인정합니다. 하지만 오래 계속되진 않았어요. 얼마 동안 만나지 못하면 쓸쓸하기까지 했어요. 그러니까 그쪽에서 2~3일쯤 내 방에 오지 않든지 식당에서도 두서너 번 얼굴을 보지 못하게 되면 어쩐지 그리워지더군요. 섭섭한 느낌까지 들고요."

앤톨리니 선생은 한동안 아무 말도 하지 않았다. 그는 일어나서 얼음 덩어리를 집어 유리잔에 넣더니 다시 앉았다. 무엇인가 곰곰이 생각하고 있는 게 분명했다. 나는 그 이야기의 나머지를 지금이 아니라 내일 아침에 해 주기를 속으로 바랐지만, 선생은 한창 열이 오른 상태였다. 대부분의 경우 이쪽에서 별로 내키지 않을 때 상대편은 더욱 이야기를 하고 싶어한다.

"그래. 자, 잠깐만 들어 봐. 네 기억에 남을 만한 말을 하고 싶지만 잘될지 모르겠다. 그런 건 하루 이틀 안에 편지로 써 보낼 테니까. 그때 가면 잘 알게 될 거다. 그러나 지금 잠깐만 들어 봐."

선생은 다시 정신을 집중시킨 다음 입을 열었다.

"지금 네가 뛰어들고 있는 타락은 일종의 특수한 타락인데, 그건 무서운 거다. 타락해 가는 인간에게는 바닥이 없다. 부딪치는 느낌이나 소리를 내줄 바닥이 없는 거야. 장본인은 자꾸 타락해 가기만 할 뿐이지. 이 세상에는 인생의 어느 시기에, 자신의 환경이 도저히 제공할 수 없는 어떤 것을 찾는 사람들이 있거든, 네가 바로 그런 사람이야. 그런 사람들은 자기 자신의 환경이 자기가 바라는 걸 도저히 제공할 수 없다고 생각하지. 그래서 단념해버리는 거야. 실제로는 찾으려는 시도도 해 보지 않고 그냥 포기해 버리는 거야. 내 말 알겠니?"

"물론입죠, 선생님."

"정말?"

"네."

선생은 일어나서 유리잔에 또 술을 따랐다. 그러고는 다시 앉았다. 그는 꽤 오랫동안 아무 말도 하지 않았다.

"너를 나무라고 싶진 않다." 선생은 다시 입을 열었다.

"하지만 네 앞날이 불 보듯 뻔해서……. 너는 아무 가치도 없는 일로 고귀한 죽음을 감수하려는 것이 분명하거든."

이렇게 말하면서 선생은 이상한 얼굴로 나를 바라보았다.

"내가 너에게 뭔가를 써 주면 그것을 주의 깊게 읽겠니? 그리고 언제까지나 간직하겠니?"

"네, 물론이죠."

나는 말했다. 실제로 나는 그렇게 했다. 그때 선생이 내게 준 종이 쪽지를 아직도 간직하고 있으니까.

선생은 방 저쪽에 있는 책상으로 가서 선 채로 종이에다 무언가 썼다. 그리고 되돌아와서 그 종이를 손에 쥔 채 앉았다.

"신기하게도 이것은 시인이 쓴 것이 아니야. 빌헬름 스테켈이라는 정신분석 학자가 쓴 것이야. 그는 이렇게 말했지……. 듣고 있니?"

"네, 물론입니다."

"이렇게 말했더구나. '미성숙한 인간의 특징은 어떤 이유를 위해 고귀한 죽음을 택하려 한다는 것이다. 이에 반해 성숙한 인간의 특징은, 같은 이유를 위해 비겁한 삶을 택하려 한다는 것이다'고 말이야."

선생은 몸을 앞으로 구부리고 그 종이를 나에게 주었다. 나는 종이를 읽고는 감사하다고 말하고 나서 그것을 주머니에 넣었다. 이런 수고까지 해 주니 참으로 감사하기 짝이 없었다. 정말 그랬다. 그러나 문제는 그때 내가 그다지 주의를 집중하고 싶지 않았다는 것이다. 갑자기 피로가 몰려왔기 때문이다.

그러나 선생은 조금도 피곤하지 않은 것이 분명했다. 무엇보다 그는 꽤 취해 있었다.

"머지않아 너는 네가 가야 할 길을 찾아야 할 거다." 그가 말했다.

"그리고 나서는 그곳을 향해 출발하지 않으면 안 될 거야. 그것도 당장에 말이다. 1분의 여유도 없는 거야. 네 경우는 특히 그래."

선생이 내 얼굴을 똑바로 바라보았기 때문에 나는 고개를 끄덕였다. 그러나 선생이 무슨 말을 하는지 분명치가 않았다. 무언가 깨달을 수는 있었지만 그때는 그것이 무엇인지 확실하지가 않았다. 너무도 피로했던 것이다.

"이런 말을 하고 싶진 않지만, 일단 네가 가고 싶은 길이 분명해지면 우선 학교로 돌아가야 한다. 공부는 꼭 필요하니까. 너는 학생이야. 이런 말이 네 마음에 들지 어떨지 모르겠지만 어쨌든 너는 지식을 사랑하고 있거든. 너도 알게 되겠지만, 일단 그 바인스 선생의 구두 표현 과목 같은 걸 한번 극복하면⋯⋯."

"빈슨 선생이에요." 내가 말했다. 선생은 빈슨 선생을 생각하면서 바인스 선생이라고 말했던 것이다. 도중에 선생의 말을 끊지 말았어야 했다.

"그래. 빈슨 선생이었지. 일단 그 빈슨 선생의 과목 같은 걸 뛰어넘으면, 너는 네 가슴에 훨씬 더 절실하게 느껴질 지식에 점점 더 가까워질 거야. 물론 자신이 그것을 바라고 기대하고 기다린다는 조건이 따르지. 하여튼 그러다 보면 네가 인간의 행위에 대해 당황하고 놀라고 염증을 느낀 최초의 인간이 아니라는 것을 깨닫게 될 거야. 그런 점에서 너는 혼자가 아니지. 그것을 깨달으면 너는 흥분할 것이고 자극을 받을 거야. 도덕적으로나 정신적으로 네가 현재 겪는 것과 똑같은 고민을 한 사람은 수없이 많아. 다행히 그중 몇몇 사람들은 자기 고민의 기록을 남기기도 했지. 너도 바라기만 하면 거기서 얼마든지 배울 수 있어. 그리고 장차 네가 남에게 줄 수도 있겠지. 네가 그들에게서 배운 것과 마찬가지로, 다른 사람도 네게서 배울 수 있다는 거야. 이것이 아름다운 상부상조가 아니겠니? 그런데 이건 교육이 아냐. 역사이자 시야."

여기서 말을 끊고 선생은 하이볼을 한 모금 들이켰다. 그러고는 다시 말을 이었다. 그는 꽤나 흥분해 있었다. 음, 선생의 말에 찬물을 끼얹어선 안 되겠지.

"교육을 받고 학식이 있는 사람만 이 세상에 가치있는 공헌을 할 수 있다고 말하려는 게 아냐." 그가 말을 이었다. "그건 착각이지. 내가 말하려는 것은 이거란다. 교육을 받고 학식이 있는 사람이 밑바탕에 뛰어난 재능과 창조력을 가지고 있다면—이런 경우는 불행히도 드문데—단지 뛰어난 재능과 창조력만 가진 사람보다 훨씬 가치 있는 기록을 남기기가 쉽다는 거야. 그런 사람은 더 명확하게 자신의 의견을 표현하고 자신의 생각을 끝까지 추구하는 경향이 있지. 그리고 가장 중요한 것은, 그런 사람들은 십중팔구 학식이 없는 사상가들보다 겸손하다는 점이야. 알겠니, 내 말을?"

"네, 알겠습니다."

그런 다음 선생은 또 꽤 오랫동안 아무 말이 없었다. 여러분은 이런 경험이 있는지 모르겠다. 무슨 생각에 잠겨 있는 사람을 보면서 그 사람이 무언가 말해 주기를 가만히 앉아 기다리는 것은 꽤 힘겨운 일이다. 이건 정말이다. 나는 하품을 하지 않으려고 무진 애를 썼다. 그렇다고 지루하게 느껴지진 않았다. 정말이다. 다만 갑자기 졸음이 엄습했을 뿐이다.

"학교 교육은 그 외에도 도움이 되지. 학교에 한동안 다니다 보면, 자기 머리가 어느 정도인지 알 수 있게 되거든. 무엇이 자기 머리에 맞고 또 무엇이 맞지 않는가를 알 수 있게 된다는 뜻이야. 그리고 얼마 후에는 일정한 크기의 자기 머리에 어떤 종류의 사상을 넣고 돌려야 할지 알게 될 거다. 이렇게 학교 교육은 자기에게 맞지 않는 사상을 일일이 시험해 보는 데 드는 막대한 시간을 절약해 주지. 덕분에 나는 자신의 진정한 용량을 알게 되고 거기에 따라 자기 머리를 활용하게 될 거야."

그때 나는 별안간 하품을 하고 말았다. 이 얼마나 무례한 바보짓인가. 하지만 어쩔 수가 없었다.

그러나 앤톨리니 선생은 웃었을 뿐이다. "자아!" 하면서 선생은 자리에서 일어났다.

"이제 잠자리를 만들자."

나는 선생의 뒤를 따라갔다. 선생은 옷장으로 가서 맨 위 선반에 있는 이불과 담요 따위를 내리려고 했다. 그러나 선생은 하이볼이 담긴 유리잔을 들고 있었기 때문에 그것들을 내릴 수가 없었다. 선생은 하이볼을 다 마시더니 빈 잔을 바닥에 내려놓고 나서 침구를 내렸다. 나는 그것을 침대 의자까지 운반하는 일을 도왔다. 잠자리는 둘이서 만들었지만 선생은 건성이었다. 시트도 똑바로 안 폈을 정도였다. 그러나 나는 상관하지 않았다. 선 채로라도 잠들 수 있을 만큼 피로했기 때문이다.

"네 여자 친구들은 어떤 아이들이냐?"

"그저 그런 애들이에요."

정말 멋없는 답변이었지만 어쩐지 말할 기분이 아니었다.

"샐리는 어때?"

선생도 샐리 헤이스를 알고 있었다. 언젠가 소개한 적이 있었기 때문이다.

"잘 있어요. 오후에 그애랑 데이트를 했어요."

이거 원, 그것이 마치 20년 전의 일 같았다. 나는 이렇게 덧붙였다.

"이젠 서로 공통점이 별로 없는 것 같아요."

"참 귀여운 애였지. 그리고 또 한 애는 어떻게 되었니? 언젠가 내게 얘기한 메인 주의 그애 말이다."

"아, 제인 갤러허라는 애 말이죠. 잘 있어요. 내일 전화나 걸어 볼 참입니다."

이젠 잠자리가 다 마련되었다. "이건 전부 널 위한 잠자리야." 선생이 말했다.

"그런데 그 긴 다리는 어떻게 하지?"

"괜찮습니다. 짧은 침대에도 익숙한걸요."

내가 말했다. 그리고 인사를 했다.

"고맙습니다. 선생님 부부께서는 오늘 밤 저의 은인이십니다."

"화장실 어딘지 알지? 뭐 필요한 게 있으면 소리를 질러. 난 잠시 부엌에 있을 테니까. 혹시 불빛이 방해가 되지 않을까?"

"아닙니다. 오늘 감사했습니다."

"괜찮아. 잘 자."

"안녕히 주무세요. 감사합니다."

선생은 부엌으로 갔고, 나는 욕실로 들어가 옷이고 뭐고 다 벗었다. 칫솔이 없어서 이는 닦을 수 없었다. 파자마도 없었다. 앤톨리니 선생이 빌려 주는 것을 잊었기 때문이다. 나는 그냥 거실로 돌아가 침대 의자 옆에 있는 작은 전등을 끄고 팬티 바람으로 이불 속에 들어갔다. 그 침대는 내 키에 비해 너무 짧았지만, 나는 정말 선 채로 눈을 감지 않고라도 잘 수 있을 만큼 피로했다.

나는 잠들기 직전에 2, 3초 동안 앤톨리니 선생이 이야기한 모든 것을 생각해 보았다. 자기 자신의 역량을 제대로 알아야 한다는 얘기들을 다시 한 번 생각했다는 말이다. 선생은 정말 똑똑한 분이었다. 그러나 도저히 눈을 뜨고 있을 수 없어서 그만 잠들어 버리고 말았다.

그 뒤 어떤 사건이 일어났다. 이건 정말 얘기하기조차 싫다. 나는 갑자기 눈을 떴다. 몇 시인지는 모르겠지만 어쨌든 눈을 떴다. 머리에 무엇이, 아니 사람의 손 같은 것이 와 닿았다. 정말이지 깜짝 놀랐다. 그것은 바로 앤톨리니 선생의 손이었다. 선생이 무엇을 하고 있었는가 하면, 캄캄한 어둠 속에서 침대 바로 옆 바닥에 앉아 내 머리통을 더듬고 있었던 것이다. 이거, 원! 나는 1천 피트나 뛰어오를 지경이었다.

"뭐 하시는 거예요?" 내가 말했다.

"아무것도 아냐. 그냥 앉아서 감탄하며······."

"도대체 뭘 하시는 거예요?"

나는 다시 말했다. 뭐라고 말해야 할지 몰랐다. 나는 지독히 당황하고 있었다.

"목소리를 낮추는 게 어때? 나는 그냥 여기 앉아서······."

"어, 어쨌든! 난 가야겠어요."

나는 정말 초조했다. 어둠 속에서 그 놈의 바지를 입기 시작했다. 그런데 어찌나 정신이 없던지 제대로 빨리 입을 수가 없었다. 나는 학교가 뭔가 하는 곳에서 어느 누구보다도 변태성욕자들과 많이 마주쳐 왔다. 놈들은 항상 내 주변에서 변태적으로 굴곤 했다.

"가다니, 어디로?" 앤톨리니 선생이 물었다. 선생은 태연하고 냉정한 척하려 했지만, 그다지 냉정하진 못했다. 이건 정말이다.

"역에다 여행 가방이랑 제 짐을 전부 두고 왔어요. 그걸 가지러 가야겠어요. 모두 다 그곳에 두었으니까요."

"아침에 가면 되잖아. 자, 다시 자도록 해. 나도 자러 갈 테니까. 대체 왜 그러는 거지?"

"아무것도 아닙니다. 그냥 돈이고 뭐고 다 넣어 둔 가방이 하나 있어서요. 곧 돌아오겠어요. 택시를 잡아타고 곧 돌아오겠어요."

그때 난 어둠 속에서 넘어질 뻔했다.

"실은 그 돈은 제 것이 아니에요. 엄마의 돈입니다. 그래서 전······."

"홀든, 바보같이 굴지 마. 침대로 다시 돌아가. 나도 자러 갈 테니까. 돈은 내일 아침까지 놔두어도 안전할 거야."

"농담이 아닙니다. 진짜로 가야 해요. 정말입니다."

옷을 거의 다 입었다. 다만 넥타이가 보이지 않았다. 어디다 두었는지 기억할 수 없었다. 그래서 넥타이는 매지 않은 채 재킷을 입었다. 앤톨리니 선생은 내게서 좀 떨어진 큰 의자에 앉아 나를 지켜보고 있었다. 어두워서 표정은 잘 안 보였지만 나를 지켜보고 있다는 것만은 알 수 있었다. 선생은 여전히 술을 마시고 있었다. 그가 자신의 충직한 하이볼 잔을 들고 있는 것이 보였다.
"넌 정말 이상하구나!"
"저도 그렇게 생각합니다."
나는 그렇게 대꾸했다. 더 이상 넥타이를 찾으려고 주위를 돌아보지도 않았다. 넥타이는 매지 않고 그냥 가기로 했다.
"안녕히 계십시오, 선생님. 매우 고마웠습니다. 정말입니다."
현관까지 가는 동안 선생은 바로 내 뒤를 따라 나왔다. 내가 엘리베이터 벨을 누를 때에도 문 입구에 그대로 서 있었다. 그가 한 말이라곤 다만 "넌 이상한 아이야!"라는 말뿐이었다. 그놈의 엘리베이터가 올 때까지 선생은 현관 입구에서 기다리고 있었다. 내 평생에 그때만큼 엘리베이터를 오래 기다린 적은 없었다.
엘리베이터를 기다리는 동안 무슨 말을 해야 할지 몰랐다. 게다가 선생이 그곳에 꼼짝 않고 서 있었기 때문에 "이제부터 저도 좋은 책을 읽겠습니다. 정말 그럴 예정입니다" 하고 말했다. 무언가 말해야 했기 때문이다. 정말 난처했다.
"가방을 찾거든 곧바로 돌아오너라. 문을 잠그지 않을 테니까."
"고맙습니다. 안녕히 계세요."
드디어 엘리베이터가 왔다. 나는 엘리베이터를 타고 아래로 내려왔다. 나는 미친 듯이 떨고 있었다. 땀까지 흘리고 있었다. 그런 변태적인 일을 당하면 나는 바보처럼 땀을 줄줄 흘리는 것이다. 그런 일은 내가 어렸을 때부터 약 스무 번 정도 있었다. 난 그런 짓을 참지 못한다.

25

바깥에 나오자 날이 밝아오고 있었다. 몹시 추웠지만 땀을 지독히 흘렸기 때문에 찬 공기가 상쾌하게 느껴졌다. 어디로 가야 할지 몰랐다. 또 다른 호텔 같은 데 가서 피비의 돈을 써 버리고 싶진 않았다. 그래서 결국 렉싱턴까지 걸어가 그곳에서 지하철을 타고 그랜드 센트럴 역으로 갔다. 내 가방과 소지품이 전부 그곳에 있었다. 게다가 그 역에는 벤치가 죽 늘어선 대합실이 있었기 때문에 그곳에서 자기로 작정한 것이다. 그래서 계획대로 했다. 얼마 동안은 주위에 사람들도 그리 많지 않았고, 벤치 위로 다리도 올릴 수 있었기 때문에 나쁘지 않았다. 하지만 이후의 얘기는 그다지 하고 싶지 않다. 별로 좋은 이야기가 아니니까. 실수로라도 날 따라하진 말았으면 좋겠다. 정말이다. 그러면 꽤나 비참해질 테니까.

나는 9시까지밖에 잘 수가 없었다. 수백만의 인파가 대합실로 몰려들어서 다리를 내려놓지 않을 수 없었기 때문이다. 다리를 바닥에 내려놓고는 잠을 잘 수가 없었다. 그래서 하는 수 없이 일어나 앉았다. 그놈의 두통은 조금도 덜해지지 않고 오히려 더 심해졌.

또 그때처럼 우울해진 적은 내 평생에 한 번밖에 없었다.

내키진 않았지만 앤톨리니 선생을 생각하기 시작했다.

내가 그곳에서 자지 않았다는 것을 부인이 알게 되었을 때, 선생은 뭐라고 말할까 생각했다. 그러나 그 점은 그다지 걱정되지 않았다. 앤톨리니 선생은 머리가 아주 좋은 분이니까 적당히 꾸며 댈 것이다. 집으로 가 버렸다느니 어쩌니 하고 말할 것이다. 그 점은 사실 아무래도 좋았다.

정말 신경 쓰이는 일은 따로 있었다. 내가 눈을 떴을 때 선생이 내 머리를 어루만지고 있었던 일 말이다. 나는 그때 선생이 내게 이상야릇한 짓을 하고 있다고 생각했다. 그런데 혹시 그 생각이 잘못된 것은 아니었을까? 선생은 잠든 아이들의 머리를 어루만지기를 좋아할 뿐인지도 모른다. 그런 생각이 들었다. 변태인지 아닌지 어떻게 단정할 수 있는가? 그건 단정할 수 없는 일이다. 나는 여행 가방을 찾는 길로 다시 되돌아가야 했던 게 아닌가 하는 생각까지 했다. 설혹 선생이 변태라 하더라도 내게 정말 잘해 준 것만은 확실하지 않느냐는 생각이 들기 시작했다. 그렇게 늦게 전화했는데도 조금도 귀찮게 여기지 않고, 오고 싶으면 당장 오라고 하지 않았던가. 또 전혀 귀찮게 여기지 않고 자신의 역량을 알아야 한다고 충고하지 않았던가. 전에 말한 제임스 캐슬이라는 애가 떨어져 죽었을 때 시체에 가까이 간 사람도 선생뿐이지 않았던가. 나는 여러 가지를 생각했다. 그런데 그런 것들을 생각하면 할수록 더욱 우울해졌다. 선생 댁으로 되돌아가는 것이 옳지 않았나 하는 생각이 들었다. 어쩌면 선생은 별 이유 없이 내 머리를 어루만졌는지도 모른다. 그렇게 생각하자 나는 더욱 우울해지고 머리가 혼란해졌다. 설상가상으로 눈마저 지독히 아팠다. 잠이 너무 부족했기 때문에 눈에 불이 난 것처럼 아팠다. 게다가 감기까지 걸렸는데 손수건 하나 없었다. 물론 여행 가방 안에 몇 개가 들어 있었지만, 그걸 일부러 보관함에서 꺼내어 여러 사람 앞에 열어 보이고 싶지는 않았다.

바로 옆 벤치에 누군가 두고 간 잡지가 있었다. 그걸 읽기 시작했다. 잠시 동안만이라도 앤톨리니 선생과 그 밖의 오만 가지 것들에 대한 생각을 잊고 싶었다. 그러나 내가 읽기 시작한 기사는 마음을 더욱 언짢게 만들었다. 그건 온통 호르몬에 관한 이야기였다. 호르몬의 상태가 좋으면 얼굴이니 눈이니 하는 부분이 어떻게 보이는가에 대해 자세히 기술하고 있었다. 그러나 내게 들어맞는 사항은 하나도 없었다. 내 꼴은, 그 기사에 쓰여 있는 것 중에서 호르몬 상태가 나쁜 인간과 흡사했다. 그래서 이번에는 호르몬에 대해 걱정하기 시작했다.

잠시 뒤 다른 기사를 읽었다. 거기에는 암에 걸렸는지 여부를 알 수 있는 방법이 쓰여 있었다. 입 안에 쉽게 낫지 않는 염증이 있으면 암에 걸렸을 수도 있다는 것이었다. 그런데 내 입술 안쪽에 난 염증은 2주일이나 된 것이었다. 그래서 암에 걸렸구나 하는 생각을 하게 되었다. 그놈의 잡지는 기분을 암울하게 했다.

잡지 읽기를 멈추고 밖으로 산책을 하러 나왔다. 이제 암에 걸렸으니 기껏해야 한두 달 살다가 죽겠지. 난 진지했다. 정말 그렇게 생각했다. 그다지 유쾌한 기분은 아니었다.

비라도 내릴 것 같은 날씨였다. 그래도 나는 그냥 산책하러 나섰다. 우선 아침밥을 먹어야겠다고 생각한 것도 산책을 나선 이유 중의 하나였다. 배는 고프지 않았지만 그래도 무언가 먹어야겠다고 생각했다. 적어도 비타민을 함유한 음식을. 그래서 싸구려 식당이 있는 동쪽을 향해 걷기 시작했다. 돈을 낭비하고 싶지 않았기 때문이다.

걷는 도중 두 사나이가 트럭에서 커다란 크리스마스 트리를 내리고 있는 광경을 보았다. 그중 한 사람이 상대에게 "이 쌍것 좀 들어올려! 들어올리라니까! 씨팔!" 소리를 질렀다. 크리스마스 트리에 대한 말치고는 그다지 찬란하지가 않았다. 대단히 우스꽝스럽기까지 했다. 그래서 난 좀 웃기 시작했다.

그것은 내가 저지른 가장 큰 실수였다. 왜냐하면 웃기 시작하자 토할 것 같았기 때문이다. 정말이다. 막 구토가 시작되었으나 그래도 꿀꺽 참고 위기를 넘겼다. 왜 그랬는지 난 모른다. 내가 무슨 비위생적인 음식 따위를 먹은 것도 아니고, 내 위장이 약한 것도 아니다. 어쨌든 토하지 않고 견뎠다. 무언가 먹으면 기분이 한결 나아지리라는 생각이 들었다.

그래서 싸구려로 보이는 식당에 들어가 도넛과 커피를 주문했다. 그러나 도넛은 먹지 못했다. 도무지 삼킬 수가 없었다. 사실 우울할 때는 음식이 목구멍으로 잘 넘어가지 않는다. 그래도 웨이터가 매우 좋은 놈이라 다행이었다. 그는 돈을 받지 않고 그것을 도로 가져갔다. 나는 커피만 마시고 그곳을 나와 5번가를 향해 걷기 시작했다.

그날은 월요일인 데다가 크리스마스도 가까웠기 때문에 수많은 가게들이 열려 있었다. 그래서 5번가를 걷는 것이 그다지 나쁘지는 않았다. 주위에는 크리스마스 분위기가 감돌았다. 길모퉁이에는 털북숭이 산타클로스가 서서 종을 치고 있었다. 구세군에 소속된 여자들, 그러니까 루즈 따위를 하나도 바르지 않은 여자들이 종을 치고 있었다. 나는 전날 아침 식사 때 만난 그 두 수녀도 있나 하고 주위를 살펴보았지만 그들의 모습은 보이지 않았다. 보이지 않으리라는 건 알고 있었다. 교편을 잡기 위해 뉴욕에 왔다고 그랬으니까. 그래도 그 두 사람을 찾으면서 걸었다.

거리에는 그야말로 크리스마스 열기가 넘치고 있었다. 아이들이 수백만 명은 되겠다. 그들은 엄마와 함께 시내에 들어와 버스를 타고 내리며 가게에 드나들고 있었다. 피비가 곁에 있었으면 싶었다. 그애는 이제 장난감 상점에 들어가서 미친 듯이 날뛸 그런 나이는 지났지만 그래도 거리를 돌아다니면서 사람들의 물결을 구경하는 걸 좋아하는 편이었다. 재작년 겨울이던가? 그애를 데리고 물건을 사러 시내에 나왔을 때 굉장히 재미있었는데……

블루밍데일 백화점에서였다고 기억된다. 우리는 구두 코너로 가서 피비가 신을 목이 엄청나게 긴 장화를 고르는 척했다. 구두끈 매는 구멍이 백만 개나 있는 그런 구두 말이다. 그애는 가엾은 점원을 미치게 만들었다. 피비가 한 스무 켤레 정도는 신어 보았던 것이다. 그때마다 점원은 구두끈을 아래부터 위까지 전부 끼워 주어야 했다. 그건 약간 치사한 장난이었지만 피비는 무척 재미있어했다. 그런데도 점원의 태도는 친절했다. 우리가 장난삼아 하는 짓이라는 걸 알고 있으면서도. 왜냐하면 피비가 줄곧 킥킥거리고 있었기 때문이다.

어쨌든 나는 넥타이고 뭐고 아무것도 매지 않은 채로 5번가를 향해 계속 걸었다. 그런데 갑자기 도깨비 같은 일이 일어나기 시작했다. 길모퉁이에 이르러 차도에 발을 내디딜 때마다 도저히 길 건너편까지 건너갈 수가 없겠다는 생각이 드는 것이었다. 몸이 자꾸만 아래로 곤두박질치는 것 같았다. 이러다 완전히 사라져서, 아무도 나를 두 번 다시 보지 못하게 되리라는 생각이 들기 시작했다. 정말 겁이 났다. 상상할 수도 없을 것이다. 나는 바보처럼 땀을 흘리고 있었다. 와이셔츠고 내의고 온통 땀에 흠뻑 젖었다.

그때부터 엉뚱한 짓을 하기 시작했다. 길모퉁이에 이를 때마다 나는 동생 앨리에게 열심히 말을 걸었다.

"앨리, 나를 사라지게 하지 마. 앨리, 나를 사라지게 하지 마. 앨리, 제발 나를 사라지게 하지 마."

그래서 내가 사라지지 않고 길 건너편에 당도하면 나는 앨리에게 고맙다고 말했다. 그런데 다음 길모퉁이에 이르면 즉시 똑같은 일이 일어나곤 했다. 그래도 계속 걸어갔다. 걸음을 멈추기가 겁났던 모양이다. 사실은 잘 기억이 안 난다. 동물원을 지나 60번가를 쭉 올라가서야 걸음을 멈춘 것은 기억이 난다. 그곳까지 가서 나는 벤치에 앉았다. 숨도 제대로 쉴 수 없었다. 여전히 바보처럼 땀을 흘리고 있었다.

나는 그곳에 한 시간 가량 앉아 있었다. 그러다가 드디어 결심을 하나 했다. 그것은 어딘가 먼 곳으로 가 버리자는 것이었다. 집에도 돌아가지 않고 다른 학교에도 가지 않기로 결심했다. 피비만 만나서 잘 있으라고 말하고 크리스마스 용돈을 돌려준 뒤, 차를 얻어 타고 서부로 떠나자고 결심했다. 우선 홀랜드 터널까지 가서 차를 얻어 타자. 그리고 다른 차로 갈아타고, 또 갈아타고……. 그러다 보면 며칠 안으로 서부의 어느 곳엔가 도착할 것이다.

그곳은 매우 아름답고 햇볕이 따스할 것이다. 나를 알아볼 사람은 하나도 없겠지. 그러니까 그곳에서 일자리를 구하는 것이다. 주유소에서 차에 휘발유를 넣어 주는 자리 정도는 구할 수 있을 것이다. 어떤 일이건 개의치 않겠다. 다만 아무도 나를 모르고, 나도 아무도 모르는 곳이면 된다.

그곳에서는 귀먹은 벙어리 행세를 할 참이다. 그러면 누구하고도 쓸데없는 어리석은 대화를 하지 않아도 된다. 누구든 내게 말하고 싶을 때에는 용건을 종이 쪽지에 써서 보이지 않으면 안 될 것이다. 얼마 후엔 다들 귀찮다며 포기하겠지. 나는 평생 동안 누구와도 말하지 않은 채 지내게 될 것이다. 모두 나를 가련한 귀먹은 벙어리로 여기고 나 혼자 있게끔 내버려 둘 것이다.

내가 차에 휘발유나 오일을 넣으면 그들은 대가를 지불할 것이다. 나는 이렇게 번 돈으로 조그만 집을 짓고 거기서 죽을 때까지 살 것이다.

오두막은 숲 가까이에 세워야지. 숲속은 좋지 않다. 왜냐하면 오두막에 늘 햇빛이 비치도록 하고 싶기 때문이다. 음식은 스스로 만들 거다. 그 후 결혼이라도 하고 싶으면 귀여운 귀먹은 벙어리 여자를 만나 결혼할 것이다. 여자는 내 오두막에 와서 같이 살게 된다. 내게 말하고 싶은 것이 있으면 그녀도 다른 사람처럼 종이 쪽지에 그것을 써야 한다. 자식이 생기면 우리는 그애를 어딘가에 감춰 둘 것이다. 그리고 책을 많이 사 주고, 우리 힘으로 읽기와 쓰기를 가르쳐 줄 것이다.

이런 생각을 하고 있는 동안 나는 지독히 흥분했다. 정말 흥분했다. 귀먹은 벙어리 시늉을 한다는 것은 미친 짓임을 알고 있었지만, 그래도 그것을 생각하니 무척 즐거웠다. 어쨌든 서부로 가겠다고 진지하게 결심했다. 그런데 그 전에 피비에게 작별 인사를 하고 싶었다. 그래서 나는 미친 사람처럼 갑자기 길을 건너갔다. 사실 그때 나는 차에 치여 죽을 뻔했다.

나는 곧 문방구점에 들어가 편지지와 연필을 샀다. 내 생각은 이랬다. 피비에게 잘 있으라는 말을 하고 크리스마스 용돈을 돌려주기 위해 둘이 만날 장소를 알리는 편지를 쓴다. 그리고 그것을 피비가 다니는 학교로 가지고 가 교장실에 근무하는 사람을 통해 피비에게 전하자는 것이었다. 그래서 나는 편지지와 연필을 주머니에 넣자마자 피비가 다니는 학교까지 죽어라고 달렸다. 너무 흥분해서 문방구점에서는 편지 같은 걸 쓸 수가 없었다. 피비가 점심을 먹으러 집으로 가기 전에 그 편지를 주고 싶었다. 그러자면 남은 시간이 별로 없어서 그처럼 서둘렀던 것이다.
 학교가 어디 있는지는 물론 잘 알고 있었다. 바로 내가 어렸을 때 다닌 학교였기 때문이다. 학교에 도착하자 이상한 기분이 들었다. 내부가 어떻게 되어 있었는지는 분명히 잊었을 거라 생각했는데, 그렇지가 않았다. 내가 다녔을 때와 똑같았다. 옛날과 다름없이 실내 경기장이 있었고 그 안은 여전히 어두웠다. 공이 날아와 맞아도 깨지지 않도록 전구마다 그물을 씌워 놓았기 때문이다.
 마룻바닥에는 경기를 하기 위해 흰 페인트로 원이 그려져 있었다. 그것까지 똑같았다. 또한 그물이 없는 농구대도 예나 지금이나 다름이 없었다. 백보드와 쇠로 된 링뿐이었다.
 그 주위엔 아무도 없었다. 쉬는 시간도 아니었고, 아직 점심 시간도 되지 않았기 때문에. 내가 본 것은 어린 학생 하나뿐이었다. 흑인 학생인데 화장실에 가는 길이었다. 옛날에 우리가 그랬던 것처럼, 그애는 화장실에 가도록 허락을 받았다는 증거인 나무 판대기 조각을 바지 뒷주머니에 위가 보이도록 찔러 넣고 있었다.
 나는 여전히 땀을 흘리고 있었다. 하지만 이젠 그다지 심하지 않았다.
 계단 있는 쪽으로 갔다. 맨 아래 계단에 주저앉아 아까 산 편지지와 연필을 꺼냈다. 계단에서도 내가 다닐 때와 같은 냄새가 풍겼다. 누가 오줌을 깔긴 것 같은 그런 냄새 말이다. 학교 계단이란 늘 그런 냄새를 풍기는 법이다. 거기에 앉아서 다음과 같이 썼다.

 사랑하는 피비에게
 이젠 수요일까지 기다릴 수가 없어. 오늘 오후 히치하이크(지나가는 차에 편승하는 일)라도 해서 서부로 떠나야 할 것 같다. 그러니까 12시 15분 미술 박물관 입구에서 만나자. 네 크리스마스 용돈을 돌려줄게. 아직 많이 쓰지 않았으니까……

     사랑하는 오빠, 홀든

 피비의 학교는 박물관 바로 옆에 있다. 그러므로 그애가 점심 먹으러 집으로 돌아갈 때는 거기를 지나가야 했다. 그곳에서 기다리면 틀림없이 그애를 만날 수 있을 것이다.
 그런 다음 나는 누군가에게 편지를 주어 피비에게 전달하게 하려고, 계단을 올라가 교장실로 걸어갔다. 쪽지는 아무도 뜯지 못하도록 열 번이나 접었다. 학교라는 곳엔 믿을 놈이 아무도 없는 법이다. 그러나 내가 피비의 오빠임을 밝힌다면 상대도 이걸 그애에게 전해 주기는 할 것이다.
 계단을 올라가는 도중 갑자기 다시 토할 것 같았다. 그러나 결국 토하지는 않았다. 잠시 앉아 있었더니 기분이 한결 나아졌다. 그런데 거기 앉아 있는 동안 나는 사람 미치게 하는 것을 발견했다. 누군가가 벽에다 '씹할'이라고 낙서를 해 놓았던 것이다. 이건 사람 미치게 하는 것이다. 피비나 다른 어린 애들이 이것을 어떻게 볼 것인가. 애들은 이 말이 무슨 뜻인지 궁금할 것이다. 어떤 나쁜 자식이 그 뜻을 왜곡해서 가르쳐 주는 것은 아닐까 하는 생각까지 들었다. 그러면 아이들은 그것에 대해 생각하고 며칠 동안 걱정에 휩싸일 것이다.
 나는 그것을 쓴 놈을 죽이고 싶다는 생각을 계속했다. 어떤 변태성욕자가 밤중에 소변 보려고 학교에 몰래 들어와 벽에다 그런 낙서를 한 것이 아닐까. 나는 그놈이 그것을 쓰고 있는 현장을 잡아, 피투성이가 되어 뻗을 때까지 놈의 머리를 돌계단에 짓이기는 내 모습을 상상해 보았다. 그러나 내게는 그럴 만한 용기가 없음을 잘 알고 있었다. 그것은 확실히 알고 있었다. 그래서 더욱 우울해지고 말았다. 사실, 그것을 손으로 문질러 지울 만한 용기조차 없었다. 그걸 지우다가 선생에게 들키면, 그들은 내가 쓴 것이라고 생각할지 모르기 때문이다. 그러나 나는 결국 그것을 지워 버리고 말았다. 그리고 나서 교장실을 향해 계단을 올라갔다.
 교장은 보이지 않았다. 그 대신 100살은 되어 보이는 늙은 여자가 타자기 앞에 앉아 있었다. 나는 4B−1 학생인 피비 콜필드의 오빠라고 말하고 그애에게 편지를 전달해 달라고 부탁했다. 이것은 중요한 편지이며 엄마가 아파서 피비의 점심을 준비하지 못했기 때문에, 내가 피비와 만나 드러그 스토어로 점심을 같이 먹으러 가야 한다고 말했다. 그 늙은 부인은 나를 몹시 친절하게 대해 주었다. 부인은 내게서 편지를 받은 후 옆방의 또 다른 부인을 불러 그 부인이 편지를 전하도록 조치해 주었다.
 그리고 나서 100살은 되어 보이는 그 부인과 나는 잠시 잡담을 나누었다.

그 부인은 정말 친절했기 때문에 나는 내가 이 학교에 다녔으며 내 형도 이 학교에 다녔다는 이야기를 했다. 지금 어느 학교에 다니느냐고 묻기에 펜시에 다닌다고 말했다. 그 부인은 펜시는 참 좋은 학교라고 말했다. 속으로는 그 부인의 그릇된 견해를 고쳐 주고 싶다는 생각이 간절했다. 하지만 그럴 만한 능력이 내게는 없었다. 게다가 그 부인이 펜시를 참 좋은 학교라고 생각하는 이상, 그렇게 내버려 두는 것이 좋으리라는 생각이 들었다. 100살 가량 된 사람에게 새로운 사실을 가르쳐 준다는 게 어쩐지 싫었다. 상대는 그런 말을 듣는 걸 싫어할 테니 말이다.

얼마 후 그곳을 떠나는데 웃기는 일이 벌어졌다. 그 부인이 내게 "행운을 빌어요!" 말하는 것이었다. 내가 펜시를 떠날 때 스펜서 선생이 말한 것과 똑같은 말이었다. 어디로 떠날 때 누가 내게 '행운을 빌어!' 말하는 것은 정말 질색이다. 그야말로 우울해지고 만다니까.

나는 올라올 때와 다른 계단으로 내려갔다. 그쪽 벽에도 '씹할'이란 낙서가 쓰여 있었다. 나는 또다시 손으로 문질러 버리려 했지만 이번 낙서는 칼 같은 것으로 새겨져 있어 지울 수 없었다. 쓸데없는 일이었다. 가령 백만 년 동안 지우러 다닌다 해도 온 세계의 '씹할'이라는 낙서의 반도 지울 수 없을 것이다. 그건 도저히 불가능하다.

운동장의 시계는 아직 11시 40분을 가리키고 있었다. 피비와 만날 때까진 아직 상당한 시간을 혼자 보내야 했다. 어쨌든 박물관까지 걸어갔다. 달리 갈 곳이 없었기 때문이다. 도중에 공중전화 박스에 들어가 서부로 떠나기 전에 제인 갤러허에게 전화나 걸어 볼까 하고 생각했지만 그럴 기분이 나지 않았다. 무엇보다 그녀가 과연 집에 돌아왔는지가 확실치 않았다. 그래서 나는 박물관까지 가서 그곳에서 서성거리고 있었다.

박물관 입구 바로 안쪽에서 피비를 기다리며 서성거리고 있는데, 조그만 어린애 둘이 내 곁으로 와서 미라 있는 곳이 어디냐고 물었다. 그중 한 아이의 바지 단추가 열려 있었다. 내가 그것을 지적해 주었더니 그애는 내게 질문하던 그 자리에서 그냥 단추를 채우는 것이었다. 기둥 뒤라든가 그런 곳으로 갈 생각도 하지 않았다. 여느 때 같으면 웃었을 테지만, 웃으면 다시 토하지나 않을까 겁이 나서 꾹 참았다.

"미라는 어디 있나요? 알고 계세요?" 그 아이가 다시 물었다.

나는 아이들을 상대로 잠깐 농담을 나누었다. "미라라니? 그게 뭐지?" 내가 한 아이에게 물었다.
"모르세요? 미라 말이에요. 그 죽은 녀석이요. 툰(toon) 속에 있는."
툰이라니? 여기엔 손들고 말았다. 그애는 무덤(tomb)을 생각하고 말한 것이었다.
"너희들은 왜 학교에 가지 않았니?"
"오늘은 수업이 없어요."
처음부터 말하고 있던 놈이 또 대답했다. 그놈은 거짓말을 하고 있었다. 그건 틀림없었다. 그러나 피비가 올 때까지 달리 할 일도 없었기 때문에 그들에게 미라 있는 곳을 찾아 주기로 했다. 전에는 미라가 어디 있는지 잘 알고 있었지만 이제는 이 박물관에 와 본 지도 여러 해가 지난 터였다.
"너희들은 미라가 그렇게 재미있니?" 내가 물었다.
"물론이죠."
"네 친구는 말할 줄 모르니?"
"애는 친구가 아니고 내 동생이에요."
"말을 못하니?"
나는 아까부터 한마디도 하지 않는 아이 쪽을 바라보았다. 그리고 "넌 전혀 말을 못하니?" 물었다.
"아뇨." 그애가 말했다. 그냥 말하고 싶지 않은 거라면서.
드디어 미라가 있는 장소를 발견했다. 그리고 우리는 그곳으로 들어갔다.
"너희들, 이집트 사람들이 죽은 사람을 어떻게 파묻는지 아니?" 내가 한 아이에게 물었다.
"몰라요."
"그럼 가르쳐 줄게. 이건 참 재미있단다. 비밀의 약을 바른 헝겊으로 죽은 사람의 얼굴을 싸는 거야. 그렇게 하면 무덤 속에 몇 천 년 파묻어 놓아도 얼굴이 썩지 않거든. 그 방법은 이집트 사람 이 외엔 아무도 몰라. 현대 과학도 모른다고."
미라가 있는 장소에 가기 위해서는 파라오의 무덤에서 가져온 돌이 양쪽에 쌓여 있는 아주 좁은 복도를 통과해야 한다. 그곳은 유령이 나올 것 같은 기분 나쁜 곳이었다. 내가 데리고 간 위세 당당한 아이들은 그다지 재미있어하지 않았다. 그애들은 내게 찰싹 달라붙어 있었다. 전혀 말을 하지 않다시피 하던 애가 갑자기 자기 형에게 "우리 가자. 난 벌써 다 봤어" 말하고는 온 길을 되돌아 달아나 버렸다.

그러더니 "겁쟁이 같으니! ……나도 이만 갈래요. 안녕!" 형도 돌아서서 도망쳐 버리는 것이었다.

이렇게 되자 나는 무덤 속에 혼자 남게 되었다. 어쩐지 그 상태가 마음에 들었다. 참으로 아늑하고 기분이 좋았기 때문이다. 그런데 내 눈에 뭔가가 들어왔다. 그때 내가 벽에서 무엇을 보았는지 아마 상상할 수도 없을 것이다.

돌이 쌓여 있는 바로 밑, 그러니까 밑부분 유리벽에 빨간 크레용 같은 것으로 낙서가 쓰여 있었다. '씹할'이라고.

문제 중의 문제이다. 아늑하고 평화로운 장소는 절대로 찾을 수 없다. 그런 곳은 없으니까. 어떤 사람은 어딘가에 그런 곳이 있다고 생각할지 모른다. 하지만 막상 그곳에 가 봐라. 아마 우리가 보지 않는 틈을 타서 누군가 살그머니 바로 코밑에다 '씹할'이라고 써 놓고 갈 것이다. 시험해 봐도 좋다. 내가 죽어 무덤에 파묻히고, 비석 따위가 세워져 그 위에 '홀든 콜필드'라는 이름과 함께 어느 해에 나서 어느 해에 죽었다는 날짜가 적힌다고 해 보자. 그러면 그 바로 밑에 누군가 슬쩍 '씹할' 하고 써 놓을 것이다. 내기해도 좋다니까.

미라가 있는 방에서 나오자 화장실에 가고 싶어졌다. 나는 약간 설사를 했다. 뭐 그거야 별일 아니었지만 연이어 다른 일이 일어났다. 화장실에서 나오다가 문에 닿기 직전 정신을 잃고 말았던 것이다. 그래도 운이 좋았다. 바닥에 옆으로 쓰러졌기에 망정이지 그렇지 않았다면 그냥 죽을 뻔했던 것이다. 웃기는 것은 아찔해서 쓰러지고 나자 기분이 좋아졌다는 사실이다. 쓰러지는 바람에 팔이 좀 아팠지만 어지럼증은 없었다.

12시 10분 정도였다. 나는 문으로 돌아가 그곳에 서서 피비가 오기를 기다렸다. 피비를 만나는 것도 이것이 마지막일지 모른다. 피비뿐만 아니라 살붙이를 만나는 일 자체가 말이다. 언젠가 다시 만나게 될지 모르겠지만 그것도 몇 해 동안은 어려울 것이다. 35살쯤 되면 돌아오게 될지 모른다. 그것도 누군가 병에 걸려 죽기 전에 나를 보고 싶어한다면 말이다. 그런 일이 없는 한 나는 오두막을 버리고 되돌아오지 않을 것이다.

내가 되돌아올 때의 광경까지 상상하기 시작했다. 엄마는 극도로 흥분해서 분명히 울 것이다. 오두막에 돌아가지 말고 집에 있으라고 애원하겠지만 나는 기어코 돌아갈 것이다. 극히 냉정한 태도로 말이다. 나는 엄마를 달래어 진정시키고는 거실 저쪽으로 가서 담배 케이스를 꺼내고 담배에 불을 당긴다. 지극히 냉담하게. 그리고 엄마에게 혹시 오고 싶다면 언제든지 나를 찾아오라고 말하겠지만, 그렇다고 꼭 와 달라고 말하진 않을 것이다.

그러나 피비에게는 여름방학이나 크리스마스 휴가나 부활절 휴가 동안 내게 놀러 오라고 할 것이다. 또한 D.B.에게도 집필하기 위해 아담하고 조용한 집이 필요하면, 잠시 내 오두막을 제공할 것이다.

다만 내 오두막에서는 단편이나 소설은 쓸 수 있지만 영화 시나리오는 쓸 수 없다. 또 나를 찾아온 이상 누구도 엉터리 짓은 할 수 없다는 규칙을 지켜야 한다. 누구든 엉터리 짓을 하면 당장 쫓아낼 것이다.

로비에 있는 시계는 벌써 12시 35분을 가리키고 있었다. 그 늙은 부인이 다른 부인에게 내 편지를 피비에게 전달하지 말라고 말한 것은 아닌가 하는 생각이 들어 불안해지기 시작했다. 혹은 태워 버리라느니 하는 따위의 지시를 했을지도 모른다. 정말 걱정스러워졌다. 여행을 떠나기 전에 꼭 피비를 만나고 싶었다.

그애의 크리스마스 용돈을 내가 가지고 있었기 때문이다.

마침내 피비가 보였다. 유리문을 통해 그애를 보았다. 피비는 내가 준 유별난 사냥모자를 쓰고 있어서 쉽게 알아볼 수 있었다. 정말이지, 그 모자는 10마일쯤 떨어진 곳에서도 보였다.

나는 밖으로 나가서 돌계단을 내려가 피비를 맞이했다. 내가 도저히 이해할 수 없었던 것은 피비가 여행 가방을 들고 있었다는 사실이다. 그애는 마침 5번가를 횡단하고 있었다. 큰 여행 가방을 질질 끌다시피 하면서 이쪽으로 온다. 아니 질질 끌 수도 없는 형편이었다. 가까이 가 보니 그것은 내 낡은 여행 가방이었다. 내가 후턴에 다닐 때 쓰던 것이었다. 왜 저걸 들고 왔을까? 도무지 알 수 없었다.

"안녕." 피비는 가까이 다가와서 말했다. 빌어먹을 가방을 가져오느라 숨을 헐떡이고 있었다.

"안 오는 줄 알았어." 내가 말했다.
"그 가방엔 뭐가 들어 있니? 난 아무것도 필요치 않아. 그냥 떠날 거야. 역에 맡겨 둔 가방도 가져가지 않을 생각이야. 대체 뭐가 들었니?"
피비는 가방을 내려놓았다. "내 옷이야." 피비가 말했다. 그리고 이렇게 덧붙였다. "나도 오빠하고 같이 갈 테야. 괜찮지?"
"뭐라고?"
이 말을 들었을 때 나는 졸도할 뻔했다. 정말 그랬다. 어지러웠다. 또다시 기절하는 게 아닌가 하는 생각이 들었다.
"찰린에게 들키지 않으려고 뒤편 엘리베이터로 내려왔어. 별로 무겁진 않아. 안에 든 거라고는 드레스 두 벌과 모카신과 내의와 양말, 그리고 그 밖의 몇 가지뿐이야. 들어 봐, 무겁지 않으니까. 한번 들어 봐. 같이 가도 되지? 오빠, 괜찮지?"
"안돼, 닥쳐."
나는 기절할 것 같았다. 나는 피비에게 닥치라고 말할 생각은 없었는데……. 그러나 정신이 아득해져서 쓰러질 지경이었다.
"왜 안돼? 오빠, 부탁이야. 아무것도 안 할 테니까. 따라가기만 할게. 그뿐이야. 옷도 오빠가 가져가지 말라면 안 가져갈게. 다만 난……."
"다만이고 뭐고 간에! 너는 못 가니까. 조용히 해!"
"오빠, 부탁해. 나도 갈래. 정말이야. 난 오빠에게 조금도……."
"넌 못 간다니까. 조용히 해! 그 가방 이리 내놔."
이렇게 말하고 가방을 피비에게서 받았다. 나는 피비를 한 대 갈길 뻔했다. 한순간 그애를 때려 줄까도 생각했다. 정말 그랬다.
피비는 울기 시작했다.
"너는 학교 연극에 나가기로 되어 있잖니? 그 연극에서 베네딕트 아놀드 역을 맡았잖아?" 나는 말했다. 심술궂은 말투로.
"어떻게 할 생각이야? 연극엔 나가고 싶지 않은 거야? 정말 안 나갈 생각이냐?"
그러자 피비는 더욱 요란하게 울었다. 기분이 좋았다. 별안간 피비의 눈이 통통 붓도록 그애를 울리고 싶어졌다. 그애가 밉기까지 했다. 만일 나와 함께 간다면 그애는 연극에 참여하지 못하게 될 것이다. 그 때문에 그애가 미왔다.

"이제, 가자." 내가 말했다. 그러고는 박물관의 계단을 올라가기 시작했다. 그애가 가져온 그놈의 가방을 휴대품 보관소에 맡기기 위해서였다. 그러면 방과 후 3시경에 그것을 찾을 수 있을 것이다. 그런 가방을 든 채 학교에 갈 수는 없지 않겠는가.

"자아, 가자." 나는 다시 말했다. 그러나 피비는 내 뒤를 따라오려 하지 않았다. 나는 혼자 올라가서 휴대품 보관소에 가방을 갖다 맡겼다. 피비는 여전히 보도 위에 서 있었다. 내가 옆으로 다가가자 피비는 휙 돌아서 버렸다. 피비는 그런 짓을 할 수 있는 아이였다. 하고자 하면 남에게 진짜로 등을 돌릴 수도 있었다.

"난 아무 데도 가지 않아. 마음이 변했어. 그러니까 울지 말고 가만히 있어."

우스운 일은 내가 이렇게 말할 때 피비는 이미 울음을 그친 상태였다.

"자아, 학교까지 데려다 줄게. 자, 어서. 늦겠다."

피비는 아무 대꾸도 하지 않았다. 그애의 손을 잡으려 했지만 그애는 허락하지 않았다. 나에게 등을 돌리고 있을 뿐이었다.

"점심 먹었니? 아직 안 먹었지?"

피비는 내 말에 대답하지 않았다. 그리고 내가 준 그 빨간 사냥모자를 벗어서 내 얼굴에다 팽개쳤다. 그러고 나서 다시 내게 등을 돌리고 말았다. 이것 참 죽을 지경이로군. 하지만 나는 아무 말도 하지 않았다. 다만 모자를 주워 내 외투 주머니에 집어 넣었다.

"자, 가자. 학교까지 데려다 줄게."

내가 다시 말했다.

"학교에 돌아가지 않을 테야."

그애가 이렇게 말했다. 나는 뭐라고 대꾸해야 할지 몰랐다. 2, 3분 동안 잠자코 그곳에 서 있을 뿐이었다.

"학교에 돌아가야 돼. 연극에 나가고 싶지 않니? 베네딕트 아놀드 역을 하지 않을 거야?"

"안 해."

"아냐, 하고 싶을 거야. 틀림없이. 자, 같이 가자." 내가 말했다. "나는 아무 데도 가지 않아. 아까도 말했잖아? 집으로 갈게. 네가 학교로 돌아가면 나는 곧 집으로 돌아갈 테다. 우선 역에 가서 짐을 찾은 다음 곧장……."

"학교엔 가지 않겠다고 했잖아? 오빠는 오빠 하고 싶은 대로 해. 난 학교엔 돌아가지 않을 거야. 그러니까 잠자코 있어."

그애에게서 잠자코 있으란 말을 듣기는 이번이 처음이었다. 무서웠다. 정말 무섭게 들렸다. 욕 먹는 것보다 더욱 무서웠다. 그애는 여전히 나를 바라보려고도 하지 않았다. 게다가 내가 어깨에다 손을 얹으려 하면 뿌리치고 마는 것이었다.

"그럼 산책 좀 할까?" 내가 물었다.

"동물원까지 산책할래? 오늘 오후에는 학교에 가지 말고 산책이나 하자. 그러면 그렇게 고집 부리지 않겠지?"

피비가 대꾸하지 않았기 때문에 나는 되풀이해서 말했다.

"학교를 땡땡이치고 산책이라도 좀 하면 그렇게 고집 부리지 않겠지? 내일은 착한 애가 되어 학교에 갈 거지?"

"갈지도 모르고 안 갈지도 몰라." 피비가 말했다. 그러고는 길을 건너 쏜살같이 달려갔다. 자동차가 오고 있는지 살피지도 않고 마구 달려가는 것이었다. 그애는 이따금 미치광이처럼 굴 때가 있다.

그러나 나는 뒤쫓아가지 않았다. 그애가 내 뒤를 쫓아올 것임을 알고 있었기 때문이다. 그래서 공원 쪽, 그러니까 동물원을 향해 시내 쪽으로 걷기 시작했다. 피비는 내게 눈길을 주지 않았지만 곁눈으로 내가 어디로 가는지 주의 깊게 보고 있는 것이 분명했다. 길 반대편에서 나와 같은 방향으로 걷고 있었으니까. 어쨌든 우리는 그런 식으로 동물원까지 걸어갔다. 다만 2층 버스가 지나갈 때에는 좀 곤란했다. 길 건너편이 전혀 보이지 않아서 피비가 어디 있는지 알 수가 없었다.

동물원 앞에 왔을 때 나는 큰 소리로 외쳤다.

"피비, 나 동물원에 들어간다. 너도 와!"

피비는 나를 바라보지도 않았다. 그러나 내 소리를 들은 것이 분명했다. 나는 동물원으로 들어가는 계단을 내려가면서 뒤를 돌아다보았다. 아니나다를까 피비는 길을 건너 내 뒤를 따라오고 있었다.

날씨가 거지 같아서 동물원에는 사람이 많지 않았다. 그러나 물개가 노는 연못가에는 그래도 몇 사람이 모여 있었다. 나는 그 옆을 지나쳤지만 피비는 발을 멈추고 물개가 먹이를 받아 먹는 모습을 바라보았다. 어떤 남자가 물개에게 고기를 던져 주고 있었다. 그래서 나는 그곳으로 되돌아갔다. 나는 피비와 합세할 수 있는 좋은 기회라 생각하고 가까이 다가가서 그애 어깨에다 손을 얹으려 했다. 그러나 피비는 무릎을 굽혀 내 손에서 빠져 나가는 것이었다. 그애는 하고자 하면 정말 얄밉게 군다. 물개가 먹이를 먹는 동안 피비는 줄곧 그곳에 서 있었다. 나도 바로 뒤에 서 있었지만 다시 그애 어깨에 손을 얹으려 하지는 않았다. 그랬다가는 피비가 정말 내게서 도망칠지도 모르니까. 어린애란 참 까다롭다. 그러니까 함부로 대할 수가 없단 말이지.

물개 옆을 떠나서도 피비는 나란히 걸으려 하지 않았다. 그렇다고 멀리 떨어져서 걷는 것도 아니었다. 그러니까 피비는 인도의 저편을, 나는 이편을 걸어간 셈이다. 그다지 좋은 분위기는 아니었지만 아까처럼 1마일이나 떨어져 걷는 것보다는 훨씬 나았다.

우리는 야트막한 언덕 위, 곰이 있는 곳을 잠시 구경했다. 그러나 그곳에는 볼 게 별로 없었다. 겨우 북극곰 한 마리가 바깥에 나와 있을 뿐이었다. 나머지 한 마리 갈색 곰은 굴 속에 틀어박혀 밖으로 나오려 하지 않았다. 엉덩이가 조금 보였을 뿐이다. 내 옆에는 카우보이모자를 귀 아래까지 깊숙이 눌러쓴 어린아이가 서 있었다. 그는 자기 아버지에게 "아빠, 저 곰을 밖으로 끌어내, 응? 끌어내 줘." 자꾸만 졸라 댔다. 피비를 바라보았지만 그애는 웃지도 않았다. 어린애가 화가 나 있는지 아닌지는 곧 알 수 있다. 웃지를 않으니까.

우리는 곰 있는 데를 지나 동물원을 빠져나왔다. 그리고는 공원 안의 오솔길을 건너 언제나 오줌 냄새 같은 게 나는 조그만 터널을 통과했다. 그것은 회전목마가 있는 곳으로 통하는 길이었다. 피비는 아직 내게 말을 건네진 않았다. 그런데 우리는 이젠 나란히 걷고 있었다. 나는 별다른 이유 없이 피비의 외투 뒤에 달린 벨트에 손을 댔다. 그러나 그애는 그것에마저 손을 대지 못하게 했다.

"손대지 마."

피비는 아직도 내게 화를 내고 있었다. 그러나 아까와 같은 상태는 아니었다. 어쨌든 우리는 회전목마가 있는 곳에 점점 가까이 갔다. 언제나 그렇듯 멋진 음악이 들려왔다. '오, 메리!'라는 곡이었다. 내가 아직 어렸던 50년 전에도 그 노래가 연주되고 있었지. 이것이 회전목마의 좋은 점이다. 밤낮 똑같은 음악을 연주한다는 것 말이다.

"겨울에는 회전목마가 없을 줄 알았는데……."

피비가 드디어 입을 열었다. 내게 화를 내어야 한다는 것을 잊어버린 모양이었다.

"크리스마스가 가까이 왔으니까 그럴 거야."

내가 그렇게 말했을 때 피비는 아무 대꾸도 하지 않았다. 아마 화내기로 한 것이 다시 생각난 모양이었다.

"너 목마 타고 싶지 않니?"

내가 물었다. 그애가 타고 싶어하리라는 것을 알고 있었다. 피비가 더 어렸을 때에 앨리와 D.B.와 나는 피비를 데리고 공원에 자주 갔었다. 그때 그애는 회전목마라면 사족을 못 썼던 것이다. 목마에서 도무지 내려올 생각을 하지 않았다.

"그러기엔 난 너무 커." 피비가 말했다. 대답하지 않을 줄 알았다. 이렇게 대꾸하는 것이었다.

"아냐, 그렇지 않아. 자, 타 봐. 기다리고 있을 테니까. 자."

마침 우리는 회전목마 있는 곳에 당도했다. 몇몇 아이들이 타고 있었는데 대개 아주 어린아이들이었다. 부모들은 바깥 벤치에 앉아 기다리고 있었다. 나는 매표구로 가서 표 한 장을 사 가지고 돌아와서는 피비에게 주었다. 피비는 바로 내 곁에 서 있었다.

"자, 아 참…… 나머지 네 돈도."

나는 피비가 내게 빌려 준 나머지 돈을 돌려줄 참이었다.

"가지고 있어. 내 대신 가지고 있어."

피비가 말했다. 그러고는 곧 "제발!" 덧붙였다.

누가 제발이라는 말을 하면 난 우울해진다. 상대가 피비건 누구건 마찬가지이다. 정말 그 말은 사람을 울적하게 만든다. 나는 돈을 다시 주머니에 넣었다.

"오빤 안 타?"

피비가 내게 물었다. 그러고는 희한한 얼굴로 나를 바라보는 것이었다. 이젠 뾰로통한 표정이 아니었다.

"다음에 탈게. 이번에는 네가 타는 거 구경할래" 하고 말했다.

"표 가지고 있니?"

"응."

"그럼 가 봐. 난 이 벤치에 있을 테니. 네가 타는 걸 구경하고 있을게."

나는 벤치로 가서 앉았고 피비는 회전목마 있는 곳으로 가서 올라섰다. 그러고는 한 바퀴 돌아보았다. 걸어서 목마들 주위를 돌아보는 것이었다. 그런 다음 커다란 갈색 낡은 목마에 올라탔다. 이윽고 목마는 회전하기 시작했다. 나는 빙글빙글 돌아가는 피비를 지켜보았다.

피비 말고 목마에 타고 있는 아이들은 대여섯 명밖에 없었다. 연주되는 곡은 '연기가 눈에 들어가서'라는 것이었다. 재즈풍으로 아주 우습게 연주되고 있었다. 아이들은 모두 공짜로 한 번 더 타기 위해 황금의 링을 잡으려 애쓰고 있었다. 피비도 그렇게 하고 있었다. 나는 피비가 그러다가 목마에서 떨어지지나 않을까 걱정스러웠다. 그러나 아무 말도 하지 않고 내버려 두었다. 어린애들이 황금의 링을 잡으려 할 때는 그냥 내버려 두고 아무 말도 해서는 안 된다. 떨어지면 떨어지는 거다. 참견해서는 안 된다.

회전이 끝나자 피비는 목마에서 내려 내게로 왔다. "이번엔 오빠도 타 봐." 피비가 말했다.

"아냐, 난 널 보고 있겠어. 난 보기만 할래." 내가 말했다. 그리고 피비에게 돈을 좀 주었다. "자, 표를 몇 장 더 사라."

피비는 돈을 받고 나서 "이젠 오빠에게 화내지 않을게" 하고 말했다.

"알았어. 자, 어서…… 또 움직이기 시작하는걸."

그러자 피비는 느닷없이 내게 키스를 했다. 그리고 나서 그애는 손을 내밀며 "비야, 비가 오기 시작해" 하고 말했다.

"알고 있어."

내가 이렇게 대답하자 그애가 어떻게 했느냐 하면, 내 외투 주머니에 손을 넣어 빨간 사냥모자를 꺼내더니 내 머리에다 씌워 주는 것이었다. 나도 여기엔 손들고 말았다.

"넌 필요 없니?"

"오빠가 잠깐 써도 돼. 빌려 줄게."
"알았어. 이젠 빨리 가 봐. 놓치겠어. 너 목마에 못 타겠다."
그래도 피비는 서성대기만 했다.
"아까 말한 것 정말이야? 정말 아무 데도 안 가? 나중에 진짜로 집으로 갈 거야?"
피비가 내게 물었다.
"그럼." 나는 말했다. 나도 그럴 생각이었다. 나는 피비에게 거짓말하지 않았다. 사실 나중에 집으로 갔으니까.
"자, 어서." 내가 재촉했다.
피비는 달려가서 표를 사더니 목마로 되돌아갔다. 회전목마가 움직이기 직전이었다. 그애는 빙 돌아가서 자기 말을 찾아 올라탄 뒤 내게 손을 흔들었다. 나도 손을 흔들어 보였다.
그런데 비가 미친 듯이 오기 시작했다. 물통을 들이붓듯 억수로 내렸다. 아이들의 부모들, 그러니까 엄마건 누구건 모두 다 젖을까 봐 회전목마의 지붕 밑으로 뛰어들어갔다.
나는 한참 동안 벤치에 그냥 앉아 있었다. 그래서 꽤 젖고 말았다. 특히 목 근처와 바지가 많이 젖었다. 사냥모자가 좀 도움이 되긴 했지만 그래도 흠뻑 젖었다. 그러나 아무렇지도 않았다. 피비가 목마를 탄 채 빙글빙글 돌아가고 있는 것을 보자 나는 갑자기 행복을 느꼈다. 너무나 기분이 좋아서 큰 소리로 마구 울부짖고 싶었다. 왜 그랬는지 모른다. 여하튼 피비가 파란 외투를 입고 빙빙 돌고 있는 모습—이건 너무나 멋있었다. 정말이다. 이건 정말 모두에게 보여 주고 싶다.

26

자, 내 이야기는 이제 끝났다. 집에 돌아가서 내가 무엇을 했으며, 어째서 병이 생겼으며, 퇴원하면 다음 학기에 어느 학교로 갈 예정인가 하는 것까지 말할 수도 있겠지만 지금은 그럴 기분이 아니다. 정말 전혀 기분이 나지 않는다. 당장은 그런 것에 별 관심도 없다.
많은 사람들, 특히 이곳 병원에 있는 정신분석 전문의가 그러는데, 이번 9월부터 학교에 돌아가면 열심히 공부하겠느냐고 자꾸만 묻는다. 내 생각에 그건 어리석은 질문이다. 실제로 해 보기 전에는 우리가 무엇을 하게 될지 어떻게 알 수 있단 말인가? 나야 열심히 공부할 생각이긴 하지만 앞날을 그 누가 알겠는가? 그건 정말 어리석은 질문이다.

D.B.는 다른 사람에 비하면 나은 편이지만 그래도 내게 여러 가지 질문을 퍼붓는다. 지난 토요일이다. 그가 지금 쓰고 있는 새로운 영화에 출연할 영국 여자와 함께 차를 몰고 왔었다. 그 여자는 새침하긴 해도 굉장한 미인이었다. 그 여자가 다른 병동의 화장실에 간 사이에 D.B.는 내게 물었다. 내가 이제까지 겪은 것들, 그러니까 네게 이야기해 준 일련의 사건들에 대해 어떻게 생각하느냐고. 나는 무어라고 대답해야 할지 몰랐다.

사실 내가 어떻게 생각하고 있는지조차 모르겠다. 나는 이번 일을 많은 사람들에게 이야기해 버린 것을 후회한다. 내가 알고 있는 사실은, 내가 여기에 등장시킨 사람들이 보고 싶다는 것뿐이다. 예컨대 스트라드레이터와 애클리마저 그립다. 그놈의 모리스 녀석도 그립다. 우스운 이야기이다. 그러니까 너도 이런 이야기는 남에게 털어놓지 마라. 말을 하면 이놈이고 저놈이고 다 그리워지기 시작하니까.

마르케스의 생애와 작품
샐린저의 생애와 작품

마르케스의 생애와 작품

탄생 그리고 문학수업

가브리엘 가르시아 마르케스는 카리브 해 연안 산타마리아 주 아라카타카 마을에서 태어났다. 어머니는 유서 깊은 가문의 딸이었으며 아버지는 가난한 전신 기사였는데, 이처럼 격이 맞지 않는 결혼에 반대한 조부모는 어린 마르케스를 직접 데려다 키웠다. 여자들뿐인 집안에서 유일무이한 친구였던 할아버지가 돌아가신 뒤, 그는 처음으로 어머니와 대면했다. 이후 그는 바랑키야의 초등학교, 시파키라의 고등학교를 나와 보고타 대학교 법학부에 진학했다. 그런데 1948년에 전(前) 보고타 시장인 가이탄 암살 사건이 발생하면서, 자유파와 보수파의 대립이 전국적인 동란으로 발전하기에 이르렀다. 결국 대학교는 폐쇄됐으며 가르시아 마르케스는 바랑키야로 떠났다. 생계를 위해 언론계에 뛰어든 그는 〈엘 에랄도〉를 거쳐 자유파 신문 〈엘 에스펙타도르〉의 기자가 되었다. 당시 가르시아 마르케스는 헤밍웨이, 버지니아 울프, 조이스, 카프카 등의 작품을 즐겨 읽었으며, 뒷날 《푸른 개의 눈》(1973)으로 출판될 단편을 썼다. 그는 특히 포크너의 작품 세계에 푹 빠져 있었으며, 마찬가지로 뒷날 《낙엽》(1955)으로 출판될 장편을 완성했다. 이것은 바나나 경기(景氣)가 끝나 버린 쓸쓸한 마을에 도착한 어느 프랑스인 의사의 죽음을 둘러싼, 조부와 딸과 손자의 독백으로 구성된 작품이다.

그가 신문기자로서 남긴 글 중에서는 〈어느 조난자 이야기〉(1970)가 눈길을 끈다. 이는 해군의 밀수입 실태를 폭로

가브리엘 가르시아 마르케스

시에나가 그란데의 저녁놀
카리브 해 연안 지방의 거점인 카르타헤나에서 가르시아 마르케스의 고향 아라카타카로 차를 몰던 도중에 만난 풍경. 현실과 초현실을 통합한 마술적 리얼리즘이라 불리는 환상소설에는, 카리브 해를 황금색으로 물들이는 저녁놀이 잘 어울린다.

한 기사였다. 신변의 위협을 느낀 가르시아 마르케스는 유럽으로 건너간다. 그는 로마의 치네치타에서 영화 공부를 하며 본국에 통신을 보내다가 이윽고 파리로 이동했다. 그런데 독재자 로하스 피니라가 등장하면서 〈엘 에스펙타도르〉는 폐간되고 만다. 그는 극심한 가난에 시달리게 되었다. 하지만 그런 상황에서도《아무도 대령에게 편지하지 않았다》(1961)를 완성했으며, 장편《암흑의 시대》(1962)를 집필했다. 전자는 과거의 내전에서 활약했던 퇴역 대령이, 비밀문서 배포 죄로 사살된 아들이 남긴 한 마리 닭에게 희망을 걸고, 연금이 들어오기를 계속해서 기다리는 슬픈 모습을 그려 낸 수작이다. 그리고 후자는 어느 마을에서 일어난 일련의 사건을 서술함으로써, 내전이 인심을 얼마나 황폐하고 타락하게 만들었는지를 꼬집은 작품이다.

1957년에 가르시아 마르케스는 사회주의국가들을 차례로 방문한다. 이후 그는 베네수엘라의 수도의 〈모멘트〉지(誌) 편집부에 들어갔으며, 1958년에는 메르세데스 데 라 바르차와 결혼했다. 이 무렵 그는《마마 그란데의 장례식》(1962)의 바탕이 될 단편을 집필했다. 마콘도 마을에 군림하였던 여장부의, 교황과 대통령까지 참여하는 성대한 장례식의 모습을 묘사한 이 작품은,

《백년의 고독》의 준비 작업이었다는 의미에서 매우 흥미롭다.

전부터 사회주의에 관심이 많았던 가르시아 마르케스는, 1959년 쿠바혁명 성공에 의해 카스트로 정권이 성립되는 모습을 보고 아바나로 갔다. 현지 통신사인 〈프렌사 라티나〉의 기자가 되기 위해서였다. 1961년에는 유엔총회를 취재하기 위해 뉴욕도 방문하였다. 그러나 그는 통신사 내부의 스탈린파와 대립한 끝에 사직하고, 100달러만 쥔 채 멕시코로 떠났다. 멕시코에서 그는 영화 시나리오를 쓰면서

신문 기자 시절
1948년 보고타 폭동이 일어나면서 대학교가 폐쇄되자, 가르시아 마르케스는 언론계에 뛰어든다. 그는 카리브 해 연안의 지방 도시인 카르타헤나와 바랑키야, 수도 보고타의 주요 신문에서 건필을 휘둘렀다. 1955년에는 특파원으로 유럽에 건너가기도 했다.

겨우겨우 가족을 부양했다. 그는 8년이란 긴 시간 동안 멕시코에 머물렀다. 그런데 그 중간쯤인 1965년 어느 날, 그는 아카풀코로 떠나는 차 안에서 문득 영감을 얻었다. 17살 때부터 쓰려고 마음먹었던 소설의 구상이 그 순간 결정된 것이었다. 그가 1년 반 동안 정진하여 완성한 작품은, 그중 일부가 보고타를 비롯한 몇몇 도시의 문예지에 발표되자마자 예상을 뛰어넘는 절찬을 받았다. 《백년의 고독》(1967)이라는 제목으로 출판된 이 책은 공전의 베스트셀러가 되었으며, 작가는 '콜롬비아의 세르반테스'라는 이름을 얻었다. 1960년대 라틴아메리카소설의 '유행'은, 현실성과 환상성이 일체화된 마술적 리얼리즘의 전형이라 할 만한 《백년의 고독》이 등장하면서 정점에 이르렀던 것이다.

1967년 베네수엘라의 자연주의를 대표하는 갈레고스의 이름을 내건 문학상이 창설되었다. 이에 심사위원으로 뽑힌 가르시아 마르케스는 카라카스로 이동했다. 5년에 한 번, 그 기간 중에 발표된 최고의 소설에게 주어지는 이 상

의 첫 번째 수상자는, 《푸른 집》의 저자 바르가스 요사였다. 이를 계기로 시작된 두 사람의 친교는 《라틴아메리카의 소설—대화》와 같은 공저를 낳았다.

한편 가르시아 마르케스는 1970년에 영화 시나리오로 썼던 글을 2년 뒤 《순박한 에렌디라와 무정한 할머니의 믿을 수 없이 슬픈 이야기》라는 단편집으로 발표했다. 저택을 전부 태워 버린 손녀딸과, 그런 그녀를 매춘으로 내모는 할머니의 기담을 다룬 작품을 비롯하여, 7편 모두에 마술적 리얼리즘의 분위기가 흘러넘치고 있다.

그즈음 라틴아메리카의 정치·사회 상황은 극도로 혼란했다. 예를 들어 칠레에서는 1970년에 성립된 아옌데의 사회주의 정권이 피노체트 장군의 쿠데타에 의해 붕괴되고, 그 직후 라틴아메리카의 현대시를 대표하는 네루다가 세상을 떠났다. 가르시아 마르케스는 시인의 죽음을 슬퍼하였으며, 군사정권이 소멸될 때까지는 새 작품을 발표하지 않겠다고 공언했다. 실제로 그는 한동안 그렇게 했다. 쿠바의 앙골라 출병을 다룬 르포르타주 〈카를로타 작전〉(1977)만을 발표했을 뿐이다. 그러나 네루다의 미망인의 소망에 따라, 1975년에 그는 《족장의 가을》이라는 걸작을 발표했다. 이것은 혁명 이후 아바나 야구장에서 그가 실제로 본 바티스타 정권의 고급장교의 재판에서 착상한 독재자 소설이었다. 이 작품의 주인공은 길거리의 수상한 술집에서 매춘을 하던 여성으로부터 태어난 아비 없는 자식으로, 성흔(聖痕)과도 같은 거대한 고환을 가진 남자다. 그는 동경하는 카리브 해를 보고 싶다는 이유만으로 군대에 들어갔다가 미국의 강력한 지원을 얻어 대통령 자리에까지 오른다. 하지만 그는 권력에 따르는 고독으로 인해 괴로워하면서 어리석고도 추한 행위를 반복한다. 이런 주인공의 모습을 그려 낸 《족장의 가을》은, 로아 바스토스, 카르펜티에르, 아스투리아스 등의 작품과도 비견된다. 이후 가르시아 마르케스는 1981년에 《예고된 죽음 이야기》를 발표했다. 이것은 한 이방인 청년에게 구혼 받아 결혼한 신부의 처녀성 문제를 둘러싸고 일어난, 쌍둥이 형에 의한 처참한 복수 과정을 논픽션 수법으로 재현한 작품이다. 또 이와 병행하는 형태로, 자크 지라르라는 독실한 연구자에 의해 《언론 작품집》(1981~1983)이 간행되었다.

1982년에 가르시아 마르케스는, 라틴아메리카 출신의 소설가로서는 아스투리아스에 이어 2번째로 노벨문학상을 받았다. 수상 이유는 '현실적인 것과

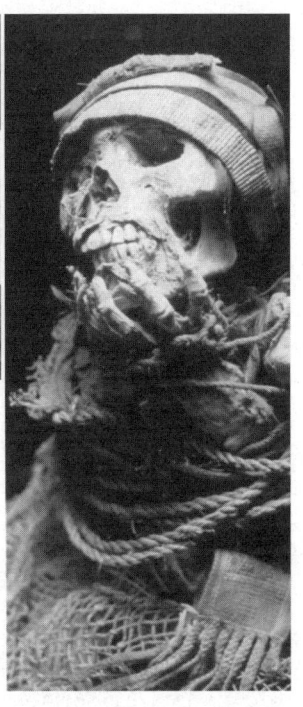

▲영화 《예고된 죽음 이야기》 성대한 혼례식날 밤. 신부는 처녀가 아니었다는 이유로 친정에 돌려보내지고 만다. 그 다음 날 신부는 정조를 빼앗긴 상대로서 한 젊은이를 지목했다. 그는 신부의 쌍둥이 오빠의 손에 공개적으로 살해된다. 가르시아 마르케스의 소설을 영화로 만든 작품.

▶독재자의 말로 보고타 황금박물관에 전시되어 있는 인간의 두개골. 불가사의하게 빛나는 황금 장식이 죽은 자의 고독과 번뇌를 두드러지게 해 준다. 독수리에게 뜯어 먹히는 시체 꼴이 되어 집무실에 쓰러져 있는 《족장의 가을》의 대통령의 모습이 떠오른다.

환상적인 것을 통합하여, 한 대륙의 삶과 갈등의 실상을 반영하는 풍부한 상상의 세계'를 그가 창조했다는 것이었다. 이 경사스러운 해에 그는, 니카라과 테러리스트가 정부 요인들을 습격한 사건을 제재로 삼은 영화 시나리오 《납치》를 발표했다. 3년 뒤에는 장편 《콜레라 시대의 사랑》(1985)을 출판하였다. 이는 그의 부모님을 모델로 한, 20대부터 80대까지 이어지는 순수한 사랑의 흔적을 그려 낸 소설이다. 1986년에는 이전부터 친교가 있던 미겔 리틴에게서 들은 이야기를 적은 논픽션 《칠레에 잠입한 미겔 리틴의 모험》을 발표하여 큰 반향을 일으켰다. 그 무렵 그는 '라틴아메리카의 새로운 영화' 재단의 이사장으로 취임했다. 1987년에는 쿠바에 설립된 '제3세계 영화 학교'의 강사로 일했을 만큼 그는 적극적인 활동을 계속 펼치고 있다. 그리고 한편으로는 라틴아메리카의 해방자 시몬 볼리바르를 주인공으로 한 역사소설 《미로 속의 장군》(1989) 외에도 단편집 《열두 개의 순례하는 단편들》(1992), 중편 《사랑과 또 다른 악마들에 관하여》(1994)를 발표하는 등 끊임없는 창작욕을 보여 주고 있다.

뒤집어지는 질량의 경이

죽었는지도 잘 모르는 상태에서 세속적인 감각을 잃어버린 채 이 세상에서 어슬렁거리는 처지. 나 자신이 그렇게 된다고 생각하면 별로 무섭지도 않지만, 남이 그렇게 된다면 괴상하고 이상하게 느껴진다. 《백년의 고독》에는 그런 존재가 몇이나 등장한다. 틀림없는 유령도 있고, 모두에게 보이는데도 자식 눈에만 보이지 않는 사람도 있고, 반대로 특정 인물 앞에만 나타나는 사람도 있다. 마지막 경우는 환각일지도 모르지만, 이 소설에서는 객관과 주관 사이의 구별이 분명하지 않다.

그런 사자(死者)들의 대표적인 인물이 집시 멜키아데스다. 그는 본디 살아 있는 인간이었다(당연한 이야기지만). 이 작품의 무대인 남미의 한 마을 마콘도가 막 개척되었을 무렵부터 그는 동료들과 함께 이 땅을 종종 방문했다. 그는 자석이니 망원경이니 틀니니 하는 놀라운 발명품들을 소개한 뒤 또다시 세계를 여행하기 위해 떠나갔다. 어느 해 집시 무리가 이 마을에 찾아왔는데, 그들 가운데 멜키아데스의 모습이 보이지 않았다. 듣자하니 먼 아시아의 어딘가에서 병으로 죽었다는 것이다. 그런데 그로부터 몇 년 뒤 멜키아데스는 아무 일도 없었다는 듯이 마콘도를 방문한다. 그리고 예전부터 알고 지내던 마을의 통솔자 호세 아르카디오 부엔디아와 더욱 친해지면서 그 집에 들어가게 된다.

수상쩍은 연구를 하고 있다지만, 그가 생활하는 모습은 살아 있는 사람과 똑같다. 그러던 어느 날 멜키아데스는 강물에 빠져 익사한다. 그 사건이 있기 얼마 전, 호세 아르카디오의 아들은 멜키아데스가 "나는 싱가포르의 모래톱에서 분명 열병에 걸려 죽었을 텐데"라고 중얼거리는 말을 들었다. 즉 그는 두 번이나 죽은 것이다. 게다가 이후에도 그는 망령으로서 몇 번이나 부엔디아 일족 앞에 나타난다.

멜키아데스는 수많은 사람들로 북적이는 《백년의 고독》 안에서도 중요한 역할을 담당하는 인물이다. 망령이 된 뒤에는 등장 장면이 줄어들어 버리지만, 그가 생전(또는 첫 번째 죽음과 두 번째 죽음 사이)에 남긴 양피지의 내용은 이 작품 자체의 진행 과정을 보여 주는, 마콘도의 시공간을 기술한 비서(秘書)라 할 수 있다. 그리고 부엔디아 일족의 '마지막 한 사람' 아우렐리아노가 멜키아데스의 암호를 해독함으로써, 몇 세대에 걸쳐 이루어진 《백년의 고독》은 막을 내린다.

처음 《백년의 고독》을 읽고 이런 구조를 깨달았을 때에는 정신이 얼떨떨할 지경이었다. 《백년의 고독》이라는 책 속에 멜키아데스의 문서라는 책이 삽입되어 있다. 혹은 마콘도의 역사라는 대우주가 양피지라는 소우주에 포함되어 있다.

하지만 잠시 시간을 두고 냉정하게 따져 보니, 이 구조 자체가 대단하다기보다는, 그에 의해 뒤집어지는 '질량'이 경이적이라는 생각이 들었다. 이를테면 지레로 무엇을 들어 올리는가 하는 문제와도 비슷하다. 구조나 원리는 둘째 치고, 작은 바위를 움직이는 것과 지구를 움직이는 것은 전혀 다르지 않은가.

죽은 사람이 일상 세계에서 아무렇지 않게 돌아다닌다는 점을 비롯하여, 이 작품은 기

폐허가 된 궁전 "인적 없는 성역에 흙발을 내디딘 우리의 눈에 처음으로 비친 것은, 무참하게 허물어진 영화의 흔적이었다." 권력의 고독함과 사랑의 부족함에 번뇌하는 늙은 독재자의 희비극을 그린 소설 《족장의 가을》은, 독재자가 사망한 뒤 폐허로 변한 궁전에 들이닥친 여섯 사람의 이야기를 통해 전개된다. 위 사진은 사진가 알프레드 아이젠슈테트(Alfred Eisenstaedt)가 찍은 볼리비아의 사원으로, 가르시아 마르케스는 이 사진에서 착상을 얻었다.

존 소설(자연주의 문학 계열)이 인정하던 리얼리티의 폭에서 크게 벗어나 있다. 당장 떠오르는 예만 들어 봐도 그렇다. 집시가 가져온 마법의 융단, 어릴 때부터 본디 예지 능력을 갖고 있었던 반체제적 영웅, 교회 건립 자금을 모으려고 공중부양을 하는 신부, 전염성 건망증에 대비해 온갖 물건에 명찰을 붙여 놓는 남자, 시트로 바람을 타고 승천해 버리는 절세미인, 복도 구석에서 바느질을 하는 죽음의 신, 자신의 죽음을 예감하여 명계로 보내는 우편물을 떠맡는 여자, 송아지 같은 울음소리와 병든 천사 같은 모습을 지닌

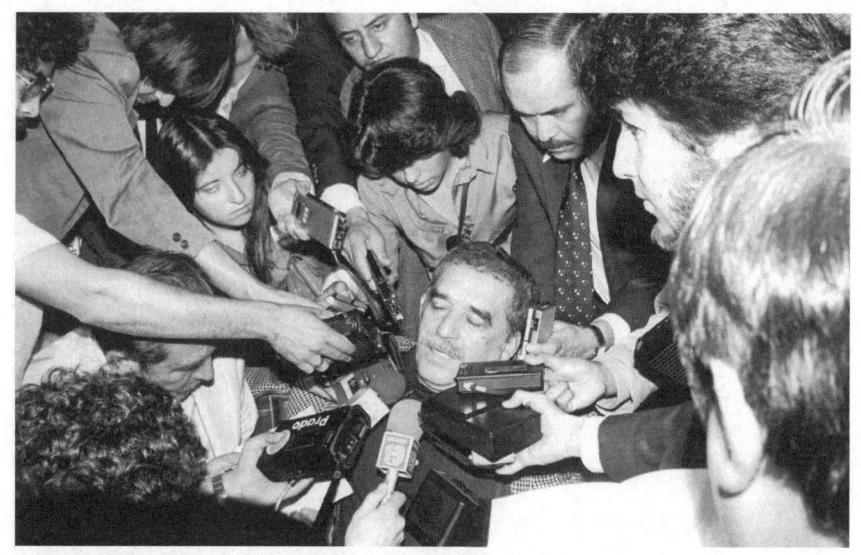

노벨문학상이 결정되다 1982년에 가르시아 마르케스는 노벨문학상을 받았다. "현실적인 것과 환상적인 것을 통합하여, 한 대륙의 삶과 갈등의 실상을 반영하는 풍부한 상상의 세계를 창조했다"는 것이 수상 이유였다. 사진은 수상 발표가 난 뒤, 코멘트를 요청하는 취재진에게 둘러싸인 그의 모습이다.

'방황하는 유대인', 4년 11개월 동안 줄기차게 내린 비, 그 비가 그치자마자 찾아든 10년간의 가뭄……. 그야말로 다 열거할 수 없을 정도다. 또 마콘도를 개척한 제1세대가 주변의 지리를 전혀 몰라서 사면이 바다일 거라고 생각했던 것이나, 가출한 아들을 쫓아가던 어머니가 우연히 바깥세상으로 통하는 길을 발견하여 문명과의 접촉이 시작되었다는 것 등, 신화적인 에피소드도 많다. 사랑과 증오의 비극이 되풀이되면서 때로는 사랑이 증오로, 적의가 우애로 변한다. 그런 한편 정치적 대립에 따른 억압이나 배신, 그 와중에서 이루어지는 영웅의 탄생, 또는 미국 자본에 의한 지배와 착취, 그것이 사라진 뒤의 경제적·문화적 피폐 등, 실제 라틴아메리카의 역사도 이 작품에 짙은 그림자를 드리우고 있다.

　제재(題材)나 일화를 하나하나 살펴본다면, 이것은 공상적·초현실적이고 저것은 실제로 있었던 일에 근거한다는 식으로 구별할 수도 있으리라. 하지만 그런 '외부'의 잣대를 일부러 들이대는 것이 헛수고로 느껴질 만큼 《백년의 고독》의 세계는 긴밀하고 혼돈스럽다. 앞서 경이적인 '질량'이라고 표현했던 것은 바로 이 세계를 가리킨다. 그것은 객관적으로 계측해 봐도 알 수 있다. 일단 그 안에 들어간 에피소드가 대단히 많다. 게다가 각 에피소드가 유기적으로 연결되어 있어서 전체 밀도를 더욱 높이고 있다.

말하자면 가르시아 마르케스는, 단 하나의 작품으로 '백년의 고독'이라는 문학 장르를 만들어 낸 것이다. 역사의 흐름 속에서 수많은 등장인물이 복잡한 관계를 맺고, 숨 막히는 삶과 지겨울 정도의 죽음이 특별한 가치도 없이 묘사되며, 친근한 일상과 기적적인 환상, 현실세계의 가열(苛烈)함과 신화의 초시간성(超時間性) 등이 뒤섞여 상투적인 감정이입을 거부하는—그런 소설.

《백년의 고독》이후 이것을 모방하거나 이에 영감을 얻어 쓰인 작품이 수없이 많다. 이를테면 이사벨 아옌데의《영혼의 집》이나 살만 루시디의《한밤의 아이들》등은, 직접적·간접적인 영향 수준은 차치하더라도《백년의 고독》이 존재했기에 탄생할 수 있었던 것이다(물론 그렇다고 이 작품들의 독창성이 떨어지는 것은 아니다). 하지만 '질량' 면에서《백년의 고독》을 뛰어넘는 소설은 아직 등장하지 않았다.

이야기의 파노라마

미국 작가 포크너가 요크나파토파라는 가공의 장소를 설정하여 소설을 쓴 것과 같이, 가르시아 마르케스는 마콘도라는 가공의 도시를 무대로 하고 있다. 20세기 초까지 300년에 걸쳐 피가 섞인 두 가족 출신으로서, 결혼하게 되면 돼지꼬리가 달린 아이를 낳게 된다는 속설을 무시하고 결혼한 호세 아

아라카타카를 지나는 철도《백년의 고독》에서는 마콘도가 도시로 발전하는 계기 중 하나로, 철도가 놓이는 장면이 등장한다. "처음으로 이 마을에 도착하는 꽃으로 가득 찬 기차가, 황홀경에 빠진 사람들의 눈에 비쳤다." (《백년의 고독》에서)

르카디오 부엔디아와 우르슬라 이구아란은, 그 이유 때문에 저지른 살인죄에 대한 의식으로 고민하다가 마을을 버리고 떠난다.

  3년에 걸친 고난 여행 끝에 신천지에 마콘도를 개척한 호세 아르카디오는 족장으로서 도시 발전에 힘쓰지만, 멜키아데스라는 집시가 가져다준 문명의 이기에 현혹되고 만다. 자석을 사용한 금 탐색, 렌즈가 달린 무기 제작, 천문 관측, 연금술 등에 열중하던 그는 결국 광기에 사로잡혀 버린다. 그 아이들도 별난 데가 있어서, '물건'이 큰 맏아들 호세 아르카디오는 집시 여자와 가출하고 난 뒤 오랜 세월이 흐른 뒤에 돌아와 양녀 리베커와 결혼한 후, 수수께끼같은 총상 때문에 죽는다. 둘째 아들 아우렐리아노는 자유파와 보수파 대립에서 시작된 내전에서 32회의 패배와 14회의 암살, 73회의 복병공격과 1회의 총살형을 경험하면서도 17명의 여자에게서 17명의 아이를 얻는다.

  자유파가 패배하고 나서, 마콘도는 보수파 장군의 지배를 받으면서 도시로 발전한다. 그런데 아우렐리아노 대령이 마콘도를 습격하여 점령하는 데 성공한다. 하지만 대령은 그 뒤로 세상에 등을 돌려 버린다. 그는 황금 물고기를 만들었다가 부수며 하루하루를 보낸다. 한편 시조가 발광했다가 늙어 사망한 뒤로 부엔디아 집안에서는, '여왕'이라 불리는 다른 곳 출신의 여성 페르난다 델 카르피오가 실권을 쥐게 된다. 또 마콘도에 철도가 놓여 기차가 왕래하기 시작하면서, 전기나 영화 등 근대 기술이 이 땅으로 들어오게 된다. 미녀 레메디오스가 시트를 말리다가 승천하는 것도 이 무렵이다.

  미국인들이 기차를 타고 이 땅에 찾아왔다. 이때부터 마콘도에서 바나나 재배가 시작되었다. 이윽고 플랜테이션 노동자들은 악조건을 개선해 달라며 대규모 파업을 벌이게 된다. 그러자 정부에서 군대가 파견되어 대규모 학살이 벌어진다. 일족의 일원이자 지도자였던 호세 아르카디오 세군도는 이 와중에 간신히 살아남는다. 그는 시체를 운반하는 기차에서 뛰어내린다. 이후 그는 집시가 남긴 양피지를 해독하려 하지만 성공하지 못한다.

  이후, 4년 11개월하고도 2일 동안 계속된 장마와 10년간의 가뭄을 거쳐 마콘도의 몰락은 기정사실화된다. 이 무렵 프랑스에서 돌아온 아마란타 우르슬라와 사생아 아우렐리아노가, 서로 이모와 조카 사이라는 걸 모르고 결혼한다. 둘 사이에서는 예언대로 돼지 꼬리가 달린 아이가 태어난다. 그 순간 강한 폭풍이 일어나 마콘도는 신기루처럼 사라진다. 멜키아데스가 산스

19세기 콜롬비아 우화집의 삽화 천장에는 사냥해 온 새며 짐승이 매달려 있고, 바닥에는 총과 마구(馬具) 등이 흩어져 있는 어지러운 작업장에서, 남자는 묵묵히 펜을 움직이고 있다. 가르시아 마르케스는 이 삽화를 보고, 부엔디아 일족의 연대기가 적힌 양피지 해독에 관한 착상을 얻었다고 한다.

크리트어로 쓴 양피지의 내용은 곧 부엔디아 일족의, 신대륙의 숙명을 부여받은 자의, 더 나아가 인간 그 자체의 역사였다. 이런 효과적인 구조와, 장르 소설의 고갈이라는 불길한 예언에 맞서는 반증으로서의 성격과, 다 열거할 수조차 없는 감탄스러운 에피소드 형식의 환상 및 자세하고 확실한 현실성. 이 모든 요소들이《백년의 고독》을 매력적인 걸작으로 만들어 주고 있다.

오락성 마술적 리얼리즘

《백년의 고독》은 번호가 매겨지지 않은 20절(또는 장)로 구성된 다면적인 소설이다. 이것은 실험적인 허구와 대중문학이 멋들어지게 융합된 작품이다. 게다가 이 소설은 그 자체에 라틴아메리카 신소설의 전개의 온갖 모습들을 내포하고 있다. 그야말로 기적적인 작품인 것이다. 이 이야기의 무대는 실재하는 농장의 이름에서 유래했는데, '마콘도'는 반투(Bantu) 어로 바나나를 뜻한다. 이 가공의 공동체 '마콘도'는, 작가의 다른 작품의 텍스트가 교차하는 복합적인 공간이기도 하다. 게다가 이 소설은 다른 라틴아메리카 작가의

아라카타카의 바나나 농장 콜롬비아에서 바나나 플랜테이션이 시작된 것은 19세기 후반이었다. 《백년의 고독》에서도 볼 수 있듯이, 미국자본 경영자들은 라틴아메리카에 존재하던 종래의 반(半) 농노적 노동제도를 최대한으로 이용했고, 이에 반발한 노동자들이 계속해서 파업과 폭동을 일으켰다.

작품까지 흡수하고, 고전이나 성서를 패러디하는 등, 다채로운 오락성으로 가득 차 있다. "문학은 사람들을 희롱하는 도구다"라는 작가의 말은 그런 오락성의 존재를 암시하고 있다. 이 오락성과 더불어, 작가의 유머가 넘치는 스카톨로지(scatology : 배설물과 관련된 음란 행위)나 희극적인 성 묘사 등이 불러일으키는 웃음은, 《백년의 고독》의 중요한 특징이다.

하지만 이런 가벼운 구석에도 불구하고 이 소설은 읽는 보람이 있다. 게다가 중량감도 겸비하고 있다. 그 이유 가운데 하나는 이 작품이, 한 세계가 탄생해서 소멸하기까지의 희극과 비극으로 가득 찬 완전한 역사를 그려내고 있기 때문이다. 즉 《백년의 고독》은 이 세계의 삶이 경험할 온갖 국면과 수준을 모두 아우르는 전체소설이다.

《백년의 고독》에서 작가는 마콘도의 원근법에 특권을 부여해서, 그곳 주민들의 눈과 사고방식을 통해 사건들을 묘사하고 있다. 황당무계하고 믿기 어려운 사건이 마치 정말로 일어난 것처럼 자연스러운 방식으로 묘사될 때, 독자들은 등장 인물의 원근법을 공유하게 된다. 이때 사용되는 수법이 바로 마술적 리얼리즘이다. 아마도 초자연적인 일도 현실로 이해하는 작가의 할머니의 이야기와, 군인이었던 할아버지의 철저한 리얼리즘에서 이런 수법이 탄생한 것이리라. 여기서 중요한 사실은, 작가가 할머니를 본받아 전통적이고 민족적이며 구전에 가까운 방식을 도입함으로써 생겨난 결과이다. 이러한 작가의 서술 방식은, 민중으로 하여금 자신들의 문화의 전망을 표현하고 더 나아가 지배적인 문화의 헤게모니에 도전할 수 있도록 해 주었다. 다시 말해 문학계에 있어 '제3세계'가 구미(歐美)의 제국주의 및 착취의 전통에 대항할 기회를 마련해 준 것이다.

《백년의 고독》은 순환하는 역사의 전망을 제시하고, 인물의 이름과 성격을 반복해서 사용한다. 마콘도의 역사는, 무(無)에서 생겨나 발전하고 몰락하여 다시 무로 돌아가는 공동체의 역사이다. 그러나 실제로 세계를 순환적으로 지각하고 있는 주체는 등

《백년의 고독》은 카리브 해 연안에 가공의 마을 마콘도를 건설하고, 그 멸망도 지켜본 부엔디아 일족의 100년에 걸친 연대기로, 라틴아메리카의 역사에 대한 은유라고 할 수 있다. 콜롬비아의 페르난도 보테로가 그린 〈가족〉.

장 인물들이며, 독자들이 보기에 이 서술은 논리적이고 직선적이며 역사적으로 진행되고 있다. 바꾸어 말하면 근친상간으로 상징되는 신화적 시공간에 사로잡힌 일족의 몰락을 곁에서 지켜보며, 독자는 역사적인 시간을 경험하는 것이다. 여기서 서술 시점은 이제 공동체의 원근법으로부터 거리를 둔다. 그 결과 화자(話者)와 독자가 속해 있는 역사적 시공간과, 등장 인물들이 속해 있는 신화적 시간 사이의 차이는 더욱 두드러진다.

이런 방법을 통해 작가는, 특히 라틴아메리카 사람들에게 다음 사실을 알려준다. 그들이 타인의 작품 속에서 살아가고 있다는 사실을. 그들도 일족의 후예로서 마지막 남은 아우렐리아노처럼, 스스로의 운명에 대하여 독자든 화자든 작가든 간에 무언가 능동적인 역할을 맡아, 신화적인 수준에서 역사적인 수준으로 이동해야 한다는 사실을. 이처럼 작가는 그들에게 스스로의 해방을 촉구한다.

이 책의 번역은 Jonathancape사 영역판 신쬬사 일역판을 텍스트로 하였다.

샐린저의 생애와 작품

성장 과정—반쪽짜리 유대인

"정말로 이 이야기를 듣고 싶다면, 아마도 가장 먼저 내가 어디에서 태어났는지, 끔찍했던 어린 시절이 어땠는지, 우리 부모님이 무슨 직업을 가지고 있었는지, 내가 태어나기 전에 무슨 일들이 있었는지와 같은 데이비드 코퍼필드식의 아무 짝에도 쓸모없는 이야기들에 대해 알고 싶을 것이다. 하지만 사실, 난 그런 이야기들을 하고 싶지가 않다……."

이 글은 J.D. 샐린저(Salinger)가 그의 작품《호밀밭의 파수꾼(The Catcher in the Rye, 1951)》앞부분에서 주인공인 홀든 콜필드의 입을 통해 한 말이다. 그는 자신의 사생활에 대해 이야기하는 것을 원치 않았다. 오히려 어떻게든 그러한 것들을 숨기려고 했다. 하지만 그를 아는 사람들이나 부모님을 통하여, 베일에 가려 있던 그와 관련된 사실이 하나 둘씩 드러나기 시작했다. 지금까지 알려진 그의 삶을 살펴본다.

샐린저는 1919년 1월 1일, 뉴욕에서 태어났다. 아버지 솔로몬(Solomon, 통칭 Sol)은 폴란드계 유대인으로, 육류와 치즈를 수입하는 유능한 식품 수입업자였으며, 할아버지 사이몬(Simon)은 유대교의 랍비(율법학자)였으나 가족의 생계를 위해 의사가 된 인물이었다. 그리고 어머니 마리 쥘리(Marie Jillich)는 스코틀랜드—아일랜드계 가톨릭 교도 집안의 딸이었다. 그러나 양가의 반대를 무릅쓰고 솔로몬과 결혼한 뒤에는 유대교로 개종하였고, 이름도 유대인처럼 미리엄(Miriam)으로 바꿨다. 샐린저 집안은 콜필드나 글라스 집안과는 달리, 형제자매가 많지 않은 집안이어서 그의 형제는 8살 위인 누나 도리스(Doris)뿐이었다.

샐린저는 다른 유대계 작가들에 비해 유대계 사람들이 겪는 문제를 별로 다루지 않았다. 그래서 사람들은 그를 유대인 의식이 희박한 작가라고 생각했다. 하지만 그는 자신의 뿌리만큼은 충분히 의식하고 있었다. 단지 차별당

하는 현실 때문에 유대적인 면을 숨겼다는 말이 있지만 이는 확인되지 않은 사실일 뿐이다. 또 그의 어머니는 개종했다고는 하나 본디 가톨릭 교도였으므로, 근본적으로 모계를 중시하는 유대인 사회에서 그는 이른바 반쪽짜리 유대인이었던 것이다. 그래서 그는 자신의 불확실한 정체성 때문에 유대계와 아일랜드계 사이에서 수없이 방황하고 고뇌했다. 이러한 사실은 《호밀밭의 파수꾼》에서 홀든이 하는 말과 행동

34세 때의 샐린저

에서도 엿볼 수 있는데, 예를 들면 홀든은 자기 아버지에 대해 "아버지는 아일랜드계 가톨릭 교도였지만 결혼하면서 그 종교를 포기했다"라고 말한다. 가톨릭 교도이기를 포기한 그의 어머니가 여기에서는 홀든의 아버지를 통해 드러나고 있는 것이다. 실제 아버지와 어머니의 상황을 작품에서는 일부러 뒤바꿨다는 것에서 우리는, 유대인의 피에 대한 그의 굴절된 의식을 느낄 수 있다. 또한 결혼과 동시에 민족성을 버려야만 했던 어머니에 대한 그의 애정은, 《호밀밭의 파수꾼》 앞부분의 '어머니에게 바친다(TO MY MOTHER)'라는 글귀만 보더라도 충분히 미루어 짐작할 수 있다.

문학의 길—배우에서 작가로

샐린저는 어린 시절부터 연기에 재능과 흥미를 보였다. 그 시절 뉴욕의 상류층 자녀들은 대개 여름캠프에 참가했는데, 1930년 11살이었던 그는 메인 주 캠프장에서 '1930년도 최고의 인기 배우'로 뽑혔다. 또한 그는 뉴욕의 유명한 사립고등학교인 맥버니스쿨의 입학 면접 시험에서, '현재의 관심거리는 연극과 열대어'라고 대답하기도 하였다. 그가 말한 것처럼 그는 입학한 뒤 연극에 출연하기도 하고 한편으로는 학교 신문 기사를 쓰기도 하였다. 그러던 중 성적 불량을 이유로 맥버니스쿨에서 퇴학당한 그는, 펜실베이니아 주

페이퍼백(paperback) (시그넷 판)
표지에 그려진 홀든

에 있는 벨리포지 육군사관학교로 전학을 간다. 여기에서도 그는 연극 출연과 창작 활동을 꾸준히 하였다. 그러나 그렇다고 해서 그의 관심이 연극과 창작이라는 두 분야로만 갈려 있었다고는 생각할 수는 없다. 오히려 그는, 연극 비평이나 희곡을 많이 쓴 것으로 보아 그 둘을 하나로 묶어 생각했던 것 같다. 그가 벨리포지 육군사관학교를 졸업하던 해의 연감(年鑑)에는 '반 친구들의 예언'이라는 재미있는 코너가 있었는데 이것은 말 그대로 졸업생들이 자신의 미래를 예측해 보는 것이었다. 여기에서 그는 장래 모습에 대해 이렇게 쓰고 있다.

"보스턴 교향악단을 위해 4막짜리 멜로드라마를 쓴다."

한편 그의 아버지 솔로몬은 그에게 자신이 하던 일을 물려주고 싶어했다. 그래서 졸업 이후 빈둥빈둥 놀고 있는 그를 데리고 빈과 폴란드를 다녔다. 이 때 그는 독일어를 공부하고 아버지의 사업에 대해서도 많이 배우게 되었다. 하지만 그는 처음부터 아버지의 뒤를 이을 생각이 전혀 없었다. 그래서 1938년 펜실베이니아 주의 어시너스 칼리지에 입학하여 문예창작 수업을 들었다. 이 때 그가 제출한 창작 과제의 문장을, 수업 시간에 교수가 모두에게 읽어 주는 일이 자주 있었다고 한다. 말하자면 그는 교수가 총애하는 제자였던 셈이다. 하지만 그는 만족할 수 없었다. 좀 더 전문적으로 창작에 대한 가르침을 줄 수 있는 교수가 필요했던 것이다. 이곳에 더 있어 봤자 소용없겠다고 판단한 그는 결국 고향인 뉴욕의 컬럼비아 대학교로 발길을 돌렸다.

당시 컬럼비아 대학교에서는 휘트 버넷(Whit Burnett)이 문예창작 수업을 하고 있었는데, 그는 자신이 창간한 단편 잡지 〈스토리(Story)〉의 편집자이기도 하였고, 또 유망한 신인 작가를 발굴하는 사람으로도 널리 알려졌다. 1939년 봄, 샐린저는 버넷이 담당하는 단편소설 창작 강좌에 등록했다. 처음에는 별 생각 없이 수업에 출석하기만 했지만 1학기가 끝나 갈 즈음부터는 맹렬히 글을 쓰기 시작했다. 버넷은 그가 쓴 단편을 〈스토리〉에 실었고 그에게 원고료도 주었다. 겨우 25달러이긴 했지만, 이것은 그가 작가로서 처음 만져본 돈이었다.

1940년 〈스토리〉 3·4월호에 실린 《젊은이들(The Young Folks)》이라는 이 작품은 희곡적인 성격이 강했다. 샐린저 자신도 자신의 처녀작이 너무도 순조롭게 출판되자 조금은 놀랐던 모양이다. 그래서였을까. 배우로서 연기하는 일에 대한 그의 미련이 다시 고개를 들었다. 그는 주연 배우로서 《젊은이들》을 무대화할 계획을 세우고, 배우들을 모집하여 오디션까지 열었다. 그러나 이 계획은 어떤 이유에서인지 제대로 진행되지

〈뉴요커〉(1946년 12월 21일호)에 실린 《메디슨가 외곽의 사소한 반란》 광고

못했으며, 이 일은 결국 샐린저가 작가가 되기로 결심을 굳히는 계기가 되었다. 이루지 못한 그의 배우로서의 꿈은 아들인 매튜(Matthew)로 이어져 훗날 매튜는 연극 무대와 헐리우드 영화에 출연하여 아버지의 꿈을 대신 이루어 주었다.

그 뒤 샐린저는 출판사와의 교섭을 담당해 줄 대리인을 구했고 신진 작가로서 여러 작품을 차례차례 발표했다. 1941년에는 〈콜리어스(Collier's)〉, 〈에스콰이어(Esquire)〉 등의 유명한 잡지에도 그의 작품이 실려 그는 〈스토리〉 때와는 차원이 다른 원고료를 손에 쥐게 되었다. 하지만 이 해에 일어난 대사건이라면 아마도 〈뉴요커(New Yorker)〉가 그의 작품을 사 준 일일 것이다. 〈뉴요커〉는 작가에게 높은 원고료를 지불하기로 유명한 데다, 세련되고 격조 높은 잡지이기도 했다. 즉 샐린저가 이상적으로 생각하는 작품 발표 무대였던 것이다. 게다가 이번에 발표할 단편은, 작가의 분신이라고도 할 수 있는 '홀든'이 처음 등장하는 작품으로 그 제목은 《매디슨가 외곽의 사소한 반란(Slight Rebellion off Madison)》이었다. 그런데 일본군의 진주만 공격을 계기로 태평양전쟁이 시작되는 바람에 이 작품의 게재는 무기한 연기되고 말았다. 현재의 생활에 염증을 느낀 소년의 이야기가 당시와 같은 풍운기에는 어울리지 않는다는 편집부의 판단 때문이었으리라. 이때 샐린저는 작가

로서 큰 좌절을 맛보았다.

전쟁 체험—전화(戰火)를 뚫고

태평양전쟁이 시작되자 샐린저는 군대에 자원한다. 육군사관학교 출신인 그는 군대와 전쟁에 대해 위화감을 느끼기는커녕 오히려 적극적인 모습이었다. 간부후보생이 되고자 육군사관학교 교장과 휘트 버넷에게 추천장을 써 달라고 부탁했지만 뜻대로 되지 않았고, 대신 육군항공사관 후보생으로 전임하기 위한 시험을 치러 합격한다. 이러한 그의 자세는 작품에도 그대로 반영되어 그의 작품에는 군대와 군인을 사랑하는 인물이 등장한다. 1941년의《그러다 보면 어떻게든(The Hang of it)》과 1942년의《어느 보병에 관한 개인적인 기록(Personal Notes on an Infantryman)》에서 그는 군대 및 조국에 대한 소박한 사랑을 주제로 삼았다. 그러던 중 원고료가 높은 유명 주간지〈새터데이 이브닝 포스트(Saturday Evening Post)〉도 그의 작품을 채용하기 시작했다. 1944년에 샐린저는 그 잡지에《마지막 휴가의 마지막 날(Last Day of the Last Furlough)》을 발표했다. 이 작품의 주인공인 군번 ASN32325200은 "나치스나 파시스트나 일본인을 죽이는 일은 정당하다"라고 생각한다. 이 주인공은 아마 샐린저 본인일 것이고, 그는 작품 속 주인공을 통해 자신의 생각을 토로한 셈이다.

〈새터데이 이브닝 포스트〉(1944년 7월 15일호)에 게재된《마지막 휴가의 마지막 날》

그런데 이러한 그의 태도는 1945년에 발표한《프랑스까지 온 신병(A Boy in France)》에서 180도로 달라진다. 이 작품에서는 아직 소년티를 벗지 못한 미군 병사가 독일 격전지에서 고생한다. 그는 독일군이 파 놓은 참호에서 피로 물든 모포를 발견한다. 그 모포의 주인은 아마도 금방 죽었으리라. 이 단편에는 그저 어두운 절망감만이 감돈다. 이 작품 이후 샐린저는 전쟁과 군대에 대해 긍정적으로 묘사하는 일을 완전히 그만두었다. 대체 그에게 무슨 일이 있었던 것일까. 전쟁터

노르망디 상륙작전 샐린저는 제2차 세계대전 당시 제4사단의 첩보 하사관으로 노르망디 상륙작전에 참가했다. 그는 유타 해변에 상륙한 이후 수많은 격전을 체험했다. 그의 작품의 주인공들 중 상당수는 전쟁에 의한 정신적 상처를 지니고 있다. 사진은 최고 격전지였던 오마하 해변에 상륙하는 모습이다.

에서의 그의 발자취를 한번 따라가 보자.

군에 입대한 뒤 국내 기지에서 훈련을 받은 샐린저는 최종적으로 첩보부대에 배속되어 특별정보부원으로 활동하게 되었다. 그는 1944년 3월에 영국으로 출정했고, 같은 해 6월 6일에는 노르망디 상륙작전이 결행되었다. 이 날부터 파리가 해방된 8월 25일 사이에는, 샐린저의 전쟁관(戰爭觀)을 근본적으로 바꿔 놓을 만한 큰 사건이 일어나지 않았다. 오히려 그는 종군기자로 와 있던 헤밍웨이(Ernest Hemingway)를 파리에서 만나, 그가 자신의 작품을 읽었다는 사실을 알고 기뻐했다.

9월이 되자, 샐린저의 소속 연대는 파리에서 독일 내륙 지방으로 이동했다. 여기서 그들은, 제2차 세계대전 당시 유럽 전선에서 벌어진 전투 가운데 가장 잔혹했다고 평가받는 '휘르트겐 숲의 전투'를 경험한다. 아마도 그는 바로 곁에서 동료들이 죽어 가는 모습을 매일같이 보았을 것이고, 그로 인해 전쟁이나 군대에 대한 그의 달콤한 환상도 완전히 날아가 버린 것이리라. 게다가 어느 군사 전문가의 말에 따르면, 애초에 사령부가 작전 실수만 저지르지 않았어도 '휘르트겐 숲의 전투'와 같은 참상은 피할 수 있었다고 한다. 즉 이 전투에서 죽어 간 수많은 병사들은 모두가 아무런 보람이나 가치도 없이 죽음을 당한 셈이다. 현장의 병사들은 이 저주스러운 사실을 어느 정도 깨닫고 있었을 것이다. 특히 첩보부대에 소속된 샐린저는 온갖 정보를 얻을 수 있는 위치였으므로 당연히 이 사실을 알았을 것이다. 이리하여 전쟁과 군대에 대한 샐린저의 생각이 근본적으로 바뀌었고, 동시에 인생관도 바뀌었는지 그의 작품은 이후부터 크게 달라졌다.

전쟁이 끝나고 드디어—홀든의 등장, 은둔 생활의 시작

1945년 5월. 태평양전쟁은 여전히 진행되고 있었지만, 독일이 항복함으로써 유럽에서의 전쟁은 끝이 났다. 하지만 이 전쟁으로 신경이 쇠약해진 샐린저는 뉘른베르크의 육군병원에 입원한다. 그곳에서 그는 실비아라는 프랑스인 여의사를 만나 결혼하게 된다. 이후 두 사람은 함께 귀국했지만 그녀에게 미국이라는 나라가 맞지 않았던지, 아니면 두 사람의 인연이 거기까지였던 것인지는 모르겠지만 그녀는 곧 프랑스로 돌아가 버렸다. 샐린저는 그 뒤에도 "그녀와 텔레파시로 교감하고 있다"라고 친구에게 말했지만, 그녀의 소식은 알 수 없었다.

전쟁이 끝나고 1946년이 되었다. 《매디슨가 외곽의 사소한 반란》이 5년이란 기다림의 세월 끝에 드디어 〈뉴요커〉에 실렸다. 이로써 홀든이 처음으로 모습을 드러낸다. 이후 샐린저는 《바나나피시를 찾기에 알맞은 날(A Perfect Day for Bananafish)》이나 《에즈메에게—사랑과 더러움을 담아(For Esmé—with Love and Squalor)》 같은, 훗날 《9개의 단편》으로 묶여서 출간되는 여러 단편 명작들을 〈뉴요커〉 등에 발표했다. 그런 상황에서 샐린저는 드디어 《호밀밭의 파수꾼》을 완성했는데, 1951년에 리틀 브라운사를 통해 출판된 이 소설은 〈뉴욕타임스〉의 베스트셀러 순위에 들어갈 만큼 굉장한 기세로 팔려 나갔다.

처음에는 샐린저도 서비스 정신을 발휘하여 싫은 내색을 하면서도, 《호밀밭의 파수꾼》의 표지에 자신의 사진을 싣고 인터뷰 요청을 받아들였다. 그러나 매스컴의 지나친 접근에 이내 질려버린 그는 아예 사람들을 상대하기조차 싫어하게 되었다. 사실 그는 본디부터 편집자와 출판사에 대해서 강한 불신감을 품고 있었다. 이는 전쟁 당시 잡지에 게재되었던 그의 단편 제목이 그들에 의해 멋대로 변경된 적이 있었기 때문이다. 그리고 그를 이끌어 준 스승이라 할 수 있는 휘트 버넷과의 관계도 이미 틀어진 지 오래였다. 샐린저의 단편집을 내려는 기획이 실패한 뒤로 두 사람은 교류가 끊긴 상태였다. 한편 그는 전쟁 이후 인도와 중국의 종교 및 사상, 일본의 선(禪) 등에 흥미를 보였는데, 그렇게 함으로써 전쟁에서 입은 마음의 상처를 치유했던 것이리라. 이런 동양적인 관심사와 매스컴에 대한 혐오가 어우러져 결국 그는 뉴욕을 떠날 결심을 하게 된다.

코니시의 우체통(우편함) 1953년 이래 샐린저는 뉴햄프셔 주의 시골 마을인 코니시에 은둔하여 팬들과 파파라치들을 멀리했으며, 마을 사람들도 그의 사생활 보호를 위해 협력했다. 우편물 수신만이 그와 세상을 연결하는 통로였다.

1953년이 되자, 그는 마침내 뉴햄프셔 주 코니시로 이사를 간다. 집에 근대적인 설비가 갖춰지기 전까지, 그는 가까운 강이나 숲에 가서 직접 물과 장작을 조달해야 했다. 이것은 그가 꿈에 그리던 삶이기도 했다. 마치 《호밀밭의 파수꾼》에서 홀든이 샐리에게 "북쪽 어딘가의 숲속에 있는 조용한 집을 구하자"라고 말했던 것처럼. 하지만 이런 삶을 원하는 그의 뜻과는 상관없이, 1950년대 중반 들어서 《호밀밭의 파수꾼》이 반항적인 청소년들의 압도적인 지지를 받게 되면서 그의 명성은 더욱 높아져만 갔다. 시골집에 틀어박혀 있어도 세상은 더욱 더 그를 주목했고, 매스컴은 그를 좇았다. 〈뉴스위크(Newsweek)〉나 〈라이프(Life)〉 같은 유명한 잡지마저 샐린저 특집을 만들어, 몰래 찍은 사진이나 가벼운 잡담 수준의 인터뷰까지 대서특필했을 정도였다.

샐린저와 여성

샐린저의 첫사랑이었던 유진 오닐의 딸 우나

사람에 따라 다르겠지만 한 사람의 인생에서 전부 또는 일부에 걸쳐 이성(異性)이 큰 비중을 차지하는 경우가 있다. 그렇다면 샐린저의 경우는 어떠했을까? 그의 작품을 보면, 《호밀밭의 파수꾼》의 피비처럼 어린 소녀나 아직 성년이 채 되지 않은 여성에게서 구원의 손길을 찾는 예가 많았다. 그러므로 그가 실제 만난 여성들을 살펴보는 일이 단순한 흥밋거리로만 그치지는 않을 것이다.

샐린저의 첫사랑은 어떠했을까? 우리는 그가 헤밍웨이에게 보낸 편지에서 이에 관한 내용을 확인할 수 있다. 여기에서 그는 "18살 때, 빈에서 공부할 무렵 한 소녀를 만났는데, 스케이트장에서 그녀에게 스케이트화를 신겨 주었던 일을 잊을 수 없다"고 했다. 이 소녀는 그 때 샐린저와 같은 또래로 1948년에 발표된 《한 소녀의 추억(A Girl I Knew)》의 모델이 되었다. 한편 1941년에 그가 만난 여성은, 노벨상을 받은 극작가 유진 오닐(Eugene O'Neill)의 딸 우나 오닐(Oona O'Neill)이었다. 그때 그녀는 여성이라기보다는 소녀에 가까운 16살이었다. 두 사람은 뉴욕에서 데이트를 즐기며 즐거운 시간을 보냈지만, 그가 입대한 뒤 당시 전장의 특성상 여러 군데의 기지를 전전하면서 둘의 관계는 소원해졌다. 결국 그녀는 18세가 되던 1943년 6월 희극왕 찰리 채플린(Charles Chaplin)의 네 번째 아내가 되었다. 그때 채플린은 그녀의 아버지인 유진 오닐과—또 샐린저의 아버지와도—동년배였다.

처음 코니시로 이사왔을 때만 하더라도 샐린저는 이웃들과 친하게 잘 지냈다. 그러나 1953년 11월, 그 지역의 고등학교를 다니던 학생 셜리 브라니로부터 부탁을 받고 가볍게 했던 인터뷰가 그 지역 신문에 특종으로 실리면서 그는 마음이 흔들렸다. 배신감을 느낀 것이다. 그는 곧 집 주위에 높은 담을 쌓았고, 이후부터 세상을 등진 채 살게 되었다. 다만 1950년에 만난

16세 소녀 클레어 더글러스만은 예외였다. 그녀는 어느덧 대학생이 되었고 하버드 비즈니스 스쿨을 졸업한 청년과 결혼도 하였다. 하지만 그녀와 샐린저의 관계는 결혼 전과 마찬가지로 계속 유지되었다. 결국 그녀는 결혼하고 몇 달 만에 이혼한 뒤 1955년에 샐린저와 재혼했다.

샐린저와 클레어는 슬하에 1남 1녀를 두었다. 하지만 즐길 수 있는 오락거리라고는 눈을 씻고 찾아봐도 없는 시골에서 젊은 여성이 집안일과 육아에만 몰두하기란 결코 쉬운 일이 아니었다. 아직은 젊기만 한 클레어에게 그러한 삶은 견디기 힘든 것이었다. 게다가 남편은 작업실에 하루 종일 틀어박혀 나오지 않는 경우가 많았고, 또한 그의 독특한 식습관도 그녀를 괴롭히는 하나의 요소였는데, 그는 선식 영향 탓인지 특별한 기름으로 조리한 유기농 야채밖에 먹지 않았다.

1967년 샐린저는 "내 아내 클레어는 더 이상 처음 만났던 그 시절의 소녀가 아니다. 나는 그런 그녀를 사랑하지 않는다"라는 말을 내뱉었고, 클레어는 소송을 걸어 마침내 두 사람은 협의 이혼했다. 이 때 클레어는 아이들의 친권, 집과 토지, 가재 도구, 자동차, 거액의 양육비 등 거의 모든 것을 손에 넣었다. 48살의 샐린저에게 남은 것이라곤 1년 전에 사둔 근처의 토지뿐이었다. 이혼을 통해 몸도 마음도 새로워진 클레어는 결혼하면서 그만두었던 공부를 다시 시작하여 대학교를 무사히 졸업했다. 그 뒤에도 학업을 게을리 하지 않고 계속하여 교육학 및 사회복지학 석사 학위, 심리학 박사 학위를 취득했다. 그녀는 뉴욕에서 아동심리학 진료소를 열었으며, 1990년대에는 로스앤젤레스에 사는 아들의 집 근처로 이사하여 진료소를 새로 열었다.

이혼 이후 외롭게 지내던 샐린저에게 1972년 펜팔을 통한 새로운 사랑이 찾아왔다. 그 사랑의 대상은 예일대학교에 다니는 조이스 메이나드라는 18세 여성으로 잡지 기사 등을 쓰는 작가 지망생이었다. 세월이 흘러, 18살의 우나를 자기 아버지와 동년배인 찰리 채플린에게 빼앗겼다고 분노하던 24살의 청년 샐린저가, 이제는 그와 같은 연배인 53살이 되어, 우나와 같은 18살의 새로운 사랑을 맞이한 것이다. 동거하기 시작한 조이스 메이나드와 샐린저의 관계는 오래가지 못하고 1년 만에 파국을 맞이했다. 아이를 원하는 조이스와 자유를 추구하는 샐린저의 의견 대립이 그 이유였다. 조이스는 클레어와는 달리 빈손으로 샐린저를 떠났다. 하지만 25년 뒤인 1998년에 그녀

샐린저가 보낸 연애편지
조이스 메이나드는 1996년 6월, 샐린저에게 받은 연애편지 14통을 소더비 경매에 내놓았다. 캘리포니아의 부호 피터 노턴은 이것을 15만 6000달러에 사들였다. 노턴은 사생활을 지키고자 하는 작가의 의사를 존중하여, 내용을 공개하지 않고 편지를 샐린저에게 돌려보냈다.

는 《호밀밭의 파수꾼을 떠나며(At Home in the World)》를 써서 그의 과거를 폭로했을 뿐 아니라, 이듬해에는 그에게서 받은 편지를 경매에 붙여 15만 6,500달러라는 거금을 벌어들여 사람들의 빈축과 비난을 샀다.

1981년에 샐린저는 TV 여배우인 일레인 조이스와 펜팔로 만나 수년 동안 사귀었다. 그리고 1987년에는 TV 인기드라마 '다이너스티(Dynasty)'의 스타 캐서린 옥센버그에게 푹 빠졌다. 매스컴에 그가 그녀의 캘리포니아 촬영 현장까지 찾아갔다가 경비원에게 쫓겨났다는 이야기가 보도되자 샐린저 측은 격렬히 항의하며 소송을 걸겠다고 말했지만 실제 재판이 벌어졌다는 보고는 없다.

보이지 않는 유명인—계속되는 침묵

샐린저는 1953년에 2번째 책인 《9개의 단편》을 출판하여 작가로서의 실력을 더욱 인정받았다. 그리고 〈뉴요커〉에 실렸던 《프래니와 주이(Franny and Zooey)》가 책으로 출판된 1961년 9월에는 샐린저의 인기가 정점에 다다라 발매 당일 새벽부터 사람들이 서점에 몰려 그 앞에는 끝이 보이지 않을 정도로 손님으로 장사진을 이루었다. 이 책은 출간된 지 2주일 만에 12만 5,000부나 팔렸으며, 〈뉴욕타임스〉의 베스트셀러 순위에서도 6개월 내내 1위를 차지하는 등 경이로운 판매 기록을 남겼다. 샐린저는 그 뒤에도 '글라스가 시리즈'라 불리는 연작을 〈뉴요커〉에 발표하여 그의 카리스마적 인기를 유지했다. 그런데 1965년에 발표한 《1924년 햅워스 16일(Hapworth 16, 1924)》을 끝으로, 그는 활동을 중단해 버렸다. 단행본은 물론이고 단편조차 발표하지 않게 된 것이다.

사람들은 샐린저의 침묵에 조바심을 냈다. 그런 그들의 마음을 읽기라도 한 것일까. 그와 관련된 사건이 1970, 80년대에 잇달아 일어났다. 우선 1973년에 《루퍼트에게—후회도 없이(For Rupert—With No Regrets)》라는 작품이 익명으로 〈에스콰이어〉에 게재되었다. 사람들은 이 작품이 과연 샐린저가 쓴 것일까, 아니면 다른 작가가 샐린저를 흉내내서 쓴 것일까 궁금해 했고, 온갖 억측이 난무했다. 신문, 잡지에도 이에 관한 기사가 실렸다. 그러다가 두세 달 후 진상이 밝혀졌다. 그 작품은 〈에스콰이어〉의 편집자가 매상 때문에 고민하다가 그를 흉내내어 쓴 것이었다.

이듬해인 1974년에는 캘리포니아 주 버클리에서 《단행본에 수록되지 않은 단편 전집(The Complete Uncollected Short Stories of J.D. Salinger)》이라는 해적판이 등장하기도 했다. 사실

조이스 메이나드

샐린저는 53세 때, 글재주가 뛰어난 예일 대학교 학생인 18세의 메이나드에게 연애편지를 보냈다. 그들은 2년 정도 동거했다. 그 뒤 25년간의 침묵 끝에 메이나드는 자서전 《호밀밭의 파수꾼을 떠나며(At Home in the World)》(1988)를 발표해 그와의 생활을 밝혔으며, 연애편지도 경매에 붙여 화제에 올랐다.

샐린저의 단행본은 겨우 4권밖에 되지 않았다. 더군다나 그가 전쟁 전이나 전시에 쓴 단편들은 오래된 잡지에 실린 데다 다시 수록하는 것이 전면 금지되어 있었으므로, 일반 독자들로서는 그 작품들을 읽을 방법이 전혀 없었던 것이다.

1976년에는 J.C. 베첼러가 〈소호 위클리 뉴스(Soho Weekly News)〉에 얼

토당토않은 기사를 실었다. 그는 샐린저가 토머스 핀천과 동일 인물이라고 주장했다. 하지만 베첼러는 핀천이 직접 쓴 편지를 받은 뒤 자신의 주장을 정정했다. 1986년에는 이안 해밀턴이 쓴 전기(傳記)에서 인용된 샐린저의 편지 저작권을 둘러싸고 재판이 벌어졌다. 재판 결과는 샐린저의 승소였고 해밀턴 측은 전기 내용을 상당 부분 고쳐 써야만 했다. 그러나 샐린저 역시 피해가 컸다. 그는 상대 출판사 측의 민완 변호사에게 장시간에 걸쳐 심문을 받아야 했고, 문제의 편지가 샐린저의 뜻과는 달리 재판 이후에 상당 부분 인용이 가능하게 된 것이다.

1980년대에 들어서자, 3건의 살인 및 살인미수 사건에서도 《호밀밭의 파수꾼》이 등장하였다. 1980년, 존 레논을 살해한 남자는 경찰차가 도착하기 전까지도 태연하게 《호밀밭의 파수꾼》을 읽고 있었다. 또 1981년, 레이건 대통령 암살 미수 사건의 범인은 여배우 조디 포스터의 열렬한 팬으로, 그녀의 관심을 끌기 위해 암살 계획을 실행했다고 했으며, 그의 주머니에서도 역시 《호밀밭의 파수꾼》이 나왔다. 1989년에는 TV 여배우 레베카 셰퍼가 사살당한 현장에서 그녀의 팬인 범인이 사용한 권총과 피에 젖은 셔츠, 그리고 《호밀밭의 파수꾼》이 발견되었다. 이 살인범들은 모두 홀든에게 공감했다고 했다.

참으로 무시무시한 사건들이다. 샐린저도 아마 무척이나 괴로웠을 것이다. 하지만 조금쯤은 안심되는 소식도 있었다. 1992년 샐린저의 집에서 화재가 발생했을 때의 일이다. 재빨리 달려와 준 소방대의 도움으로 이 불은 무사히 꺼졌는데, 이 때 샐린저의 곁에는 그의 아내임을 자처하는 '상당히 젊은' 여성이 있었다. 그녀의 이름은 콜린 오닐이었다. 그녀는 귀가 나빠진 샐린저를 대신해 주위 사람들과 이야기를 나눴다. 샐린저에게 가장 아픈 실연의 상처를 주었던 사람이 우나 오닐이었다는 점을 생각하면, 콜린 오닐이라는 이름은 어쩐지 우연만은 아닌 것으로 느껴진다.

1990년대 후반에는 샐린저의 책에 관한 소문이 몇 번이나 흘러나왔다가 사라졌다. 그가 1965년에 발표했던 마지막 작품 《1924년 햅워스 16일》이 단행본으로 발매된다는 소문이었다. 만약 나온다면 샐린저의 30년 만의 단행본이 될 터였다. 실제로 조그만 출판사가 그 책의 출판 준비를 시작했으며 사람들의 예약도 쇄도했다고 한다. 그러나 이 계획은 아무런 설명 없이 갑자기 중단되었다. 원인은 아직까지도 밝혀지지 않고 있다. 다만 1997년 어느 비평가가 《뉴욕타임스》에 기고한 신랄한 비평을 읽은 샐린저가 출판을 단념했다는 말만 있을 뿐이다.

샐린저에 관한 연구서 및 전기는 지금까지 많이 출판되었다. 그중 샐린저의 딸 마가렛 앤이 2000년에 발표한 《꿈을 잡는 사람(Dream Catcher)》은 그에 관한 귀중한 문헌이다. 우리는 여기서 가족들만이 알 수 있는 그의 일상을 엿볼 수 있다. 하지만 세간의 이런 관심에도 불구하고, 그의 침묵은 아무래도 그가 세상을 떠날 때까지 계속될 듯하다.

《호밀밭의 파수꾼》의 탄생에서 완성되기까지

1941년에 단편 《매디슨가 외곽의 사소한 반란》의 게재가 중지되었다. 홀든이 주인공으로 등장하는 장편 소설의 구상이 1951년에 《호밀밭의 파수꾼》으로서 열매맺기까지는 그로부터 10년의 세월이 필요했다. 홀든이라는 이름이 처음 등장한 작품은, 1944년 7월 〈새터데이 이브닝 포스트〉에 발표된 《마지막 휴가의 마지막 날》이다. 그러나 여기서 홀든은 전투 도중에 행방불명된 병사로서, 형 빈센트의 입을 통해 이름만 언급되었을 뿐이다. 1945년 10월의 작품인 《이 샌드위치에는 마요네즈가 없다(This Sandwich Has o Mayonnaise)》의 경우도 마찬가지였다. 여기서도 홀든은 99% 전사한 것으로 간주되고 있다. 형인 빈센트도 같은 해 12월에 발표된 《새빨간 남(The Stranger)》에서 전사하였다. 이 시점에서 콜필드 집안의 형제들은, 몇 년 전에 병사했다는 막내 동생 케네스까지 포함하여 다들 죽은 것으로 설정되어 있다. 대체 어떻게 된 일일까.

전쟁이 끝난 후 1945년 12월에 발표된 《나는 미쳤다(I'm Crazy)》나, 1946년 12월이 되어서야 겨우 〈뉴요커〉에 실린 《매디슨가 외곽의 사소한 반란》를 보면, 홀든은 살아 있는 고등학생으로 재등장한다. 그런데 사실 샐린저는 홀든의 이야기를 그동안에도 계속 쓰고 있었다. 그것이 일반 독자들에게 알려지지 않았던 까닭은, 출판사가 그 원고를 계속하여 채용하지 않았든지, 아니면 샐린저 본인이 일부러 그것을 발표하지 않았든지 둘 중 하나일 것이다. 이처럼 발표되지 않은 작품의 존재는, 프린스턴 대학교와 텍사스 대학교에 보관되어 있는 샐린저의 편지에서도 확인할 수 있다. 실제로 이 두 대학교에는 그의 미발표된 몇 편의 원고가 보관되어 있다.

　프린스턴 대학교에 보관되어 있는 미발표 작품 5편 가운데 《최후의, 그리고 최상의 피터 팬(The Last and Best of the Peter Pans)》은 1944년 무렵에 쓰여진 것이다. 이 작품은 입대를 눈앞에 둔 콜필드 집안의 장남 빈센트와 그의 어머니가 나누는 교류를 그려 내고 있다. 아일랜드계 여배우인 어머니는 군대에 잘 적응하지 못할 것 같은 아들 빈센트를 걱정하고, 빈센트는 남동생 홀든과 여동생 피비를 염려하면서 막내 동생인 케네스의 죽음을 안타까워한다. 이 작품에서 빈센트는 어머니를 가리켜 "아이가 절벽에서 떨어지지 않기를 바라면서도, 다리가 없는 남자에게 그 아이를 붙잡아 달라고 부탁하는 사람"이라고 진단한다. 이것은 "아이들이 절벽에서 떨어지지 않도록 붙잡아 주는 호밀밭의 파수꾼이 되고 싶다"라는 홀든의 소망과 상통하는 면이 있다.

　비슷한 시기의 작품으로 여겨지는 《볼링공으로 가득 찬 바다(The Ocean Full of Bowling Balls)》는 콜필드 집안의 막내 케네스의 죽음을 다루고 있다. 케네스의 이름은 뒷날 《호밀밭의 파수꾼》에서는 앨리로 바뀐다. 앨리의 특징 및 그에 관한 일화의 대부분은 이 단계에서 이미 완성되어 있었다. 그가 빨강머리에 개성적인 수재였다는 점, 7월에 피서지에서 갑자기 죽었다는 점, 시구를 적은 왼손잡이용 1루수 미트를 가지고 있었다는 점 등이 그것이다. 또 비슷한 무렵의 작품으로 생각되는 《미성년 부대(The Children's Echelon)》는 여고생의 일기이긴 하지만, 그녀 자신을 포함한 젊은이들이 전쟁 시기에 경험하는 연애 및 결혼을 바라보면서 인생에 대해 이야기하는 그녀의 말투를 보면, 그녀가 홀든의 소녀판쯤 되는 것임을 알 수 있다. 게다가 이 작품의 마지막 날 일기에는, 센트럴파크에서 회전목마를 타고 있는 어린 소년을 그녀가 지켜보는 이야기가 적혀 있다. 그야말로 홀든과 피비의 성별만 바꿔 놓은 듯한 장면이다.

　텍사스 대학교에는 《나는 미쳤다》의 초고로 추정되는 단편 원고 8매가 보관되어 있다. 완성작인 《나는 미쳤다》는 1인칭 시점이지만, 이 원고는 3인칭 시점으로 쓰여 있다. 하지만 여기서는 1인칭 시점에 가까운 표현이 사용되고 있다. 이를테면 샐린저는 "홀든의 생각은 그의 목구멍까지 올라왔다"라는 문장을 써서, 주인공의 속마음이 직접 대사처럼 표현되게끔 했다. 샐린저는 문체 때문에 상당히 고생했는지, 1944년 5월에 버넷 앞으로 보낸 편지에서 "홀든의 이야기를 1인칭으로 쓰고 있는데 3인칭으로 쓰는 편이 더 쉽다"고 말하고 있다.

샐린저는 그 밖의 편지에서도 집필 중인 홀든의 이야기에 관해 여러 가지를 언급했다. 그러면서 그는 《호밀밭의 파수꾼》의 완성을 향해 등장 인물의 인물상을 구축해 나가고, 더불어 더 나은 문체를 위해 궁리를 거듭했던 듯하다. 1944년 5월 버넷에게 보낸 편지에서 그는, 이 소설을 위해 홀든에 관한 단편 6개를 썼다고 밝혔다. 또 1945년 7월 뉘른베르크 육군병원에 있을 때 헤밍웨이에게 보낸 편지에서 그는 '대단히 민감한 장편 소설'을 구상하고 있는데, 현재의 신경쇠약으로 인해 뒷날 이 소설의 작가인 자신이 '1950년의 이상한 녀석'으로 불릴까 봐 걱정이라고 말했다.

여기서 '대단히 민감한 장편 소설'이란 십중팔구 《호밀밭의 파수꾼》인데, 그는 이 작품의 완성 시기를 1950년이라고 예측하고 있었다(《호밀밭의 파수꾼》은 1951년에 출판됐지만 실은 1950년에 이미 완성되어 있었다). 즉 1945년 12월의 작품인 《새빨간 남》에서 콜필드 집안 형제들을 전부 죽여 버린 샐린저는, 같은 시기의 단편인 《나는 미쳤다》와 옛 작품인 《매디슨가 외곽의 사소한 반란》도 포함하여 1945년까지 쓰인 콜필드 집안의 이야기를 전부 청산함으로써 장편 소설 《호밀밭의 파수꾼》을 쓸 결심을 굳혔으며, 그 완성으로 향하는 길도 냉정하게 파악하고 있었던 것이다.

샐린저는 1950년에 《호밀밭의 파수꾼》을 완성했다. 그는 그 원고를 하코트 브레이스사에 보냈다. 그곳 편집자와 출판 약속을 해 두었기 때문이다. 그런데 문제가 생겼다. 부사장이 "홀든은 정신이 나간 건가?"라는 감상을 내놓았을 뿐만 아니라, 그 소설을 '고등학생 이야기'라며 교과서 부문으로 돌렸던 것이다. 화가 난 샐린저는 원고를 도로 가져가 버렸다. 그리고 1951년 7월 16일에 보스턴의 리틀 브라운사에서 《호밀밭의 파수꾼》이 출간되었다.

이에 대한 반응은 가지각색이었다. 〈뉴요커〉는 5쪽에 걸쳐 이 소설을 절찬했고, 〈새터데이 리뷰〉나 〈하버드 먼슬리〉 등도 호의적인 서평을 실었다. 그러나 〈네이션〉, 〈애틀랜틱 먼슬리〉 등의 잡지는 비판적이었다. 또 〈크리스천 사이언스 모니터〉처럼 종교색이 강한 신문은 아이들에게 악영향을 끼치는 부도덕한 책이라며 《호밀밭의 파수꾼》을 비난했다. 이 소설의 모독적인 또는 불경한 말투를 공격하는 목소리도 높았다. 몇몇 주에서는 《호밀밭의 파수꾼》에 대해 발매 금지 처분이 내려지기도 하였으며, 이 책을 추천한 교사가 학교에서 쫓겨나는 일도 벌어졌다.

　20세기 최대의 베스트셀러라 할 수 있는 《호밀밭의 파수꾼》이 이처럼 처음부터 폭발적으로 팔려 나갔던 것은 아니다. 하지만 이 책은 〈뉴욕타임스〉가 발표하는 베스트셀러 목록에 29주 동안이나 올랐고 해외에서의 반응도 빨랐다. 이 책은 미국에서 발표된 지 한 달도 안 되어 영국에서도 출간되었고, 이듬해인 1952년에는 이탈리아, 일본, 노르웨이에서도 출간되었다. 뒤이어 프랑스, 네덜란드, 스위스, 이스라엘 등에서도 번역서가 나왔다.

　1950년대부터 60년대 사이에는 미국을 비롯한 전세계에서 이른바 '젊은이들의 반란'이라 불리는 사회 풍조가 탄생했다. 《호밀밭의 파수꾼》은 그런 젊은이들의 바이블로서 오늘날까지 30개국 이상에서 번역되어 읽히고 있다.

　이 책의 번역은 《The Catcher in the Rye》(Boston : Little, Brown and Company)에서 펴낸 텍스트를 저본으로 하였다.

마르케스 연보

1927년　　3월 6일, 콜롬비아의 카리브 해 연안의 작은 마을 아라카타카에서 출생해 외할아버지 댁에서 어린 시절을 보냄.

1936년(8세)　　수도 보고타 근교에 있는 시파키라의 국립 중등학교에서 장학생으로 공부.

1947년(19세)　　고등학교 과정을 마치고 보고타 국립대학 법학과에 입학. 《세 번째 체념》이라는 단편소설이 유명 일간지 〈엘 에스펙타도르(El Espectador)〉 9월 13일자에 게재됨으로써 문단에 등단하여 1952년까지 이 신문을 통해 11편의 단편소설을 발표.

1948년(20세)　　콜롬비아 정치 폭력 사태인 '보고타소(Bogotazo)'를 겪은 이후 가족이 카르타헤나로 옮겼으며, 마르케스도 법학 공부를 중단하고 카르타헤나 대학으로 옮김. 카르타헤나의 일간지 〈엘 우니베르살(El Universal)〉에서 '셉티무스(Septimus)'라는 필명으로 기자 생활을 시작.

1950년(22세)　　대학 공부를 중단하고 바랑키야로 이사한 후, 바랑키야의 일간지 〈엘 에랄도(El Heraldo)〉의 칼럼에 글을 쓰기 시작. 이때 현재의 부인 메르세데스 바르차를 만남.

1954년(26세)　　〈엘 에스펙타도르〉지에서 2월 1일부터 연극 비평과 시대 평론 담당 기자로 활동하기 시작함.

1955년(27세)　　첫 번째 소설인 《낙엽》 출간. 2월 생애 처음으로 외국으로 나가게 되어, 제네바에서 개최된 4대국 국제회의에 특파원으로 파견되고 이후 얼마 동안 파리에서 지냄. 〈엘 에스펙타도르〉지 폐간.

1956년(28세)　　중편소설 《아무도 대령에게 편지하지 않았다(El coronel no tiene quien le escriba)》 완성.

1957년(29세) 베네수엘라 카라카스에서 출판되는 〈엘리테(Elite)〉와 보고타의 〈크로모스(Cromos)〉란 잡지에 사회주의 국가에 관한 글 10편 발표.
1958년(30세) 카라카스에 잠시 머물면서 메르세데스 바르차와 결혼. 나중에 출판될 작품집 《마마 그란데의 장례식(Los funerales de Mamá Grande)》에 실리게 될 대부분의 단편소설들을 집필. 보고타의 〈미토(Mito)〉라는 잡지에 《아무도 대령에게 편지하지 않았다》가 게재. 쿠바 방문.
1959년(31세) 〈프렌사 라티나(Prensa Latina)〉라는 통신사에서 일을 하기 위해 보고타로 돌아감. 첫 아들인 로드리고가 태어남. 단편소설 《마마 그란데의 장례식》을 지음.
1960년(32세) 쿠바 아바나에서 〈프렌사 라티나〉 기자로 근무하기 시작.
1961년(33세) 〈프렌사 라티나〉 뉴욕 주재 부지국장을 맡았다가 곧 사표를 내고 멕시코로 건너간다.
1962년(34세) 둘째 아들 곤살로가 태어남. 영화 시나리오를 쓰기 시작하고 광고회사에서 근무. 두 번째 소설인 《불행한 시간(La mala hora)》과 일곱 편의 단편소설을 함께 실은 《마마 그란데의 장례식》 출간.
1965년(37세) 멕시코에서 아카폴로로 여행하는 도중 불현듯 중심 주제를 떠올리고 《백년의 고독(Cien años de soledad)》 집필 시작.
1967년(39세) 아르헨티나의 부에노스 아이레스에 있는 수다메리카나 출판사(Editorial Sudamericana)에서 《백년의 고독》 출간. 단편소설집 《이사벨은 마콘도에 비가 내리는 것을 보고 있다(Isabel viendo llover en Macondo)》 출간. 바르셀로나로 이주.
1970년(42세) 루이스 알레한드로 벨라스코라는 사람의 표류에 관한 《표류자 이야기(Relato de un náufrago)》 출간.
1971년(43세) 미국 컬럼비아대학교에서 명예 박사학위를 받음.
1972년(44세) 단편소설집 《순박한 에렌디라와 무정한 할머니의 믿을 수 없이 슬픈 이야기(La increíble y triste historia de la cándida Eréndira y de su abuela desalmada)》를 출간. 세계적 권위를 인정받는 베네수엘라

	의 로물로 가예고스 상을 받음. 1947년과 1955년 사이에 쓴 11개의 단편소설을 실은 《푸른 개의 눈(*Ojos de perro azul*)》을 출간.
1973년(45세)	12편의 기사가 실린 《행복한 무명 시절(*Cuando era feliz e indocumentado*)》 출간됨.
1975년(47세)	《족장의 가을(*El otoño del patriarca*)》 발표.
1976년(48세)	멕시코로 이주. 《연대기와 리포트(*Crónicas y reportajes*)》 출간.
1977년(49세)	세 편의 신문 기사 성격의 글이 실린 《카를로타 작전(*Operación Carlota*)》 출간.
1978년(50세)	《사회주의국가 기행문(*De viaje por los países socialistas*)》 출간.
1981년(53세)	콜롬비아 좌익 게릴라들에게 쿠바 무기를 공급해 준다는 혐의를 받고 콜롬비아 당국의 수사를 피해 멕시코로 망명. 《예고된 죽음 이야기(*Crónica de una muerte anunciada*)》 발표.
1981~4년	신문기자로 활동할 당시의 글을 실은 《기사 모음(*Obra periodística*)》을 4권으로 출간.
1982년(54세)	《백년의 고독》으로 노벨 문학상을 받고, '라틴아메리카의 고독'이란 제목으로 수상연설을 함.
1983년(55세)	니카라과의 카스티요 콘트라는 정치가의 집을 주제로 다룬 시나리오 《유괴(*El secuestro*)》 출간.
1985년(57세)	《콜레라 시대의 사랑(*El amor en los tiempos de cólera*)》 발표.
1986년(58세)	《칠레에 잠입한 미겔 리틴의 모험(*La aventura de Miguel Littín, clandestino en Chile*)》이라는 현장 취재물 출간.
1989년(61세)	《미로 속의 장군(*El general en su laberinto*)》 발표.
1992년(64세)	긴 유랑 끝에 고국 콜롬비아로 귀국하여 《이방의 순례자들(*Doce cuentos peregrinos*)》 발표.
1994년(66세)	《사랑과 또 다른 악마들에 관하여(*Del amor y otros demonios*)》, 희곡 《앉아 있는 사람에 대항한 사랑의 논박(*Diatriba de amor contra un hombre sentado*)》 발표.
1996년(68세)	르포 형식을 빌린 장편소설 《납치일기(*Noticia de un secuestro*)》 발표.
1999년(71세)	멕시코에 거주하다가 콜롬비아로 돌아와 유력 주간지 〈엘 캄

	비오(El cambio)〉를 인수. 럼프관암 진단을 받음.
2012년(84세)	치매 판정을 받고 나서 모든 작품 활동을 중단.
2014년(86세)	폐렴과 요로감염증 진단을 받고서 병원에 입원하여 투병하던 중에 영면(4월 17일).
2020년	그의 아내 메르세데스 바르차 영면(8월 15일).

샐린저 연보

1919년	1월 1일 뉴욕에서 제롬 데이비드 샐린저 태어남. 아버지 샐린저는 유대인. 어머니는 결혼과 함께 유대교로 개종하면서 이름을 마리에서 미리암으로 바꿈. 8살 위의 누나 도리스가 있음.
1930년(11세)	여름 캠프에서 4편의 연극에 출연하여 '최고 인기배우'로 뽑힘.
1932년(13세)	애버뉴가 1133번지(이스트 91번가)로 이사. 맥버니 학교 입학.
1934년(15세)	맥버니 학교를 퇴학당하고 펜실베이니아의 밸리 포지 사관학교로 전학.
1936년(17세)	밸리 포지 사관학교 졸업, 36년도 졸업생 노래 작사. 뉴욕 대학교의 워싱턴 스퀘어 대학에 입학 등록하였으나 1년 만에 퇴학.
1937년(18세)	카리브 해를 항해하는 스웨덴 여객선에 오락담당으로 공연하기 위해 몇 주 동안 배를 탐. 늦가을, 독일어와 프랑스어가 능숙하며 무역상인 아버지의 영향을 받아 햄 수입을 배우기 위해 유럽으로 건너감. 빈과 폴란드에 머무르며 파리와 런던을 방문.
1938년(19세)	봄, 유럽에서 귀국. 가을, 우르시누스 대학에 입학하지만 한 학기 만에 퇴학당함. 재학 중 대학 신문에 단편과 극평, 영화평 기고.
1939년(20세)	콜롬비아 대학에서 휘트 버넷이 가르치는 단편소설 창작 과정에 출석.
1940년(21세)	잡지 〈스토리〉 3, 4월 합본호에 등단작 《젊은이들》로 등단. 해럴드 오버(문예 에이전트)와 계약하여 필명을 J.D. 샐린저로 결정.
1941년(22세)	《매디슨 근교의 사소한 반란》이 〈뉴요커〉에 팔림. 군대에 입대 지원하나 심장의 가벼운 결함으로 불합격.

1942년(23세)   재검사를 받고 4월 27일, 미합중국 육군 입대. 뉴저지 주 포트 몬머스의 통신대원 훈련학교를 거쳐 여름에 조지아 주 베인브리지의 육군항공학교에 교관으로 배속됨.

1943년(24세)   테네시 주 내슈빌, 오하이오 주 페어필드, 뉴저지 주의 패터슨 주둔지를 거쳐, 10월, 매릴랜드 주 포트 홀라버드의 방첩부대에 전속됨.

1944년(25세)   첫무렵, 영국에서 첩보활동 훈련을 받음. 6월 6일, 제4사단 제12보병연대 소속 첩보부원으로 노르망디 상륙작전에 참가. 8월 25일, 파리로 진군하여 시민들의 환영을 받음. 9월, 독일 영토를 향해 진군, 휘르트겐 숲과 아르덴느 등의 전투를 전전함. 여러 잡지에 단편을 발표.

1945년(26세)   7월, 뉘른베르크의 병원에 전쟁피로증으로 입원. 9월, 프랑스 여성 실비아와 결혼. 제대 후 군속으로 반년 간 유럽에 남아 비(非)나치화 활동을 벌였다. 〈콜리어스〉지에《나는 미쳤다》를 발표. '전쟁소설에 대해'라는 제목으로 어윈 쇼에 대한 반론을 투고(〈새터데이리뷰 오브 리터러처〉 8월 5일 호).

1946년(27세)   5월 무렵, 아내 실비아와 함께 유럽에서 귀국하여 6월에 이혼.《매디슨 근교의 사소한 반란》이 〈뉴요커〉지에 실림.

1947년(28세)   코네티컷 주 스탠포드로 이사.《전도(顚倒)된 숲》을 〈코스모폴리탄〉에 발표.

1948년(29세)   〈뉴요커〉와 계약.《바나나피시를 위한 완벽한 날》《코네티컷의 위글리 삼촌》《에스키모와의 전쟁 직전》을 〈뉴요커〉에 발표.

1949년(30세)   코네티컷 주 웨스트포트로 이사. 11월, 세아라 로렌스 대학 단편소설 창작과정 강연.《웃기는 남자》를 〈뉴요커〉에,《작은 보트에서》를 〈하퍼스〉에 발표.

1950년(31세)   이 무렵부터 뉴욕의 라마크리슈나 비베카난다 센터에서 베단타 철학을 배우기 시작한다.《에스메에게―사랑과 추악함을 담아》를 〈뉴요커〉에 발표. 여름,《호밀밭의 파수꾼》완성. 가을, 미래의 아내 클레어 더글라스(당시 16세)와 만남.《코네티컷의 위글리 삼촌》의 영화판인 〈어리석은 나의 마음〉을 보고 낙담하여 이후 모든 작품에 대한 영화화를 거부함.

1951년(32세)   약 2개월 동안 영국 방문. 7월, 뉴욕 이스트 57번가로 이사. 《아름다운 입술과 초록빛 눈동자》를 〈뉴요커〉에 발표. 7월 16일 《호밀밭의 파수꾼》(리틀 브라운 사) 출판, 〈뉴요커〉·〈타임스〉·〈북 리뷰〉 등의 베스트셀러란에 29주 동안 실렸고, 최고 순위 4위에 오름.

1952년(33세)   모교 밸리 포지 사관학교로부터 명예교우로 선정됨. 《드 도미에 스미스의 우울한 시대》를 〈월드 리뷰〉에 발표.

1953년(34세)   1월, 뉴햄프셔 주 코니시로 이사. 〈뉴요커〉에 《테디》 발표. 4월 《아홉 가지 이야기》(리틀 브라운 사) 출판.

1955년(36세)   2월 17일, 클레어 더글라스와 버몬트 주 버나드에서 결혼. 12월 10일, 딸 마거릿 앤 태어남. 《프래니》《목수들아, 대들보를 높이 올려라》를 〈뉴요커〉에 발표.

1957년(38세)   《주이》를 〈뉴요커〉에 발표.

1959년(40세)   《시모어—서장(序章)》을 〈뉴요커〉에 발표.

1960년(41세)   2월 13일, 아들 매튜 로버트 태어남.

1961년(42세)   9월 《프래니와 주이》(리틀 브라운 사)를 발표, 〈뉴욕 타임즈 북 리뷰〉 베스트셀러란 1위를 반년 동안 굳게 지킴.

1963년(44세)   1월 《목수들아, 대들보를 높이 올려라/시모어—서장》(리틀 브라운 사)를 출판.

1965년(46세)   《1924년, 햅워스 16일》을 〈뉴요커〉에 발표. 이후 문학 작품 활동을 중단하고 은둔 생활에 들어감.

1967년(48세)   10월, 아내 클레어의 요구로 이혼.

1968년(49세)   《호밀밭의 파수꾼》이 1895년 이후의 미국 주요 베스트셀러 25권 중 한 권으로 선정됨.

1972년(53세)   예일대생이던 조이스 메이나드와 교제.

1974년(55세)   초기작품의 해적판인 《J. D. 샐린저의 단행본 미수록 단편 전집》이 나오자 이를 고소함.

1975년(56세)   버넷에 관한 추억을 《소설가의 핸드북》(지은이는 버넷 부부)의 후기 형식으로 실음.

1986년(67세)   이안 해밀턴이 《J. D. 샐린저—어느 작가의 삶》에서 간행되지 않은 편지를 인용한 것은 저작권 침해에 해당한다고 고소하여 승소함.
1987년(68세)   해밀턴과 출판사 측에서 대법원에 상고하나 기각됨.
1988년(69세)   해밀턴은 편지 인용부분을 대폭 삭제하고, 제목을 《샐린저를 찾아》로 바꾸어서 출판.
1992년(73세)   10월, 자택에 화재가 발생하여 콜린 오닐과 결혼한 사실이 발각됨.
1998년(79세)   작가 조이스 메이나드가 26년 전 샐린저와 함께 했던 약 8개월 동안의 동거생활을 돌아본 《호밀밭 파수꾼을 떠나며》 출판.
1999년(80세)   폴 알렉산더가 쓴 전기 《샐린저를 뒤쫓아》 출판.
2000년(81세)   딸 마거릿 앤 샐린저의 회상록 《꿈을 잡는 사람》 출판.
2010년(91세)   오랜 은둔 생활 끝에 노환으로 영면(1월 27일).

이가형(李佳炯)

도쿄대학 문학부 수학. 중앙대학교 교수, 국민대학교 대학원장 역임. 말로《희망》을 번역하여 한국펜클럽 번역문학상 수상. 지은책《미국문학사》, 옮긴책 오스카 와일드《살로메》런던《야성이 부르는 소리》해미트《피의 수확》H. 멜빌《모비딕》등이 있다.

World Book 157
Gabriel Gercía Márquez/J.D. Salinger
CIEN AÑOS DE SOLEDAD
THE CATCHER IN THE RYE
백년의 고독/호밀밭의 파수꾼
G.G. 마르케스/J.D. 샐린저/이가형 옮김
1판 1쇄 발행/1979. 10. 10
2판 1쇄 발행/2008. 9. 1
2판 4쇄 발행/2020. 12. 1
발행인 고정일
발행처 동서문화사
창업 1956. 12. 12. 등록 16-3799
서울 중구 마른내로 144(쌍림동)
☎ 546-0331~6 Fax. 545-0331
www.dongsuhbook.com

*

이 책의 출판권은 동서문화사가 소유합니다.
의장권 제호권 편집권은 저작권 법에 의해 보호를 받는 출판물이므로
무단전재와 무단복제를 금합니다.
사업자등록번호 211-87-75330
ISBN 978-89-497-0496-8 04080
ISBN 978-89-497-0382-4 (세트)